Ähnlichkeitssuche in Multimedia-Daten-banken

Retrieval, Suchalgorithmen und Anfragebehandlung

von
Ingo Schmitt

Oldenbourg Verlag München Wien

Ingo Schmitt studierte und habilitierte sich an der Informatikfakultät der Otto-von-Guericke-Universität Magdeburg. Im Rahmen seiner Habilitation beschäftigte er sich mit dem Thema Multimedia-Datenbanken.

Bibliografische Information Der Deutschen Bibliothek

Die Deutsche Bibliothek verzeichnet diese Publikation in der Deutschen Nationalbibliografie; detaillierte bibliografische Daten sind im Internet über <http://dnb.ddb.de> abrufbar.

© 2006 Oldenbourg Wissenschaftsverlag GmbH
Rosenheimer Straße 145, D-81671 München
Telefon: (089) 45051-0
www.oldenbourg.de

Lektorat: Margit Roth
Herstellung: Anna Grosser
Umschlagkonzeption: Kraxenberger Kommunikationshaus, München
Gedruckt auf säure- und chlorfreiem Papier
Druck: Oldenbourg Druckerei Vertriebs GmbH & Co. KG

ISBN   3-486-57907-X
ISBN 978-3-486-57907-9

Vorwort

Die vorliegende Arbeit entstand während meiner Tätigkeit als wissenschaftlicher Assistent am Institut für Technische und Betriebliche Informationssysteme der Otto-von-Guericke Universität Magdeburg und ist aus meiner Habilitationsschrift, die ich am 1. Dezember 2004 erfolgreich verteidigte, hervorgegangen. Sie ist als Lehrbuch für eine zweisemestrige Veranstaltung in einem Informatikstudiengang konzipiert. Viele Beispiele und Graphiken sollen dem Leser ein intuitives Verständnis des Stoffes ermöglichen. Ich halte zum Thema des Buches seit 1999 jährlich eine Vorlesung an der Otto-von-Guericke-Universität Magdeburg. Das vorliegende Lehrbuch bietet für Studenten dieser Thematik eine Unterstützung zum Wiederholen und zum eigenständigen Vertiefen. Weiterhin soll entsprechend interessierten Wissenschaftlern die Möglichkeit gegeben werden, sich in dieses Gebiet einzuarbeiten.

Danksagungen

Mein besonderer Dank gilt Herrn Prof. Gunter Saake für die großzügig gewährten Freiräume in seiner Arbeitsgruppe. Insbesondere ermöglichte mir Herr Saake die thematische Bündelung der Forschungsaktivitäten einiger seiner Promovenden auf das Gebiet der Multimedia-Datenbanken. Dies betrifft Nadine Schulz, Anke Schneidewind, Sören Balko, Stephan Dassow, Thomas Herstel und Dirk Jesko. Sie haben die komplette Arbeit kritisch korrekturgelesen und ich verdanke Ihnen viele fachliche und sprachliche Hinweise.

Den Gutachtern meiner Habilitationsschrift Herrn Saake, Herrn Meyer-Wegener und Herrn Andreas Henrich möchte ich ganz herzlich für die Übernahme der Gutachterrolle danken. Auch sie haben mir mit vielen Kommentaren bei der Abrundung meiner Arbeit geholfen.

Weiterhin möchte ich mich herzlich bei meiner Lektorin Margit Roth vom Oldenbourg-Verlag für die unkomplizierte Betreuung des Buchprojekts bedanken.

Technische Unterstützung habe ich besonders von Herrn Gerd Lange, Fred Kreutzmann und Steffen Thorhauer erhalten, bei denen ich mich ganz herzlich bedanken möchte.

Studentische Unterstützung bei der Umsetzung meiner Forschungsergebnisse bekam ich besonders von Christian Graf, Doreen Pittner, Niko Zenker und Ivo Rössling.

Ferner sei meiner Familie und der Familie meiner Frau, Susanne, für die moti-
vierende Unterstützung gedankt. Meiner Frau Susanne möchte ich ganz besonders dafür danken, dass sie mich von vielen familiären Pflichten entschuldigt
hat. Die Gestaltung unserer Freizeit und Urlaubszeit wurde durch mein Ha-
bilitationsvorhaben stark beeinflußt. Meinem Schwiegervater bin ich zu Dank
verpflichtet, da er die umfangreiche Arbeit komplett und kurz vor Abgabe auf
sprachliche Mängel durchsucht hat.

Weitere Informationen

Zu diesem Buch können über die e-mail-Adresse

```
schmitt@iti.cs.uni-magdeburg.de
```

Informationen angefragt und konstruktive Hinweise zum Inhalt des Buchs ab-
gegeben werden. Über WWW werden Schritt für Schritt weitere Informationen
und Begleitmaterialien zu diesem Buch zur Verfügung gestellt, insbesondere

- Folien zu einer Vorlesung als PDF-Dateien und

- Übungsaufgaben zu den Kapiteln des Buchs.

Die URL für die Webseite lautet

```
http://wwwiti.cs.uni-magdeburg.de/mmdb.
```

Magdeburg im September 2005

Ingo Schmitt

Inhaltsverzeichnis

1 Einführung

Spätestens seit den neunziger Jahren ist die Informationstechnik so weit fortge-
schritten, dass neben Textdokumenten auch Daten unterschiedlicher Medientypen im großen Maßstab hardwareseitig verwaltet werden können. Typische
Medientypen auf Computersystemen sind u.a. Text, Vektorgrafik, Bild, Au- *Text, Vektorgrafik,*
dio und Video. Gleichzeitig stehen immer besser werdende Aufnahme- und *Bild, Audio und*
Abspielgeräte zur Verfügung, etwa Digitalkameras, Camcorder, digitale Dik- *Video*
tiergeräte, DVD-Rekorder und -Player, die das Generieren und Konsumieren
digital kodierter Mediendaten erheblich erleichtern.

Aufgrund der Flut an vorhandenen Mediendaten wächst gleichzeitig die Notwendigkeit, diese Daten von einem Softwaresystem verwalten zu lassen. Ziel *Verwaltung der*
ist vor allem eine geeignete Speicherung der Daten und die Möglichkeit der *Mediendaten*
effizienten Suche auf diesen Daten.

Klassischerweise werden zur Datenverwaltung Datenbanksysteme eingesetzt. *Datenbanksysteme*
Diese wurden jedoch ursprünglich nicht für die Verwaltung von Daten der
oben aufgezählten Medientypen entwickelt. Es ist offensichtlich, dass Mediendaten anders als relational strukturierte Daten zu behandeln sind. Zum einen
reichen die SQL-92-Datentypen relationaler Datenbanksysteme zur Abbildung *nicht ausreichende*
von Mediendaten nicht aus[1]. Zum anderen erfordert die Suche nach Medienda- *Datentypen*
ten weitergehende Konzepte als die von relationalen Datenbanksystemen be-
reitgestellten Konzepte. Während Suchbedingungen in relational abgelegten
Daten rein syntaktisch getestet werden können, ist ein solches Vorgehen bei
der Suche nach Mediendaten nicht ausreichend. Wenn etwa ein Bild gesucht
wird, dann soll es in der Regel nicht exakt in einer Anfrage vorgegeben werden müssen. Statt dessen ist häufig eine eher inhaltsbasierte Suche erwünscht. *inhaltsbasierte*
Das bedeutet, dass Medienobjekte häufig nach *semantischen* Gesichtspunkten *Suche*
gesucht werden.

Beispiel 1.1 *semantische Suche*

Suche alle Bilder, die Häuser darstellen.

Herkömmliche Datenbanksysteme wurden für eine inhaltsbasierte Suche nicht
entwickelt. Das Problem liegt darin, dass für die Entscheidung, ob ein Medienobjekt die Anfrage inhaltlich erfüllt oder nicht, menschliche Interpretationen *menschliche*
Interpretation

---
[1]Der BLOB-Datentyp kommerzieller Datenbanksysteme reicht nicht aus, da er die Daten vollständig uninterpretiert behandelt.

einbezogen werden müssen. Computersysteme geraten generell schnell an ihre Grenzen, wenn menschliche Interpretation nachgebildet werden soll. Bezugnehmend auf das Beispiel 1.1 muss etwa die Frage beantwortet werden, wie ein Haus von einer Hütte unterschieden werden kann.

Information-Retrieval-Systeme

Neben den Datenbanksystemen wurden in der Vergangenheit Information-Retrieval-Systeme entwickelt, welche eine inhaltsbasierte Suche ermöglichen sollen. Ursprünglich wurden solche Systeme zur inhaltbasierten Suche in Textdokumenten entworfen. Für die inhaltsbasierte Suche von anderen Mediendaten braucht man jedoch eine erweiterte Funktionalität. Gleichzeitig will man auf bestimmte Datenbankfunktionalitäten wie Anfragesprache, Optimierung, Transaktionsverwaltung u.ä. nicht verzichten. In vielen Multimedia-Anwendungen liegt außerdem eine Kombination von Mediendaten und relational strukturierbaren Daten vor. Eine große Herausforderung für die Entwicklung eines Multimedia-Datenbanksystems liegt daher in der Kombination der Mechanismen von Datenbank- und Retrieval-Systemen.

Kombination von Datenbank- und Retrieval-System

Interdisziplinarität

Die Behandlung von Medien- und Multimediadaten ist sehr vielfältig und berührt neben der Datenbank- und Retrieval-Technologie viele verschiedene Disziplinen und Aspekte. Im Folgenden sollen einige kurz aufgeführt werden:

- *Betriebssysteme:* Die Verwaltung zeitbehafteter Medienobjekte wie etwa vom Medientyp Video erfordert die Behandlung von Echtzeitaspekten, die eine Unterstützung vom Betriebssystem benötigen.

- *Computernetzwerke:* Die zeitkritische Übertragung von zeitbehafteten und umfangreichen Medienobjekten wie etwa Videos erfordert besonders hohe Bandbreiten und spezielle Netzwerkprotokolle.

- *Grafik:* Für die Verwaltung von Bildern sind Mechanismen zu deren Erzeugung, Manipulation und Speicherung essenziell.

- *Bildverarbeitung:* Für die inhaltsbasierte Suche ist die Extraktion von inhaltstragenden Merkmalen aus Bildern mittels spezieller Verfahren der Bildverarbeitung wichtig.

- *Signalverarbeitung:* Für die inhaltsbasierte Suche etwa auf Audio-Signalen ist eine Analyse mit Mitteln der Signalverarbeitung erforderlich.

- *Informationstechnik:* Die Verwaltung von Mediendaten erfordert die Einbeziehung moderner Speicherungstechnik und Ein-/Ausgabegeräte.

- *Psychologie:* Die Realisierung einer inhaltsbasierten Suche benötigt Erkenntnisse über die menschliche Wahrnehmung von Mediendaten.

- *Dokumentverwaltung:* Die Dokumentverwaltung beschäftigt sich mit der effizienten Verwaltung von Dokumenten.

Aufgund der Vielfalt der zu berücsichtigenden Aspekte ist es schlichtweg unmöglich, diese vollständig zu überblicken oder in einem Lehrbuch zusammenzufassen. Will man eine gewisse Tiefe in den Ausführungen erreichen, ist daher die Konzentration auf einige Aspekte unabdingbar. In dieser Arbeit konzentrieren wir uns daher primär auf die Suche in Multimedia-Datenbanken mittels Datenbank- und Retrieval-Mechanismen. Auf einzelne Medientypen gehen wir jedoch nicht ein.

Konzentration auf Suche nach Multimediadaten

Das Forschungsgebiet „Multimedia-Datenbanken" besitzt zur Zeit nicht den Reifegrad relationaler Datenbanken. Dies zeigt sich etwa an der großen Diversität der in Büchern über Multimedia-Datenbanken behandelten Themen und an den nur rudimentär entwickelten, kommerziellen Datenbanksystemen zur Verwaltung von Mediendaten. Die vorliegende Arbeit versteht sich als ein Beitrag zur Herausbildung und Reifung dieses Themengebietes.

fehlende Reife

1.1   Grundlegende Begriffe

In diesem Abschnitt sollen einige Begriffe eingeführt werden, auf denen die folgenden Kapitel aufbauen. Wir gehen davon aus, dass der Leser mit den Grundbegriffen eines Datenbanksystems vertraut ist. Ansonsten sei auf einschlägige Lehrbücher, etwa auf [87] von Heuer und Saake verwiesen.

Darüber hinaus sollen folgende Begriffe eingeführt und diskutiert werden:

- Medium und Multimedia

- Dokument, Medienobjekt, Multimedia-Objekt und Multimedia-Dokument

- Multimedia-Datenbank-Management-System

Zunächst sollen die Begriffe „Medium" und „Multimedia" eingeführt werden.

1.1.1   Medium und Multimedia

Der Begriff „Medium" taucht üblicherweise im Kontext einer Kommunikationsbeziehung auf. Medium steht dabei für das Mittel, das Vermittelnde, eine Mittelsperson oder einen Träger von Informationen. Wir fassen hier ein Medium als einen Überträger von Informationen zwischen Kommunikationspartnern auf. Dabei darf das Medium nicht mit der vermittelten Information verwechselt werden. Tatsächlich sind dies zwei unterschiedliche Dinge. So ist es etwa möglich, zur Übertragung von Informationen das dabei verwendete Medium zu wechseln. Einen solchen Wechsel bezeichnen wir als „Medienumsetzung".

Medium

Überträger von Informationen

Medienumsetzung

Buch als Medium   **Beispiel 1.2**

Ein Buch ist ein Beispiel für ein Medium. Es vermittelt Informationen zwischen dem oder den Autoren und einem Leser. Eine Medienumsetzung liegt dann vor, wenn in einer Buchlesung der Text vom Autor vorgelesen wird[2]. In diesem Fall haben wir einen Übergang vom Medium Buch zum Medium Schall, ohne dass die übertragene Information sich ändert.

Medienhierarchie

physikalische

Medien können hierarchisch aufeinander aufbauen. So baut etwa das Medium Buch auf dem Medium Schrift auf. Auf der untersten Hierarchiestufe befinden sich Medien, welche die Informationsübertragung mittels einer wandelbaren, physikalischen Größe ermöglichen.

Klassifikation nach dem empfangenden Sinn

Medien können nach verschiedenen Kriterien klassifiziert werden. Wir orientieren uns hierbei am Buch [130] von Meyer-Wegener. Wenn die zu übertragende Information an einen menschlichen Empfänger geschickt wird, dann ist eine Möglichkeit der Klassifikation die Unterscheidung nach dem empfangenden Sinn:

- *sehen:* visuelles oder optisches Medium

- *hören:* akustisches Medium

- *tasten:* haptisches Medium

- *schmecken:* gustatorisches Medium

- *riechen:* olfaktorisches Medium

sprachgebunden und sprachungebunden

Eine besondere Rolle spielt das visuelle Medium, dass weiter in sprachgebunden, etwa Text, und sprachungebunden, etwa Bild, unterteilt werden kann.

Zeitbezug

Eine andere Klassifikation unterscheidet Medien anhand des Zeitbezugs. Die entscheidende Frage ist dabei, ob bei einem Medium die übertragene Information abhängig von einem Zeitverlauf ist oder nicht.

- *statisches Medium:* Als Beispiele seien geschriebener Text, Photos und Graphiken genannt.

- *dynamisches Medium:* Typische Beispiele für dynamische[3] Medien sind Video und Audio.

Aufgrund des Zeitbezugs stellt die computergestützte Verwaltung dynamischer Medien besondere Anforderungen an die Hardware und die Software.

---

[2]Illustrationen lassen sich leider nur schlecht sprachlich umsetzen.
[3]Im Englischen werden dynamische Medien als „continuous media" bezeichnet.

Im Kontext eines Computersystems unterscheidet man grob die folgenden Arten von digitalen Medien:

Arten von digitale Medien

- Text,
- Grafik[4],
- Bild[5],
- Tonaufnahmen (Audio) und
- Bewegtbild (Video).

Diese Liste umfasst die gebräuchlichsten Arten digitaler Medien, ist also nicht vollständig. So können etwa auch 3-D-Modelle und Animationen hinzugezählt werden. Im Folgenden werden wir die Arten digitaler Medien als *Medientypen* bezeichnen.

Medientyp

Der Begriff „Multimedia" baut auf dem Begriff Medium auf. Multimedia bezieht sich auf die Integration verschiedener, digitaler Medientypen.

Multimedia

1.1.2 Dokumente und Objekte

Im Zusammenhang mit Information Retrieval wird häufig der Begriff „Dokument" verwendet. Unter einem Dokument soll hier ein logisch zusammenhängender, digital kodierter Text verstanden werden. Um den Textcharakter hervorzuheben, verwenden wir auch den Begriff „Text-Dokument".

Dokument

Text-Dokument

Ein „Multimedia-Dokument" kann neben Text-Daten zusätzlich Daten anderer Medientypen wie Video, Bild, Graphik und Audio enthalten. Im Gegensatz zu einem Dokument muss ein „Medienobjekt" nicht unbedingt Text-Daten umfassen. Statt dessen beinhaltet ein Medienobjekt Daten *eines* beliebigen Medientyps. Ein „Multimedia-Objekt" kann hingegen Daten verschiedener Medientypen in sich vereinen, wobei mindestens ein Medientyp nicht alphanumerisch sein darf. Zusammenfassend sind die Begriffsdefinitionen in Tabelle 1.1 dargestellt.

Multimedia-Dokument
Medienobjekt

Multimedia-Objekt

1.1.3 Multimedia-Datenbank-Management-System

Ein früher Versuch, die Bedeutung eines „Multimedia-Datenbank-Management-Systems" festzulegen, erfolgte von Christodoulakis in einem Thesenpapier [36] für eine Podiumsdiskussion auf der SIGMOD-Konferenz 1985. Dort wird eine Multimedia-Datenbank-Management-System, kurz MMDBMS, als ein Datenbank-Management-System bezeichnet, welches neben der klassischen Datenbanksystemfunktionalität[6] Lösungen für die beiden folgenden Probleme liefert:

MMDBMS

---

[4]Hier ist Vektorgraphik gemeint.
[5]Mit Bildern werden hier Rasterbilder bezeichnet.
[6]Codd stellt in [45] eine Liste mit acht von einem DBMS zu erfüllenden Anforderungen auf.

Begriff	Text	Video/Bild/Audio
Dokument	+	–
Multimedia-Dokument	+	optional (kombiniert)
Medienobjekt	+ (ein Typ)	
Multimedia-Objekt	+ (kombiniert)	

Tabelle 1.1: Gegenüberstellung der eingeführten Begriffe

1. *Verwaltung unformatierter Daten:* Als unformatierte Daten werden von Christodoulakis Daten wie Texte, Rasterbilder, graphische Daten und Stimmaufnahmen bezeichnet.

2. *Berücksichtigung spezieller Speicher- und Präsentationsgeräte:* Hier sind spezielle Geräte gemeint, welche eine hardwareseitige Verwaltung unformatierter Daten ermöglichen.

Zur Entwicklung eines solchen Systems müssen nach Christodoulakis zusätzlich folgende Aspekte berücksichtigt werden:

- *Software-Architektur:* Hier soll geklärt werden, inwieweit ein MMDBMS als Erweiterung eines DBMS oder als völlig neues System zu entwickeln ist.

- *Inhaltsadressierung:* Inhaltsadressierung betrifft die Identifikation von Medienobjekten anhand inhaltstragender Merkmale.

- *Performanz:* Die Leistungsfähigkeit eines MMDBMS ist mittels spezieller Indexstrukturen, Anfrageoptimierung und ausgeklügelter Hardware-Architektur zu optimieren.

- *Benutzerschnittstelle:* Die Kommunikation mit dem Nutzer muss den Gegebenheiten der verschiedenen Medientypen Rechnung tragen. Dabei soll eine Trennung zwischen der Information selbst und deren Darstellung ermöglicht werden.

- *Informationsextraktion:* Inhaltstragende Merkmale müssen aus Mediendaten extrahiert und weiterverarbeitet werden können.

- *Speichergeräte:* Speichergeräte mit einer hohen Speicherkapazität sind zu unterstützen. Dazu gehören auch Redundanzkontrolle und Datenkompression.

- *Information-Retrieval:* Information-Retrieval-Techniken sind in das MMDBMS zu integrieren.

- *Prototypen:* Laufende Prototypen von MMDBMS sollen zu Testzwecken entwickelt werden.

Diese Auflistung spiegelt die Sichtweise aus dem Jahr 1985 wider. Inzwischen hat sich die Ausgangssituation verschiedentlich geändert:

- *Hardware:* Viele der hardwareseitigen Probleme bezüglich Speicherkapazität und Lese-/Schreibgeschwindigkeit sind inzwischen erheblich entschärft.

- *Prototypen:* Sowohl im akademischen Bereich als auch in der Industrie existieren Prototypen. Allerdings wurden diese meist für einen ganz bestimmten Zweck entwickelt und decken nicht die vielfältigen Aspekte eines MMDBMS ab.

- *Erweiterung von RDBMS:* So genannte objektrelationale DBMS erweitern relationale DBMS um neue Datentypen. Dabei werden in kommerziellen Produkten häufig Datentypen für Medientypen angeboten, die zu einem gewissen Grad eine inhaltsbasierte Suche ermöglichen.

- *Indexstrukturen:* Viele neue Indexstrukturen wurden für eine effiziente Suche nach Mediendaten entwickelt.

Aufgrund der veränderten Ausgangslage muss der Begriff eines Multimedia-Datenbank-Management-Systems neu festgelegt werden. Leider gibt es keine allgemein akzeptierte Definition, sondern viele Vorschläge, etwa die von Meyer-Wegener in [130] oder die von Steinmetz in [192].

Im Folgenden verstehen wir unter einem Multimedia-Datenbank-Management-System ein Datenbank-Management-System, welches folgende Aspekte berücksichtigt: *MMDBMS*

- *Multimedia-Datenbankmodell:* Das zugrunde liegende Datenbankmodell muss für verschiedene Medientypen und Speicherformate adäquate Datentypen mit geeigneten Operationen zur Manipulation zur Verfügung stellen. Da die Menge der Medientypen und Speicherformate nicht konstant ist, muss das Datenbankmodell erweiterbar sein.

  Des Weiteren sind vom Datenmodell spezielle Beziehungen wie etwa *Substitutionsbeziehungen* und *Synchronisationsbeziehungen* zu unterstützen. Substitutionsbeziehungen existieren zwischen Medienobjekten, wenn deren Inhalt derselbe ist, allerdings unterschiedliche Medien zu Grunde liegen. *Substitutionsbeziehungen* *Synchronisationsbeziehungen*

  Eine Synchronisationsbeziehung hingegen legt zeitliche Beziehungen zwischen Medienobjekten fest. Ein typisches Beispiel ist die Lippensynchronisation zwischen Bewegtbild und Sprache.

- *Information-Retrieval:* Wie bereits eingangs erwähnt, sind Techniken des Information Retrieval zur inhaltsbasierten Suche in Multimedia-Datenbanken erforderlich. Eine besondere Herausforderung ist die Verknüpfung von Retrieval-Techniken mit Datenbankanfragetechniken.

- *Datenunabhängigkeit:* Dieses wichtige Prinzip von Datenbanksystemen ist im Kontext mit Multimediadaten zu erweitern. Da Informationen alternativ durch unterschiedliche Medientypen ausgedrückt werden können, ergibt sich die Forderung nach einer *Medienabstraktion.* Eine solche Abstraktion bedeutet, dass Medientyp und Information nicht als eine feste Einheit aufgefasst werden, sondern als trennbare Einheiten betrachtet werden müssen. In einer Anfrage soll es also möglich sein, nach Informationen unabhängig vom Medientyp zu suchen. Dazu sind Verfahren zur automatisierten Medienumsetzung zu unterstützen.

Medienabstraktion

Medienumsetzung

Speicherformat-unabhängigkeit
Geräteunabhängigkeit

Weitere Formen einer Datenunabhängigkeit sind die Unabhängigkeit von Speicherformaten sowie die Unabhängigkeit der Daten von Speichergeräten und Ein-/Ausgabegeräten. Diese Unabhängigkeit ergibt sich direkt aus der Erweiterung der bekannten physischen Datenunabhängigkeit um Multimedia-Aspekte.

Präsentations-unabhängigkeit

Die Erweiterung der logischen Datenunabhängigkeit hingegen führt zu einer *Präsentationsunabhängigkeit,* welche die Entkopplung der Präsentation von Mediendaten von den Mediendaten selbst bezeichnet.

- *Speicher- und Ein-/Ausgabegeräte:* Für die Speicherung sowie Ein- und Ausgabe von Mediendaten muss ein MMDBMS spezielle Geräte unterstützen.

- *Zeitaspekt:* Dynamische Medienobjekte zeichnen sich durch Zeitbezüge aus, die vom MMDBMS hinreichend unterstützt werden müssen. Dies involviert etwa die Einhaltung von zeitkritischen Bedingungen und Synchronisationsbeziehungen.

- *Benutzerschnittstellen:* Wie bereits ausgeführt, sind zur Unterstützung der interaktiven Suche und der Ergebnispräsentation bezüglich der verschiedenen Medientypen geeignete Benutzerschnittstellen bereit zu stellen.

1.2   Suche in einem MMDBS

Der Schwerpunkt dieses Buchs betrifft die Suche in Multimedia-Datenbanken. Dabei ist eine kombinierte Behandlung von Retrieval- und Datenbanktechniken erforderlich.

Retrieval- und Datenbanktechniken

Der Ablauf einer Suche anhand einer Anfrage wird in Abbildung 1.1 grob skizziert. Ausgangspunkt sind die neben den von einem Relationalen DBMS verwalteten Daten in einer Datenbank abgelegten Medienobjekte. Da eine Ähnlichkeitssuche direkt auf den Medienobjekten aus Effizienzgründen nicht prak-

Ähnlichkeitssuche

tikabel ist, werden die Medienobjekte vorverarbeitet. Dabei werden auf mögliche Ähnlichkeitsanfragen zugeschnittene inhaltstragende Eigenschaftswerte, hier als Feature-Werte bezeichnet, aus den Medienobjekten extrahiert, normalisiert, aufbereitet und in einem Feature-Index abgelegt.

Vorverarbeitung der Medienobjekte
Feature-Werte
Feature-Index

Eine Anfrage an ein MMDBS kann eine klassische Datenbankanfrage, eine Ähnlichkeitsanfrage bezüglich vorgegebenen Anfrageobjekten, aber auch eine Kombination beider Varianten sein. Während die klassische Datenbankanfrage von einem RDBMS bearbeitet wird, müssen für die Ähnlichkeitsanfrage ebenfalls entsprechende Feature-Werte aus den Anfrageobjekten ermittelt werden. Diese werden anschließend mit den Feature-Werten des Feature-Indexes anhand einer Distanz- oder einer Ähnlichkeitsfunktion miteinander verglichen. Suchalgorithmen auf dem Feature-Index sorgen dafür, dass die ähnlichsten Ergebnisobjekte effizient gefunden werden. Während der Anfragebehandlung müssen die Ergebnisse der klassischen Datenbank- und der Ähnlichkeitsanfrage zusammengefasst und aufbereitet werden, bevor sie als finales Anfrageergebnis zurückgeliefert werden können.

Distanz-/Ähnlichkeitsfunktion
Suchalgorithmen

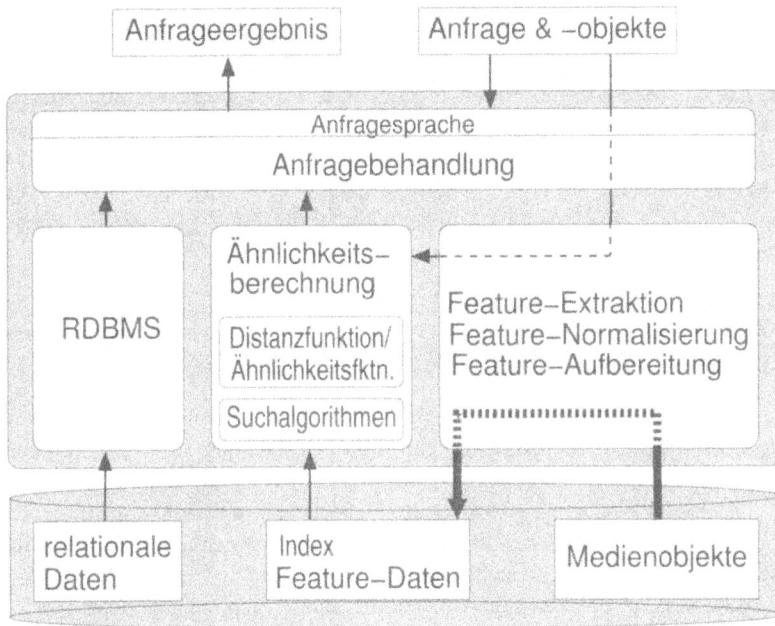

Abb. 1.1: *Suchablauf*

Damit eine Ähnlichkeitsberechnung realisiert werden kann, die dem Ähnlichkeitsverständnis einer Anwendung entspricht, müssen die bei der Suche beteiligten Komponenten, siehe Abbildung 1.1, sorgfältig ausgewählt, parametrisiert und aufeinander abgestimmt werden. Im Gegensatz zu einem klassischen Datenbanksystem gibt es bei der Ähnlichkeitssuche keine universelle Standardkonfiguration. Statt dessen muss diese auf das entsprechende Such-

zugeschnittene
Konfiguration

szenario zugeschnitten werden. Aufgrund der hohen Anzahl der zur Verfügung stehenden Verfahren zur Ermittlung der Feature-Werte, Distanz- und Ähnlichkeitsfunktionen, Feature-Indexstrukturen und Suchalgorithmen ist das Finden einer optimalen Konfiguration für ein bestimmtes Suchszenario nicht trivial.

Der übliche Ansatz der Konfigurierung besteht in einer oft unsystematischen Auswahl verschiedener Varianten der Komponenten. Die dabei entstehenden Systeme müssen experimentell validiert und miteinander verglichen werden, um die beste Konfiguration herauszufinden. Nachteile dieser rein experimentel-

experimentelle
Herangehensweise

len Herangehensweise ist die oft unsystematische Auswahl der Komponenten. Eine fehlende Analyse der Eigenschaften der Komponenten behindert weiterhin die Interpretation von Vergleichsergebnissen, die zum zielgerichteten Austauschen einzelner Komponenten nötig ist.

Die vorliegende Arbeit beschreibt verschiedene Komponenten eines MMDBS, die für eine Suche erforderlich sind. Die gebräuchlichsten Varianten werden vorgestellt und anhand sorgfältig ausgesuchter Eigenschaften analysiert.

analytische
Herangehensweise

Dies soll eine eher analytische Herangehensweise bei der Konfigurierung eines MMDBS ermöglichen. Dazu müssen die geforderten Eigenschaften bezüglich eines vorgegebenen Suchszenarios untersucht und mit den herausgearbeiteten Eigenschaften der Komponenten verglichen werden. Dies ermöglicht eine eher systematische Komponentenauswahl. Trotz dieser Herangehensweise ist ein experimentelles Vergleichen verschiedener Konfigurationen unvermeidlich. Jedoch kann die Variantenvielfalt durch die analytische Herangehensweise erheblich reduziert werden. Weiterhin erlaubt diese Herangehensweise eine Vorhersage und eine Interpretation der Validierungsergebnisse anhand der ausgearbeiteten Eigenschaften.

1.3   MMDBMS-Anwendungen

Verwaltung von
Mediendaten

Als Anwendungen von Multimedia-Datenbanksystemen kommen alle Informationssysteme in Betracht, die eine Verwaltung von Medien- und Multimedia-Objekten benötigen. Eine DBMS-Verwaltung bedeutet hier, dass ein Datenbanksystem den Anwendungen Verwaltungsprobleme abnehmen soll. Es ist jedoch bei weitem nicht sinnvoll, jede Anwendung, die Mediendaten involviert, auf der Grundlage eines Multimedia-Datenbanksystems zu entwickeln. Häufig können diese Daten im Dateisystem abgelegt werden, wie dies etwa mit multimedialen Inhalten in statischen Webseiten geschieht.

Multimedia-Datenbanksysteme sind besonders dann wichtig, wenn viele Daten verwaltet werden sollen, wenn viele unterschiedliche Anwendungen beziehungsweise Anwendungsprogramme mit demselben Datenbestand arbeiten sollen, und wenn flexible Suchmöglichkeiten gefordert sind.

Klassifikation von
Anwendungen

Die Anzahl von MMDBMS-Anwendungen ist natürlich nicht überschaubar. Bezüglich der geforderten Datenbanksystemfunktionalität lassen sie sich jedoch grob klassifizieren. Die Klassifikation von Anwendungen nach den beiden folgenden Kriterien ist an dem Buch [130] von Meyer-Wegener angelehnt.

Das erste Klassifikationskriterium unterscheidet Anwendungen nach ihrem Anteil von Änderungsoperationen zu Suchoperationen:

- *statische Anwendung*[7]: Diese Anwendungen zeichnen sich durch einen hohen Anteil von Such- also lesenden Zugriffen im Vergleich zu Änderungszugriffen auf die Multimedia-Datenbank aus.

- *dynamische Anwendung:* Bei den dynamischen Anwendungen wird die Multimedia-Datenbank relativ häufig modifiziert.

Änderungsoperationen spielen eine besondere Rolle, da diese bestimmte Anforderungen an die Transaktionsverwaltung und die Transaktionssynchronisation eines MMDBMS stellen.

Ein anderes Klassifikationskriterium unterscheidet Anwendungen danach, ob eine Interaktion zwischen einer Anwendung und dem Multimedia-Datenbanksystem eher von der Anwendung oder eher von dem Datenbanksystem initiiert und gesteuert wird:

- *passive Anwendung:* In diesen Anwendungen geht die Initiative von der Anwendung aus, das Datenbanksystem spielt also eine eher passive Rolle, indem es nur auf Aufforderung reagiert.

- *aktive Anwendung:* In einer aktiven Anwendung übernimmt das MMDBMS eine aktive Rolle und zwingt die Anwendung in eine passive Rolle.

Aktive Anwendungen benötigen MMDBMS, deren aktive Rolle durch entsprechende aktive Mechanismen festgelegt werden muss. Insofern stellen aktive Anwendungen höhere Anforderungen an ein MMDBMS als passive Anwendungen.

Das nächste Kriterium trifft eine Unterscheidung, ob eine Anwendung eine inhaltsbasierte Suche benötigt, die über die Fähigkeit von Standard-Datenbanksystemen (etwa RDBMS) hinausgeht oder nicht:

- *Retrieval-Anwendung:* In solchen Anwendungen wird zur Realisierung von inhaltsbasierten Suchanforderungen spezielle Retrieval-Funktionalität benötigt.

- *Standard-Datenbankanwendung:* Für diese Anwendungen reichen zur Suche die Anfragesprachen von Standard-Datenbanksystemen, wie etwa von RDBMS aus.

Diese Unterscheidung ist wichtig, da viele Anwendungen zwar eine Verwaltung von Mediendaten, aber keine inhaltsbasierte Suche benötigen. In diesem Fall braucht das Datenbanksystem keine Retrieval-Komponente zur Verfügung

---

[7]Eigentlich ist nicht die Anwendung statisch, sondern der von der Anwendung involvierte Datenbestand.

zu stellen.

Als letztes Kriterium können natürlich Anwendungen auch danach unterschieden werden, welche Medientypen sie involvieren.

Die aufgezählten Kriterien sind untereinander orthogonal, können also frei miteinander zur Charakterisierung von Anwendungen kombiniert werden.

Im Folgenden werden für die verschiedenen Anwendungsklassen kurze Anwendungsbeispiele angeben.

statische Anwendung

Beispiel 1.3

Eine multimedial aufbereitete Enzyklopädie wird einmal erstellt und ist ab dann für viele Anwender ein System ohne Änderungsmöglichkeiten. Aus diesem Grund kann der Datenbestand auf einem ROM-Datenträger ausgeliefert werden. Es handelt sich daher um eine statische Anwendung.

dynamische Anwendung

Beispiel 1.4

Ein Umweltinformationssystem wird ständig mit neuen Mediendaten aktualisiert. Zum Beispiel liefern Satellitenphotos in regelmäßigen Abständen Aufnahmen von Landschaften, die in die Datenbank eingefügt werden müssen. Es handelt sich daher um eine dynamische Anwendung.

passive Anwendung

Beispiel 1.5

Eine digitale Bibliothek reagiert in der Regel erst auf eine spezielle Suchaufforderung von einem Anwender. Damit nimmt das zugrunde liegende MMDBS eine passive Rolle ein. Es handelt sich daher um eine passive Anwendung.

aktive Anwendung

Beispiel 1.6

In einer Ausbildungsanwendung werden der Lernablauf und die Lerninhalte vom MMDBS vorgegeben. Dies kann durch aktive Mechanismen eines MMDBMS unterstützt werden. Es handelt sich daher um eine aktive Anwendung.

Retrieval-Anwendung

Beispiel 1.7

Ein medizinisches Informationssystem verwaltet Röntgenaufnahmen und führt statische Untersuchungen durch, die eine Korrelation von auf Röntgenbildern abgebildeten Tumoren und Behandlungsmethoden untersucht. Die Suche nach Tumoren erfordert hierbei eine inhaltsbasierte Suche. Es handelt sich daher um eine Retrieval-Anwendung.

Beispiel 1.8

In einer Tele-Shopping-Anwendung fallen viele Mediendaten an, die von einem MMDBMS verwaltet werden. Die Suche nach Produkten erfolgt jedoch ausschließlich anhand exakter Produktmerkmale wie Bezeichnung, Marke und Preis. Es handelt sich daher um eine Standard-Datenbankanwendung.

1.4 Gliederung der Arbeit

Ein Schwerpunkt dieser Arbeit sind Retrieval-Aspekte in Multimedia-Datenbanksystemen. Die Arbeit setzt ein gewisses mathematisches Grundverständnis voraus. Zusätzlich enthält der Anhang eine kurze Wiederholung der Grundbegriffe der Linearen Algebra und der Statistik.

Um die teilweise anspruchsvollen Formalismen dem Leser nahezubringen, wird besonderer Wert auf Beispiele sowie erklärenden Text gelegt.

In Kapitel 2 wird in die Prinzipien des Information Retrieval eingeführt, ohne auf Besonderheiten einzugehen, die sich aus dem Kontext von Multimediadaten ergeben. Dazu werden die wichtigsten Retrieval-Modelle sowie grundlegende Konzepte wie Relevance Feedback, Qualitätsmerkmale und Nutzerprofile diskutiert.

Auf die speziellen Besonderheiten des Einsatzes von Retrieval-Mechanismen für Multimediadaten wird in Kapitel 3 eingegangen. Dieses Kapitel stellt die besonderen Herausforderungen heraus, klassifiziert die zu verwaltenden Daten und Metadaten und diskutiert die Behandlung von inhaltstragenden Merkmalen. Anschließend wird die Eignung verschiedener Retrieval-Modelle für die Suche in Multimediadaten erläutert und ein Multimedia-Ähnlichkeitsmodell vorgestellt.

Eine wichtige Grundlage von Multimedia-Retrieval sind die inhaltstragenden Merkmale, die auch Feature genannt werden. Diese Feature müssen bestimmten Gütekriterien genügen. Dazu werden in Kapitel 4 verschiedene Feature-Transformationsverfahren vorgestellt, welche für die Aufbereitung von Feature-Werten eingesetzt werden können.

Zur Berechnung von Ähnlichkeitswerten zwischen Medienobjekten werden häufig Distanzfunktionen auf der Grundlage von Feature-Werten eingesetzt. Distanzfunktionen sind das Thema des Kapitels 5. Da die Anzahl der möglichen Distanzfunktionen nicht überschaubar ist, stellen wir die Eigenschaften allgemeiner Distanzfunktionen in den Vordergrund und beschreiben nur die am häufigsten verwendeten Distanzfunktionen.

Anstelle von Distanzfunktionen können zur Berechnung von Ähnlichkeitswerten auch direkt Ähnlichkeitsmaße eingesetzt werden. Deren Beschreibung erfolgt in Kapitel 6. Bei der Diskussion der Ähnlichkeitsmaße werden psychologische Erkenntnisse bezüglich der menschlichen Wahrnehmung von Mediendaten berücksichtigt. Zusätzlich wird nach der Vorstellung konkreter Ähnlichkeitsmaße am Schluss des Kapitels die Transformation von Distanzwerten in Ähnlichkeitswerte vorgestellt.

effiziente Algorithmen und Datenstrukturen

Während die bisherigen Kapitel in erster Linie Retrieval-Aspekte berühren, werden in Kapitel 7 Algorithmen und Datenstrukturen für die Suche in Feature-Daten bezüglich verschiedener Anfragearten vorgestellt. Eine besondere Problematik spielt dabei die hohe Dimensionalität der zugrunde liegenden Feature-Daten. Des Weiteren erfolgt eine Beschreibung von effizienten Algorithmen und Datenstrukturen zur Aggregation von Ähnlichkeitswerten.

Behandlung von Anfragen

Die Behandlung von Anfragen stellt eine Grundfunktionalität von Datenbanksystemen dar. In Kapitel 8 erfolgt eine Diskussion von Kriterien für Multimedia-Anfragesprachen, gefolgt von der Diskussion einer Anzahl der wichtigsten Konzepte der Anfragebehandlung in Multimedia-Datenbanksystemen. Weiterhin werden beispielhaft einige konkrete Anfragesprachen vorgestellt.

Zusammenfassung

Die Arbeit schließt mit einer Zusammenfassung in Kapitel 9. Dort werden offene Probleme und Lösungsansätze vorgestellt sowie Themen kurz angerissen, die in dieser Arbeit aus Platzgründen nicht berücksichtigt werden konnten.

Am Ende jedes Kapitels geben wir für eine Vertiefung Literaturempfehlungen an.

1.5   Literaturempfehlungen

In den letzten zehn Jahren wurden viele Multimedia-Datenbankbücher veröffentlicht. Empfehlenswert sind die Lehrbücher [119, 130], wobei [130] eine aktualisierte Neuauflage von [129] ist und eine gute Ergänzung zur vorliegenden Arbeit darstellt. Einen allgemeinen Überblick über das Gebiet gibt das Lehrbuch [50]. Die Lehrbücher [129, 199] hingegen sind zum großen Teil veraltet. Neben diesen Lehrbüchern bestehen viele Bücher zu diesem Thema aus Sammlungen von Konferenz- und Journalbeiträgen sowie unabhängigen Buchbeiträgen, bei denen der Zusammenhang der Kapitel naturgemäß lose ist. Dies betrifft die Bücher [37, 141, 200, 201, 205, 187].

Neben den eigenständigen Lehrbüchern sind dem Thema MMDBMS in allgemeinen Datenbanklehrbüchern spezielle Kapitel gewidmet. Exemplarisch sei das Lehrbuch [160] erwähnt.

In dieser Arbeit wird besonders der Multimedia-Retrieval-Aspekt innerhalb von Multimedia-Datenbanksystemen behandelt. Vertiefende Literatur zu diesem Thema lässt sich unter den Stichworten „Multimedia-Retrieval" und „Content-Based ..." finden. Bücher mit dieser thematischen Ausrichtung sind [172, 9, 150, 219, 61]. Die Bücher [224, 125, 210, 116] sind hingegen jeweils Sammlungen aus eigenständigen Beiträgen, Konferenz- und Journalartikeln.

Die Bücher zusammengefasster Beiträge [71, 202, 7] behandeln allgemein das Thema Multimedia-Informationssysteme und Multimedia-Verwaltung. Das

Gebiet Multimedia-Datenbanken wird meist durch ein entsprechendes Kapitel abgedeckt.

Als allgemeines Buch über Multimedia-Technologie kann das Buch von Steinmetz [192] empfohlen werden.

Viele Bücher sind auf spezielle Medientypen ausgerichtet:

- Bild-Datenbanken: [31, 201, 124, 157, 70, 65, 210, 214, 162, 116]

  Besonders empfehlenswert bezüglich Feature-Extraktion ist das Buch [19].

- Video-Datenbanken: [53, 124, 225, 65, 210, 223, 75]

- Audio-Datenbanken: [172, 223]

- Text-Datenbanken: hier sei auf die Information-Retrieval-Lehrbücher wie etwa [109, 9] verwiesen.

Aus dieser Liste wird deutlich, dass besonders viel Aufmerksamkeit den Bild-Datenbanken gewidmet wurde. Hingegen gibt es zu Audio-Datenbanken relativ wenige Veröffentlichungen.

2 Prinzipien des Information Retrieval

In Multimedia-Datenbanken werden häufig Multimedia-Objekte anhand ihrer Interpretation gesucht. Zum Beispiel möchte man alle Bilder finden, die eine Flusslandschaft darstellen. Für die Formulierung und Umsetzung solcher Anfragen bieten sich Konzepte des Information Retrievals an.

Information-Retrieval-Systeme unterstützen die Suche nach Informationen in Datenkollektionen. Im Gegensatz zu Datenbanksystemen wird jedoch nach Dokumenten gesucht, die eine inhaltliche Relevanz zur Suchanfrage aufweisen. In Information-Retrieval-Systemen wird also versucht, Daten bezüglich ihrer Interpretation zu verwalten. Aufgrund des Interpretationsaspektes wird daher der Begriff des „Information Retrieval" an Stelle des Begriff des Daten Retrievals[1] verwendet.

Information-Retrieval

In diesem Kapitel werden die grundlegenden Konzepte des Information Retrievals eingeführt. Die Vertiefung der grundsätzlichen Konzepte zur Suche auf Multimedia-Daten erfolgt im anschließenden Kapitel.

2.1 Einführung

Information-Retrieval-Systeme und Datenbanksysteme verwalten Daten, unterscheiden sich jedoch erheblich im Zugriff auf die Daten. Eine Datenbankanfrage spezifiziert eine Suche nach Daten anhand exakt formulierter Bedingungen, wie das folgende SQL-Beispiel zeigt:

Beispiel 2.1

Datenbankanfrage

```
select  ISBN
from    Buch
where   Titel = "Multimedia-Datenbanken".
```

Eine Suchaufforderung in einem Information-Retrieval-System hingegen ist in der Regel unscharf formuliert, wie das folgende Beispiel zeigt:

---

[1]Mit „Daten Retrieval" bezeichnen wir hier die Suche mittels klassischer Datenbankanfragen.

*Information-
Retrieval-Anfrage*

Beispiel 2.2

> *Finde alle Text-Dokumente, die sich mit dem Thema
> „Multimedia-Datenbanken" beschäftigen.*

Multimedia-Datenbanksysteme kombinieren Konzepte von Datenbank- und Information-Retrieval-Systemen.

*Historische
Entwicklung*

Information-Retrieval-Systeme werden seit den 70er Jahren erfolgreich in Bibliotheken zur Verwaltung von Textpublikationen eingesetzt und wurden seitdem ständig erweitert. Sie zeigen ihre Stärken besonders bei der Verwaltung von schwach-strukturierten Daten, zum Beispiel Text-Dokumenten. Information-Retrieval-Systeme sind in der heutigen Zeit zur Beherrschung ständig anwachsender Datenmengen wichtiger denn je. Während früher die Verfügbarkeit von Informationen im Mittelpunkt stand, hat sich in der heutigen Informationsgesellschaft das Problem eher auf das Finden geeigneter Informationen verlagert. Den meisten Computernutzern sind Internet-Suchmaschinen bekannt. In diesem Anwendungsgebiet ermöglichen spezielle Information-Retrieval-Systeme die Suche nach Web-Seiten anhand spezifizierter Suchterme.

Im Gegensatz zu Daten in einer relationalen Datenbank kann der Inhalt von Dokumenten und Medienobjekten nicht oder nur schwer entsprechend einem Datenbankschema strukturiert werden. Damit können diese Daten nur schlecht direkt erschlossen werden.

Bezüglich der Formulierung eines Informationsbedarfs in einem Information-Retrieval-System unterscheiden wir zwei unterschiedliche Arten:

*Ähnlichkeitssuche
QBE*

- als *Dokument*: Hier wird ein Dokument zur Formulierung eines Informationsbedarfs verwendet. Die Aufgabe des Information-Retrieval-Systems liegt im Finden und Zurückliefern von gespeicherten Dokumenten, die ähnlich zum vorgegebenen Dokument sind. Im Folgenden wird diese Form der Suche als *Ähnlichkeitssuche* bezeichnet. In der englischsprachigen Literatur findet sich dafür auch das Akronym *QBE*[2] (engl. *query by example*).

Die beiden folgenden Beispiele demonstrieren Aufforderungen zur Ähnlichkeitssuche:

Ähnlichkeitssuche

Beispiel 2.3

> *Liefere alle Text-Dokumente, die ähnlich zum Text-Dokument
> #0815 sind.*

---

[2]Leider ist der Begriff QBE nicht eindeutig. Er wird in der Datenbankliteratur zusätzlich für eine weitere Art der Anfrageformulierung verwendet, siehe z.B. in [87].

Hier werden Dokumente gesucht, die ähnlich zu einem gespeicherten Dokument sind. Die Aufforderung kann aber auch das Dokument direkt enthalten:

Liefere alle Text-Dokumente die ähnlich zum Dokument „Urlaub Sommer Mittelmeer" sind.

Obwohl das Anfragedokument nur aus drei Wörtern besteht und als solches nur von geringem Nutzen ist, wird es trotzdem als vollwertiges Dokument behandelt.

„Urlaub Sommer Mittelmeer" gilt als eigenständiges Dokument.

- als *Anfrage*: Hier wird die Suchaufforderung ähnlich einer Datenbankanfrage formuliert, das heißt, die gewünschte Ergebnismenge wird durch harte Bedingungen eingegrenzt.

Beispiel 2.4   *Ähnlichkeitsanfrage*

In der folgenden Anfrage werden alle Text-Dokumente gesucht, die den Begriff „Datenbanken" zusammen mit dem Begriff „Bild" beziehungsweise „Video" enthalten.

Datenbank and (Bild or Video)

Da MMDBMS Konzepte von Datenbanksystemen und Information-Retrieval-Systemen in sich vereinen, verallgemeinern wir im Folgenden den Begriff einer Anfrage, indem wir ihn auch auf die Ähnlichkeitssuche anhand eines vorgegeben Dokuments ausdehnen.   *Anfrage*

Im Folgenden werden die Unterschiede zwischen Daten Retrieval, also der klassischen SQL-Suche in Datenbanksystemen, und Information Retrieval weiter herausgearbeitet.

2.1.1 Daten Retrieval versus Information Retrieval

Der Hauptunterschied zwischen Daten und Information Retrieval liegt darin, dass beim Daten Retrieval die Suche ohne zusätzliche semantische Interpretation stattfinden kann, während eine Interpretation beim Information Retrieval notwendig ist. Tabelle 2.1 zeigt die wesentlichen Unterschiede zwischen beiden Retrieval-Arten, wobei das boolesche Retrieval als eine besondere Form des Information Retrievals hier ausgeklammert wird.

In Datenbank-Systemen werden Informationen anhand von Attributen explizit als Attributwerte gespeichert. Beispielsweise kann in der Anfrage aus Beispiel 2.1 nach einem Buchtitel direkt über das Attribut Titel zugegriffen werden. In Information-Retrieval-Systemen hingegen sind die Daten eher unstrukturiert und die gewünschte Information liegt in der Regel nur implizit vor. In   *Information: explizit versus implizit*

Merkmal	Daten Retrieval	Information Retrieval
Information	explizit	implizit
Ergebnisse	exakt	unscharf
Anfrage	einmalig	iterativ verfeinernd
Fehlertoleranz	keine	vorhanden
Ergebniskollektion	Menge	Liste

Tabelle 2.1: *Vergleich Daten und Information Retrieval*

Beispiel 2.2 etwa wird das Thema eines Dokumentes nicht explizit vorgegeben, sondern implizit durch den Text ausgedrückt.

Ergebnisse: exakt versus unscharf

Beim Daten Retrieval werden nur Ergebnisse ermittelt, die exakt der Anfrage entsprechen, wohingegen beim Information Retrieval die Dokumente gesucht werden, die mit ausreichender Wahrscheinlichkeit der Anfrage entsprechen. Ein typisches Beispiel für eine Information-Retrieval-Anfrage ist die Suche von Text-Dokumenten anhand eines vorgegebenen Textes. Dabei werden neben möglichen identischen vor allem ähnliche Dokumente ermittelt. Einzelne Ergebnisse können aufgrund der Unschärfe einer Ähnlichkeitsabschätzung auch irrelevant, also unähnlich, zur Anfrage sein. Daher ergibt sich häufig die Notwendigkeit, in weiteren Suchläufen (Anfrage-Iteration) die Anfrage zu verfeinern und bessere Ergebnisse zu erhalten. Dies ist beim Daten Retrieval, wenn die Anfrage korrekt formuliert wurde, nicht nötig.

Anfrage: einmalig versus iterativ

Fehlertoleranz

Aufgrund der Ähnlichkeitsabschätzung beim Information Retrieval ergibt sich im Gegensatz zum Daten Retrieval eine gewisse Toleranz gegenüber Ungenauigkeiten beziehungsweise Fehlern bei der Anfrageformulierung. Die Ähnlichkeit zwischen Dokumenten und einer Anfrage wird durch kleine Ungenauigkeiten bei der Anfrageformulierung nur wenig beeinflusst. Zum Beispiel können Text-Dokumente über Multimedia-Datenbank-Management-Systeme über den Suchbegriff „Multimedia-Datenbanksysteme" gefunden werden.

Ergebniskollektion: Menge versus Liste

Beim Daten Retrieval ist eine bestimmte Reihenfolge der Ergebnisobjekte (Tupel), wenn nicht explizit eine Sortierung nach bestimmten Kriterien gefordert wird, nicht sinnvoll, da sie alle gleichermaßen die Anfrage erfüllen. In Information-Retrieval-Systemen jedoch werden die einzelnen Ergebnisse üblicherweise nach ihrer Relevanz zur Anfrage sortiert, liegen also in Form einer Liste vor. Die Länge der Liste wird meist durch einen Relevanz-Schwellenwert oder durch eine maximale Anzahl von Listenelementen beschränkt.

IR = Information Retrieval

Im Folgenden werden wir Information Retrieval abkürzend durch das Akronym IR ersetzen.

2.1.2 Schritte des IR-Prozesses

Der stark vereinfachte Ablauf eines Suchprozesses in einem IR-System ist in Abbildung 2.1 dargestellt. Die Suche erfolgt in der Regel nicht durch einen direkten Vergleich zwischen der Anfrage und den Dokumenten. Statt dessen werden die Anfrage und die Dokumente vor dem Vergleich in eine interne Darstellung überführt. Aus Performance-Gründen findet die Vorverarbeitung der gespeicherten Dokumente vor dem Start einer Suche, also etwa bereits unmittelbar nach dem Einbringen der Dokumente in die Datenbank, statt.

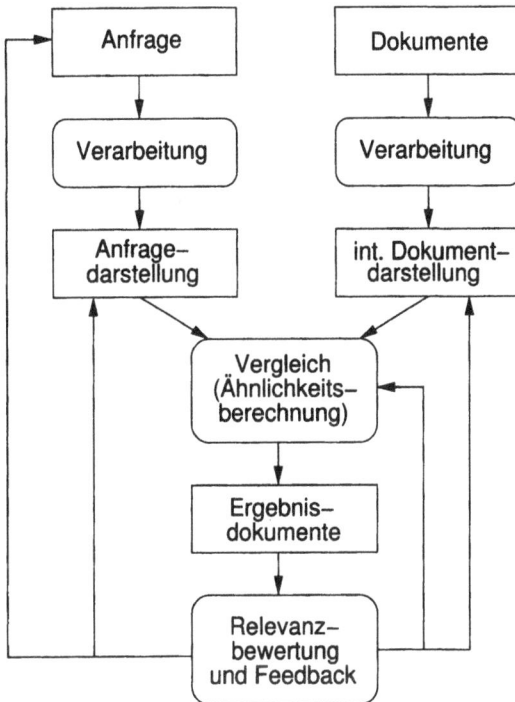

Abb. 2.1: *Vereinfachter IR-Prozess*

Das Ziel der Überführung ist das Extrahieren von Daten, welche die Semantik der jeweiligen Dokumente kompakt beschreiben. Dieses ist notwendig, da ein IR-System eine Suche auf der Grundlage der Semantik der Dokumente realisieren soll. Die Semantik ist häufig abhängig vom Nutzer und von der gewünschten Art der Suche. Durch den Verarbeitungsschritt wird also versucht, die als relevant erachteten, implizit gespeicherten Informationen in eine explizite, kompakte Form zu bringen.

Verarbeitung, Extraktion

Verarbeitung von wissenschaftlichen Publikationen

Beispiel 2.5

Ein Ähnlichkeitsvergleich zwischen wissenschaftlichen Publikationen kann anhand von kurzen Zusammenfassungen vorgenommen werden. Durch die Verarbeitung werden also Zusammenfassungen aus Publikationen extrahiert.

Vergleich

Für den Ähnlichkeitsvergleich muss natürlich ein Anfragedokument ebenso in eine entsprechende interne Darstellung überführt werden. Der Vergleich selbst wird in der Regel mit Hilfe einer Vergleichsfunktion realisiert. Diese drückt durch einen Relevanzwert numerisch aus, inwieweit jeweils zwei Dokumente einander ähnlich sind. Daher wird sie auch oft als Ähnlichkeitsfunktion bezeichnet.

Ähnlichkeitsfunktion

Distanzfunktion

Eine häufig verwendete Vergleichsfunktion ist eine Distanzfunktion zwischen zwei Punkten im d-dimensionalen Raum. Voraussetzung ist, dass sich die internen Darstellungen der Dokumente als d-dimensionale Punkte darstellen lassen. Bei maximaler Ähnlichkeit beträgt die Distanz Null. Die Distanz wächst mit steigender Unähnlichkeit.

Ergebnisdokumente

Ergebnisdarstellung

Die Ergebnisdokumente sind die Dokumente mit den höchsten Relevanzwerten. Genaugenommen werden die Ergebnisdokumente dem Nutzer entsprechend ihrer Relevanz absteigend sortiert präsentiert. Da prinzipiell jedes gespeicherte Dokument zu einem bestimmten Grad relevant zur Anfrage ist, wird die Ergebnisliste durch Angabe eines Schwellenwertes für die Relevanz oder eine Obergrenze für die Ergebnisanzahl begrenzt. Trotz dieser Maßnahmen kann die Ergebnisliste recht groß werden. Daher muss eine Bedienoberfläche das Inspizieren von Ergebnisdokumenten geeignet unterstützen.

In IR-Systemen ist eine erste Ergebnisliste für den Nutzer häufig nicht zufriedenstellend. Zum Beispiel können nichtrelevante Dokumente enthalten sein, oder die Ergebnisliste ist zu groß oder zu klein. Der Nutzer kann eine zu kleine Ergebnisliste durch eine Modifikation der Anfrage in eine allgemeinere Anfrage beziehungsweise eine zu große Ergebnisliste durch eine speziellere Anfrage beheben.

Verallgemeinerung

Verfeinerung

Verfeinerung und Verallgemeinerung einer Anfrage

Beispiel 2.6

Eine Verfeinerung der Anfrage aus Beispiel 2.2 lautet etwa:

> *Finde alle Text-Dokumente, die sich mit dem Thema „Bild-Datenbanken" beschäftigen.*

Die folgende Anfrage stellt hingegen eine Verallgemeinerung dar:

> *Finde alle Text-Dokumente, die sich mit dem Thema „Datenbanken" beschäftigen.*

Ein Verfahren der eher *automatischen* Anfragemodifikation ist das Prinzip des *Relevance Feedback*. Dabei gibt der Nutzer explizit an, inwieweit die einzelnen Ergebnisdokumente für sein Verständnis relevant zur Anfrage sind. Anhand dieser Informationen erfolgt eine automatische Anpassung der Suche, etwa eine Modifikation der Anfrage. Auf diese Weise werden häufig bessere Ergebnisse über mehrere Anfrage-Iterationen ermittelt.

Relevance Feedback
Relevanzbewertung

Anfrage-Iteration

Eine wichtige Rolle beim Information Retrieval spielt die Vorverarbeitung eines Dokuments, also das Erzeugen einer kompakten Darstellung, die den Inhalt ausreichend repräsentiert. Das dabei verwendete Extraktionsverfahren ist zum einen abhängig vom Typ der gespeicherten Dokumente und zum anderen von der Art der beabsichtigten Anfragen.

Extraktionsverfahren

Zum Beispiel muss ein Text-Dokument offensichtlich anders als ein Audio-Objekt behandelt werden. Weiterhin kann eine Ähnlichkeitssuche in Bilddokumenten nach Farbverteilungen aber auch nach Texturen erfolgen, welche unterschiedliche Extraktionsverfahren erfordern.

Da in diesem Kapitel die grundlegenden Prinzipien unabhängig von der Art der Dokumente und von der Art der beabsichtigten Anfrage beschrieben werden sollen, wird hier auf konkrete Extraktionsverfahren nicht eingegangen.

Nach dieser allgemeinen Einführung werden im folgenden Abschnitt die einzelnen Konzepte näher erklärt.

2.2 Information-Retrieval-Modelle

IR-Systeme lassen sich nach den zugrunde liegenden IR-Modellen klassifizieren. Ein IR-Modell legt die Art der Realisierung der folgenden Komponenten eines IR-Systems fest:

IR-Modell

- interne Dokumentdarstellung,
- Anfrageformulierung und interne Anfragedarstellung,
- Vergleichsfunktion zwischen jeweils zwei Dokumenten beziehungsweise zwischen Anfrage und einem Dokument.

In diesem Abschnitt werden die folgenden klassischen IR-Modelle vorgestellt:

1. *boolesches Modell*: Dokumente werden als Mengen von Indextermen repräsentiert. Die Suche erfolgt über Enthaltenseinsbedingungen von Termen in Termmengen. Die Anfragen lassen sich mittels boolescher Junktoren verknüpfen. Eine Erweiterung des booleschen Modells um unscharfe Mengen stellt das *Fuzzy-Modell* dar.

Fuzzy-Modell

2. *Vektorraummodell*: Jedes Dokument wird als ein Vektor aufgefasst. Eine Anfrage wird selbst als Vektor in einem Vektorraum behandelt. Die Suche ermittelt die Dokumentvektoren, die sich räumlich in der Nähe des Anfragevektors befinden.

Indexterm

Indexvokabular

Termgewicht

Diese Modelle wurden primär für das Text-Retrieval entwickelt. Sie gehen von der Existenz einer vordefinierten Menge von Indextermen aus. Indexterme sind Wörter, die zur Indizierung, also zur internen Darstellung von Text-Dokumenten verwendet werden. Ein Text-Dokument wird intern dadurch repräsentiert, inwieweit die Terme des Indexvokabulars den Inhalt des Dokumentes beschreiben. In diesem Zusammenhang wird häufig der Begriff des Termgewichts benutzt. Das Gewicht eines Termes bezüglich eines Text-Dokumentes drückt aus, inwieweit das Dokument durch diesen Term beschrieben wird. Auf den nächsten Seiten wird dieses Prinzip anhand einiger Beispiele näher erläutert.

Obwohl die folgenden IR-Modelle primär für das Text-Retrieval entwickelt wurde, lassen sie sich auf andere Medientypen anwenden. Daher werden die IR-Modelle hier eher prinzipiell eingeführt.

Retrieval über
Annotationen

Text-Retrieval lässt sich durchaus auch zum Retrieval von Objekten anderer Medienarten verwenden. So liegen häufig textuelle Beschreibungen von Medienobjekten als Annotationen vor. In diesen Fällen kann ein Text-Retrieval indirekt zum Retrieval anderer Medienarten genutzt werden.

Im Folgenden stellen wir einige grundlegende Information-Retrieval-Modelle vor.

2.2.1   Boolesches Modell

Das boolesche Modell baut auf den Konzepten der Mengentheorie und der booleschen Algebra auf. Es hat damit eine klare Semantik und ist ein sehr einfaches Modell.

binäres Termgewicht

Das Gewicht eines Terms bezogen auf ein Text-Dokument ist binär, es kann also nur zwei mögliche Zustände annehmen. Das Gewicht beträgt „1", wenn der Term im Dokument vorkommt, ansonsten „0". Jedes Dokument wird intern durch die Menge von Indextermen repräsentiert, die das Gewicht „1" besitzen, also im Dokument auftauchen.

boolesche Junktoren

In einer Anfrage werden Terme angegeben, die durch boolesche Junktoren, also durch „and", „or" und „not", kombiniert werden können.

Vergleichsfunktion

Innerhalb der Vergleichsfunktion werden die durch die Anfrage spezifizierten Anfrageterme in den jeweiligen Dokumenten auf Enthaltensein getestet. Da damit das Ergebnis eines Termtests ein boolescher Wert ist, lassen sich die booleschen Junktoren zur Kombination einsetzen. Auf die Mengentheorie übertragen bedeutet dies, dass ein Term zu einer Menge von Dokumenten korrespondiert, die diesen Term enthalten. Eine konjunktive Verknüpfung („and") entspricht dem Durchschnitt zweier Mengen und eine disjunktive Verknüpfung („or") einer Mengenvereinigung. Ein „not" korrespondiert zur Komplementmengenberechnung in der Mengentheorie.

Beispiel 2.7   *boolesches Modell*

Angenommen, für eine Menge von Text-Dokumenten, die Beschreibungen zu Urlaubsorten enthalten, ist folgendes Indexvokabular definiert:

Indexvokabular   =   {Korsika, Sardinien, Strand,
                        Ferienwohnung, Gebirge}.

Drei Dokumente werden hier beispielhaft durch die Indexterme repräsentiert, die in ihnen jeweils auftauchen:

Dokument d1   :   {Sardinien, Strand, Ferienwohnung}
Dokument d2   :   {Korsika, Strand, Ferienwohnung}
Dokument d3   :   {Korsika, Gebirge}

Die folgenden Anfragen auf den drei Dokumenten liefern folgende Ergebnisse:

Korsika	liefert	{d2, d3}
Ferienwohnung	liefert	{d1, d2}
Ferienwohnung and *Korsika*	liefert	{d2}
Ferienwohnung or *Korsika*	liefert	{d1, d2, d3}
Ferienwohnung and not *Korsika*	liefert	{d1}

Abbildung 2.2 zeigt die Ergebnisse als Mengen und deren Verknüpfungen in der Euler-Venn-Notation.

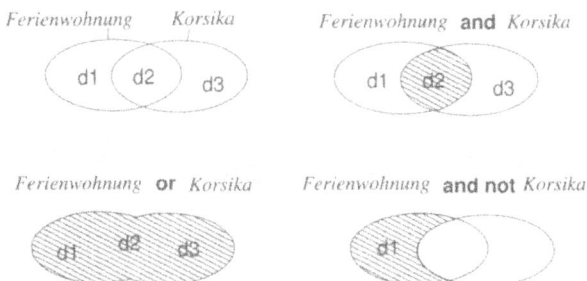

Abb. 2.2: Mengendarstellung der Retrievalergebnisse

Ein Problem kann sich bei der Verwendung des not-Junktors ergeben. Die Anfrage

$$not \; Korsika$$

liefert alle Dokumente zurück, die den Term „Korsika" nicht enthalten. Wenn nur wenige Dokumente den Term „Korsika" beinhalten, liefert diese Anfrage fast die gesamte Dokumentkollektion zurück. Da dies oft unerwünscht ist, wird statt dem Junktor „not" häufig der Junktor „but" verwendet. Der Junktor „but" entspricht der Junktorkombination „and not". Somit wird die Negation mit einer Konjunktion verknüpft, so dass das Komplement nicht mehr gegenüber der gesamten Datenkollektion sondern gegenüber einer Dokumentenvorauswahl berechnet wird.

„but"

„but"-Junktor

Beispiel 2.8

Die Anfrage

$$Ferienwohnung \; but \; Korsika$$

liefert die Dokumente, die den Term „Ferienwohnung" aber nicht den Term „Korsika" enthalten. Bezüglich Beispiel 2.7 erfüllt nur das Dokument d1 die Anfrage.

„of"

Eine nächste Erweiterung betrifft das *„of"*-Konstrukt. Dieses Konstrukt ersetzt einen komplexen booleschen Ausdruck, wenn nach Dokumenten gesucht werden soll, die mindestens eine bestimmte Anzahl von Termen einer vorgegebenen Termmenge enthält.

„of"-Konstrukt

Beispiel 2.9

Die Anfrage

$$2 \; of \; (Korsika, \; Strand, \; Ferienwohnung)$$

sucht nach allen Dokumenten, die mindestens zwei der drei vorgegebenen Terme enthalten. Diese Anfrage ist äquivalent zu

$$(Korsika \; and \; Strand) \; or \; (Korsika \; and \; Ferienwohnung) \; or \; (Strand \; and \; Ferienwohnung)$$

Wie das Beispiel zeigt, ersetzt das Konstrukt „$m \; of \; (t_1, \ldots, t_n)$" mit $m < n$ einen komplexen or-Ausdruck bestehend aus

$$\frac{n!}{(n-m)! * m!}$$

and-Termen.

Für die Berechnung des Anfrageergebnisses wird die Anfrage normalisiert, also in die disjunktive (DNF) oder konjunktive (KNF) Normalform gebracht.

Normalisierung

Beispiel 2.10

DNF und KNF

Die Anfrage

Ferienwohnung and ((Sardinien and Strand) or Korsika)

lautet in der disjunktiven Normalform

(Ferienwohnung and Sardinien and Strand) or
(Ferienwohnung and Korsika)

beziehungsweise in der konjunktiven Normalform

Ferienwohnung and (Sardinien or Korsika) and
(Strand or Korsika).

Die einzelnen Junktoren werden für die Berechnung in entsprechende Mengenoperationen umgewandelt und auf den einzelnen, den Termen entsprechenden Dokumentmengen angewendet. Um Zwischenresultate möglichst klein zu halten, ist es günstig, zuerst die Mengen durch die Schnittbildung zu reduzieren und erst dann das Gesamtresultat durch Vereinigung der Zwischenergebnisse zu berechnen. Diese Vorgehensweise entspricht der Verwendung der disjunktiven Normalform.

DNF statt KNF

Das boolesche Modell ist ein sehr einfaches Modell mit einer klar definierten Semantik. Jedoch weist es eine Reihe von Nachteilen auf:

1. *exaktes Modell aufgrund binärer Gewichte:* Dieses Modell gehört eher zum Daten-Retrieval als zum Information Retrieval, da jedes Dokument eine Anfrage entweder erfüllt oder nicht erfüllt, aber kein „dazwischen" existiert. Durch die scharfe Modellsemantik wird keine Ähnlichkeitssuche unterstützt.

   binäre Gewichte

2. *Größe des Ergebnisses:* Das Ergebnis ist eine Dokumentmenge, deren Dokumente alle gleich relevant zur Anfrage sind. Aufgrund der Gleichrangigkeit der Ergebnisse muss immer die gesamte Ergebnismenge zurückgeliefert werden. In der Praxis hat sich gezeigt, dass es sehr schwer ist, eine Anfrage so zu formulieren, dass eine handhabbar große Ergebnismenge zurückgeliefert wird. Häufig enthält die Ergebnismenge zu viele Dokumente oder ist leer.

   Ergebnismenge zu groß oder leer

3. *boolesche Junktoren:* Viele Anwender haben Schwierigkeiten, bei der Anfrageformulierung die booleschen Junktoren richtig zu verwenden. Das liegt hauptsächlich an deren vermeintlichen Ähnlichkeit zu den umgangssprachlich verwendeten Wörtern „und", „oder" und „nicht". Zum Beispiel verwendet man das umgangssprachliche „und" oft zur Aufzählung.

„and", „or", „not" versus „und", „oder", „nicht"

„und" versus „and"

Beispiel 2.11

Wenn ein Anwender Text-Dokumente beispielsweise über Korsika und Sardinien suchen möchte, und dies als

$$Korsika \; and \; Sardinien$$

formuliert, bekommt er statt Korsika-Dokumenten und Sardinien-Dokumenten alle Dokumente, in den beide Begriffe gemeinsam auftreten. Die richtige Anfrageformulierung lautet hingegen

$$Korsika \; or \; Sardinien.$$

Zur Milderung dieser Probleme gibt es diverse Ansätze:

Konjunktion in Disjunktion

1. *exaktes Modell:* Anfragen können durch Umwandlung von Konjunktionen in Disjunktionen abgeschwächt werden. Damit erhalten Dokumente in Abhängigkeit vom Grad der Abschwächung der Anfrage verschiedene Stufen der Relevanz.

Abschwächung der Anfrage

Beispiel 2.12

Die Anfrage

$$Korsika \; and \; Strand$$

kann zu der Anfrage

$$Korsika \; or \; Strand$$

automatisch abgeschwächt werden. Als Anfrageergebnisse werden zuerst die Dokumente gesucht, die die ursprüngliche Anfrage erfüllen. Danach folgen die Dokumente, die nur die abgeschwächte Anfrage erfüllen.

zweistufiges Suchverfahren

2. *Größe des Ergebnisses:* Einige Systeme mildern dieses Problem durch ein zweistufiges Suchverfahren. In der ersten Stufe wird die Anfrage formuliert und verfeinert, ohne jedoch das Ergebnis anzuzeigen. Statt dessen erhält jede Anfrage einen Namen, dem das System die Anzahl der entsprechenden Ergebnisdokumente zuordnet. Bei der Modifikation der Anfrage können diese Anfragenamen wiederverwendet werden. In der zweiten Stufe wird durch Angabe der letzten Ergebnisvariable das vollständige Ergebnis angezeigt. Im Englischen wird für diese Form der booleschen Anfrage der Begriff „faceted query" verwendet.

„faceted query"

Beispiel 2.13

Die Anfrage

„faceted query"

$$Korsika \quad \text{liefert} \quad Q1: 1345$$

zurück. 1345 Text-Dokumente, identifiziert durch $Q1$, enthalten also den Term „Korsika". Da dies zu viele Dokumente sind, wird die Anfrage durch eine Konjunktion verschärft:

$$Q1 \ and \ Strand \quad \text{liefert} \quad Q2: 13$$

zurück. Da die Anzahl von 13 Ergebnisdokumenten akzeptabel ist, wird das System nun aufgefordert, die konkreten Dokumente der modifizierten Anfrage $Q2$, also „*Korsika and Strand*", anzuzeigen.

3. *boolesche Junktoren:* Um den Unterschied der booleschen Algebra zur Umgangssprache hervorzuheben, ersetzen einige Systeme die Junktoren „and" und „or" durch `all` und `any`.

„`all`*", „*`any`*" statt „*`and`*", „*`or`*"*

Trotz der vorgestellten Ansätze zur Milderung der genannten Probleme besitzt das boolesche Retrieval aufgrund der harten Enthaltenseinsbedingung von Termen in Dokumenten den Nachteil einer zu scharfen Semantik, die der Idee einer Ähnlichkeitssuche widerspricht.

2.2.2 Fuzzy-Modell

Das Fuzzy-Modell kann als eine Erweiterung des booleschen Modells angesehen werden. Auch hier werden Anfragen mit Hilfe von booleschen Junktoren verknüpft. Im Gegensatz zum booleschen Modell wird im Fuzzy-Modell durch die Verwendung der Fuzzy-Theorie das Problem der zu scharfen Enthaltenseinsbedingung von Termen in Dokumenten behoben. Die Grundidee liegt in der Verwendung einer graduellen Zugehörigkeit von Dokumenten zu Termen. Dabei wird auf das Konzept einer Fuzzy-Menge zurückgegriffen:

graduelle Zugehörigkeit

Definition 2.1

Fuzzy-Menge

Eine Fuzzy-Menge $A = \{\langle u; \mu_A(u) \rangle\}$ über einem Universum U ist durch eine Zugehörigkeitsfunktion $\mu_A : U \to [0,1]$ charakterisiert, welche jedem Element u des Universums U einen Wert $\mu_A(u)$ aus dem Intervall $[0,1]$ zuordnet.

Zugehörigkeitsfunktion

In unserem Retrieval-Szenario entspricht die Menge aller gespeicherten Dokumente dem Universum und ein Term einer Fuzzy-Menge. Ein Dokument wird durch einen bestimmten Term zu einem bestimmten Grad charakterisiert. Ein

Term als Fuzzy-Menge

Fuzzy-Wert $\mu_t(d1)$ des Dokuments $d1$ bezüglich des Terms t drückt aus, wie stark der Term das Dokument charakterisiert. Eine „0" bedeutet überhaupt keine Relevanz und eine „1" eine maximale Relevanz. Die Werte zwischen beiden Extremen drücken eine graduelle Charakterisierung, also eine graduelle Zugehörigkeit des Dokuments zum Term aus.

Fuzzy-Mengen

Beispiel 2.14

Angenommen, das Universum umfasst die drei Dokumente $\{d1, d2, d3\}$. Die Fuzzy-Mengen Korsika bzw. Strand drücken dann beispielsweise die folgenden Zugehörigkeiten der drei Dokumente zum Term „Korsika" bzw. „Strand" aus:

$$\text{Korsika} = \{\langle d1; 0{,}1 \rangle, \langle d2; 0{,}6 \rangle, \langle d3; 1 \rangle\}$$
$$\text{Strand} = \{\langle d1; 0{,}3 \rangle, \langle d2; 0{,}2 \rangle, \langle d3; 0{,}8 \rangle\}$$

Die beiden Zugehörigkeitsfunktionen sind in Tabelle 2.2 dargestellt.

μ	$d1$	$d2$	$d3$
μ_{Korsika}	0,1	0,6	1
μ_{Strand}	0,3	0,2	0,8

Tabelle 2.2: *Zugehörigkeitswerte des Beispiels 2.14*

Jedes Dokument wird im Fuzzy-Modell also durch seine Zugehörigkeitswerte bezüglich der verschiedenen Terme repräsentiert. Jeder Term hingegen erzeugt eine Fuzzy-Menge, ordnet also jedem Dokument genau einen Zugehörigkeitswert zu.

Analog zum booleschen Modell können Anfragen durch Verwendung boolescher Junktoren konstruiert werden, die intern durch Mengenoperationen realisiert werden. Aufgrund der zugrunde liegenden Fuzzy-Mengen können jedoch nicht die üblichen Mengenoperationen verwendet werden. In der Fuzzy-*spezielle* Therorie sind daher spezielle Mengenoperationen definiert, welche die Werte *Mengenoperationen* der Zugehörigkeitsfunktionen berücksichtigen. Da jede Fuzzy-Menge alle Elemente des Universums beinhaltet, muss nur festgelegt werden, wie sich Zugehörigkeitswerte aus anderen Zugehörigkeitswerten berechnen. Die klassischen Mengenoperationen der Fuzzy-Theorie sind wie folgt definiert.

Min, Max, 1-μ

Definition 2.2

Der Mengendurchschnitt $A \cap B$ (Konjunktion) wird durch die Min-Funktion und die Mengenvereinigung $A \cup B$ (Disjunktion) durch die Max-Funktion realisiert. Die Komplementbildung $\bar{A}$ (Negation) bezüglich des Universums entspricht einer Subtraktion von 1:

$$\mu_{A \cap B}(u) = min(\mu_A(u), \mu_B(u))$$
$$\mu_{A \cup B}(u) = max(\mu_A(u), \mu_B(u))$$
$$\mu_{\bar{A}}(u) = 1 - \mu_A(u)$$

Eine Anfrage wird analog zum booleschen Modell formuliert. Die Berechnung des Anfrageergebnisses unterscheidet sich jedoch zwangsläufig. Jeder Suchterm erzeugt eine Fuzzy-Menge. Entsprechend den verwendeten booleschen Junktoren der in die disjunktive Normalform überführten Anfrage werden sodann die Fuzzy-Mengenoperationen auf den Fuzzy-Mengen ausgeführt. Das endgültige Ergebnis wird dann entsprechend den Zugehörigkeitswerten absteigend sortiert ausgegeben.

Beispiel 2.15   *Fuzzy-Anfragen*

Aufbauend auf Beispiel 2.14 auf Seite 30 lassen sich nun die folgenden Anfragen formulieren:

1. *Korsika* and *Strand*

2. *Korsika* or *Strand*

3. not *Korsika*

Die Ergebnisse zu den Anfragen werden durch Berechnung des Durchschnitts, der Vereinigung bzw. durch die Komplementbildung berechnet. Die Ergebnisse (unsortiert) sind in Tabelle 2.3 dargestellt. Anfrage 1 wird

Anfrage	μ	$d1$	$d2$	$d3$
	$\mu_{Korsika}$	0,1	0,6	1
	μ_{Strand}	0,3	0,2	0,8
1	$\mu_{Korsika \cap Strand}$	0,1	0,2	0,8
2	$\mu_{Korsika \cup Strand}$	0,3	0,6	1
3	$\mu_{\overline{Korsika}}$	0,9	0,4	0

Tabelle 2.3: Zugehörigkeitswerte des Beispiels 2.15

also über das Minimum, Anfrage 2 durch das Maximum und Anfrage 3 durch die Komplementbildung der Zugehörigkeitswerte berechnet.

Die Realisierung der Konjunktion (Disjunktion) durch die Min-Funktion (Max-Funktion) ist nur eine Variante neben vielen anderen. In Retrieval-Anwendungen sind die Min- und Max-Funktionen umstritten, da durch sie das Ergebnis *ausschließlich* vom kleineren beziehungsweise vom größeren Wert   *Problem mit Min- und Max-Funktion* abhängt, also der jeweils andere Wert vollständig ignoriert wird. Dieses Problem ist natürlich auch im booleschen Modell vorhanden, wo etwa ein `false`-Wert eine Konjunktion dominiert. Aus diesem Grund werden Funktionen vorgeschlagen, zum Beispiel in [114], die durch eine Gewichtung zwischen der Min- und Max-Funktion die zu scharfe Semantik kompensieren.

Eine Fuzzy-Anfrage entspricht im Gegensatz zu einer booleschen Anfrage einer Ähnlichkeitsanfrage. Die Ergebnismenge umfasst damit alle Dokumente des Universums. Da es in der Regel nicht sinnvoll ist, alle Dokumente dem Anfragenden zurückzuliefern, kann die sortierte Ergebnismenge durch einen unteren Schwellenwert bezüglich der Zugehörigkeitswerte oder durch eine vorgegebene Anzahl von Ergebnisdokumenten begrenzt werden.

Begrenzung der
Ergebnismenge

Begrenzung der
Ergebnismenge

Beispiel 2.16

Eine Begrenzung der Ergebnismenge der ersten Anfrage aus Beispiel 2.15

> *Korsika* and *Strand*

durch einen unteren Schwellenwert von 0,5 liefert als Ergebnis nur das Dokument $d3$ zurück. Eine Begrenzung jedoch auf zwei Ergebnisdokumente ergibt die Dokumente $d2$ und $d3$.

Eine bis jetzt noch nicht geklärte Frage ist, wie die Zugehörigkeitswerte eines Dokumentes zu einem Term ermittelt werden. Zur Beantwortung dieser Frage gibt es viele Ansätze, von denen im Folgenden zwei kurz skizziert werden.

Ansatz von Ogawa,
Morita und
Kobayashi

Im Ansatz von Ogawa, Morita und Kobayashi [142] wird eine Term-zu-Term-Korrelationsmatrix zur Zugehörigkeitswertberechnung genutzt. Ein Eintrag $c_{i,j}$ in dieser Matrix in Zeile t_i und Spalte t_j drückt aus, wie stark die Terme t_i und t_j in den Dokumenten der Datenbank korrelieren, also in den Dokumenten gemeinsam auftreten:

$$c_{i,j} = \frac{n_{i,j}}{n_i + n_j - n_{i,j}}$$

$n_{i,j}$ entspricht der Anzahl der Dokumente, die die Terme t_i und t_j gemeinsam enthalten, während n_i und n_j jeweils die Anzahl der Dokumente ausdrücken, die den entsprechenden Term enthalten. Ein Matrixwert entspricht also dem Verhältnis zwischen der Anzahl der Dokumente, die beide Terme enthalten gegenüber der Anzahl der Dokumente, die mindestens einen dieser Terme enthalten. Ein Term korreliert also mit sich selbst mit dem maximalen Wert „1". Tabelle 2.4 zeigt die Term-zu-Term-Korrelationsmatrix zu dem Beispiel 2.7 auf Seite 25.

Um den Zugehörigkeitswert eines Dokumentes d_j zu einem Term t_i zu ermitteln, werden dessen Korrelationswerte zu allen im Dokument auftretenden

	$t_{Sardinien}$	t_{Strand}	$t_{Ferienw.}$	$t_{Korsika}$	$t_{Gebirge}$
$t_{Sardinien}$	1	$\frac{1}{2}$	$\frac{1}{2}$	0	0
t_{Strand}	$\frac{1}{2}$	1	1	$\frac{1}{3}$	0
$t_{Ferienw.}$	$\frac{1}{2}$	1	1	$\frac{1}{3}$	0
$t_{Korsika}$	0	$\frac{1}{3}$	$\frac{1}{3}$	1	$\frac{1}{2}$
$t_{Gebirge}$	0	0	0	$\frac{1}{2}$	1

Tabelle 2.4: *Zugehörigkeitswerte des Beispiels 2.15*

Termen durch die Funktion

$$\mu_{t_i}(d_j) = 1 - \prod_{t_k \in d_j} (1 - c_{i,k})$$

zu einem Zugehörigkeitswert aggregiert. Die Formel errechnet eine Disjunktion durch Anwendung der de morganschen Regel aus der Negation (Differenz zu 1) und der Konjunktion (Multiplikation).

In einem zweiten Ansatz wird das Fuzzy-Modell genutzt, um verschiedene atomare Ähnlichkeitsanfragen durch boolesche Junktoren zu verknüpfen. Dabei werden die Ähnlichkeitswerte der einzelnen Dokumente gegenüber einer Ähnlichkeitsanfrage als Zugehörigkeitswerte der jeweiligen Fuzzy-Menge übernommen. Das Fuzzy-Modell erweitert somit vorhandene ähnlichkeitsbasierte Retrieval-Modelle um boolesche Junktoren. Dabei ist der Medientyp irrelevant.

Beispiel 2.17

Fuzzy-Modell zur Verknüpfung von Ähnlichkeitsanfragen

In der folgenden Anfrage wird in einer Bilddatenbank nach Bildern mit einer roten Morgensonne gesucht:

Farbe = rot and *Gestalt = Kreis*

Beide einzelnen Ähnlichkeitsanfragen werden konjunktiv verknüpft.

Das Fuzzy-Modell kann als Erweiterung des booleschen Modells um Ähnlichkeitsanfragen angesehen werden. Als Nachteil bleibt jedoch die nicht intuitive Verwendung von booleschen Junktoren bei der Anfrageformulierung bestehen. Dieses Problem wird sogar durch die spezielle Semantik der booleschen Junktoren verstärkt, die das Verständnis zusätzlich erschwert.

2.2.3   Vektorraummodell

Das Vektorraummodell ist ein sehr weit verbreitetes Retrieval-Modell. Wie der Name schon andeutet, werden die Dokumente als Vektoren eines Vektorraums

Dokumente als Vektoren

aufgefasst. Durch die Überführung des Retrieval-Problems in das Gebiet der linearen Algebra erschließt sich eine mächtige Theorie.

Vektoren aus Termgewichten

In Text-Retrieval-Systemen sind die Dimensionen des Vektorraums durch die Terme eines festen Indexvokabulars vorgegeben. Diese Terme sind geordnet. Für ein Dokument existiert ein Termgewicht für jeden Indexterm. Die Termgewichte ergeben sich zumeist aus Häufigkeiten der Terme in den jeweiligen Dokumenten. Zusammen bilden diese Gewichte pro Dokument einen Vektor mit einer festen Anzahl von Dimensionen.

Vektoren aus Merkmalswerten

Das Vektorraummodell kann überall dort eingesetzt werden, wo Medienobjekte durch eine feste Anzahl von numerischen Merkmalswerten dargestellt werden können und sich die Ähnlichkeit zwischen zwei Medienobjekten auf der Grundlage dieser Merkmale berechnen lässt. Zum Beispiel kann ein Bild durch die relative Verteilung einer festen Menge von Farben charakterisiert werden.

Anfrage als Vektor

Kosinusmaß

Das Vektorraummodell unterstützt im Gegensatz zum booleschen Modell das Konzept der Ähnlichkeit. Die Ähnlichkeit wird zwischen zwei Vektoren berechnet. Eine Anfrage selbst wird als ein Dokument aufgefasst und durch einen Vektor repräsentiert. Zur Berechnung der Ähnlichkeit gibt es eine große Anzahl von Möglichkeiten. Häufig wird das Kosinusmaß oder eine Distanzfunktion verwendet. Das Kosinusmaß sim_{cos} (sim für engl. similarity) beschreibt den Kosinus des eingeschlossenen Winkels zwischen beiden Vektoren bezüglich des Nullvektors. Der Name dieses Ähnlichkeitsmaßes ergibt sich aus der Tatsache, dass über das Skalarprodukt der Kosinus des Winkels berechnet wird:

$$sim_{cos}(d, q) = \frac{\langle d, q \rangle}{||d|| * ||q||} \tag{2.1}$$

In der Formel sind „d" und „q" Vektoren, „$\langle d, q \rangle$" das Skalarprodukt[3] und „$|| \cdot ||$" der Betrag eines Vektors[4]. Wie aus der Formel leicht klar wird, ist die Ähnlichkeit unabhängig von der euklidschen Länge, also dem Betrag der Vektoren. Falls diese Eigenschaft in einer bestimmten Anwendung nicht erwünscht ist, kann dieses Ähnlichkeitsmaß nicht verwendet werden.

Distanzmaß als Unähnlichkeitsmaß

Sehr häufig wird ein Distanzmaß verwendet. Dabei werden zwei Vektoren als Punkte im hochdimensionalen Raum aufgefasst und der dazwischenliegende Abstand berechnet. Da der Abstand im Gegensatz zum Kosinusmaß[5] mit der Unähnlichkeit der zugrunde liegenden Medienobjekte wächst, ist das Distanzmaß ein Unähnlichkeitsmaß, das jedoch leicht in ein Ähnlichkeitsmaß umgewandelt werden kann. Häufig wird das Unähnlichkeitsmaß $dissim_{L_2}$ ($dissim$ für engl. dissimilarity) auf der Grundlage der euklidschen Distanz L_2 verwendet:

$$dissim_{L_2}(d, q) = \sqrt{\sum_i (d[i] - q[i])^2} \tag{2.2}$$

---

[3] $\langle d, q \rangle = d^T * q$
[4] $||d|| = \sqrt{\langle d, d \rangle}$
[5] Der Kosinus ist maximal, wenn der eingeschlossene Winkel 0 Grad beträgt.

In der Formel wird durch $d[i]$ ein Zugriff auf die i-te Dimension des Vektors d notiert. Die euklidsche Distanz misst die Länge der die Punkte verbindenden Linie.

Eine genauere Diskussion der verschiedenen Ähnlichkeits- und Unähnlichkeitsmaße und deren Umwandlungen erfolgt in den Kapiteln 5 und 6.

Entsprechend den Ähnlichkeitswerten werden die Dokumente absteigend sortiert als Ergebnis einer Anfrage zurückgeliefert. Zur Begrenzung der Ergebnisanzahl kann wieder ein Schwellenwert vorgegeben oder nur eine bestimmte Anzahl von Ergebnisdokumenten zugelassen werden.

Ergebnisliste

Beispiel 2.18

Vektorraummodell

In Anlehnung an Beispiel 2.14 auf Seite 30 gehen wir von drei Text-Dokumenten mit ihren in Tabelle 2.5 dargestellten, jeweiligen Termgewichten aus. Da der Einfachheit halber hier nur zwei Terme verwendet wurden, stellt jedes Dokument einen Punkt bzw. einen Vektor im zweidimensionalen Raum dar.

Dimension	$d1$	$d2$	$d3$
Korsika	0,1	0,6	1
Strand	0,3	0,2	0,8

Tabelle 2.5: Dokumentvektoren des Beispiels 2.18

Weiterhin seien drei Anfragen gegeben. Die erste Anfrage interessiert sich nur für Korsika-Dokumente, die zweite nur für Strand-Dokumente und die letzte für Dokumente, die beide Terme gleichgewichtet behandeln. Die drei Anfragen sind selbst wieder Vektoren und sind in Tabelle 2.6 dargestellt. In Abbildung 2.3 sind die Dokumente und Anfragen als Punk-

Dimension	$q1$	$q2$	$q3$
Korsika	1	0	1
Strand	0	1	1

Tabelle 2.6: Anfragevektoren des Beispiels 2.18

te im zweidimensionalen Raum abgebildet. Als Ähnlichkeitsmaß wird zunächst das Kosinusmaß sim_{cos} verwendet. Die jeweiligen Ähnlichkeitswerte zwischen den Anfragen und den Dokumenten sind in Tabelle 2.7 dargestellt. In der Abbildung sind die Winkel beispielhaft zwischen dem zweiten Anfragepunkt und den drei Dokumenten dargestellt. Dabei gilt $\cos \alpha = 0,9487$, $\cos \beta = 0,6247$ und $\cos \gamma = 0,3162$.

sim_{cos}	$d1$	$d2$	$d3$
$q1$	0,3162	0,9487	0,7809
$q2$	0,9487	0,3162	0,6247
$q3$	0,8944	0,8944	0,9939

Tabelle 2.7: *Kosinusmaßwerte des Beispiels 2.18*

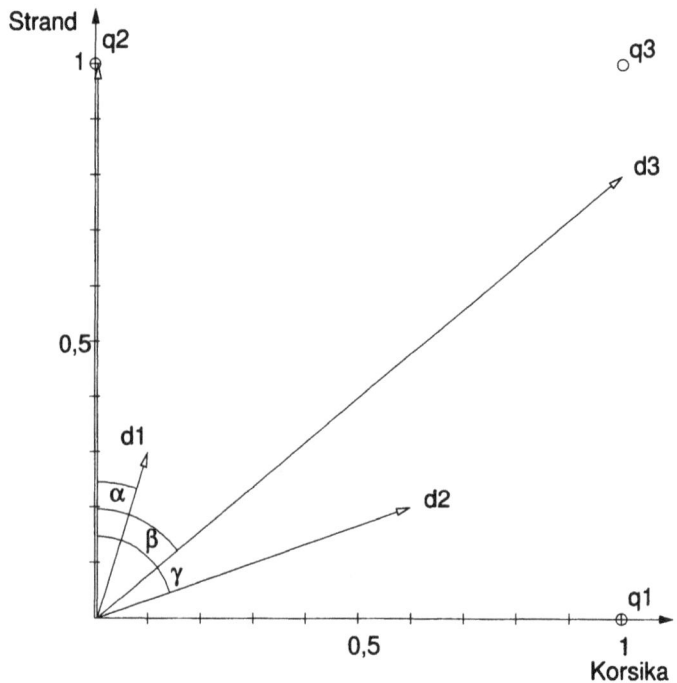

Abb. 2.3: *Winkel zwischen q2 und den Dokumenten*

Alternativ kann die Ähnlichkeit, oder genauer die Unähnlichkeit, mittels der euklidschen Distanzfunktion ermittelt werden. Tabelle 2.8 enthält die berechneten Distanzen zwischen den Anfrage- und den Dokumentpunkten.

Grafisch können die Distanzen durch Linien zwischen den Punkten dargestellt werden. Abbildung 2.4 illustriert die Distanzen zwischen den Dokumenten und der zweiten Anfrage. Dabei gilt $l1 = 0,7071, l2 = 1$ und $l3 = 1,0198$.

Diese beiden Maße sind unterschiedliche Maße in dem Sinn, dass sie unterschiedliche Anfrageergebnisse bezüglich der Dokumentensortierung erzeugen. Dies kann man sich leicht klar machen, da beim Kosinusmaß der

$dissim_{L_2}$	d1	d2	d3
q1	0,9487	0,4472	0,8
q2	0,7071	1	1,0198
q3	1,1402	0,8944	0,2

Tabelle 2.8: Distanzen zwischen q2 und den Dokumenten des Beispiels 2.18

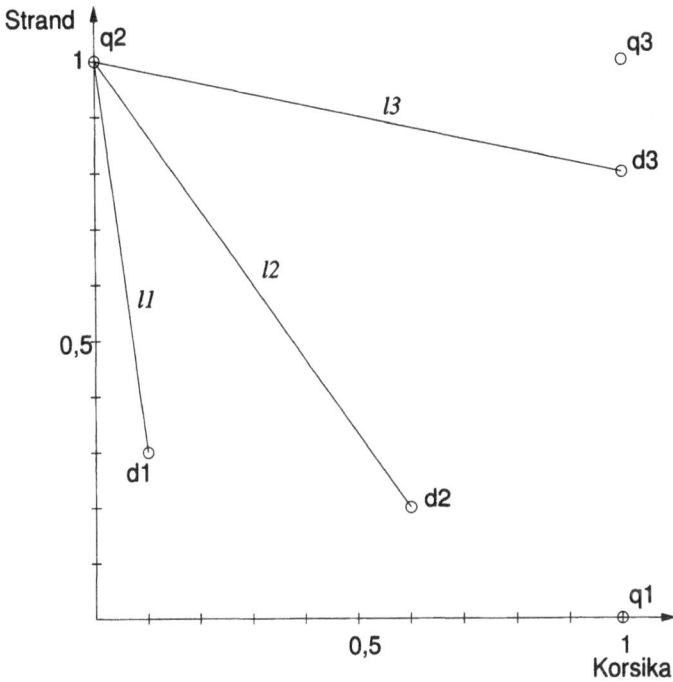

Abb. 2.4: Distanzen zwischen q3 und den Dokumenten

euklidsche Abstand der Vektoren vom Nullvektor im Gegensatz zur Ähnlichkeitsberechnung anhand einer Distanzfunktion keine Rolle spielt.

Wenn zum Beispiel die Dokumente mit abnehmender Ähnlichkeit zu $q2$ entsprechend dem Kosinusmaß berechnet werden, ergibt sich die Reihenfolge $\langle d1, d3, d2 \rangle$. Bei Verwendung der euklidschen Distanz lautet jedoch das Ergebnis $\langle d1, d2, d3 \rangle$. Die Frage, ob Dokument $d2$ oder $d3$ ähnlicher zur zweiten Anfrage ist, hängt damit von der Wahl des verwendeten Ähnlichkeitsmaßes ab. Für jede Anwendung muss das dafür geeignete Ähnlichkeitsmaß ermittelt werden.

Das Vektorraummodell als Retrieval-Modell ist aufgrund seiner Vielseitigkeit weit verbreitet. Es setzt jedoch eine feste Anzahl von Merkmalen, die als unterschiedliche Dimensionen behandelt werden, voraus. Für jedes Dokument müssen die entsprechenden Werte bekannt beziehungsweise extrahierbar sein.

Abhängigkeiten zwischen Dimensionen

In vielen Ähnlichkeitsmaßen werden die Dimensionen als voneinander unabhängig behandelt. Dies ist jedoch nicht in allen Szenarien der Fall. Häufig sind einzelne Dimensionen gerade nicht unabhängig voneinander. Außerdem ergeben sich Probleme, wenn die Anzahl der Dimensionen zu groß wird. Ein Ausweg ist die Reduktion der Dimensionsanzahl durch Überführung abhängiger Dimensionen in eine kleinere Anzahl unabhängiger Dimensionen. Dieses Problem wird in Kapitel 7 behandelt.

Kombination Fuzzy- und Vektorraummodell

Im Gegensatz zum booleschen und dem Fuzzy-Modell werden Anfragen selbst als Dokumente betrachtet. Damit können keine booleschen Junktoren bei der Anfrageformulierung verwendet werden. Jedoch kann das Fuzzy-Modell zur Erweiterung des Vektorraummodells um boolesche Junktoren verwendet werden.

2.3   Relevance Feedback

iterative Anfragemodifikation

In der Abbildung 2.1 auf Seite 21 wurde der vereinfachte Prozess der Informationssuche in einem Information-Retrieval-System skizziert. Dort wurde auch beschrieben, dass der Prozess häufig Iterationen enthält, in denen die Anfrage aufgrund von Nutzerinteraktionen verfeinert wird. Eine Anfragemodifikation wird notwendig, da häufig die erste Ergebnisliste für den Suchenden nicht zufriedenstellend ist. Gründe für dieses Problem können folgende sein:

- *vage Vorstellung über Suchergebnis:* Der Nutzer hat nur eine vage Vorstellung von dem, was er sucht und kann daher auch keine präzise Anfrage stellen. In diesem Fall kann natürlich ein IR-System keine guten Ergebnisse liefern.

  Wenn dem Nutzer die ersten, teilweise irrelevanten, Ergebnisdokumente präsentiert werden, bekommt er häufig eine genauere Vorstellung von dem gewünschten Resultat.

vage Vorstellung

Beispiel 2.19

Für einen Urlaub soll nach einem interessanten Urlaubsroman gesucht werden. Die Suche nach einem Buch liefert jedoch auch Kriminalromane zurück, die für einen Urlaub ungeeignet erscheinen. In einer zweiten Anfrage werden daher Kriminalromane explizit ausgeschlossen.

- *schlechte Anfrageformulierung:* Der Nutzer weiß zwar genau, was er sucht, ist aber nicht in der Lage, dies adäquat als Anfrage zu formulieren.

- *unbekannte Dokumentkollektion:* Der Nutzer kennt den Charakter der durch das IR-System verwalteten Dokumentkollektion nicht. Das heißt, er weiß nicht, worin sich innerhalb der Kollektion die relevanten Dokumente von den irrelevanten unterscheiden und damit, wie er unter den Dokumenten genau die richtigen Dokumente durch eine Anfrage ansprechen kann.

Beispiel 2.20

Wenn zum Beispiel ein Nutzer Text-Dokumente über Delfine sucht und das System enthält Dokumente nur allgemein über Tiere, ist der Suchterm „Delfin" sicher besser geeignet, als wenn das System ausschließlich Text-Dokumente über verschiedene Arten von Delfinen enthält.

Dokumente über Delfine suchen

- *keine relevanten Dokumente verfügbar:* Das System enthält keine Dokumente, die bezüglich der Anfrage relevant sind. Das Problem hierbei ist, dass der Nutzer nach der ersten Ergebnispräsentation oft nicht entscheiden kann, ob gar keine relevanten Dokumente verfügbar sind oder ob beispielsweise die Anfrage ungünstig formuliert wurde.

Prinzipiell gibt es verschiedene Möglichkeiten, wie ein Nutzer auf ein nicht zufriedenstellendes Ergebnis reagieren kann. Wenn man vom Abbruch der Suche absieht, stehen folgende Möglichkeiten zur Auswahl:

1. *Browsing:* Der Nutzer inspiziert sequentiell die Dokumentkollektion, um relevante Dokumente zu finden. Da die Anzahl der Dokumente in der Regel sehr hoch ist, ist ein solcher Ansatz nur in wenigen Fällen sinnvoll.

2. *manuelle Anfragemodifikation:* Der Nutzer modifiziert die Anfrage manuell. Manchmal ist nur ein Verschärfen oder ein Abschwächen der Anfrage nötig. In vielen Fällen ist jedoch ein komplexes Reformulieren der Anfrage vonnöten.

   In Beispiel 2.6 auf Seite 22 wurde eine Verschärfung und eine Abschwächung einer Anfrage bereits gezeigt.

3. *Relevance Feedback:* Hier nimmt das IR-System dem Nutzer die Modifikation der Anfrage ab. Grundlage dafür ist eine vom Nutzer vorgenommene Bewertung der Dokumente der Ergebnisliste entsprechend ihrer Relevanz zur Anfrage. Aufgrund dieser Informationen ist dann das System selbst in der Lage, die Anfrage entsprechend anzupassen.

In diesem Abschnitt soll die dritte Möglichkeit, also das Relevance Feedback, näher erläutert werden. Dieses recht komplexe Thema wird hier nur grundlegend eingeführt und die gängigste Variante, das Verfahren von Rocchio, vorgestellt.

Der Vorteil beim Relevance Feedback liegt darin begründet, dass der Anwender nicht selbst die Anfrage modifizieren muss, sondern dass ihm dies vom System abgenommen wird. Über mehrere Iterationsstufen wird die ursprüngliche Anfrage so weit verfeinert und modifiziert, bis das gewünschte Resultat gefunden wurde oder der Anwender die Suche erfolglos abbricht. Die Erfahrung zeigt, dass es oft einfacher ist, sich über mehrere Schritte mit geeigneten Rückkopplungsverfahren dem gewünschten Ergebnis anzunähern, anstatt dies mittels einer einzigen Anfrage zu versuchen.

Vorteile des Relevance Feedback

Der Anwender wird beim Relevance Feedback vom aufwändigen Modifizieren der Anfrage, was in der Regel tiefe Systemkenntnis erfordert, befreit. Statt dessen informiert der Anwender das System über die Relevanz der in einer vorherigen Iteration ermittelten Ergebnisse. Aus der Tatsache heraus, dass damit Relevanz-Informationen vom Nutzer zum System zurückfließen, ergibt sich der Begriff „Relevance Feedback".

Rückfluss von Relevanzinformationen

Beispiel 2.21

Anfragemodifikation durch Relevance Feedback

In der Tabelle 2.9 wird die prinzipielle Vorgehensweise demonstriert. Die erste Zeile enthält eine ideale aber dem Nutzer unbekannte Anfrage „q" mit den dazugehörigen, gesuchten Ergebnisdokumenten. Die Ergebnisdokumente sind bezüglich ihrer Relevanz absteigend sortiert. Die Anfrage und die Ergebnisse sind die Zieldaten des Suchprozesses und damit dem Nutzer vor der Suche nicht bekannt.

Der Nutzer startet mit der ersten, angenäherten Anfrage „q_0". Die erste Ergebnisliste wird hinter der Anfrage gezeigt. Leider enthält sie nicht die gewünschten Ergebnisse. Daher bewertet der Nutzer das Dokument „d_1" als relevant (+) und das Dokument „d_5" als irrelevant (–). Dokument „d_4" erhält keine Bewertung. Auf der Grundlage dieser Bewertungen findet das IR-System eine neue Anfrage, die Anfrage „q_1". Da auch die dazugehörigen Ergebnisdokumente nicht zufriedenstellend sind, werden sie bewertet und eine neue Anfrage automatisch ermittelt. Diese liefert dann das gewünschte Ergebnis und damit wird die Suche beendet. Obwohl Anfrage „q_2" ein akzeptiertes Ergebnis liefert, muss sie nicht identisch mit Anfrage „q" sein.

Anfrage	Ergebnisdokumente			
	1	**2**	**3**	$\cdots$
q	d_0	d_1	d_2	$\cdots$
q_0	d_4	d_1 (+)	d_5 (–)	$\cdots$
q_1	d_1 (+)	d_3 (+)	d_4 (–)	$\cdots$
q_2	d_3	d_1	d_0	$\cdots$

Tabelle 2.9: Demonstration von Relevanz Feedback

2.3.1 Bewertung von Ergebnisdokumenten

Im Folgenden soll genauer beschrieben werden, wie die Ergebnisdokumente bewertet werden können. Wir gehen davon aus, dass eine Ergebnisliste aufgrund einer Anfrage vorliegt und der Nutzer damit nicht zufrieden ist. Die Ergebnisdokumente liegen dem Nutzer entsprechend den systemermittelten Ähnlichkeitswerten sortiert vor. Beim Bewertungsprozess werden folgende Aspekte berücksichtigt:

Bewertung der Ergebnisdokumente

- *Anzahl der zu bewertenden Dokumente:* Für eine möglichst korrekte, systemseitige Anpassung der Anfrage sollte der Nutzer so viele Dokumente bewerten wie möglich. Auf der anderen Seite kann man dem Nutzer aber nicht zu viele Dokumentbewertungen zumuten. Die Anzahl sollte daher im Normalfall nicht über 10 Dokumenten liegen. Üblicherweise werden die Dokumente zuerst bewertet, die in der Reihenfolge vorn stehen, also vom System als besonders relevant zur vorherigen Anfrage berechnet wurden.

- *reduzierte Darstellung der Ergebnisdokumente:* Für eine Bewertung muss der Anwender die Dokumente inspizieren können. Da Dokumente aber sehr groß sein können und damit das Inspizieren sehr aufwändig sein kann, werden häufig die Ergebnisse in einer reduzierten Form präsentiert.

Beispiel 2.22

reduzierte Darstellung

Als reduzierte Darstellung werden bei Bilddokumenten häufig so genannte Thumbnails, das sind Miniaturbilder etwa in der Größe eines Daumennagels, und bei Text-Dokumenten Zusammenfassungen als Bewertungsgrundlage eingesetzt.

- *Art der Bewertung:* Hier gibt es verschiedene Möglichkeiten der Bewertung:

  - *relevant und keine Bewertung:* Der Nutzer markiert nur die für ihn relevanten Dokumente als relevant. Die nicht markierten Dokumente können jedoch sowohl relevant als auch irrelevant sein, erhalten also keine Bewertung.

  - *relevant, irrelevant und keine Bewertung:* Zusätzlich können einzelne Dokumente auch explizit als irrelevant eingestuft werden. In Beispiel 2.21 wurde dies demonstriert.

  - *gestufte Relevanzwerte:* Als weitere Verfeinerung können gestufte Relevanzwerte verwendet werden. Unter Verwendung einer Abbildungstabelle, wie zum Beispiel in Tabelle 2.10 dargestellt, lassen sich verschiedene Werte den Dokumenten bezüglich ihrer Relevanz zuordnen.

- *Bewertungsgranulat:* Bis jetzt sind wir davon ausgegangen, dass ein gesamtes Dokument bewertet wird. Genauere Informationen erhält das IR-System jedoch, wenn der Nutzer bezüglich verschiedener Dokumenteigenschaften unterschiedliche Bewertungen eines Dokumentes vornehmen kann. Nachteilig ist jedoch der erhöhte Bewertungsaufwand. Zu bewertende Eigenschaften können dabei sein:

  - *mehrere Anfrageobjekte:* Eine Anfrage gibt mehrere Anfrageobjekte an, zu denen gemeinsam die Ergebnisdokumente ähnlich sein sollen. Bei der Bewertung können den verschiedenen Anfrageobjekten Relevanzwerte zugeordnet werden.

  - *Ähnlichkeit aufgrund verschiedener Eigenschaftswerte:* Die Anfrage ist zwar nicht zusammengesetzt, berechnet sich jedoch auf der Grundlage verschiedener Eigenschaftswerte.

Bewertung bzgl.
verschiedener
Eigenschaften

Beispiel 2.23

Eine Bildähnlichkeit kann über Gestaltsmerkmale wie Kreisförmigkeit und Größe berechnet werden. Dementsprechend werden Dokumente in Bezug zu den einzelnen Merkmalen bewertet.

sehr irrelevant	irrelevant	neutral	relevant	sehr relevant
-3	-1	0	1	3

Tabelle 2.10: gestufte Relevanzwerte

Pseudorelevanz

Eine besondere, etwas umstrittene Variante der Relevanzbewertung ist die *Pseudorelevanz.* Im Gegensatz zur bis jetzt beschriebenen, manuellen Relevanzbewertung erfolgt bei der Pseudorelevanz eine automatische Bewertung. Grundlage dafür ist die Überlegung, dass weitere, für den Nutzer relevante Dokumente den vom System als am relevantesten eingestuften Dokumenten ähnlich sind. Die ersten Dokumente werden daher automatisch als relevant für den Nutzer eingestuft und als Grundlage für eine Anfragemodifikation genutzt.

Bewertung
Pseudorelevanz

Im Vergleich zur manuellen Bewertung schneidet die Pseudorelevanz natürlich schlechter ab. Der große Vorteil gegenüber der manuellen Bewertung liegt in der Entlastung des Nutzers. Experimente haben insgesamt belegt, dass Pseudorelevanz Vorteile gegenüber einer Suche ohne Relevance-Feedback-Mechanismus aufweist.

2.3.2   Auswertung von Bewertungen

Anhand einer Relevanzbewertung, ob nun manuell oder aufgrund einer Pseudorelevanz, müssen in einer nächsten Iteration bessere Ergebnisdokumente berechnet werden. In der obigen Einführung sind wir dabei von einer Modifikation der Anfrage ausgegangen. Tatsächlich können aber auf der Grundlage der Relevanzwerte automatisch bessere Ergebnisse durch folgende Maßnahmen gefunden werden:

- *Anfragemodifikation:* Hier wird die Anfrage selbst modifiziert. Dies entspricht der bis jetzt beschriebenen Form des Relevance Feedback.

- *Modifikation von Nutzerprofilen:* Einige IR-Systeme legen in so genannten Nutzerprofilen Informationen über Nutzer ab. Die Überlegung dabei ist, dass wenn dieselbe Anfrage von unterschiedlichen Nutzern gestellt wird, nicht unbedingt dasselbe Ergebnis gewünscht wird. Durch Profile wird der Subjektivität einer Suche Rechnung getragen. Profile beeinflussen den Suchprozess und lassen sich daher zur Anpassung der Suche anhand von Relevanzwerten ändern.

Beispiel 2.24

Als Nutzerprofile können in einem Text-Retrieval-System Nutzer durch eine Menge bestimmter Suchterme charakterisiert werden. Zum Beispiel interessiert sich ein Reisebüro immer für Ferienwohnungen. Für eine Suche nach Text-Dokumenten zu einer bestimmten Region fügt das System automatisch den Term „*Ferienwohnung*" hinzu.

Modifikation von Nutzerprofilen

- *Modifikation der Dokumentbeschreibungen:* Schlechte Suchergebnisse können durch ungünstige Dokumentbeschreibungen verursacht werden. Der Ansatz besteht hier in der Modifikation der Dokumentbeschreibungen. Allerdings ist dieser Aufwand für eine Suchsitzung in der Regel zu hoch, so dass diese Form des Relevance-Feedback-Mechanismus wenig Anwendung findet.

Beispiel 2.25

In einem Text-Retrieval-System werden Dokumente häufig durch Gewichte für Terme aus einem Indexierungsvokabular charakterisiert. Schlechte Nutzerbewertungen können durch eine Modifikation des Vokabulars oder der gewählten Gewichte behoben werden.

Modifikation der Dokumentbeschreibungen

- *Modifikation des Suchalgorithmus:* Prinzipiell kann auch der Suchalgorithmus entsprechend der Relevanzwerte angepasst werden.

Modifikation des
Suchalgorithmus

Beispiel 2.26

Im Vektorraum wird die Ähnlichkeit häufig mittels einer Distanz-funktion gemessen. Im Rahmen einer Iteration kann hier die ur-sprünglich verwendete Distanzfunktion durch eine andere ersetzt werden.

- *Modifikation von Anfragetermgewichten:* In zusammengesetzten Anfra-gen werden manchmal Gewichte eingesetzt, um den Einfluss verschiede-ner Anfrageterme festzulegen. Diese Gewichte können zur Berechnung einer besseren Ergebnisliste modifiziert werden.

Im Folgenden beschränken wir uns auf die Modifikation der Anfrage. Dabei muss das jeweilige zugrunde liegende IR-Modell betrachtet werden. Eine An-fragemodifikation im booleschen Modell gestaltet sich zum Beispiel anders als im Vektorraummodell. Bei einer booleschen Anfrage können Anfrageter-me explizit hinzugefügt, entfernt oder ausgetauscht werden. Im Vektorraum hingegen kann ein ähnlicher Effekt durch Modifikation der Termgewichte des Anfragevektors erzielt werden.

Anfragemodifikation
im booleschen
Modell und im
Vektorraummodell

Rocchio-Verfahren

Das Verfahren von Rocchio wurde für das Relevance Feedback auf Textdoku-menten entwickelt, lässt sich jedoch auch auf andere Medientypen übertragen. Das Verfahren modifiziert Termgewichte des Anfragevektors im Vektorraum-modell. Die Termgewichte relevanter Dokumente werden verstärkt und die Termgewichte irrelevanter Dokumente abgeschwächt. Damit verschiebt sich der Anfragepunkt innerhalb des Vektorraums in Richtung der relevanten Do-kumente von den irrelevanten Dokumenten weg.

Verschieben des
Anfragepunktes

Angenommen, die Menge „D_r" enthält alle bezüglich der Anfrage „q_{alt}" als relevant markierten Dokumente und „D_i" alle diesbezüglich irrelevanten Do-kumente. Die Anfrage und die Dokumente sind jeweils durch Vektoren darge-stellt. Mit Hilfe der folgenden Formel wird der Anfragevektor modifiziert:

$$q_{neu} = q_{alt} + \frac{\alpha}{|D_r|} \sum_{d_r \in D_r} d_r - \frac{\beta}{|D_i|} \sum_{d_i \in D_i} d_i \qquad (2.3)$$

„α" und „β" sind Koeffizienten und gewichten den Einfluss der relevanten und irrelevanten Dokumente. „$|D_r|$" und „$|D_i|$" drücken die Anzahl der Do-kumente in beiden Mengen aus.

Verschiebung des
Anfragepunkts nach
Rocchio

Beispiel 2.27

Als Beispiel führen wir das Beispiel 2.21 von Seite 40 fort. Dazu ist die Tabelle mit den Ergebnislisten und den Bewertungen noch einmal in Tabel-le 2.11 dargestellt. Zur vereinfachten Illustration verwenden wir nur zwei Dimensionen und sechs Dokumente, die durch Punkte in Abbildung 2.5 dargestellt sind. Der Anfragepunkt „q" ist der ideale Anfragepunkt, über den die gewünschten Dokumente als Punkte mit den geringsten Distanzen gefunden werden können.

Über zwei Schritte wird der Anfragepunkt bewegt. Wie man an diesem Beispiel schön sehen kann, bewegt sich der Anfragepunkt tatsächlich grob in Richtung des idealen Anfragepunktes. Die Koeffizienten „α" und „β" wurden auf die Werte 0,5 und 0,5 gesetzt.

Anfrage	Ergebnisdokumente			
	1	**2**	**3**	$\cdots$
q	d_0	d_1	d_2	$\cdots$
q_0	d_4	d_1 (+)	d_5 (−)	$\cdots$
q_1	d_1 (+)	d_3 (+)	d_4 (−)	$\cdots$
q_2	d_3	d_1	d_0	$\cdots$

Tabelle 2.11: Daten für Beispiel 2.27

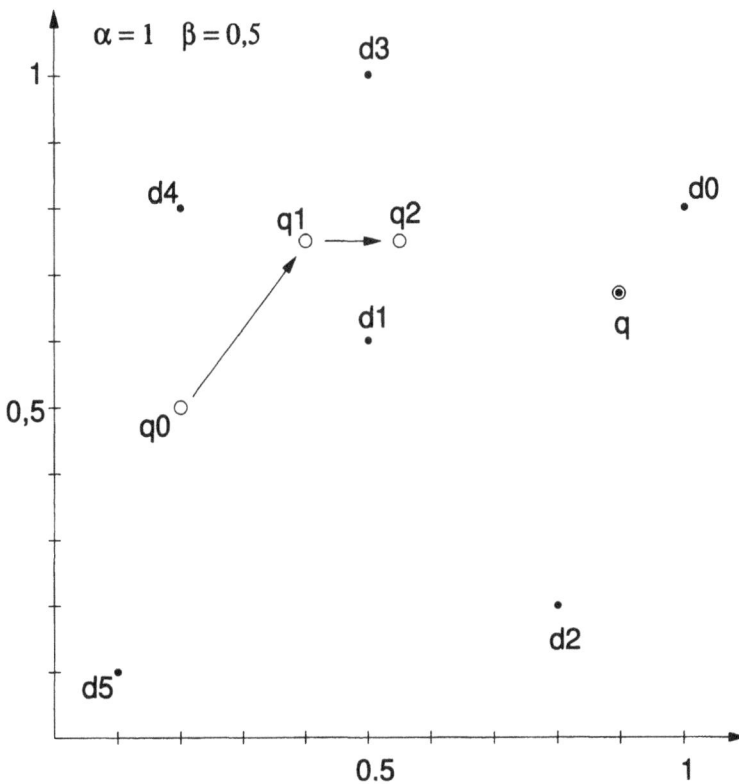

Abb. 2.5: Verschiebung des Anfragepunkts nach Rocchio

Wahl der Koeffizienten „α" und „β"

Eine wichtige Entscheidung ist die richtige Wahl der Koeffizienten „α" und „β". Gewöhnlicherweise ist die Information, die in den relevanten Dokumenten enthalten ist, wichtiger als die der irrelevanten Dokumente. Daher wird der Koeffizient „α" in der Regel größer als der Koeffizient „β" gewählt. Wenn nur relevante Dokumente verwendet werden sollen, kann „β" auf 0 gesetzt werden. Häufig befinden sich alle als irrelevant bewerteten Dokumente in allen Richtungen bezüglich des Anfragepunktes und heben sich damit beim Rocchio-Verfahren gegenseitig auf.

Bis jetzt wurden nur relevante und irrelevante Dokumente berücksichtigt. Die Formel kann leicht erweitert werden, um auch eine gestufte Bewertung nutzen zu können.

Relevance-Feedback-Prozess

Wenn angenommen wird, dass bewertete Dokumente im Laufe eines Relevance-Feedback-Prozesses ihre Bewertungen nicht mehr ändern, sollte aus nachvollziehbaren Gründen jedes Dokument höchstens einmal bewertet werden. Dies kann dadurch realisiert werden, dass bereits bewertete Dokumente nicht mehr in der Ergebnisliste der nächsten Iteration auftauchen. Damit jedoch als relevant markierte Dokumente nicht verschwinden, werden sie getrennt gesammelt und zusammen mit der endgültigen Ergebnisliste als Ergebnis präsentiert.

2.4   Bewertung von Retrieval-Systemen

Ein gutes Retrieval-System muss bestimmte Qualitätsmerkmale aufweisen. Verschiedene Systeme lassen sich anhand solcher Merkmale vergleichen. In diesem Abschnitt werden Merkmale und Verfahren vorgestellt, die für eine Bewertung von Retrieval-Systemen genutzt werden. Gleichzeitig dienen sie auch dazu, die Nützlichkeit von neuen Retrieval-Algorithmen und Verfahren der Dokumentdarstellung zu bewerten.

Bewertung auf verschiedenen Ebenen

Eine Anfrageformulierung läuft in verschiedenen Schritten ab. Zuerst liegt nur ein Informationsbedarf vor, der anschließend natürlichsprachlich und zuletzt als Anfrage formuliert wird. Die Bewertung eines Anfrageergebnis kann sich rückwirkend auf diese Formulierungsebenen beziehen:

1. *nicht formulierter Informationsbedarf*

2. *Informationsbedarf als natürlichsprachliche Frage*

3. *Informationsbedarf als Anfrage*

Aus dem Vergleich zwischen den Bewertungen der verschiedenen Ebenen lassen sich unterschiedliche Informationen ableiten:

- *Informationsbedarf versus Frage:* Bewertungsunterschiede zwischen diesen beiden oberen Ebenen weisen auf die mangelnde Fähigkeit des

Nutzers hin, einen Informationsbedarf adäquat als Frage formulieren zu können. In manchen Szenarien lässt sich manchmal sogar prinzipiell ein bestimmter Suchbedarf nicht explizit formulieren.

Das folgende Beispiel verdeutlicht dieses Problem.

Beispiel 2.28

Eine Personalabteilung sucht für eine Leitungsposition einen geeigneten Kandidaten. Informationen über verschiedene Bewerber liegen jeweils als Text-Dokumente vor. Obwohl die Personalabteilung relativ genaue Vorstellungen über die Eigenschaften eines geeigneten Kandidaten besitzt, ist sie häufig nicht in der Lage, diese als eindeutige Frage explizit zu formulieren.

schwierige Formulierung eines Informationsbedürfnisses

Da jedoch nicht die Fähigkeit eines Nutzer sondern ein Retrieval-System bewertet werden soll, wird im Folgenden dieser Aspekt nicht weiter verfolgt.

- *Frage versus Anfrage:* Bewertungsunterschiede weisen einerseits darauf hin, inwieweit auch hier ein Nutzer in der Lage ist, eine Frage als Anfrage zu formulieren. Andererseits zeigen sie auch an, wie gut ein Informationsbedürfnis in einer Anfragesprache überhaupt als Anfrage formuliert werden kann.

Prinzipiell können Dokumente auch subjektiv anhand ihrer *Nützlichkeit* bewertet werden. Unter Nützlichkeit wird hier verstanden, dass ein Dokument unabhängig von einer Anfrage nützliche Informationen enthält. Nützlichkeit ist also damit unabhängig gegenüber der Relevanz zu einer Anfrage. Nützliche Dokumente können sowohl relevant als auch irrelevant sein und relevante Dokumente sowohl nützlich als auch nutzlos sein.

Nützlichkeit

Beispiel 2.29

In einer Anfrage werden Text-Dokumente über Urlaubsmöglichkeiten in Korsika gesucht. Dabei können vom Retrieval-System Dokumente über Napoleon geliefert werden, die zwar für den Fragenden nützlich, aber nicht relevant bezüglich der Anfrage sind. Ebenso ist es möglich, dass das System relevante Dokumente über Urlaubsmöglichkeiten in Korsika liefert, die aber nutzlos sind, da diese Dokumente veraltet und damit nicht mehr gültig sind.

Nützlichkeit von Dokumenten

Die subjektive Bewertung der Nützlichkeit wird hier nicht weiter vertieft. Statt dessen werden im Folgenden Qualitätsmaße diskutiert, die auf der Grundlage der Relevanz von Dokumenten gegenüber einer oder mehrerer Anfragen berechnet werden.

2.4.1   Precision, Recall und Fallout

relevante und
irrelevante
Dokumente

Eine vom Nutzer vorgenommene Relevanzbewertung kann mit unterschiedlichen Stufen der Genauigkeit erfolgen, wie sie in Abschnitt 2.3 auf Seite 38 vorgestellt wurden. Zur Vereinfachung unterscheiden wir im Folgenden nur relevante und irrelevante Dokumente. Weiterhin vernachlässigen wir zunächst den Fakt, dass ein Retrieval-Systen eine sortierte Liste von Dokumenten zurückliefert. Vereinfacht gehen wir von einer Menge von Dokumenten aus, die vom Retrieval-System bezüglich einer Anfrage als relevant zurückgegeben wird.

Menge von
Dokumenten

Für die Bewertung des Retrieval-Systems ist die Anzahl fehlerhafter Relevanzzuordnungen wichtig. Wir unterscheiden die beiden folgenden Fehlerarten:

- *false alarms* bezeichnet diejenigen Dokumente, die vom Retrieval-System irrtümlicherweise als relevant zurückgeliefert wurden.

- *false dismissals* sind Dokumente, die fälschlicherweise vom Retrieval-System als irrelevant eingestuft wurden und damit im Ergebnis nicht erscheinen.

correct alarms
correct dismissals

Werte einer erfolgten
Suche

Diesen fehlerhaften Relevanzzuordnungen stehen die korrekten Zuordnungen „*correct alarms*" und „*correct dismissals*"[6] gegenüber. Auf der Grundlage der Häufigkeiten der fehlerhaft beziehungsweise korrekt zugeordneten Dokumente lassen sich verschiedene Maße ableiten. Dabei verwenden wir die in Tabelle 2.12 dargestellten Variablen. Deren Werte stehen für die Anzahl der Dokumente, für welche die entsprechenden Bewertungen vom System und Nutzer zutreffen. Die Variable „fa" steht für die Anzahl der „false alarms" , „ca" für die Anzahl der correct alarms, „cd" für die Anzahl der „correct dismissals" und „fd" für die Anzahl der „false dismissals".

Nutzer-	Systembewertung	
bewertung	relevant	irrelevant
relevant	ca	fd
irrelevant	fa	cd

Tabelle 2.12: Variablen zur Bewertung von IR-Systemen

Diese Variablen gelten jeweils gegenüber einer Anfrage q und müssten daher mit einem Index „q" versehen werden. Der Einfachheit halber wird im Folgenden jedoch darauf verzichtet. In Abbildung 2.6 wird dargestellt, welche Variablen zu welchen Mengen in der Euler-Venn-Notation korrespondieren. Es

---

[6]Statt der Begriffe „false alarms", „false dismissals", „correct alarms" und „correct dismissals" werden häufig die entsprechenden Dokumente als „*falsch-positiv*", „*falsch-negativ*", „*richtig-positiv*" und „*richtig-negativ*" bezeichnet.

gelten folgende Beziehungen:

$$|\text{gesuchte Ergebnismenge}| = \text{fd} + \text{ca}$$
$$|\text{berechnete Ergebnismenge}| = \text{ca} + \text{fa}$$
$$|\text{Dokumentkollektion}| = \text{fd} + \text{ca} + \text{fa} + \text{cd}$$

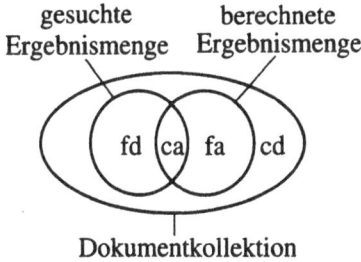

Abb. 2.6: *Bewertungsvariablen*

Die Summe der Variablen „fd" und „ca" (correct alarms) entspricht der Anzahl der Dokumente, die vom Anwender als relevant bewertet würden, und die Summe aus „ca" und „fa" ist die Anzahl der vom System als relevant bewerteten Dokumente. Das Optimum ist sicherlich erreicht, wenn beide Mengen identisch sind, das heißt, wenn weder „false alarms" noch „false dismissals" auftreten. Das Qualitätsmaß *Precision* beschreibt, wie gut das Retrieval-System „false alarms" und das Qualitätsmaß Recall, wie gut das System „false dismissals" verhindert.

Precision „P_q" ist der Anteil der tatsächlich relevanten Dokumente innerhalb der vom System als relevant eingestuften Dokumente gegenüber einer Anfrage q: *Precision*

$$P_q = \frac{ca}{ca + fa} \tag{2.4}$$

Das Qualitätsmaß *Recall* „R_q" bezüglich einer Anfrage q hingegen ist der Anteil der zurückgelieferten Dokumentmenge innerhalb der für den Nutzer relevanten Dokumentmenge: *Recall*

$$R_q = \frac{ca}{ca + fd} \tag{2.5}$$

Beide Werte bewegen sich im Intervall $R_q, P_q \in [0..1]$ und werden häufig als Prozentwerte, also innerhalb 0 und 100 Prozent angegeben.

Ein drittes Qualitätsmaß ist das Fallout-Maß. Es gibt das Verhältnis der Anzahl *Fallout* von fälschlicherweise gefundenden Dokumenten zu der Gesamtanzahl irrelevanter Dokumente an:

$$F_q = \frac{fa}{fa + cd} \tag{2.6}$$

Diese Maß ist verwandt mit dem Recall-Maß, da es die komplementären, also die irrelevanten Dokumente als Berechnungsgrundlage verwendet. Für ein gutes Retrieval-System sollte der Fallout-Wert gegen Null streben.

Als Relevanz haben wir bis jetzt Relevanz aus Nutzersicht und aus Systemsicht unterschieden. Wenn wir im Folgenden den Begriff „Relevanz" ohne genauere Angabe der Sicht verwenden, ist damit die Relevanz aus der Sicht des Nutzers gemeint.

Ermittlung von „fd"
und „ca"

Weiterhin sind wir davon ausgegangen, dass die erforderlichen Werte bekannt sind. Tatsächlich sind vom System direkt nur die Gesamtanzahl der Dokumente (fa+fd+ca+cd) und die Anzahl der vom System bezüglich der Anfrage berechneten Dokumente (ca+fa) bekannt. Die Ermittlung der Werte für die Variablen „fd" und „ca" hingegen erfordert eine vom Nutzer vorgenommene Relevanzbewertung. Während der Wert für „ca" durch Bewertung der Ergebnisdokumente relativ leicht ermittelt werden kann, gestaltet sich die Ermittlung des Wertes der Variablen „fd" ungleich schwieriger. Das liegt daran, dass die Menge aller Dokumente in der Regel erheblich größer als die zurückgelieferte Dokumentmenge ist. Zur Ermittlung von „fd" müssen alle nicht im Ergebnis erscheinenden Dokumente vom Nutzer bewertet werden. Da dies für viele Dokumentkollektionen nicht praktikabel ist, beschränkt man sich häufig bei der Ermittlung des Recall-Wertes auf eine kleine Testdokumentmenge, die möglichst repräsentativ für eine große Dokumentkollektion sein sollte.

durchschnittliche
Precision- und
Recall-Werte

Bis jetzt wurden die Precision- und Recall-Werte nur anhand *einer* Anfrage ermittelt. Interessanter sind diese Maße jedoch, wenn sie unabhängig von einer Anfrage sind. Für die konkrete Messung werden daher die Precision- und Recall-Werte für eine bestimmte Menge von Anfragen ermittelt und anschließend die entsprechenden Durchschnittswerte „P" und „R" berechnet.

Precision und Recall

Beispiel 2.30

In einer Testreihe werden bezüglich einer Kollektion von 20 Dokumenten die Ergebnisse zweier Anfragen ermittelt. Beide Male werden jeweils 10 Dokumente vom System zurückgeliefert. Von diesen 10 Dokumenten sind bei der ersten Anfrage nur zwei Dokumente wirklich relevant und bei der zweiten Anfrage 8 Dokumente. In der jeweiligen Menge der nicht zurückgelieferten Dokumente befinden sich bei der ersten Anfrage noch 6 relevante und bei der zweiten Anfrage zwei relevante Dokumente. In Tabelle 2.13 sind die jeweiligen Werte mit den berechneten Precision- und

Recall-Werten dargestellt. Da in der ersten Anfrage mehr false alarms aufgetreten sind, ist der Precision-Wert der ersten Anfrage niedriger. Auch die Anzahl der false dismissals ist in der ersten Anfrage höher, was sich in dem ebenfalls niedrigeren Recall-Wert niederschlägt. In der ersten Anfrage ist der Anteil der irrelevanten, gefundenen Dokumente, also „fa", bezüglich aller irrelevanten Dokumente, also „fa + cd" größer als in der zweiten Anfrage. Daher ist der Fallout-Wert für die erste Anfrage höher als für die zweite Anfrage.

Der durchschnittliche Precision-Wert beträgt 50 Prozent, der durchschnittliche Recall-Wert 52,5 Prozent und der durchschnittliche Fallout-Wert 43 Prozent. Für zuverlässigere Durchschnittswerte sind natürlich erheblich mehr als zwei Anfragen notwendig.

Anfrage	fa	ca	fd	cd	Precision	Recall	Fallout
q_1	8	2	6	4	20%	25%	66%
q_2	2	8	2	8	80%	80%	20%
Durchschnitt	–	–	–	–	50%	52,5%	43%

Tabelle 2.13: *Variablenwerte für Beispiel 2.30*

Anhand von Precision- und Recall-Werten lassen sich nun verschiedene Retrieval-Systeme vergleichen. Dabei stellt sich die Frage, welches Qualitätsmaß wichtiger ist, Precision oder Recall. Diese Frage läßt sich leider nicht so einfach beantworten. Üblicherweise müssen beide Werte gleichermaßen betrachtet werden. Dies ergibt sich aus der folgenden Überlegung: Wenn ein System nur nach dem Precision-Wert optimiert wird, sind möglichst kleine Ergebnismengen, die mindestens ein relevantes Dokument enthalten, sinnvoll. Als Extremfall erhält man nur ein Dokument, welches dann relevant ist. Der Precisions-Wert beträgt damit 100 Prozent während aber gleichzeitig der Recall-Wert sehr niedrig ist. In vielen Anwendungen ist man aber mit nur einem relevanten Dokument nicht zufrieden, sondern will möglichst viele oder sogar alle relevanten Dokumente erhalten.

Precision versus Recall

hoher Precision-Wert und kleine Ergebnismenge

Optimiert man ein System hingegen bezüglich des Recall-Wertes, kann dies leicht erreicht werden, indem immer die gesamte Dokumentkollektion zurückgeliefert wird. Damit beträgt der Recall-Wert immer 100 Prozent, obwohl dieses Ergebnis in der Regel nutzlos ist. Der Wert für die Precision ist in diesem Extremfall sehr niedrig.

hoher Recall-Wert und große Ergebnismenge

Wie gezeigt wurde, sind die Werte „fa", „ca", „fd" und „cd" abhängig von der Anzahl der Ergebnisdokumente. Daher werden diese Werte oft auch als Funktionen „fa(r)", „ca(r)", „fd(r)" und „cd(r)" über der Ergebnisdokumentanzahl „r" notiert. Dementsprechend werden Precision, Recall und Fallout ebenfalls als Funktionen „P(r)", „R(r)" und „F(r)" über „r" dargestellt.

2.4.2 Kombinierte Precision- und Recall-Werte

Precision-Recall-
Diagramm

Die Abhängigkeit des Precision- und Recall-Wertes von der Größe der Ergebnismenge kann in Form einer Linie in einem Precision-Recall-Diagramm dargestellt werden. Wenn Precision-Recall-Paare durch inkrementelles Vergrößern der Ergebnismenge ermittelt werden, kann man mit jedem neuen Dokument genau zwei Varianten unterscheiden:

- *relevantes Dokument:* In diesem Fall erhöhen sich die Precision- und Recall-Werte:

$$P_q(r+1) = \frac{ca(r)+1}{ca(r)+fa(r)+1}$$
$$R_q(r+1) = \frac{ca(r)+1}{ca(r)+fd(r)}$$

- *irrelevantes Dokument:* Hier verringert sich der Precision-Wert während der Recall-Wert sich nicht ändert:

$$P_q(r+1) = \frac{ca(r)}{ca(r)+fa(r)+1}$$
$$R_q(r+1) = R_q(r)$$

Das folgende Beispiel demonstriert die Abhängigkeit der Precision- und Recall-Werte von der Größe der Ergebnismenge.

Precision-Recall-
Werte

Beispiel 2.31

Eine Dokumentkollektion enthält 20 Dokumente. Bezüglich einer Anfrage q_1 seien die folgenden Dokumente relevant:

$$\{d_2, d_3, d_5, d_8, d_{13}\}$$

Ein Retrieval-System S_1 liefert als Ergebnis zu der Anfrage die folgende sortierte Liste von Dokumenten zurück:

$$\langle d_3, d_7, d_5, d_{13}, d_1, d_9, d_{12}, d_8, d_2, d_{16} \rangle$$

Ein zweites System S_2 mit derselben Dokumentkollektion und Anfrage liefert:

$$\langle d_{13}, d_2, d_7, d_6, d_8, d_5, d_1, d_3, d_{12}, d_{16} \rangle$$

An ein drittes Retrieval-System S_3 wird eine andere Anfrage q_2 gestellt, bei der die folgenden Dokumente vom Nutzer als relevant eingeschätzt wurden:

$$\{d_1, d_3, d_8\}$$

Als Suchergebnis liefert das System die folgende Liste von Dokumenten:

$$\langle d_2, d_4, d_9, d_8, d_{10}, d_1, d_6, d_3, d_{11}, d_0 \rangle$$

Wenn für eine steigende Anzahl von Ergebnisdokumenten die Precision- und Recall-Werte entsprechend der Sortierreihenfolge ermittelt werden, ergeben sich die in Tabelle 2.14 dargestellten Werte und die in Abbildung 2.7 abgebildeten Verläufe.

Anzahl	1	2	3	4	5	6	7	8	9	10
P_1	$\frac{1}{1}$	$\frac{1}{2}$	$\frac{2}{3}$	$\frac{3}{4}$	$\frac{3}{5}$	$\frac{3}{6}$	$\frac{3}{7}$	$\frac{4}{8}$	$\frac{5}{9}$	$\frac{5}{10}$
R_1	$\frac{1}{5}$	$\frac{1}{5}$	$\frac{2}{5}$	$\frac{3}{5}$	$\frac{3}{5}$	$\frac{3}{5}$	$\frac{3}{5}$	$\frac{4}{5}$	$\frac{5}{5}$	$\frac{5}{5}$
P_2	$\frac{1}{1}$	$\frac{2}{2}$	$\frac{2}{3}$	$\frac{2}{4}$	$\frac{3}{5}$	$\frac{4}{6}$	$\frac{4}{7}$	$\frac{5}{8}$	$\frac{5}{9}$	$\frac{5}{10}$
R_2	$\frac{1}{5}$	$\frac{2}{5}$	$\frac{2}{5}$	$\frac{2}{5}$	$\frac{3}{5}$	$\frac{4}{5}$	$\frac{4}{5}$	$\frac{5}{5}$	$\frac{5}{5}$	$\frac{5}{5}$
P_3	$\frac{0}{1}$	$\frac{0}{2}$	$\frac{0}{3}$	$\frac{1}{4}$	$\frac{1}{5}$	$\frac{2}{6}$	$\frac{2}{7}$	$\frac{3}{8}$	$\frac{3}{9}$	$\frac{3}{10}$
R_3	$\frac{0}{3}$	$\frac{0}{3}$	$\frac{0}{3}$	$\frac{1}{3}$	$\frac{1}{3}$	$\frac{2}{3}$	$\frac{2}{3}$	$\frac{3}{3}$	$\frac{3}{3}$	$\frac{3}{3}$

Tabelle 2.14: *Precision-Recall-Paare für Beispiel 2.31*

Wie man in dem Beispiel gesehen hat, entstehen bei der grafischen Darstellung der Precision-Recall-Werte Sägezahnlinien. Eine bessere Darstellung der Qualität eines Retrieval-Systems erhält man, wenn die Precision als eine Funktion der Recall-Werte dargestellt wird. Da jedoch für einen Recall-Wert mehrere Precision-Werte existieren können, werden in solchen Fällen immer die ersten Precision-Werte, also die größten Werte verwendet.

Sägezahnlinie

Precision als Funktion

Die Precision-Recall-Werte des Beispiels 2.31 sind in Abbildung 2.8 als Funktionsgraphen dargestellt. Der Funktionsgraph eines optimalen Retrieval-Systems entspricht einer horizontalen 100%-Precision-Linie für alle Recall-Werte.

optimales Retrieval-System

Anhand von solchen Funktionsverläufen lassen sich Retrieval-Systeme miteinander vergleichen. Dabei ist ein Retrieval System um so besser, je mehr der Funktionsverlauf dem des optimalen Retrieval-Systems entspricht. Einfach ist der Vergleich, wenn zwei Precision-Recall-Funktionen sich nicht schneiden. Dann ist das System besser, dessen Funktionsgraph näher zu dem des optimalen Systems verläuft.

Vergleich anhand von Precision-Funktionsgraphen

Beispiel 2.32

In unserem Beispiel sind die Systeme 1 und 2 besser als das System 3. Die Überschneidung der Funktionen von System 1 und 2 bedeutet, dass in Abhängigkeit vom Recall-Wert das eine oder das andere Retrieval-System bessere Precision-Werte aufweist.

Vergleich von Retrieval-Systemen

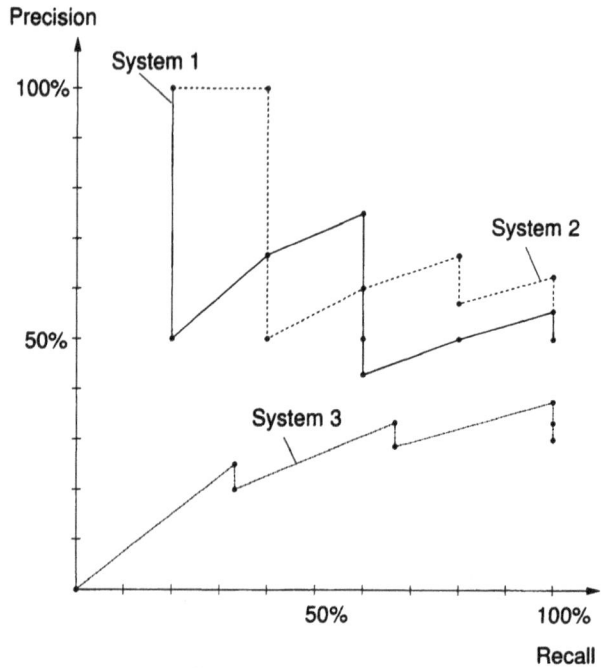

Abb. 2.7: *Precision-Recall-Verläufe von Beispiel 2.31*

unterschiedliche Recall-Werte

Wenn man die Funktion des Systems 3 mit der Funktion des ersten und zweiten Systems vergleicht, fallen die unterschiedlichen Recall-Werte auf. Dies liegt an der bei den Tests verwendeten unterschiedlichen Anzahl von relevanten Dokumenten. Um beim Vergleich von Systemen unabhängig von der Anzahl der relevanten Dokumente zu sein, werden in der Regel Precision-Werte nur für bestimmte Recall-Stufen dargestellt. Üblich sind 11 Standard-Recall-Stufen, nämlich 0%, 10%, 20%, ..., 100%. Da nicht immer an diesen vorgegebenen Stufen exakt ein Precision-Wert vorliegt, wird dieser Wert nach der folgenden Formel aus dem jeweiligen Intervall ermittelt, wobei zur Unterscheidung r_j^S die j-te Stufe der 11 Stufen mit $j \in \{0, 1, 2, ..., 10\}$ und r_i die ursprünglichen Recall-Stufen bezeichnen:

Standard-Recall-Stufen

$$P(r_j^S) = \begin{cases} P(r_{j-1}^S) : \forall r_i : r_i < r_j^S \vee r_i \geq r_{j+1}^S \\ max\{P(r_i) \mid r_j^S \leq r_i < r_{j+1}^S\} : \text{sonst} \end{cases}$$

Diese Formel ermittelt, sofern Precision-Werte im j-ten Intervall vorhanden sind, deren Maximum. Existiert kein Wert im Intervall, dann wird der Wert des vorherigen Intervalls rekursiv verwendet. Wendet man diese Formel auf unser Beispiel an, ergeben sich die Funktionsverläufe, wie sie in Abbildung 2.9 dargestellt sind. Wie die Funktionsgraphen der ersten beiden Systeme zeigen, sind die Precision-Werte erst ab Recall-Stufe 20% definiert.

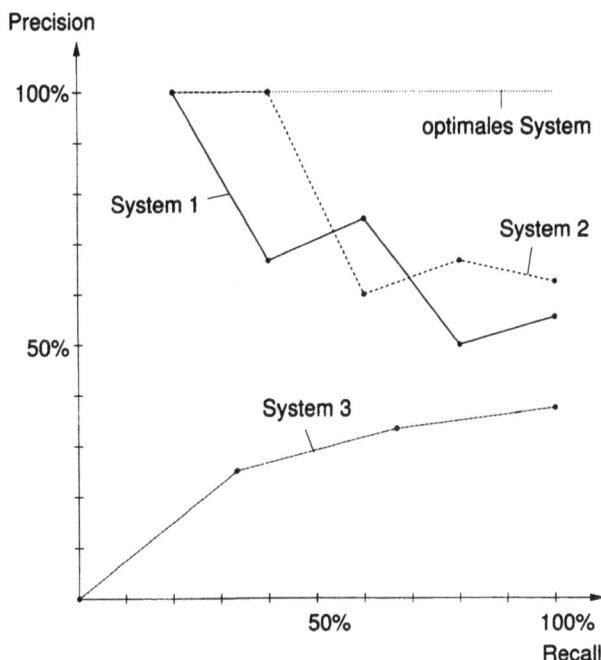

Abb. 2.8: *Precision-Recall-Funktionen von Beispiel 2.31*

Alternativ kann zur Erzeugung einer Funktion $\mathcal{P}(r)$ aus den ursprünglichen Precision-Recall-Wertepaaren zu jedem beliebigen Recall-Wert das Maximum der nachfolgenden Precision-Werte verwendet werden:

Alternative Precision-Funktion über Recall

$$\mathcal{P}(recall) = \max\{P(r)|R(r) \geq recall\}$$

Grafisch sind die Funktionen unseres Beispiels in Abbildung 2.10 dargestellt.

Wie oben beschrieben, lassen sich nun anhand der 11 Standard-Recall-Stufen zwei Retrieval-Systeme in Abhängigkeit von einheitlichen Recall-Stufen miteinander vergleichen. Ist ein von Recall-Stufen unabhängiger Vergleich gewünscht, können die Durchschnitte der Precision-Werte über die Recall-Stufen verwendet werden.

durchschnittliche Precision

Beispiel 2.33

Systemvergleich anhand einheitlicher Recall-Stufen

In unserem Beispiel ergeben sich für die Systeme 1, 2 und 3 die durchschnittlichen Precision-Werte 71, 79,5 und 22,3 Prozent. welches die Überlegenheit des zweiten Systems anhand jeweils eines Wertes anzeigt.

Damit können Precision-Werte auf zwei unterschiedliche Weisen aggregiert werden. Zum einen kann der Durchschnitt der Precision-Werte über mehrere

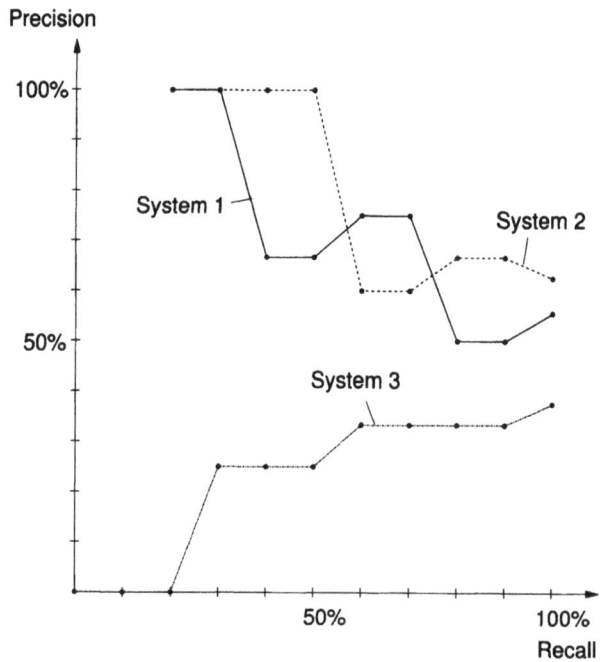

Abb. 2.9: *Precision-Recall-Funktionen von Beispiel 2.31 an einheitlichen Recall-Stufen*

Durchschnitt über Anfragen und Recall-Stufen

Anfragen berechnet werden, um eine Unabhängigkeit von speziellen Anfragen zu erhalten. Und zum anderen erreicht man eine Unabhängigkeit von Recall-Stufen durch die Berechnung des Durchschnitts über den Stufen. Ist eine Unabhängigkeit von beiden Merkmalen gewünscht, können zuerst für unterschiedliche Anfragen die Recall-Durchschnitte berechnet und anschließend zu einem Durchschnittswert über alle Recall-Stufen zusammengefasst werden.

2.4.3 Precision- und Recall-Werte abhängig von der Ergebnisgröße

Bis jetzt wurden Verfahren vorgestellt, mit denen Retrieval-Systeme durch Verwendung von Precision-Werten für bestimmte Recall-Werte verglichen werden können. Auf Seite 50 wurden jedoch Probleme beim Ermitteln von Recall-Werten beschrieben. Um die Berechnung von Recall-Werten zu vermeiden, können daher die Precision-Werte auch in Abhängigkeit von der Dokumentanzahl der jeweiligen Ergebnismengen ermittelt werden.

Precision abhängig von Ergebnisgrößen

Beispiel 2.34

Werden die Precision-Werte in Abhängigkeit von der Ergebnisgröße in unserem eingeführten Beispiel verwendet, lassen sich direkt die Zeilen P_1, P_2

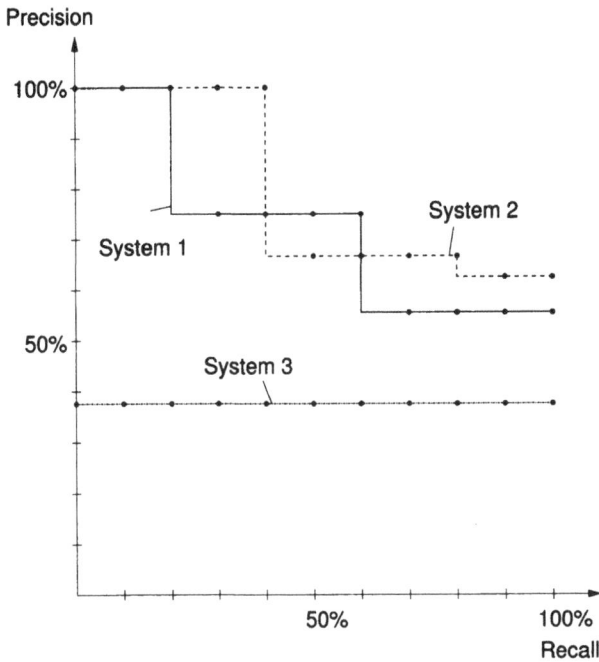

Abb. 2.10: *Alternative Precision-Recall-Funktionen von Beispiel 2.31 an einheitlichen Recall-Stufen*

und P_3 der Tabelle 2.14 auf Seite 53 nutzen. Diese sind in Abbildung 2.11 als Funktionsgraphen dargestellt. Im Vergleich zu Abbildung 2.7 werden hier sozusagen die Sägezahnlinien auseinandergezogen.

Da bei einer Suche der Nutzer hauptsächlich auf die ersten Ergebnisdokumente fokussiert ist, sollten besonders diese hohe Precision-Werte aufweisen.

Ein weiteres Maß, welches auf der Abhängigkeit von der Ergebnisgröße auf-baut, ist das *harmonische Mittel* $HM(r)$. Dieses Maß mittelt die Precision- und Recall-Werte für bestimmte Ergebnisgrößen r: *harmonisches Mittel*

$$HM(r) = \frac{2}{\frac{1}{R(r)} + \frac{1}{P(r)}}$$

Beispiel 2.35 *harmonisches Mittel*

Die Werte des harmonischen Mittels unseres Beispiels sind in Tabelle 2.15 und die korrespondierenden Funktionsgraphen in Abbildung 2.12 darge-stellt.

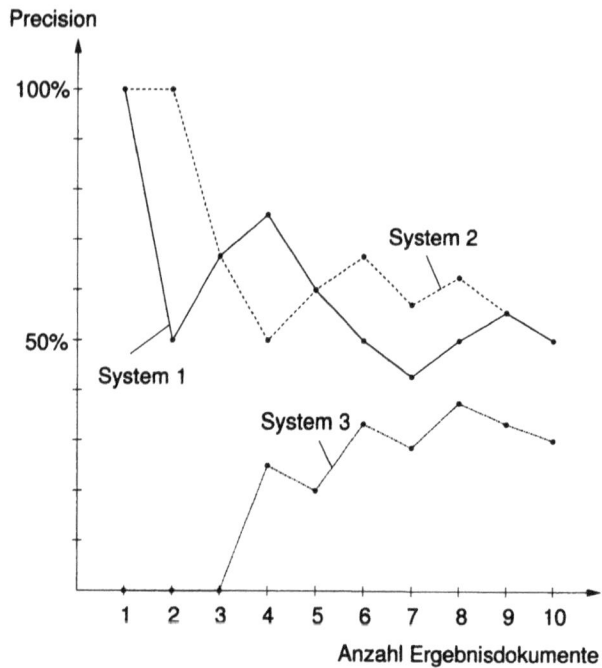

Abb. 2.11: *Precision-Werte in Abhängigkeit von der Anzahl an Ergebnisdokumenten aus Beispiel 2.31*

Der Vorteil bei der Verwendung des harmonischen Mittels liegt in der Kombination der Precision- und Recall-Werte. Harmonische Mittelwerte in der Nähe von 100% zeigen ein gutes Retrieval-System an.

Der Vergleich von Retrieval-Systemen auf der Grundlage von Precision- und Recall-Werten ist weit verbreitet. Jedoch kann, wie bereits erklärt, der Recall-Wert oft nicht effizient und korrekt ermittelt werden. Weiterhin decken beide Maße nicht immer alle gewünschten Eigenschaften eines Retrieval-Systems ab. Aus diesem Grund gibt es eine Reihe spezieller, auf bestimmte Eigenschaften zugeschnittener Maße, die hier jedoch für eine Erörterung zu speziell sind.

2.5   Nutzerprofile

Bei der Beschreibung der Suche in Retrieval-Systemen haben wir bis jetzt Unterschiede einzelner Anwender nicht berücksichtigt. Wir sind von einem homogenen Nutzerverhalten ausgegangen, bei denen sich viele Nutzer in ihrem Verhalten kaum unterscheiden. Daher war es bislang unnötig, Informationen über Nutzer im Retrieval-System zu verwalten. Es gibt jedoch Szenarien, bei denen einzelne Personen regelmäßig ein Retrieval-System verwenden und sich in ihren Nutzerverhalten untereinander unterscheiden. In solchen Szenarien bringt

homogenes versus heterogenes Suchverhalten

#	1	2	3	4	5	6	7	8	9	10
P_1	$\frac{1}{1}$	$\frac{1}{2}$	$\frac{2}{3}$	$\frac{3}{4}$	$\frac{3}{5}$	$\frac{3}{6}$	$\frac{3}{7}$	$\frac{4}{8}$	$\frac{5}{9}$	$\frac{5}{10}$
R_1	$\frac{1}{5}$	$\frac{1}{5}$	$\frac{2}{5}$	$\frac{3}{5}$	$\frac{3}{5}$	$\frac{3}{5}$	$\frac{3}{5}$	$\frac{4}{5}$	$\frac{5}{5}$	$\frac{5}{5}$
HM_1	$\frac{2}{6}$	$\frac{2}{7}$	$\frac{4}{8}$	$\frac{6}{9}$	$\frac{6}{10}$	$\frac{6}{11}$	$\frac{6}{12}$	$\frac{8}{13}$	$\frac{10}{14}$	$\frac{10}{15}$
P_2	$\frac{1}{1}$	$\frac{2}{2}$	$\frac{2}{3}$	$\frac{2}{4}$	$\frac{3}{5}$	$\frac{4}{6}$	$\frac{4}{7}$	$\frac{5}{8}$	$\frac{5}{9}$	$\frac{5}{10}$
R_2	$\frac{1}{5}$	$\frac{2}{5}$	$\frac{2}{5}$	$\frac{2}{5}$	$\frac{3}{5}$	$\frac{4}{5}$	$\frac{4}{5}$	$\frac{5}{5}$	$\frac{5}{5}$	$\frac{5}{5}$
HM_2	$\frac{2}{6}$	$\frac{4}{7}$	$\frac{4}{8}$	$\frac{4}{9}$	$\frac{6}{10}$	$\frac{8}{11}$	$\frac{8}{12}$	$\frac{10}{13}$	$\frac{10}{14}$	$\frac{10}{15}$
P_3	$\frac{0}{1}$	$\frac{0}{2}$	$\frac{0}{3}$	$\frac{1}{4}$	$\frac{1}{5}$	$\frac{2}{6}$	$\frac{2}{7}$	$\frac{3}{8}$	$\frac{3}{9}$	$\frac{3}{10}$
R_3	$\frac{0}{3}$	$\frac{0}{3}$	$\frac{0}{3}$	$\frac{1}{3}$	$\frac{1}{3}$	$\frac{2}{3}$	$\frac{2}{3}$	$\frac{3}{3}$	$\frac{3}{3}$	$\frac{3}{3}$
HM_3	0	0	0	$\frac{2}{7}$	$\frac{2}{8}$	$\frac{4}{9}$	$\frac{4}{10}$	$\frac{6}{11}$	$\frac{6}{12}$	$\frac{6}{13}$

Tabelle 2.15: *Harmonisches Mittel für Beispiel 2.31*

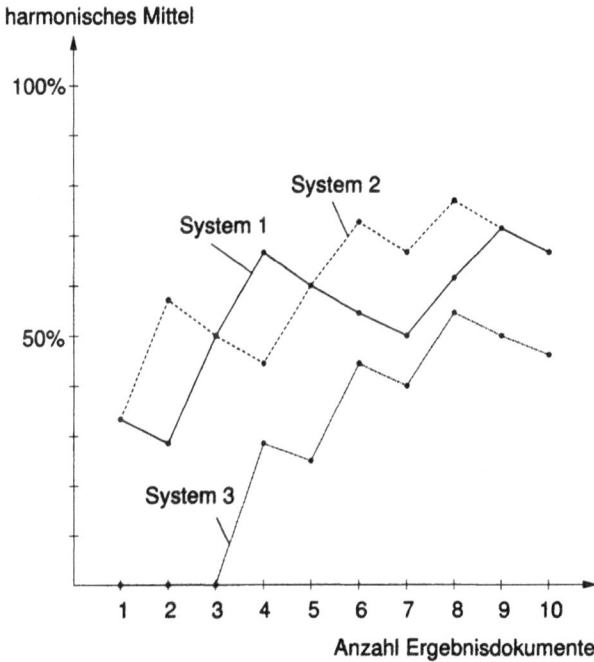

Abb. 2.12: *Harmonische Mittelwerte in Abhängigkeit von der Anzahl an Ergebnisdokumenten aus Beispiel 2.31*

die Verwaltung von Nutzerprofilen Vorteile.

Im folgenden Beispiel zeigen wir anhand eines Bibliotheksszenarios, welcher Vorteil aus der Verwendung von Nutzerprofilen gezogen werden kann.

Nutzerprofil in einer Bibliothek

Beispiel 2.36

Eine Informatik-Fakultät verwaltet eine eigene Bibliothek. Die zuständige Bibliothekarin kennt die Interessen der Professoren der Fakultät und hilft den Professoren bei der Suche nach Literatur unter Ausnutzung der Kenntnisse der jeweiligen Interessen.

Weiterhin ist sie häufig sogar in der Lage, bestimmte Professoren über das Eintreffen von neuen Publikationen selbständig zu informieren. Sucht hingegen ein Student nach Publikationen zu einem bestimmten Thema, empfiehlt sie eher Lehrbücher als die aktuellsten Journale, die eher für Doktoranden wichtig sind.

In diesem Sinn nutzt die Bibliothekarin Nutzerprofile zur verbesserten Suche nach Publikationen.

Obwohl in diesem Beispiel kein computergestütztes Retrieval-System im Einsatz ist, soll in Analogie der Vorteil der Verwaltung von Nutzerprofilen auf Retrieval-Systeme übertragen werden. Nutzerprofile können sich auf einzelne Nutzer oder auf Nutzergruppen beziehen. Im Folgenden gehen wir von Profilen für einzelne Nutzer aus.

Nutzerprofil als Anfrage

Das Anlegen von Nutzerprofilen ist dann sinnvoll, wenn bestimmte Nutzer relativ häufig auf ein System zugreifen und auch unterschiedliche Interessen aufweisen. In diesem Fall wird für einzelne Nutzer jeweils ein Nutzerprofil angelegt. Das Profil enthält etwa eine Anfrage, die das Interessengebiet möglichst gut beschreibt. Diese Anfrage kann sowohl direkt vom Nutzer vorgegeben, aber auch aus der Analyse vorheriger Anfragen oder aus Relevanz-Feedback-Zyklen ermittelt werden. Neben einer Anfrage lassen sich im Nutzerprofil zusätzlich viele weitere Informationen speichern. Für ein spezielles Text-Retrieval-System etwa können die folgenden Informationen wichtig sein:

weitere Informationen in Profilen

- *Sprachfähigkeiten*: Um zu vermeiden, dass ein des Deutschen Unkundiger deutsche Texte als Suchergebnis erhält, können hier konkrete Sprachkenntnisse abgelegt werden.

- *Vertrautheitsgrad mit Interessengebiet*: Hier ist eine Unterscheidung etwa in Anfänger und Experte sinnvoll.

- *Bildungsstand*: Zum Beispiel können hier Informationen über Schul- und Universitätsabschlüsse verwaltet werden.

- *Retrieval-Historie*: Nutzer sind manchmal nicht daran interessiert, bereits aufgrund von vorherigen Anfragen erhaltene Text-Dokumente wieder im Zusammenhang mit einer neuen Anfrage mit einer hohen Priorität als neue Dokumente präsentiert zu bekommen. Dies kann vermieden werden, wenn bereits angezeigte Dokumente im jeweiligen Nutzerprofil vermerkt werden und als solche weiterhin verfügbar sind.

- *spezielle Präferenzen*: Zum Beispiel ist ein Nutzer besonders an Fachliteratur von russischen Wissenschaftlern interessiert, oder ein Nutzer bevorzugt Literatur eines bestimmten Journals.

Die Liste soll beispielhaft zeigen, welche zusätzlichen Informationen in einem Nutzerprofil abgelegt werden können. Deren Berücksichtigung innerhalb des Retrieval-Prozesses wird hier nicht weiter vertieft. Tatsächlich sind solche Zusatzinformationen von vielen Faktoren, wie beispielsweise Art der Dokumentkollektion, Nutzerstamm und Retrieval-System, abhängig.

2.5.1   Retrieval-Szenarien

Wie oben beschrieben, können Nutzerprofile sinnvoll eingesetzt werden, wenn der Nutzerstamm relativ statisch ist und deren Nutzer unterschiedliche Interessen aufweisen. In diesem Zusammenhang unterscheiden wir weiterhin statische und dynamische Dokumentkollektionen. Im Gegensatz zu statischen Kollektionen werden bei dynamischen Kollektionen ständig neue Dokumente eingefügt und vorhandene wieder entfernt. In Abhängigkeit von der Kombination statisch/dynamisch bezüglich Nutzerstamm und Dokumentkollektion, siehe Tabelle 2.16, lassen sich drei verschiedene Szenarien unterscheiden.

Nutzerprofil und statischer Nutzerstamm

statische und dynamische Dokumentkollektionen

Szenario	Dokumentkollektion	Nutzerstamm
klassisches IR	statisch/dynamisch	dynamisch
Filterung mit Profilen	dynamisch	statisch
Retrieval mit Profilen	statisch/dynamisch	statisch

Tabelle 2.16: verschiedene Retrieval-Szenarien

Im ersten Szenario werden aufgrund des dynamischen Nutzerstamms keine Nutzerprofile angelegt. Dieses Szenario entspricht dem Verständnis von Information Retrieval, wie wir es eingeführt haben. Ist jedoch der Nutzerstamm statisch und die Dokumentkollektion dynamisch, kann eine so genannte *Filterung* eingesetzt werden. Bei der Filterung werden Nutzerprofile gespeichert und mit neu eingefügten Dokumenten verglichen. Wird ein neues, relevantes Dokument in die Kollektion eingefügt und es ist relevant zu einem Nutzerprofil, wird der jeweilige Nutzer darüber informiert. In diesem Sinn fungieren hier das Dokument als Anfrage und die Nutzerprofile als Datenkollektion. Im letzten Szenario ist der Nutzerstamm statisch. Hier werden jedoch Nutzerprofile nicht zum Filtern verwendet. Statt dessen werden, wie beim bis jetzt beschriebenen Information Retrieval, Anfragen an das System gestellt. Das System verwendet gespeicherte Profile, um bessere Ergebnisse zu berechnen.

klassisches IR

Filterung

Retrieval mit Profilen

Push-Dienst
Notification-Dienst

Current-Awareness-
System

Systeme, die eine Filterung unterstützen, informieren anhand von Nutzerprofilen Nutzer über relevante neue Dokumente. Damit übernimmt das System
eine aktive Rolle, da ein Nutzer nicht ständig eine neue Anfrage stellen muss.
Solch ein Dienst wird häufig auch als *Push-Dienst* oder *Notification-Dienst*
bezeichnet, da das System selbständig relevante Dokumente ermittelt und an
den Nutzer weiterreicht beziehungsweise ihn darüber informiert. Ein weiterer
Begriff ist der des *Current-Awareness-Systems*. Dieser Begriff betont, dass ein
Nutzer auf dem aktuellen Stand bezüglich einer dynamischen Dokumentkollektion gehalten wird.

Current-Awarness-
System

Beispiel 2.37

Im Bereich Medizin ist es für Ärzte beziehungsweise für deren Patien-
ten sehr wichtig, über neueste Forschungsergebnisse bezüglich Krankhei-
ten und Medikamenten informiert zu werden. Weltweit gibt es jedoch eine
große Anzahl von Veröffentlichungen, so dass der Einsatz eines Current-
Awareness-Systems besonders hilfreich ist. Ein solches System filtert neu er-
scheinende Publikationen entsprechend den Nutzerprofilen und informiert
automatisch den jeweiligen Arzt über neueste Ergebnisse.

Bei der normalen Filterung werden nur Dokumente herausgefiltert, von denen eine Relevanz zu Nutzerprofilen vermutet wird. Die entsprechenden Dokumente werden gesammelt und periodisch dem Nutzer als Dokumentmenge
übersandt. Werden die Dokumente zusätzlich in eine Relevanzreihenfolge gebracht, verwendet man statt des Begriffs der „Filterung" häufig den Begriff

Routing

„Routing".

Wenn sowohl die Dokumentkollektion als auch der Nutzerstamm statisch ist,
können Nutzerprofile zur Verbesserung von Anfrageergebnissen verwendet
werden. Grundsätzlich lässt sich dies auf zwei unterschiedlichen Wegen erreichen.

1. *Nachfiltern*: Eine Anfrage wird zuerst ganz normal behandelt. Bevor jedoch das Anfrageergebnis dem Nutzer präsentiert wird, erfolgt eine Filterung entsprechend des Nutzerprofils. Diese Filterung erfolgt analog
   zum Filterung-Szenario.

2. *Vorfiltern*: Hier beeinflusst das Nutzerprofil direkt den Retrieval-Prozess.

Bewertung
Nachfiltern

Nachfiltern kann aufgrund der Unabhängigkeit vom eigentlichen Retrieval-
Prozess leichter als das Vorfiltern realisiert werden. Allerdings bedeutet ein
Nachfiltern einen zusätzlichen Arbeitsschritt, der aufgrund größerer Zwischen-
ergebnisse zu höheren Berechnungszeiten führen kann. Wenn zum Beispiel ein
Filter von 100 Ergebnisdokumenten nur zwei akzeptiert, wurden in einem er-
sten Schritt 98 Dokumente sozusagen umsonst ermittelt. Profile dienen beim
Nachfiltern nur als zusätzliche Einschränkung auf die Ergebnismenge, redu-
zieren also einseitig false alarms aber nicht false dismissals. Abbildung 2.13

zeigt schematisch und beispielhaft im Vektorraummodell den Anfragepunkt q und die Reduzierung der Ergebnismenge durch ein Profil, das wie ein Filter auf der ursprünglichen Ergebnismenge funktioniert.

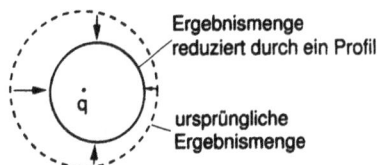

Abb. 2.13: *Nachfiltern*

Effizienter dagegen ist das Vorfiltern, also die Kombination von Nutzerprofil und Anfrage im eigentlichen Retrieval-Prozess. Neben false alarms können hier prinzipiell auch false dismissals reduziert werden.

Bewertung Vorfiltern

2.5.2 Einfluss von Nutzerprofilen auf den Retrieval-Prozess

Wenn ein Nutzerprofil durch eine Anfrage ausgedrückt wird, kann sie direkt zur Anfragemodifikation, wie bereits beim Relevance-Feedback-Prozess beschrieben, genutzt werden. Eine relativ einfache Realisierung ist die Nutzung des Rocchio-Verfahrens (siehe Seite 44), bei dem im Vektorraummodell der Anfragepunkt q in Richtung des Nutzerprofilpunktes p, wie in Abbildung 2.14 dargestellt, gewichtet verschoben wird.

Anfragepunkt-
verschiebung nach
Rocchio

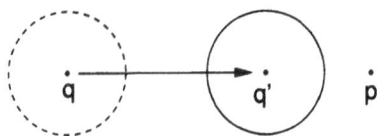

Abb. 2.14: *Vorfiltern: Rocchio*

Bei einer Anfragepunktverschiebung in Richtung eines Nutzerprofilpunktes kann es passieren, dass relevante Dokumente, die sich vorher in der Nähe des ursprünglichen Anfragepunktes befanden, nicht mehr zum Ergebnis der modifizierten Anfrage q' gehören. Die Ursache liegt darin begründet, dass durch eine Anfragepunktverschiebung die Semantik einer Anfrage direkt modifiziert wird.

Modifikation der
Anfragesemantik

Legt ein Nutzer jedoch mehr Wert auf das Reduzieren von false dismissals als auf das Verhindern von false alarms, macht eine Anfragemodifikation Sinn, bei der Nutzerprofile als Erweiterung der Anfragesemantik aufgefasst werden.

Erweiterung der
Anfragesemantik

Dies wird erreicht, wenn eine Anfrage q und ein Nutzerprofil p gleichrangig innerhalb einer modifizierten Distanzfunktion berücksichtigt werden. Ein naiver Ansatz ist die Verwendung der Minimumsfunktion innerhalb einer Bereichsanfrage:

$$Min(dissim(d, q), dissim(d, p)) < r$$

Ergebnisvereinigung durch Minimumsfunktion

d entspricht dabei einem Dokument der Kollektion und r einem wohlgewählten Radius, der die Anzahl der Ergebnisdokumente beschränkt. Durch diese Bedingung werden sozusagen die Ergebnisse der ursprünglichen Anfrage und des Profils vereinigt. Grafisch ist diese Situation in Abbildung 2.15 dargestellt.

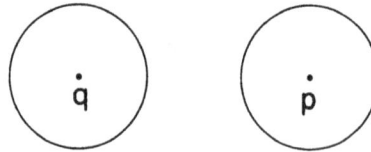

Abb. 2.15: *Vorfiltern: Minimumsfunktion*

stabiler Profilbereich

Die Verwendung der Minimumsfunktion hat jedoch einen gravierenden Nachteil. Da sich der Bereich um den Profilpunkt nicht durch die Anfrage verändert, werden unabhängig von der Anfrage aufgrund des Profils immer dieselben Dokumente zurückgeliefert. Liegen die Punkte der Anfrage und des Nutzerprofils

Dokumente zwischen Anfrage und Profil

relativ weit auseinander, erscheinen weiterhin Dokumente zwischen den beiden Ergebnissen nicht in der Ergebnismenge. Sollen solche Dokumente aber immer zum Ergebnis gehören und der Profilbereich sich in Abhängigkeit mit der Anfrage verändern, bietet sich die Summenbildung an:

$$dissim(d, q) + dissim(d, p) < r$$

Ellipsoid durch Distanzsumme

Wie die Abbildung 2.16 zeigt, entspricht diese Formel der Ermittlung aller Dokumente innerhalb eines Ellipsoids, bei dem der Anfragepunkt in dem einen und der Profilpunkt in dem anderen Brennpunkt liegt.

Multiplikation der Distanzen

Einen Kompromiss zwischen den beiden letzten Formeln stellt die Multiplikation der Distanzen dar:

$$dissim(d, q) * dissim(d, p) < r$$

eingeschnürter Ellipsoid

Hier lassen sich drei verschiedene Situationen unterscheiden. Wenn der Anfragepunkt und der Profilpunkt sehr nah beieinander liegen, erhält man einen zusammenhängenden Bereich, der an einen eingeschnürten Ellipsoid erinnert.

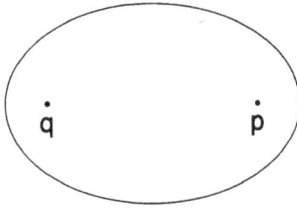

Abb. 2.16: *Vorfiltern: Addition der Distanzen*

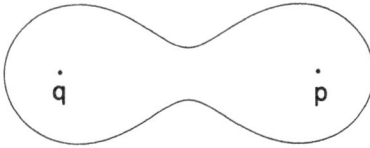

Abb. 2.17: *Vorfiltern: Multiplikation der Distanzen, Profil in der Nähe der Anfrage*

Abbildung 2.17 zeigt einen solchen Bereich. Dokumente zwischen Anfragepunkt und Profilpunkt gehören zur Ergebnismenge.

Liegen beide Punkte jedoch hinreichend weit auseinander, erhält man zwei getrennte Bereiche. Dokumente dazwischen gehören also nicht zum Ergebnis. *getrennte Bereiche*
Diese Situation wird in Abbildung 2.18 gezeigt.

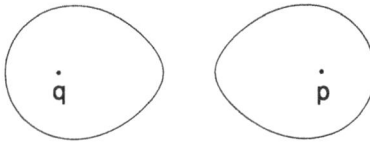

Abb. 2.18: *Vorfiltern: Multiplikation der Distanzen, Profil entfernt von Anfrage*

Ein Spezialfall liegt vor, wenn der Abstand zwischen Anfragepunkt und Profilpunkt so gewählt wird, dass sich die beiden Bereiche nur in einem Punkt berühren. Siehe dazu Abbildung 2.19.

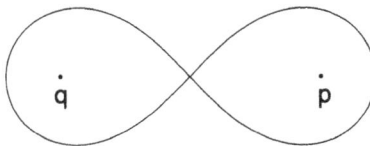

Abb. 2.19: *Vorfiltern: Multiplikation der Distanzen, Profilbereich berührt Anfragebereich*

2.6   Literaturempfehlungen

Der allgemeine Inhalt dieses Kapitels kann in den meisten Lehrbüchern über Information Retrieval, zum Beispiel in [109, 9], vertieft werden. Zum Thema Information Retrieval gibt es eine spezielle Gruppe der ACM (Association for Computing Machinery), nämlich die ACM-SIGIR, die jährliche Konferenzen zu diesem Thema organisiert und die aktuellen Forschungsergebnisse publiziert.

Auf Seite 21 wurde der allgemeine Ablauf einer Retrieval-Suche anhand der Abbildung 2.1 in Anlehnung an das Multimedia-Buch von Guojun Lu [119] beschrieben. Einen guten Überblick über die verschiedenen Retrieval-Modelle geben die etwas älteren Publikationen [167, 209]. Die erwähnten Probleme mit dem booleschen Modell werden in [211, 215] vertieft. Die Idee der Verwendung von Anfragenamen und eines zweistufigen Sucherverfahrens im booleschen Modell, oft auch als „faceted query" bezeichnet, stammt aus den Publikationen [126, 80].

Vertiefende Informationen zum Fuzzy-Modell sind in [24, 104, 102, 120, 121, 114] zu finden. Die konkrete Variante der Verwendung einer Term-zu-Term-Korrelation wurde in [142] vorgeschlagen. Eine allgemeine Einführung in die Fuzzy-Theorie geben Zadeh in [222] und Kandel in [103].

Das Vektorraummodell wurde frühzeitig im an der Harvard Universität entwickelten SMART-System eingesetzt [115, 165, 164] und weiterhin in [166, 168] beschrieben. In [152] wird sich kritisch mit dem Vektorraummodell auseinandergesetzt. Ein in diesem Retrieval-Modell häufig verwendetes Ähnlichkeitsmaß ist das Kosinusmaß, welches ein Thema der Arbeiten [209, 218] ist.

Als iterative Anfragemodifikation wurde das weitverbreitete Verfahren nach Rocchio [154, 155] unter dem Begriff Relevance Feedback [164, 163] vorgestellt.

Wichtige Bewertungsmaße zur Einschätzung der Leistungsfähigkeit von Retrieval-Systemen sind Precision und Recall, die in [42, 198] diskutiert werden. Probleme mit diesen Maßen werden in [109, 151, 204] herausgearbeitet. Ein guter Überblick über die Messung der Leistungsfähigkeit von Retrieval-Systemen wird in [167, 132] gegeben.

Nutzerprofile zur Verbesserung der Retrieval-Qualität werden in [84] und [133] beschrieben. Die Diskussion der Kombination von Profilanfrage mit eigentlichen Anfragen folgt den Publikationen [34, 118]. Ein Gesamtvergleich von Nutzerprofilen in Retrieval-Systemen kann in [134, 135] gefunden werden.

3 Einführung in Multimedia-Retrieval

Im letzten Kapitel wurden allgemeine Konzepte des Information-Retrievals eingeführt. Diese Konzepte entstanden historisch aus dem Anwendungsgebiet des Text-Retrievals. In diesem Kapitel werden diese Konzepte für den Einsatz in Multimedia-Datenbanksystemen konkretisiert und erweitert. Auf konkrete Medientypen wird hier nicht eingegangen. Statt dessen werden in den nächsten Kapiteln medienübergreifende Konzepte des Multimedia-Retrievals vorgestellt.

medienübergreifende Konzepte des Multimedia-Retrievals

Im nächsten Abschnitt führen wir die im Vergleich zu klassischen Text-Dokumenten spezifischen Besonderheiten von Medien- und Multimedia-Objekten ein. Nach Beschreibung des allgemeinen Ablaufs des Multimedia-Information-Retrievals in Abschnitt 3.2 werden in Abschnitt 3.3 die in einem Multimedia-Datenbanksystem auftretenden Daten und Metadaten genannt und klassifiziert. In Abschnitt 3.4 wird der Begriff des Features genauer erläutert. Features dienen zur kompakten Darstellung von Medienobjekten und spielen eine zentrale Rolle beim Multimedia-Retrieval. Danach werden in Abschnitt 3.5 die im vorigen Kapitel eingeführten IR-Modelle auf ihre Eignung für das Multimedia-Retrieval untersucht. Daran schließt sich die Beschreibung eines allgemeinen Multimedia-Ähnlichkeitsmodells in Abschnitt 3.6 an.

Kapitelüberblick

3.1 Besonderheiten der Verwaltung und des Retrievals von Multimedia-Daten

Im Vergleich zu Textdokumenten, die von klassischen Retrieval-Systemen verwaltet werden, weisen Multimedia-Objekte eine Reihe zu berücksichtigender Besonderheiten auf:

- *Datenvolumen:* Die Speicherung von Medienobjekten erfordert häufig einen sehr großen Speicherplatz.

  Zum Beispiel bewegt sich die Größe von Video-Objekten schnell in einem Bereich von etlichen Gigabytes.

- *implizite Semantik:* Die für einen Nutzer relevante Semantik liegt in der Regel nicht explizit formuliert vor, sondern ist statt dessen implizit in den Mediendaten verborgen. Zusätzlich ist die Semantik subjektiv, also abhängig von dem jeweiligen Nutzer. Aus diesem Grund müssen Medienobjekte interpretiert werden, bevor die Semantik erschlossen werden kann.

Zum Beispiel wird die Information, dass auf einem Rasterbild ein Haus abgebildet ist, durch viele Pixelwerte implizit ausgedrückt.

- *Heterogenität:* Für Multimedia-Objekte existiert eine sehr große Anzahl von Medientypen und Speicherformaten, die sich in ihrer Datenstruktur stark unterscheiden.

Zum Beispiel werden Bild-, Audio-Objekte und Textdokumente unterschiedlich kodiert. Selbst für einzelne Medientypen existieren unterschiedliche Dateiformate. Zum Beispiel steht zur Kodierung von Rasterbildern eine große Anzahl verschiedener Dateiformate zur Verfügung.

- *komplexe Multimedia-Objekte:* Multimedia-Objekte können Daten verschiedener Medientypen kombinieren. Dies bedeutet auch, dass ein Multimedia-Objekt andere Medienobjekte enthalten oder auch auf Medienobjekte verweisen kann.

Zum Beispiel kann ein komplexes Multimedia-Objekt eine Produktpräsentation mit Bildern, Videos, Text- und Audio-Daten enthalten.

- *Ein-/Ausgabegeräte:* Verschiedene Medientypen benötigen bestimmte Ein-/Ausgabegeräte zum Datenimport beziehungsweise zur Darstellung.

Zum Beispiel erfordert die Suche nach Audio-Objekten anhand einer gesummten Melodie ein Mikrofon und Hardware zur Analog-Digital-Wandlung.

Die Auswirkungen der genannten Besonderheiten auf den Retrieval-Prozess und die damit verbundenen Herausforderungen werden im Folgenden genauer diskutiert.

Komprimierung

Datenvolumen. Für die Verwaltung von speicherplatzintensiven Medienobjekten muss ein Retrieval-System spezielle Algorithmen und Verfahren anbieten. Eine wichtige Rolle spielt dabei die Komprimierung. Sie ermöglicht die Reduzierung eines hohen Datenvolumens. Zusätzlich wird meist eine hohe Geschwindigkeit der Komprimierungs- und Dekomprimierungsalgorithmen verlangt. Eine Komprimierung kann in verlustfrei und verlustbehaftet unterschieden werden. Ein Kriterium bei verlustbehafteter Komprimierung ist, wie gut der Kompromiss zwischen Informationsverlust und schlechter Komprimierung gefunden werden kann.

kompakte Darstellung und Ähnlichkeitsberechnung

In einem Multimedia-Retrieval-System werden Medienobjekte vorverarbeitet, das heißt, in kompakte, interne Darstellungen gebracht. Weiterhin werden spezielle Funktionen benötigt, welche die Ähnlichkeit zwischen Medienobjekten berechnen. Aufgrund des möglichen hohen Datenvolumens von Medienobjekten müssen die dazu verwendeten Algorithmen hinreichend schnell sein.

Eine besondere Herausforderung ergibt sich, wenn Medienobjekte dargestellt werden sollen. Zeitkritische Medientypen wie Audio und Video erfordern dazu eine ausgeklügelte Ressourcen-Verwaltung. Dazu gehören Ressourcen wie Prozessorzeit, Hintergrundspeicher, Tertiärspeicher, Hauptspeicher, Grafikkarte und Netzwerkbandbreite. Das folgende Beispiel demonstriert dies.

Ressourcen-Verwaltung

Beispiel 3.1

Video-Archiv

Ein Video-Archiv zeichnet sich durch einen besonders hohen Speicherplatzbedarf aus. Dies macht neben einer Komprimierung die Verwendung von Tertiärspeichern wie DVDs und Magnetbändern erforderlich. Um nach Szenen innerhalb von Videos recherchieren zu können, müssen schnelle Szenenerkennungsalgorithmen zur Verfügung stehen. Für das Abspielen von Videos ist ein schneller Speicherzugriff, ein schnelles Netzwerk und genügend Prozessorleistung zur Dekomprimierung und zum Rendering nötig.

Bei der Präsentation von Retrieval-Ergebnissen ist es für einen Anwender häufig nicht sinnvoll, die Ergebnisdokumente vollständig darzustellen. Zum Beispiel reicht häufig ein Miniaturbild (engl. thumbnail für Daumennagel), also ein stark verkleinertes Bild mit einer geringen Auflösung aus, um ein Ergebnisbild schnell bewerten zu können. Bei Bedarf, zum Beispiel durch Klicken auf das Thumbnail-Bild, wird dann das eigentliche Medienobjekt dargestellt. Auf Grund dieser Überlegung wird besonders für Medientypen mit hohem Platzbedarf die Generierung einer kompakten Präsentation gefordert.

kompakte Präsentation

Implizite Semantik. In Medienobjekten liegt die für den Nutzer relevante Semantik häufig nicht explizit formuliert vor. Rasterbilder etwa legen reine Pixel-Werte fest, während der Nutzer eher am Bildinhalt, also der Semantik, interessiert ist.

In Text-Dokumenten wird die Semantik hauptsächlich durch Indexterme beschrieben. Um jedoch die Semantik von Medienobjekten, wenn es sich nicht gerade um Text-Dokumente handelt, beschreiben zu können, werden so genannte Feature-Werte, also numerische Werte, die bestimmte Eigenschaften charakterisieren, extrahiert. Ein großes Problem dabei ist das Finden von Features, welche die gewünschte Semantik geeignet beschreiben.

Feature-Werte

Beispiel 3.2

implizite Semantik und Features

Eine Bilddatenbank enthält Bilder von Stoffmustern für Kleidungsstücke. Gesucht wird ein bestimmtes Bild mit einem Muster, das farblich und gestalterisch gut zu einem vorgegebenen Muster passt. Eine solche Suche benötigt spezielle Algorithmen, die aus Pixel-Werten möglichst eindeutige Eigenschaftswerte, also Feature-Werte, extrahieren, welche die Farbgebung und das Muster für eine solche Suche geeignet repräsentieren.

spezielle Feature-Extraktionsalgorithmen

Zum Erkennen von konkreten Feature-Werten sind spezielle Feature-Extraktionsalgorithmen erforderlich. Leider gibt es grundsätzliche Probleme, semantiktragende Eigenschaften aus Medienobjekten automatisch zu extrahieren. Zum Beispiel gibt es kein allgemeines Verfahren, das auf Bildern dargestellte Tiere automatisch und zuverlässig erkennt.

Subjektivität

Weiterhin ist die Semantik in der Regel subjektiv. Für den einen Nutzer sind dargestellte Gebäude wichtig, während ein anderer Nutzer sich eher für die gleichzeitig abgebildeten Personen interessiert.

Trotz dieser Probleme sollten Algorithmen möglichst nahe dem Ideal einer exakten, objektiven und semantikunterstützenden Feature-Extraktionsfunktion kommen, obwohl dieses Ideal wahrscheinlich nie vollständig erreicht werden kann.

Fuzzy-Verfahren

Da die automatische Extraktion von nutzerrelevanten Informationen aus Medienobjekten aus den genannten Gründen oft sehr ungenau ist, muss ein Multimedia-Retrieval-System mit Ungenauigkeit umgehen können. Daher wird der Einsatz von Fuzzy-Verfahren sinnvoll, um etwa so genannte unscharfe Anfragen zu ermöglichen.

Anfragesprache

Neben den Problemen der Darstellung und der Extraktion von Semantik muss ein Nutzer in der Lage sein, einen Suchbedarf als Anfrage auszudrücken. Eine Anfragesprache muss dem Nutzer die Möglichkeit geben, eine dem Suchbedarf äquivalente Anfrage zu formulieren. Die Semantik einer Suche muss also möglichst exakt spezifiziert werden können.

unterschiedlichen Medientypen und Speicherformate

Heterogenität. Für Medienobjekte gibt es unterschiedliche Medientypen und Speicherformate. Die Menge von Medientypen und Speicherformaten verändert sich aufgrund rasanter technologischer Entwicklungen sehr dynamisch. Ein Multimedia-Retrieval-System muss daher flexibel mit neuen Medientypen und Formaten umgehen können. Das heißt, es muss möglich sein, das System dynamisch um die Unterstützung neuer Medientypen und Speicherformate zu erweitern.

unterschiedliche Verarbeitungsschritte

Verschiedene Medientypen verlangen unterschiedliche Verarbeitungsschritte. Für Audio-Objekte zum Beispiel müssen andere Features als für Video-Objekte extrahiert werden.

Medientyp- und Speicherformat-unabhängigkeit

Aus Gründen der Datenunabhängigkeit ist es sinnvoll, wenn eine Anfragesprache medientyp- und speicherformatunabhängige Anfragen ermöglicht. Dann kann etwa nach Bildern unabhängig von deren Speicherformaten gesucht werden. Medienunabhängigkeit hingegen ermöglicht zum Beispiel eine Anfrage, die alle Informationen über eine Person anfordert, egal ob diese Bilder, Videos, Audio- oder Text-Daten umfassen.

Medienumsetzung

Da prinzipiell eine Information in verschiedenen Medientypen ausgedrückt werden kann, ist zur Verbesserung der Medienunabhängigkeit eine informationserhaltende *Medienumsetzung* denkbar. Typisches Beispiel ist die Medienumsetzung von einem Text-Dokument in ein Audio-Objekt, bei der der Text vorgelesen wird. Während diese Umsetzung relativ einfach zu bewerkstelligen ist, gibt es bei anderen Umsetzungen große Probleme. Wie kann zum Beispiel der Inhalt eines Bildes automatisch in beschreibenden Text umgewandelt werden?

Ein kleineres Problem ist hingegen die Speicherformatumwandlung. Häufig sind Programme verfügbar, die beispielsweise Bilder von einem Format in ein anderes Format überführen.

Speicherformat-umwandlung

Von einem Multimedia-Datenbanksystem wird erwartet, dass es Daten über die verschiedenen Medientypen und Speicherformate besitzt und zusätzlich auch Operationen bereitstellt, die eine Medienumsetzung beziehungsweise Speicherformatumwandlung vornehmen.

Der durch ein Medienobjekt verwendete Medientyp und das verwendete Speicherformat bestimmen die Algorithmen zu dessen Verwaltung. Daher muss der Typ und das Format eines jeden Medienobjekts bekannt sein. Ohne solche Metadaten ist eine Interpretation der Medienobjekte nicht möglich.

Metadaten zur Interpretation

Beispiel 3.3

Metadaten

Wenn nicht bekannt ist und auch nicht ermittelt werden kann, dass ein bestimmtes Medienobjekt ein JPEG-Bild ist, kann das Bild nicht interpretiert und damit auch nicht angezeigt werden.

Komplexe Multimedia-Objekte. Komplexe Multimedia-Objekte sind zusammengesetzt aus anderen Medienobjekten, können also andere Medienobjekte einbetten oder referenzieren. Die eingebetteten oder referenzierten Medienobjekte sind häufig bezüglich ihrer Medientypen heterogen.

Ein naiver Ansatz zur Behandlung komplexer Multimedia-Objekte kann darin bestehen, solch ein Objekt immer als Ganzes zu verwalten. Das führt jedoch dazu, dass jedes einzelne komplexe Objekt eigene Algorithmen für dessen Verwaltung benötigt.

Verwaltung als Ganzes

Ein besserer Ansatz besteht darin, komplexe Multimedia-Objekte in nichtkomplexe Medienobjekte zu zerlegen und diese entsprechend ihrer Medientypen zu verwalten. Um die Strukturdaten bei der Zerlegung nicht zu verlieren, müssen diese geeignet gespeichert werden. Somit lassen sich die komplexen Multimedia-Objekte jederzeit wieder rekonstruieren.

Zerlegung
Strukturdaten

Die Herausforderung für ein Multimedia-Datenbanksystem besteht darin, solche Strukturdaten geeignet und vor allem möglichst einheitlich zu verwalten. Eine einheitliche Verwaltung ermöglicht die Verwendung von wenigen, generischen Algorithmen zur Modifikation und zum Retrieval.

Beispiel 3.4

Word-Dokument als komplexes Multimedia-Objekt

Ein Word-Dokument kann ein komplexes Multimedia-Objekt sein, welches neben Text- und Formatierungsdaten Bilder enthält. Die Bilder können direkt eingebettet sein. Um ein Text-Retrieval auf dem Text und ein Bild-Retrieval auf den eingebetteten Bildern zu ermöglichen, ist deren Trennung

voneinander wichtig. Die Information, wie die Bilder in den Text eingebettet sind, wird getrennt als Strukturdaten mit entsprechenden Referenzen auf die Medienobjekte abgelegt. Damit können beispielsweise Word-
Dokumente gesucht werden, die jeweils zwei Bilder einbetten.

Comics

Beispiel 3.5

Ein weiteres Beispiel für komplexe Multimedia-Objekte sind Comics. Comics enthalten Figuren und Sprechblasen mit Text. Erst eine Zerlegung ermöglicht eine isolierte Suche nach visuellen Daten und Textdaten.

Der Begriff eines komplexen Multimedia-Objekts kann sehr weit gefasst werden. Zum Beispiel kann ein Rasterbild einzelne Objekte, etwa Personen einer
Gruppe, enthalten und ist in diesem Sinn ein komplexes Multimedia-Objekt.
Daher kann dieses Bild in einzelne Bildobjekte zerlegt werden. Deren gegenseitige Anordnung im Gesamtbild wird als Strukturdaten abgelegt.

komplexe
Multimedia-Objekte
durch Segmentierung

Medienobjekte innerhalb anderer Objekte können häufig durch eine Segmen-
tierung gefunden werden. Zum Beispiel zerlegt eine Bildsegmentierung ein
Rasterbild in Hintergrund und Vordergrundobjekte, die dann als eigenständige
Medienobjekte verwaltet werden können.

komplexes
Multimedia-Objekt

Wir sprechen im Folgenden dann von einem komplexen Multimedia-Objekt,
wenn es *eigenständige Medienobjekte* explizit enthält.

Zerlegung versus
Segmentierung

Unter Zerlegung verstehen wir die Zerlegung von komplexen Multimedia-
Objekten in eigenständige Medienobjekte und Strukturdaten, wobei die Medienobjekte *direkt* im komplexen Multimedia-Objekt als solche spezifiziert sein
müssen. Im Gegensatz dazu isoliert die Segmentierung Teile von Medienobjekten unter Nutzung spezieller Segmentierungsalgorithmen, wobei die isolierten
Teile eine eigene bestimmte Bedeutung tragen.

Ein-/Ausgabegeräte. Die jeweiligen Medientypen benötigen unterschiedliche Eingabe- und Ausgabegeräte. Dabei ist es oft auch wichtig, spezielle
Hardware-Parameter zu berücksichtigen.

Medientypen und
Hardware

Beispiel 3.6

Audio-Daten können beispielsweise nicht durch einen Bildschirm in akusti-
sche Signale umgewandelt werden, sondern benötigen dazu einen Lautsprecher. Farbbilder lassen sich nur schlecht auf einem Schwarz-Weiß-Display
anzeigen. Auch die Bildschirmauflösung als Hardware-Parameter hat einen
Einfluß auf die Darstellbarkeit von Rasterbildern.

Nutzer-,
Hardware-Profile
und Präferenzen

Aufgrund solcher Hardware-Abhängigkeiten muss ein Multimedia-Retrieval-
System die bei einem Nutzer vorhandenen Ein-/Ausgabegeräte mit ihren Pa-

rametern kennen. Diese Informationen lassen sich in Nutzer- und Hardware-Profilen ablegen. Zusätzlich lassen sich vom Nutzer bezüglich einzelner Medientypen bestimmte Präferenzen speichern, welche die Art und die Parameter der Ergebnisdarstellung festlegen. Zum Beispiel kann ein Nutzer mit einer langsamen Netzwerkverbindung fordern, dass, obwohl zwei Lautsprecher zur Verfügung stehen, alle Stereo-Audio-Daten vor der Netzübertragung in Mono-Audio-Daten umgewandelt werden.

Die Informationen über Hardware-Parameter und spezielle Nutzerpräferenzen haben folgenden Einfluß auf den Retrieval-Prozess:

- *Anfrageformulierung:* Bei der Anfrageformulierung bestimmter Ähnlichkeitsanfragen muss die Nutzereingabe von multimedialen Daten von entsprechenden Eingabegeräten unterstützt werden.

  Werden zum Beispiel Audio-Objekte gesucht, die ähnlich zu einem vorgegebenen Audio-Objekt sind, muss die Nutzerschnittstelle über einen Audio-Eingang verfügen.

- *Darstellbarkeit:* Aufgrund eines ungünstigen Hardware-Profils kann es vorkommen, dass bestimmte Medientypen nicht darstellbar sind. In solchen Fällen kann ein Retrieval-System versuchen, Medienobjekte des betreffenden Typs durch Anwendung einer Medienumsetzung in einen anderen, darstellbaren Medientyp umzuwandeln. Dies ist jedoch nicht immer möglich. Wenn von vornherein solche Schwierigkeiten absehbar sind, sollte das Retrieval-System geeignet reagieren. Denkbar zum Beispiel ist zur Speicherung der Ergebnisse die alternative Darstellung in uninterpretierter Dateiform.

- *Optimierung:* In der Ausnutzung von Hardware-Profilen und Nutzerpräferenzen liegt ein Optimierungspotential. Ziel ist die Minimierung von zur Darstellung von Medienobjekten benötigten Ressourcen unter Berücksichtigung der Profildaten. Grundidee ist dabei, dass einem Nutzer zu sendende Medienobjekte keine höhere Qualität aufweisen als zufolge der zugehörigen Hardware-Daten und Präferenzen darstellbar sind.

  Wenn zum Beispiel die Netzwerkbandbreite nur 1 Mbit/s zulässt, sollten Videos nur mit einer entsprechend reduzierten Pixel-Auflösung und Frame-Rate übermittelt werden.

  Eine Optimierung setzt eine geeignete Vorbehandlung zur Reduzierung *Optimierer*
  der benötigten Ressourcen voraus, die natürlich selbst wieder Rechenzeit benötigt. Ein Optimierer benötigt daher neben Profildaten geeignete Algorithmen zur Medien-Transformation (z.B. Reduzierung der Frame-Rate von Videos) und -Umsetzung, Abschätzungen über Ressourcenverbrauch der jeweiligen Algorithmen sowie Heuristiken zum Finden der besten Präsentationsvariante und der besten Reihenfolge der Anwendung der Algorithmen.

Zusammenfassend sind die Besonderheiten und Herausforderungen beim Multimedia-Retrieval in Tabelle 3.1 dargestellt.

Besonderheiten	Herausforderungen
Datenvolumen	Komprimierung
	kompakte, interne Darstellung
	schnelle Ähnlichkeitsberechnung
	Ressourcenverwaltung
	kompakte Präsentation
implizite Semantik	Feature-Extraktion
	Subjektivität
	Ungenauigkeit
	Anfrageformulierung
Heterogenität	Medientypen und Speicherformate
	Medientypunabhängigkeit und
	Medienumsetzung
	Speicherformatunabhängigkeit und
	Speicherformatumwandlung
	Metadaten zur Interpretation
komplexe Multimedia-Objekte	Zerlegung und Rekonstruktion
	Strukturdaten
	Segmentierung
Ein-/Ausgabegeräte	Nutzer- und Hardware-Profile
	Nutzerpräferenzen
	Anfrageformulierung
	Darstellbarkeit
	Optimierung

Tabelle 3.1: Besonderheiten und Herausforderungen

3.2   Ablauf des Multimedia-Information-Retrievals

Aktionen des Multimedia-Retrievals

Entsprechend Abbildung 3.1 auf Seite 75 unterteilen wir die Verwaltung und das Retrieval von Multimedia-Daten grob in 5 Aktionen:

1. *Einfügen in die Multimedia-Datenbank:* Bei dieser Aktion wird die Datenbank gefüllt. Die eingegebenen Multimedia-Objekte und relationalen Daten werden vorverarbeitet und entsprechend ihrer Daten- bzw. Medientypen in der Datenbank abgelegt.

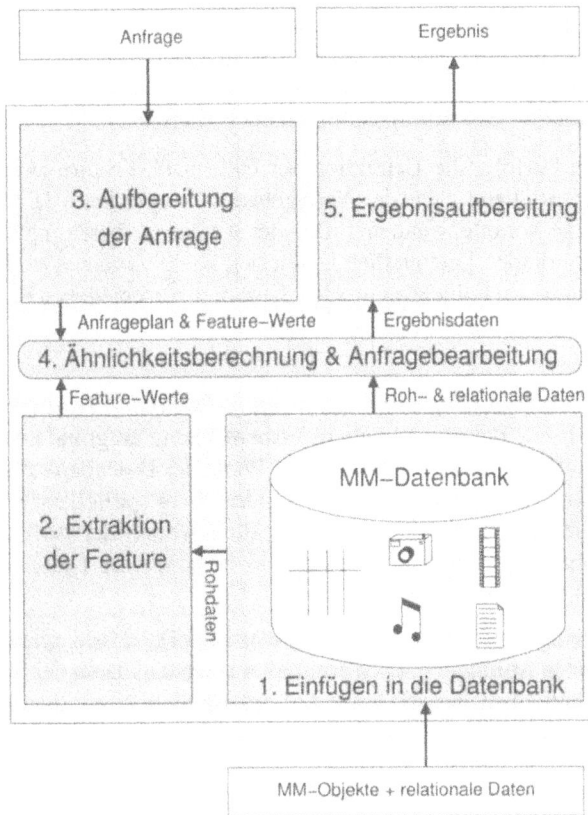

Abb. 3.1: *Verwaltung und Retrieval von Multimedia-Daten: grober Ablauf*

2. *Extraktion der Feature-Werte:* Für ein inhaltsbasiertes Retrieval ist das Vorhandensein inhaltstragender Feature-Werte Voraussetzung. Diese werden in dieser Aktion aus den Rohdaten berechnet.

3. *Aufbereitung der Anfrage:* Bevor das Ergebnis für eine Anfrage berechnet werden kann, muss die Anfrage aufbereitet werden. Als Ergebnis erhalten wir einen ausführbaren Anfrageplan zusammen mit extrahierten Feature-Werten eventueller Multimedia-Objekte der Anfrage.

4. *Anfragebearbeitung und Ähnlichkeitsberechnung:* In dieser Aktion werden auf der Grundlage eines Anfrageplans Ergebnisdaten aus der Datenbank ermittelt. Sehr häufig schließt die Anfragebearbeitung eine Ähnlichkeitsberechnung zwischen Multimedia-Objekten ein, welche die extrahierten Feature-Werte nutzt.

5. *Ergebnisaufbereitung:* Bevor das Ergebnis präsentiert wird, ist eine Ergebnisaufbereitung notwendig, welche die Ergebnisdaten den Vorgaben des Anfragenden und der verfügbaren Hardware anpasst.

Die Nummern der drei letzten Aktionen geben deren zeitliche Reihenfolge an. Die Feature-Extraktion kann nur auf eingefügten Daten erfolgen. Einfügungen sind jederzeit möglich. Im Folgenden werden wir die Reihenfolge der Aktionen Feature-Extraktion und Anfrageaufbereitung diskutieren.

Feature-Extraktion vor oder nach der Anfrageaufbereitung

Im Normalfall erfolgt die Extraktion der Datenbank-Feature (Aktion 2) vor der Anfrageformulierung und der Anfragebearbeitung (Aktion 3). Jedoch ergeben sich einige Vorteile, wenn erst nach der Anfrageaufbereitung die Feature-Extraktion stattfindet. Letztendlich lassen sich beide Varianten auch miteinander kombinieren. Im Folgenden werden diese drei verschiedenen Reihenfolgen miteinander verglichen:

- *Anfrageaufbereitung nach der Feature-Extraktion (statische Feature-Extraktion):* Bei einer Ähnlichkeitsberechnung aufgrund einer Anfrage wird auf bereits extrahierte Feature-Werte der Datenbank zurückgegriffen. Vorteilhaft dabei ist die Verwendung von speziellen Datenstrukturen, die den Vergleich zwischen Feature-Werten der Anfrage und der Datenbank beschleunigen. Außerdem brauchen die Feature-Werte nur einmal berechnet zu werden.

Vorteil

Nachteil

Nachteilig ist jedoch, dass Feature-Werte der Datenbank unabhängig von konkreten Anfragen statisch ermittelt werden und damit der Subjektivität des Ähnlichkeitsbegriffs einer Anfrage oft nicht ausreichend Rechnung getragen wird. Um diesen Nachteil abzumildern, versucht man möglichst viele unterschiedliche Feature-Werte zu extrahieren, von denen man annimmt, dass sie für zukünftige Anfragen benötigt werden. Bei der eigentlichen Ähnlichkeitsberechnung erfolgt dann die Auswahl der für die jeweilige Anfrage relevanten Feature-Werte.

Auswahl relevanter Feature-Werte

statische Feature-Extraktion

Beispiel 3.7

Kommerzielle Hersteller objektrelationaler DBMS unterstützen häufig eine Ähnlichkeitssuche auf Rasterbildern. Bevor eine Ähnlichkeitsanfrage gestellt werden kann, werden die Feature-Werte für Farbverteilung, Textur und Gestalt aus den gespeicherten Bildern berechnet. Bei einer Anfrage muss dann explizit angegeben werden, welche Feature-Werte zur Ähnlichkeitsberechnung verwendet werden sollen.

- *Anfrageaufbereitung vor der Feature-Extraktion (dynamische Feature-Extraktion):* Erfolgt die Anfrageformulierung vor der Extraktion der Feature-Werte aus der Datenbank, kann die Feature-Extraktion optimal an eine Anfrage angepasst werden. Der Vorteil liegt also in der hohen Flexibilität bei der Ähnlichkeitsberechnung. Nachteilig hingegen wirkt sich der relativ hohe Aufwand für die spezifische Feature-Extraktion aus. Für jede Anfrage müssen die Feature-Werte in der Regel aus sehr vielen Medienobjekten berechnet werden.

Vorteil
Nachteil

Beispiel 3.8

In einer Audio-Datenbank sind verschiedene Musikaufnahmen gespeichert, unter ihnen auch Plattenaufnahmen. Da es Verfahren gibt, typische Knackgeräusche zu unterdrücken und dieses Verfahren nur auf die gespeicherten Plattenaufnahmen angewandt werden soll, wird in einer Anfrage gezielt nach Musikaufnahmen mit bestimmten Knackgeräuschen gesucht. Da die Extraktion spezieller Feature-Werte für solche Störgeräusche nicht vorhersehbar war, können die entsprechenden Feature-Werte erst nach der Anfrageformulierung aufwändig berechnet werden. Die Anfrage muss allerdings für die Feature-Extraktion genau beschreiben, was unter Knackgeräuschen zu verstehen ist.

- *Kombination:* Um die Vorteile beider Varianten zu vereinen, können sie kombiniert eingesetzt werden. So lange die sowieso schon extrahierten Feature-Werte für die Anfrage ausreichen, werden diese aus Effizienzgründen verwendet. Ansonsten müssen die Feature-Werte der Datenbank dynamisch ermittelt werden. Das Ziel ist es jedoch, alle Feature-Werte der Datenbank nur einmal zu berechnen. Wenn also extra für eine Anfrage neue Feature-Werte berechnet werden müssen, sollten sie danach explizit gespeichert werden, damit sie für folgende Anfragen wiederverwendet werden können.

In Abbildung 3.2 wird die beschriebene Verwaltung und das Retrieval von Multimedia-Daten verfeinert dargestellt. Im Folgenden werden die einzelnen Schritte genauer beschrieben.

Einfügen in die Multimedia-Datenbank. Beim Einfügen von Daten in die Datenbank werden Multimedia-Objekte von relationalen Daten unterschieden. Unter relationalen Daten sind Daten zu verstehen, die klassischerweise von relationalen DBMS verwaltet werden können. Diese Daten werden daher relational abgelegt. Dazu gehören beschreibende Metadaten wie Medientypen, Speicherformate von Medienobjekten und Profildaten über Nutzer und Ein/Ausgabegeräte. Weiterhin lassen sich zusätzliche Daten zu einzelnen Medienobjekten ablegen. Zum Beispiel können Namen und Adressen von auf Bildern dargestellten Personen gespeichert und damit auch später wieder abgefragt werden.

Einzufügende Multimedia-Objekte benötigen eine spezielle Vorverarbeitung, bevor sie in Form von Rohdaten und relationalen Daten gespeichert werden können.

Der erste Schritt der Vorverarbeitung besteht in einer *Zerlegung*. Wenn ein komplexes Multimedia-Objekt eingefügt werden soll, wird es zuvor in nichtkomplexe Medienobjekte zerlegt. Dazu kann eine Nutzerinteraktion notwendig sein. Für eine spätere Rekonstruktion müssen die Strukturdaten in geeigneter Form abgelegt werden.

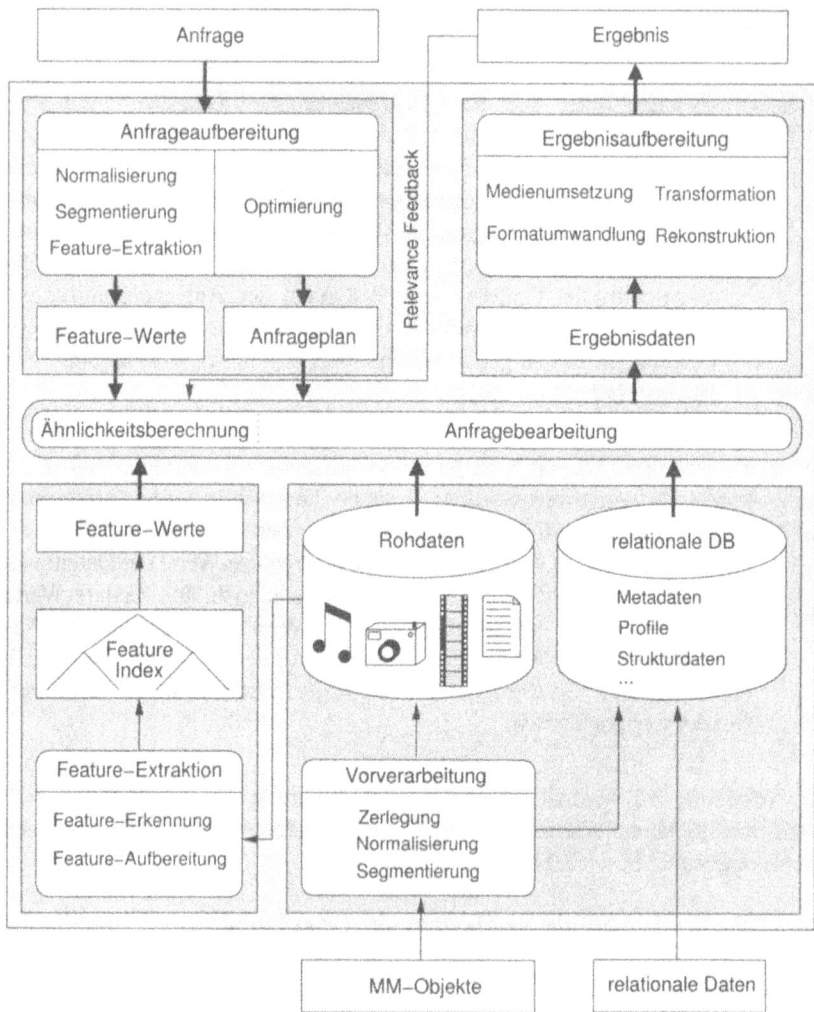

Abb. 3.2: *Verwaltung und Retrieval von Multimedia-Daten*

Normalisierung

An die Zerlegung schließt sich eine eventuelle *Normalisierung* an. Unter einer Normalisierung verstehen wir hier das Bearbeiten von Medienobjekten in eine für die weitere Behandlung günstige Normalform[1], die den Einfluss verschiedener Störfaktoren unterdrückt.

Normalisierung von Photographien

Beispiel 3.9

Ein Gemälde wurde mit einer Digitalkamera nicht frontal, sondern schräg

---

[1]Die hier erwähnte Normalform hat nichts mit der Normalform eines relationalen Datenbankentwurfs gemeinsam.

aufgenommen, was zu einer Verzerrung führte. Weiterhin umfasst das aufgenommene Bild Teile des Rahmens und der Wand. Normalisierung bedeutet hier das algorithmische Entzerren und das anschließende Reduzieren des Bildes auf das eigentliche Gemälde.

Beispiel 3.10

Musikaufnahmen sind häufig von Hintergrundgeräuschen und Rauschen begleitet. Während der Normalisierung kann versucht werden, Hintergrundgeräusche und Rauschen von den Audio-Daten unter Einsatz spezieller Filter zu entfernen.

Normalisierung von Musikaufnahmen

Segmentierung bedeutet eine weitere Zerlegung von Medienobjekten anhand ihrer Semantik. Typische Anwendungen der Segmentierung lassen sich in der Bildverarbeitung, aber auch in der Videoaufbereitung finden.

Segmentierung

Beispiel 3.11

Eine Segmentierung in Bildern bedeutet beispielsweise die Zerlegung eines Rasterbildes in Hintergrund und diverse Vordergrundobjekte. Wenn auf einem Bild drei Personen am Strand abgebildet sind, dann liefert eine erfolgreiche Segmentierung die getrennten, visuellen Informationen zu den drei Personen und zum Hintergrund Strand. Diese Segmente sind Bildausschnitte, die durch Polygonzüge begrenzt sind.

Segmentierung auf Bildern

Beispiel 3.12

Ein Video besteht aus einer langen Sequenz von Einzelbildern, so genannten Frames. Für eine Suche in Videos ist es sinnvoll, ein Gesamtvideo in disjunkte Untersequenzen in Abhängigkeit des dargestellten Inhalts zu zerlegen. Ein Kinofilm kann etwa in einzelne Szenen zerlegt werden. Dies erlaubt eine Recherche nach einzelnen Szenen. Als Ergebnis kann zu bestimmten Ergebnisszenen gesprungen werden.

Segmentierung auf Videos

Extraktion der Feature-Werte. Wie im vorherigen Unterabschnitt beschrieben, bedeutet die Feature-Extraktion das Extrahieren von inhaltstragenden Eigenschaftswerten aus Medienobjekten. Solche Eigenschaftswerte repräsentieren Medienobjekte in kompakter Form und sind die Grundlage für die Ähnlichkeitsberechnung.

Die Feature-Extraktion kann in die Feature-Erkennung und in die anschließende Feature-Aufbereitung unterteilt werden. Die Feature-Erkennung ist sehr stark abhängig von Medientyp, beabsichtigter Ähnlichkeitsberechnung und verfügbaren Extraktionsalgorithmen.

Feature-Erkennung

Feature-Erkennung

Beispiel 3.13

Ein für Rasterbilder typisches Feature betrifft Texturen. Spezielle Algorithmen, wie etwa Gabor-Filter, ermöglichen die Berechnung geeigneter Feature-Werte. Typisch für Video-Objekte hingegen ist die Extraktion von Bewegungsvektoren als Feature-Werten. Bewegungsvektoren geben an, in welche Richtung und mit welcher Geschwindigkeit bestimmte Einzelbildfragmente sich zeitlich bewegen.

Feature-Aufbereitung

Die Aufbereitung der Feature-Werte hat zum Ziel, die erkannten Feature zu skalieren, mögliche Abhängigkeiten untereinander zu beseitigen und eventuell überflüssige oder vernachlässigbare Feature-Werte zu entfernen.

Feature-Aufbereitung

Beispiel 3.14

Ein Verfahren zur Reduktion von Feature-Werten ist beim Text-Retrieval unter dem Namen LSI (engl. latent semantic indexing) bekannt. Textdokumente werden üblicherweise durch Häufigkeiten auftretender Indexterme charakterisiert. Jeder Indexterm entspricht dabei einem Feature-Wert. Das LSI-Verfahren versucht durch eine Matrixtransformation auf der Grundlage eines Eigenwertproblems neue Feature-Werte anhand ihrer Wichtigkeit zur Unterscheidung der Textdokumente zu finden. Dabei werden nur die signifikanten Werte übernommen und damit die Anzahl der Feature-Werte reduziert. Die resultierenden Feature-Werte sind zusätzlich unabhängig voneinander.

Nachdem aus den Rohdaten entsprechende Feature-Werte extrahiert wurden, müssen diese in einer Form gespeichert werden, die eine schnelle Ähnlichkeitsberechnung ermöglicht. Dabei soll nicht nur die Ähnlichkeit zwischen den Feature-Werten zweier Medienobjekte effizient berechnet werden können, *Feature-Index* sondern es sollen auch möglichst schnell die ähnlichsten Medienobjekte zu einem vorgegebenen Medienobjekt unter Ausnutzung der jeweiligen Feature gefunden werden. Zu diesem Zweck wurde eine Reihe spezieller Feature-Indexe entwickelt, welche die für die Ähnlichkeitsberechnung notwendigen Feature-Werte effizient durchsuchen.

Aufbereitung der Anfrage. Eine Anfrage an ein Multimedia-Retrieval-System kann entweder einer herkömmlichen Datenbankanfrage oder einer *herkömmliche* Ähnlichkeitsanfrage entsprechen. Eine Kombination beider Aspekte in einer *Datenbankanfrage* Anfrage ist genauso denkbar. Die Optimierung der klassischen Anfrage erzeugt *Ähnlichkeitsanfrage* als Ergebnis einen nach verschiedenen Gesichtspunkten optimierten Anfrageplan. Üblicherweise wird versucht, durch eine möglichst frühzeitige Selektion *optimierter* die Größe von Zwischenergebnissen zu reduzieren. *Anfrageplan*

Bei der Ähnlichkeitsanfrage werden jedoch Multimedia-Objekte spezifiziert, zu denen ähnliche Objekte in der Datenbank anhand bestimmter Kriterien gefunden werden sollen. Analog zur Vorverarbeitung beim Einfügen in eine Datenbank und bei der Feature-Extraktion werden die Multimedia-Objekte der

Anfrage aufbereitet. Als Ergebnis liegen die entsprechenden Feature-Werte zusammen mit einem optimierten Anfrageplan für die anschließende Anfragebearbeitung bereit.

Aufbereitung der Anfrageobjekte

Anfragebearbeitung und Ähnlichkeitsberechnung. Eine Suche kann sowohl eine klassische Datenbankanfrage (etwa via SQL) als auch eine Ähnlichkeitsanfrage beinhalten. Diese beiden Varianten können kombiniert auftreten.

Bei der Bearbeitung der klassischen Anfrage wird auf der Grundlage eines Anfrageplans und der relationalen Daten das Anfrageergebnis berechnet. Falls eine Ähnlichkeitsberechnung in der Anfrage gefordert wird, müssen anhand der Feature-Werte der Anfrageobjekte, der Feature-Werte der Datenbankobjekte und einer Ähnlichkeitsfunktion die ähnlichsten Datenbank-Objekte ermittelt werden. Die Ähnlichkeitsfunktion basiert dabei häufig auf einer Distanzfunktion. Ein spezieller Feature-Index erlaubt ein effizientes Finden der Feature-Vektoren, die eine minimale Entfernung zu den Feature-Vektoren der Anfrageobjekte besitzen.

Beispiel 3.15

Feature-Index

Typische Vertreter eines Feature-Indexes sind, wenn die Anzahl der Feature-Werte gering ist, Baumverfahren wie der R-Baum und seine Varianten. In diesen Bäumen kann effizient eine Nächste-Nachbar-Suche durchgeführt werden, die zu einem gegebenen Vektor die Vektoren mit der geringsten Distanz findet.

Eine Anfrage kann auch mehrere Ähnlichkeitsberechnungen umfassen. Zur Verdeutlichung dient das folgende Beispiel:

Beispiel 3.16

mehrere Ähnlichkeitsberechnungen

In einer Anfrage wird nach Bildern gesucht, die eine untergehende Sonne darstellen. Feature-Werte existieren zum einen für die Form und zum anderen für die Farbe von dargestellten Bildobjekten. Die Anfrage wird daher in zwei Ähnlichkeitsanfragen zerlegt, in eine Anfrage nach kreisförmigen Bildobjekten und eine Anfrage nach Bildobjekten, bei denen die rote Farbe dominiert. Beide Ähnlichkeitsanfragen ordnen Medienobjekten jeweilige Ähnlichkeitswerte zu. Diese müssen zu einem Ähnlichkeitswert zusammengefasst werden, der die Ähnlichkeit zu einem roten, kreisförmigen Bildobjekt ausdrückt.

Abbildung 3.3 zeigt zwei nach Relevanz sortierte Listen von Medienobjekten, die erste sortiert nach Kreisförmigkeit und die zweite Liste sortiert nach Rotanteil. Beide Listen werden zu einer neuen Liste zusammengefasst. Die neue Liste ist nach der Relevanz bezüglich Form und Farbe gemeinsam sortiert.

③
④   Ergebnis: kreisförmig
①   und hoher Farbanteil
⑥
.
.
.

①   ③
kreisförmige   ②   ⑥   Medien–Objekte
Medien–Objekte   ④   mit hohem Rotanteil
③
④   ④
④   ⑧
.   .
.   .
.   .

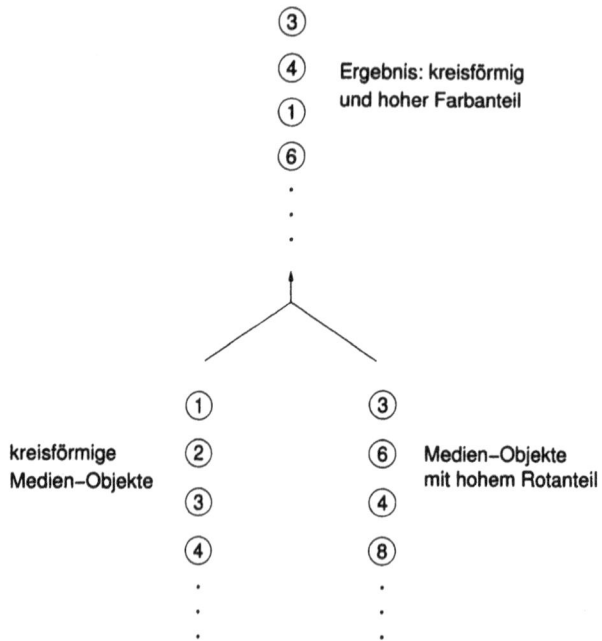

Abb. 3.3: *Zusammenfassung zweier Ähnlichkeitsanfragen aus Beispiel 3.16*

Bei mehreren Ähnlichkeitsberechnungen wird jede Berechnung entsprechend des Anfrageplans einzeln durchgeführt, und erst danach werden die Ergebnisse miteinander geeignet verknüpft. Wie in Abschnitt 7.2.3 auf Seite 337 erklärt, kann die Verknüpfung alternativ sehr früh durchgeführt werden.

Zusammenführung von Anfrageergebnissen

Daten- versus Information-Retrieval

Der Teil einer Anfrage, der einer traditionellen Datenbankanfrage entspricht, wird entsprechend dem optimierten Anfrageplan ausgeführt. Ein Problem stellt jedoch die Zusammenführung der Ergebnisse mit den Ergebnissen aus der Ähnlichkeitsberechnung dar. Das Problem besteht darin, dass unterschiedliche Paradigmen miteinander kombiniert werden müssen. In der Tabelle 2.1 auf Seite 20 wurden die Unterschiede zwischen beiden Paradigmen, dem Daten- und dem Information-Retrieval, bereits herausgearbeitet. Ein besonderes Problem besteht in der Verknüpfung der exakten, relationalen Ergebnisse mit den unscharfen Ergebnissen der Ähnlichkeitssuche. Weiterhin besteht das Ergebnis der Ähnlichkeitssuche aus einer sortierten Liste, wohingegen im relationalen Fall eine Ergebnismenge berechnet wird.

Ähnlichkeitssuche und relationale Anfrage

Beispiel 3.17

In einer Anfrage werden Gemälde von Caspar David Friedrich oder Gemälde mit einer Abendstimmung gesucht. Der erste Teil der Anfrage kann relational behandelt werden, da die Künstlernamen in diesem Beispiel relational gespeichert sind. Der zweite Teil kann als Ähnlichkeitssuche formuliert werden, wenn ein typisches Gemälde mit einer Abendstimmung bekannt ist. Die Menge der Ergebnisbilder aus der ersten Anfrage ist fest und exakt. Hingegen enthalten alle Bilder zu einem bestimmten Grad eine Abendstimmung. Das Ergebnis liegt hier als sortierte Liste vor. Da man die Reihenfolge bei der Ergebnisausgabe·nicht verlieren will, sollte die Listensemantik auch für das kombinierte Ergebnis verwendet werden. Allerdings ist dann zu klären, an welcher Position die Bilder aus der relationalen Anfrage stehen sollen. Wenn man davon ausgeht, dass diese Bilder die relationale Anfrage zu 100 Prozent erfüllen, müssen diese Bilder am Anfang in der Ergebnisliste stehen. Die Reihenfolge dieser Bilder kann dabei beliebig sein oder durch Anwendung der Ähnlichkeitsanfrage ermittelt werden.

Wie man durch die Diskussion des Beispiels leicht sieht, müssen bei der Kombination beider Paradigmen verschiedene Probleme gelöst werden, wobei die angeführte Argumentation keine grundsätzliche Lösungsrichtung vorgibt, sondern nur beispielhaft eine Meinung widerspiegelt.

Ergebnisaufbereitung. Nachdem das vorläufige Ergebnis berechnet wurde, muss dieses an die Vorgaben des Anwenders angepasst werden. Dies betrifft im wesentlichen die Aufbereitung der Medienobjekte des Ergebnisses. Die Vorgaben liegen in Form von Nutzer- bzw. Geräteprofilen, als Nutzerpräferenzen oder explizit in der Anfrage formuliert vor. Die Ergebnisaufbereitung muss entsprechend den Vorgaben eine Medienumsetzung, Formatumwandlung, Transformation oder eine Rekonstruktion zu einem komplexen Medienobjekt durchführen.

Nutzer-, Geräteprofile und Nutzerpräferenzen

Die Ergebnisaufbereitung besteht häufig aus mehreren Schritten. Aus Effizienzgründen sollten diese Schritte in einer optimierten Reihenfolge auf der Grundlage effizienter Algorithmen erfolgen. Da zum Beispiel eine Medienumsetzung häufig sehr aufwändig ist, kann sie, sofern absehbar, bereits beim Anlegen der Datenbank durchgeführt werden. Dies führt natürlich zu einer erhöhten Redundanz, da dann gleiche Medienobjekte in verschiedenen Medientypen gespeichert sind. Aufgrund der geforderten Effizienz ist jedoch eine derartige, kontrollierte Redundanz tolerierbar.

Schritte der Ergebnisaufbereitung

Werden als Ergebnis heterogene Medienobjekte, also Multimedia-Objekte zurückgeliefert, ist zusätzlicher Präsentationsaufwand für die räumliche und zeitliche Anordnung notwendig.

Zum Beispiel müssen verschiedene Fenster für Video- und Textdaten entsprechend den Vorgaben des Anwenders erzeugt und vor allem auch räumlich angeordnet werden. Weiterhin ist die Zeitkomponente zu berücksichtigen.

Beispiel 3.18

räumliche und zeitliche Anordnung bei der Ergebnispräsentation

Ein Anwender fordert, dass ein Ergebnisvideo automatisch zu einem bestimmten Zeitpunkt starten soll und, wenn es abgelaufen ist, ein Ergebnistext automatisch angezeigt werden soll.

Neben diesen Aufbereitungsschritten muss das Ergebnis auch dem Anwender präsentiert werden. Das schließt eine Interaktion mit dem Anwender ein.

interaktive
Videofunktionen

Beispiel 3.19

Beim Abspielen von Videos müssen die üblichen Videofunktionen zum Starten, Beenden und Unterbrechen der Videos, aber auch das schnelle Spulen, zur Verfügung stehen.

Ähnlichkeits-
berechnung

Ähnlichkeitsfunktion

ungünstig gewählte
Ähnlichkeitsfunktion

Relevance Feedback. Der in Abbildung 3.2 auf Seite 78 beschriebene Ablauf kann eine Ähnlichkeitsberechnung beinhalten, bei der die Ähnlichkeit zwischen Medienobjekten durch eine Ähnlichkeitsfunktion ermittelt wird. Wir gehen hier davon aus, dass die zugrunde liegenden Feature idealerweise eine korrekte Ähnlichkeitberechnung prinzipiell ermöglichen. In Abhängigkeit von der gewählten Ähnlichkeitsfunktion kann das Ergebnis durchaus Medienobjekte enthalten, die nicht dem Ähnlichkeitsempfinden des Nutzers entsprechen, also nicht die Anfrage erfüllen. Das Problem liegt oft in der Wahl einer ungünstigen Ähnlichkeitsfunktion, die nicht genug dem Empfinden des Nutzers entsprach. Unglücklicherweise ist es für einen Nutzer im Allgemeinen sehr schwierig bis unmöglich, dem System exakt eine gewünschte Ähnlichkeitsfunktion explizit für eine Anfrage vorzugeben.

Relevance Feedback

Ergebnisbewertung

Anpassung der
Ähnlichkeitsfunktion

Anfrage-Iteration

Einen Ausweg aus dieser Problematik bietet das Relevance Feedback, welches bereits in Abschnitt 2.3 auf Seite 38 eingeführt wurde. Beim Relevance Feedback bewertet der Nutzer erste Ergebnisobjekte danach, wie gut sie seinen Erwartungen entsprechen. Das Retrieval-System nutzt diese Bewertungen dazu, die verwendete Ähnlichkeitsfunktion durch Verändern von Gewichten besser an die Vorstellungen des Nutzers anzupassen und damit ein besseres Ergebnis zu berechnen. Dieses Ergebnis kann dann wiederum vom Nutzer bewertet werden, solange wie der Nutzer hofft, durch eine erneute Iteration ein besseres Ergebnis zu erhalten. In diesem Zusammenhang spricht man auch von einer Anfrage-Iteration.

Aufgrund der komplexen Semantik von Medienobjekten gestaltet sich das Finden guter Ähnlichkeitsfunktionen in der Regel sehr schwer. Aus diesem Grund ist im Zusammenhang mit Multimedia-Retrieval der Mechanismus des Relevance Feedbacks sehr wichtig. Durch Relevance Feedback soll sich das Multimedia-Retrieval-System an die gewünschte Ähnlichkeitsfunktion anpassen.

Zusammenfassung

In diesem Abschnitt wurde in das Thema Multimedia-Retrieval eingeführt, wurden grundsätzliche Zusammenhänge dargestellt und weiterhin wurden viele Probleme herausgearbeitet. Ein Teil der Probleme wird im Verlauf dieses Kapitels und der nächsten Kapitel medienunabhängig behandelt, während Probleme der Anfrageformulierung und -bearbeitung in den speziellen Kapiteln gesondert behandelt werden.

3.3 Daten eines Multimedia-Retrieval-Systems

Ein Multimedia-Retrieval-System muss verschiedene Arten von Daten verwalten. In diesem Abschnitt werden diese Daten bezüglich ihrer Semantik klassifiziert. Grob lassen sich Daten und Metadaten unterscheiden.

Daten und Metadaten

Weiterhin unterscheiden wir textuell formulierte Daten von nicht-textuell formulierten Daten. Diese Unterscheidung ist aufgrund der universellen Einsatzmöglichkeiten von textuellen Beschreibungen sinnvoll. Für deren Verarbeitung stehen vielfältige Werkzeuge und Verfahren zur Verfügung. Folgen Texte einer strengen Semantik, können zum Beispiel Parser eingesetzt werden. Vielfach lassen sich auch Mechanismen des Text Retrievals zur Verwaltung und Suche verwenden. Wir werden im Folgenden sehen, dass Textdaten für verschiedene Zwecke, als Medienobjekt, als Strukturdaten und als Metadaten genutzt werden können.

textuell und nicht-textuell formulierte Daten

Tabelle 3.2 zeigt eine grobe Klassifikation von Daten in einem Multimedia-Retrieval-System. Wir orientieren uns dabei an den Begriffsdefinitionen von Seite 6:

Klassifikation von Daten

- *Medienobjekt:* Ein Medienobjekt umfasst die Daten eines Medientyps. Der Medientyp kann sowohl Text als auch nicht-textuell sein.

- *Multimedia-Objekt:* Ein Multimedia-Objekt zeichnet sich dadurch aus, dass es mehrere Medienobjekte kombinieren kann. Für eine redundanzfreie Verwaltung ist eine Zerlegung solcher Multimedia-Objekte in Medienobjekte und Strukturdaten sinnvoll. In diesem Fall brauchen für Multimedia-Objekte nur die Strukturdaten gespeichert werden, die Referenzen auf isolierten Medienobjekte enthalten. Die Strukturdaten können dabei sowohl nicht-textuell, zum Beispiel durch Graphen und Hypermedia-Mechanismen, aber auch textuell, zum Beispiel durch Hypertextmechanismen von Markup-Sprachen, ausgedrückt werden.

- *weitere Daten:* In der Regel verwaltet ein Multimedia-Retrieval-System zusätzlich weitere Daten, die hier unter dieser Rubrik zusammengefasst sind.

In Tabelle 3.2 fällt auf, dass solche Sprachen wie XML, HTML, VRML, X3D sowohl für Strukturdaten als auch zur Beschreibung eigenständiger Medienobjekte genutzt werden können. Zum Beispiel kann eine HTML-Datei ein Multimedia-Objekt darstellen, aber auch auf andere Medienobjekte verweisen.

In der Zerlegungsphase werden die einzelnen Medienobjekte isoliert und die Strukturdaten ermittelt, so dass sie gemeinsam eine Rekonstruktion des ursprünglichen Multimedia-Objekts ermöglichen.

Zerlegung und Strukturdaten

Das folgende Beispiel zeigt eine mögliche Zerlegung eines Multimedia-Objekts in Medienobjekte und Strukturdaten. Zur Veranschaulichung des Zer-

Klassifikation	Daten	Beispiele
Multimedia-Objekt	nicht-textuell	Graphen, Hypermedia
(Strukturdaten)	textuell	XML, HTML, VRML, X3D
Medienobjekt	Dokument	Freitext, XML, HTML, VRML, X3D
	nicht-textuell	Videos, Bilder, Audio-Daten
	Nutzerprofil	Präferenzen
weitere Daten	Geräteprofil	Geräteauflösung, Gamma-Werte
	...	...

Tabelle 3.2: *Klassifikation der Daten*

legungsvorganges wird hier vereinfacht eine HTML-Datei als Multimedia-Objekt aufgefasst.

Zerlegung von Multimedia-Objekten

Beispiel 3.20

Angenommen, folgende HTML-Datei sei als Multimedia-Objekt gegeben:

```
<HTML>
  <HEAD>
    <TITLE> Franz Klammer </TITLE>
  </HEAD>

  <H2> Franz Klammer </H2>
  Universität Klammerstadt <BR>
  Fakultät für Informatik <BR>
  12345 Klammerstadt <BR>
  <BR>
  <B> Telefon: </B> ++49-123-45678 <BR>
  <B> Fax: </B> ++49-123-45670 <BR>
  <img align = 'right' src = 'franz.jpg' width = 150>
</HTML>
```

Diese Datei enthält Daten eines eigenen Medienobjekts und bettet zusätzlich ein Bild ein. Bei der Zerlegung wird das HTML-Objekt `mo-001.html` isoliert, während die Strukturdaten als HTML-Objekt identifizierende Informationen und Referenzen auf die isolierten Medienobjekte enthält. Das folgende Listing zeigt das aus der Zerlegung hervorgegangene Medienobjekt `mo-001.html`.

```
<HTML>
  <H2> Franz Klammer </H2>
  Universität Klammerstadt <BR>
  Fakultät für Informatik <BR>
  12345 Klammerstadt <BR>
  <BR>
  <B> Telefon: </B> ++49-123-45678 <BR>
  <B> Fax: </B> ++49-123-45670 <BR>
</HTML>
```

Die Strukturdaten als HTML-Objekt sind folgendermaßen formuliert:

```
<HTML>
  <HEAD>
    <TITLE> Franz Klammer </TITLE>
  </HEAD>
  <A HREF = mo-001.html> Link1 </A>
  <img align = 'right' src = 'franz.jpg' width = 150>
</HTML>
```

Klassifikation	Metadaten	Beispiele
inhaltsbeschreibend (interpretierend)	kontextbeschreibend	Indexvokabular, Ontologien, Thesaurus
	kontextbezogen	Identifikation, Raum- und Zeitdaten
	objektbeschreibend, nicht-textuell	Gegenstände, Personen, Eindrücke, Aktivitäten, Titel
	objektbeschreibend, textuell	Annotation, Drehbuch, Untertitel
inhaltsbezogen (nicht interpretierend)	Feature	Farbverteilung, Textur, Klangdynamik, Form
	Segmentspezifikation	Anfang und Ende einer Video-Szene, Umriss eines Bildausschnitts
inhaltsunabhängig	präsentationsbezogen	QoS, Auflösung, Layout
	aufnahmebezogen	Urheber, Aufnahmegerät
	speicherungsbezogen	Medientyp, Speicherformat, Speicherort

Tabelle 3.3: Klassifikation von Metadaten

Die Metadaten eines Multimedia-Retrieval-Systems können entsprechend Tabelle 3.3 klassifiziert werden. Wir unterscheiden folgende Klassen von Metadaten:

- *inhaltsunabhängig:* Diese Daten beschreiben nicht den Inhalt von Medienobjekten, sind aber für ihre Verwaltung und richtige Interpretation notwendig.

  Speicherungsbezogene Metadaten eines Medienobjekts beispielsweise umfassen den Medientyp und Daten zum Speicherformat, wohingegen präsentationsbezogene Metadaten Informationen über die Präsentation enthalten.

- *inhaltsbezogen:* Inhaltsbezogene Metadaten beschreiben Medienobjekte auf einer semantisch niedrigen Stufe, also ohne Interpretation. Sie können automatisch aus Medienobjekten extrahiert werden. In einer Anfrage lassen sie sich aufgrund der niedrigen Abstraktionsstufe indirekt für eine Ähnlichkeitssuche verwenden. Wir unterscheiden inhaltsbezogene Metadaten in Form von Features und Segmentspezifikationen.

Vorteil:
automatische
Extraktion

Segmentspezifikation

Eine Segmentspezifikation definiert auf einem Medienobjekt ein Segment. Für ein Video-Objekt ist eine Segmentspezifikation beispielsweise durch Angabe des Start- und des End-Frames eines Szenensegments definiert. In Bild-Objekten kann ein Segment durch eine geschlossene Polylinie definiert werden.

- *inhaltsbeschreibend:* Wie der Name schon andeutet, wird durch inhaltsbeschreibende Metadaten die Semantik von Medienobjekten ausgedrückt. Die Medienobjekte werden also interpretiert beschrieben. Diese Metadaten befinden sich hier auf einer hohen Abstraktionsstufe. Daraus resultiert der große Vorteil, dass auf solchen Metadaten direkt nach Medienobjekten gesucht werden kann. Diese Metadaten lassen sich durch relationale Datenbanktechnologie gut verwalten. Der Nachteil jedoch liegt im Problem der nur schwer automatisierbaren Extraktion solcher Daten aus den Medienobjekten begründet. Häufig müssen daher solche inhaltsbeschreibenden Metadaten aufwändig manuell erfasst werden.

Interpretation von
Medienobjekten
Vorteil: Suche über
Interpretationen
Nachteil:
aufwändige,
manuelle Erfassung

Als inhaltsbeschreibende Metadaten unterscheiden wir weiterhin folgende Klassen:

- *objektbeschreibend (textuell oder nicht-textuell):* Mit diesen Metadaten wird der Inhalt einzelner Medienobjekte beschrieben.

objektbeschreibende
Metadaten

Beispiel 3.21

Neben den Passphotos (Medienobjekte) von Personen werden deren Namen und Adressen verwaltet.

- *kontextbezogen:* Kontextbezogene Metadaten sind Metadaten für einzelne Medienobjekte, die sich erst aus einem Kontext einer Kollektion von Medienobjekten ergeben.

  Typisches Beispiel sind Identifizierungsdaten, Raum- und Zeitdaten, die ausdrücken, wie einzelne Medienobjekte räumlich beziehungsweise zeitlich angeordnet sind.

  Identifizierungs-, Raum- und Zeitdaten

- *kontextbeschreibend:* Diese Metadaten beschreiben keine einzelnen Medienobjekte, sondern sind allgemeine, für die Objektbeschreibung notwendige Daten. Sie dienen besonders zum Abgleich von Objektbeschreibungen einzelner Medienobjekte untereinander und erlauben damit inhaltliche Vergleiche von Objektbeschreibungen.

  Beispielsweise gehören zu kontextbeschreibenden Metadaten Indexterme, die bei der Beschreibung von Medienobjekten verwendet werden. Inhaltliche Abhängigkeiten zwischen solchen Termen können in so genannten Ontologien verwaltet werden.

  Indexterme

  Ontologien

Das folgende Beispiel demonstriert die verschiedenen Klassen von Metadaten als Erweiterung des Beispiels 3.20 auf Seite 86:

Beispiel 3.22

Metadaten des Beispiels 3.20

Mögliche Werte der Metadaten des Beispiels 3.20 für die inhaltsbezogenen und -unabhängigen Metadaten sind in Tabelle 3.4 aufgelistet. Als Feature-Werte werden etwa die Häufigkeiten verschiedener Schlüsselwörter ermittelt.

Eine textuelle Objektbeschreibung enthält die Information, dass dieses Multimedia-Objekt die Kontaktinformationen und das Passphoto des Mitarbeiters Franz Klammer enthält. Die nicht-textuellen Objektbeschreibungen werden als Attributwerte ausgedrückt. Eine Relation speichert die Namen und Adressen der auf den Passphotos dargestellten Personen.

Kontextbeschreibende und kontextbezogene Metadaten sind in unserem Beispiel etwa die Information, dass die Menge der Multimedia-Objekte, zu denen das Beispielobjekt gehört, ausschließlich Kontaktinformationen von Mitarbeitern einer bestimmten Abteilung darstellt, und diese sich im Namen der jeweiligen Mitarbeiter unterscheiden. Zusätzlich werden als kontextbezogene Metadaten pro Mitarbeiter die Zeitpunkte ihrer Einstellung und der Aufnahme ihrer Photos vermerkt.

Nach unserer Definition enthalten Medienobjekte nur die Daten eines Medientyps. Häufig werden mit diesem Begriff jedoch auch die zugeordneten, zusätzlichen Daten und Metadaten verstanden. Aus diesem Grund lassen wir im Folgenden beide Bedeutungen zu, erhalten also ein Medienobjekt im engeren Sinn und ein Medienobjekt im weiteren Sinn. Unterscheidbar werden beide Bedeutungen aus dem Kontext der Begriffsverwendung.

Medienobjekt im engeren Sinn und im weiteren Sinn

Klassifikation	Metadaten	mögliche Werte
inhaltsbezogen	Feature	$\text{Anzahl}_{ } = 6$ $\text{Anzahl}_{<H2>} = 1$
inhaltsunabhängig	präsentationsbezogen	Browser = 'Netscape'
	aufnahmebezogen	Urheber = 'Klammer', Aufnahmegerät = 'emacs'
	speicherungsbezogen	Medientyp = 'Text', Speicherformat = 'HTML', Speicherort = 'http://...'

Tabelle 3.4: *Metadaten des Beispiels 3.20*

Im Buch von Meyer-Wegener [130] wurde ebenfalls eine Unterscheidung von Metadaten vorgenommen. Es gelten die folgenden groben Entsprechungen der dort verwendeten Begriffe und unserer Begriffe:

- *Rohdaten:* Rohdaten sind die Daten der Medienobjekte (im engeren Sinn).

- *Registrierungsdaten:* Unter Registrierungsdaten werden die Daten verstanden, die für eine technische Interpretation eines Medienobjekts wichtig sind. Sie entsprechen in etwa den speicherungsbezogenen Metadaten.

- *Beschreibungsdaten:* Unter den Beschreibungsdaten werden die inhaltsbeschreibenden und inhaltsbezogenen Metadaten verstanden.

Auf der Grundlage der verschiedenen Daten und Metadaten können unterschiedliche Arten von Anfragen und Suchstrategien vom Nutzer initiiert werden:

- *relationale Anfrage:* Hier wird eine traditionelle SQL-Anfrage an relational abgelegte Daten formuliert. Dies betrifft nicht-textuelle Strukturdaten, die so genannten weiteren Daten, inhaltsunabhängige Metadaten sowie nicht-textuelle, inhaltsbeschreibende Metadaten.

- *Anfragen an semi-strukturierte Textdaten:* Zu so genannten semi-strukturierten Daten gehören Textdokumente, die zum Beispiel Markup-Sprachen wie XML, HTML, VRML nutzen. Auf solchen Daten können spezielle Anfragen formuliert werden.

- *Text-Retrieval:* Hier wird nach textuell formulierten, unstrukturierten Daten und Metadaten auf der Basis von Textähnlichkeiten recherchiert.

Die Ähnlichkeit wird mittels einer Ähnlichkeitsfunktion auf der Grundlage von extrahierten Text-Features ermittelt.

- *Multimedia-Retrieval:* Multimedia-Retrieval erweitert das Text-Retrieval um die Berücksichtigung weiterer Medientypen. Analog zum Text-Retrieval erfolgt die Ähnlichkeitsberechnung mittels extrahierter Feature und durch Segmentspezifikationen festgelegter Segmente.

- *Browsing:* Beim Browsing werden Medienobjekte der Datenbank einfach durchlaufen und dem Nutzer sequentiell präsentiert.

Das Browsen in umfangreichen Datenbeständen ist wegen des Zeitaufwandes dem Nutzer in der Regel nicht zumutbar. Relativ gute Ergebnisse lassen sich durch eine relationale Anfrage, eine Anfrage an semi-strukturierte Textdaten oder durch eine Text-Retrieval-Anfrage erzielen. Jedoch setzen diese Verfahren das Vorhandensein von relational strukturierten oder textuell formulierten, inhaltsbeschreibenden Metadaten voraus. Die Generierung solcher Daten aus Multimedia-Daten ist meist mit einem sehr hohen manuellen Aufwand verbunden und ist zudem in der Regel subjektiv, also abhängig von der Sichtweise der beschreibenden Person. *hoher manueller Aufwand Subjektivität*

Wenn inhaltsbeschreibende Metadaten nicht vorhanden sind und nicht manuell erstellt werden können, bietet sich ein Multimedia-Retrieval zur Suche an. Dazu werden automatisch inhaltsbezogene Metadaten ermittelt und für das Retrieval verwendet. Diese Art des Retrievals wird oft als inhaltsbasiertes Information-Retrieval (engl. content-based information retrieval) bezeichnet. *inhaltsbasiertes Information-Retrieval*

Da die inhaltsbasierte Suche auf der Grundlage von Feature-Werten erfolgt, muss eine Anfrage Feature-Werte für die Ähnlichkeitsberechnung liefern. Diese können entweder direkt vom Anwender angegeben werden, aber auch aus einem als Anfrage fungierenden Multimedia-Objekt ermittelt werden.

Im folgenden konzentrieren wir uns auf Multimedia-Retrieval. Eine wichtige Grundlage dafür sind Feature als inhaltsbezogene Metadaten.

3.4   Feature

Die von einem Multimedia-System verwalteten Metadaten werden auf unterschiedliche Arten erzeugt. Metadaten lassen sich danach unterscheiden, ob sie explizit von einem Nutzer oder Anwendungsprogramm spezifiziert werden oder ob sie sich aus anderen Daten ableiten lassen. Beispielsweise sind inhaltsbeschreibende Metadaten häufig vom Nutzer vorgegeben, wie etwa die Information, dass auf einem Bild ein Pferd dargestellt ist. Andererseits werden inhaltsbezogene Metadaten aus Rohdaten abgeleitet. Im Folgenden werden wir uns den abgeleiteten Metadaten widmen. *abgeleitete und spezifizierte Metadaten*

Abbildung 3.4 zeigt den Datenfluss ausgehend von Rohdaten bis hin zu abstrakten, objektbeschreibenden Metadaten. Wie bereits in Abbildung 3.2 auf

objektbeschreibende,
nicht–textuelle Metadaten

Metadaten

Interpretation

Feature (aufbereitet)   inhaltsbeschreibend

inhaltsbezogen

Feature–Aufbereitung

Feature

Feature–Erkennung

Segmentspezifikation

Segmentierung

Medien–Objekt (normalisiert)

Rohdaten

Normalisierung

Medien–Objekt

Zerlegung   Strukturdaten

Multimedia–Objekt

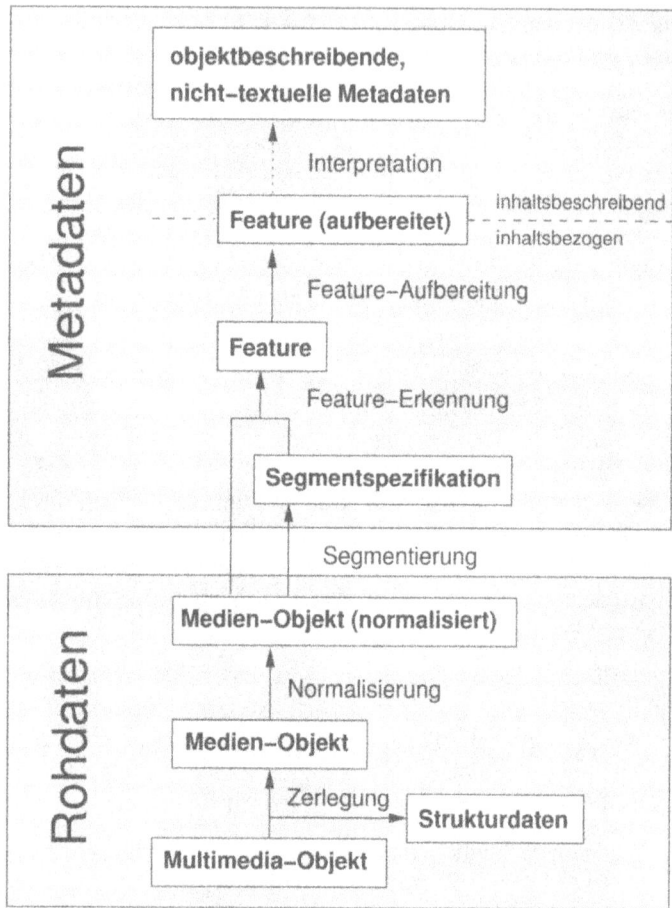

Abb. 3.4: *abgeleitete Metadaten auf verschiedenen Abstraktionsebenen*

*Zerlegung und
Normalisierung*

Seite 78 beschrieben, werden durch die Zerlegung von Multimedia-Objekten Medienobjekte und Strukturdaten gewonnen. Die Normalisierung transformiert die Medienobjekte in ein einheitliches Format. Dies ermöglicht einen von Störfaktoren unabhängigen Vergleich.

Segmentierung

Oftmals ist es sinnvoll, Medienobjekte in Segmente zu zerlegen. Ein einzelnes Segment besteht aus einer Segmentspezifikation, die auf einem Medienobjekt definiert ist. Es kann als ein eigenständiges Teil eines Medienobjekts betrachtet werden, das eine Bedeutung trägt. Beispiele für Segmente sind Bildausschnitte von Bildern mit Personen, Videoszenen von bestimmten Ereignissen oder bestimmte Abschnitte einer Tonfolge eines Musikstücks. Raum- beziehungsweise Zeitdaten von Segmenten werden als Segmentspezifikationen verwaltet.

Eine Segmentierung kann in bestimmten Fällen automatisch durchgeführt werden. In Fällen, wo Feature sich ausschließlich auf das gesamte Medienobjekt beziehen, ist eine Zerlegung in kleinere Segmente nicht erforderlich. Dann betrachten wir das ganze Medienobjekt als ein Segment.

Die Feature-Erkennung extrahiert für bestimmte Eigenschaften Feature-Werte aus segmentierten Medienobjekten. Beispielsweise werden für die Eigenschaft Farbverteilung aus segmentierten Rasterbildern häufig Farbhistogramme berechnet.

Ein Segment, also eine Kombination aus einem Medienobjekt und einer Segmentspezifikation, wird durch eine Anzahl von Feature-Werten charakterisiert, die für eine Ähnlichkeitssuche verwendet werden können. Vorher ist jedoch eine Feature-Aufbereitung sinnvoll, welche die Qualität einer Ähnlichkeitssuche erhöhen soll. So werden beispielsweise störende Korrelationen zwischen Feature-Werten beseitigt. *Feature-Extraktion*

Unter bestimmten Umständen können objektbeschreibende Metadaten aus Feature-Werten durch eine automatische Interpretation ermittelt werden. Zum Beispiel kann in der Regel eine Wüstenaufnahme durch eine bestimmte Farbverteilung relativ leicht von Bildern mit Waldaufnahmen unterschieden werden. In den meisten Anwendungsszenarien hingegen ist bestenfalls eine semiautomatische Interpretation möglich. Zum Beispiel kann nicht zuverlässig automatisch erkannt werden, ob auf einem Bild ein Hund abgebildet ist. *Interpretation*

Feature-Werte sind für eine Ähnlichkeitsberechnung interessant, da sie automatisch extrahiert werden können, also keine aufwändigen, manuellen Eingaben erfordern. Gleichzeitig müssen jedoch die Grenzen der Ausdruckskraft von Feature-Werten berücksichtigt werden. Feature-Werte können in der Regel nicht in der Art zur Objektbeschreibung genutzt werden, so dass über sie sinnvoll gesucht werden kann. Zum Beispiel fällt es einem Menschen schwer, konkrete Feature-Werte zur Suche nach Bildern über Texturen anzugeben. Die Lücke zwischen einer dem Menschen angepassten Inhaltsbeschreibung und der Ausdruckskraft automatisch errechenbarer Feature-Werte wird oft als *semantische Lücke* bezeichnet. *Ausdruckskraft von Feature-Werten*

semantische Lücke

Beispiel 3.23

Ein Nutzer sucht nach Bildern, auf denen ein Fliegenpilz abgebildet ist. Zur Formulierung dieser Anfrage sind jedoch nur Feature-Werte vorhanden, welche die Farbverteilung und die Form von Bildsegmenten ausdrücken. In der Anfrage wird daher nach einem Bild mit einem runden Bildsegment gesucht, bei dem die Farbe Rot dominiert und die Farbe Weiß nur wenig auftritt. Als Ergebnis werden Fliegenpilzbilder geliefert. Jedoch ist auch ein fehlerhaftes Bild eines roten Spielballs mit weißen Streifen im Ergebnis enthalten, während ein Bild mit einem seitlich aufgenommenen Fliegenpilz nicht gefunden wird.

Da ein Multimedia-System nicht zuverlässig in der Lage ist, aufgrund von Form- und Farbverteilungs-Feature-Werten einen Fliegenpilz zu erkennen, musste diese semantische Lücke durch eine vom Anwender formulierte Anfrage mit expliziter Angabe entsprechender Feature-Werte überbrückt werden.

Feature-Werte der
Anfrage

Da es für einen Nutzer häufig unmöglich ist, seinen Wunsch in Form von Feature-Werten auszudrücken, kann eine Suche mittels Feature-Werten nicht immer direkt durch eine explizite Angabe entsprechender Ziel-Feature-Werte formuliert werden. Statt dessen kann einer Anfrage ein oder mehrere Beispiel-Multimedia-Objekte enthalten, aus denen die benötigten Feature-Werte für die Suche extrahiert werden. Diese Feature-Werte werden mit denen der gespeicherten Medienobjekte anhand einer Ähnlichkeitsfunktion verglichen.

inhaltsbasierte
Ähnlichkeitssuche

Eine Ähnlichkeitssuche auf der Grundlage extrahierter Feature-Werte wird trotz der semantischen Lücke oft als *inhaltsbasierte Ähnlichkeitssuche* (engl. content-based similarity retrieval) bezeichnet. Damit soll hervorgehoben werden, dass die Suche über Feature-Werten im Gegensatz zur Suche über Rohdaten die Semantik der Medienobjekte berücksichtigt. Grenzen werden jedoch durch die erwähnte semantische Lücke gesetzt.

Feature repräsentieren Eigenschaften von segmentierten Medienobjekten. Im Folgenden definieren wir einige Konzepte der Metadatenverwaltung etwas genauer.

Medienobjekte,
Segmente und
Feature

Definition 3.1

Es sei ein Datentyp $t_{MO} \in \mathcal{T}$ für Medienobjekte gegeben. Die Menge MO enthält N normalisierte Medienobjekte der Datenbank:

$$MO = \{mo_1, mo_2, \ldots, mo_N\} \subseteq dom(t_{MO})$$

Weiterhin bezeichnet $t_{SS} \in \mathcal{T}$ einen Datentyp für eine Segmentspezifikation. Die Verbindung zwischen einem Medienobjekt und Segmentspezifikationen wird durch die Anwendung einer Segmentierungsfunktion hergestellt. Aufgrund der Existenz verschiedener Algorithmen A bezeichnen wir mit SEG die Menge aller zur Verfügung stehenden Segmentierungsfunktionen:

$$SEG = \{seg_A \mid seg_A \text{ ist eine Segmentierungsfunktion}\}$$

Eine Segmentierungsfunktion seg_A bildet auf der Grundlage eines Segmentierungsalgorithmus A jeweils ein Medienobjekt auf eine Menge von Segmentspezifikationen ab:

$$seg_A : dom(t_{MO}) \rightarrow dom(\mathtt{set}(t_{SS}))$$

Die Menge S enthält alle Segmente s_A, wobei ein Segment die Daten eines Medienobjekts und einer Segmentspezifikation umfasst:

$$S = \{s_A \mid s_A \in dom(\mathtt{tuple}(mo{:}t_{MO}, ss{:}t_{SS})) \text{ mit } s_A.ss \in seg_A(s_A.mo)\}$$

Weiterhin definieren wir F als eine Menge von Feature-Funktionen f_E.

$$F = \{f_E \mid f_E \text{ ist eine Feature-Funktion}\}$$

Eine Feature-Funktion f_E ermittelt einen Feature-Wert des Datentyps $t_{f_E} \in \mathcal{T}$ der Eigenschaft E aus einem segmentierten Medienobjekt:

$$f_E : \texttt{dom}(\texttt{tuple}(\text{mo}:t_{MO}, \text{ss}:t_{SS})) \rightarrow \texttt{dom}(t_{f_E})$$

Das folgende Beispiele demonstriert mögliche Feature einer Bilddatenbank.

Beispiel 3.24

Features in Bilddatenbank

Angenommen, eine Sammlung von Rasterbildern soll für eine Ähnlichkeitssuche vorbereitet werden. Zur Darstellung eines Rasterbildes steht der Datentyp

$$t_{rb} \in \mathcal{T}$$

zur Verfügung. Als Vorbereitung für eine Ähnlichkeitssuche werden Feature-Werte zur Beschreibung lokaler und globaler Farbverteilung, Form und Textur extrahiert. Außer den Werten für die globale Farbverteilung werden diese Werte aus segmentierten Rasterbildern ermittelt. Daher müssen zuerst alle Rasterbilder anhand einer Segmentierungsfunktion segmentiert werden. Die Anwendung der Segmentierungsfunktion auf ein Rasterbild erzeugt eine Menge von Segmentspezifikationen. Hier können wir davon ausgehen, dass ein Segment eine Bildregion durch ein Polygon beschreibt, das jeweils ein Objekt auf dem Rasterbild räumlich von anderen isoliert. Zur Extraktion der Feature-Werte für die jeweiligen Feature stehen die vier Feature-Funktionen

$$f_{gf}, f_{lf}, f_{form}, f_{texture}$$

zur Verfügung. Diese Funktionen erzeugen aus jedem Segment, das aus einer Kombination von Rasterbild und Segmentspezifikation besteht, die entsprechenden Feature-Werte. Eine gewisse Ausnahme stellt die Feature-Funktion f_{gf} dar, da sie Werte für eine globale Farbverteilung aus einem unsegmentierten Bild ermittelt. Als „unsegmentiertes" Bild verstehen wir ein Rasterbild in Kombination mit einer Segmentspezifikation, wobei das Segment das gesamte Rasterbild beschreibt. Die Feature-Werte für die Farbverteilung sind als Histogramm dargestellt, in dem ausgedrückt wird, welchen Anteil verschiedene Farben in einem Segment haben. Der hier stark vereinfachte Datentyp lautet daher:

$$t_{gf} = t_{lf} = \texttt{tuple}(\text{rot} : \texttt{double}, \text{grün} : \texttt{double}, \text{blau} : \texttt{double}).$$

Die Form eines Segments kann durch die numerischen Eigenschaften kreisartig, rechteckig, Flächeninhalt und Umfang beschrieben werden. Der Datentyp lautet daher

$$t_{form} = \texttt{tuple} \, (\text{ kreis} : \texttt{double}, \text{rechteck} : \texttt{double},$$
$$\text{inhalt} : \texttt{double}, \text{umfang} : \texttt{double}).$$

Die Textur eines Segment wird hier festgelegt durch die Granulatgröße, Regelmäßigkeit und Ausrichtung:

$$t_{\text{texture}} = \texttt{tuple} \; (\; \text{granulat} : \texttt{double}, \text{reg} : \texttt{double},$$
$$\text{ausrichtung} : \texttt{double}).$$

3.4.1   Feature-Extraktion und Invarianzen

Die Feature-Extraktion setzt sich zusammen aus der Feature-Erkennung und der Feature-Aufbereitung. Sie hat die Aufgabe, Werte zu extrahieren, die bestimmte Eigenschaften von Medienobjekten numerisch beschreiben. Folgende Anforderungen werden an die Feature-Extraktion gestellt:

- *Adäquatheit*: Die berechneten Werte einer Eigenschaft müssen diese Eigenschaft auch tatsächlich angemessen ausdrücken.

- *effiziente Berechnung:* Es müssen effiziente Algorithmen zur Verfügung stehen, welche die Feature-Werte mit geringem Aufwand aus den segmentierten Medienobjekten berechnen.

- *Berücksichtigung von Invarianzen:* Dies bedeutet, dass die ermittelten Feature-Werte außer der gewünschten Eigenschaft keine anderen, unerwünschten Eigenschaften ausdrücken. Die Feature-Werte sollen also unabhängig von ungewollten Eigenschaften oder Operationen sein. Diese Forderung erzwingt damit eine Trennung der gewünschten Eigenschaften von anderen unerwünschten Eigenschaften.

- *Minimalität:* Unter Minimalität verstehen wir, dass die entsprechende Eigenschaft mit einer minimalen Anzahl von Feature-Werten ausgedrückt wird.

- *Orthogonalität:* Orthogonalität bedeutet, dass keine Korrelationen zwischen den Feature-Werten einer Eigenschaft auftreten. Die Feature-Werte sollen also voneinander unabhängig sein.

Diese an die Feature-Extraktion gerichteten Forderungen lassen sich, wie in Tabelle 3.5 dargestellt, der Feature-Erkennung und der Feature-Aufbereitung zuordnen.

Invarianzen   Schwerpunkt dieses Abschnitts ist die Diskussion von Invarianzen. Prinzipiell sollen durch ein Feature-Extraktionsalgorithmus nur Werte einer bestimmten Eigenschaft ermittelt werden. Diese Werte sollten also unabhängig von irrelevanten Eigenschaften sein.

Feature-Extraktion	Anforderung
Feature-Erkennung	Adäquatheit
	Effizienz
	Invarianzen
Feature-Aufbereitung	Minimalität
	Orthogonalität

Tabelle 3.5: Anforderungen an Feature-Extraktion

Beispiel 3.25

Beispiele für Störungen, die bei der Feature-Erkennung als Invarianzen behandelt werden sollten, sind:

Invarianzen durch Störungen

- verfälschende Lichtverhältnisse bei Photoaufnahmen,

- Knackgeräusche bei Tonaufnahmen und

- Artefakte bei Videoaufzeichnungen.

Darüber hinaus sollen Feature-Werte häufig auch unabhängig bezüglich bestimmter Operationen sein.

Beispiel 3.26

Beispiele für die Invarianz gegenüber dem Effekt von Operationen sind Invarianz gegenüber

Invarianzen gegenüber Operationen

- Rotation, Translation und Skalierung von Bildern bei der Berechnung von Farbverteilungen,

- leichte Farbverschiebungen bei farbbasierten Features und

- Lautstärkeänderungen bei gesprochenen Texten in Audio-Daten.

Die Berechnung eines Haar-Integrals auf einer Feature-Extraktionsfunktion f ermöglicht die Konstruktion einer Feature-Extraktionsfunktion $f_{invariant}$, die invariant bezüglich einer parametrisierbaren Transformationsfunktion g ist. Die Menge G bezeichne die Menge aller Transformationsfunktionen, die durch unterschiedliche Parametrisierungen von g generiert werden kann. Um eine gewünschte Invarianz der Feature-Extraktionsfunktion f bezüglich G zu erreichen, wird der Durchschnitt der extrahierten Feature-Werte über den Anwendungen aller möglichen Transformationsfunktionen berechnet. Dies wird durch das folgende Haar-Integral ausgedrückt:

Konstruktion einer invarianten Feature-Extraktionsfunktion

Haar-Integral

$$f_{invariant}(o) = \int_G f(g(o))dg.$$

Für die praktische Realisierung ist die Berechnung des Integrals hinderlich. Da wir davon ausgehen, dass die Objekte, aus denen Feature-Werte ermittelt werden sollen, diskret vorliegen und G eine endliche Menge von Transformationsfunktionen aufgrund einer diskreten Parametrisierung ist, kann das Integral durch eine Summe ersetzt werden:

Summe anstatt Integral

$$f_{invariant}(o) = \frac{1}{|G|} \sum_G f(g(o)).$$

Invarianz bezüglich Translation und Rotation

Beispiel 3.27

In diesem Beispiel soll eine gegebene Feature-Extraktionsfunktion f auf Grauwertrasterbildern so modifiziert werden, dass sie unabhängig von Translation und Rotation ist. Ein Grauwertbild wird hier mit I bezeichnet. Die Translation und Rotation eines Punktes p kann durch die folgende parametrisierte Funktion ausgedrückt werden:

$$g^{\Delta x, \Delta y, \varphi}(p) = \begin{pmatrix} \cos\varphi & \sin\varphi \\ -\sin\varphi & \cos\varphi \end{pmatrix} p + \begin{pmatrix} \Delta x \\ \Delta y \end{pmatrix}$$

Die Verschiebung wird durch die Parameterwerte für Δx und Δy und die Rotation durch den Winkel φ festgelegt. Die Transformation eines Rasterbildes I wird mit $g^{\Delta x, \Delta y, \varphi}(I)$ notiert, wobei die einzelnen Punkte mit anschließender Modulo-Berechnung auf neue Positionen abgebildet werden. Wenn ein Rasterbild die Auflösung $m \times n$ besitzt, und die Winkel ganze Werte von 0 bis 359 annehmen, dann wird die Invarianz durch folgende Summenbildung erreicht:

$$f_{invariant}(I) = \frac{1}{m * n * 360} \sum_{\Delta x=0}^{m-1} \sum_{\Delta y=0}^{n-1} \sum_{\varphi=0}^{359} f(g^{\Delta x, \Delta y, \varphi}(I))dg.$$

Optimierung

Die resultierende Summenbildung ist für viele Anwendungen zu aufwändig. Daher werden verschiedene Optimierungsverfahren angewendet, welche die Berechnung beschleunigen. Auf solche Verfahren wird hier nicht weiter eingegangen. Statt dessen verweisen wir auf die Literatur, die am Ende dieses Kapitels angegeben ist.

allgemeine und spezielle Invarianzen

Invarianzen lassen sich in *allgemeine* und *spezielle* Invarianzen unterscheiden. Allgemeine Invarianzen sind solche, die allgemein für Feature-Werte eines Medienobjekts gefordert werden. Dazu gehören im Wesentlichen Invarianzen bezüglich Störfaktoren. Diese lassen sich häufig durch eine Normalisierung der Medienobjekte erreichen.

Beispiel 3.28

Bei Textdokumenten wird zumeist davon ausgegangen, dass der Inhalt unabhängig von der Textlänge, also der Termanzahl ist. Daher wird eine Invarianz bezüglich der Textlänge gefordert. Üblicherweise werden Häufigkeiten von Indextermen als Feature-Werte verwendet. Eine Normalisierung bezüglich der Termanzahl besteht darin, dass anstatt absoluter Häufigkeiten relative Häufigkeiten verwendet werden.

Das folgende Beispiel zeigt eine allgemeine Invarianz, die aber keinen Störfaktor darstellt:

Beispiel 3.29

allgemeine Invarianz

Rasterbilder unterscheiden sich häufig in der Auflösung der Farbe und der Größe. Weiterhin sind Rasterbilder oft in unterschiedlichen Dateiformaten dargestellt. Diese Unterschiede spielen bei der inhaltsbasierten Ähnlichkeitssuche keine Rolle und werden daher bei der Feature-Erkennung als Invarianzen behandelt.

Eine andere Klasse von Invarianzen sind die speziellen Invarianzen. Diese sind nur für bestimmte Eigenschaften gefordert und müssen bei den entsprechenden Feature-Extraktionsalgorithmen berücksichtigt werden.

spezielle Invarianzen

Beispiel 3.30

Für die Erkennung von Meeresaufnahmen anhand von Meereswellen ist die horizontale Ausrichtung, also die Richtung von extrahierten Textur-Feature-Vektoren relevant.

Eine Invarianz bezüglich der Rotation hingegen ist bei der Suche von Kleidungsstoffmustern anhand von Texturen erwünscht, da Fotos von Stoffen ohne eine definierte Richtung aufgenommen wurden.

Das Problem bei speziellen Invarianzen besteht darin, dass sich die jeweils geforderten Invarianzen oft erst aus einer konkreten Ähnlichkeitsanfrage ergeben, die aber bei einer statischen Feature-Extraktion nur schwer vorhergesehen werden kann. Für dieses Problem ist daher eine Extraktion von Feature-Werten nach einer Anfrageformulierung, also eine dynamische Feature-Extraktion sinnvoll.

spezielle Invarianz und dynamische Feature-Extraktion

3.4.2 Feature-Datentypen

In der Definition 3.1 auf Seite 94 wurde der konkrete Datentyp von Feature-Werten bewusst nicht festgelegt. Der Grund dafür liegt in der Tatsache, dass es keinen einheitlichen Feature-Datentyp gibt. Statt dessen ist er abhängig von

Abhängigkeit von
Eigenschaft und
Algorithmus

der jeweiligen Eigenschaft, welche durch die Feature-Werte ausgedrückt werden soll, aber auch abhängig von dem verwendeten Extraktionsalgorithmus. Für dieselbe Eigenschaft können also unterschiedliche Algorithmen Werte verschiedener Feature-Datentypen erzeugen.

*häufige
Feature-Datentypen*

Werte von folgenden Feature-Datentypen werden häufig von Extraktionsalgorithmen erzeugt und sollen daher hier kurz beschrieben werden:

- *Punkt* (`array` $[1..n]$ (`real`))

  Ein Punkt[2] in einem n-dimensionalen Raum definiert pro Dimension einen Wert.

Text-Feature

Beispiel 3.31

In Textdokumenten wird der Inhalt eines Textdokuments oft durch Häufigkeiten von im Dokument auftauchenden Indextermen beschrieben. Wenn das Indexierungsvokabular n Indexterme enthält, dann werden pro Dokument n Werte ermittelt, die als ein Punkt im n-dimensionalen Raum aufgefasst werden können.

- *Binärdaten* (`array` $[1..n]$ (`boolean`))

  Binärdaten zeigen die Erfüllung oder Nichterfüllung von Eigenschaften durch boolesche Werte an.

Binärdaten

Beispiel 3.32

Ein Audio-Objekt mit einer Musikaufnahme wird danach charakterisiert, welche Instrumente automatisch erkannt wurden.

- *Intervall* (`array` $[1..n]$ (`tuple` (**unten** : `real`, **oben** : `real`)) mit
  unten ≤ **oben**)

*n-dimensionaler
Hyperquader*

Ein Intervall in einem n-dimensionalen Raum entspricht einem n-dimensionalen Hyperquader, der durch einen kleineren und einen größeren Wert pro Dimension beschrieben wird. Beim Datentyp eines eindimensionalen Intervalls kann das vorangestellte Array weggelassen werden.

*Intervall in
Audio-Objekten und
Rasterbildern*

Beispiel 3.33

Angenommen, in einem Audio-Objekt soll das Auftreten eines bestimmten akustischen Ereignisses zeitlich beschrieben werden. Ein eindimensionales Intervall definiert dabei den Start- und den Endzeitpunkt.

Analog dazu können in Rasterbildern Umrisse von dargestellten Objekten durch 2-dimensionale Intervalle, also durch minimale Rechtecke, approximiert werden.

---

[2]Häufig wird statt „Punkt" der Begriff „Vektor" verwendet.

- *Sequenz* (list (*t*) mit $t \in T$)

  Eine Sequenz beschreibt eine Liste von Werten eines beliebigen Datentyps *t*.

  Beispiel 3.34

  In Audio-Objekten, die Instrumentalmusikdaten enthalten, ist oft die Tonhöhenfolge ein wichtiges Feature. Bei der Ermittlung der Tonhöhenfolge wird pro Zeiteinheit die dominierende Frequenz ermittelt.

  Tonhöhenfolgen in Audio-Objekten

- *2-dimensionale Region* (list (tuple (x : real, y : real)))

  Eine 2-dimensionale Region kann als Spezialfall einer Sequenz durch einen geschlossenen, nichtkreuzenden Polygonzug beschrieben werden. Der Polygonzug besteht aus einer Liste von 2-dimensionalen Punkten.

  Beispiel 3.35

  In einem Rasterbild kann der Umriss eines dargestellten Objekts durch einen Polygonzug beschrieben werden.

  2-dimensionale Region als Umrisse in Rasterbildern

Diese Aufzählung enthält nur die häufig verwendeten Datentypen und kann daher nicht als vollständige Liste betrachtet werden.

In manchen Fällen ist es möglich und auch sinnvoll, Datentypen in andere Datentypen umzuwandeln. Ein relativ universeller Feature-Datentyp ist der Punktdatentyp, da er der Ausgangspunkt vieler mathematischer und algorithmischer Probleme ist. Durch eine Umwandlung können die entsprechenden Lösungen auf andere Datentypen ausgeweitet werden. Im Folgenden diskutieren wir kurz, ob und wie die aufgezählten Datentypen in den Punktdatentyp überführt werden können:

universellerer Datentyp: Punktdatentyp

- *Intervall*: Da bei einem Intervall pro Dimension zwei Werte vorliegen, verdoppelt sich bei der Umwandlung in einen Punkt die Dimensionsanzahl. Jeder untere Wert und jeder obere Wert eines Intervalls wird als Wert einer eigenen Dimension aufgefasst. Ein Problem besteht jedoch bezüglich der geforderten Orthogonalität, da die Intervallwerte einer Dimension nicht völlig unabhängig voneinander sind. Der untere Wert darf nicht größer als der obere Wert sein.

  Problem: fehlende Unabhängigkeit

  Abmildern lässt sich dieses Problem, wenn ein Intervall durch seinen Mittelpunkt und durch seine Intervallbreite beschrieben wird. Vollständig unabhängig sind diese beiden Werte auch nicht, da der gültige Bereich des Mittelwerts am Rand durch eine große Intervallbreite mehr eingeschränkt wird als durch eine kleine Intervallbreite.

  Mittelwert und Intervallbreite

- *Binärdaten*: Jede Eigenschaft wird als eigenständige Dimension aufgefasst. Wenn diese für ein Medienobjekt erfüllt ist, entspricht dies dem Wert 1, ansonsten dem Wert 0. Damit werden Medienobjekte durch

  Ecken eines hochdimensionalen Hypereinheitswürfels

Punkte in den Ecken eines hochdimensionalen Hypereinheitswürfels repräsentiert.

- *Sequenz und Region*: Bei einer Sequenz oder Region ist die Anzahl der konkreten Werte nicht durch den Datentyp festgelegt. Der Punktdatentyp jedoch basiert auf einer festgelegten Anzahl von Werten. Dieses spezielle Problem muss bei der Überführung berücksichtigt werden.

Eine Möglichkeit, eine Sequenz unter Informationsverlust in einen Punkt abzubilden, ist die Transformation in den Frequenzbereich, etwa durch Anwendung der diskreten Fourier-Transformation (DFT), die in Unterabschnitt 4.1 näher beschrieben wird. Als Ergebnis der Transformation erhält man die Information, aus welchen Sinus- beziehungsweise Kosinusfunktionen die Sequenz zusammengesetzt ist. Unter Vernachlässigung von Frequenzen mit geringer Energie in der Sequenz kann eine feste Anzahl von dominierenden Frequenzen als Dimensionswerte eines Punkte betrachtet werden. Der Vorteil des Weglassens von Frequenzen im Gegensatz von ursprünglichen Sequenzdaten liegt darin, dass der entstehende Fehler nach einer Rücktransformation nicht im Ortsbereich lokalisierbar ist, sondern sich über die gesamte Sequenz verteilt. Ausserdem lässt sich oft der grobe Verlauf einer Sequenz gut durch wenige Fourier-Werte annähernd beschreiben.

diskrete Fourier-Transformation

dominierende Frequenzen als Dimensionswerte

Histogramme

Intervall oder Bin

Häufigkeitswert

Histogramme: Ein relativ häufig verwendetes Verfahren zur Erstellung von Feature-Daten ist die Berechnung von Histogrammen aus Medienobjekten. Ein Histogramm ist auf einer Menge von disjunkten, n-dimensionalen Intervallen definiert. Jedem Intervall, auch als Bin (engl. für Behälter) bezeichnet, wird für ein Medienobjekt ein Häufigkeitswert zugewiesen. Der Häufigkeitswert drückt aus, wie oft die durch ein Bin ausgedrückte Eigenschaft im Medienobjekt auftritt.

Farbhistogramm

Beispiel 3.36

Jede Pixelfarbe eines Rasterbildes kann in der Regel als ein Punkt im dreidimensionalen Farbraum aufgefasst werden. Ist man an der Farbverteilung interessiert, wird der Farbraum in disjunkte Farbbereiche komplett aufgeteilt. Diese Bereiche werden durch ihre Grenzen bezüglich der drei Farbwerte definiert, entsprechen also dreidimensionalen Intervallen beziehungsweise Bins. Pro Bin wird ermittelt, wieviele Pixel, deren Farbe dem Bin zugeordnet werden kann, im Rasterbild auftreten.

Arten von Histogrammen

Histogramm als Punkt

In Abhängigkeit von den Intervallen existieren unterschiedliche Arten von Histogrammen. Wenn eine feste Anzahl von einheitlich festgelegten Intervallen verwendet wird, kann als Feature-Datentyp der Punktdatentyp verwendet werden, bei dem jedes Intervall genau einer Punktdimension entspricht.

Schwieriger sind Histogramme, für die keine einheitlichen Intervalle existieren und die auch in der Anzahl der Intervalle verschieden sind. Diese werden oft als Signatur bezeichnet. Aufgrund der variablen Intervalle müssen die Intervalle im Feature-Datentyp definiert werden. Eine geeignete Datenstruktur ist die einer Liste von Elementen, die jeweils ein n-dimensionales Intervall mit einem Integer-Wert kombinieren:

Signatur

Liste von Elementen

$$\texttt{list}(\texttt{tuple}(\textsf{intervall}: t_{intervall}, \textsf{wert}: \texttt{integer}))$$

Alternativ können Intervalle durch repräsentative, n-dimensionale Punkte, meist im Zentrum des Intervalls, beschrieben werden. Dies führt zum Datentyp:

repräsentative Punkte

$$\texttt{list}(\texttt{tuple}(\textsf{punkt}: t_{punkt}, \textsf{wert}: \texttt{integer}))$$

Die konkreten Bins werden häufig durch ein so genanntes Clustering ermittelt, bei dem versucht wird, nahe beieinanderliegende Punkte zu Mengen zusammenzufassen.

Clustering

Bis jetzt sind wir von absoluten Häufigkeiten ausgegangen. In vielen Fällen ist man aber an einer Normierung bezüglich der Gesamtanzahl interessiert. Die Division der einzelnen Bin-Werte durch die Gesamtanzahl erzeugt relative Häufigkeitswerte. Statt des `integer`-Datentyps ist der `real`-Datentyp zu verwenden.

relative Häufigkeit

Im Folgenden wird die Aufbereitung von Feature-Werten genauer betrachtet.

3.4.3 Feature-Aufbereitung

Zu den geforderten Eigenschaften von Feature-Werten gehören Minimalität und Orthogonalität. Nach einer Feature-Erkennung ist zur Gewährleistung dieser Eigenschaften häufig eine Feature-Aufbereitung notwendig. Eine mangelhafte oder fehlende Feature-Aufbereitung führt häufig zu folgenden Problemen:

- *fehlende Minimalität*: Fehlende Minimalität bedeutet die Existenz von Feature-Werten, die zur Darstellung der entsprechenden Feature-Eigenschaft nicht benötigt werden. Zu viele Feature-Werte führen zu folgenden Problemen:

  - *hoher Speicherplatzverbrauch*: Da eine Multimedia-Datenbank in der Regel sehr viele Medienobjekte verwaltet, bewirken unnötige Feature-Werte einen hohen Speicherplatzverbrauch.
  - *hoher Berechnungsaufwand*: Eine hohe Anzahl von Feature-Werten hat einen negativen Einfluss auf den zeitlichen Aufwand bei Berechnungen. Besonders zeitkritisch ist die Ähnlichkeitsberechnung, da diese zeitlich zwischen Anfrageformulierung und Ergebnispräsentation ausgeführt werden muss und sich damit unmittelbar beim Anwender als Wartezeit niederschlägt.
  - *ineffiziente Indexstrukturen*: Indexstrukturen bei der Ähnlichkeitsberechnung sollen dafür sorgen, dass die Feature-Werte von möglichst wenigen Medienobjekten zur Berechnung des Ergebnisses

benötigt werden. Leider führt eine hohe Anzahl von Feature-Werten oft dazu, dass kaum noch Medienobjekte von der Berechnung ausgeschlossen werden können. Damit müssen unter Umständen alle Medienobjekte bei der Ergebnisberechnung berücksichtigt werden, der Einsatz von Indexstrukturen lohnt sich in diesem Fall nicht mehr. Dieses Problem wird häufig *Fluch der hohen Dimensionen* genannt und in Kapitel 7 behandelt.

- *fehlende Orthogonalität*: Eine fehlende Orthogonalität bedeutet Abhängigkeiten der Feature-Werte untereinander. Damit können einzelne Feature-Werte nicht mehr isoliert von den anderen genutzt werden. Dies führt zu Problemen bei der Ähnlichkeitsberechnung.

Gewichtung von Feature-Werten

Beispiel 3.37

Häufig sind verschiedene Feature-Werte für eine Ähnlichkeitsberechnung nicht gleich wichtig. Eine Ähnlichkeitsberechnung mit gewichteten Feature-Werten kann an das Ähnlichkeitsempfinden des Anwenders flexibel angepasst werden. Voraussetzung ist jedoch die Unabhängigkeit der Feature-Werte voneinander, da damit einzelne Werte mittels Gewichten von anderen isoliert manipuliert werden können.

Zwischen Orthogonalität und Minimalität gibt es einen Zusammenhang. Werte, die schon durch andere Werte vollständig ausgedrückt werden und deshalb aufgrund der Forderung nach Minimalität entfernt werden sollten, sind damit nicht orthogonal zu den restlichen Werten. Eine Orthogonalisierung, etwa die Anwendung der KLT (Karhunen-Loève-Transformation), hingegen, ermöglicht die Beseitigung von Abhängigkeiten und damit das verlustfreie Entfernen funktional abhängiger Feature-Werte.

Durch eine Orthogonalisierung kann sich zeigen, dass resultierende Feature-Werte unterschiedlich wichtig für die zu extrahierenden Eigenschaften sind. Relativ unwichtige Feature-Werte können aus Gründen der Minimalität entfernt werden.

3.5 Eignung verschiedener Retrieval-Modelle

In Abschnitt 2.2 auf Seite 23 wurden die drei klassischen Retrieval-Modelle vorgestellt:

- boolesches Modell
- Fuzzy-Modell
- Vektorraummodell

In diesem Abschnitt wird diskutiert, inwieweit die drei Retrieval-Modelle für das Multimedia-Retrieval geeignet sind. Daran anschließend wird ein einfaches, verallgemeinertes Ähnlichkeitsmodell auf der Grundlage der Konzepte der Modelle vorgestellt.

Die klassischen Retrieval-Modelle wurden ursprünglich für das Text-Retrieval entwickelt. Im Folgenden erörtern wir kurz die Eignung der Konzepte der jeweiligen Retrieval-Modelle zum Retrieval auf Medientypen wie Bild, Audio und Video. *Eignung für Multimedia-Retrieval*

Boolesches Modell. Das boolesche Modell basiert auf der mathematischen Mengentheorie und der booleschen Algebra. Eine Ähnlichkeit im Sinne eines graduellen Ähnlichkeitswertes wird nicht unterstützt. Implizit bedeutet das boolesche Retrieval-Modell eine Einschränkung auf zwei Ähnlichkeitswerte (eine Eigenschaft ist im jeweiligen Medienobjekt enthalten oder nicht). In vielen Fällen, bei denen die Berechnung einer graduellen Ähnlichkeit gewünscht wird, ist dieses Retrieval-Modell aufgrund der zu scharfen Semantik wenig geeignet. *keine graduellen Ähnlichkeitswerte*

Beispiel 3.38 *Bildsuche*

Angenommen, aus einer Bilddatenbank sollen alle Bilder sortiert nach ihrer Ähnlichkeit zu einem vorgegebenen Bild zurückgegeben werden. Da durch das boolesche Modell nur zwei unterschiedliche Ähnlichkeitswerte zugelassen werden, bewirkt die Sortierung lediglich eine Trennung in die zwei entsprechenden Bildmengen. Eine echte Sortierung nach Ähnlichkeit ist nicht möglich.

Vorteilhaft für die Suchformulierung im Retrieval-Modell ist jedoch die Möglichkeit, komplexe Anfragen mittels logischer Junktoren zu konstruieren. *logische Junktoren*

Fuzzy-Modell. Das Fuzzy-Modell verallgemeinert das boolesche Modell unter Ausnutzung der Fuzzy-Logik. Insbesondere wird die Restriktion auf nur zwei mögliche Ähnlichkeitswerte aufgehoben. Die Junktoren zum Kombinieren atomarer Anfragen entsprechen denen des booleschen Modells. Allerdings können sie nun auch für graduelle Ähnlichkeitswerte verwendet werden. *graduelle Ähnlichkeitswerte*

Kombination atomarer Ähnlichkeitsanfragen

Das Fuzzy-Modell ist gut geeignet, wenn boolesche Junktoren zur Kombination atomarer Ähnlichkeitsanfragen genutzt werden sollen. Zur Ermittlung atomarer Ähnlichkeitswerte wird das Fuzzy-Modell allerdings selten verwendet. Hierfür werden eher spezielle Distanzmaße oder Ähnlichkeitsmaße genutzt, die häufig auf dem Vektorraummodell aufbauen.

Kombination Ähnlichkeitsanfrage mit relationaler Anfrage

Aufgrund der Verallgemeinerung der booleschen Junktoren kann das Fuzzy-Modell zur Einbindung einer booleschen Bedingung einer relationalen Anfrage in eine Ähnlichkeitsanfrage genutzt werden. In diesem Sinn verbindet das Fuzzy-Modell die Welt des Information Retrievals mit der Welt des Daten-Retrievals in Datenbanksystemen.

Kombination Datenbankanfrage und Retrieval-Anfrage

Beispiel 3.39

In einer Anfrage werden Gemälde von Caspar David Friedrich mit einer Abendstimmung gesucht. Der erste Teil der Anfrage kann relational behandelt werden, da die Künstlernamen in diesem Beispiel relational gespeichert sind. Der zweite Teil kann als Ähnlichkeitssuche formuliert werden, wenn ein typisches Gemälde mit einer Abendstimmung als Referenzbild vorhanden ist. Die Menge der Ergebnisbilder aus der ersten Anfrage ist fest und exakt. Hingegen enthalten alle Bilder zu einem bestimmten Grad eine Abendstimmung. Das Ergebnis liegt hier als sortierte Liste von Bildern vor. Durch die Gesetze der Fuzzy-Logik werden die Ähnlichkeitswerte mit den booleschen Werten der relationalen Anfrage verknüpft und die Medienobjekte anhand des kombinierten Ähnlichkeitswertes sortiert.

Nutzung der linearen Algebra

Vektorraummodell. Im Vektorraummodell werden Feature-Werte von Medienobjekten als geometrische Objekte in einem häufig hochdimensionalen Vektorraum betrachtet. Gesetze der linearen Algebra können zur Suche in einem solchen Vektorraum genutzt werden.

In seiner Allgemeinheit ist das Vektorraummodell meist gut geeignet, um Ähnlichkeitswerte zwischen Medienobjekten anhand extrahierter Feature-Werte zu ermitteln. Es existiert eine Vielzahl von Distanzfunktionen und Ähnlichkeitsmaßen zur Berechnung von Ähnlichkeitswerten.

3.6   Multimedia-Ähnlichkeitsmodell

einfaches, verallgemeinertes Multimedia-Ähnlichkeitsmodell

Prinzipiell gibt es in Abhängigkeit vom Medientyp, den Multimedia-Objekten und der beabsichtigten Anwendung sehr viele unterschiedliche Möglichkeiten, Ähnlichkeitswerte zu einer Anfrage zu berechnen. Trotzdem gibt es einige Konzepte, die in vielen Retrieval-Modellen immer wieder auftreten und daher verallgemeinert werden können. In diesem Abschnitt soll ein einfaches, verallgemeinertes Multimedia-Ähnlichkeitsmodell vorgestellt werden, welches jedoch dem Anspruch eines universellen Multimedia-Retrieval-Modells nicht genügen kann.

Für das Ähnlichkeitsmodell gehen wir von folgenden Voraussetzungen aus:

- *Feature-Werte gruppiert nach Feature und Extraktionsverfahren*: In Abhängigkeit von der Feature-Eigenschaft und dem Extraktionsverfahren liegen die Feature-Werte eines Medienobjekts gruppiert vor.

> **Beispiel 3.40**
>
> Für ein Bild-Objekt existieren etwa drei verschiedene Gruppen von Feature-Werten. In der ersten Gruppe liegen Feature-Werte für Texturen als Ergebnis der Anwendung von Gabor-Filtern vor. Die zweite Gruppe hingegen enthält Textur-Werte, die aufgrund eines Verfahrens von Tamura extrahiert wurden. Feature-Werte über die Farbverteilung bilden die dritte Gruppe.

Gruppen von Feature-Werten zu einem Bild

- *Ähnlichkeitswert (RSV)*: Als Retrieval-Ergebnis RSV (Abk. für *retrieval status value*) wird pro Medienobjekt für eine Ähnlichkeitsanfrage genau ein Ähnlichkeitswert aus dem Intervall $[0, 1]$ zurückgeliefert, wobei 1 der maximal möglichen und 0 der minimal möglichen Ähnlichkeit entspricht.

- *mehrere Feature-Gruppen*: Eine Anfrage kann eine Suche über mehrere Feature-Gruppen spezifizieren.

- *mehrere Anfrageobjekte*: Eine Anfrage kann mehrere Anfrageobjekte für die Ähnlichkeitsberechnung vorgeben. Die Ähnlichkeitswerte eines Medienobjektes zu jedem Anfrageobjekt müssen zu einem gesamten Ähnlichkeitswert kombiniert werden. Die Ähnlichkeit der Anfrageobjekte muss dabei nicht unbedingt auf denselben Feature-Eigenschaften basieren.

> **Beispiel 3.41**
>
> Nutzerprofile können mehrere typische Anfrageobjekte der jeweiligen Nutzer enthalten. Um in einer erneuten Ähnlichkeitsanfrage das Nutzerprofil zu berücksichtigen, wird das Ergebnis unter Hinzunahme dieser Objekte berechnet.

Nutzerprofil

> **Beispiel 3.42**
>
> Im Zusammenhang mit einer Relevance-Feedback-Iteration können vom Anwender positiv bewertete Ergebnisobjekte in eine neue Anfrage eingebunden werden.

Relevance Feedback

Anfragen, die mehrere Feature-Gruppen beziehungsweise mehrere Anfrageobjekte involvieren, bezeichnen wir als *komplexe Anfragen*.

komplexe Anfrage

Gesamtähnlichkeit Die Abbildung 3.5 stellt schematisch die Berechnung der Gesamtähnlichkeit eines Medienobjekts zu einer komplexen Ähnlichkeitsanfrage dar.

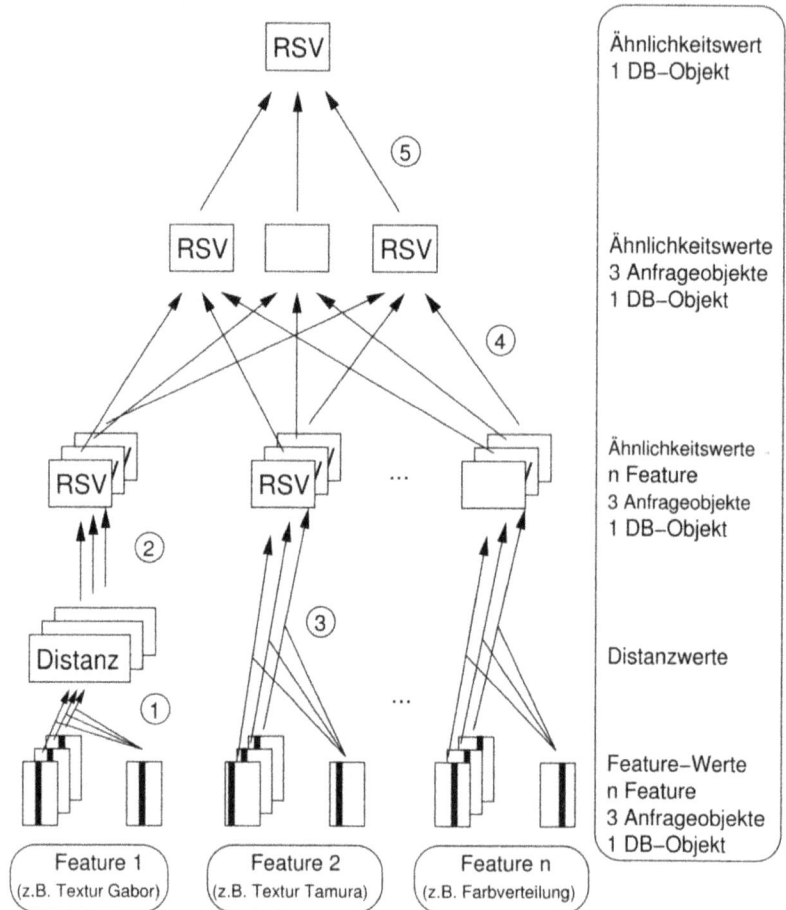

Abb. 3.5: *Berechnung der Ähnlichkeit*

Ausgangspunkt sind die Feature-Werte eines Medienobjekts der Datenbank und die korrespondierenden Feature-Werte von beispielsweise drei Anfrageobjekten.

Die Pfeile in der Abbildung stehen für Berechnungen, die im Folgenden näher erläutert werden:

- Im ersten Schritt werden die einzelnen RSV-Werte aus einem Datenbankobjekt und einem Anfrageobjekt für die jeweiligen Feature-Gruppen berechnet. Dabei wird meist von einer Darstellung der Feature-Werte als Vektoren im hochdimensionalen Vektorraum ausgegangen.

Wir unterscheiden die Berechnung anhand eines Distanzmaßes (siehe Schritt ①) und anhand eines Ähnlichkeitsmaßes (siehe Schritt ③), welches den RSV-Wert direkt ermittelt. Da ein Distanzmaß als ein Unähnlichkeitsmaß angesehen werden kann, müssen die Distanzwerte in RSV-Werte umgewandelt werden (siehe Schritt ②).

- In Schritt ④ werden die RSV-Werte der verschiedenen Feature gegenüber jeweils einem Anfrageobjekt zusammengefasst. Dabei können unterschiedliche Kombinationsfunktionen verwendet werden. Will man die Kombination mittels Konjunktion und Disjunktion ausdrücken, bieten sich die Junktoren des Fuzzy-Modells an.

- Der letzte Schritt ⑤ fasst die RSV-Werte bezüglich der verschiedenen Anfrageobjekte zu einem RSV-Wert zusammen. Analog zum Schritt ④ können dazu wieder Fuzzy-Junktoren verwendet werden.

In der Abbildung haben wir nur die Berechnung für ein Medienobjekt der Datenbank diskutiert. Natürlich müssen die RSV-Werte für eine Kollektion von Medienobjekten ermittelt werden. Daran schließt sich die Sortierung nach ihren RSV-Werten an, so dass nur die Objekte mit den höchsten RSV-Werten als Ergebnis der Anfrage erscheinen.

RSV-Werte einer Kollektion Sortierung nach RSV-Werten

Die folgenden Kapitel erläutern konkrete Berechnungsverfahren für die verschiedenen Schritte.

- Distanz- und Ähnlichkeitsmaße in den Kapiteln 5 und 6

- Umwandlung Distanzwert in RSV-Wert in Unterabschnitt 6.6

- Kombination von RSV-Werten in Unterabschnitt 6.5

Für einige der Verfahren existieren spezielle Algorithmen, die den Aufwand der Berechnungsschritte minimieren. Diese werden in Kapitel 7 vorgestellt.

Die Ähnlichkeitsanfrage kann in einer Multimedia-Anfragesprache formuliert sein. Eine Diskussion von Multimedia-Anfragesprachen erfolgt in Kapitel 8.

3.7 Literaturempfehlungen

In diesem Kapitel wurden verschiedene Verfahren zum Multimedia-Retrieval beschrieben. Ein wichtiges Thema dabei ist die Kombination von Datenbank- und Retrieval-Technologie. Zu diesem Thema wurden Anregungen aus [109] Seite 73 verwendet. Besonderheiten bei der Verwaltung von Multimedia-Daten beim Retrieval werden in [219] auf Seite 21 behandelt. Eine allgemeine Einführung in Probleme des Multimedia-Retrievals geben [172, 174]. Weiterhin kann eine Klassifikation von Metadaten in [1, 178] gefunden werden.

Die Behandlung von Feature-Werten weist viele Parallelen zum Gebiet der Mustererkennung auf. Daher wird für eine Vertiefung der Problematik auf Lehrbücher der Mustererkennung verwiesen. Die Methode der Realisierung einer Invarianz mittels eines Haar-Integrals wird in [183, 29, 188] behandelt.

Für eine Einführung in die Fuzzy-Theorie empfehlen wir gängige Lehrbücher. Eine interessante Diskussion des Einsatzes von Fuzzy-Operatoren beim Retrieval wird in [114] gegeben.

4 Feature-Transformationsverfahren

Die folgenden mathematischen Verfahren erlauben Transformationen von Mediendaten zur Generierung von Feature-Daten. Durch die Transformation werden jeweils bestimmte Eigenschaften der Daten explizit verfügbar. Im Sinne der Verbesserung eines Retrievals können solche Eigenschaften gezielt ausgenutzt werden.

Zum Verständnis sind Grundkenntnisse aus der linearen Algebra notwendig, die in Anhang A kurz rekapituliert werden. Konkret gehen wir auf folgende Transformationen ein und diskutieren deren Einsatz in einem Multimedia-Retrieval-System.

- diskrete Fourier-Transformation (DFT)

- diskrete Wavelet-Transformation (DWT)

- Karhunen-Loève-Transformation (KLT)

- Singulärwertzerlegung (SVD) und Latent Semantic Indexing (LSI)

4.1 Diskrete Fourier-Transformation

Die Fourier-Transformation wurde nach dem französischen Mathematiker Jean Baptiste Joseph Fourier benannt. Fourier erkannte Anfang des 19. Jahrhunderts, dass jede periodische Funktion als eine Summe von Sinus- und Kosinusfunktionen dargestellt werden kann. Damit existieren zwei unterschiedliche, ineinander überführbare Beschreibungen einer periodischen Funktion, die Darstellung der Funktion in Abhängigkeit von Ortsvariablen, und die Darstellung einer Funktion als Summe von Sinus- und Kosinusschwingungen, also in Abhängigkeit von Frequenzvariablen. Bei der Beschreibung in Abhängigkeit von Frequenzvariablen drücken niedrige Frequenzen den groben Verlauf der Ausgangsfunktion aus, während hohe Frequenzen wichtig für Detailinformation, wie etwa abrupte Funktionswertänderungen, sind.

Summe von Sinus- und Kosinusfunktionen

Ortsvariablen

Frequenzvariablen

Beide Darstellungen sind äquivalent. Das heißt, eine Funktion kann ohne Informationsverlust in die jeweils andere Darstellung überführt werden.

Äquivalenz beider Darstellungen

Man unterscheidet bei der Darstellung einer Funktion die Darstellung im Ortsbereich von der Darstellung im Frequenzbereich. Vereinfacht wird hier angenommen, dass die unabhängige Variable einer Funktion den Ort beschreibt.

Ortsbereich versus Frequenzbereich

Tatsächlich ist die Semantik der Unabhängigen irrelevant, kann also zum Beispiel auch einen Zeitverlauf für ein Audio-Signal darstellen. Das folgende Beispiel soll die Darstellung einer Funktion im Orts- und Frequenzbereich verdeutlichen.

Funktion im Ort- und im Frequenzbereich

Beispiel 4.1

Als Funktion im Ortsbereich sei die Funktion

$$f(x) = 4\sin 3x - 3/2 \sin 20x + 1/2 \cos 100x$$

gegeben, die in Abbildung 4.1 dargestellt ist. Bei der Fourier-Transformation in den Frequenzbereich wird anhand des Amplitudenverlaufs in Abhängigkeit von der Ortsvariablen x automatisch erkannt, dass die Funktion durch die Summe zweier Sinusfunktionen und einer Kosinusfunktion dargestellt werden kann. Man erhält eine Funktion der Sinusanteile und eine der Kosinusanteile über verschiedene Frequenzen f, die in Abbildung 4.2 dargestellt sind. In der linken Abbildung existiert ein positiver Ausschlag bei der Frequenz $f = 100$, welche den Anteil der Kosinusfunktion $1/2 \cos 100x$ beschreibt. In der rechten Abbildung hingegen gibt es einen positiven Ausschlag bei der Frequenz $f = 3$ und einen negativen Ausschlag bei der Frequenz $f = 20$. Die Höhe des Ausschlags im Frequenzbereich korrespondiert zu dem Faktor der jeweiligen Grundschwingung der Ausgangsformel, das heißt, die Sinusfunktionen haben einen Faktor von 4 beziehungsweise -3/2 und die Kosinusfunktion einen Faktor von 1/2.

Häufig ist man nicht an der Unterscheidung zwischen Kosinus- und Sinusanteilen interessiert, sondern am Anteil der jeweiligen Grundschwingung. Daher fasst die Abbildung 4.3 die absoluten Werte der Frequenzanteile zusammen und man erhält ein so genanntes Frequenzspektrum.

Dieses Beispiel illustriert sehr schön, dass die Fourier-Transformation tatsächlich in der Lage ist, ein aus Sinus- und Kosinusfunktionen zusammengesetztes Signal wieder in die ursprünglichen Schwingungen zu zerlegen. Natürlich ist die Ausgangsfunktion selten aus so wenigen Sinus- und Kosinusfunktionen zusammengesetzt. Das folgende Beispiel soll zeigen, dass beispielsweise auch eine durch einen Zufallsgenerator erzeugte Funktion verlustfrei in eine Summe von Grundschwingungen zerlegt werden kann.

Funktion im Ort- und im Frequenzbereich

Beispiel 4.2

Mittels eines Zufallsgenerators wurde die in Abbildung 4.4 dargestellte Funktion erzeugt. Abbildung 4.5 zeigt die entsprechende Funktion im Frequenzbereich. Wie man sieht, sind die Anteile von fast allen Frequenzen enthalten. Beim Vergleich der Anteile verschiedener Frequenzen fällt

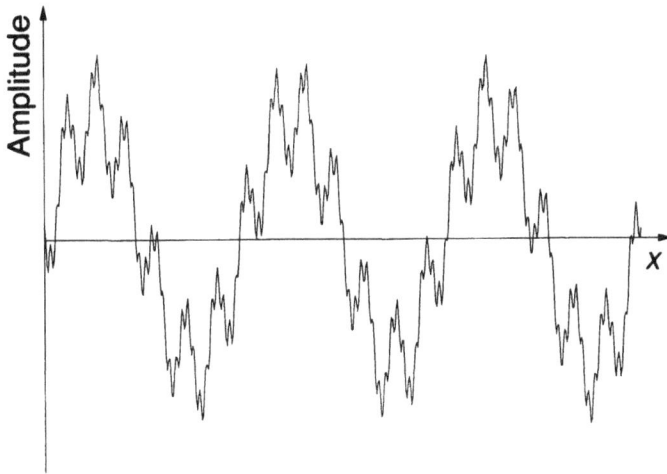

Abb. 4.1: *Ausgangssignal:* $4\sin 3x - 3/2 \sin 20x + 1/2 \cos 100x$

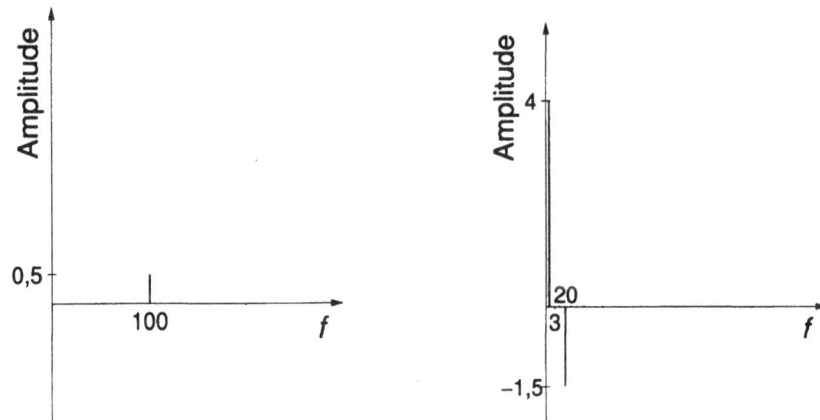

Abb. 4.2: *Frequenzen der Kosinus- und Sinusschwingungen*

auf, dass besonders die niedrigen Frequenzen (Frequenzen nahe dem Null-punkt) stark vertreten sind, während die Anteile der hohen Frequenzen ten-denziell verschwinden.

Die Darstellung einer Funktion im Ortsbereich und im Frequenzbereich kann man sich anhand eines Gedankenexperiments gut veranschaulichen. Man neh-me einen Lautsprecher als Tonquelle, der ein bestimmtes, konstantes Geräusch akustisch erzeugt. Dieses Tonsignal kann man sich als eine Funktion im Orts-bereich, oder genauer im Zeitbereich vorstellen. Für die Transformation in den Frequenzbereich verwendet man in diesem Gedankenexperiment die Saiten ei-

Gedankenexperiment
Klavier

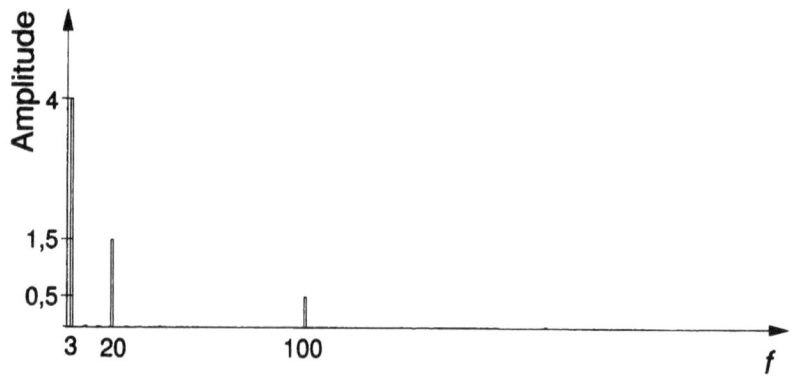

Abb. 4.3: *Frequenzbereich bzw. Frequenzspektrum*

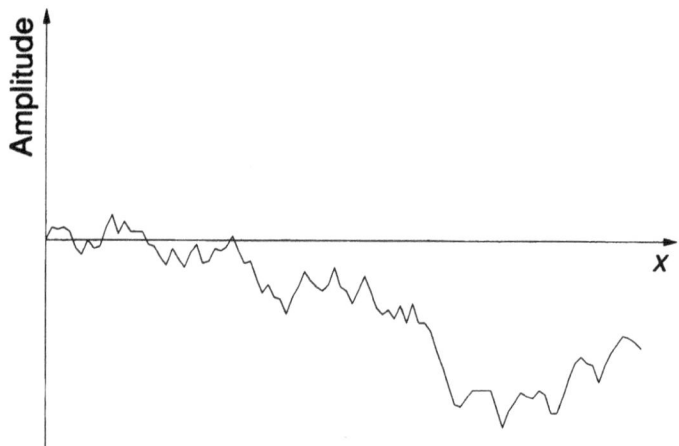

Abb. 4.4: *zufälliges Ausgangssignal*

nes Klaviers. Während der Beschallung der Saiten beginnen genau die Saiten zu schwingen, deren Frequenzen im Geräusch enthalten sind. Wenn man die Stärke der Saitenschwingungen aufzeichnet, erhält man die Darstellung des Signals im Frequenzbereich. Das ursprüngliche Geräusch kann man, zumindestens in unserem Gedankenexperiment, wieder erzeugen, indem die Saiten des Klaviers entsprechend der erfassten Ausschläge gleichzeitig angeregt werden.

Im Folgenden soll kurz diskutiert werden, welche Vorteile sich durch die Darstellung einer Funktion im Frequenzbereich ergeben:

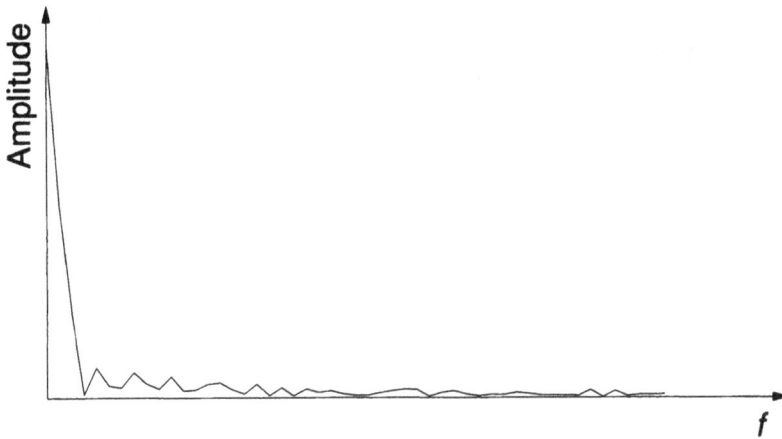

Abb. 4.5: *Frequenzbereich bzw. Frequenzspektrum*

4.1.1   Anwendung der DFT

Die diskrete Fourier-Transformation lässt sich zur Generierung von Feature-Daten vielfältig anwenden. In diesem Abschnitt werden daher

1. die Feature-Normalisierung,

2. die Feature-Erkennung und

3. die Feature-Aufbereitung

diskutiert.

Feature-Normalisierung. Bei der Normalisierung von Medienobjekten versucht man, den Einfluss verschiedener Störfaktoren innerhalb der Objekte zu unterdrücken. Häufig sind Medienobjekte durch Hardware-Einflüsse während der Aufnahme gestört. Ein großes Problem ergibt sich aus der Frage, wie Stördaten von Nutzdaten getrennt werden können. In einigen Fällen hilft dabei eine Transformation in den Frequenzbereich. Dort wird ein Medienobjekt in seine Frequenzanteile zerlegt. Häufig sind Stördaten auf bestimmte Frequenzen konzentriert. Die Koeffizienten der den Stördaten zugeordneten Frequenzen können durch die Anwendung eines Frequenzfilters vom Medienobjekt entfernt werden. Die Rücktransformation ergibt dann ein von den entsprechenden Stördaten befreites Medienobjekt.

Trennung Stördaten von Nutzdaten

Frequenzfilter

Beispiel 4.3

Die Tonspur eines mit einem Camcorder aufgenommenen Videos enthält oft störende Motorgeräusche. Diese Motorgeräusche haben durch die kon-

Fourier-Transformation zur Unterdrückung von Motorgeräuschen

stante Drehgeschwindigkeit des Motors eine feste Frequenz. Der charakteristische Anteil dieser Frequenz kann nach der Transformation des Audio-Signals in den Frequenzbereich elegant entfernt werden. Die Rücktransformation ergibt dann das von diesem Störgeräusch befreite Tonsignal.

Beispielhaft kann das Entfernen des Einflusses bestimmter Frequenzen an der Funktion in Abbildung 4.1 aus Beispiel 4.1 auf Seite 113 demonstriert werden. Dort wurde unter anderen ein Anteil einer Kosinusschwingung mit der Frequenz $f = 100$ ermittelt. Entfernt man diesen Anteil und führt eine Rücktransformation in den Ortsbereich durch, erhält man die von dieser Schwingung befreite Funktion, wie sie in Abbildung 4.6 abgebildet ist.

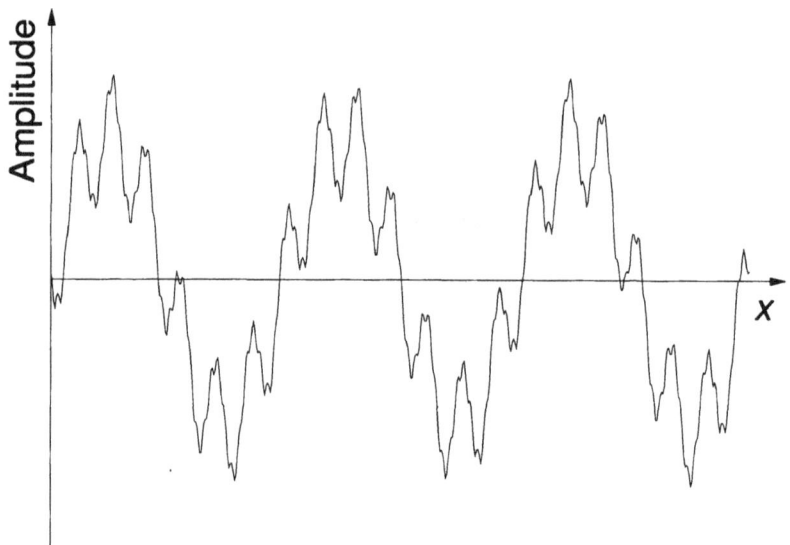

Abb. 4.6: *Signal aus Abbildung 4.1 von Seite 113 reduziert um* $1/2 \cos 100x$

Frequenzen und
Feature-
Eigenschaften

Feature-Erkennung. Manchmal korrespondieren zu extrahierende Eigenschaften zu bestimmten Frequenzen. In diesen Fällen ist es günstig, Funktionen in den Frequenzbereich zu überführen und darauf basierend entsprechende Feature-Werte zu ermitteln.

Feature-Erkennung
im Frequenzbereich
von Audio-Daten

Beispiel 4.4

Audio-Daten lassen sich anhand ihrer Frequenzspektren klassifizieren. Gesprochene Sprache etwa zeichnet sich durch einen starken Anteil relativ niedriger Frequenzen aus, während Musik in der Regel sowohl niedrige als auch hohe Frequenzen umfasst.

Neben der Klassifikation lassen sich anhand der zugrunde liegenden Frequenzen weiterhin Audio-Daten vergleichen. Sprecher etwa lassen sich auf der Grundlage von aus dem Frequenzbereich ermittelten Stimmbildern miteinander vergleichen.

Ein weiteres Beispiel kommt aus der Bildverarbeitung.

Beispiel 4.5

Die Fourier-Transformation ist eine grundlegende Operation in der Bildverarbeitung. Texturmerkmale in Bildern können auf der Grundlage von im Frequenzbereich dargestellten Rasterbildern ermittelt werden. Zum Beispiel kann die dominierende Frequenz, aber auch die Richtung von sich wiederholenden Texturelementen aus dem Frequenzbereich berechnet und zum Vergleich von Rasterbildern verwendet werden.

Feature-Erkennung im Frequenzbereich von Rasterbildern

Diese beiden Beispiele stehen exemplarisch für eine große Anzahl von eigenschaftsbeschreibenden Werten, die aus Frequenzinformationen ermittelt werden können.

Ein besonderes Argument für die Nutzung der Fourier-Transformation ergibt sich aus der Forderung nach Invarianz. Häufig will man beim Vergleich von Funktionen unabhängig bezüglich einer Verschiebung im Ortsbereich sein. Zum Beispiel soll häufig die Ähnlichkeit zwischen Rasterbildern durch eine leichte Verschiebung (Translation) der Pixelwerte im Ortsbereich nicht beeinflusst werden. Dies lässt sich durch eine Überführung in den Frequenzbereich bewerkstelligen.

Invarianz gegenüber Verschiebung

Die Ortsinformationen liegen im Frequenzbereich nur implizit durch die Verteilung des Anteils einer Frequenz auf der Sinus- oder auf der Kosinusfunktion vor. Die Betrachtung der Koeffizienten für die Sinus- und Kosinusfunktionen als komplexe Zahlen (Kosinusanteil als Realteil und Sinusanteil als Imaginärteil) in der gaußschen Ebene ermöglicht eine alternative Darstellung der Koeffizienten als Polarkoordinaten. Im Polarkoordinatensystem drückt der Phasenwinkel Ortsinformationen, der Betrag jedoch verschiebungsinvariante Frequenzanteile aus. Eine Invarianz bezüglich einer Verschiebung im Ortsbereich lässt sich also durch eine Fourier-Transformation unter Nichtbeachtung der entstehenden Phasenwinkel erreichen.

Koeffizienten als komplexe Zahlen

Polarkoordinaten

Nichtbeachtung der Phasenwinkel

Beispiel 4.6

Abbildung 4.7 zeigt die um $\pi/3$ verschobene Funktion aus Abbildung 4.1 von Seite 113. Die Verschiebung bewirkt im Frequenzbereich nur eine Neugewichtung zwischen den Sinus- und Kosinusanteilen derselben Frequenzanteile. Bei der Frequenz $f = 3$ etwa erzeugt die verschobene Sinusfunktion des Ausgangssignals sowohl Sinus- als auch Kosinusanteile im Frequenzbereich. Abbildung 4.8 zeigt dieses Phänomen deutlich. Werden die Frequenzanteile jedoch wieder durch die Darstellung der Beträge

Verschiebung und Fourier-Transformation

im Polarkoordinatensystem zusammengefasst, erhält man, wie in Abbildung 4.9 dargestellt, dieselben Frequenzanteile wie ohne die Verschiebung.

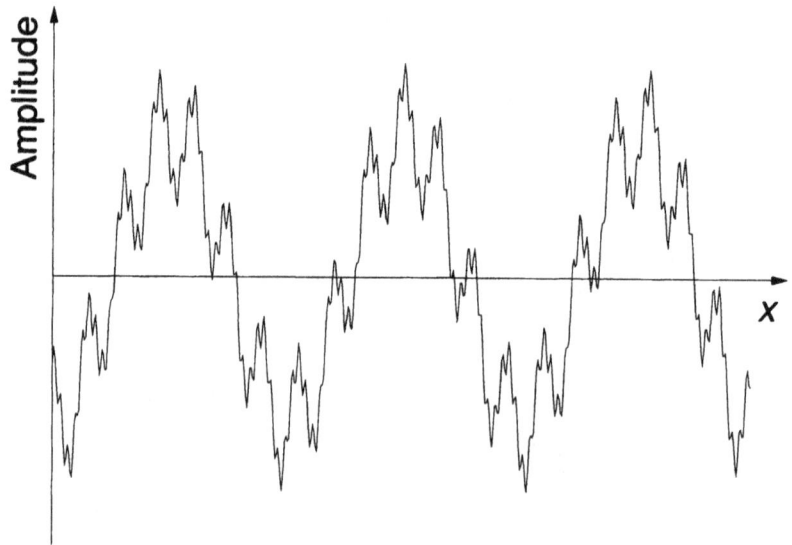

Abb. 4.7: *verschobenes Ausgangssignal:* $4\sin(3x - \pi/3) - 3/2\sin(20x - \pi/3) + 1/2\cos(100x - \pi/3)$

Kompaktheit

Feature-Aufbereitung. Ein Ziel der Feature-Aufbereitung ist die Minimalität der Feature-Werte. Diese kann durch die Eigenschaft der Kompaktheit eines Signals im Frequenzbereich erreicht werden. Unter Kompaktheit einer Funktion im Frequenzbereich versteht man, dass sich Frequenzkoeffizienten auf wenige Frequenzen konzentrieren. Stellt sich zum Beispiel nach der Fourier-Transformation heraus, dass zur angenäherten Beschreibung der Funktion nur wenige Frequenzen aus einem engen Frequenzintervall ausreichen, sprechen wir von einer hohen Kompaktheit.

Nach der Transformation von Funktionen in den Frequenzbereich kann oft bemerkt werden, dass niedrige Frequenzen stark vertreten sind, während der Anteil hoher Frequenzen mit zunehmender Frequenz asymptotisch gegen Null strebt. In solchen Fällen macht es Sinn, Funktionen durch wenige Koeffizienten im niedrigen Frequenzbereich zu beschreiben.

Ein weiterer Vorteil für die Minimierung im Frequenzbereich liegt darin, dass das Weglassen von Frequenzen mit niedrigen Anteilen den entstehenden Fehler[1] auf den gesamten Ortsbereich verteilt, wohingegen das Entfernen von bestimmten Funktionswerten im Ortsbereich exakt lokalisierbare Fehler erzeugt.

---

[1] Mit Fehler meinen wir hier die Abweichung von der Originalfunktion.

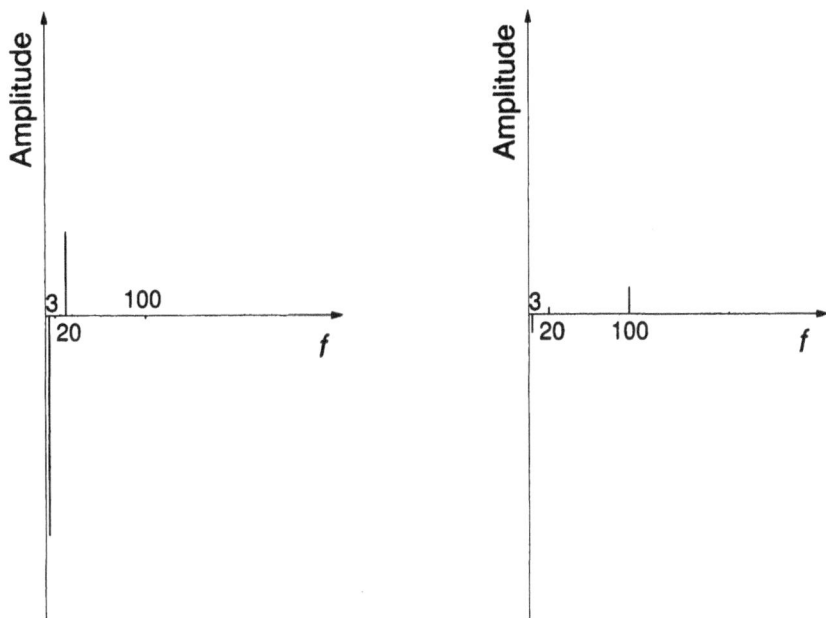

Abb. 4.8: Frequenzen der Kosinus- und Sinusschwingungen

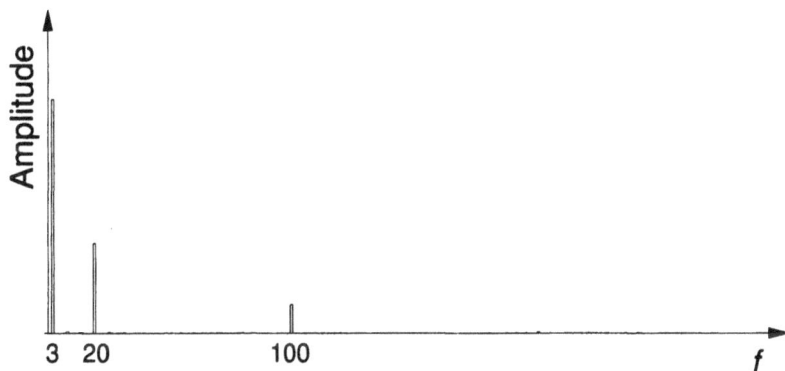

Abb. 4.9: Frequenzbereich bzw. Frequenzspektrum

Beispiel 4.7   *Kompaktheit*

Es sei die obere Funktion in Abbildung 4.10 gegeben.

Die Transformation in den Frequenzbereich ergibt das in Abbildung 4.11 dargestellte Frequenzspektrum. Dort ist die Kompaktheit gut zu erkennen. Die Frequenzen mit hohen Anteilen sind dort in einem relativ kleinen Bereich am Beginn des Frequenzspektrums zu finden. Rechts von der will-

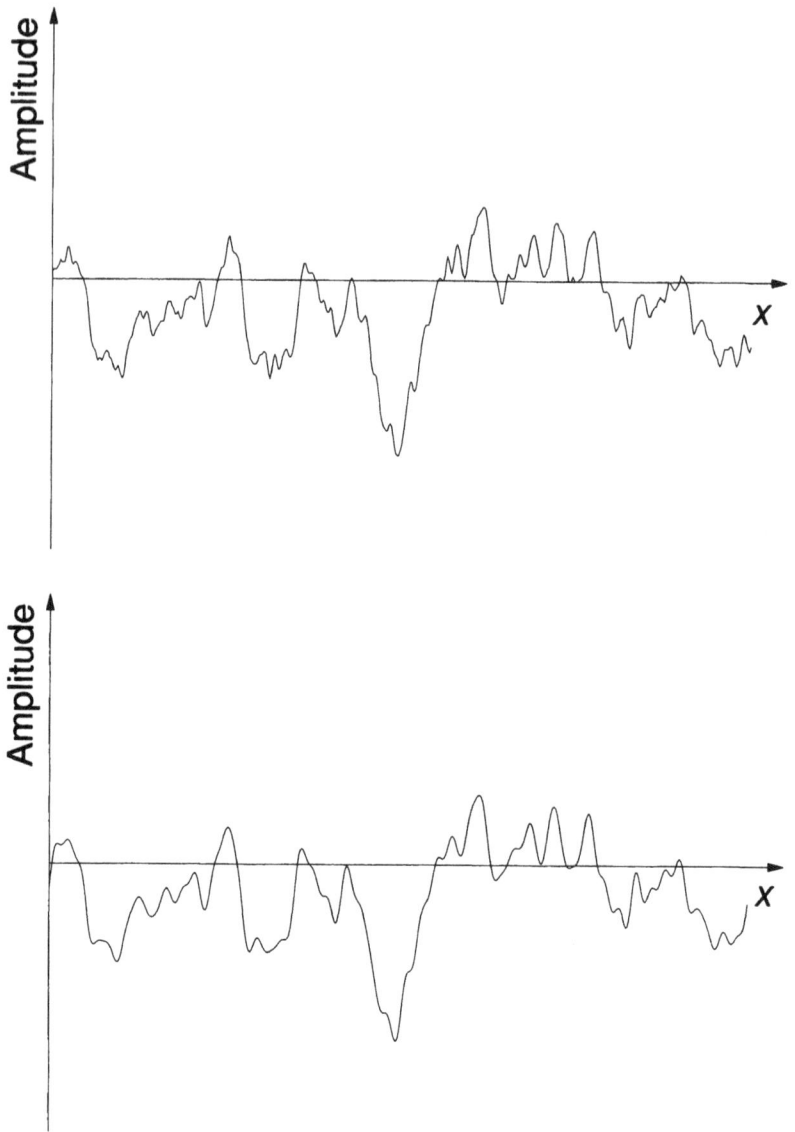

Abb. 4.10: *Ausgangssignal und komprimiertes Signal*

kürlich angegebenen, senkrechten Linie befinden sich die Frequenzen, die für die weitere Behandlung als unwesentlich erachtet und daher ignoriert werden. Man spricht auch von der Anwendung eines Frequenzfilters, hier ein Tiefpassfilter, auf eine Funktion. Werden nur Koeffizienten der links von der Linie befindlichen Frequenzen genutzt, um eine Rücktransformation durchzuführen, erhält man die in Abbildung 4.10 unten dargestellte

Abb. 4.11: *Frequenzbereich bzw. Frequenzspektrum*

Funktion. Wie man sich leicht überzeugen kann, ist der Fehler durch das Ignorieren hoher Frequenzen relativ gering und gleichmäßig über den ganzen Ortsbereich der Funktion verteilt.

Kompaktheit wird oft bei der Komprimierung ausgenutzt, bei denen Medienobjekte durch relativ wenige Koeffizienten im Frequenzbereich hinreichend gut beschrieben werden.

Komprimierung

Welche Funktionen sind jedoch kompakt im Frequenzbereich? Die Kompaktheit ist abhängig von der „Glattheit" einer Funktion. Je glatter eine Funktion ist, desto kompakter ist sie im Frequenzbereich.

Kompaktheit

Neben der Kompaktheit ist aber auch die Orthogonalität im Frequenzbereich hilfreich für eine Feature-Aufbereitung. Die Orthogonalität ergibt sich aus der Tatsache, dass zum einen Sinus- und Kosinusfunktionen gegenseitig orthogonal sind, aber auch Sinus- beziehungsweise Kosinusfunktionen unterschiedlicher Frequenzen gegenseitig orthogonal sind. Damit sind die entsprechenden Koeffizienten auch orthogonal. Diese Erkenntnis ist besonders wichtig, da dies die Voraussetzung für das Manipulieren einzelner Frequenzen ist. Man kann den Einfluss einzelner Frequenzen gezielt unterdrücken, ohne dass das Auswirkungen auf die Schwingungen anderer Frequenzen hat.

Orthogonalität

Manipulation einzelner Frequenzen

Während bis jetzt allgemein die Idee und die Anwendung der Fourier-Transformation beschrieben wurden, gehen wir im Folgenden konkreter auf die eigentliche Transformation ein.

4.1.2   Berechnung der DFT

Zum Verständnis der Fourier-Transformation ist Vorwissen auf dem Gebiet der linearen Algebra und der komplexen Zahlen notwendig. In Anhang A wird dieser Stoff rekapituliert, so dass wir hier darauf aufbauen können.

Funktion als Vektor

Eine diskrete Funktion $f_n(x)$ einer unabhängigen Variable x kann als ein Vektor des komplexen Vektorraums $f_n(x) \in D_n^{\mathbb{C}}$ aufgefasst werden. Der Vektorraum $D_n^{\mathbb{C}}$ besitzt genau n kanonische Basisvektoren, welche die Darstellung einer diskreten Funktion im Ortsbereich ermöglichen.

diskrete Funktion als Linearkombination über der kanonischen Basis

Beispiel 4.8

Ein Beispiel für eine reellwertige Funktion $f_4(x) \in D_4^{\mathbb{C}}$ wird in Abbildung 4.12 gegeben[2].

Da die Funktion reell ist, wird der Imaginärteil jeweils auf Null gesetzt. Unter der Funktion sind die 4 kanonischen Basisvektoren des Vektorraums $D_4^{\mathbb{C}}$ dargestellt. Die Funktion kann nun als Summe der Basisvektoren multipliziert mit den entsprechenden Koeffizienten ausgedrückt werden.

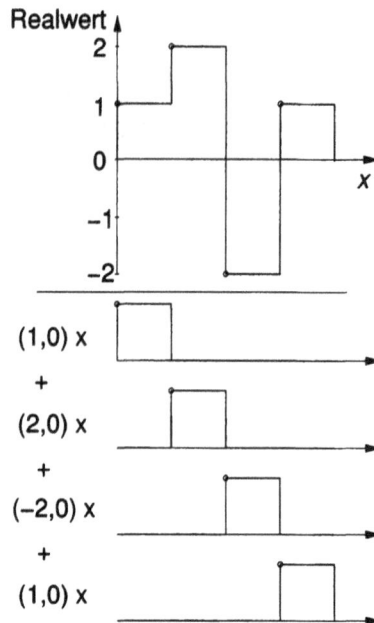

Abb. 4.12: *diskrete Funktion und kanonische Basis*

---

[2]Obwohl die Funktion diskret ist, haben wir der Anschaulichkeit wegen die Werte mittels einer Stufenfunktion verbunden. Die exakten diskreten Werte werden durch kleine Kreise angedeutet.

Für die Darstellung von Funktionen im Frequenzbereich wird die komplexe Fourier-Basis

komplexe Fourier-Basis

$$e_j(x) = \frac{1}{\sqrt{n}} e^{\frac{i2\pi jx}{n}}$$

$$= \frac{1}{\sqrt{n}} \cos \frac{2\pi jx}{n} + \frac{1}{\sqrt{n}} i \sin \frac{2\pi jx}{n}$$

mit $j = 0, \ldots, n-1$, $x = 0, \ldots, n-1$ und $i = \sqrt{-1}$ für den Vektorraum $D_n^{\mathbb{C}}$ gewählt. Jeder der n Basisvektoren $e_0(x), \ldots, e_{n-1}(x)$ besteht aus den diskreten Funktionsverläufen von Sinus- und Kosinusfunktionen unterschiedlicher Frequenzen j, wobei die Kosinusfunktion reell und die Sinusfunktion imaginär ausgedrückt ist. Der Faktor $2\pi/n$ innerhalb der Sinus- beziehungsweise der Kosinusfunktion sorgt dafür, dass j die Anzahl der vollen Schwingungen für den Definitionsbereich $x = 0, 1, \ldots, n-1$ angibt. Zum Beispiel steht der Basisvektor $e_2(x)$, also $j = 2$, für die Sinus- und Kosinusfunktionen, die genau zwei volle Schwingungen besitzen. Der Faktor sorgt dafür, dass das Argument der Sinus- beziehungsweise Kosinusfunktionen ein Wert aus $[0, 4\pi)$ ist.

Anzahl der vollen Schwingungen

Der Skalierungsfaktor $\frac{1}{\sqrt{n}}$ sorgt für eine Normierung der Basisvektoren:

Skalierungsfaktor

$$\|e_j(x)\| = \sqrt{\langle e_j(x), e_j(x) \rangle} = 1 \qquad \text{für } j = 0, 1, \ldots, n-1$$

Es kann gezeigt werden, dass Basisvektoren unterschiedlicher Frequenzen gegenseitig orthogonal sind:

orthogonale Basisvektoren

$$\langle e_j(x), e_k(x) \rangle = 0 \qquad \text{für } j, k = 0, 1, \ldots, n-1 \text{ und } j \neq k$$

Aus diesem Grund ist die Fourier-Basis eine orthonormale Basis. Diese wichtige Eigenschaft wird bei der Fourier-Transformation in der Form ausgenutzt, dass das innere Produkt einer beliebigen Funktion $f_n(x) \in D_n^{\mathbb{C}}$ mit einem Fourier-Basisvektor $e_j(x)$ genau den Anteil der Frequenz j in der Funktion ergibt:

orthonormale Basisvektoren

Frequenzanteil

$$(re_j, im_j) = \langle f_n(x), e_j(x) \rangle$$

Als Ergebnis erhält man eine komplexe Zahl, bei welcher der Realteil re den Anteil der Kosinus- und der Imaginärteil im den Anteil der Sinusfunktion angibt. Das innere Produkt mit allen Fourier-Basisvektoren ergibt die komplette Fourier-Transformation, also die komplette Darstellung im Frequenzbereich. Wir verwenden für die Darstellung einer Funktion im Ortsbereich einen kleinen Buchstaben und für die Darstellung im Frequenzbereich einen großen Buchstaben:

Darstellung im Frequenzbereich

Hintransformation

$$F_n(j) = \langle f_n(x), e_j(x) \rangle$$

$$= \sum_{x=0}^{n-1} f(x) \cdot \overline{e_j(x)}$$

$$= \sum_{x=0}^{n-1} f(x) \cdot \overline{\frac{1}{\sqrt{n}} e^{\frac{i2\pi jx}{n}}}$$

$$= \frac{1}{\sqrt{n}} \sum_{x=0}^{n-1} f(x) \cdot e^{-\frac{i2\pi jx}{n}}$$

$$= \left(\frac{1}{\sqrt{n}} \sum_{x=0}^{n-1} f(x) \cos \frac{2\pi jx}{n}, -\frac{1}{\sqrt{n}} \sum_{x=0}^{n-1} f(x) \sin \frac{2\pi jx}{n} \right)$$

DFT

Diese Hintransformation ist die konsequente Anwendung des ersten Teils der Entwicklungsformel[3] auf die orthonormale Fourier-Basis. Die Fourier-Transformation nach dieser Formel wird häufig mit dem Akronym DFT (für *diskrete Fourier-Transformation*) bezeichnet.

Rücktransformation

Der zweite Teil der Entwicklungsformel gibt an, dass die Linearkombination der Fourier-Koeffizienten $F_n(j)$ mit den Fourier-Basisvektoren $e_j(x)$ wieder die ursprüngliche Funktion herstellt:

$$f_n(x) = \sum_{j=0}^{n-1} F_n(j) \cdot e_j(x)$$

$$= \sum_{j=0}^{n-1} F_n(j) \cdot \frac{1}{\sqrt{n}} e^{\frac{i2\pi jx}{n}}$$

$$= \frac{1}{\sqrt{n}} \sum_{j=0}^{n-1} F_n(j) \cdot e^{\frac{i2\pi jx}{n}}$$

$$= \left(\frac{1}{\sqrt{n}} \sum_{x=0}^{n-1} F(x) \cos \frac{2\pi jx}{n}, \frac{1}{\sqrt{n}} \sum_{x=0}^{n-1} F(x) \sin \frac{2\pi jx}{n} \right)$$

Vorzeichenwechsel

Wie man sieht, unterscheidet sich die Hintransformation von der Rücktransformation im Vorzeichen des Exponenten von e beziehungsweise im Imaginärteil. Das Minuszeichen der Hintransformation ergibt sich aus der Konjugation (siehe Definition A.6) bei der Berechnung des inneren Produktes von komplexen Zahlen, während es bei der Linearkombination bei der Rücktransformation entfällt.

Polarkoordinaten

Eine Funktion im Frequenzbereich ist eine Sequenz von komplexen Zahlen, wobei die realen Werte die Kosinusanteile und die imaginären Werte die Sinusanteile verschiedener Frequenzen beschreiben. Eine andere Darstellung ergibt die Beschreibung der komplexen Zahlen als Polarkoordinaten. Hier wird eine

---

[3]Die Entwicklungsformel wurde in Anhang A.1 auf Seite 403 eingeführt.

komplexe Zahl (x, y) durch einen Winkel γ und einen Betrag l ausgedrückt:

$$\tan \gamma = \frac{y}{x} \qquad l = \sqrt{x^2 + y^2}.$$

Die Beträge der Fourier-Koeffizienten geben den kombinierten Anteil einer be- stimmten Schwingung an, unterscheiden also nicht zwischen Sinus- und Ko- sinusschwingungen. Der Phasenwinkel γ drückt die Verschiebung zwischen Kosinus- und Sinusschwingung aus. In einem Frequenzspektrum werden nur die Beträge verschiedener Frequenzen dargestellt. Die Abbildungen 4.9 und 4.11 zeigen Frequenzspektren.

Darstellung der Beträge

Ein Energiespektrum wird oft genutzt, um die Energie in Abhängigkeit von der Frequenz zu untersuchen. Die Energie entspricht dem quadrierten Betrag einer komplexen Zahl.

Energiespektrum

DFT als Matrizenmultiplikation. Die Formeln zur Fourier-Transformation wirken durch ihre mathematische Notation oft abschreckend und verführen daher manchmal dazu, deren Implementierung als sehr kompliziert zu erach- ten. Dies ist jedoch nicht der Fall. Tatsächlich kann eine diskrete Fourier- Transformation als eine Matrixmultiplikation mit komplexen Zahlen betrachtet werden. Dabei werden die Funktionen $f_n(j)$ und $F_n(x)$ als Vektoren $f \in \mathbb{C}^n$ beziehungsweise $F \in \mathbb{C}^n$ aufgefasst. Die Fourier-Transformation in der Ma- trizenschreibweise lautet:

$$F = A \times f.$$

Bei der Multiplikation der Matrix A mit dem Vektor f sind die Regeln der Multiplikation von komplexen Zahlen zu berücksichtigen.

Die komplexe Transformationsmatrix $A \in \mathbb{C}^{n \times n}$ ist eine $n \times n$-Matrix, deren Zeilen den n konjugierten Basisvektoren entsprechen. Es gilt daher:

Zeilen sind konjugierte Fourier- Basisvektoren

$$\begin{aligned}
a_{j+1,k+1} &= \overline{e_j(k)} \\
&= \frac{1}{\sqrt{n}} e^{-\frac{i 2\pi j k}{n}} \\
&= \left(\frac{1}{\sqrt{n}} \cos \frac{2\pi j k}{n}, -\frac{1}{\sqrt{n}} \sin \frac{2\pi j k}{n} \right).
\end{aligned}$$

mit $j = 0, \ldots, n-1$, $k = 0, \ldots, n-1$ und $i = \sqrt{-1}$

Beispiel 4.9

Die folgenden beiden Matrizen sind Transformationsmatrizen, wobei die erste die Kosinusanteile und die zweite die Sinusanteile durch die Multipli-

Transformations- matrix

kation mit einer 5-wertigen, diskreten Funktion ermittelt.

$$\begin{pmatrix} 0.447 & 0.447 & 0.447 & 0.447 & 0.447 \\ 0.447 & 0.138 & -0.362 & -0.362 & 0.138 \\ 0.447 & -0.362 & 0.138 & 0.138 & -0.362 \\ 0.447 & -0.362 & 0.138 & 0.138 & -0.362 \\ 0.447 & 0.138 & -0.362 & -0.362 & 0.138 \end{pmatrix}$$

$$\begin{pmatrix} 0 & 0 & 0 & 0 & 0 \\ 0 & -0.425 & -0.263 & 0.263 & 0.425 \\ 0 & -0.263 & 0.425 & -0.425 & 0.263 \\ 0 & 0.263 & -0.425 & 0.425 & -0.263 \\ 0 & 0.425 & 0.263 & -0.263 & -0.425 \end{pmatrix}$$

orthonormale Matrix

Die Matrixzeilen bestehen aus den orthonormalen Fourier-Basisvektoren. Damit ist auch die Matrix A orthonormal. Es gilt also:

$$AA^* = I = A^*A.$$

Adjungierte als inverse Matrix

Damit entspricht die inverse Matrix für die Rücktransformation der Adjungierten A^*.

Rotation

Die lineare Algebra lehrt uns, dass eine Multiplikation mit einer orthonormalen Matrix einer Rotation im entsprechenden Vektorraum entspricht. Die Hintransformation rotiert also einen Funktionsvektor um einen bestimmten Winkel, während bei der Rücktransformation dieser Vektor wieder zurückrotiert wird. Aus dieser Überlegung heraus wird auch verständlich, wieso sich die Hin- von der Rücktransformation im Vorzeichen des Exponenten unterscheidet, wobei der Exponent den Drehwinkel ausdrückt.

Parseval-Theorem

Da durch die Fourier-Transformation nur eine Rotation ausgeführt wird, bleibt nach dem so genannten Parseval-Theorem die „Länge" einer Funktion, also deren Norm[4], von der Transformation unberührt:

$$||f|| = ||Af||.$$

Dies ist insofern interessant, da häufig das Unähnlichkeitsmaß zwischen zwei Medienobjekten als Distanz zwischen deren Feature-Vektoren definiert ist. Die Distanz $d(f_1, f_2)$ ergibt sich dabei oft aus der Norm des Differenzvektors beider Vektoren:

$$d(f_1, f_2) = ||f_1 - f_2|| = ||A(f_1 - f_2)|| = ||Af_1 - Af_2|| = d(Af_1, Af_2).$$

stabile Distanzen

Distanzen zwischen Vektoren bleiben daher durch Anwendung der Fourier-Transformation erhalten, es ist also egal, ob eine Distanz im Ortsbereich oder im Frequenzbereich ermittelt wird.

---

[4]Die Norm ist hier über dem inneren Produkt definiert: $||x|| = \sqrt{\langle x, x \rangle}$.

4.1.3   Eigenschaften der DFT

In diesem Abschnitt werden die Eigenschaften

1. Verschiebungen

2. Symmetrie und

3. Kompaktheit

der Fourier-Transformation diskutiert.

Verschiebungen. Wie bereits erörtert, kann eine Fourier-Transformation zur Erreichung einer Invarianz bezüglich einer horizontalen Verschiebung der Funktion genutzt werden. Hier soll unter Ausnutzung der eingeführten Formeln gezeigt werden, dass eine Verschiebung nur die Phasenwinkel, aber nicht die Beträge der Funktion im Frequenzbereich modifiziert. Wir verschieben im Folgenden die Eingangsfunktion indirekt, indem wir die Fourier-Basisvektoren um x_0 verschieben:

$$
\begin{aligned}
F_n(j, x_0) &= \frac{1}{\sqrt{n}} \sum_{x=0}^{n-1} f(x) \cdot e^{-\frac{i 2\pi j (x - x_0)}{n}} \\
&= \frac{1}{\sqrt{n}} \sum_{x=0}^{n-1} f(x) \cdot e^{-\frac{i 2\pi j x}{n}} \cdot e^{\frac{i 2\pi j x_0}{n}} \\
&= e^{\frac{i 2\pi j x_0}{n}} \frac{1}{\sqrt{n}} \sum_{x=0}^{n-1} f(x) \cdot e^{-\frac{i 2\pi j x}{n}} \\
&= e^{\frac{i 2\pi j x_0}{n}} F_n(j).
\end{aligned}
$$

Eine Verschiebung um x_0 wirkt sich also in Form einer Multiplikation von $e^{\frac{i 2\pi j x_0}{n}}$ mit dem Ergebnis der Fourier-Transformation aus. Dies ändert nicht die Beträge, sondern bewirkt nur eine Verschiebung der Phasenwinkel. Dies wurde bereits im Beispiel 4.6 auf Seite 117 anschaulich demonstriert.

Symmetrie. Die Fourier-Transformation einer diskreten, reellen Funktion aus n Werten erzeugt genau n komplexe Fourier-Koeffizienten, die jeweils zwei Werte besitzen. Die Funktion im Frequenzbereich ist also durch $2n$ Werte charakterisiert. Da eine Fourier-Transformation nur eine Darstellung derselben Information ist, können die $2n$ Werte nicht voneinander unabhängig sein. Statt dessen ist zu erwarten, dass sie ohne Informationsverlust auf n Werte reduziert werden können. Tatsächlich ist dies für eine reelle Ausgangsfunktion aufgrund der folgenden Symmetrieeigenschaft der Fall:

$$
F_n(j) = F_n^*(n - j) \quad \text{für } j = 1, \ldots, n - 1.
$$

Wenn n gerade ist, liegen damit genau $n/2 - 1$ Koeffizienten doppelt vor.   *gerade Anzahl*

Spezialfälle sind die Koeffizienten für die Frequenzen $j = 0$ und $j = n/2$:

$$F_n(0) = (average, 0) \qquad F_n(n/2) = (\cdot, 0).$$

Der Koeffizient für die Frequenz $j = 0$ ist reellwertig und entspricht dem normierten Durchschnittswert der Funktion. Eine Verschiebung in vertikaler Richtung ändert nur diesen Wert. Der Koeffizient in der Mitte ($j = n/2$) ist ebenfalls reellwertig. Damit reichen für die Darstellung im Frequenzraum bei einem geraden Wert n genau n Werte.

ungerade Anzahl   Ähnlich sieht das im ungeraden Fall aus. Hier liegen $(n - 1)/2$ Werte doppelt vor. Nur ein Spezialfall ist bei der Frequenz $j = 0$ zu berücksichtigen:

$$F_n(0) = (average, 0).$$

Dieser Durchschnittswert zusammen mit den $2 * ((n - 1)/2)$ Werten ergeben wieder genau n Werte.

Nyquist-Theorem   Dass die Koeffizienten in der oberen Hälfte der Frequenzen nicht „echt" sind, kann man sich aufgrund des Nyquist-Theorems (Abtasttheorem) klarmachen. Danach benötigt man zur Abbildung einer bestimmten Frequenz mindestens doppelt so viele Abtastwerte. Bezogen auf die Fourier-Transformation können also nur die Frequenzen der unteren Hälfte erkannt werden. Die restlichen Koeffizienten werden durch einen so genannten Aliasing-Effekt erzeugt, welcher keine „echten" Frequenzanteile erzeugt.

Kompaktheit. Bei der Einführung der Fourier-Transformation sind wir auf die Bedeutung der Kompaktheit einer Funktion im Frequenzbereich eingegangen. Sie ermöglicht eine gute Approximation einer Funktion durch die Verwendung weniger, aber signifikanter Fourier-Koeffizienten. Die Eigenschaft der

Glattheit   Kompaktheit ist mit der Glattheit der Ausgangsfunktion verbunden. Je weniger abrupte Funktionswertsprünge in der Funktion vorhanden sind, desto kompakter ist die Darstellung im Frequenzbereich.

Klassifikation durch   Funktionen können anhand ihrer Kompaktheit klassifiziert werden. Unter der
Rauschfarben   Kompaktheit einer Funktion verstehen wir, wie schnell im Frequenzraum die quadrierten Fourier-Beträge (also die Energie) mit steigender Frequenz gegen Null konvergieren. Eine Klassifikation lässt sich anhand einer als Obergrenze fungierenden Funktion in der O-Notation durchführen. Kompaktheit ist dann die natürliche Zahl b, für die $O(F^{-b})$ für die Energiewerte in Abhängigkeit von der Frequenzvariablen F gilt. Man unterscheidet Funktionen anhand ihrer Werte für b und ordnet ihnen entsprechend Tabelle 4.1 unterschiedliche Rauschfarben zu.

Weißes Rauschen besitzt die niedrigste Kompaktheit, da die Energie praktisch nicht abnimmt. Je dunkler die Rauschfarbe wird, desto stärker ist die Kompaktheit und damit die Möglichkeit zur Komprimierung.

Kompaktheit $O(F^{-b})$	Rauschfarbe
$b = 0$	weiß
$b = 1$	pink
$b = 2$	braun
$b > 2$	schwarz

Tabelle 4.1: *farbiges Rauschen*

Beispiel 4.10   *Rauschfarben*

Eine Funktion der Klasse schwarzes Rauschen erhält man bei der zeitlichen Abbildung von Flusspegelständen. Wie man sich leicht vorstellen kann, zeichnet sich dieser Funktionsverlauf durch eine hohe Glattheit aus.

Ein Beispiel für die Klasse braunes Rauschen ist der zeitliche Verlauf von Aktienkursen. Diese weisen eine geringere Glattheit auf und haben daher eine etwas schlechtere Kompaktheit.

Viele Funktionen sind weit von der Klasse weißes Rauschen entfernt und sind daher im Frequenzbereich kompakt.

Wie schon erwähnt, wird eine geringe Kompaktheit durch starke Funktionswertsprünge verursacht. Eine häufige Quelle solcher Sprünge ist der Sprung vom Ende der diskreten Funktion zum Anfang der diskreten Funktion. An dieser Stelle sei daran erinnert, dass durch die Fourier-Transformation *periodische* Funktionen transformiert werden. Wir wenden die Fourier-Transformation auf diskrete Funktionen über ein endliches Definitionsintervall an, das genau so lang wie eine volle Schwingung einer Sinusfunktion der Frequenz $f = 1$ ist. Bei der Transformation wird jedoch implizit davon ausgegangen, dass sich die Ausgangsfunktion periodisch bis ins Unendliche fortsetzt, die Ausgangsfunktion also unendlich oft nebeneinander kopiert wird. Wenn sich der letzte Funktionswert jedoch stark vom ersten unterscheidet, entspricht dies einem großen Sprung, der viele hohe Frequenzen erzeugt und damit die Kompaktheit reduziert.

Randeffekt: Funktionswertsprung am Funktionsende

Beispiel 4.11   *Randeffekt*

Sehr schön zeigen lässt sich dieser Effekt in der Abbildung 4.10 auf der Seite 120. Abbildung 4.10 oben zeigt eine zufällig erzeugte diskrete Funktion, bei der der erste Funktionswert vom letzten Funktionswert stark abweicht. Darunter ist die Funktion abgebildet, bei der jedoch die hohen Frequenzen abgeschnitten wurden. Dies hat besonders Auswirkungen auf den Anfang und das Ende der Funktion. Da der Sprung zwischen beiden Enden nicht mehr durch hohe Frequenzen ausgeglichen werden kann, streben sie zueinander.

Erweiterung der
Ausgangsfunktion

Ein Lösungsansatz des unerwünschten Randeffektes ist die Erweiterung der Ausgangsfunktion um künstliche Werte, die für einen sanften Übergang des Funktionsendes zum Funktionsanfang sorgen.

Spiegelung

Ein anderer, eleganter Trick besteht darin, dieselbe Funktion am Funktions-ende zu spiegeln. Es müssen also keine künstlichen Werte eingeführt werden, allerdings verdoppelt sich die Anzahl der Koeffizienten. Durch Ausnutzung der Symmetrieeigenschaft benötigt man jedoch nur $2n$ Koeffizienten.

Beispiel 4.12

Abbildung 4.13 zeigt eine in der Mitte gespiegelte Funktion. Dadurch werden Sprünge am Beginn und am Ende der Periode vermieden.

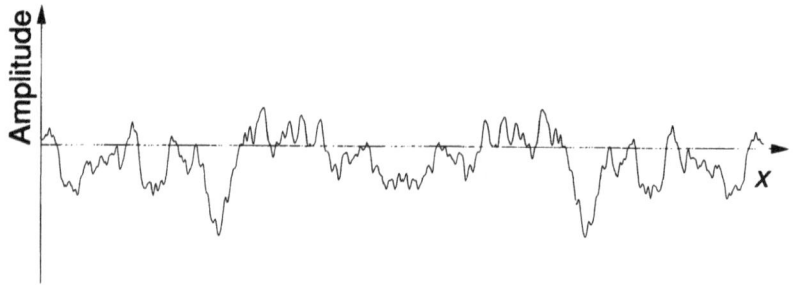

Abb. 4.13: gespiegelte Funktion

Neben der Behebung des Randeffektes hat diese Spiegelung noch einen weiteren Vorteil: die so konstruierte Funktion kann ausschließlich durch Kosinus-funktionen beschrieben werden. Damit entfallen die Imaginärteile und es werden zur Beschreibung der Funktion im Frequenzbereich wieder genau n Werte benötigt.

diskrete Kosinus-
transformation
(DCT)

Dieses spezielle Verfahren wird als diskrete Kosinustransformation, oder kurz DCT (engl. für *discrete cosine transformation*), bezeichnet und findet Einsatz besonders bei der Komprimierung von Medienobjekten. Führt man die genannten Operationen konsequent mit den Formeln der Fourier-Transformation durch, erhält man die Formel der Kosinustransformation:

$$F_n(j) = \frac{1}{\sqrt{n}} \sum_{x=0}^{n-1} f(x) \cdot \cos \frac{\pi j(x + 0,5)}{n} \qquad \text{für } j = 0, \ldots, n-1.$$

Die Rücktransformation ist gegeben durch

$$f_n(x) = \frac{F_n(0)}{\sqrt{n}} + \frac{2}{\sqrt{n}} \sum_{j=1}^{n-1} F(j) \cdot \cos \frac{\pi j(x + 0,5)}{n} \qquad \text{für } j = 0, \ldots, n-1.$$

Die Kosinustransformation zeichnet sich durch eine einfachere Berechnung aus, da keine komplexen Zahlen berücksichtigt werden müssen. Weiterhin tritt das Problem des Randeffektes nicht mehr auf, und man erhält damit kompaktere Frequenzspektren als bei Anwendung der Fourier-Transformation ohne Behandlung des Randeffektes. Aus diesen Gründen eignet sich die Kosinustransformation gut als Grundlage für die Komprimierung von Medienobjekten. Sie wird beispielsweise bei der JPEG-Kodierung von Rasterbildern eingesetzt.

Kosinustransformation zur Komprimierung

4.1.4   FFT und mehrdimensionale Transformationen

Die Fourier-Transformation einer diskreten, eindimensionalen Funktion mit n Funktionswerten nach der hier eingeführten Formel erfordert einen quadratischen Aufwand ($O(n^2)$). Betrachtet man den kritischen Term

$$e^{-\frac{i2\pi jx}{n}}$$

genauer, fällt das Produkt der Variablen j und x auf. Einige Produktwerte treten aufgrund der Kommutativität bei der Transformation mehrfach auf und müssen daher nicht immer neu berechnet werden. Unter Ausnutzung dieser Beobachtung und eines Teile-und-Herrsche-Algorithmus kann der Aufwand auf $O(n \log n)$ gesenkt werden. Dieses Verfahren wird mit dem Akronym FFT (für fast Fourier transformation) bezeichnet und ist als Algorithmus in vielen Standardwerken für Algorithmen ausführlich beschrieben. Analog dazu gibt es auch schnelle Algorithmen für die Berechnung der diskreten Kosinustransformation, die mit vergleichbarem Aufwand arbeiten.

Teile-und-Herrsche-Algorithmus

FFT

Um das Prinzip und die Eigenschaften der Fourier-Transformation zu erläutern, sind wir bis jetzt der Einfachheit halber nur von eindimensionalen Funktionen ausgegangen. Die Fourier-Transformation kann jedoch auch sehr einfach auf mehrdimensionale, diskrete Ausgangsfunktionen übertragen werden. So ist die Fourier-Transformation etwa auf einem Rasterbild, also einer zweidimensionalen, diskreten Ausgangsfunktion $f_{m,n} \in D_{m,n}^{C}$, folgendermaßen definiert:

mehrdimensionale, diskrete Ausgangsfunktion

$$F_{m,n}(j,k) = \frac{1}{\sqrt{mn}} \sum_{x=0}^{m-1} \sum_{y=0}^{n-1} f_{m,n}(x,y) \cdot e^{-\frac{i2\pi jx}{m}} \cdot e^{-\frac{i2\pi ky}{n}}.$$

Die Rücktransformation unterscheidet sich wiederum nur in den Vorzeichen der Exponenten:

$$f_{m,n}(x,y) = \frac{1}{\sqrt{mn}} \sum_{j=0}^{m-1} \sum_{k=0}^{n-1} F_{m,n}(j,k) \cdot e^{\frac{i2\pi jx}{m}} \cdot e^{\frac{i2\pi ky}{n}}.$$

Die Fourier-Transformation auf 2-dimensionalen Rasterbildern ist in der Bildberarbeitung ein Standardverfahren.

Sowohl FFT-Algorithmen als auch die DCT- und schnelle DCT-Algorithmen sind genauso für mehrdimensionale Ausgangsfunktionen verfügbar.

4.2   Diskrete Wavelet-Transformation

Im Folgenden werden wir die grundlegende Idee der diskreten Wavelet-Transformation und dann konkret die Haar-Wavelets einführen.

Historie

Einsatzgebiete

In der Mathematik ist die Wavelet-Transformation seit längerer Zeit bekannt. Anfang des 20. Jahrhunderts wurden die einfachsten Wavelets (englisch für Wellchen), die Haar-Wavelets, von dem Mathematiker Alfred Haar beschrieben. In der Signal- und Bildverarbeitung werden Wavelets inzwischen vielfältig eingesetzt. Die Einsatzgebiete umfassen etwa die Komprimierung von Bildern, zum Beispiel JPEG2000-Standard, und die Manipulation von Bildern und Vektorgrafiken in den Gebieten Grafik und Bildverarbeitung.

DWT
unerwünschte
Effekte beim Einsatz
der Fourier-
Transformation

Bevor wir die Idee der diskreten Wavelet-Transformation, abgekürzt durch DWT, erläutern, soll auf einige, für bestimmte Anwendungen unerwünschte Effekte beim Einsatz der Fourier-Transformation aufmerksam gemacht werden. Die Fourier-Transformation ermöglicht die Transformation einer periodischen Funktion vom Ortsbereich in den Frequenzbereich. Probleme ergeben sich jedoch manchmal aus der Tatsache, dass im Frequenzbereich keinerlei Ortsinformationen explizit verfügbar sind:

- *lokale versus globale Änderung:* Da im Ortsbereich keinerlei Frequenzinformationen und im Frequenzbereich keinerlei Ortsinformationen explizit vorhanden sind, bewirkt die Änderung eines Wertes (lokale Änderung) im Orts- oder Frequenzbereich eine Änderung aller Werte (globale Änderung) im jeweils anderen Darstellungsbereich. Wenn etwa ein Funktionswert im Ortsbereich geändert wird, verändern sich gleichzeitig alle Frequenzen. Das gleiche Phänomen existiert auch in der anderen Richtung.

Manipulation von
Audiosignalen

Beispiel 4.13

Angenommen, in einem Audiosignal ist bekannt, dass in einem bestimmten Zeitintervall Störgeräusche auftreten, die bestimmten Frequenzen zugeordnet sind. Im Frequenzbereich können diese Frequenzanteile reduziert werden. Allerdings wirkt sich dies im Ortsbereich, oder genauer im Zeitbereich, nicht nur auf das betreffende Intervall, sondern unerwünschterweise auf das gesamte Audio-Signal aus.

- *Ort und Frequenz als Feature-Wert:* In manchen Anwendungen werden lokal begrenzte Frequenzen als Feature-Werte benötigt. Da keiner der beiden Darstellungsbereiche die Orts- und Frequenzinformationen gemeinsam explizit enthält, kann die Fourier-Transformation zur Extraktion solcher Feature nicht genutzt werden.

Beispiel 4.14

Ein Retrieval auf Bildern nutzt häufig Texturen, die sich durch Frequenzen gut charakterisieren lassen. Texturen sind jedoch in Bildern häufig durch Regionen lokal begrenzt. Die Anwendung der Fourier-Transformation ermittelt die Frequenzen des gesamten Bildes. Das Finden von Regionen, die homogen bezogen auf die Textur sind, ist mit Hilfe der Fourier-Transformation kaum möglich.

Feature-Werte aus Frequenz- und Ortsinformationen

Statt der Darstellung im Ortsbereich ohne Frequenzen oder im Frequenzbereich ohne Ortsinformationen, die in diesem Sinn zwei Extrema darstellen, sind Mischdarstellungen für einige Anwendungen erforderlich.

kombinierte Orts- und Frequenzinformationen

An dieser Stelle soll darauf hingewiesen werden, dass Frequenzinformation und Ortsinformation nicht beliebig detailliert kombiniert dargestellt werden können. Das Problem ist ähnlich dem Problem, welches durch das Heisenbergsche Unbestimmtheitsprinzip formuliert wurde. Danach kann von einem Elementarteilchen nicht gleichzeitig exakt der Ort und der Impuls gemessen werden.

Heisenbergsches Unbestimmtheitsprinzip

Auf unser Transformationsproblem übertragen bedeutet dies, dass in einem Ortsintervall mit fester Anzahl von Werten nur bestimmte Frequenzen erkannt werden können. Die erkennbaren Frequenzen sind durch eine maximale und eine minimale Frequenz begrenzt. Nach oben hin etwa sind die Frequenzen durch das Abtasttheorem begrenzt, welches für eine Erkennung einer Frequenz eine Abtastrate mit mindestens doppelter Frequenz benötigt.

Abtasttheorem

Das kleinstmögliche Ortsintervall liegt vor, wenn Intervallbeginn und -ende zusammentreffen. Aus einem Funktionswert an diesem Ort lassen sich überhaupt keine Frequenzinformationen ableiten. Als Fazit gilt, je exakter der Ort (kleines Intervall), desto weniger Frequenzinformationen lassen sich ermitteln.

Ein möglicher Ansatz, um Ortsinformationen im Frequenzbereich zu erhalten, ist die Window-Fourier-Transformation. Das Ausgangssignal wird dabei in feste Intervalle, sozusagen aneinander grenzende Fenster, unterteilt und die Fourier-Koeffizienten isoliert für jedes Intervall berechnet. Damit erhält man eine Kombination von Orts- und Frequenzinformationen. Ein Problem dabei ist jedoch die statische Intervallbreite. Vor der Transformation muss diese Intervallbreite festlegt werden.

Window-Fourier-Transformation

In Abbildung 4.14 ist eine diskrete Beispielfunktion bestehend aus 16 reellen Funktionswerten im Ortsbereich gegeben. Abbildung 4.15 zeigt verschiedene Darstellungsmöglichkeiten dieser Funktion, wobei in der Horizontalen der Ortsbereich und in der Vertikalen der Frequenzbereich abgetragen ist, und der Grauwert den Funktionswert (schwarz entspricht dem Wert 0) anzeigt. Das linke Bild zeigt die Ausgangsfunktion. Die senkrechten Linien beschreiben dabei verschiedene Ortspositionen. In dieser Darstellung ist keine horizontale Unterteilung vorhanden, da keine Frequenzinformationen vorhanden sind.

Ausgangsfunktion

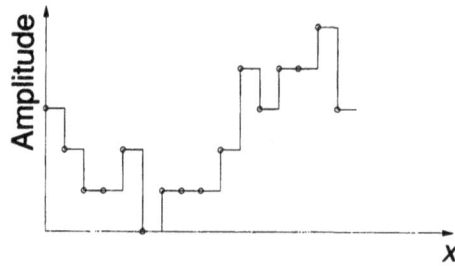

Abb. 4.14: *Beispielfunktion aus $D_{16}^{\mathbb{R}}$*

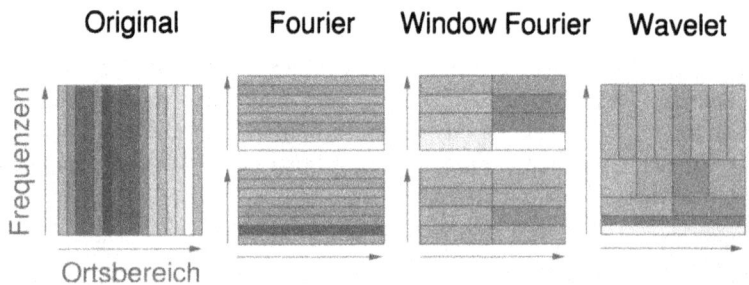

Abb. 4.15: *Original, DFT, WDFT, DWT*

Fourier-Transformation	Die zweite Darstellung zeigt das Ergebnis der Fourier-Transformation. Es enthält Frequenzanteile für Kosinusschwingungen (oben) und für Sinusschwingungen (unten). In dieser Darstellung repräsentieren horizontale Linien verschiedene Frequenzanteile. Die fehlende vertikale Unterteilung weist auf das Fehlen von Ortsinformationen hin.
Window-Fourier-Transformation	In der dritten Darstellung wird das Ergebnis der Window-Fourier-Transformation gezeigt. Hier wurde der Ortsbereich durch zwei Fenster halbiert. Für jedes der beiden Fenster lassen sich vier Anteile für Sinusfunktionen und vier Anteile für Kosinusfunktionen ermitteln. Die Darstellung enthält vertikale und horizontale Unterteilungen, die auf eine kombinierte Darstellung von Frequenz- und Ortsinformationen hinweisen. Wie man leicht sieht, beziehen
variable Intervallbreite	sich in der Window-Fourier-Darstellung die Ortsinformationen auf eine feste Ortsintervallbreite. Häufig ist man aber an Frequenzen *variabler* Intervallbreite interessiert.
Wavelet-Transformation	Einen Ausweg liefert die Wavelet-Darstellung, bei der Frequenzanteile für verschieden große Intervalle berechnet werden. Ihre Darstellung enthält daher Rechtecke unterschiedlicher Breite und Höhe. Man kann daher Frequenzanteile auf unterschiedlich großen Ortsintervallen ablesen. Man erhält Frequenzen
Multi-Resolution-Analyse	unterschiedlicher Auflösung. Daher wird die Wavelet-Transformation häufig mit dem Begriff der Multi-Resolution-Analyse in Verbindung gebracht.

Alle vier Darstellungen beschreiben die Funktion mit Hilfe von jeweils 16 Werten. Die Darstellungen können ohne Verlust ineinander überführt werden. Weiterhin weisen die Rechtecke der verschiedenen Darstellungen alle den gleichen Flächeninhalt auf. Verdoppelt sich die Breite eines Rechtecks, halbiert sich die Höhe und umgekehrt.

gleiche Flächeninhalte

Wie bereits erwähnt, erzeugt die Wavelet-Transformation lokal begrenzte Frequenzinformationen. Dies bedeutet, dass die entsprechenden Basisfunktionen des Wavelet-Vektorraums nur innerhalb eines bestimmten Ortsintervalls einen Funktionswert ungleich Null besitzen, also einen örtlich begrenzten „Support" aufweisen. Damit wird auch der Name „Wavelet" verständlich. Üblicherweise stammen die Basisfunktionen von einer Grundfunktion ab, die durch horizontale Verschiebung und Skalierung zu der jeweiligen Basisfunktion modifiziert wird. In Abhängigkeit von dieser Grundfunktion, einem so genannten „Mutter-Wavelet", existieren sehr viele unterschiedliche Wavelet-Transformationen mit unterschiedlichen Namen. Im Folgenden werden wir die einfachste Form einer Wavelet-Transformation einführen, die Haar-Wavelet-Transformation.

örtlich begrenzter Support
Grundfunktion

Mutter-Wavelet

Haar-Wavelet-Transformation

Haar-Wavelets sind sehr einfach zu berechnen und zeigen sehr gut die prinzipielle Idee der Wavelet-Transformation. Wir beginnen mit einem konkreten Beispiel einer diskreten, eindimensionalen Funktion. Angenommen, die Funktion sei durch 8 Werte gegeben:

diskrete Beispielfunktion

$$[9 \quad 7 \quad 3 \quad 5 \quad 1 \quad 1 \quad 1 \quad 5]$$

Werden die Summen $S = a + b$ und Differenzen $D = a - b$ nacheinander von jeweils zwei benachbarten Werten a und b ermittelt, also etwa 9+7=16 und 9-7=2, erhält man die folgenden Werte:

Summen und Differenzen

$$[16 \quad 8 \quad 2 \quad 6] \qquad [2 \quad -2 \quad 0 \quad -4]$$

Die Summen und Differenzen ergeben zusammen wieder acht Werte, aus denen die ursprünglichen Werte mittels $a = (S + D)/2$ und $b = (S - D)/2$ wieder zurückgerechnet werden können. Sie repräsentieren nur eine andere Darstellung der Ausgangsfunktion, bei der durch eine Glättung, in unserem Fall die Summierung, die Auflösung reduziert wird. Da durch eine solche Glättung die Auflösung geändert wird, bezeichnen wir die entstehenden Werte *Skalierungswerte*. Zur Vermeidung von Informationsverlust müssen so genannte *Detailkoeffizienten*, in unserem Fall die Differenzen, ermittelt werden. Diese Detailkoeffizienten drücken die Anteile einer entsprechenden Wavelet-Funktion aus. Bei der obigen Differenzbildung ist der Support der entsprechenden Wavelet-Funktion auf ein Intervall bestehend aus jeweils zwei Werten begrenzt.

Skalierungswerte
Detailkoeffizienten

Um Koeffizienten mit breiterem Support und damit geringerer Frequenz zu erhalten, wird dasselbe Verfahren auf den geglätteten Werten so lange rekursiv wiederholt, bis nur noch ein Wert übrig bleibt. Die verschiedenen Stufen der Wavelet-Transformation mit ihren Skalierungswerten und Detailkoeffizienten werden in Tabelle 4.2 gezeigt.

Koeffizienten mit variabler Support-Breite

Auflösungsstufe	Skalierungswerte	Detailkoeffizienten
1	$[\,9\quad 7\quad 3\quad 5\quad 1\quad 1\quad 1\quad 5\,]$	
2	$[\,16\quad 8\quad 2\quad 6\,]$	$[\,2\quad -2\quad 0\quad -4\,]$
4	$[\,24\quad 8\,]$	$[\,8\quad -4\,]$
8	$[\,32\,]$	$[\,16\,]$

Tabelle 4.2: *Wavelet-Koeffizienten*

Aus den Skalierungswerten und den Detailkoeffizienten einer Stufe können immer die Funktionswerte der darüberliegenden Stufe berechnet werden. Daher reichen für eine Darstellung der Ausgangsfunktion der zuletzt übrig gebliebene Funktionswert zusammen mit den Detailkoeffizienten der verschiedenen Stufen aus, welche in unserem Beispiel wieder acht Werte umfassen:

$$[\,32\quad 16\quad 8\quad -4\quad 2\quad -2\quad 0\quad -4\,]$$

Diese Werte bilden das Ergebnis[5] der diskreten Haar-Wavelet-Transformation. Der erste Wert entspricht der Gesamtsumme. Dann folgen die Detailkoeffizienten stufenweise beginnend mit der gröbsten Auflösung. Innerhalb einer Stufe wandert mit den Detailkoeffizienten das Support-Intervall nach rechts. In der Haar-Wavelet-Darstellung liegen damit Frequenzinformation in Form von Detailkoeffizienten vor, die durch die verschiedenen Support-Intervalle lokal begrenzt sind. Die Breite der Intervalle wird beginnend von der gröbsten Auflösung jeweils halbiert. Die den Koeffizienten entsprechenden Support-Intervalle sind in Abbildung 4.16 dargestellt. Mit Plus (Minus) ist das Intervall gekennzeichnet, welches positiv (negativ) zum Koeffizienten beiträgt.

Bedeutung der
Wavelet-
Koeffizienten

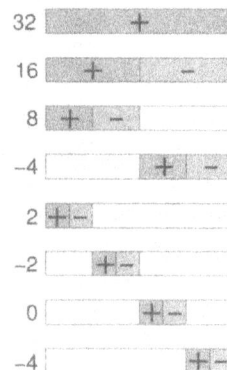

Abb. 4.16: *Support der Koeffizienten*

---

[5]Im Beispiel wurden der Anschaulichkeit halber Normalisierungsfaktoren für die Koeffizienten vernachlässigt.

Damit dieses Verfahren in dieser Form funktioniert, muss die diskrete Ausgangsfunktion 2^n Funktionswerte besitzen. Falls dies nicht der Fall ist, müssen künstliche Nullwert ergänzt werden.

Funktion mit 2^n Funktionswerten

Im Folgenden werden wir die Anwendung der diskreten Wavelet-Transformation für das Multimedia-Retrieval diskutieren.

4.2.1 Anwendung der DWT

Die diskrete Wavelet-Transformation lässt sich zur Generierung von Feature-Daten vielfältig anwänden. In diesem Abschnitt werden daher

1. die Feature-Normalisierung,

2. die Feature-Erkennung und

3. die Feature-Aufbereitung

diskutiert.

Feature-Normalisierung. Bei der Normalisierung werden Störinformationen innerhalb von Medienobjekten entfernt beziehungsweise reduziert. Durch die Wavelet-Transformation lassen sich aufgrund der Kombination von Orts- und Frequenzinformationen Störfrequenzen *lokal* entfernen. Dabei ist man nicht auf Sinus- und Kosinusschwingungen beschränkt, sondern kann ein an das Störsignal angepasstes Mutter-Wavelet nutzen. Dies setzt allerdings eine gründliche und oft aufwändige Analyse der Charakteristik des Störsignals voraus.

lokale Beseitigung von Störinformationen

Beispiel 4.15

Audio-Daten enthalten häufig aufnahmebedingte Knackgeräusche, die bei der Feature-Normalisierung entfernt werden sollen. Knackgeräusche zeichnen sich durch eine hohe Lokalität aus, die den Einsatz der Fourier-Transformation erschweren. Mit Hilfe eines speziellen Mutter-Wavelets können solche Störgeräusche örtlich (beziehungsweise zeitlich) erkannt werden. Ein Entfernen beziehungsweise Reduzieren der dazugehörigen Wavelet-Koeffizienten hat dabei die gewünschte, örtlich (zeitlich) begrenzte Auswirkung auf das Gesamtsignal.

Knackgeräusche in Audio-Daten

Feature-Erkennung und -Aufbereitung. Bei der Feature-Extraktion kann die Wavelet-Transformation ähnlich der Fourier-Transformation vorteilhaft eingesetzt werden. Wenn zu extrahierende Feature-Werte die Behandlung und Unterscheidung von Orts- und Frequenzinformationen benötigen, erweist sich oft die Wavelet-Transformation der Fourier-Transformation als überlegen. Als Beispiel verweisen wir an dieser Stelle auf das Beispiel 4.14 auf der Seite 133. Mittels der Wavelet-Transformation können dort Regionen von Texturen gefunden werden.

Orts- und Frequenzinformationen

Invarianzen

Auch für die Behandlung von Invarianzen, die sich an bestimmte Orts-
beziehungsweise Frequenzinformationen knüpfen lassen, kann die Wavelet-
Transformation sinnvoll eingesetzt werden. Da den einzelnen Koeffizienten
durch die zugrunde liegenden Support-Intervalle genau ein Orts- und Frequenzbereich zugeordnet ist, können diese Informationen elegant zum Filtern
relevanter Eigenschaften genutzt werden.

Selektion bestimmter
Wavelet-Koeffizien-
ten aus Tabelle 4.2

Beispiel 4.16

In Tabelle 4.2 auf Seite 136 wurde das Ergebnis der Wavelet-
Transformation für eine diskrete Funktion bestehend aus acht Funktionswerten hergeleitet. Für ein bestimmtes Feature seien nur Sprünge benachbarter Funktionswerte interessant. Außerdem seien die Ortsinformationen
von Sprüngen wesentlich. Unwesentlich hingegen sei der grobe Funktionsverlauf. Geeignete Wavelet-Koeffizienten sind daher die Detailkoeffizienten mit einer feinen Auflösung. Die restlichen Koeffizienten hingegen werden ignoriert.

Verschiebungs-
invarianz

Eine Invarianz bezüglich einer Verschiebung lässt sich erreichen, wenn die Detailkoeffizienten einer Auflösungsstufe unsortiert verwendet werden.

Invarianz bezüglich
Verdopplung und
Halbierung der
Auflösung

Eine Auflösungsveränderung einer Ausgangsfunktion um den Faktor zwei
(Verdopplung oder Halbierung) bewirkt eine Verschiebung der entsprechenden
Wavelet-Koeffizienten zur nächsten Auflösungsstufe[6]. Unterscheidet man daher Koeffizienten nicht nach ihrer Auflösungsstufe, kann eine Invarianz bezüglich einer Verdopplung oder Halbierung der Auflösung einer Ausgangsfunktion
erreicht werden.

Ein wichtiger Vorteil der Wavelet-Transformation im Vergleich zur Fourier-
Transformation ist der vergleichsweise geringe Aufwand ihrer Berechnung. Haar-Wavelet-Koeffizienten und viele weitere Arten von Wavelet-

linearer Aufwand

Koeffizienten können mit linearem Aufwand berechnet werden, wohingegen
die Fourier-Transformation mindestens einen Aufwand von $n * \log n$ benötigt. Dieser relativ geringe Berechnungsaufwand ist besonders bei der Feature-
Erkennung und -Aufbereitung wichtig, da diese unter Umständen erst nach
einer Nutzeranfrage gestartet werden können und daher direkt die Antwortzeit
beeinflussen.

Orthogonalität

Das Ergebnis einer Haar-Wavelet-Transformation zeichnet sich wie das Ergebnis der Fourier-Transformation durch Kompaktheit und Orthogonalität
aus. Wie wir zeigen werden, sind die Basisfunktionen des Haar-Wavelet-
Vektorraums sogar orthonormal zueinander. Dies ermöglicht ein isoliertes Manipulieren von Wavelet-Koeffizienten.

Kompaktheit

Durch die örtlich begrenzten Basisfunktionen des Wavelet-Vektorraums wird
die Auswirkung von abrupten Funktionswertänderungen lokal beschränkt. Aus
diesem Grund ist häufig das Ergebnis der Wavelet-Transformation kompakter

---

[6]abgesehen von einem konstanten Faktor aufgrund unterschiedlicher Normierungen

als das der Fourier-Transformation. Diese Eigenschaft zusammen mit dem relativ geringen Berechnungsaufwand macht die Wavelet-Transformation attraktiv als Komprimierungsverfahren. Tatsächlich wird sie bereits im Bilddateistandard JPEG2000 eingesetzt. Bei der Komprimierung werden nur Koeffizienten mit großen Werten gespeichert, während die restlichen Koeffizienten weggelassen werden.

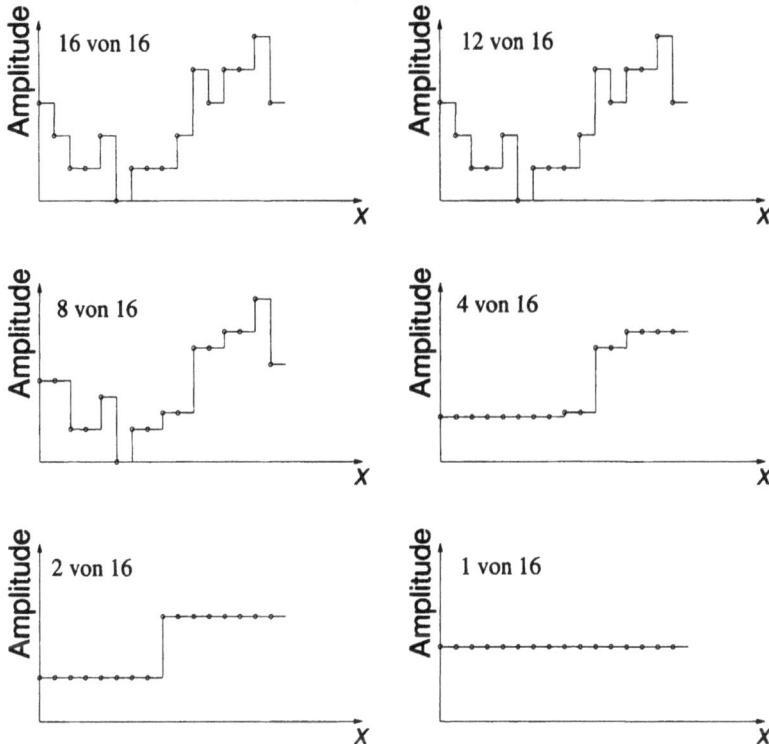

Abb. 4.17: *Approximation einer diskreten Funktion mit unterschiedlich vielen Koeffizienten*

Beispiel 4.17

Abbildung 4.17 zeigt den Effekt einer Komprimierung. Ausgangspunkt ist die diskrete Funktion links oben, die aus 16 Funktionswerten besteht. Berechnet man von dieser Funktion die Wavelet-Koeffizienten und ersetzt die kleinsten Koeffizienten bei der inversen Transformation durch Null, erhält man die restlichen dargestellten Funktionen. Dabei wird unterschieden, ob die 12, 8, 4, 2 größten oder nur der größte Koeffizient zur Rückabbildung genutzt wird. Wie man sieht, erhält man trotz Halbierung der Koeffizienten (8 von 16) im linken mittleren Bild eine relativ gut angenäherte Funktion.

Komprimierung mittels DWT

4.2.2   Berechnung der DWT

In diesem Abschnitt wird die Haar-Wavelet-Transformation mathematisch unterlegt. Für ein besseres Verständnis der Funktionsweise ist ein Grundwissen auf dem Gebiet der linearen Algebra notwendig, dass in Anhang A rekapituliert wird.

diskrete Funktion
$f_n(x) \in D_n^{\mathbb{R}}$

Ausgangspunkt der Transformation ist eine diskrete Funktion $f_n(x) \in D_n^{\mathbb{R}}$ bestehend aus n Funktionswerten, die als Vektor des n-dimensionalen Vektorraums $D_n^{\mathbb{R}}$ aufgefasst wird[7].

Die Berechnung der Detailkoeffizienten und der Skalierungswerte einer bestimmten Auflösungsstufe

$$j = 1, 2, 4, 8, 16, 32, \ldots$$

orthonormale Basis
Detailkoeffizienten Ψ

Skalierungswerte Φ

Skalierungsvektor

erfolgt entsprechend der im Anhang A eingeführten Entwicklungsformel anhand einer orthonormalen Basis. Im Folgenden werden die Detailkoeffizienten mit dem griechischen Buchstaben Ψ und die Skalierungswerte mit Φ bezeichnet. Die Detail- beziehungsweise Skalierungskoeffizienten einer Auflösungsstufe j notieren wir mit Ψ^j und Φ^j. Entsprechend stehen $\Psi(x)$ und $\Phi(x)$ für die dazugehörigen Wavelet-Basisvektoren. Der i-te Skalierungsvektor $\Phi_i^j(x)$ der Auflösungsstufe j des Vektorraums $D_n^{\mathbb{R}}$ ist folgendermaßen definiert:

$$\Phi_i^j(x) = 1/\sqrt{j} \cdot \Phi(x/j - i) \qquad \text{für } i = 0, \ldots, n/j - 1$$

mit

$$\Phi(x) = \begin{cases} 1 & \text{für } 0 \leq x < 1 \\ 0 & \text{sonst.} \end{cases}$$

Normalisierung

Der Faktor $1/\sqrt{j}$ sorgt für die Normalisierung der Skalierungsvektoren:

$$\|\Phi_i^j(x)\| = \sqrt{\langle \Phi_i^j(x), \Phi_i^j(x)\rangle} = 1 \qquad \text{für } i = 0, \ldots, n/j - 1.$$

Orthogonalität

Gleichzeitig sind die Skalierungsvektoren orthogonal:

$$\langle \Phi_i^j(x), \Phi_k^j(x)\rangle = 0 \qquad \text{für } i, k = 0, \ldots, n/j - 1 \text{ und } i \neq k.$$

orthonormale Basis
von $D_{n/j}^{\mathbb{R}}$

Damit bilden sie eine orthonormale Basis des Vektorraums $D_{n/j}^{\mathbb{R}}$. Wie man leicht sieht, verallgemeinern diese Skalierungsvektoren die kanonischen Basisvektoren von $D_n^{\mathbb{R}}$ um verschiedene Auflösungsstufen. In Abbildung 4.18 sind die Skalierungsvektoren als Funktionen mit $n = 8$ und $j = 2$ dargestellt.

Detailvektor

Der i-te Detailvektor $\Psi_i^j(x)$ der Auflösungsstufe j des Vektorraums $D_n^{\mathbb{R}}$ ist folgendermaßen definiert:

$$\Psi_i^j(x) = 1/\sqrt{j} \cdot \Psi(x/j - i) \qquad \text{für } i = 0, \ldots, n/j - 1$$

---

[7]Die Darstellung einer diskreten Funktion als Vektor über der kanonischen Basis wird in Beispiel 4.8 auf Seite 122 gezeigt.

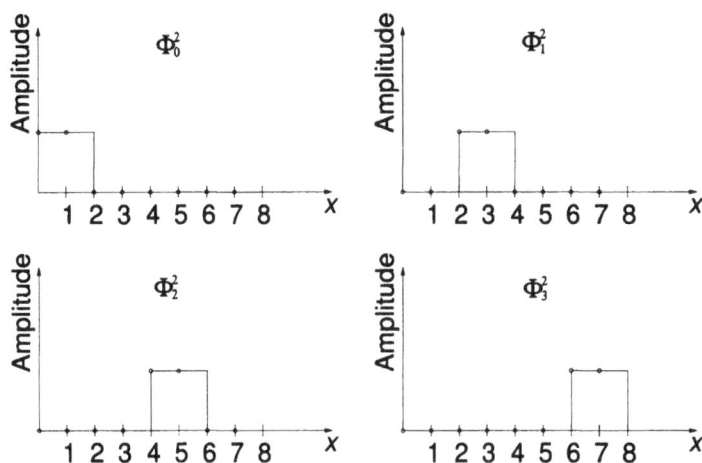

Abb. 4.18: *Skalierungsfunktionen* $\Phi_0^2, \Phi_1^2, \Phi_2^2, \Phi_3^2$ *mit* $n = 8$

mit

$$\Psi(x) = \begin{cases} 1 & \text{für } 0 \leq x < 1/2 \\ -1 & \text{für } 1/2 \leq x < 1 \\ 0 & \text{sonst.} \end{cases}$$

Auch diese Detailvektoren sind orthonormal: *Detailvektoren*
                                                               Orthonormalität

$$\langle \Psi_i^j(x), \Psi_k^j(x) \rangle = \delta_{i,k} \qquad \text{für } i, k = 0, \ldots, n/j - 1$$

mit

$$\delta_{i,k} = \begin{cases} 1 & : \quad i = k \\ 0 & : \quad i \neq k. \end{cases}$$

Diese Detailvektoren bilden damit zusammen eine orthonormale Basis des Vektorraums $D_{n/j}^{\mathbb{R}}$. Abbildung 4.19 zeigt die Detailvektoren als Funktionen mit $n = 8$ und $j = 2$.

Es kann gezeigt werden, dass der durch die Skalierungsvektoren aufgespannte   *Skalierungsvektorraun*
Vektorraum orthogonal zu dem von den Detailvektoren aufgespannten Vektor-   *orthogonal zu*
raum derselben Auflösung ist: *Detailvektorraum*

$$\langle \Psi_i^j(x), \Phi_k^j(x) \rangle = 0 \qquad \text{für } i, k = 0, \ldots, n/j - 1.$$

Damit bilden sie zusammen eine orthonormale Basis für den Vektorraum   *orthonormale Basis*
$D_{2n/j}^{\mathbb{R}}$ der höheren Auflösungsstufe.   *für* $D_{2n/j}^{\mathbb{R}}$

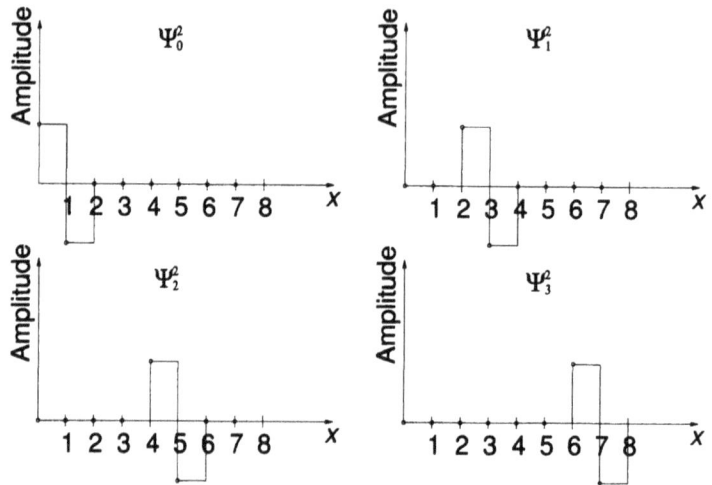

Abb. 4.19: Detailfunktionen $\Psi_0^2, \Psi_1^2, \Psi_2^2, \Psi_3^2$ mit $n = 8$

Skalierungs-
koeffizienten

Die Skalierungskoeffizienten einer gegebenen Funktion $f_n(x)$ für eine bestimmte Auflösungsstufe j ergeben sich nach der Entwicklungsformel durch

$$\Phi_i^j = \langle f_n(x), \Phi_i^j(x) \rangle$$

$$= 1/\sqrt{j} \sum_{x=0}^{n-1} f_n(x) \cdot \Phi(x/j - i)$$

Detailkoeffizienten

Die Detailkoeffizienten werden analog berechnet:

$$\Psi_i^j = \langle f_n(x), \Psi_i^j(x) \rangle$$

$$= 1/\sqrt{j} \sum_{x=0}^{n-1} f_n(x) \cdot \Psi(x/j - i)$$

geschachtelte
Wavelet-
Transformation

Wendet man die Entwicklungsformel mit den Skalierungsvektoren der Auflösungsstufe $j = 2$ auf eine diskrete Funktion $f_n(x)$ an, erhält man genau $n/2$ Koeffizienten. Die für eine verlustfreie Transformation notwendigen restlichen Koeffizienten erhält man durch die Anwendung der Detailvektoren derselben Auflösungsstufe ($j = 2$). Damit wird die Ausgangsfunktion vollständig durch die Detailkoeffizienten und Skalierungskoeffizienten der Auflösungsstufe $j = 2$ beschrieben. Die Detailkoeffizienten dieser Auflösung drücken die hohen Frequenzen auf unterschiedlich verschobenen Supportintervallen aus.

Niedrigere Frequenzen erhält man durch erneute Anwendung der Entwicklungsformel, jetzt allerdings auf den neuen Skalierungskoeffizienten mittels der

Detailkoeffizienten und Skalierungskoeffizienten der Auflösungsstufe $j = 4$. Dies wird solange fortgesetzt, bis die Auflösungsstufe der Anzahl von Funktionswerten der Ausgangsfunktion entspricht ($j = n$).

Grafisch ist dieser Prozess in Abbildung 4.20 illustriert. Dabei wird die Ausgangsfunktion mittels Skalierungskoeffizienten der Auflösungsstufe $j = 1$ betrachtet.

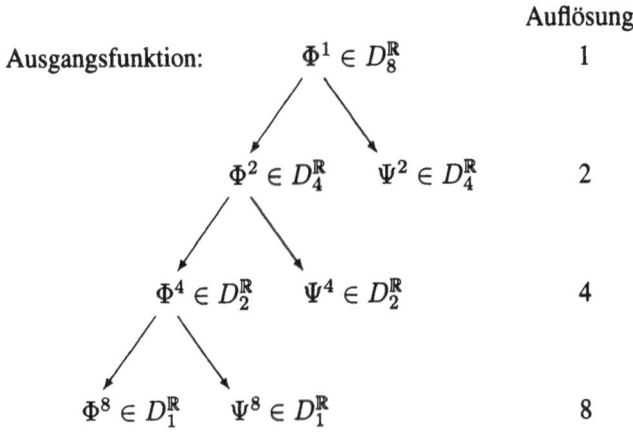

Abb. 4.20: *Zerlegung in Wavelet-Koeffizienten ($n = 8$)*

Aufgrund der Orthonormalität aller Detail- und Skalierungsvektoren einer Auflösung und der Schachtelung ergibt sich, dass die Detailvektoren der verschiedenen Auflösungen und der Skalierungsvektor der höchsten Auflösungsstufe wiederum orthonormal sind:

Orthonormalität aller Detail- und Skalierungsvektoren

$$\langle \Psi_{i_1}^{j_1}(x), \Psi_{i_2}^{j_2}(x) \rangle = \delta_{j_1,j_2} \delta_{i_1,i_2} \qquad \langle \Phi_0^n(x), \Psi_{i_1}^{j_1}(x) \rangle = 0$$
$$j_1, j_2 = 1, 2, 4, \ldots \quad i_1 = 0, \ldots, n/j_1 - 1 \quad i_2 = 0, \ldots, n/j_2 - 1$$

Die Detailkoeffizienten der verschiedenen Auflösungen zusammen mit dem einzelnen Skalierungskoeffizienten ergeben damit das Ergebnis der Haar-Wavelet-Transformation:

Ergebnis der Haar-Wavelet-Transformation

$$F_n(z) = \Phi_0^n \Psi_0^n \Psi_0^{n/2} \Psi_1^{n/2} \Psi_0^{n/4} \Psi_1^{n/4} \Psi_2^{n/4} \Psi_3^{n/4} \ldots \Psi_0^2 \ldots \Psi_{n/2-1}^2$$

mit

$$\Psi_i^j = 1/\sqrt{j} \sum_{x=0}^{n-1} f_n(x) \cdot \Psi(x/j - i)$$

$$\Phi_i^j = 1/\sqrt{j} \sum_{x=0}^{n-1} f_n(x) \cdot \Phi(x/j - i)$$

Wavelet-Transformation als Matrizenmultiplikation. Die Haar-Wavelet-Transformation kann ebenso wie die Fourier-Transformation durch eine Multiplikation mit einer Matrix berechnet werden. Dabei werden die Funktionen $f_n(z)$ und $F_n(x)$ als Vektoren $f \in \mathbb{R}^n$ beziehungsweise $F \in \mathbb{R}^n$ aufgefasst. Die Wavelet-Transformation in der Matrizenschreibweise lautet:

$$F = A \times f.$$

Zeilen sind Wavelet-Basisvektoren

Die Transformationsmatrix $A \in \mathbb{R}^{n \times n}$ ist eine $n \times n$-Matrix, deren Zeilen den n Wavelet-Basisvektoren entsprechen. Da die Matrixzeilen aus den Wavelet-Basisvektoren bestehen, die, wie oben gezeigt, orthonormal sind, ist auch die

orthonormale Matrix

Matrix A orthonormal. Es gilt also:

$$AA^* = I.$$

Transponierte als inverse Matrix

Damit entspricht die inverse Matrix für die Rücktransformation der Transponierten A^T.

Rotation

Die lineare Algebra lehrt uns, dass eine Multiplikation mit einer orthonormalen Matrix einer Rotation im entsprechenden Vektorraum entspricht. Da also nur eine Rotation ausgeführt wird, bleibt die „Länge" einer Funktion, also deren Norm[8], von der Transformation unberührt:

$$\|f\| = \|Af\|.$$

Dies ist insofern interessant, da häufig das Unähnlichkeitsmaß auf jeweils zwei Medienobjekten als Distanz zwischen deren Feature-Vektoren definiert ist. Die Distanz $d(f_1, f_2)$ ergibt sich dabei oft aus der Norm des Differenzvektors beider Vektoren:

$$d(f_1, f_2) = \|f_1 - f_2\| = \|A(f_1 - f_2)\| = \|Af_1 - Af_2\| = d(Af_1, Af_2).$$

stabile Distanzen

Distanzen zwischen Vektoren bleiben daher durch Anwendung der Wavelet-Transformation erhalten.

Algorithmen und Aufwand. Der Aufwand für eine Berechnung durch eine Matrizenmultiplikation ist relativ hoch. Wenn statt dessen die Koeffizienten iterativ wie im eingangs beschriebenen Beispiel berechnet werden, ergibt

linearer Aufwand

sich ein linearer Aufwand. Programm 4.1 zeigt den entsprechenden Algorithmus im Pseudo-Code. Der Algorithmus für die Rücktransformation ist in Programm 4.2 dargestellt. Bei diesen Algorithmen wird davon ausgegangen, dass die zu transformierende eindimensionale Funktion als Array im Bereich $[1..n]$ abgelegt ist. Das Ergebnis liegt dann im selben Array vor.

---

[8]Die Norm ist hier über dem inneren Produkt definiert: $\|x\| = \sqrt{\langle x, x \rangle}$.

Programm 4.1

*Algorithmus zur
Haar-DWT-
Zerlegung*

```
procedure Zerlegung(c: array [1..n] of reals)
  while n>1 do
    Zerlegungsschritt(c[1..n])
    n := n/2
  end while
end procedure

procedure Zerlegungsschritt(c: array [1..g] of reals)
  for i := 1 to g/2 do
    cc[i] := (c[2i-1]+c[2i])/√2
    cc[g/2+i] := (c[2i-1]-c[2i])/√2
  end for
  c := cc
end procedure
```

Programm 4.2

*Algorithmus zur
Haar-DWT-
Rekonstruktion*

```
procedure Rekonstruktion(c: array [1..n] of reals)
  g := 2
  while g ≤ n do
    Rekonstruktionsschritt(c[1..g])
    g := 2g
  end while
end procedure

procedure Rekonstruktionsschritt(c: array [1..g] of reals)
  for i := 1 to g/2 do
    cc[2i-1] := (c[i]+c[g/2+i])/√2
    cc[2i] := (c[i]-c[g/2+i])/√2
  end for
  c := cc
end procedure
```

4.2.3 Zweidimensionale DWT

Die Wavelet-Transformation wurde bis jetzt auf eine eindimensinale Funktion angewendet. Sie kann jedoch leicht für mehrere Dimensionen verallgemeinert werden. Besonders wichtig ist die zweidimensionale Transformation, da diese oft zur Manipulation und Komprimierung von Rasterbildern eingesetzt wird.

Prinzipiell existieren zwei verschiedene Varianten, die als *Standardzerlegung* und *Non-Standardzerlegung* bezeichnet werden.

Bei der Standardzerlegung wird die eindimensionale Wavelet-Transformation komplett auf allen Zeilen durchgeführt. Das Ergebnis wird dann als eine neue zweidimensionale Funktion aufgefasst, bei der anschließend die komplette Wavelet-Transformation auf allen Spalten ausgeführt wird.

Standardzerlegung

Im Gegensatz zur Standardzerlegung wird bei der Non-Standardzerlegung kei-

*Non-Standard-
zerlegung*

ne komplette, eindimensionale Zerlegung durchgeführt, bevor die Zerlegung in der anderen Dimension ausgeführt wird. Statt dessen wird alternierend pro neue Auflösungsstufe zwischen beiden Dimensionen gewechselt.

Die Algorithmen für beide Varianten sind in den Programmen 4.3 und 4.4 dargestellt. Der Einfachheit halber gehen wir bei der Non-Standard-Zerlegung von einem quadratischen, zweidimensionalen Array aus, obwohl die Algorithmen leicht für höherdimensionale Daten verallgemeinert werden können.

unterschiedliche Ergebnisse

unterschiedliche Support-Intervalle

Die beiden Varianten erzeugen unterschiedliche Ergebnisse, da unterschiedliche Basisvektoren zugrunde liegen. Die zweidimensionalen Support-Intervalle der Non-Standardzerlegungbasisvektoren sind alle quadratisch, wohingegen dies nur für einige Intervalle der Standardzerlegungsbasisvektoren gilt. Bei der Auswahl einer dieser Varianten für eine Feature-Extraktion oder -Aufbereitung kann die unterschiedliche Form der Support-Intervalle helfen.

Algorithmus zur Standardzerlegung

Programm 4.3

```
procedure StandardZerl(c: array [1..m,1..n] of reals)
  for row := 1 to m do
    Zerlegung(c[row,1..n])
  end for
  for col := 1 to n do
    Zerlegung(c[1..m,col])
  end for
end procedure
```

Algorithmus zur Non-Standard-zerlegung

Programm 4.4

```
procedure NonStandardZerl(c: array [1..n,1..n] of reals)
  while n>1 do
    for row := 1 to n do
      Zerlegungsschritt(c[row,1..n])
    end for
    for col := 1 to n do
      Zerlegungsschritt(c[1..n,col])
    end for
    n := n/2
  end while
end procedure
```

unterschiedliche Anzahl von Wertzuweisungen

Weiterhin unterscheiden sich beide Varianten nicht in ihrer Berechnungskomplexität, aber geringfügig in der erforderlichen Anzahl der Wertzuweisungen.

4.3   Karhunen-Loève-Transformation

Minimalität und Orthogonalität

Wichtige gewünschte Eigenschaften für Feature-Werte sind Minimalität und Orthogonalität. Mit der Fourier- und der Wavelet-Transformation haben wir

Verfahren kennen gelernt, die beschreiben, wie diese Eigenschaften für die Feature-Werte jeweils innerhalb *eines* Medienobjekts erreicht werden können.

Durch die Karhunen-Loève-Transformation, abgekürzt durch KLT, lassen sich die Verteilungen von Feature-Werten einer *Menge* von Medienobjekten analysieren und die Feature-Werte dementsprechend transformieren. Insbesondere werden lineare Abhängigkeiten zwischen Feature-Werten erkannt. Solche linearen Abhängigkeiten lassen sich anhand von Linien, oft als *Achsen* bezeichnet, im zugehörigen Vektorraum darstellen, an denen die den Feature-Werten zugeordneten Punkte ausgerichtet sind. Die am stärksten ausgeprägte Achse bezeichnet man als *Hauptachse*. Andere Bezeichnungen für die KLT sind daher PCA für principal component analysis oder HAT für Hauptachsentransformation.

Feature-Werte einer Menge von Medienobjekten

Achse

Hauptachse
PCA und HAT

Beispiel 4.18

10 zweidimensionale Feature-Vektoren

Abbildung 4.21 zeigt die Feature-Vektoren von 10 Medienobjekten. Aus Gründen der Darstellbarkeit werden nur zwei Feature-Werte pro Medienobjekt gezeigt, so dass jedes Medienobjekt einem zweidimensionalen Punkt entspricht. $x1$ und $x2$ bezeichnen die zwei Feature-Dimensionen. Wie man leicht erkennen kann, sind die Punkte grob in Form einer Linie, also entlang einer Achse, angeordnet. Diese Regelmäßigkeit ist ein Zeichen für eine lineare Abhängigkeit, die jedoch einer gewissen Streuung unterliegt.

Eine lineare Abhängigkeit zwischen Feature-Dimensionen ist ein Zeichen für Redundanz, da die Werte einer Dimension mittels einer Linearkombination aus den anderen Dimensionswerten berechnet werden können. Eine solche Redundanz sollte aufgrund der Forderung nach Minimalität beseitigt werden. Leider liegen die Achsen oft nicht parallel zu den kartesischen Hauptachsen, so dass nicht einfach eine Dimensionen entfernt werden kann. Wenn es jedoch gelänge, die Punktmenge so zu verschieben und zu rotieren, dass die Achsen direkt den Feature-Dimensionen entsprechen, dann können Dimensionen mit einer geringen Streuung (Varianz) entfernt werden. Gleichzeitig wird mit dieser Herangehensweise auch garantiert, dass der Fehler durch Weglassen einiger Dimensionen mit geringer Streuung minimal ist, die wesentliche Information sich also auf die übrigen Dimensionen konzentriert.

lineare Abhängigkeit als Redundanz

Verschiebung und Rotation Entfernen von Dimensionen mit geringer Streuung

Diese Verschiebung und Rotation leistet die Karhunen-Loève-Transformation. Ausgangspunkt ist eine Menge von Vektoren eines Vektorraums, der durch eine kanonische Basis aufgespannt wird. Aus den Vektoren wird eine *Kovarianzmatrix*[9] berechnet. In dieser Matrix entspricht jede Zeile sowie jede Spalte einer bestimmten Dimension und der Wert im Kreuzungspunkt gibt an, inwieweit die Werte dieser beiden Dimensionen miteinander in Beziehung stehen. Ein Wert nahe Null bedeutet eine geringe Abhängigkeit. Ein hoher Wert hingegen weist

Kovarianzmatrix

---

[9] Die Formel zur Berechnug der Kovarianzmatrix ist in Anhang B in Definition B.7 auf Seite 413 zu finden.

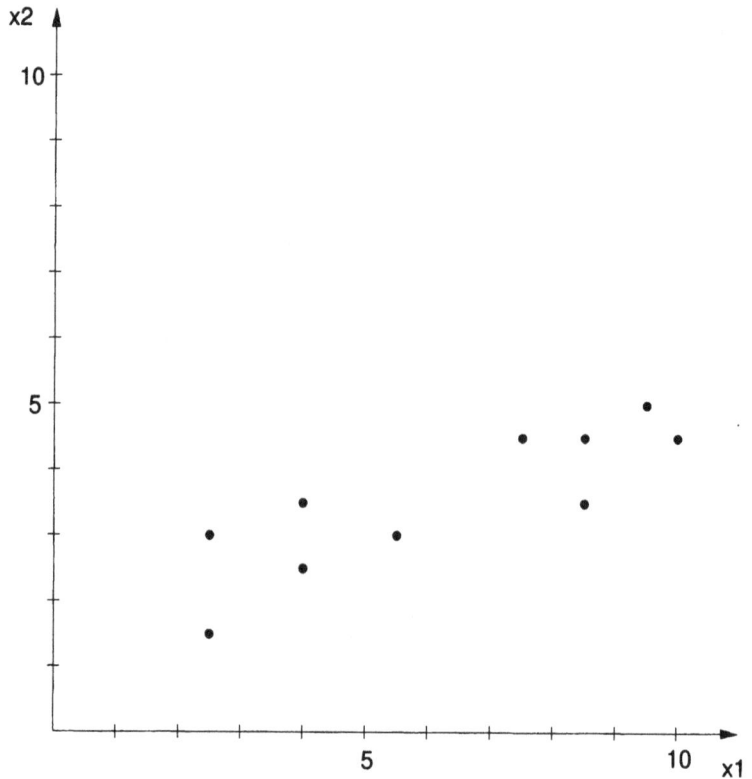

Abb. 4.21: *10 zweidimensionale Feature-Vektoren als Punkte*

auf eine starke lineare Abhängigkeit hin. Die Werte auf der Diagonalen dieser Matrix geben die Varianzwerte der jeweiligen Feature-Dimensionen an.

Zerlegung der Kovarianzmatrix

Diese Kovarianzmatrix ist symmetrisch und lässt sich durch Lösung eines Eigenwertproblems in das Produkt dreier Matrizen $U * L * U^T$ zerlegen, wobei die erste und letzte Matrix eine Hin- beziehungsweise Rückrotation eines Vektors bedeuten. Die Diagonalmatrix L enthält die Eigenwerte und führt im Produkt eine Skalierung der Dimensionen durch. Faktisch enthalten die erste und letzte Matrix U und U^T, die orthonormal und invers zueinander sind, die Vektoren der gewünschten Achsen. Die Achsen sind dabei immer orthogonal. Die Eigenwerte der Matrix L entsprechen den Varianzwerten der Punkte bezüglich der gefundenen Achsen.

U, U^T sind orthonormal orthogonale Achsen

10 zweidimensionale Featurevektoren mit den Achsen

Beispiel 4.19

Abbildung 4.22 zeigt die Feature-Vektoren der 10 Medienobjekte als Punkte zusammen mit den durch die KLT erkannten Achsen. Da der Berechnung der Kovarianzmatrix eine Verschiebung um den Schwerpunkt der Punkte vorausgeht, beginnen die Achsen in diesem Schwerpunkt. Wie man leicht erkennen kann, stehen die Achsen u1 und u2 senkrecht aufeinander und sind bezüglich ihrer Länge normiert. Betrachtet man diese Achsen als neue Basisvektoren, dann zeigt die Matrix L eine Varianz von 9,24 für u1 und von 0,2689 für u2. Folglich ist u1 also die Hauptachse. Daher kann im Sinne der Minimierung die Achsendimension u2 ohne großen Informationsverlust weggelassen werden. Eine Rücktransformation der dimensionsreduzierten Feature-Vektoren in den ursprünglichen Feature-Vektorraum würde dann Punkte ergeben, die genau auf der Hauptachse liegen. Dies ist in Abbildung 4.23 dargestellt.

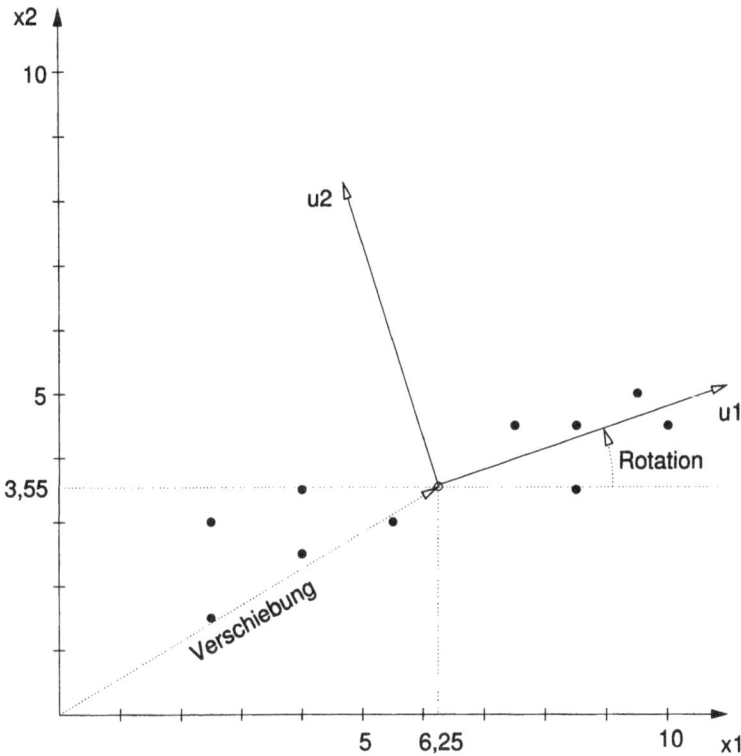

Abb. 4.22: *Vektoren mit Achsen*

Die Matrix U^T kann zur Transformation der Feature-Vektoren in den durch die Achsen aufgespannten Vektorraum (Achsenraum) verwendet werden. Dazu werden die Feature-Vektoren zuerst so verschoben, dass ihr Mittelwertvektor dem Koordinatenursprung entspricht. Die anschließende Multiplikation mit der Matrix U^T bewirkt die Rotation in den Achsenraum. Diese Transformation beseitigt lineare Abhängigkeiten in dem Sinn, dass die entstehende Kovarianzmatrix eine Diagonalmatrix ist, die Werte außerhalb der Diagonalen also Null betragen. Die Matrix L gibt die Varianzwerte bezüglich der einzelnen Achsendimensionen an. Ein niedriger Wert bedeutet, dass diese Achse einen ge-

Transformation in den Achsenraum

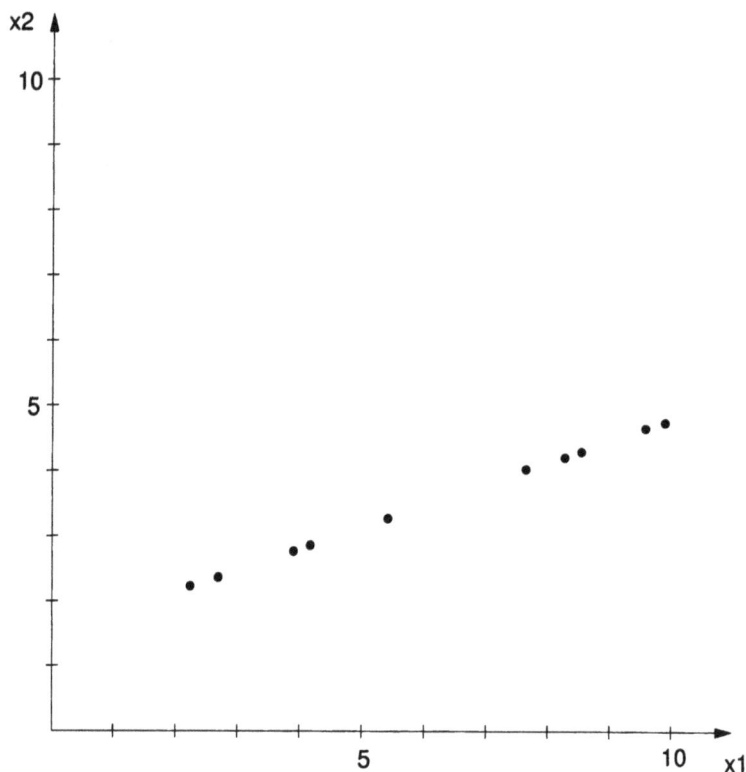

Abb. 4.23: *dimensionsreduzierte Vektoren*

Sortierung der Achsen

ringen Einfluss zur Unterscheidung der Medienobjekte hat. Daher können die Feature-Werte der Achsen weggelassen werden, deren Varianz minimal sind. Üblicherweise werden die Achsen nach ihrer Varianz absteigend sortiert, um leicht entscheiden zu können, ab welchem Schwellenwert für die Varianzwerte die Achsendimensionen entfernt werden können.

Rücktransformation

Um die Feature-Werte im ursprünglichen Vektorraum zu rekonstruieren, genügt die Multiplikation mit der Matrix U, die eine Rückrotation bewirkt und die Addition mit dem Mittelwertvektor, welche die Verschiebung rückgängig macht. Auf diese Art und Weise kann die Karhunen-Loève-Transformation zur Erreichung von Minimalität und Orthogonalität von Feature-Werten genutzt werden. Falls durch die Karhunen-Loève-Transformation nur überflüssige Dimensionen mit einer Varianz von Null entfernt werden, bleiben die Distanzen zwischen den Vektoren erhalten.

Erhalt der Distanzen

4.3.1   Bewertung der KLT

Die Vorteile der Anwendung der Karhunen-Loève-Transformation lassen sich wie folgt zusammenfassen:

- *Orthogonalisierung*: Nach der Transformation werden lineare Abhängigkeiten zwischen den Feature-Dimensionen beseitigt. Die Werte der Achsendimensionen lassen sich damit isoliert manipulieren. Die Achsendimensionen selbst kann man als *inhärente Feature-Dimensionen* auffassen, welche die Menge der Medienobjekte besser beschreiben als die ursprünglichen Feature-Werte. Allerdings ist es oft schwierig, den einzelnen Achsendimensionen eine dem Menschen verständliche Semantik zuzuordnen.

inhärente Feature-Dimensionen

- *Minimierung*: Die Transformation ermöglicht durch die Orthogonalisierung und durch die berechneten Varianzwerte für die Achsendimensionen eine Trennung wesentlicher und unwesentlicher Dimensionen. Ein Weglassen von unwesentlichen Dimensionen im Achsenraum führt zu einer Minimierung der Anzahl der Feature-Werte. Es kann gezeigt werden, dass der durch Weglassen von unwesentlichen Dimensionen erzeugte Fehler minimal ist und abgeschätzt werden kann.

minimaler Fehler

- *Invarianzen*: Häufig will man bei der Feature-Erkennung Werte erhalten, die invariant bezüglich bestimmter Eigenschaften beziehungsweise Operationen sind. Ein Problem dabei ist jedoch, dass die Invarianzeigenschaft oft mit wichtigen Feature-Daten verknüpft ist, so dass sie nicht sauber von anderen Feature-Daten getrennt werden kann. Falls eine solche Verknüpfung auf einer linearen Kombination beruht, kann die Anwendung der KLT helfen. Zum Finden einer solchen Kombination könnten als Ausgangsmaterial Medienobjekte aus einem Medienobjekt durch Variieren der Invarianzeigenschaft künstlich erzeugt werden. Die KLT berechnet dann die der Invarianzeigenschaft entsprechende Achse.

Neben den Vorteilen der Anwendung der KLT dürfen einige Nachteile nicht verschwiegen werden:

- *Menge von Feature-Vektoren*: Für die Berechnung der Achsen wird die Kovarianzmatrix auf allen Feature-Daten ermittelt. In einem Multimedia-Datenbanksystem ist die Menge der verwalteten Medienobjekte dynamisch, es werden also im laufenden Betrieb neue Medienobjekte eingefügt beziehungsweise bestehende modifiziert oder gelöscht. Das Einfügen neuer Medienobjekte führt zu neuen Feature-Vektoren, welche die Kovarianzmatrix modifizieren. Das würde bedeuten, dass nach jeder Änderung der Datenbank die Achsen neu berechnet werden müssen. Dies ist aus Effizienzgründen jedoch meist unpraktikabel. Als Lösung würde es sich anbieten, nur eine kleine, feste Menge von Feature-Vektoren zu verwenden. Dies ist möglich, wenn diese kleine Menge tatsächlich *repräsentativ* für die gesamte Menge ist.

dynamische Menge

repräsentative Menge von Feature-Vektoren

- *lineare Abhängigkeit*: Die KLT beseitigt nur lineare Abhängigkeiten zwischen Feature-Werten. Man kann sich viele Situationen vorstellen, in denen Feature-Werte nichtlinear verbunden sind. In diesen Fällen kann die KLT keinen Erfolg bringen.

Beispiel 4.20

Abbildung 4.24 zeigt zweidimensionale Feature-Vektoren, die nicht-linear abhängig sind, da sie in Kreisform angeordnet sind. Obwohl die Punkte auf dem Kreis nur eine Dimension zur Identifikation benötigen, kann diese Dimension, nämlich ein Bogenmaß, durch Anwendung der KLT nicht isoliert werden.

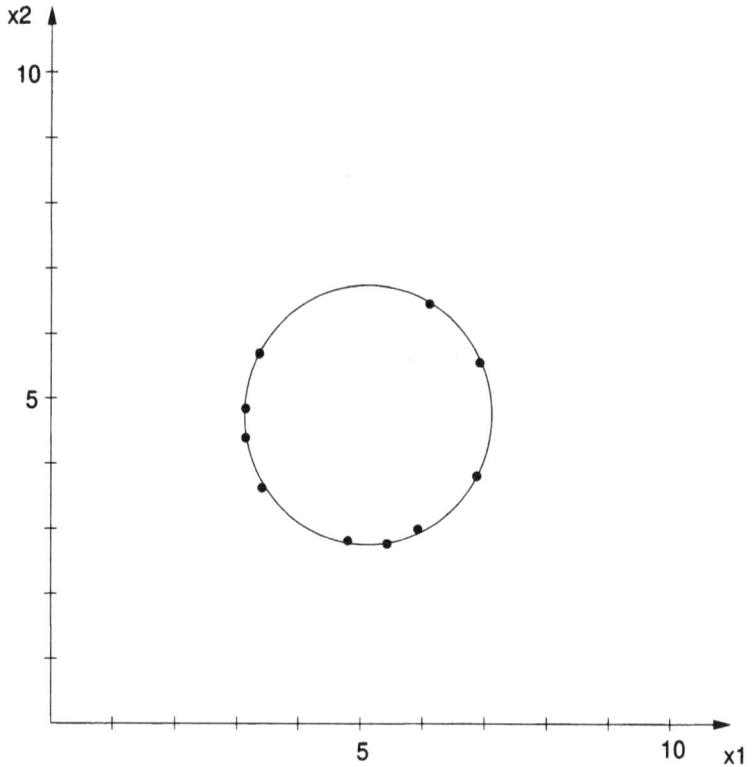

Abb. 4.24: *nichtlineare Abhängigkeit*

- *orthogonale Achsen*: Die KLT findet Achsen, die orthogonal sind. Dies ist einerseits eine gewünschte Eigenschaft, da sie die einfache Handhabung einzelner Feature-Dimensionen ermöglicht. Jedoch gibt es andererseits Situationen, bei denen Feature-Vektoren besser durch nichtorthogonale aber unabhängige Achsen beschrieben werden können. In solchen *ICA* Fällen ist die KLT ungeeignet. Statt dessen kann eine ICA (engl. für independent component analysis) angewendet werden. Für eine Diskussion der ICA verweisen wir auf [72].

4.3.2   Berechnung der KLT

Für das Verständnis der Beschreibung der Transformationen sind einige Begriffe der linearen Algebra und der Statistik notwendig, die in den Anhängen A und B zusammengefasst sind.

Wenn wir davon ausgehen, dass einer Menge von n Medienobjekten jeweils m Feature-Werte zugeordnet sind, erhält man eine $m \times n$-Feature-Matrix   *Feature-Matrix*

$$F = \{f_{ij}\} \in \mathbb{R}^{m \times n}.$$

Jede Spalte f_{*j} entspricht dabei einem Feature-Vektor und jede Zeile f_{i*} enthält die n Werte bezüglich einer bestimmten Feature-Eigenschaft. Wenn wir weiterhin davon ausgehen, dass jede Feature-Eigenschaft einer bestimmten Wahrscheinlichkeitsverteilung unterliegt, kann man jede Zeile als eine Stichprobe der Mächtigkeit n betrachten.   *Stichprobe*

Die 2×10-Feature-Matrix für das Beispiel 4.18 auf Seite 147 ist gegeben durch:

$$F = \begin{pmatrix} 2,5 & 2,5 & 4 & 4 & 5,5 & 7,5 & 8,5 & 8,5 & 9,5 & 10 \\ 1,5 & 3 & 3,5 & 2,5 & 3 & 4,5 & 4,5 & 3,5 & 5 & 4,5 \end{pmatrix}$$

Um die Abhängigkeiten zwischen den Werten der verschiedenen Stichproben zu analysieren, werden zuerst die Mittelwerte der Stichproben ermittelt, die zusammen einen Mittelwertvektor bilden: *Mittelwertvektor*

$$\begin{pmatrix} \overline{f}_{1*} \\ \vdots \\ \overline{f}_{m*} \end{pmatrix} \quad \text{mit } \overline{f}_{i*} = \frac{1}{n} \sum_{j=1}^{n} f_{ij}$$

Der Mittelwertsvektor des Beispiels lautet:

$$\begin{pmatrix} \overline{f}_{1*} \\ \overline{f}_{2*} \end{pmatrix} = \begin{pmatrix} 6,25 \\ 3,55 \end{pmatrix}$$

Auf der Grundlage dieser Mittelwerte kann nun eine Kovarianzmatrix   *Kovarianzmatrix*

$$S^2 = \{s_{kl}^2\} \in \mathbb{R}^{m \times m}$$

berechnet werden, welche die Abhängigkeiten zwischen den Werten der verschiedenen Feature-Eigenschaften, also den Dimensionen des Feature-Raums, ausdrückt:

$$s_{kl}^2 = \frac{1}{n-1} \sum_{i=1}^{n} (f_{ki} - \overline{f}_{k*})(f_{li} - \overline{f}_{l*})$$

Die Kovarianzmatrix des Beispiels lautet

$$S^2 = \begin{pmatrix} 8,3472 & 2,6806 \\ 2,6806 & 1,1917 \end{pmatrix}$$

Hauptachsen-
transformation

Die Kovarianzmatrix ist symmetrisch und kann nach dem Satz über die Hauptachsentransformation mittels einer Eigenwertberechnung in das Produkt dreier Matrizen zerlegt werden:

$$S^2 = U * L * U^T$$

Eigenwerte
Eigenvektoren

Die Werte der Diagonalmatrix L enthalten die Eigenwerte $\lambda_1, \lambda_2, \ldots, \lambda_m$ der Kovarianzmatrix und die orthonormale Matrix U die Eigenvektoren als Spaltenvektoren. Diese Spaltenvektoren entsprechen den Achsen und bilden damit die Basis für den Achsenraum. Eine Permutation der drei Matrizen ordnet die Diagonalmatrix in der Form, dass die Diagonalwerte mit steigender Dimension abnehmen ($\lambda_i \geq \lambda_{i+1}$).

Die Zerlegung der Kovarianzmatrix unseres Beispiels ergibt die folgenden Matrizen:

$$U = \begin{pmatrix} 0{,}9488 & -0{,}316 \\ 0{,}316 & 0{,}9488 \end{pmatrix} \qquad L = \begin{pmatrix} 9{,}24 & 0 \\ 0 & 0{,}2989 \end{pmatrix}$$

Die Achsenvektoren $u1$ und $u2$ bezüglich des Mittelwertvektors sind folgendermaßen definiert:

$$u1 = \begin{pmatrix} 0{,}9488 \\ 0{,}316 \end{pmatrix} \qquad u2 = \begin{pmatrix} -0{,}316 \\ 0{,}9488 \end{pmatrix}$$

Eine Transformation eines Feature-Vektors f_{*j} in den Achsenraum ergibt sich durch folgende Berechnung:

$$f'_{*j} = U^T * \begin{pmatrix} f_{1j} - \overline{f}_{1*} \\ f_{2j} - \overline{f}_{2*} \\ \vdots \\ f_{mj} - \overline{f}_{m*} \end{pmatrix}$$

Die Transformation der Feature-Vektoren des Beispiels in den Achsenraum ergibt:

$$F' = \begin{pmatrix} -4{,}2 & -3{,}7 & -2{,}1 & -2{,}5 & -0{,}9 & 1{,}5 & 2{,}4 & 2{,}1 & 3{,}5 & 3{,}8 \\ -0{,}8 & 0{,}7 & 0{,}7 & -0{,}3 & -0{,}3 & 0{,}5 & 0{,}2 & -0{,}7 & 0{,}3 & -0{,}3 \end{pmatrix}$$

Abbildung 4.22 aus Seite 149 illustriert die Lage der transformierten Punkte bezüglich den Dimensionen des Achsenraums.

Varianzen

Die Varianzen der transformierten Feature-Vektoren für die einzelnen Achsendimensionen entsprechen den korrespondierenden Eigenwerten.

Rücktransformation

Eine Rücktransformation in den ursprünglichen Feature-Raum ist folgendermaßen definiert:

$$f_{*j} = U * f'_{*j} + \begin{pmatrix} \overline{f}_{1*} \\ \overline{f}_{2*} \\ \vdots \\ \overline{f}_{m*} \end{pmatrix}$$

Anhand der absteigenden Eigenwerte der Diagonalmatrix L kann nun entschieden werden, ab welcher Dimension im Achsenraum die restlichen Dimensionen weggelassen werden können. Bei der Abschätzung hilft die Berechnung des Anteils der einzelnen Achsendimensionen an der Gesamtvarianz:

Dimensions-reduzierung

$$\text{Anteil}_i = \frac{\lambda_i}{\sum\limits_{j=1}^{m} \lambda_j}$$

In unserem Beispiel hat die erste Achse einen Anteil von 97 Prozent und die zweite Achse einen Anteil von 3 Prozent. Aus diesem Grund kann die zweite Achsendimension weggelassen werden.

Nachdem die Feature-Vektoren im Achsenraum dargestellt und nur die p ersten, als relevant erachteten Achsendimensionen beibehalten wurden, können sie als solche in einer Datenbank abgelegt werden. Wir bezeichnen das Ergebnis der Dimensionsreduktion eines Vektors f'_{*j} mit f''_{*j}. Durch die Dimensionsreduktion geht die Bijektivität der Transformation verloren, da der ursprüngliche Feature-Vektor nicht mehr rekonstruiert werden kann. Man erhält durch die Rücktransformation von f''_{*j} statt des ursprünglichen Feature-Vektors f_{*j} einen Vektor $\tilde{f}_{*j}$. Es kann gezeigt werden, dass der Rekonstruktionsfehler, also der Erwartungwert des quadrierten absoluten Fehlers als Norm

Rekonstruktions-fehler

$$R^2 = E\{|| \tilde{f}_{*j} - f_{*j}||^2\}$$

der Summe der Eigenwerte entspricht, deren korrespondierende Achsen entfernt wurden:

$$R^2 = \sum_{i=p+1}^{m} \lambda_i$$

4.4 Latent Semantic Indexing und Singulärwertzerlegung

Das Latent-Semantic-Indexing-Verfahren (LSI-Verfahren) ist der Karhunen-Loève-Transformation sehr ähnlich. In beiden Verfahren werden lineare Abhängigkeiten zwischen Feature-Vektoren mittels der Lösung eines Eigenwertproblems analysiert. Durch Rotation der Vektoren werden gefundene Abhängigkeiten beseitigt und damit das Entfernen entbehrlicher Dimensionen ermöglicht.

Ähnlichkeit LSI und KLT

*Singulärwert-
zerlegung*

Während die Karhunen-Loève-Transformation auf der Zerlegung einer symmetrischen Kovarianzmatrix basiert, wird beim LSI-Verfahren die Feature-Matrix $F = \{f_{ij}\} \in \mathbb{R}^{m \times n}$ (Spalten sind Feature-Vektoren) mittels einer Singulärwertzerlegung in das Produkt der drei Matrizen $U * L * V^T$ zerlegt. Die Matrix U sowie die Matrix V enthalten orthonormale Spaltenvektoren, und die Matrix L ist eine Diagonalmatrix, die durch ihre Diagonalwerte die einzelnen Dimensionen gewichtet. Die Singulärwertzerlegung bildet das zugrunde liegende, mathematische Verfahren, während LSI dessen Anwendung im Retrieval-Kontext bezeichnet. Abbildung 4.25 soll die Zerlegung grafisch verdeutlichen. Die Diagonallinie in der Matrix L weist daraufhin, dass nur dort von Null verschiedene Werte auftreten. Der Wert $r \leq \min(m, n)$ entspricht dem Rang der Matrix F.

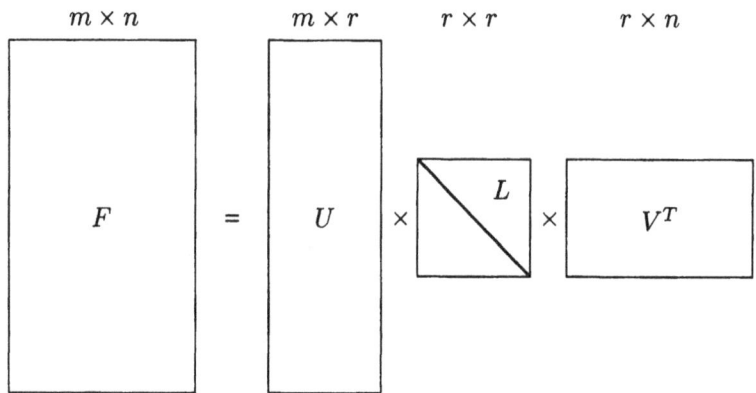

Abb. 4.25: *Singulärwertzerlegung*

Konzepte

Die Zerlegung der Feature-Matrix kann man als eine Transformation der Feature-Vektoren auf minimale Konzepte auffassen, die durch die Matrix L skaliert werden. Die Konzepte entsprechen orthogonalen, künstlichen Dimensionen eines Vektorraums. Dieser Vektorraum erlaubt die Beschreibung der durch die Feature-Matrix ausgedrückten Semantik, da letztendlich die gesamte Feature-Matrix in diesen Vektorraum verlustfrei transformiert wird. Aus dieser Überlegung heraus leitet sich der Begriff Latent Semantic Indexing ab, da sozusagen verborgene, semantische Dimensionen gefunden und explizit zum Beschreiben von Feature-Vektoren genutzt werden.

*Latent Semantic
Indexing*

*Transformation von
Feature-Vektoren*

Beispiel 4.21

In Abbildung 4.26 sind 10 Feature-Vektoren als Punkte abgebildet. Ihre Entsprechungen in der Matrix V^T sind in Abbildung 4.27 dargestellt. Man erkennt hier, dass im Gegensatz zur Karhunen-Loève-Transformation die Punkte nicht anhand ihrer Achsen rotiert werden. In diesem Beispiel einer LSI-Transformation werden die Punkte durch die Singulärwertzerlegung skaliert, rotiert und gespiegelt.

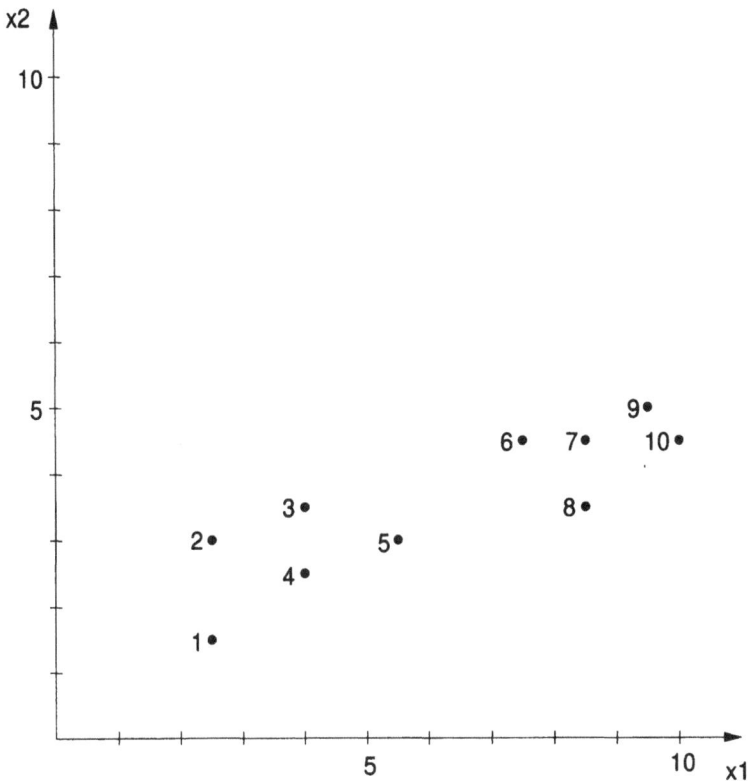

Abb. 4.26: *10 zweidimensionale Feature-Vektoren als Punkte*

Die Konzepte der LSI-Transformation korrespondieren zu den Achsen der KLT. Die Konzepte können jedoch im Gegensatz zu den Achsen der KLT nicht anschaulich visualisiert werden. Das liegt vor allem daran, dass die Konzepte auf Grundlage der Feature-Matrix berechnet werden. Bei der Karhunen-Loève-Transformation hingegen werden die Achsen aufgrund einer Kovarianzmatrix ausschließlich aus den Beziehungen zwischen den Feature-Dimensionen extrahiert.

Konzepte und Achsen

Nach der Singulärwertzerlegung wird wie bei der Karhunen-Loève-Transformation die Matrix L analysiert. Sie gibt Auskunft über die Relevanz der einzelnen Konzepte. Niedrige Diagonalwerte weisen auf einen geringen Anteil der entsprechenden Dimension zur Beschreibung der Feature-Daten hin. Solche Dimensionen sind Kandidaten für die Reduzierung. Ein geschicktes Tauschen der Spalten und Zeilen der drei Matrizen ermöglicht die Sortierung der Diagonalwerte der Matrix L in absteigender Reihenfolge. Bei der Dimensionsreduzierung werden nur Konzepte mit den k größten Diagonalwerten berücksichtigt. Es kann gezeigt werden, dass durch das Streichen der kleinsten Konzepte der entstehende Approximationsfehler minimal ist. Dies entspricht

Analyse der Matrix L

Dimensionsreduzierung

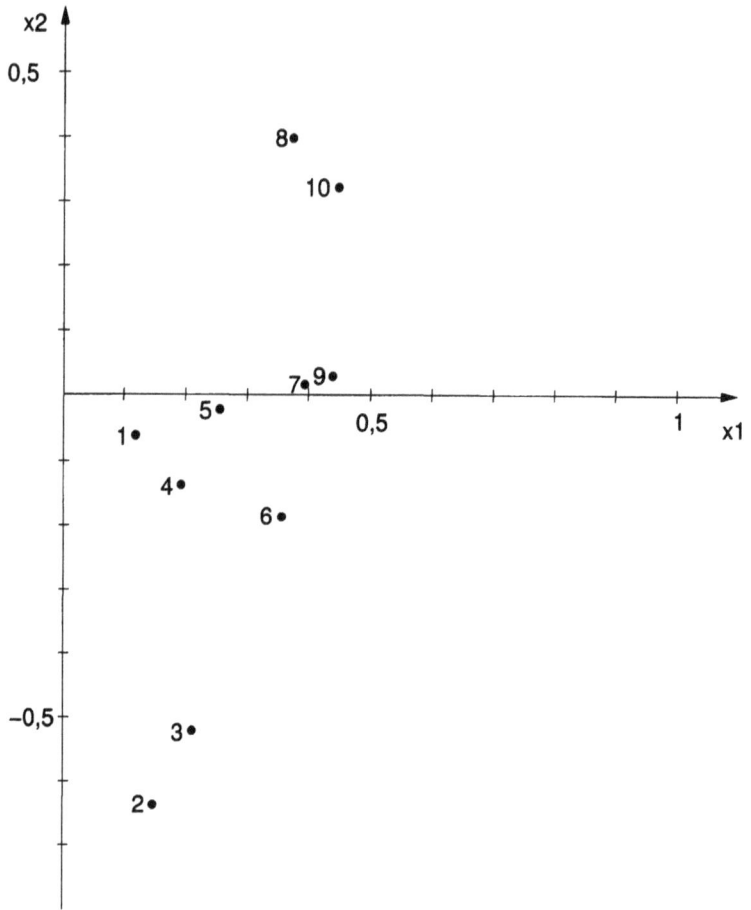

Abb. 4.27: V^T-Feature-Vektoren als Punkte

einem Streichen entsprechender Spalten und Zeilen der beteiligten Matrizen. Dies wird in Abbildung 4.28 verdeutlicht. Die reduzierten Matrizen werden mit U', L' und V'^T bezeichnet.

Reduzierung
Speicheraufwand

Die resultierenden Matrizen können nun anstelle der ursprünglichen Feature-Matrix verwendet werden. Durch die Reduzierung ist der Speicheraufwand häufig geringer als die Speicherung der ursprünglichen Feature-Matrix.

Interpretation von
U' und V'^T

Versucht man, die Semantik der Singulärwertzerlegung einer Feature-Matrix zu verstehen, kommt man zu der Frage, in welchen Werten beziehungsweise welcher Matrix die Feature-Vektoren (Spalten von F) und die Feature-Eigenschaften (Zeilen von F) verborgen sind. Wie in Abbildung 4.29 gezeigt, korrespondieren die Feature-Vektoren zu den Spaltenvektoren der Matrix V'^T und die Feature-Eigenschaften zu den Zeilenvektoren der Matrix U'.

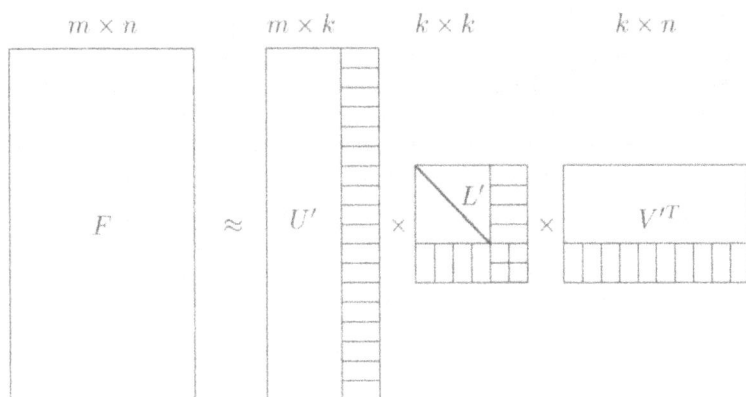

Abb. 4.28: *Reduzierung nach Singulärwertzerlegung*

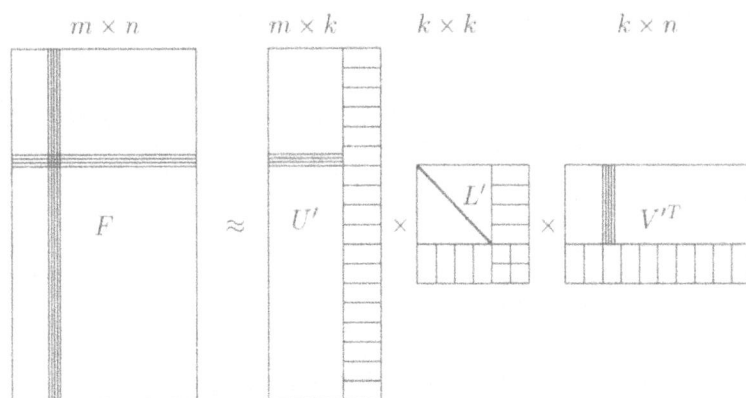

Abb. 4.29: *Feature-Vektor und Feature-Eigenschaft*

Im Zusammenhang mit einer Ähnlichkeitssuche müssen die Feature-Vektoren häufig verglichen werden. Ein übliches Verfahren liefert dabei das Kosinusmaß, welches auf dem Skalarprodukt der Vektoren aufbaut. Da die ursprünglichen Vektoren eine Entsprechung in den Spalten der Matrix V'^T haben, kann das Skalarprodukt aus der Matrix V'^T zusammen mit der Matrix L' berechnet werden. Die Berechnung der euklidschen Distanz zwischen Feature-Vektoren erfordert zusätzlich eine Differenzbildung vor der Berechnung des Skalarproduktes und kann ähnlich einfach aus V'^T und L' ermittelt werden. Ist man an der „Ähnlichkeit" zwischen Feature-Eigenschaften (Dimensionen) interessiert, kann deren Skalarprodukt analog aus den Matrizen U' und L' berechnet werden. Die Ähnlichkeiten zwischen Feature-Eigenschaften entsprechen in etwa den Kovarianzwerten bei der Karhunen-Loève-Transformation.

Bis jetzt sind wir von einer statischen Feature-Matrix ausgegangen, die nur

Vergleich von Feature-Vektoren Skalarprodukt

euklidsche Distanz

Skalarprodukt über Feature-Eigenschaften

statische Matrix

dynamische Feature-Matrix

einmal in die drei Matrizen zerlegt werden muss. Tatsächlich werden aber im laufenden Betrieb eines Retrieval-Systems ständig neue Medienobjekte eingefügt und entsprechende Feature-Vektoren erzeugt. Daher ergibt sich die Frage, wie diese Feature-Vektoren nachträglich transformiert werden. Eine ständige Neuberechnung der Zerlegung bei jedem neuen Feature-Vektor ist zu aufwändig. Wenn jedoch eine Zerlegung auf einer repräsentativen Menge von Feature-Vektoren existiert, kann diese zur Transformation neuer Feature-Vektoren ohne erneute Zerlegung verwendet werden. Für diese Transformation wird der Feature-Vektor mit der Matrix U' und L' multipliziert.

4.4.1   Bewertung des LSI-Verfahrens

Bewertung analog KLT

Wie schon eingangs erwähnt, ist das LSI-Verfahren sehr ähnlich der Karhunen-Loève-Transformation. Die Bewertung der KLT auf Seite 150 gilt daher auch für das LSI-Verfahren.

direkte Zerlegung

Der Hauptunterschied zwischen beiden Verfahren liegt in der direkten Zerlegung der Feature-Matrix beim LSI-Verfahren. Aus diesem Grund ist die Semantik der Feature-Vektoren bereits im Zerlegungsergebnis, nämlich in der Matrix V'^T, enthalten. Zusätzlich steht aber auch die Matrix U' zur Verfügung, welche die Semantik der Feature-Eigenschaften, also der Zeilen der Feature-Matrix, enthält. Sie kann genutzt werden, um lineare Abhängigkeiten zwischen den Feature-Eigenschaften zu untersuchen. Bei Verwendung von Termen beim Text-Retrieval können auf diese Weise Synonyme automatisch erkannt werden.

automatische Synonymerkennung

Bei der Karhunen-Loève-Transformation hingegen ist diese Information durch die Kovarianzmatrix ausgedrückt.

4.4.2   Berechnungen des LSI-Verfahrens

Feature-Matrix

In Anhang A wird die Singulärwertzerlegung beschrieben. Ausgangsbasis beim LSI-Verfahren ist eine $m \times n$-Feature-Matrix

$$F = \{f_{ij}\} \in \mathbb{R}^{m \times n},$$

Feature-Vektor Feature-Eigenschaft

die einer Menge von n Medienobjekten jeweils m Feature-Werte zuordnet. Jede Spalte f_{*j} entspricht dabei einem Feature-Vektor und jede Zeile f_{i*} einer Anzahl von n Werten bezüglich einer bestimmten Feature-Eigenschaft.

Die 2×10-Feature-Matrix für die Abbildung 4.26 auf Seite 157 ist gegeben durch:

$$F = \begin{pmatrix} 2{,}5 & 2{,}5 & 4 & 4 & 5{,}5 & 7{,}5 & 8{,}5 & 8{,}5 & 9{,}5 & 10 \\ 1{,}5 & 3 & 3{,}5 & 2{,}5 & 3 & 4{,}5 & 4{,}5 & 3{,}5 & 5 & 4{,}5 \end{pmatrix}$$

Um die Reduzierung vernachlässigbarer Feature-Dimensionen zu demonstrieren, wird eine dritte Eigenschaft hinzufügt, welche sich aus der Summe der ersten beiden Eigenschaften und 0,5 ergibt.

$$F = \begin{pmatrix} 2,5 & 2,5 & 4 & 4 & 5,5 & 7,5 & 8,5 & 8,5 & 9,5 & 10 \\ 1,5 & 3 & 3,5 & 2,5 & 3 & 4,5 & 4,5 & 3,5 & 5 & 4,5 \\ 4,5 & 6 & 8 & 7 & 9 & 12,5 & 13,5 & 12,5 & 15 & 15 \end{pmatrix}$$

Die Singulärwertzerlegung zerlegt die Feature-Matrix F in das Produkt der drei Matrizen U, L und V^T

Singulärwert-
zerlegung

$$F = U * L * V^T.$$

U ist eine spaltenorthonormale $m \times r$-Matrix, L eine $r \times r$-Diagonalmatrix und V^T eine zeilenorthonormale $r \times n$-Matrix, wobei der Wert r dem Rang der Matrix F entspricht.

Ein besseres Verständnis der drei Matrizen erhält man, wenn man $F * F^T$ und $F^T * F$ berechnet.

$F * F^T$ und $F^T * F$

$$\begin{aligned} F * F^T &= U * L * V^T * (U * L * V^T)^T \\ &= U * L * V^T * V * L * U^T \\ &= U * L^2 * U^T \end{aligned}$$

$$\begin{aligned} F^T * F &= (U * L * V^T)^T * U * L * V^T \\ &= V * L * U^T * U * L * V^T \\ &= V * L^2 * V^T \end{aligned}$$

Hier hat man ausgenutzt, dass die Matrizen U und V orthonormale Spaltenvektoren enthalten und damit $U^T * U$ beziehungsweise $V^T * V$ die Einheitsmatrix ergeben, und die Matrix L eine Diagonalmatrix und damit symmetrisch ist. Die Matrix U enthält also die Eigenvektoren der Matrix $F * F^T$ und V die der Matrix $F^T * F$. Die Eigenwerte beider Matrizen hingegen sind gleich und identisch zu denen der quadrierten Diagonalmatrix L.

Eigenvektor
Eigenwert

Die Singulärwertzerlegung unseres Beispiels liefert die folgenden Matrizen:

$$U = \begin{pmatrix} 0,5084 & 0,6794 & -0,5291 \\ 0,2732 & -0,7099 & -0,6491 \\ 0,8166 & -0,1855 & 0,5465 \end{pmatrix}$$

$$L = \begin{pmatrix} 42,3264 & 0 & 0 \\ 0 & 2,4346 & 0 \\ 0 & 0 & 0,2295 \end{pmatrix}$$

$$V = \begin{pmatrix} 0,1265 & -0,0825 & 0,7104 \\ 0,1652 & -0,6341 & 0,0397 \\ 0,2250 & -0,5136 & -0,0697 \\ 0,1992 & -0,1459 & 0,3774 \\ 0,2591 & -0,0254 & 0,2680 \\ 0,3603 & -0,1712 & -0,2505 \\ 0,3916 & 0,0317 & -0,1744 \\ 0,3659 & 0,3995 & 0,2728 \\ 0,4358 & 0,0507 & -0,3218 \\ 0,4386 & 0,3361 & -0,0602 \end{pmatrix}$$

Sortierung der Diagonalwerte

Bei der Darstellung der drei Matrizen kann man durch Spalten- und Zeilentausch dafür sorgen, dass die Diagonalwerte der Matrix L abfallend sind. Berücksichtigt man nach dem Tausch nur die ersten k Diagonalwerte, das heisst, man setzt die restlichen Diagonalwerte von L implizit auf Null, dann können die letzten Spalten der Matrix U und die der Matrix V gestrichen werden. Die

Reduzierung

reduzierten Matrizen bezeichnen wir mit U', L' und V'.

Reduktionsfehler

Der durch die Reduktion erzeugte Fehler ist abhängig von den entfernten Diagonalwerten. Dieser Zusammenhang kann am besten verdeutlicht werden,

dyadisches Matrizenprodukt

wenn das Matrizen-Produkt in der dyadischen Schreibweise notiert wird, wobei l_i den i-ten Diagonalwert der Matrix L, u_i den i-te Spaltenvektor von U und v_i den i-ten Spaltenvektor von V bezeichnet:

$$F = l_1(u_1 * v_1^T) + l_2(u_2 * v_2^T) + \ldots + l_r(u_r * v_r^T)$$

Entfernt man nun bestimmte Diagonalwerte, dann verschwinden die entsprechenden Summanden aus der Feature-Matrix F.

In unserem Beispiel sind die Diagonalwerte von L bereits sortiert. Im Vergleich zu den ersten beiden Werten ist der letzte Wert mit 0,2295 verschwindend klein. Die Konstruktion der dritten Feature-Eigenschaft mittels Summierung der ersten beiden und der Konstanten 0,5 erzeugte eine lineare Abhängigkeit, die nun in Form eines sehr kleinen Diagonalwertes sichtbar wird. Aus diesem Grund werden die Matrizen um diese Dimension reduziert.

Transformation ohne erneute Zerlegung

Erfolgte die Zerlegung auf einer repräsentativen Feature-Matrix, können weitere Feature-Vektoren in entsprechende V'^T-Vektoren ohne erneute Zerlegung transformiert werden:

$$F \approx U' * L' * V'^T$$
$$L'^{-1} * U'^{-1} * F \approx V'^T$$
$$L'^{-1} * U'^T * F \approx V'^T$$

Bezeichnet $f_{*j} \in F$ einen zu transformierenden Feature-Vektor, so ergibt sich der transformierte Feature-Vektor $v'_{*j} \in V'^T$ durch Multiplikation mit den

Matrizen U'^T und L'^{-1}:

$$v'_{*j} = L'^{-1} * U'^T * f_{*j}$$

Soll in unserem Beispiel etwa der Feature-Vektor

$$f = \begin{pmatrix} 1 \\ 2 \\ 3 \end{pmatrix}$$

transformiert werden, dann ergibt sich durch die Berechnung folgender transformierter Feature-Vektor v':

$$v' = L'^{-1} * U'^T * \begin{pmatrix} 1 \\ 2 \\ 3 \end{pmatrix} = \begin{pmatrix} 0{,}0828 \\ -0{,}5326 \end{pmatrix}$$

Auf den transformierten Feature-Vektoren können Berechnungen durchgeführt werden, ohne dass diese zurücktransformiert werden müssen. Dabei nutzt man den Zusammenhang

Berechungen auf transformierten Feature-Vektoren

$$F^T * F = V * L^2 * V^T.$$

Die Formel beschreibt, wie das Skalarprodukt aus den transformierten Feature-Vektoren berechnet werden kann. Das Skalarprodukt wird zur Berechnung des Kosinusmaßes genutzt. Wenn etwa die Ähnlichkeit zwischen zwei Feature-Vektoren f_{*1} und f_{*2} berechnet werden soll, kann dies aus deren korrespondierenden Vektoren v'_{*1} und v'_{*2} nach folgender Formel erfolgen:

Skalarprodukt

Kosinusmaß

$$
\begin{aligned}
sim_{cos}(f_{*1}, f_{*2}) &= \frac{\langle f_{*1}, f_{*2} \rangle}{\sqrt{\langle f_{*1}, f_{*1} \rangle} * \sqrt{\langle f_{*2}, f_{*2} \rangle}} \\
&= \frac{f_{*1}^T * f_{*2}}{\sqrt{f_{*1}^T * f_{*1}} * \sqrt{f_{*2}^T * f_{*2}}} \\
&\approx \frac{v'_{*1} * L' * L' * v'^T_{*2}}{\sqrt{v'_{*1} * L' * L' * v'^T_{*1}} * \sqrt{v'_{*2} * L' * L' * v'^T_{*2}}}
\end{aligned}
$$

Die Ähnlichkeit nach dem Kosinusmaß zwischen den ersten beiden Feature-Vektoren unseres Beispiels aus den unreduzierten Matrizen ergibt 0,9834, während die reduzierten Matrizen den Wert 0,9838 erzeugen. Das Reduzieren hat also einen relativ kleinen Einfluss auf das Skalarprodukt.

Auch die euklidische Distanz zwischen Feature-Vektoren kann leicht nach folgender Formel aus den transformierten Feature-Vektoren berechnet werden:

euklidische Distanz

$$
\begin{aligned}
dissim_{L_2}(f_{*1}, f_{*2}) &= \sqrt{(f_{*1} - f_{*2})^T * (f_{*1} - f_{*2})} \\
&\approx \sqrt{(v'_{*1} - v'_{*2}) * L' * L' * (v'_{*1} - v'_{*2})^T}
\end{aligned}
$$

Die euklidsche Distanz zwischen den ersten beiden Feature-Vektoren unseres Beispiels aus den unreduzierten Matrizen ergibt 2,1213, während die reduzierten Matrizen den Wert 2,116 erzeugen. Der Fehler durch das Reduzieren ist auch hier gering.

Skalarprodukt über Feature-Eigenschaften

Analog zur Berechnung des Skalarproduktes über den Feature-Vektoren kann das Skalarprodukt über den Feature-Eigenschaften aus der Matrix U berechnet werden. Grundlage dafür ist die eingangs abgeleitete Formel:

$$F * F^T = U * L^2 * U^T.$$

4.5   Literaturempfehlungen

Eine Diskussion der Fourier-Transformation kann in vielen Bildverarbeitungslehrbüchern gefunden werden. Der Beweis des Parseval-Theorems wird in [143] geführt. Die Arbeit [122] beschreibt die Idee des farbigen Rauschens. Gute Einführungen in die Wavelet-Transformation geben die Arbeiten [193, 194, 20, 101]. Weitere Transformationsverfahren wie LSI, SVD und KLT gehören zu den Standardwerkzeugen der Mustererkennung beziehungsweise des Information Retrievals und werden in [49, 9, 60, 17, 98] beschrieben. Eine Kombination aus KLT und neuronalen Netzen wird in [139] vorgestellt. Eine Weiterentwicklung der KLT beziehungsweise PCA um nichtlineare Abhängigkeiten findet sich in [72, 179].

Die beschriebenen Verfahren können zur Dimensionsreduzierung eingesetzt werden. Allerdings wurden hier nur die Standardverfahren vorgestellt. Weitere Verfahren sind unter dem Begriff „feature selection" im Gebiet maschinelles Lernen zu finden.

5   Distanzfunktionen

In Abildung 3.5 auf Seite 108 wurde die Konstruktion eines RSV-Wertes eines Datenbankobjektes bezüglich einer komplexen Anfrage skizziert. In den ersten Schritten werden Feature-Werte der Datenbankobjekte und der Anfrage mittels Distanzfunktionen beziehungsweise Ähnlichkeitsmaßen verglichen und in den letzten Schritten zu Ähnlichkeitswerten aggregiert.

In diesem Abschnitt werden konkrete Distanzfunktionen vorgestellt. Der Schwerpunkt dieses Abschnittes liegt nicht nur in der reinen Auflistung der Distanzfunktionen, sondern auch in der Beschreibung ihrer Eigenschaften. Dies soll helfen, für eine konkrete Problemstellung die optimale Distanzfunktion auswählen zu können. Ausgangspunkt für die Distanzfunktionen sind extrahierte Feature-Werte.

Beschreibung der Eigenschaften

In Abschnitt 3.4.2 auf Seite 99 wurden verschiedene Datentypen von Features vorgestellt. Da die Distanzfunktionen auf Feature-Werte aufbauen, klassifizieren wir im Folgenden die Distanzfunktionen bezüglich der zugrunde liegenden Datentypen:

- Punkte,
- Binärdaten,
- Sequenzen und
- allgemeine Mengen.

5.1   Eigenschaften und Klassifikation

Distanzfunktionen vergleichen jeweils die Feature-Werte zweier Medienobjekte und drücken das Ergebnis durch einen Wert aus. Distanzwerte sind nichtnegative reelle Werte, wobei eine Distanz von 0 als maximale Ähnlichkeit (oder minimale Unähnlichkeit) aufgefasst wird.

Ein bereits in Abschnitt 3.4.1 eingeführtes, wichtiges Konzept im Zusammenhang mit der Berechnung von Ähnlichkeit ist die Invarianz. Sie drückt aus, welche Merkmale zum Ähnlichkeitsvergleich nicht herangezogen werden sollen. Eine Invarianz lässt sich sowohl durch eine bestimmte Aufbereitung der Feature-Werte als auch durch die Wahl geeigneter Distanzfunktionen erreichen. Wenn beispielsweise eine Distanzfunktion $d(o_1, o_2)$ gegeben ist und

Invarianz

$$d(g(o_1), g(o_2)) = d(o_1, o_2)$$

für eine bestimmte Operation g gilt, dann ist die Distanzfunktion invariant gegenüber dieser Operation. Bei der folgenden Beschreibung der verschiedenen Funktionen werden diese auf Invarianz bezüglich der Operationen

1. Translation,

2. Skalierung und

3. Rotation

der Datenbankobjekte untersucht.

Gegeben sei eine binäre Funktion $d(o_1, o_2)$, die Paare von Elementen einer Menge O auf die Menge der nichtnegativen reellen Zahlen $\mathbb{R}_0^+$ abbildet:

$$d : O \times O \longrightarrow \mathbb{R}_0^+$$

Die Funktion kann dabei verschiedene Eigenschaften aufweisen:

- *Selbstidentität (Si):* $\forall o \in O : d(o, o) = 0$

- *Positivität (Pos):* $\forall o_1 \neq o_2 \in O : d(o_1, o_2) > 0$

- *Symmetrie (Sym):* $\forall o_1, o_2 \in O : d(o_1, o_2) = d(o_2, o_1)$

- *Dreiecksungleichung (Dreieck):*

$$\forall o_1, o_2, o_3 \in O : d(o_1, o_3) \leq d(o_1, o_2) + d(o_2, o_3)$$

Distanzfunktion oder
Metrik

Definition 5.1

Eine nichtnegative binäre Funktion $d : O \times O \longrightarrow \mathbb{R}_0^+$, die Selbstidentität, Positivität, Symmetrie und die Dreiecksungleichung erfüllt, nennen wir *Distanzfunktion*. Die Kombination der Distanzfunktion mit der Trägermenge O wird als *Metrik* bezeichnet.

In Abhängigkeit von der Erfüllung der Eigenschaften gibt es Varianten von Distanzfunktionen und Metriken. Wenn etwa nicht gewährleistet werden kann, dass die Distanz zwischen zwei unterschiedlichen Objekten immer einen Wert größer 0 ergibt, sprechen wir von einer *Pseudo-Distanzfunktion* oder *Pseudo-Metrik*.

Pseudo-
Distanzfunktion oder
Pseudo-Metrik

Definition 5.2

Eine nichtnegative binäre Funktion $d : O \times O \longrightarrow \mathbb{R}_0^+$, die Selbstidentität, Symmetrie und die Dreiecksungleichung erfüllt, nennen wir *Pseudo-Distanzfunktion* oder *Pseudo-Metrik*.

Kann die Dreiecksungleichung nicht erfüllt werden, dann verwenden wir den Begriff der *Semi-Distanzfunktion* und der *Semi-Metrik*.

Definition 5.3

Eine nichtnegative binäre Funktion $d : O \times O \longrightarrow \mathbb{R}_0^+$, die Selbstidentität, Positivität und Symmetrie erfüllt, nennen wir *Semi-Distanzfunktion* oder *Semi-Metrik*.

Semi-Distanz-funktion oder Semi-Metrik

Definition 5.4

Eine nichtnegative binäre Funktion $d : O \times O \longrightarrow \mathbb{R}_0^+$, die Selbstidentität und Symmetrie erfüllt, nennen wir *Semi-Pseudo-Distanzfunktion* oder *Semi-Pseudo-Metrik*.

Semi-Pseudo-Distanzfunktion oder Semi-Pseudo-Metrik

Tabelle 5.1 gibt noch einmal eine Übersicht über die verschiedenen Klassen von Distanzfunktionen oder Metriken.

Klasse	Si	Pos	Sym	Dreieck
Distanzfunktion	✓	✓	✓	✓
Pseudo-Distanzfunktion	✓	–	✓	✓
Semi-Distanzfunktion	✓	✓	✓	–
Semi-Pseudo-Distanzfunktion	✓	–	✓	–

Tabelle 5.1: Übersicht über Distanzklassen

Folgende Beispiele sollen die verschiedenen Klassen von Distanzfunktionen verdeutlichen.

Beispiel 5.1

Eine einfache Distanzfunktion auf der Menge der reellen Zahlen $\mathbb{R}$ ist der absolute Betrag der Differenz zweier reeller Zahlen:

einfache Distanzfunktion

$$d_{abs} : \mathbb{R} \times \mathbb{R} \longrightarrow \mathbb{R}_0^+, d_{abs}(r_1, r_2) \mapsto |r_1 - r_2|$$

Beispiel 5.2

Die euklidsche Distanzfunktion d_{L_2} auf Punkten p_i der Menge $\mathbb{R}^n$ ist gegeben durch:

euklidsche Distanzfunktion

$$d_{L_2} : \mathbb{R}^n \times \mathbb{R}^n \longrightarrow \mathbb{R}_0^+, d_{L_2}(p_1, p_2) \mapsto \sqrt{\sum_{i=1}^{n}(p_1[i] - p_2[i])^2}.$$

Pseudo-
Distanzfunktion

Beispiel 5.3

Die allereinfachste Pseudo-Distanzfunktion ist die so genannte indiskrete Pseudo-Distanzfunktion, die jedem Elementepaar aus $O \times O$ den Wert 0 zuweist:

$$d_{indiskret} : O \times O \longrightarrow \mathbb{R}_0^+, d_{indiskret}(o_1, o_2) \mapsto 0$$

Diese Pseudo-Distanzfunktion ist natürlich praktisch sinnlos, soll hier jedoch als Beispiel dienen.

Semi-Distanz-
funktion

Beispiel 5.4

Die durch Tabelle 5.2 definierte Funktion d_{semi} auf der Menge $\{a, b, c\}$ ist eine Semi-Distanzfunktion.

d_{semi}	a	b	c
a	0	1	3
b	1	0	1
c	3	1	0

Tabelle 5.2: Semi-Distanzfunktion

Die Dreiecksungleichung ist nicht garantiert:

$$d_{semi}(a, c) \nleq d_{semi}(a, b) + d_{semi}(b, c)$$
$$3 \nleq 1 + 1$$

In den nächsten Unterabschnitten werden konkrete, in Anwendungen häufig eingesetzte Distanzfunktionen vorgestellt.

Charakterisierung

Zur Charakterisierung der Funktionen testen wir diese Funktionen, sofern sinnvoll möglich, auf Invarianz bezüglich Translation, Skalierung und Rotation. Dabei sei T ein passendes Translationsobjekt, welches additiv mit den Objekten der dazugehörigen Menge verknüpft werden kann. Translationsinvarianz ist erfüllt, wenn

Translationsinvarianz

$$\forall o_1, o_2 : d(o_1, o_2) = d(o_1 + T, o_2 + T)$$

Skalierungs- und
Rotationsinvarianz

gilt. Analog dazu ist Skalierungs- beziehungsweise Rotationsinvarianz erfüllt, wenn zu einem Skalierungsobjekt S, welches skalar multiplikativ beziehungsweise zu einem Rotationsobjekt R, welches multiplikativ auf Objekte der Menge wirkt, folgende Bedingung gilt:

$$\forall o_1, o_2 : d(o_1, o_2) = d(o_1, S * o_2)$$

beziehungsweise

$$\forall o_1, o_2 : d(o_1, o_2) = d(R * o_1, R * o_2)$$

Des Weiteren werden wir für jede Distanzfunktion, die auf Punkten aus $\mathbb{R}^2$ definiert ist, den Einheitskreis grafisch darstellen. Der Einheitskreis definiert *Einheitskreis* alle Punkte, die zu einem vorgegebenen Punkt (Zentrum) $z \in \mathbb{R}^2$ den Abstand (Radius) 1 aufweisen, also alle Punkte $o \in O$, für die $d(z, o) = 1$ gilt. Beispielhaft wird der Einheitskreis der euklidschen Distanzfunktion in $\mathbb{R}^2$ in Abbildung 5.1 dargestellt, wobei der vorgegebene Punkt der Nullpunkt ist. Alle Punkte, welche nach der euklidschen Distanzfunktion den Abstand 1 vom Nullpunkt haben, bilden einen Kreis. Wir werden später Einheitskreise anderer Distanzfunktionen sehen, die nicht kreisförmig sind.

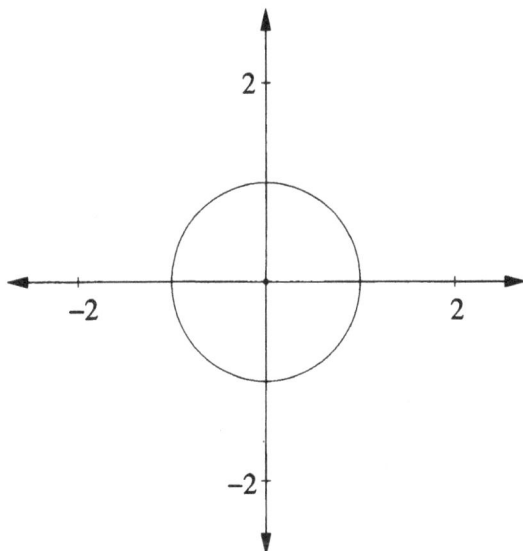

Abb. 5.1: *Einheitskreis für die euklidsche Distanzfunktion*

Anhand eines Einheitskreises lassen sich verschiedene Eigenschaften von Distanzfunktionen gut graphisch darstellen beziehungsweise ablesen.

- *Selbstidentität:* Reduziert man den Radius des Einheitskreises auf Null, landet man genau im Koordinatenursprung.

- *Positivität:* Alle Punkte ungleich dem Zentrum liegen außerhalb des Einheitskreises mit dem Radius 0, haben also eine positive Distanz zum Zentrum.

- *Translationsinvarianz:* Der Einheitskreis ändert seine Form nicht, wenn das Zentrum verschoben wird.

- *Symmetrie:* Wenn Translationsinvarianz und Symmetrie erfüllt sind, dann teilt das Zentrum jede Diagonale zwischen zwei gegenüberliegenden Randpunkten in genau zwei gleich lange Teile.

  Dies liegt daran, dass Symmetrie eine gleiche Distanz bedeutet, wenn man einen Randpunkt mit dem Zentrum vertauscht. Dabei wandert der Randpunkt sozusagen an den genau gegenüberliegenden Rand. In der Mitte zwischen beiden Randpunkten liegt genau das Zentrum.

- *Rotationsinvarianz:* Der Einheitskreis ist bezüglich des Zentrums rotationssymmetrisch.

5.2 Distanzfunktionen auf Punkten

Punkte

Als Punkte bezeichnen wir Elemente eines n-dimensionalen Vektorraums $\mathbb{R}^n$. Sie besitzen den Typ `array [1..n](real)`.

5.2.1 Minkowski-Distanzfunktion L_m

Die am häufigsten eingesetzte Distanzfunktion auf Punkten ist die Minkowski-Distanz L_m:

$$d_{L_m} : \mathbb{R}^n \times \mathbb{R}^n \longrightarrow \mathbb{R}_0^+, d_{L_m}(p_1, p_2) \mapsto \left(\sum_{i=1}^{n} |p_1[i] - p_2[i]|^m \right)^{1/m}$$

Diese Distanzfunktion wird mittels eines konkreten Wertes $m > 0$ parametrisiert. Häufig verwendete Werte sind:

$m = 1$:   Manhattan-Distanzfunktion oder
           Blockdistanzfunktion

$m = 2$:   euklidsche Distanzfunktion

$m = \infty$:   Max-Distanzfunktion oder
               Tschebyscheff-Distanzfunktion

Max-Distanzfunktion oder Tschebyscheff-Distanzfunktion

Ein Sonderfall liegt vor, wenn m sehr groß ist, also gegen unendlich strebt. Es kann gezeigt werden, dass dann die Minkowski-Distanzfunktion gegen die Max-Distanzfunktion (auch Tschebyscheff-Distanzfunktion genannt)

$$d_{L_{max}} : \mathbb{R}^n \times \mathbb{R}^n \longrightarrow \mathbb{R}_0^+, d_{L_{max}}(p_1, p_2) \mapsto \max_{i=1}^{n} |p_1[i] - p_2[i]|$$

strebt. Aus diesem Grund, wird die Distanzfunktion d_{L_∞} auch mit $d_{L_{max}}$ bezeichnet. In der Funktion $d_{L_{max}}$ entfällt die Potenzierung im Gegensatz zur d_{L_∞}-Distanzfunktion.

Ein anderer Spezialfall liegt bei $m = 1$ vor, da auch dort die Potenzierung entfällt. Pro Dimension werden die absoluten Beträge der Differenzen der Koordinatenwerte addiert. Im 2-dimensionalen Fall entspricht dies dem kürzesten

Weg zwischen zwei Punkten, wenn man nur waagerecht und senkrecht laufen kann. Daher wird diese Distanzfunktion Block- beziehungsweise Manhattan-Distanzfunktion genannt.

Block- bzw. Manhattan-Distanzfunktion

Wie man sich leicht klarmachen kann, ist die Minkowski-Distanz translationsinvariant. T sei ein n-dimensionaler Vektor, der durch die Differenzberechnung aus der Formel verschwindet:

Translationsinvarianz

$$d_{L_m}(p_1 + T, p_2 + T) = \left(\sum_{i=1}^{n} |(p_1[i] + T) - (p_2[i] + T)|^m \right)^{1/m}$$

$$= \left(\sum_{i=1}^{n} |p_1[i] - p_2[i]|^m \right)^{1/m}$$

$$= d_{L_m}(p_1, p_2)$$

Eine Skalierungsinvarianz ist nicht vorhanden, da die Skalierung eines Punktes um einen reellen Wert S nicht auf die ursprüngliche Distanzfunktion zurückgeführt werden kann:

keine Skalierungsinvarianz

$$d_{L_m}(p_1, S * p_2) = \left(\sum_{i=1}^{n} |p_1[i] - S * p_2[i]|^m \right)^{1/m} \neq d_{L_m}(p_1, p_2)$$

Ebenso ist keine Rotationsinvarianz erfüllt. Um dies zu zeigen, genügt ein Gegenbeispiel. Ein Rotationssobjekt im Vektorraum $\mathbb{R}^n$ sei eine orthonormale $n \times n$-Matrix, die dort eine n-dimensionale Drehung durchführt.

keine Rotationsinvarianz

Beispiel 5.5

Beispiel gegen Rotationsinvarianz

Für den Vektorraum $\mathbb{R}^2$ seien die Punkte

$$p_1 = \begin{pmatrix} 1 \\ 0 \end{pmatrix} \text{ und } p_2 = \begin{pmatrix} 1 \\ 1 \end{pmatrix},$$

sowie die Rotationsmatrix

$$R = \begin{pmatrix} 1/\sqrt{2} & -1/\sqrt{2} \\ 1/\sqrt{2} & 1/\sqrt{2} \end{pmatrix}$$

gegeben, die eine Drehung um 45 Grad realisiert. Wird die Rotationsmatrix mit den Punkten p_1 und p_2 multipliziert, erhält man

$$R * p_1 = \begin{pmatrix} 1/\sqrt{2} \\ 1/\sqrt{2} \end{pmatrix} \text{ beziehungsweise } R * p_2 = \begin{pmatrix} 0 \\ 2/\sqrt{2} \end{pmatrix}.$$

Für $m = 1$, also L_1, ergibt die Minkowski-Distanzfunktion auf den nicht-rotierten Punkten p_1 und p_2

$$d_{L_1}(p_1, p_2) = \sum_{i=1}^{2} |p_1[i] - p_2[i]| = 1.$$

Hingegen ergibt die Distanzfunktion zwischen den rotierten Punkten $R * p_1$ und $R * p_2$ einen anderen Wert:

$$d_{L_1}(R * p_1, R * p_2) = 2/\sqrt{2}.$$

Damit wurde gezeigt, dass die Rotationsinvarianz für die Minkowski-Distanzfunktion im Allgemeinen nicht erfüllt ist.

Einheitskreis

In Abhängigkeit von dem Parameter m erhält man verschiedene Einheitskreise. In Abbildung 5.2 sind die Einheitskreise für $m = 0, 5; 1; 2; \infty$ dargestellt. Mit variierendem m-Wert verändert sich der Einheitskreis besonders in den „Ecken", also dort, wo sich der Randpunkt und das Zentrum in mehreren Dimensionen gleichzeitig maximal unterscheiden. Weiterhin liegt der Einheitskreis mit einem niedrigeren m-Wert innerhalb des Einheitskreises mit einem höheren m-Wert. Diese Eigenschaft ergibt sich aus der Holderschen Ungleichung:

Holdersche Ungleichung

$$(|a_1|^{m_1} + \ldots + |a_n|^{m_1})^{1/m_1} \leq (|a_1|^{m_2} + \ldots + |a_n|^{m_2})^{1/m_2}$$

wenn $m_1 \geq m_2 \geq 1$ gilt. Die Minkowski-Distanz zwischen zwei Punkten ist also um so größer, je kleiner der m-Wert ist.

Rotationsinvarianz

In der Abbildung fällt auf, dass nur der Einheitskreis bei $m = 2$ tatsächlich kreisförmig ist. Dies deutet auf eine Rotationsinvarianz hin, die tatsächlich für diesen Spezialfall erfüllt ist. Die euklidsche Distanz kann man alternativ in der

Matrizenschreibweise

Matrizenschreibweise[1] notieren:

$$d_{L_2}(p_1, p_2) = \sqrt{(p_1 - p_2)^T * (p_1 - p_2)}$$

In der folgenden Herleitung wird gezeigt, dass die Multiplikation mit einer Rotationsmatrix verschwindet:

$$d_{L_2}(R * p_1, R * p_2) = \sqrt{(R * p_1 - R * p_2)^T * (R * p_1 - R * p_2)}$$

$$= \sqrt{(R * (p_1 - p_2))^T * (R * (p_1 - p_2)))}$$

$$= \sqrt{(p_1 - p_2)^T * R^T * R * (p_1 - p_2)}$$

$$= \sqrt{(p_1 - p_2)^T * (p_1 - p_2)}$$

$$= d_{L_2}(p_1, p_2)$$

---

[1]Zu beachten ist, wenn x und y Vektoren sind, bezeichnet $x * y$ das Skalarprodukt.

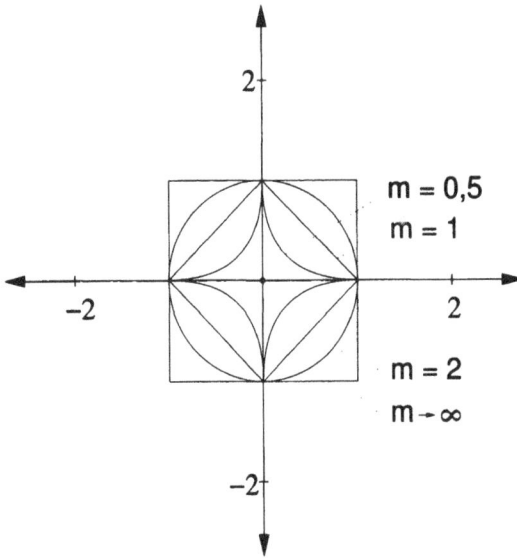

Abb. 5.2: *Einheitskreise für verschiedene Minkowski-Distanzfunktionen*

Hier wurde die Eigenschaft, dass die Rotationsmatrix R eine orthonormale Matrix ist, ausgenutzt, weshalb $R^T * R = R * R^T = I$ gilt.

Neben der Rotationsinvarianz weist die euklidsche Distanz noch einen weiteren Vorteil auf. Sie entspricht in der euklidschen Geometrie der Länge der kürzesten Strecke zwischen zwei Punkten. Aufgrund dieser Tatsache existieren für diese Distanzfunktion viele mathematische Verfahren, die vorteilhaft im Bereich Multimedia-Retrieval eingesetzt werden können.

kürzeste Strecke

Häufig kommt es nicht auf den konkreten Distanzwert an, sondern auf die Sortierung verschiedener Punkte in Abhängigkeit ihrer Distanzen von einem vorgegebenen Anfragepunkt. Aus diesem Grund wird häufig die quadrierte euklidsche Distanz verwendet, welche die abschließende Berechnung der Quadratwurzel einspart. Die Monotonie der Quadratwurzelfunktion garantiert die gleiche Reihenfolge.

Sortierung verschiedener Punkte

Man beachte, dass unterschiedliche m-Werte zu unterschiedlichen Reihenfolgen führen können.

Beispiel 5.6

Gegeben seien die zwei zweidimensionalen Punkte p_1 und p_2:

unterschiedliche Reihenfolgen durch unterschiedliche m-Werte

$$p_1 = \begin{pmatrix} 1 \\ 0 \end{pmatrix} \text{ und } p_2 = \begin{pmatrix} 0,8 \\ 0,8 \end{pmatrix}.$$

Abstände dieser Punkte von dem Koordinatenursprung[2] O nach der Manhattan-Distanzfunktion sind:

$$d_{L_1}(O, p_1) = 1 \text{ und } d_{L_1}(O, p_2) = 1.6$$

Der Punkt p_1 liegt also näher zum Koordinatenursprung als der Punkt p_2. Bezüglich der Max-Distanzfunktion jedoch kehrt sich die Reihenfolge um:

$$d_{L_\infty}(O, p_1) = 1 \text{ und } d_{L_\infty}(O, p_2) = 0,8$$

5.2.2   Gewichtete Minkowski-Distanzfunktion L_m^w

Eine häufig verwendete Variante der Minkowski-Distanzfunktionen ergibt sich durch Gewichtung einzelner Dimensionen:

$$d_{L_m}^w : \mathbb{R}^n \times \mathbb{R}^n \longrightarrow \mathbb{R}_0^+, d_{L_m}(p_1, p_2) \mapsto \left(\sum_{i=1}^{n} w_i * |p_1[i] - p_2[i]|^m \right)^{1/m}$$

Prioritäten

Durch die Gewichte $w_i \geq 0$ können den verschiedenen Dimensionen unterschiedliche Prioritäten bei der Distanzberechnung zugewiesen werden. Je größer das Gewicht einer Dimension ist, umso empfindlicher ist die Gesamtdistanz gegenüber Differenzen in dieser Dimension.

Da die Gewichte nur die Prioritäten der Dimensionen untereinander ausdrücken sollen, fordert man zusätzlich oft

$$\sum_{i=1}^{n} w_i = 1.$$

Im Folgenden werden wir aus Gründen der Anschaulichkeit in den Beispielen dieser Forderung nicht nachkommen.

Translationsinvarianz

Die Translationsinvarianz wird von der Gewichtung nicht beeinträchtigt, sie bleibt also erhalten. Skalierungs- und Rotationsinvarianz können bei einer Gewichtung nicht garantiert werden.

keine Rotationsinvarianz

Wie bereits ausgeführt, ist die ungewichtete Distanzfunktion d_{L_2} rotationsinvariant. Diese Eigenschaft geht jedoch in der gewichteten Variante $d_{L_2}^w$ verloren.

Stauchung oder Streckung des Einheitskreises

Grafisch kann man sich eine Gewichtung als eine achsenparallele Stauchung oder Streckung des Einheitskreises vorstellen. Wenn beispielsweise im zweidimensionalen Fall die x-Achse das Gewicht 0,5 und die y-Achse das Gewicht 1 zugewiesen bekommt, resultiert dies, wie in Abbildung 5.3 dargestellt, in einer Streckung parallel zur x-Achse auf das Doppelte. Durch Gewichtung entstehen also achsenparallele Ellipsoiden, die selbst bei $m = 2$ nicht mehr rotationssymmetrisch sind.

---

[2]Der Koordinatenursprung entspricht dem Nullvektor.

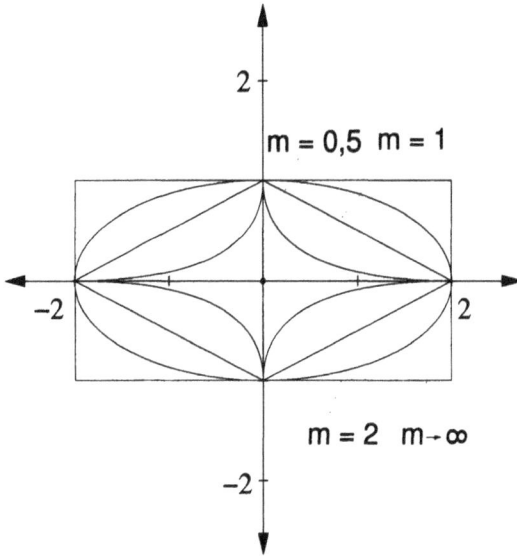

Abb. 5.3: *Einheitskreise für gewichtete Minkowski-Distanzen ($w_1 = 0,5$; $w_2 = 1$)*

5.2.3   Quadratische Distanzfunktion d_q

Eine weitere Variante der Gewichtung ergibt sich aus der Erweiterung der gewichteten euklidschen Distanzfunktion zur quadratischen Distanzfunktion. Neben einer achsenparallelen Stauchung oder Streckung kann der Einheitskreis
um einen beliebigen Winkel gedreht werden.

*Stauchung,
Streckung und
Rotation*

Die quadratische Distanzfunktion ist in der Matrizenschreibweise wie folgt definiert:

$$d_q(p_1, p_2) = (p_1 - p_2)^T * A * (p_1 - p_2)$$

Im n-dimensionalen Raum muss A eine symmetrische[3], positiv definite Matrix
$\mathbb{R}^{n \times n}$ sein. Die Positiv-Definitheit garantiert die Positivität der Distanzfunktion.

Die quadratische Distanzfunktion ist über die Matrix A parametrisierbar:

- *Einheitsmatrix I*: Die quadratische Distanzfunktion ist identisch mit der
  quadrierten euklidschen Distanzfunktion $d_{L_2}^2$.

- *Diagonalmatrix*: Alle Nichtdiagonalelemente der Matrix sind 0. In diesem Fall entspricht die quadratische Distanzfunktion der quadrierten, gewichteten euklidschen Distanzfunktion. Die Gewichte korrespondieren
  zu den Diagonalelementen.

---

[3] Symmetrie der Matrix A bedeutet $A = A^T$

- *symmetrische Matrix*: Die quadratische Distanzfunktion ist identisch zur quadrierten, euklidschen Distanzfunktion, wenn vorher die beteiligten Punkte geeignet skaliert und rotiert werden. Dies wird im Folgenden gezeigt.

Hauptachsen-
transformation

Im allgemeinen Fall ist A eine symmetrische Matrix. Der Satz über die Hauptachsentransformation A.3 (im Anhang) auf Seite 407 zeigt, dass die symmetrische, reellwertige Matrix A als ein Produkt $U * L * U^T$ geschrieben werden kann, wobei U eine orthonormale Matrix und L eine Diagonalmatrix ist. Die folgende Herleitung zeigt den Zusammenhang zwischen der Anwendung der Matrix $A = U * L * U^T$ in der quadratischen Distanzfunktion und der quadrierten euklidschen Distanzfunktion:

$$
\begin{aligned}
d_q(p_1, p_2) &= (p_1 - p_2)^T A\, (p_1 - p_2) \\
&= (p_1 - p_2)^T U L U^T (p_1 - p_2) \\
&= (p_1 - p_2)^T U L^{1/2} L^{1/2} U^T (p_1 - p_2) \\
&= \left(L^{1/2} U^T (p_1 - p_2) \right)^T \left(L^{1/2} U^T (p_1 - p_2) \right) \\
&= \left(L^{1/2} U^T p_1 - L^{1/2} U^T p_2 \right)^T * \\
&\quad \left(L^{1/2} U^T p_1 - L^{1/2} U^T p_2 \right) \\
&= d_{L_2}^2 (L^{1/2} U^T p_1, L^{1/2} U^T p_2)
\end{aligned}
$$

Zu beachten ist, dass die Berechnung der Wurzeln $L^{1/2}$ auf der Diagonalmatrix ohne Probleme möglich ist, da L die Eigenwerte von A enthält und A positiv definit ist, und damit die Diagonalelemente positiv sind.

Skalierung und
Rotation

Aus dieser Herleitung wird ersichtlich, dass sich die Matrix A in der quadratischen Distanzfunktion in eine Skalierung und eine Rotation der Punkte umwandeln lässt. Die Distanz zwischen zwei Punkten ist also identisch mit der quadrierten euklidschen Distanz, wenn zuvor die beteiligten Punkte mit U^T rotiert und mit $L^{1/2}$ multipliziert, also skaliert, werden. Da $U^T * U = I$ gilt, bewirkt die Multiplikation eines Punktes p mit U^T statt mit U eine Rotation in die andere Richtung.

Simulation der
quadratischen
Distanzfunktion

Die Simulation der quadratischen Distanzfunktion durch die quadrierte euklidsche Distanzfunktion auf den skalierten und rotierten Punkten ist insofern relevant, da durch die quadrierte euklidsche Distanzfunktion im Gegensatz zur quadratischen Distanzfunktion immer nur dieselben Dimensionen miteinander verglichen werden und damit die Distanz schneller berechnet werden kann. Die Skalierung und Rotation der Punkte kann, wenn U^T und $L^{1/2}$ fest und vorher bekannt sind, schon zum Zeitpunkt der Feature-Extraktion einmalig durchgeführt werden.

Translationsinvarianz

Da die quadratische Distanzfunktion auf der Differenzbildung zwischen zwei Punkten basiert, ist sie translationinvariant. Rotations- und Skalierungsinvarianz hingegen sind nicht erfüllt.

Beispiel 5.7

Gegeben sei die Matrix

Einheitskreis einer quadratischen Distanzfunktion

$$A = \begin{pmatrix} 0,5599 & 0,3693 \\ 0,3693 & 0,6901 \end{pmatrix}$$

$$= \begin{pmatrix} \cos 40 & \sin 40 \\ -\sin 40 & \cos 40 \end{pmatrix} * \begin{pmatrix} 0,25 & 0 \\ 0 & 1 \end{pmatrix} * \begin{pmatrix} \cos 40 & -\sin 40 \\ \sin 40 & \cos 40 \end{pmatrix}$$

Die Matrix drückt also eine Rotation um 40 Grad und eine Skalierung der x-Achse um $\sqrt{0,25} = 0,5$ aus. Abbildung 5.4 zeigt den dazugehörigen Einheitskreis.

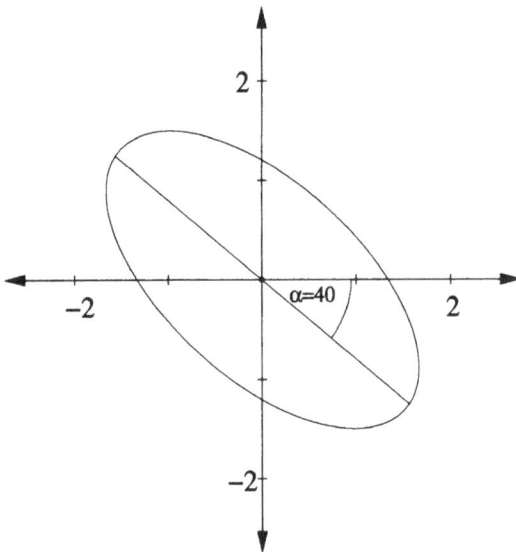

Abb. 5.4: *Einheitskreis für quadratische Distanzfunktion*

Bei der Forderung nach Symmetrie der Matrix A könnte man leicht denken, dies ist nötig, damit die Symmetrieeigenschaft der Distanzfunktion erfüllt wird. Dieser Zusammenhang ist jedoch nicht richtig. Die Symmetrie der Matrix hat nichts mit der Symmetrie der Distanzfunktion zu tun. Tatsächlich ist die Symmetrie der Distanzfunktion unabhängig von der Matrix erfüllt. Dies kann man leicht einsehen, wenn man die quadratische Distanzfunktion in einer anderen

Symmetrie

Symmetrie der Distanzfunktion

Schreibweise notiert:

$$d_q(p_1, p_2) = \sum_{i=1}^{n} \sum_{j=1}^{n} a_{ij}(p_1 - p_2)[i](p_1 - p_2)[j]$$

$$= \sum_{i=1}^{n} \sum_{j=1}^{n} a_{ij}(p_2 - p_1)[i](p_2 - p_1)[j]$$

$$= d_q(p_2, p_1)$$

Symmetrie der Distanzfunktion bedeutet, dass man die Punkte p_1 und p_2 austauschen kann. In der Differenz ergibt dies einen Vorzeichenwechsel. Da jedoch bei der Distanzberechnung immer zwei Werte des Differenzvektors multipliziert werden, heben sich beide Vorzeichenwechsel gegenseitig auf.

Symmetrie der Matrix

Die Symmetrie der Matrix ist eigentlich nicht unbedingt erforderlich, ermöglicht jedoch eine elegante Zerlegung der Matrix. Schaut man sich die quadratische Distanzfunktion in der Schreibweise

$$d_q(p_1, p_2) = \sum_{i=1}^{n} \sum_{j=1}^{n} a_{ij}(p_1 - p_2)[i](p_1 - p_2)[j]$$

an, fällt auf, dass jede Kombination $(p_1 - p_2)[i](p_1 - p_2)[j]$ noch einmal als $(p_1 - p_2)[j](p_1 - p_2)[i]$ auftritt. Aufgrund der Kommutativität der Multiplikation lassen sich diese Summanden folgendermaßen zusammenfassen:

$$d_q(p_1, p_2) = \sum_{i=1}^{n} \sum_{j=1}^{n} a_{ij}(p_1 - p_2)[i](p_1 - p_2)[j]$$

$$= \sum_{i=1}^{n} \sum_{j>i}^{n} (a_{ij} + a_{ji})(p_1 - p_2)[i](p_1 - p_2)[j]$$

$$+ \sum_{i=1}^{n} a_{ii}(p_1 - p_2)[i](p_1 - p_2)[i]$$

Erzeugung einer symmetrischen Matrix

Die paarweisen Matrixelemente a_{ij} und a_{ji} in der Formel wirken also nur in ihrer Summe und brauchen nicht aufgrund einer Symmetrieeigenschaft der Matrix identisch sein. Eine nichtsymmetrische Matrix A lässt sich also ohne Auswirkungen auf die quadratische Distanzfunktion in eine symmetrische Matrix A' durch

$$a'_{ij} = \frac{a_{ij} + a_{ji}}{2}$$

überführen, da dadurch die Summen der korrespondierenden Werte erhalten bleiben.

Die quadratische Distanzfunktion wird häufig in Situationen verwendet, bei denen bei der Distanzberechnung die Dimensionen nicht isoliert voneinander betrachtet werden dürfen, sondern Wertkombinationen unterschiedlicher Dimensionen bei der Distanzberechnung berücksichtigt werden müssen. Dies ist notwendig, wenn Werte verschiedener Dimensionen mit einander korrelieren.

Basiert die quadratische Distanzfunktion auf einer Kovarianzmatrix, wird sie auch als Mahalanobis-Distanzfunktion bezeichnet. In der Mahalanobis-Distanzfunktion hat eine Kovarianzmatrix C folgenden Einfluss auf die Distanzberechnung

Mahalanobis-Distanzfunktion

$$d_M(p_1, p_2) = |det\ C|^{1/d}(p_1 - p_2)^T * C^{-1} * (p_1 - p_2),$$

wobei C^{-1} die inverse Kovarianzmatrix und $det\ C$ die Determinante der Kovarianzmatrix bezeichnet. Der Wert d steht hier für die Anzahl der Dimensionen.

5.2.4   Quadratische Pseudo-Distanzfunktion

Lässt man für die Matrix A die Forderung nach der Positiv-Definitheit fallen, erhält man eine Pseudo-Distanzfunktion. Eine solche Pseudo-Distanzfunktion kann den Abstand 0 auch für nichtidentische Punkte berechnen. Dies ist in Situationen sinnvoll, wenn eine unsymmetrische Translationsinvarianz erwünscht ist, bei der Punkte um Vektoren t eines Vektorunterraums T ohne Einfluss auf den Abstand verschoben werden können:

unsymmetrische Translationsinvarianz

$$pd_q(p_1, p_2 + t) = pd_q(p_1, p_2)$$

Durch die Umkehrung der Hauptachsentransformation kann man eine gewünschte Matrix A durch Multiplikation einer orthonormalen Matrix U, einer Diagonalmatrix L und U^T konstruieren. Durch Nullsetzen bestimmter Diagonalwerte von L erreicht man eine Translationsinvarianz bezüglich jener Translationsvektoren, die sich als Linearkombination der entsprechenden Spaltenvektoren von U darstellen lassen. Wenn s_i mit $i = 1, \ldots m$ die durch die Diagonalwerte l_i der Matrix L auf Null gesetzten Spaltenvektoren der Matrix U bezeichnet, dann ist der Vektorraum T folgendermaßen definiert:

Konstruktion einer positiv definiten Matrix

$$T = \left\{ t \in \mathbb{R}^n | t = \sum_{i=1}^{m} \lambda_i * s_i : \lambda_i \in \mathbb{R} \right\}$$

Die folgende Herleitung zeigt, wie Translationsvektoren $t \in T$ bei der Pseudo-Distanzberechnung verschwinden.

$$pd_q(p_1, p_2 + t)$$
$$= (p_1 - p_2 - t)^T A(p_1 - p_2 - t)$$
$$= (p_1 - p_2 - t)^T U L U^T (p_1 - p_2 - t)$$
$$= (p_1 - p_2 - t)^T U L^{1/2} L^{1/2} U^T (p_1 - p_2 - t)$$
$$= \left(L^{1/2} U^T (p_1 - p_2 - t) \right)^T \left(L^{1/2} U^T (p_1 - p_2 - t) \right)$$
$$= \left(L^{1/2} U^T (p_1 - p_2) - L^{1/2} U^T t \right)^T *$$
$$\left(L^{1/2} U^T p_1 - p_2) - L^{1/2} U^T t \right)$$

Da der Vektor t aus der Linearkombination der durch L auf 0 gesetzten Zeilenvektoren von U^T berechnet wird, enthält der Vektor $U^T t$ Werte ungleich Null nur für die Dimensionen, die zu einem Nullwert in der Diagonalmatrix L korrespondieren. Die anschließende Multiplikation mit $L^{1/2}$ erzeugt damit immer einen Nullvektor, der Translationsvektor t verschwindet also aus der Berechnung:

$$\left(L^{1/2} U^T (p_1 - p_2) - L^{1/2} U^T t \right)^T *$$
$$\left(L^{1/2} U^T p_1 - p_2) - L^{1/2} U^T t \right)$$
$$= \left(L^{1/2} U^T (p_1 - p_2) \right)^T \left(L^{1/2} U^T p_1 - p_2) \right)$$
$$= pd_q(p_1, p_2)$$

quadratische Pseudo-Distanzfunktion

Beispiel 5.8

Eine positiv-semidefinite Matrix soll erstellt werden, die eine asymmetrische Translationsinvarianz in der Form realisiert, dass eine Verschiebung um einen Translationsvektor im Winkel von 40 Grad keinen Einfluss auf den Abstand hat.

In einem ersten Schritt wird die Matrix U erstellt, die eine Rotation um 40 Grad realisiert:

$$U = \begin{pmatrix} \cos 40 & -\sin 40 \\ \sin 40 & \cos 40 \end{pmatrix}$$

Da der erste Spaltenvektor der Matrix U genau die Achse anzeigt, in der die Translationsinvarianz erfolgen soll, setzen wir den entsprechenden Diagonalwert der Matrix L auf 0:

$$L = \begin{pmatrix} 0 & 0 \\ 0 & 1 \end{pmatrix}$$

Die Kombination dieser Matrizen ergibt die gewünschte Matrix A:

$$U * L * U^T = \begin{pmatrix} 0,4132 & -0.4924 \\ -0,4924 & 0,5868 \end{pmatrix}$$

Der dazugehörige Einheitskreis ist in Abbildung 5.5 dargestellt. Man sieht deutlich, dass der Rand nicht mehr geschlossen ist und dass sich die Distanz vom Zentrum bei einer asymmetrischen Translation eines Randpunktes nicht ändert.

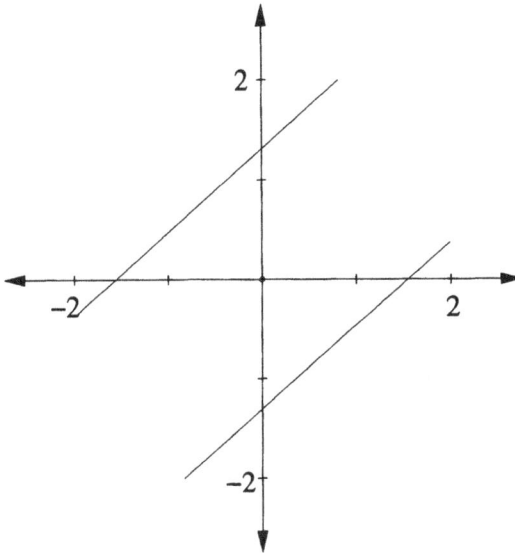

Abb. 5.5: *Einheitskreis für quadratische Pseudo-Distanzfunktion aus Beispiel 5.8*

5.2.5 Dynamical-Partial-Semi-Pseudo-Distanzfunktion

In der Arbeit [33] wurde die Minkowski-Distanzfunktion auf ihre Fähigkeit untersucht, im hochdimensionalen Raum Unähnlichkeiten abzubilden. Zwei Beobachtungen wurden dabei herausgearbeitet:

Probleme mit der Minkowski-Distanzfunktion

1. *Ähnlichkeit aufgrund einiger Dimensionen*: Es wurden Objekte untersucht, die einander ähnlich sind. Wenn die Distanzen zwischen den entsprechenden Punkten pro Dimension untersucht werden, zeigt sich, dass diese nur von einigen, also nicht von allen Dimensionen gering ist. Die Ähnlichkeit ergibt sich demnach nur aufgrund einiger Dimensionen.

2. *Ähnlichkeit in unterschiedlichen Dimensionen*: Die Ähnlichkeit zweier Objekte drückt sich nicht immer in denselben Dimensionen aus.

Da die Minkowski-Distanzfunktion immer alle Dimensionen berücksichtigt, die Ähnlichkeit jedoch meist nur von einigen, jedoch nicht feststehenden Dimensionen abhängig ist, ergeben sich Ungenauigkeiten, wenn zwischen ähnlichen und unähnlichen Objekten unterschieden werden soll.

dynamische Untermenge der Dimensionen

Die Idee der Dynamical-Partial-Distanzfunktion liegt darin, dass nur eine Untermenge der Dimensionen berücksichtigt wird. Diese Untermenge wird dynamisch ermittelt. Grundlage dafür sind die Distanzen in den einzelnen Dimensionen.

Wenn p_1 und p_2 zwei Punkte im n-dimensionalen Raum sind, dann sei $\delta_i = |p_1[i] - p_2[i]|$ der Abstand in der Dimension i. Für die Abstandsberechnung werden nur die $m \leq n$ Dimensionen mit den kleinsten Abständen berücksichtigt:

$$\Delta_m = \{\text{die kleinsten m } \delta\text{-Werte aus } (\delta_1, \delta_2, \ldots, \delta_n)\}$$

Auf der Grundlage der Menge Δ_m ist die Dynamical-Partial-Distanzfunktion folgendermaßen definiert:

$$d_{dp}^{m,r} = \left(\sum_{\delta_i \in \Delta_m} \delta_i^r \right)^{\frac{1}{r}}$$

Die Formel stellt eine Verallgemeinerung der Minkowski-Distanzfunktion dar. Der Parameter m gibt an, wieviele Dimensionen verwendet werden sollen. Wenn $m = n$ gilt, dann erhalten wir die Minkowski-Distanzfunktion. Der für eine Anwendung geeignete Wert m muss experimentell anhand von Testdaten ermittelt werden.

keine Positivität

Von den Eigenschaften einer Distanzfunktion werden, wie man leicht aus der Formel ablesen kann, Selbstidentität und Symmetrie erfüllt. Positivität wird verletzt, da zwei Punkte sich in der Dimension unterscheiden können, die bei der Berechnung ignoriert wird. Die Verletzung der Dreiecksunglei-

Verletzung der Dreiecksungleichung

chung $d(p_1, p_3) \leq d(p_1, p_2) + d(p_2, p_3)$ kann leicht am folgenden Beispiel $(m = 1, n = 2)$ demonstriert werden:

$$P_1 = \begin{pmatrix} 0 \\ 0 \end{pmatrix} \qquad P_2 = \begin{pmatrix} 1 \\ 0 \end{pmatrix} \qquad P_3 = \begin{pmatrix} 1 \\ 1 \end{pmatrix}$$

Semi-Pseudo-Distanzfunktion

Damit ist die Funktion eine Semi-Pseudo-Distanzfunktion.

Abbildung 5.6 zeigt den Einheitskreis dieser Funktion im zweidimensionalen Raum mit $m = 1$.

5.2.6 Chi-Quadrat-Semi-Pseudo-Distanzfunktion

Diese Semi-Pseudo-Distanzfunktion berechnet den Abstand zwischen Histogrammen mit absoluten Häufigkeiten von bestimmten Ereignissen. Wir gehen von Histogrammen mit einheitlich definierten Intervallen aus, so dass der

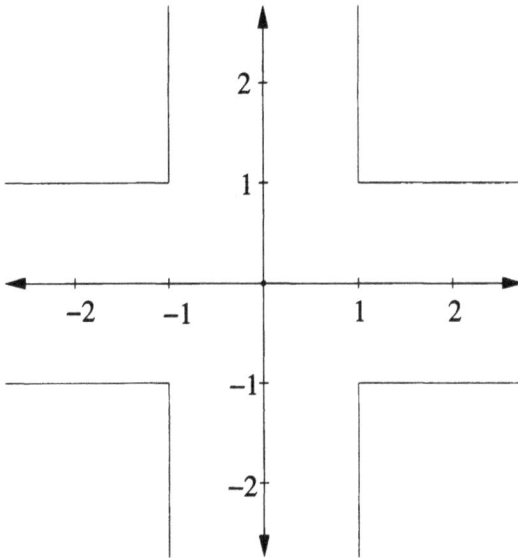

Abb. 5.6: *„Einheitskreis" der Dynamical-Partial-Semi-Pseudo-Distanzfunktion*

Punktdatentyp verwendet werden kann. Jedes Intervall korrespondiert zu einer Punktdimension. Man kann sich die Punkte als Häufigkeitsverteilungen vorstellen.

Punkte als Häufigkeitsverteilungen

Einsatz findet die Chi-Quadrat-Semi-Pseudo-Distanzfunktion ursprünglich in der Statistik, um Abhängigkeiten zwischen Zufallsvariablen zu untersuchen. Bei der Berechnung werden Differenzen zwischen erwarteten und tatsächlichen Häufigkeiten ermittelt. Diese werden sodann quadriert, normiert und aufsummiert:

Abhängigkeiten zwischen Zufallsvariablen

$$spd_{\chi^2}(p_1, p_2) = \sum_{j=1}^{n} \frac{(p_1[j] - \hat{p}_1[j])^2}{\hat{p}_1[j]} + \sum_{j=1}^{n} \frac{(p_2[j] - \hat{p}_2[j])^2}{\hat{p}_2[j]} \text{ für } p_1, p_2 \in \mathbb{N}_0^n$$

Die erwarteten Häufigkeiten $\hat{p}_i[j]$ berechnen sich nach folgender Formel:

erwartete Häufigkeit

$$\hat{p}_i[j] = \frac{(p_1[j] + p_2[j]) * \sum_{a=1}^{n} p_i[a]}{\sum_{a=1}^{n} (p_1[a] + p_2[a])}.$$

Hinter den erwarteten Häufigkeiten steht die Null-Hypothese, dass die Verteilungen der Häufigkeiten beider Punkte gleich sind. Entsprechen die erwarteten Häufigkeiten den tatsächlichen Häufigkeiten, dann existiert keine Abhängigkeit zwischen den zugrunde liegenden Zufallsvariablen, und der Abstand beträgt 0. In gewissem Sinn drückt damit dieser Abstand eine Korrelation innerhalb beider Punkte aus. Das folgende Beispiel soll die Idee des Chi-Quadrat-Tests verdeutlichen.

Null-Hypothese

Chi-Quadrat-Test   **Beispiel 5.9**

Auf der Grundlage von Häufigkeiten soll untersucht werden, inwieweit eine Grippedoppelimpfung eine Grippe verhinden kann. Verschiedene Personen wurden befragt, ob eine Grippe im letzten Monat bei ihnen aufgetreten ist sowie, ob sie zweimal, einmal oder gar nicht geimpft wurden. Die Umfrageergebnisse sind als Häufigkeiten in Tabelle 5.3 dargestellt. So haben zum Beispiel 24 Personen ohne Grippeimpfung eine Grippe bekommen.

In Klammern sind die erwarteten Häufigkeiten angegeben. Diesen liegt die Annahme zugrunde, dass die Wahrscheinlichkeit, eine Grippe zu bekommen, unabhängig von der Schutzimpfung sei, sich also aus dem Produkt der jeweiligen Einzelwahrscheinlichkeiten berechnen lässt.

Die erwartete Wahrscheinlichkeit für Grippe/keine Impfung lässt sich folgendermaßen berechnen: Durch Vergleich der Zeilensumme 46 der Grippezeile mit der Gesamtsumme von 1000 ergibt sich eine geschätzte Einzelwahrscheinlichkeit für Grippe von 46/1000. Analog dazu ergibt sich die geschätzte Einzelwahrscheinlichkeit, keine Impfung bekommen zu haben, aus dem Quotient der ersten Spaltensumme 313 und der Gesamtanzahl 1000. Die Wahrscheinlichkeit des Zusammentreffens beider Ereignisse der als unabhängig angenommenen Zufallsvariablen ergibt sich aus dem Produkt der Einzelwahrscheinlichkeiten, also 313/1000*46/1000; multipliziert mit der Gesamtanzahl ergibt sich dann eine geschätzte Häufigkeit von 46*313/1000 = 14,398.

Die quadrierten Differenzen zwischen den erwarteten und tatsächlichen Häufigkeiten, dividiert durch die erwarteten Häufigkeiten und aufsummiert über alle Felder, ergeben den Wert 17,313. Um aus diesem Wert eine Abhängigkeit zwischen Schutzimpfung und Grippeerkrankung erkennen zu können, wird dieser mit der entsprechenden Häufigkeit der Chi-Quadrat-Verteilung verglichen, die aus speziellen, in Statistikbüchern vorhandenen Tabellen gewonnen wird. Die Tabellenwerte geben Schwellenwerte für Abhängigkeit an.

In unserem Beispiel sieht man schon durch einen reinen Vergleich der tatsächlichen und erwarteten Häufigkeiten, dass eine Doppelimpfung vor Grippe schützt. Die tatsächliche Grippehäufigkeit ist nur bei einer Doppelimpfung niedriger als die erwartete Häufigkeit.

	keine Impf.	eine Impf.	Doppelimpf.	$\sum$
Grippe	24 (14,398)	9 (5,014)	13 (26,588)	46
keine Grippe	289 (298,602)	100 (103,986)	565 (551,412)	954
$\sum$	313	109	578	1000

Tabelle 5.3: *Grippe-Häufigkeiten aus Beispiel 5.9*

Die Chi-Quadrat-Distanzfunktion ist eine Semi-Pseudo-Distanzfunktion da sie die Eigenschaften Selbstidentität und Symmetrie, aber nicht Positivität und die Dreiecksungleichung erfüllt:

- *Selbstidentität:* Bei doppelter Verwendung derselben Häufigkeitsverteilung entsprechen die erwarteten Häufigkeiten den tatsächlichen Häufigkeiten. Durch die Differenzbildung resultiert daraus der Wert 0.

- *Symmetrie:* In der Formel werden die Häufigkeiten der beiden Punkte gleichberechtigt verwendet. Daher ergibt ein Vertauschen der Punkte immer genau denselben Distanzwert.

- *keine Positivität:* Verwendet man in einer Häufigkeitsverteilung ein Vielfaches der Häufigkeiten einer anderen Häufigkeitsverteilung, dann sind erwartete und tatsächliche Häufigkeiten einander gleich. Daraus resultiert ein Abstandswert von 0 und verletzt damit die Forderung nach Positivität.

- *Dreiecksungleichung nicht erfüllt:* Um dies zu zeigen, reicht die Angabe eines Gegenbeispiels:

$$p_1 = \begin{pmatrix} 3 \\ 1 \end{pmatrix} \qquad p_2 = \begin{pmatrix} 6 \\ 1 \end{pmatrix} \qquad p_3 = \begin{pmatrix} 8 \\ 2 \end{pmatrix}$$

Die Berechnung der jeweiligen Distanzen ergibt:

$$spd_{\chi^2}(p_1, p_2) \approx 0,196428$$
$$spd_{\chi^2}(p_1, p_3) \approx 0,04242$$
$$spd_{\chi^2}(p_2, p_3) \approx 0,092517$$

Aufgrund $spd_{\chi^2}(p_1, p_2) > spd_{\chi^2}(p_1, p_3) + spd_{\chi^2}(p_2, p_3)$ liegt eine Verletzung der Dreiecksungleichung vor.

Von den verschiedenen Invarianzen ist nur die Rotationsinvarianz erfüllt. *Rotationsinvarianz*

Der „Kreis" aller Punkte mit dem Abstand von 0,1 um den Punkt (1; 0,5) ist in Abbildung 5.7 dargestellt. Wie man sieht, ist der Kreis nicht durchgängig, sondern entgegen der Richtung zum Koordinatenursprung offen. Dies ergibt *offener Kreis* sich durch die fehlende Positivität. Ein Vielfaches des Zentrumvektors ergibt immer den Abstand 0.

5.2.7 Kullback-Leibler-Abstandsfunktion

Die Kullback-Leibler-Abstandsfunktion wird in der Informationstheorie zum Entropievergleich zweier Wahrscheinlichkeitsverteilungen eingeführt. Sie ist keine Distanzfunktion, da sie sowohl die Symmetrie als auch die Dreiecksun- *keine* gleichung verletzt. Allerdings wird Selbstidentität und Positivität garantiert. *Distanzfunktion*

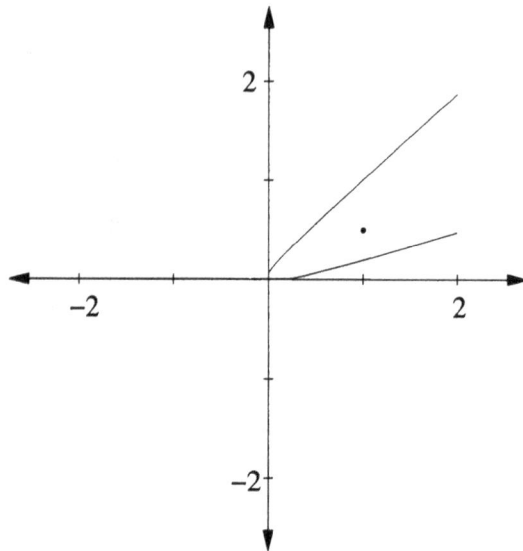

Abb. 5.7: *„Kreis" der Chi-Quadrat-Distanzfunktion*

relative Häufigkeiten

Die Kullback-Leibler-Abstandsfunktion ist auf Feature-Daten anwendbar, wenn diese relative Häufigkeiten in Form von Histogrammen mit einheitlich definierten Intervallen enthalten. Die relativen Häufigkeiten der einzelnen Intervalle werden als Werte der korrespondierenden Dimensionen im Punktdatentyp behandelt. Diese Werte eines Punktes p müssen daher folgende Bedingungen erfüllen:

$$\text{für } i = 1 \ldots, n : 0 \leq p[i] \leq 1 \text{ sowie } \sum_{i=1}^{n} p[i] = 1.$$

Durch Dividieren der einzelnen Werte mit deren Gesamtsumme können absolute Häufigkeiten einfach in relative Häufigkeiten umgewandelt werden, welche damit die obigen Bedingungen erfüllen.

Entropie

Ein grundlegender Begriff in der Informationstheorie ist der Begriff der Entropie $H_p(X)$ einer Zufallsvariablen X, die auf der Grundlage der Wahrscheinlichkeiten $p(x)$ für jedes Ereignis x definiert ist:

$$H_p(X) = \sum_{x \in X} p(x) * \log_2 \frac{1}{p(x)}.$$

Wir gehen hier davon aus, dass für $p(x) = 0$ auch $p(x) * \log_2 \frac{1}{p(x)} = 0$ gilt. Damit haben Ereignisse, die unmöglich auftreten können, keinen Einfluss auf die Entropie.

Die Entropie ist immer nichtnegativ. Außerdem gibt sie die minimale Anzahl von Bits an, die durchschnittlich nötig wird, um in einer Sequenz von Ereig-

nissen aus X ein Ereignis binär zu kodieren. Damit ist sie ein Maß der Ungewissheit einer Zufallsvariablen.

*Maß der
Ungewissheit*

Beispiel 5.10

minimale Entropie

Angenommen, nur ein Ereignis kann auftreten; dann ist dessen Wahrscheinlichkeit 1 und daraus resultiert der Entropiewert 0. Null Bits werden benötigt, um dieses Ereignis minimal zu kodieren. Man kennt das Ereignis
bereits im Voraus und damit ist die Ungewissheit minimal.

Beispiel 5.11

*Entropie eines
Münzwurfs*

Das Werfen einer Münze konstruiert idealerweise genau zwei Ereignisse
mit der Wahrscheinlichkeit von je 50%. Die Entropie dieser Zufallsvariable
ergibt genau 1 Bit.

Beispiel 5.12

*Entropie eines
Pferderennens*

An einem Pferderennen nehmen 8 Pferde teil. Deren Wahrscheinlichkeiten
zu gewinnen seien $(\frac{1}{2}, \frac{1}{4}, \frac{1}{8}, \frac{1}{16}, \frac{1}{64}, \frac{1}{64}, \frac{1}{64}, \frac{1}{64})$. Die Entropieberechnung
ergibt 2 Bits.

Wenn man einer Person den Sieger des Rennens übermitteln will und die
acht Ereignisse ohne Berücksichtigung der Wahrscheinlichkeiten kodiert,
benötigt man 3 Bits. Statt dessen kann man folgende Codes für die Pferde
benutzen: 0, 10, 110, 1110, 111100, 111101, 111110, 111111. Da die Pferde mit den höchsten Siegerwahrscheinlichkeiten die wenigsten Bits benötigen, braucht man im Durchschnitt unter Berücksichtigung der Wahrscheinlichkeiten nur 2 Bits. Dies entspricht dem Entropiewert.

Die relative Entropie $D(p\|q)$, die auch Kullback-Leibler-Abstand genannt
wird, ist folgendermaßen auf zwei unterschiedlichen Verteilungen p und q derselben Ereignismenge X definiert:

relative Entropie

$$D(p\|q) = \sum_{x \in X} p(x) * \log_2 \frac{p(x)}{q(x)}.$$

Ein besseres Verständnis der Kullback-Leibler-Abstandsfunktion liefert folgende Umformung:

$$
\begin{aligned}
D(p\|q) &= \sum_{x \in X} p(x) * \log_2 \frac{p(x)}{q(x)} \\
&= \sum_{x \in X} p(x) * (\log_2 p(x) - \log_2 q(x)) \\
&= \sum_{x \in X} p(x) * \left(\log_2 \frac{1}{q(x)} - \log_2 \frac{1}{p(x)} \right) \\
&= \sum_{x \in X} p(x) * \log_2 \frac{1}{q(x)} - \sum_{x \in X} p(x) * \log_2 \frac{1}{p(x)} \\
&= \sum_{x \in X} p(x) * \log_2 \frac{1}{q(x)} - H_p(X)
\end{aligned}
$$

Die Kullback-Leibler-Abstandsfunktion gibt an, wieviele zusätzliche Bits zur Kodierung benötigt werden, wenn statt des minimalen Codes ein Code bezogen auf die Wahrscheinlichkeitsverteilung $q(x)$ mit der Wahrscheinlichkeit $p(x)$ verwendet wird.

Buchstaben

Beispiel 5.13

Angenommen, in einer Sammlung von Textdokumenten ist „E" mit ca. 13 Prozent der häufigste und „Z" mit ca. 1 Prozent der seltenste Buchstabe. Weiterhin sei bekannt, dass die minimale Länge von Bits, die durchschnittlich zur Kodierung eines Buchstabens benötigt wird, 3 Bits beträgt[4].

Wenn zur Kodierung der Buchstaben der ASCII-Code mit 7 Bits verwendet wird, der implizit eine Gleichverteilung der Buchstaben voraussetzt, werden zusätzlich 4 Bits (3+4=7) benötigt. Die Kullback-Leibler-Abstandsfunktion ermittelt also den Abstand von 4 Bits zwischen einem optimalen Code und der Verwendung des ASCII-Codes.

Das Beispiel zeigt, dass die Kullback-Leibler-Abstandsfunktion die Anzahl von Bits angibt, die den zusätzlichen Kodierungsaufwand beim Übergang von einer Verteilung zu einer anderen Verteilung ausmacht.

keine Distanzfunktion

Positivität und Selbstidentität

Wie eingangs erwähnt, ist diese Funktion keine Distanzfunktion, da die Symmetrie und die Dreiecksungleichung nicht erfüllt werden. Hingegen werden Positivität und Selbstidentität garantiert. Auf einen Beweis wird hier verzichtet. Statt dessen verweisen wir dafür auf Seite 26 des Buches [46].

Eine Invarianz bezüglich einer Translation, Skalierung und Rotation macht aufgrund der Bedingungen für Wahrscheinlichkeitsfunktionen nur wenig Sinn.

---

[4]Das Morse-Alphabet versucht durch Verwendung unterschiedlich langer Codewortlängen für die einzelnen Buchstaben den errechneten Entropiewert zu erreichen.

Abbildung 5.8 zeigt die zweidimensionale Projektion eines dreidimensionalen Einheitskreises. Der Sprung auf drei Dimensionen ist erforderlich, da durch die Bedingung $\sum_{i=1}^{n} p[i] = 1$ von n Dimensionen nur $n-1$ Dimensionen unabhängig sind.

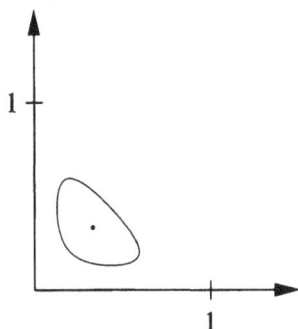

Abb. 5.8: *Einheitskreis für Kullback-Leibler-Abstandsfunktion*

Eine empirisch abgeleitete Modifikation der Kullback-Leibler-Abstandsfunktion zur Erreichung der Symmetrie ist die Jeffrey-Abstandsfunktion:

$$d_J(p, q) = \sum_{x \in X} \left(p(x) * \log_2 \frac{2 * p(x)}{p(x) + q(x)} + q(x) * \log_2 \frac{2 * q(x)}{p(x) + q(x)} \right).$$

Allerdings erfüllt auch diese Funktion nicht die Dreiecksungleichung. Wie in Abbildung 5.9 dargestellt, ist der Einheitskreis dem Einheitskreis der Kullback-Leibler-Abstandsfunktion sehr ähnlich.

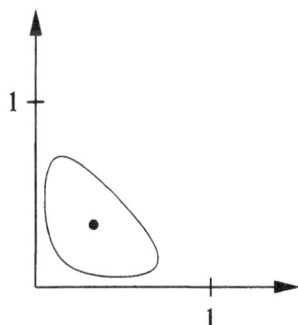

Abb. 5.9: *Einheitskreis für Jeffrey-Abstandsfunktion*

5.2.8   Bhattacharyya-Abstandsfunktion

Eine weitere Abstandsfunktion auf diskreten Wahrscheinlichkeitsverteilungen ist die Bhattacharyya-Abstandsfunktion $d_{Bhat}(p,q)$. Sie wird häufig für Probleme der Mustererkennung eingesetzt. Ein typisches Beispiel für den erfolreichen Einsatz dieser Funktion ist die Spracherkennung.

Einsatz in der Mustererkennung

Die Bhattacharyya-Abstandsfunktion ist folgendermaßen definiert:

$$d_{Bhat}(p,q) = -\log \sum_{x \in X} \sqrt{p(x) * q(x)}$$

p und q seien dabei zwei diskrete Wahrscheinlichkeitsverteilungen über die Ereignisse der endlichen und abzählbaren Menge X. Diese Funktion erfüllt alle Distanzeigenschaften bis auf die Dreiecksungleichung. Daher ist sie eine Semi-Distanzfunktion.

Der dreidimensionale Einheitskreis dieser Abstandsfunktion projiziert auf zwei Dimension ist beispielhaft in Abbildung 5.10 dargestellt. Die Darstellung als zweidimensionaler Kreis im dreidimensionalen Raum begründet sich in der Forderung, dass die Summe der Wahrscheinlichkeiten 1 betragen muss und damit bei drei Ereignissen die Wahrscheinlichkeiten von nur zwei Ereignissen unabhängig sind.

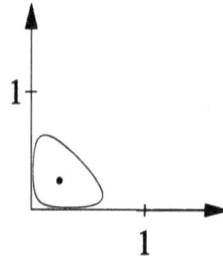

Abb. 5.10: *„Kreis" der Bhattacheryya-Abstandsfunktion*

5.3   Distanzfunktionen auf Binärdaten

Erfüllung von Eigenschaften

Unter Binärdaten verstehen wir hier die Erfüllung beziehungsweise Nichterfüllung von Medienobjekten bezüglich bestimmter Eigenschaften. Wir gehen davon aus, dass zu einer vorgegebenen Menge E von n Eigenschaften und jedem Medienobjekt bekannt ist, welche Eigenschaften erfüllt sind und welche nicht. Graphisch lassen sich diese Feature-Daten als Punkte darstellen, wobei die Erfüllung zum Wert 1 und die Nichterfüllung zum Wert 0 korrespondiert, und damit jeder Punkt auf einer Ecke eines n-dimensionalen Hypereinheitswürfels liegt. Binärdaten besitzen den Typ `array [1..n](boolean)`.

Ecke eines n-dimensionalen Hypereinheitswürfels

Vergleicht man zwei Punkte, dann ergeben sich genau vier verschiedene Anzahlwerte, die als Grundlage für die Distanzmessung verwendet werden. Diese sind in Tabelle 5.4 dargestellt.

$e \in E$	e **erfüllt für** p_1	e **nicht erfüllt für** p_1
e **erfüllt für** p_2	$n_{1/1}$	$n_{0/1}$
e **nicht erfüllt für** p_2	$n_{1/0}$	$n_{0/0}$

Tabelle 5.4: Anzahl von Korrespondenzen

Beispiel 5.14

$n_{0/0}, n_{0/1}, n_{1/0}, n_{1/1}$

Es seien die beiden Punkte
$p_1 = (0, 0, 0, 0, 1, 1, 1, 1)^T$ sowie $p_2 = (1, 1, 0, 1, 1, 1, 0, 0)^T$
gegeben. Aus dem Vergleich der $n = 8$ Binärwerte ergeben sich die Werte
$n_{0/0} = 1, n_{0/1} = 3, n_{1/0} = 2$ und $n_{1/1} = 2$.

Die Minkowski-Distanzfunktionen

Minkowski-Distanzfunktionen

$$d_{L_m} : \mathbb{R}^n \times \mathbb{R}^n \longrightarrow \mathbb{R}_0^+, d_{L_m}(p_1, p_2) \mapsto \left(\sum_{i=1}^{n} |p_1[i] - p_2[i]|^m \right)^{1/m}$$

lassen sich auf binären Daten anwenden. Pro Eigenschaft (Dimension) ergibt die Wertedifferenz 0 bei Übereinstimmung und 1 bei Wertunterschied. Die Potenzierung der Differenzen bleibt wirkungslos, so dass man vor der Wurzelberechnung die Summe $n_{1/0} + n_{0/1}$ erhält:

$$d_{L_m} : \{0, 1\}^n \times \{0, 1\}^n \longrightarrow \mathbb{R}_0^+, d_{L_m}(p_1, p_2) \mapsto \left(n_{1/0} + n_{0/1} \right)^{1/m}$$

Für die Sortierung von Punkten nach ihrem Abstand von einem gegebenen Punkt ist die Wurzelberechnung aufgrund der Monotonie der Wurzelfunktion unerheblich. Aus diesem Grund verwendet man die L_1-Distanzfunktion

L_1-Distanzfunktion

$$d_{L_1} : \{0, 1\}^n \times \{0, 1\}^n \longrightarrow \mathbb{R}_0^+, d_{L_1}(p_1, p_2) \mapsto n_{1/0} + n_{0/1},$$

die im Spezialfall der Binärdaten identisch mit der quadrierten euklidschen und der Hamming-Distanzfunktion[5] ist. Neben der L_1-Distanzfunktion werden weitere Distanzfunktionen vorgeschlagen, die in der Tabelle 5.5 aufgeführt sind.

Hamming-Distanzfunktion

Die Erfüllung der verschiedenen Distanzeigenschaften kann meist leicht aus den Formeln abgelesen werden, während wir für die nichterfüllten Fälle Beispiele angeben, die die Nichterfüllung demonstrieren:

---

[5]Die Hamming-Distanz zwischen zwei gleichlangen Bitfolgen entspricht der Anzahl der unterschiedlichen Bits.

Distanzfunktion	Formel	Si	Pos	Sym	Dr
Hamming (L_1)	$n_{1/0} + n_{0/1}$	✓	✓	✓	✓
Größendifferenz	$\dfrac{\left(n_{0/1}-n_{1/0}\right)^2}{n^2}$	✓	–	✓	–
Musterdifferenz	$\dfrac{n_{0/1}*n_{1/0}}{n^2}$	✓	–	✓	–
Varianz	$\dfrac{n_{0/1}+n_{1/0}}{4*n}$	✓	✓	✓	✓
Form	$\dfrac{n*\left(n_{0/1}+n_{1/0}\right)-\left(n_{0/1}-n_{1/0}\right)^2}{n^2}$	✓	–	✓	–
Lance & Williams	$\dfrac{n_{0/1}+n_{1/0}}{2*n_{1/1}+n_{0/1}+n_{1/0}}$	✓	✓	✓	–

Tabelle 5.5: *Distanzfunktionen*

- *keine Positivität bei Größendifferenz:*

$$p_1 = \begin{pmatrix} 1 \\ 0 \end{pmatrix} \qquad p_2 = \begin{pmatrix} 0 \\ 1 \end{pmatrix}$$

- *keine Positivität bei Musterdifferenz:*

$$p_1 = \begin{pmatrix} 1 \\ 0 \end{pmatrix} \qquad p_2 = \begin{pmatrix} 1 \\ 1 \end{pmatrix}$$

- *keine Positivität bei Form:*

$$p_1 = \begin{pmatrix} 0 \\ 0 \end{pmatrix} \qquad p_2 = \begin{pmatrix} 1 \\ 1 \end{pmatrix}$$

- *Verletzung der Dreiecksungleichung bei Größendifferenz:*

$$p_1 = \begin{pmatrix} 0 \\ 0 \\ 0 \\ 0 \end{pmatrix} \qquad p_2 = \begin{pmatrix} 1 \\ 1 \\ 0 \\ 0 \end{pmatrix} \qquad p_3 = \begin{pmatrix} 1 \\ 1 \\ 1 \\ 1 \end{pmatrix}$$

- *Verletzung der Dreiecksungleichung bei Musterdifferenz:*

$$p_1 = \begin{pmatrix} 0 \\ 1 \end{pmatrix} \qquad p_2 = \begin{pmatrix} 1 \\ 1 \end{pmatrix} \qquad p_3 = \begin{pmatrix} 1 \\ 0 \end{pmatrix}$$

- *Verletzung der Dreiecksungleichung bei Form:*

$$p_1 = \begin{pmatrix} 0 \\ 0 \\ 1 \\ 1 \end{pmatrix} \qquad p_2 = \begin{pmatrix} 0 \\ 0 \\ 0 \\ 0 \end{pmatrix} \qquad p_3 = \begin{pmatrix} 1 \\ 1 \\ 0 \\ 0 \end{pmatrix}$$

- *Verletzung der Dreiecksungleichung bei Lance & Williams:*

$$p_1 = \begin{pmatrix} 1 \\ 0 \\ 0 \end{pmatrix} \qquad p_2 = \begin{pmatrix} 1 \\ 0 \\ 1 \end{pmatrix} \qquad p_3 = \begin{pmatrix} 0 \\ 1 \\ 1 \end{pmatrix}$$

5.4 Distanzfunktionen auf Sequenzen

Sequenz-Daten bestehen aus einer Liste $\mathrm{list}(t)$ von Datenelementen eines Datentyps t. Die Anzahl der Elemente zur Beschreibung eines Medienobjektes kann unterschiedlich zur Elementeanzahl eines anderen Medienobjektes sein. Die Elemente der Liste unterliegen einer bestimmten Ordnung.

variable Elementeanzahl und Ordnung

Mathematisch gesehen kann eine Sequenz s der Länge n als eine funktionale Abbildung der Indexmenge $I_n = \{1, \ldots, n\}$ in einen Wertebereich $W : I_n \longrightarrow \mathrm{dom}(t)$ aufgefasst werden.

Sequenz als Funktion

Sequenzen lassen sich anhand des Datentyps ihrer Listenelemente t unterscheiden. Der Datentyp kann kontinuierliche Werte, etwa reelle Zahlen, aber auch nominale Werte, etwa Buchstaben, festlegen. Zusätzlich kann der Datentyp auch durch Anwendung des Typkonstruktors, etwa des Tupeldatentypkonstruktors, konstruiert worden sein.

Klassifikation durch Datentyp

reelle versus nominale Werte

komplexe Werte

Ein weiteres Kriterium zur Klassifikation von Sequenzen existiert in Abhängigkeit davon, ob der Vergleich zweier Sequenzen auf einer Korrespondenz der Positionen der Listenelemente basiert oder nicht. Anders formuliert geht es um die Frage, ob die Reihenfolge der Listenelemente für die Distanzberechnung wesentlich ist oder nicht.

Korrespondenz der Positionen

Wir gehen hier davon aus, dass nur komplette Sequenzen verglichen werden, also kein partieller Vergleich einer Sequenz gegenüber einer Teilsequenz gefordert wird. Dieser Aspekt wird später in Abschnitt 6.7 auf Seite 254 behandelt.

Im Folgenden werden wir für drei Klassen von Sequenzen beispielhaft jeweils eine Methode zur Distanzberechnung vorstellen:

- keine Positionskorrespondenz: Earth-Mover-Distanzfunktion

- Positionskorrespondenz und reelle Werte: DFT-L_2-Distanzfunktion

- Positionskorrespondenz und nominale Werte: Editierdistanzfunktion

Einige der bereits eingeführten Distanzfunktionen auf Punkten können auf Sequenzen mit reellen Werten angewendet werden, falls diese Funktionen eine variable Anzahl von Elementen, die man als Dimensionen auffassen kann, unterstützen. Ein Beispiel ist die Kullback-Leibler-Abstandsfunktion, die auf relativen Häufigkeiten definiert ist und keine Festlegung auf eine bestimmte Anzahl von Dimensionen (Ereignissen) vornimmt.

Punktdistanzfunktionen auf Sequenzen

5.4.1   Earth-Mover-Distanzfunktion

Diese Distanzfunktion geht von dem Datentyp $\texttt{tuple}(p_i$: $\texttt{array}[1..\texttt{n}](\texttt{real}), w_{p_i}$: $\texttt{real})$ für das i-te Element einer Sequenz p aus. Die Anzahl der Dimensionen n ist konstant für alle Elemente und alle Sequenzen. Weiterhin muss $w_{p_i} \geq 0$ gelten und eine Distanzfunktion

Grunddistanz $d : \mathbb{R}^n \times \mathbb{R}^n \longrightarrow \mathbb{R}_0^+$ existieren, die im Folgenden Grunddistanz genannt wird. Feature-Daten dieser Form entstehen typischerweise aus Histogrammen mit nicht einheitlichen Werteintervallen (Bins). Diese werden durch die n-dimensionalen Punkte p_i repräsentiert.

Diese Distanz nutzt keine Korrespondenz der Positionen der Listenelemente aus. Statt dessen wird die Grunddistanz verwendet, um beliebige Kombinationen von Positionen von Listenelementen zu gewichten.

Sequenzen für   **Beispiel 5.15**
EM-Distanzfunktion
Rasterbilder können anhand ihrer Farbverteilungen verglichen werden. Der Farbraum sei dabei dreidimensional, wie z.B. der RGB-Farbraum. Die Grunddistanz ist auf den Punkten (Farben) im dreidimensionalen Farbraum definiert. Jedes Pixel des Rasterbildes definiert einen Punkt im Farbraum. Clusterverfahren finden Punktmengen, bei denen die Punkte innerhalb eines Clusters im Farbraum nahe beieinander liegen. Die Abstände zwischen Punkten unterschiedlicher Cluster hingegen sind größer. Jeder Cluster kann durch einen Zentroid p_i, also durch eine repräsentative Farbe, identifiziert werden. Durch einen solchen Zentroid wird die Position des Clusters im Farbraum festgelegt. Die Anzahl der Rasterpunkte w_{p_i} eines Clusters zusammen mit dem Zentroid p_i bilden dann ein Element der Sequenz. Alle gefundenen Cluster mit ihren Zentroiden und Punktanzahlen ergeben die gesamte Sequenz, wobei die Reihenfolge hier keine Rolle spielt. Für verschiedene Rasterbilder können unterschiedlich viele Cluster erzeugt werden.

In Abbildung 5.11 sind zwei Cluster im RGB-Farbraum abgebildet. Damit hat die Sequenz zwei Elemente mit entsprechenden dreidimensionalen Zentroiden (p_i) und Punktanzahlen (w_{p_i}).

EM-Distanzfunktion   Die Grundidee hinter der Earth-Mover-Distanzfunktion (EM-Distanzfunktion)
Transportproblem   ist die Überführung der Distanzberechnung auf ein Transportproblem. Um die Distanz zwischen der Sequenz p mit m Elementen und der Sequenz q mit n
Erdhügel   Elementen zu ermitteln, werden die Elemente von p als Erdhügel und die Ele-
Erdlöcher   mente von q als Erdlöcher aufgefasst. Die Punkte p_i beziehungsweise q_i geben die Position der Hügel beziehungsweise der Löcher an, während die dazugehörigen w_{p_i}- und w_{q_i}-Werte die Volumina der Hügel/Löcher beschreiben. Die Grunddistanz zwischen den p_i- und q_i-Punkten definiert die Abstände zwischen den Hügeln und Löchern. Um die Distanz zwischen den Sequenzen zu
minimaler   ermitteln, wird nun versucht, die Erde der Hügel mit minimalem Transport-
Transportaufwand   aufwand in die Löcher zu füllen. Aus dieser bildlichen Vorstellung ergibt sich

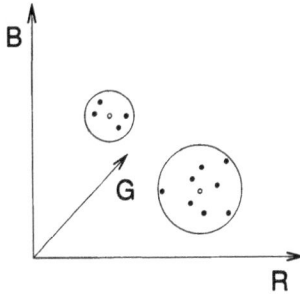

Abb. 5.11: *Pixelcluster im Farbraum*

der Name dieser Distanzfunktion. Der Distanzwert entspricht dem minimalen Transportaufwand.

Ziel ist also die Minimierung der Transportkosten. Ein konkreter Transport wird durch die Angabe der Quantitätsmatrix $F = [f_{ij}]$ definiert. Der Wert f_{ij} gibt die Menge der Erde an, die vom Hügel p_i zum Loch q_j transportiert wird. Die Transportkosten berechnen sich aus dem Produkt der Quantitäten mit den entsprechenden Grunddistanzwerten:

Quantitätsmatrix
$F = [f_{ij}]$

Transportkosten

$$\text{Kosten}(p, q, F) = \sum_{i=1}^{m} \sum_{j=1}^{n} d(p_i, q_j) * f_{ij}$$

Diese Kosten sind unter Berücksichtigung folgender Bedingungen zu minimie-ren:

Bedingungen

$$f_{ij} \geq 0, \qquad 1 \leq i \leq m, 1 \leq j \leq n,$$

$$\sum_{j=1}^{n} f_{ij} \leq w_{p_i}, \qquad 1 \leq i \leq m,$$

$$\sum_{i=1}^{m} f_{ij} \leq w_{q_j}, \qquad 1 \leq j \leq n,$$

$$\sum_{i=1}^{m} \sum_{j=1}^{n} f_{ij} = \min \left(\sum_{i=1}^{m} w_{p_i}, \sum_{j=1}^{n} w_{q_j} \right).$$

Die erste Bedingung legt den Transport in eine Richtung fest. Die zweite Be-dingung fordert, dass nicht mehr Erde transportiert wird, als die Hügel umfas-sen. Analog dazu fordert die dritte Bedingung, dass nur soviel Erde transpor-tiert wird, wie die Erdlöcher fassen können. Die letzte Bedingung hingegen fordert, dass soviel Erde, wie die Hügel hergeben, oder die Löcher fassen kön-nen, transportiert werden muss. Da die Erdmenge der Hügel und die fehlende Erdmenge der Löcher nicht übereinstimmen müssen, können nach dem Trans-port entweder Hügel oder Löcher übrig bleiben, aber nicht beides gemeinsam.

Normierung

Der Distanzwert nach der Earth-Mover-Distanzfunktion berechnet sich nun aus der Normierung der minimalen Transportkosten bezüglich der Gesamtmenge der transportierten Erde:

$$d_{EM}(p, q) = \frac{\min\limits_{[f_{ij}]} \left(\sum\limits_{i=1}^{m} \sum\limits_{j=1}^{n} d(p_i, q_j) * f_{ij} \right)}{\sum\limits_{i=1}^{m} \sum\limits_{j=1}^{n} f_{ij}}$$

EM-Distanz

Beispiel 5.16

Es seien die Sequenzen

$$p = \left\langle \text{tuple} \left(p_1 = \begin{pmatrix} 1 \\ 4 \end{pmatrix}, w_{p_1} = 0, 4 \right), \right.$$

$$\left. \text{tuple} \left(p_2 = \begin{pmatrix} 3 \\ 1 \end{pmatrix}, w_{p_2} = 0, 6 \right) \right\rangle$$

und

$$q = \left\langle \text{tuple} \left(q_1 = \begin{pmatrix} 2 \\ 1 \end{pmatrix}, w_{q_1} = 0, 3 \right), \right.$$

$$\text{tuple} \left(q_2 = \begin{pmatrix} 5 \\ 2 \end{pmatrix}, w_{q_1} = 0, 5 \right),$$

$$\left. \text{tuple} \left(q_3 = \begin{pmatrix} 5 \\ 3 \end{pmatrix}, w_{q_3} = 0, 2 \right) \right\rangle$$

gegeben. Die Sequenzelemente sind in Abbildung 5.12 als Kreise dargestellt. Die Pfeile zwischen den Kreisen zeigen die Transportwege mit den entsprechenden f_{ij}-Werten an. Die Länge der Pfeile korrespondiert zu den Kosten, da als Grunddistanz in diesem Beispiel die euklidische Distanzfunktion gewählt wurde.

Die Transportkosten berechnen sich aus den Produkten der f_{ij}-Werte mit den Werten der Grunddistanz, die in den Tabellen der Abbildung 5.13 gezeigt werden. Die Kosten betragen demzufolge:

$$\text{Kosten}(p, q, F) = 0.2\sqrt{10} + 0, 2\sqrt{17} + 0, 1 + 0, 5\sqrt{5} \approx 2, 675.$$

Da die Gesamttransportmenge 1 beträgt, ist der Distanzwert identisch mit den Kosten:

$$d_{EM}(p, q) = \text{Kosten}(p, q, F) \approx 2, 675.$$

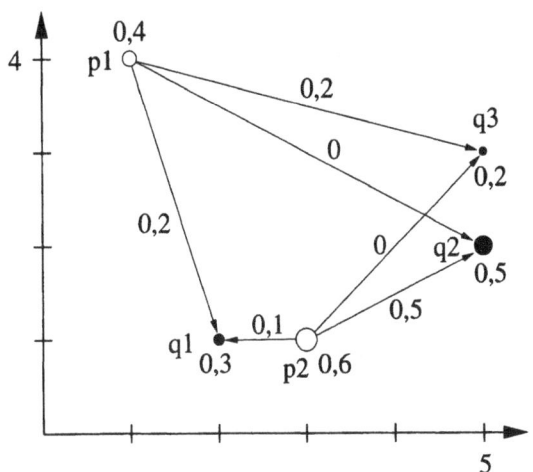

Abb. 5.12: *EM-Distanz zwischen zwei Sequenzen*

f_{ij}	1	2	3	$\sum$
1	0,2	0	0,2	0,4
2	0,1	0,5	0	0,6
$\sum$	0,3	0,5	0,2	1

d_{L_2}	1	2	3
1	$\sqrt{10}$	$\sqrt{13}$	$\sqrt{17}$
2	1	$\sqrt{5}$	$\sqrt{8}$

Abb. 5.13: *f_{ij}-Werte und Grunddistanzwerte des Beispiels 5.16*

Die EM-Distanzfunktion erfüllt alle Eigenschaften einer Distanzfunktion, wenn zwei Bedingungen erfüllt sind:

- *Grunddistanz:* Die Grunddistanzfunktion erfüllt alle Distanzeigenschaften und

- *Sequenzgewichte:* die Gesamtgewichte der Sequenzen sind gleich
$$\sum_{i=1}^{m} w_{p_i} = \sum_{j=1}^{n} w_{q_j}.$$

Der Beweis der Distanzeigenschaften der EM-Distanzfunktion wird auf Seite 17 in [157] gegeben.

Sind die Gesamtgewichte der Sequenzen unterschiedlich, kann für die „leichtere" Sequenz ein künstliches Element eingeführt werden, wobei die Transportkosten für dieses Element auf Null gesetzt werden.

künstliches Element

Vorteilhaft für die Nachbildung einer empfundenen Ähnlichkeit bei der Verwendung dieser Distanzfunktion ist der zugrunde liegende, durch die Grunddistanz gewichtete, m-zu-n-Vergleich von Feature-Werten. Dies ist jedoch mit

m-zu-n-Vergleich

relativ hoher Berech-
nungsaufwand

einem relativ hohen Berechnungsaufwand verbunden.

Transport-Simplex-
Methode

Zur Lösung des Optimierungsproblems gibt es spezielle Algorithmen, wie etwa die Transport-Simplex-Methode, die das Ergebnis mit $O(n^3 \log n)$ berechnen, wenn eine feste Zahlengenauigkeit gefordert wird. Der Wert n entspricht der Anzahl der Sequenzelemente.

5.4.2   DFT-L_2-Distanzfunktion

Sequenzen fester
Länge

Diese Distanzfunktion ist zum Vergleich von Sequenzen reeller Werte mit einer Positionskorrespondenz und fester Länge geeignet. Die Grundidee liegt in der Verwendung der bereits eingeführten euklidschen Distanzfunktion auf den einzelnen korrespondierenden Sequenzwerten.

Zeitreihen

Beispiel 5.17

Ein typisches Beispiel für Sequenzen, bei denen diese Distanzfunktion sinnvoll angewendet werden kann, sind Zeitreihen. Zum Beispiel können Tierpopulationen, Pegelstände, aber auch Aktienkursverläufe als zeitabhängige Werte miteinander verglichen werden.

Sequenzen als
Punkte

Reellwertige Sequenzen können aufgrund ihrer festen Länge als Punkte im hochdimensionalen Raum aufgefasst und behandelt werden. Die Sequenzdaten weisen jedoch häufig zu berücksichtigende Besonderheiten auf:

- *Störeinflüsse:* Zur Vermeidung spezieller Störeinflüsse ist oft eine spezielle, im Folgenden skizzierte Datenaufbereitung, notwendig.

- *hoher Aufwand der Distanzberechnung:* Ein Verfahren ist hier gefragt, das eine Distanzberechnung trotz einer möglicherweise sehr hohen Anzahl von Sequenzwerten mit relativ geringem Aufwand ermöglicht.

Bei der *Datenaufbereitung* will man häufig auftretende Störgrößen entfernen, die einen unerwünschten Einfluss auf Distanzen haben können. Die durch spezielle Aufbereitung zu entfernenden Störgrößen entsprechen den folgenden Invarianzen:

- *Translationsinvarianz bezüglich vertikaler Verschiebung*: Häufig soll die Distanz zwischen zwei Sequenzen s_1 und s_2 unabhängig von einer vertikalen Verschiebung der gesamten Sequenz sein. Wenn t eine konstante Sequenz ist, bei der also alle Elemente denselben reellen Wert aufweisen, dann lässt sich diese Unabhängigkeit wie folgt als Invarianz gegenüber der Distanzfunktion d_{L_2} ausdrücken:

$$\forall s_1, s_2 : d_{L_2}(s_1, s_2) = d_{L_2}(s_1 + t, s_2)$$

Diese Form der Invarianz wird erreicht, indem vor der Distanzberechnung von den Sequenzen ihre Durchschnittswerte $\bar{s}_1, \bar{s}_2$ abgezogen werden:

$$d_{L_2}(s_1 - \bar{s}_1, s_2 - \bar{s}_2)$$

In Abbildung 5.14 wird gezeigt, wie der Einfluss einer vertikalen Verschiebung vor der Distanzberechnung entfernt wird.

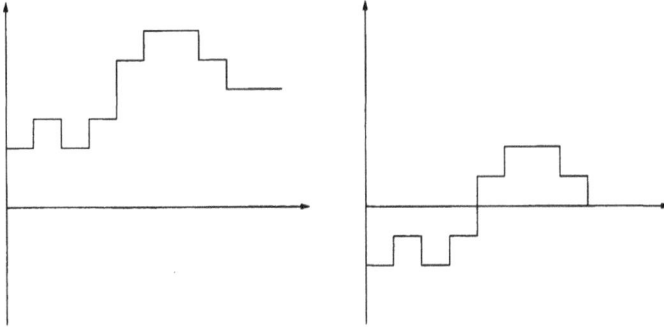

Abb. 5.14: *vertikale Translationsinvarianz: vor der Translation (links) und nach der Translation (rechts)*

- *Skalierungsinvarianz:* Häufig ist man am Vergleich der Sequenzverläufe unabhängig von einer vertikalen Skalierung interessiert. Für einen beliebigen reellen Wert t wird folgende Skalierungsinvarianz gefordert:

$$\forall s_1, s_2 : d_{L_2}(s_1, s_2) = d_{L_2}(s_1 * t, s_2)$$

Zur Erreichung dieser Invarianz werden die Werte jeder Sequenz durch die Standardabweichung $\sigma_{s_1}, \sigma_{s_2}$ ihrer Sequenzwerte dividiert:

$$d_{L_2}(s_1/\sigma_{s_1}, s_2/\sigma_{s_2})$$

In Abbildung 5.15 wird gezeigt, wie der Einfluss einer vertikalen Skalierung vor der Distanzberechnung entfernt wird.

Weitere oft geforderte Invarianzen sind zum Beispiel die Beseitigung des Einflusses von linearen Trends und Rauschen. Lineare Trends lassen sich durch eine lineare Regressionsanalyse finden. Rauscheinflüsse hingegen können durch Anwendung spezieller Frequenzfilter reduziert werden. *lineare Trends und Rauschen*

Nach einer Datenaufbereitung kann direkt die L_2-Distanzfunktion verwendet werden, um die Distanz zwischen zwei Sequenzen zu berechnen: *L_2-Distanzfunktion*

$$d_{L_2}(s_1, s_2) \mapsto \left(\sum_{i=1}^{n} |s_1[i] - s_2[i]|^2 \right)^{1/2}$$

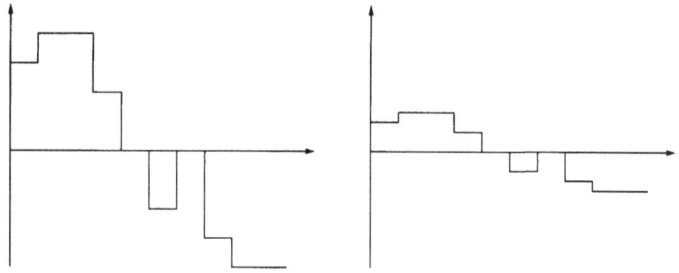

Abb. 5.15: *vertikale Skalierungsinvarianz: vor der Skalierung (links) und nach der Skalierung (rechts)*

kompakte Beschreibung

Da Sequenzen jedoch sehr lang sein können, würde eine solche Berechnung einen für viele Anwendungen zu hohen Aufwand bedeuten. Deshalb versucht man, die Sequenzen kompakter zu beschreiben. Diese Vorgehensweise entspricht der Idee der Dimensionsreduzierung, die mit möglichst wenig Informationsverlust einhergeht.

Fourier-Transformation

Aus der Beobachtung heraus, dass zum Vergleich von Sequenzen im Wesentlichen nur die *groben* Funktionsverläufe von Interesse sind, bietet sich die Anwendung der Fourier-Transformation zur Distanzberechnung im Frequenzraum an. Genauere Informationen zur Fourier-Transformation sind in Abschnitt 4.1 beginnend auf Seite 111 zu finden.

Parseval-Theorem

Nach dem Parseval-Theorem wird die L_2-Distanz zwischen zwei Sequenzen durch die Überführung in den Frequenzraum nicht beeinflusst. Wenn $s(i)$ und $S(i)$ ein Signal als Funktion im Zeitraum beziehungsweise im Frequenzraum darstellen, dann gilt:

$$d_{L_2}(s_1, s_2) = d_{L_2}(S_1, S_2).$$

Koeffizienten niedriger Frequenzen

Signalverläufe sind im Frequenzbereich häufig kompakt. Daher können sie durch relativ wenige Fourier-Koeffizienten für niedrige Frequenzen gut angenähert werden[6]. Die angenäherte L_2-Distanz wird nur aus diesen Koeffizienten berechnet. Statt der n Werte werden also die ersten k ($k < n$) Koeffizienten genutzt:

$$d_{L_2}^{approx}(S_1, S_2) \mapsto \left(\sum_{i=1}^{k} |S_1[i] - S_2[i]|^2 \right)^{1/2}$$

Da die weggelassenen Koeffizienten in der Distanz durch die Quadrierung nur positiv wirken würden, kann die angenäherte Distanz nicht größer als die L_2-Distanz auf den ursprünglichen Sequenzen sein:

$$d_{L_2}^{approx}(S_1, S_2) \leq d_{L_2}(s_1, s_2)$$

---

[6]Die Annäherung durch eine komprimierte Darstellung wird anschaulich in Beispiel 4.7 auf Seite 119 gezeigt.

Die Eigenschaften dieser DFT-L_2-Distanzfunktion ($d_{L_2}^{approx}$) entsprechen denen der L_2-Distanz auf Punkten.

Die angenäherte Distanz auf der Grundlage weniger, einmalig erzeugter Fourier-Koeffizienten kann relativ schnell berechnet werden. In vielen Anwendungen reicht diese Annäherung aus. Werden jedoch für eine Anwendung Sequenzen mit minimalen, exakten Werten für Distanzen zu einer vorgegebenen Sequenz benötigt, lässt sich das GEMINI-Verfahren einsetzen. Unter Ausnutzung der kleineren Approximationsdistanzen wird dort mittels eines Filterschritts die Menge der Ergebniskandidaten meist erheblich reduziert, so dass nur noch zu Sequenzen dieser Menge die exakten Distanzen berechnet werden müssen. Dieses Verfahren reduziert damit den Aufwand einer sequentiellen Suche, bei der nur mit exakten Distanzen gerechnet wird. Das Verfahren wird genauer in Abschnitt 7.1.3 auf Seite 292 behandelt. *GEMINI-Verfahren*

In manchen Anwendungen existieren Sequenzen, bei denen keine strenge Korrespondenz derselben Positionen gefordert wird. Das bedeutet, dass unterschiedliche Positionen der einen Sequenz zu einer Position in der anderen Sequenz korrespondieren können, wobei jedoch die Reihenfolgen erhalten bleiben müssen. Für die Distanzberechnung existiert somit ein Freiheitsgrad, der eine lokale, horizontale Verschiebung von Positionen ermöglicht. Gesucht ist eine ordnungserhaltende Abbildung von Positionen zwischen zwei Sequenzen, bei der die L_2-Distanz minimal ist. Das dazugehörige Verfahren wird oft auch als *Warping* bezeichnet. Es realisiert eine Invarianz bezüglich lokaler horizontaler Positionsverschiebungen. *keine strenge Korrespondenz der Positionen*

Warping

Beispiel 5.18

In Abbildung 5.16 sind zwei diskrete Funktionen abgebildet. Auf der linken Seite deuten die senkrechten Linien an, wie die Distanz aufgrund einer Positionskorrespondenz berechnet wird. Durch eine andere Abbildung der Positionen (siehe rechte Seite) kann jedoch die Distanz reduziert werden. Dabei werden zwischen zwei Sequenzen nicht dieselben Positionen miteinander verglichen. Statt dessen versucht man implizit, eine Sequenz durch lokale, horizonale Stauchungen und Streckungen an die andere Sequenz anzunähern.

Mit dem Einsatz von Warping kann auch die Forderung fallen gelassen werden, dass die zu vergleichenden Sequenzen dieselben Längen aufweisen müssen. Unterschiedliche Längen werden durch nichtlineare Positionszuordnungen ausgegeglichen. *unterschiedlich lange Sequenzen*

Eine Abbildung von Positionen zweier Sequenzen, die zu einer minimalen Distanz führt, kann als ein Weg durch ein zweidimensionales Gitter dargestellt werden, wobei die x-Achse zu den Positionen der ersten Sequenz und die y-Achse zu Positionen der zweiten Sequenz korrespondiert. Startpunkt ist die linke untere Ecke und Endpunkt die obere rechte Ecke. Bildet der Weg vom *Positionsabbildung als Weg*

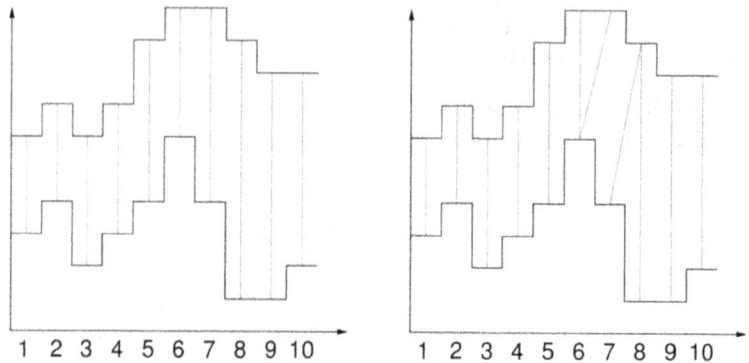

Abb. 5.16: *bijektive (links) und nicht-bijektive Positionskorrespondenz (rechts)*

Start zum Ende eine gerade Linie, dann wurden keine lokalen Positionsverschiebungen durchgeführt.

Positionskorres-
pondenz beim
Warping

Beispiel 5.19

In Abbildung 5.16 wurde Warping anhand von zwei diskreten Funktionen
dargestellt. Der Weg der entsprechenden Positionsabbildung im zweidimensionalen Gitter wird in Abbildung 5.17 gezeigt.

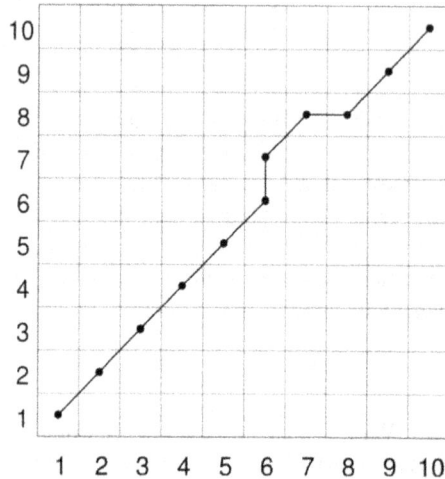

Abb. 5.17: *Positionskorrespondenz als Pfad*

Jeder Pfad entspricht einer bestimmten Positionsabbildung. Weiterhin induziert
jede Abbildung zwei Funktionen $x()$ und $y()$, welche die Positionen in beiden

Sequenzen in Abhängigkeit von der Wegposition liefern. Die Forderung nach Ordnungserhaltung der Positionsabbildung entspricht hier der Forderung nach Monotonie der Funktionen $x()$ und $y()$.

Ordnungserhaltung und Monotonie

Der Pfad mit der geringsten Distanz wird als Warping-Distanz bezeichnet. Aufgrund unterschiedlicher Pfadlängen ist eine Längennormierung notwendig. Wenn k der Anzahl der Korrespondenzen, also der jeweiligen Weglänge, entspricht, dann ist die Warping-Distanzfunktion $d_{L_2}^{warp}$ folgendermaßen definiert:

Warping-Distanz
Längennormierung

$$d_{L_2}^{warp}(s_1, s_2) = \min_{x(), y()} \left(\sum_{i=1}^{k=|range(x())|} |s_1[x(i)] - s_2[y(i)]|^2 / k \right)^{1/2}$$

Nachteilig beim Warping-Verfahren ist die Berechnungskomplexität. Wie man sich leicht klarmachen kann, gibt es exponentiell viele Wege. Damit scheidet eine erschöpfende Suche als nicht praktikabel aus. Unter Ausnutzung der dynamischen Programmierung existiert jedoch ein Algorithmus, der die Warping-Distanz mit quadratischem Aufwand berechnet.

Berechnungs-komplexität

5.4.3 Editierdistanz

Ein Beispiel für eine Distanz zwischen Sequenzen mit nominalen Werten anhand einer abgeschwächten Positionskorrespondenz ist die Editierdistanz (oft auch als Levenshtein-Distanz bezeichnet) zwischen Zeichenketten. Abgeschwächte Positionskorrespondenz bedeutet hier eine Korrespondenz analog zum Warping, das heißt, die Reihenfolgen der Positionen müssen erhalten bleiben. Die Längen der zu vergleichenden Zeichenketten können unterschiedlich sein.

Levenshtein-Distanz

Die Editierdistanz misst den minimalen Aufwand, um eine Zeichenkette mittels Editieroperationen in eine andere Zeichenkette zu überführen. Die Basisversion der Editierdistanz betrachtet als Editieroperationen das Einfügen und Löschen eines Zeichens sowie das Austauschen eines Zeichens durch ein neues Zeichen. Die minimale Anzahl von notwendigen Editieroperationen, um eine Zeichenkette in eine andere Zeichenkette umzuwandeln, entspricht der Editierdistanz zwischen ihnen.

minimale Folge von Editieroperationen

Beispiel 5.20

Die Editierdistanz zwischen den Wörtern „Abend" und „Robe" beträgt 4. Damit sind minimal 4 Editieroperationen zur Anpassung notwendig. Wie in Abbildung 5.18 dargestellt, bestehen diese vier Operationen aus dem Ersetzen von „A" durch „R" (Substitution S), einem Einfügen eines „o" (Einfügung E) und dem Entfernen von „n" und „d" (Löschung L).

Editierdistanz zwischen Zeichenketten

Formal ist die Editierdistanz folgendermaßen rekursiv definiert (" bezeichnet die leere Zeichenkette und ch ein einzelnes Zeichen):

rekursive Definition

$$\textsf{A b e n d}$$

$$\textsf{R b e n d}$$

$$\textsf{R o b e n d}$$

$$\textsf{R o b e}$$

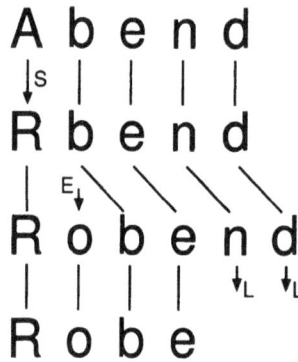

Abb. 5.18: Editierdistanz zwischen „Abend" und „Robe"

1. $d_{edit}(",") = 0$

2. $d_{edit}(s,") = d_{edit}(",s) = length(s)$

3. $d_{edit}(s1 + ch1, s2 + ch2) = \min \begin{cases} d_{edit}(s1, s2) + d_{edit}(ch1, ch2) \\ d_{edit}(s1 + ch1, s2) + 1 \\ d_{edit}(s1, s2 + ch2) + 1 \end{cases}$

Die erste und die zweite Regel sind trivial. Die dritte Regel ist rekursiv, da sie auf Editierdistanzen aufbaut, die durch Entfernen des letzten Zeichens von einer oder beiden Zeichenketten basiert. Können die letzten Zeichen beider Zeichenketten entfernt werden, dann erhöht sich die Distanz um die Editierdistanz zwischen den beiden entfernten Zeichen. Gleiche Zeichen ändern also nichts, wohingegen unterschiedliche Zeichen eine Erhöhung um eins bedeuten (Substitution). Wird das letzte Zeichen nur von einer Zeichenkette entfernt, dann erhöht sich die Distanz ebenfalls um eins. Dieser Fall drückt die Einfügung bzw. die Löschung eines Zeichens aus. Da die minimale Anzahl von Editieroperationen gesucht wird, ergibt das Minimum der drei Varianten die gewünschte Distanz.

Distanzeigenschaften Die Editierdistanz erfüllt alle Eigenschaften einer Distanz, also Positivität, Selbstidentität, Symmetrie und die Dreiecksungleichung.

Zum besseren Verständnis der konkreten Berechnung der Editierdistanz ver-
zweidimensionales wenden wir ein zweidimensionales Gitter, wobei die Koordinaten den Zeichen-
Gitter positionen innerhalb beider zu vergleichender Zeichenketten entsprechen. Zu jeder Zelle kann ein Wert angegeben werden, welcher die Distanz zwischen den Zeichenketten bis zu den entsprechenden Zellpositionen angibt.

In dieser Gitterdarstellung entspricht ein Pfad von der linken unteren Ecke bis zur rechten oberen Ecke einer Reihenfolge von Editieroperationen, welche die eine Zeichenkette in die andere Zeichenkette überführt. Ein Schritt nach rechts kann dabei als ein Einfügen in die eine Zeichenkette, ein Schritt nach oben als *Einfügung und* ein Einfügen in die andere Zeichenkette – das entspricht einer Löschung aus *Löschung* der ersten Zeichenkette – aufgefasst werden. Eine Substitution oder ein paral- *Substitution* leles Weitergehen aufgrund gleicher Zeichen korrespondiert zu einem Schritt nach rechts oben. Der Wert jedes Feldes kann aufgrund der obigen rekursiven Definition der Editierdistanz leicht aus den drei Werten (links, darunter, links darunter) ermittelt werden. Der Wert in der rechten, oberen Ecke entspricht der Editierdistanz beider kompletten Zeichenketten.

Beispiel 5.21

Editierdistanz im zweidimensionalen Gitter

Das folgende Gitter zeigt Zwischenzustände bei der Berechnung der Editierdistanz zwischen den Wörtern „Abend" und „Robe". Ein minimaler Pfad, welcher der in Beispiel 5.18 gegebenen Folge von Editieroperationen entspricht, ist im Gitter markiert.

e	4	4	3	**2**	**3**	**4**
b	3	3	**2**	3	4	5
o	2	**2**	2	3	4	5
r	1	**1**	2	3	4	5
	0	1	2	3	4	5
		a	b	e	n	d

Aus der Gitterdarstellung lässt sich leicht die Berechnungskomplexität zur Be- *Berechnungskomp-* rechnung der Editierdistanz abschätzen. Wenn m beziehungsweise n der Länge *lexität* der ersten beziehungsweise der zweiten Zeichenkette entspricht, dann beträgt die Berechnungkomplexität $O(m*n)$. Verschiedene Algorithmen[7] weisen eine bessere Komplexität auf.

Interessant ist die Ähnlichkeit der Problemstellung zwischen dem im vorange- *Warping versus* gangenen Abschnitt beschriebenen Warping und der Editierdistanz. In beiden *Editierdistanz* wird nach optimalen Positionsabbildungen gesucht, wobei der Suchraum als zweidimensionales Gitter anschaulich gemacht werden kann. Die Positionsabbildung der Lösung kann in beiden Fällen als ein Weg durch dieses Gitter markiert werden.

5.5 Distanzfunktionen auf allgemeinen Mengen

Während die bis jetzt beschriebenen Distanzfunktionen die Datentypen der zu vergleichenden Objekte einschränkten, sollen in diesem Abschnitt Distanzfunktionen auf mehr oder weniger allgemeinen Mengen beschrieben werden.

---

[7]siehe Literaturhinweis am Ende dieses Kapitels

Damit lassen sich diese Distanzfunktionen teilweise auch auf Sequenzen oder Punktdaten anwenden.

Als Distanzfunktionen über Mengen behandeln wir in diesem Abschnitt die folgenden Funktionen:

- die Bottleneck-Distanzfunktion,

- die Distanzfunktion über das Volumen der symmetrischen Differenz,

- die Hausdorff-Distanzfunktion und

- die Fréchet-Distanzfunktion.

algorithmische
Geometrie

Diese Distanzfunktionen wurden besonders im Gebiet der algorithmischen Geometrie erforscht. Wir verzichten im Folgenden auf eine tiefgehende theoretische Diskussion und verweisen dafür auf die entsprechende Literatur[8]. Statt dessen definieren wir die obigen Distanzfunktionen kurz und geben einige für den Einsatz als Unähnlichkeitsmaß relevante Eigenschaften an.

5.5.1   Bottleneck-Distanzfunktion

endliche
Untermengen
Grunddistanz

Die Bottleneck-Distanzfunktion d_B ist auf endlichen Untermengen einer Menge X mit einer gegebenen Grunddistanz $d_X : X \times X \to \mathbb{R}_0$ definiert. Die Kardinalität beider zu vergleichenden Untermengen muss dabei gleich sein:

$$A, B \subset X \text{ mit } |A| = |B|$$

Bijektion

maximale
Elementepaardistanz

Zwischen den Elementen der beiden Mengen existiere eine bijektive Abbildung f. Bezüglich einer solchen Bijektion f ist man an der Distanz d_X des am weitesten auseinanderliegenden Elementepaars interessiert. Die Bottleneck-Distanzfunktion sucht das Minimum der maximalen Elementepaardistanzen über allen möglichen Bijektionen $f \in F(A, B)$:

$$d_B(A, B) = \min_{f \in F(A,B)} \max_{a \in A} d_X(a, f(a))$$

Bottleneck-Distanz

Beispiel 5.22

In Abbildung 5.19 wird die Distanzberechnung zwischen den beiden Mengen $A = \{a1, a2\} \subset \mathbb{R}^2$ und $B = \{b1, b2\} \subset \mathbb{R}^2$ mit der Grunddistanz d_{L_2} dargestellt. Zwischen diesen beiden Mengen gibt es genau zwei mögliche Bijektionen, die durch jeweils zwei Linien angedeutet werden. Pro Bijektion zeigt die durchgängige Linie die maximale Elementepaardistanz an. Unter diesen maximalen Distanzen ist bezüglich der verschiedenen Bijektionen die minimale Distanz zu finden, die damit der Bottleneck-Distanz entspricht. Die entsprechende Linie wurde in der Abbildung fett gezeichnet.

---

[8]siehe Literaturhinweise am Ende des Kapitels

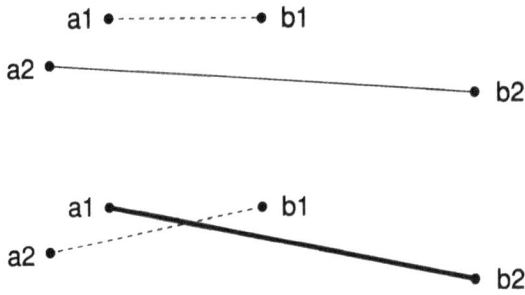

Abb. 5.19: *Bottleneck-Distanz*

Aufgrund der Distanzeigenschaften der Grunddistanzfunktion d_X erfüllt die Bottleneck-Distanzfunktion d_B die Eigenschaften Selbstidentität, Positivität, Symmetrie und Transitivität. Invarianzen sind nur soweit möglich, wie sie die Grunddistanzfunktion erlaubt.

Selbstidentität, Positivität, Symmetrie und Transitivität

Am häufigsten wird diese Distanzfunktion im zweidimensionalen Raum ($X = \mathbb{R}^2$) mit der euklidschen Distanzfunktion als Grunddistanzfunktion ($d_X = d_{L_2}$) eingesetzt. Die Berechnung der Bottleneck-Distanz erfordert dann einen Aufwand von $O(n^{3/2} \log n)$, wenn n die Kardinalität der Mengen bezeichnet. Will man zusätzlich im zweidimensionalen Raum eine Invarianz bezüglich der Translation erreichen, kann ein Algorithmus mit der Komplexität $O(n^5 \log^2 n)$ verwendet werden. Die Berechnung der Distanz mit einer Invarianz bezüglich Translation und Rotation erfordert einen Aufwand von $O(n^6 \log n)$. Eine erschöpfende Suche ist aufgrund der hohen Anzahl möglicher Bijektionen ($n!$) im Allgemeinen nicht praktikabel.

$\mathbb{R}^2$ und d_{L_2}

Aufwand

Invarianz gegenüber Translation und Rotation

Modifiziert man die Definition der Bottleneck-Distanzfunktion, so erhält man neue Distanzfunktionen, die hier nur erwähnt werden sollen.

- *Minimale-Gewicht-Distanzfunktion:* Pro Bijektion wird die Summe der Grunddistanzen über alle korrespondierenden Punkte ermittelt. Diese Summe wird als Gewicht bezeichnet. Das Minimum der Gewichte über alle Bijektionen ergibt die Minimale-Gewicht-Distanz.

- *Uniform-Distanzfunktion:* Statt der Gesamtsumme der Distanzen wird hier pro Bijektion die Differenz zwischen der maximalen und der minimalen Distanz verwendet. Damit wird also die Bijektion bevorzugt, bei der die beiden Extrema möglichst nah beieinander liegen.

- *Minimale-Abweichung-Distanzfunktion:* Bei dieser Distanzfunktion wird pro Bijektion die Differenz zwischen maximaler und durchschnittlicher Distanz ermittelt.

Abschließend soll noch erwähnt werden, dass die Restriktion der Mengen auf endliche Mengen gleicher Kardinalität die Anwendbarkeit dieser Distanzfunktion in der Praxis einschränkt.

5.5.2 Distanzfunktion über das Volumen der symmetrischen Differenz

Regionen

kompakte Mengen

symmetrische
Differenz

Die Distanzfunktion d_{VsD} berechnet eine Distanz zwischen jeweils zwei Regionen $A, B \subset \mathbb{R}^d$. Die Regionen müssen dabei kompakte[9] Mengen darstellen. Für die Distanzberechnung werden die Mengendifferenzen $A \setminus B$ und $B \setminus A$ ermittelt und miteinander vereinigt. Diese Vereinigungsmenge wird als symmetrische Differenz bezeichnet. Das Volumen der symmetrischen Differenz ergibt den Distanzwert:

$$d_{\text{VsD}}(A, B) = Vol(A \Delta B) = Vol((A \setminus B) \cup (B \setminus A))$$

konvexe Polygone

Aufwand

Es kann gezeigt werden, dass diese Distanzfunktion alle Eigenschaften einer Distanz erfüllt. Die Berechnung dieser Distanzfunktion auf Regionen aus $\mathbb{R}^2$, die durch konvexe Polygone definiert sind, erfordert einen Aufwand von $O((m + n)^2)$, wobei m beziehungsweise n die Anzahl der Ecken der zu vergleichenden Polygone bezeichnet.

Translationsinvarianz

Eine Invarianz bezüglich der Translation konvexer Poylgone kann durch einen Algorithmus der Komplexität $O((m + n) \log(m + n))$ erreicht werden.

Leider sind zur Zeit keine effizienten Verfahren bekannt, welche diese Distanzfunktion auf nichtkonvexen Regionen berechnet.

5.5.3 Hausdorff-Distanzfunktion

Grunddistanz

Die Hausdorff-Distanzfunktion d_H berechnet die Distanz zwischen jeweils zwei endlichen Mengen A und B, die Untermengen einer beliebigen Menge X sind. Zwischen den Elementen der Menge X sei die Grunddistanz d_X definiert. Die Distanzfunktion ist über den Distanzen aller möglicher Elementepaare folgendermaßen definiert:

$$d_H(A, B) = \max(d_{\overrightarrow{H}}(A, B), d_{\overleftarrow{H}}(A, B))$$

mit

$$d_{\overrightarrow{H}}(A, B) = \sup_{a \in A} \inf_{b \in B} d_X(a, b)$$
$$d_{\overleftarrow{H}}(A, B) = \sup_{b \in B} \inf_{a \in A} d_X(a, b)$$

Es wird also die maximale Distanz eines Punktes der Menge A zum jeweils nächsten Punkt der Menge B ermittelt. Aus Symmetriegründen wird bei der

---

[9]siehe Anhang für die Definition einer kompakten Menge

Hausdorff-Distanzfunktion auch die andere Richtung berücksichtigt (Punkt aus B zu A).

Anschaulich kann man sich die Distanz als eine gleichmäßige, minimale Hülle mit bestimmter Dicke[10] um die eine Menge vorstellen, welche die andere Menge vollständig umschließt.

Beispiel 5.23   *Hausdorff-*
                                                                                       Distanzfunktion

Abbildung 5.20 zeigt zwei durch Polygone beschriebene Mengen. Die dünnen Linien zeigen jeweils die Distanzen $d_H^{\rightarrow}(A, B)$ und $d_H^{\leftarrow}(A, B)$ an. Da $d_H^{\rightarrow}(A, B)$ der größere Wert ist, entspricht dieser der Hausdorff-Distanz $d_H(A, B)$.

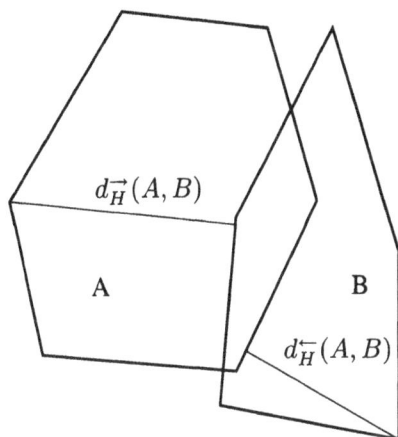

Abb. 5.20: *Hausdorff-Distanzfunktion*

Die Hausdorff-Distanzfunktion erfüllt alle Eigenschaften einer Distanz unter der Voraussetzung, dass diese auch von der Grunddistanz erfüllt werden.

Die Hausdorff-Distanz ist in der Literatur weit erforscht. Für endliche Punkt-   *endliche*
mengen oder Polygone aus $\mathbb{R}^2$ mit der euklidschen Distanzfunktion als Grund-   *Punktmengen und*
distanzfunktion existieren effiziente Berechnungsalgorithmen. Diese weisen   *Polygone*
eine Komplexität von $O((n + m)\log(n + m))$. Die Minimierung unter ei-   *Komplexität*
ner Translationsinvarianz erfordert hingegen einen Aufwand von $O(mn(n +$ *Translationsinvarianz*
$m)\log(mn))$.

Für spezielle Punktmengen kann die Berechnung der Hausdorff-Distanz sehr einfach sein. Wenn zum Beispiel die Distanz zwischen zwei eindimensionalen reellwertigen Intervallen $[a, b] \subset \mathbb{R}$ ermittelt werden soll, dann vereinfacht sich

---

[10]Die Dicke entspricht der Distanz.

die Berechnung zu:

$$d_H([a_1, b_1], [a_2, b_2]) = \max(|a_1 - a_2|, |b_1 - b_2|)$$

breite Anwendbarkeit

Der große Vorteil dieser Distanzfunktion liegt in ihrer breiten Anwendbarkeit, da sie keine Restriktionen bezüglich der zu vergleichenden Mengen fordert. Dieser Vorteil ist oft jedoch gleichzeitig ihr Nachteil. Problematisch ist, dass alle möglichen Wertepaare unabhängig voneinander betrachtet werden. Eine mögliche Ordnung der Mengenelemente wird nicht berücksichtigt. Dies wird im folgenden Beispiel demonstriert:

keine Ordnung der Mengenelemente

Problem mit der Hausdorff-Distanzfunktion

Beispiel 5.24

In Abbildung 5.21 sind zwei Punktmengen angegeben, die durch Polylinien definiert sind. Obwohl diese Polylinien sehr unterschiedliche Formen aufweisen, ist die Hausdorff-Distanz aufgrund des räumlichen Übereinanderliegens beider Kurven relativ gering. Das Problem rührt daher, dass die Polylinien als reine Mengen ohne jegliche Ordnung der Mengenelemente miteinander verglichen werden.

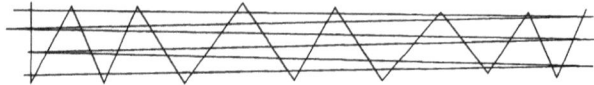

Abb. 5.21: *Problem mit der Hausdorff-Distanzfunktion*

Eine Distanzfunktion, die das angesprochene Problem besser löst, wird im folgenden Abschnitt vorgestellt.

5.5.4   Fréchet-Distanzfunktion

parametrisierte, stetige Kurven

Die Fréchet-Distanzfunktion wurde 1906 vorgeschlagen und ist auf parametrisierten, stetigen Kurven definiert. Obwohl prinzipiell die Fréchet-Distanzfunktion auch auf höherdimensionalen Mengen, etwa Flächen oder Körpern in Abhängigkeit von mehreren, unabhängigen Parametern definiert sein kann, beschränken wir uns hier auf nicht geschlossene Kurven, die als Funktionen über *einen* Parameter definiert sind. Durch diesen Parameter sind die Punkte der Kurve implizit geordnet. Diese Ordnung wird bei der Berechnung der Fréchet-Distanzfunktion ausgenutzt.

nicht geschlossene Kurven
Ordnung der Punkte

Wenn f und g zwei Kurven mit $f : [a, b] \rightarrow V$ und $g : [c, d] \rightarrow V$ mit $a < b; a, b \in \mathbb{R}_0; c < d; c, d \in \mathbb{R}_0$ und V ein Vektorraum mit einer Grunddistanz $d_V : V \times V \rightarrow \mathbb{R}_0$ sind, dann berechnet sich die Fréchet-Distanzfunktion nach folgender Formel:

$$d_F(f,g) = \inf_{\substack{\alpha\,:\,[0,1]\,\to\,[a,b] \\ \beta\,:\,[0,1]\,\to\,[c,d]}} \max_{t\in[0,1]} d_V(f(\alpha(t)), g(\beta(t)))$$

Die Abbildungen α und β sind dabei stetige, nichtfallende, monotone Funktionen mit

$$\alpha(0) = a \quad \alpha(1) = b \quad \beta(0) = c \quad \beta(1) = d.$$

Anschaulich beschrieben werden kann diese Distanzfunktion durch einen Mann und einen Hund, die sich jeweils auf eigenen, nicht geschlossenen Wegen (Kurven) vorwärts bewegen. Sie beginnen gleichzeitig und enden gleichzeitig, können aber zwischendurch unterschiedliche Geschwindigkeit annehmen. Zwischen dem Mann und dem Hund ist eine Hundeleine gespannt. Die Distanz entspricht dann der minimalen Länge der Hundeleine, bei welcher der Mann und der Hund gemeinsam ihren gesamten Weg ablaufen können.

Eine anschauliche Präsentation des Lösungsraums liefert der Freiraum für einen gegebenen Wert ϵ. Der Freiraum $F_\epsilon(f,g)$ ist eine Menge von Punkten aus $[a,b] \times [c,d]$, deren Grunddistanz kleiner als der Wert ϵ ist:

Freiraum

$$F_\epsilon(f,g) = \{(x,y) \in [a,b] \times [c,d] | d_V(f(x), g(y)) \le \epsilon\}$$

Beispiel 5.25

Freiraum der Fréchet-Distanzfunktion

Angenommen, die in Abbildung 5.22 dargestellten zwei Polylinien seien gegeben. Der Freiraum für $\epsilon = 2.22$ ist in Abbildung 5.23 als weiße Region dargestellt. Die tatsächliche Distanz ist geringer als ϵ, da ein relativ breiter Korridor den Platz für mehrere Wege nebeneinander von links unten nach rechts oben durchlässt. Ein möglicher Weg ist als eine Polylinie eingezeichnet.

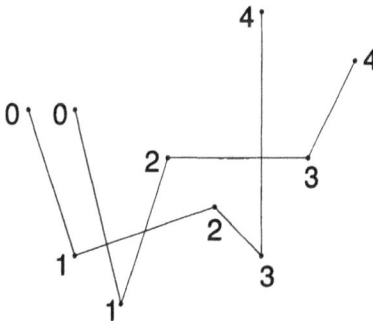

Abb. 5.22: *zwei Polylinien*

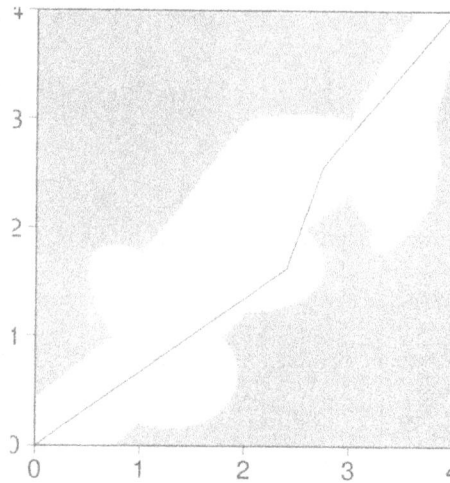

Abb. 5.23: *Freiraum*

Auf der Grundlage des Freiraums kann nun getestet werden, ob ein durchgängiger, monotoner Pfad von der linken, unteren Ecke zur rechten, oberen Ecke existiert. Wenn er existiert, dann entspricht er implizit zwei konkreten Funktionen α und β aus der Definition der Distanzfunktion. Dieser Test wird als Fréchet-Entscheidungsproblem bezeichnet.

Fréchet-Entscheidungsproblem

minimaler ϵ-Wert

Zum Ermitteln der Fréchet-Distanz ist ein minimaler Wert ϵ zu finden, für den der obige Test positiv ausfällt. Dieser minimale Wert entspricht dann der gesuchten Fréchet-Distanz.

Distanzeigenschaften

Positivität

Wie man sich leicht klar machen kann, erfüllt die Fréchet-Distanzfunktion die Eigenschaften Selbstidentität und Symmetrie. Aus theoretischen Untersuchungen ergibt sich zusätzlich die Erfüllung der Dreiecksungleichung.

Positivität, also die Frage, ob unterschiedliche Objekte immer einen Distanzwert größer als Null ergeben, ist nur bedingt gegeben. Dazu muss geklärt werden, was identische Kurven sind, da unterschiedliche Parameterformeln durchaus identische Kurven erzeugen können. Betrachtet man daher die Parameterformeln als zu vergleichende Objekte, dann ist Positivität nicht erfüllt. Da jedoch die Berechnung der Distanz unabhängig von einer konkreten Parametrisierung ist (durch Anwendung verschiedener Funktionen α und β), so lange dieselbe Kurve erzeugt wird, kann man als zu vergleichende Objekte die Kurven auch als Punktmengen selbst auffassen. Bezüglich dieser Interpretation ist die Positivität erfüllt.

Aufwand

Zur Entwicklung effizienter Algorithmen wurde das Problem von beliebigen Kurven auf Polylinien eingeschränkt. Wenn m, n die Anzahl der Punkte in zwei zu vergleichenden Polylinien sind, dann erfordert die Lösung des Entscheidungsproblems einen Aufwand von $O(mn)$ und die Berechnung der Distanz einen Aufwand von $O(mn \log mn)$.

Eine Invarianz bezüglich der Parametrisierung ist implizit durch die Definition der Distanzfunktion gegeben. Für eine zusätzliche Translationsinvarianz existiert ein Algorithmus für die Distanzberechnung mit $O((mn)^3(m + n)^2 \log(m + n))$.

Translationsinvarianz

Problematisch ist die Berechnung der Fréchet-Distanz für Mengen mit mehreren, unabhängigen Parametern. Jedoch kann gezeigt werden, dass für konvexe, geschlossene Mengen die Fréchet-Distanz der Hausdorff-Distanz entspricht.

mehrere Parameter

Die in diesem Abschnitt eingeführten Distanzfunktionen sind in den Tabellen 5.6 und 5.7 zusammengefasst.

Zusammenfassung

Distanzfunktion	Objekte	Si	Pos	Sym	Dreieck
Minkowski	Punkte	✓	✓	✓	✓
quadratisch (pos. def.)	Punkte	✓	✓	✓	✓
quadratisch	Punkte	✓	–	✓	✓
Dynamical-Partial	Punkte	✓	–	✓	–
Chi-Quadrat	Histogramm	✓	–	✓	–
Kullback-Leibler	Wahrsch.-Verteil.	✓	✓	–	–
Bhatacharayya	Wahrsch.-Verteil.	✓	✓	✓	–
Minkowski (binär)	Binärdaten	✓	✓	✓	✓
Hamming	Binärdaten	✓	✓	✓	✓
Größendifferenz	Binärdaten	✓	–	✓	–
Musterdifferenz	Binärdaten	✓	–	✓	–
Varianz	Binärdaten	✓	✓	✓	✓
Form	Binärdaten	✓	–	✓	–
Lance & Williams	Binärdaten	✓	✓	✓	–
Earth-Mover[11]	Sequenzen	✓	✓	✓	✓
DFT-L_2	Sequenzen	✓	✓	✓	✓
Edit	Sequenzen	✓	✓	✓	✓
Bottleneck	Mengen	✓	✓	✓	✓
Vol. symm. Differenz	Mengen	✓	✓	✓	✓
Hausdorff	Mengen	✓	✓	✓	✓
Fréchet	Mengen	✓	✓	✓	✓

Tabelle 5.6: *Übersicht über Distanzeigenschaften der Distanzfunktionen*

---

[11]Wir gehen hier von äquivalenten Gewichtssummen und einer Grund*distanzfunktion* aus.

Während die Erfüllung der Distanzeigenschaften für alle Distanzfunktionen angegeben wird, machen Invarianzen auf Histogrammen, Wahrscheinlichkeitsverteilungen und Binärdaten nur wenig Sinn. Auf Sequenzen spielt die Invarianz bezüglich lokaler Positionsverschiebungen, z.B. das Warping, eine gewisse Rolle. Zusätzlich realisiert die DFT-L_2-Distanzfunktion eine Invarianz gegenüber vertikaler Skalierung und Translation.

Modifikationen der Distanzfunktionen auf Mengen zur Ermöglichung von Invarianzen sind prinzipiell möglich, erfordern jedoch spezielle Algorithmen, die oft zu einer relativ hohen Berechnungskomplexität führen.

Distanzfunktion	Objekte	Skal.	Rot.	Transl.
Minkowski	Punkte	–	–[12]	✓
quadratisch (pos. def.)	Punkte	–	–[13]	✓
quadratisch	·Punkte	–	–	✓
DFT-L_2	Sequenzen	✓[14]	–	✓[15]

Tabelle 5.7: *Übersicht über Invarianzen der Distanzfunktionen*

5.6   Literaturempfehlungen

In dem Kapitel wurden viele Distanzfunktionen vorgestellt und miteinander verglichen. Viele Distanzfunktionen, wie die Minkowski-Distanzfunktion, gehören zum mathematischen Standardwissen. Die Dynamical-Partial-Distanzfunktion hingegen wird in [33] eingeführt. Die Arbeit [157] beschreibt die EM-Distanzfunktion ausführlich. Distanzfunktionen lassen sich auf Histogramme anwenden. Einen historischen Überblick über Histogramme gibt [96]. Die Beschreibung der Chi-Quadrat-Abstandsfunktion ist angelehnt an das Statistiklehrbuch [128]. Die Kullback-Leibler-Distanz stammt aus dem Gebiet der Informationstheorie [46]. Die Bhattacharyya-Abstandsfunktion und die quadratische Distanzfunktion wird in den Gebieten der Mustererkennung und Entscheidungstheorie, etwa in den Arbeiten [107, 64], behandelt. Die Editierdistanz ist eine weit verbreitete Distanzfunktion auf Zeichenketten und wird in [153] diskutiert. Distanzen auf Mengen werden auf dem Gebiet der algorithmischen Geometrie und der Mustererkennung, zum Beispiel in [116, 77, 4, 69, 5], untersucht. Das in diesem Kapitel beschriebene Warping-Verfahren basiert auf dem Tutorial „A Tutorial on Indexing and Mining Time Series Data" von Eamonn Keogh, dass bei der internationalen Konferenz ICDM'01 gegeben wurde.

---

[12] Rotationsinvarianz gilt nur für den Spezialfall der euklidschen Distanz.
[13] Rotationsinvarianz gilt nur für den Spezialfall der orthonormalen Matrix.
[14] vertikale Skalierungsinvarianz
[15] vertikale Translationsinvarianz

6   Ähnlichkeitsmaße

Ähnlichkeitsmaße dienen zur Bewertung von Ähnlichkeiten zwischen Medienobjekten. Nach einer Einführung im folgenden Abschnitt werden Ähnlichkeitswerte Distanzwerten gegenübergestellt. Generelle Grenzen von Ähnlichkeitsmaßen werden danach diskutiert. Im Anschluss daran werden konkrete Ähnlichkeitsmaße vorgestellt.

Häufig müssen Ähnlichkeitswerte aggregiert werden. Dazu werden spezielle Verfahren diskutiert. Sollen Ähnlichkeitswerte auf Distanzwerten basieren, ist eine Wertumwandlung und Normierung erforderlich. Ein Abschnitt über partielle Ähnlichkeit sowie Literaturempfehlungen schließen das Kapitel ab.

6.1   Einführung

Ein wichtiges Modell aus der Psychologie zur menschlich wahrgenommenen Ähnlichkeit geht davon aus, dass Objekte als ähnlich wahrgenommen werden, wenn sie bei Menschen zu ähnlichen Reizen (engl. stimuli) führen. Wir gehen hier vereinfachend davon aus, dass die relevanten Reize den extrahierten und aufbereiteten Feature-Werten entsprechen.

Feature-Werte als Stimuli

In Abildung 3.5 auf Seite 108 wurde die Konstruktion eines RSV-Wertes eines Datenbankobjektes bezüglich einer komplexen Anfrage skizziert. In den ersten Schritten werden Feature-Werte des Datenbankobjektes und der Anfrage mittels Distanzfunktionen oder Ähnlichkeitsmaßen verglichen und in den letzten Schritten zu Ähnlichkeitswerten aggregiert.

Eine allgemein akzeptierte und exakte Definition des Begriffs Ähnlichkeit gibt es nicht und wird es wahrscheinlich auch in Zukunft nicht geben. In vielen Wissenschaftsgebieten, wie zum Beispiel Psychologie, Mathematik, Statistik, Bildverarbeitung und Mustererkennung wird zu diesem Thema geforscht und es wurden viele unterschiedliche Ähnlichkeitsmodelle entwickelt.

unterschiedliche Ähnlichkeitsmodelle

Definition 6.1

Signatur eines Ähnlichkeitsmaß

Ein Ähnlichkeitsmaß ist eine Funktion, die einem Paar von Objekten eine Zahl aus dem reellen Intervall $[0, 1]$ zuordnet. Dabei korrespondiert der Wert 1 zur maximalen Ähnlichkeit und der Wert 0 zur maximalen Unähnlichkeit.

Diese Definition ist insofern nicht ausreichend, da sie nur die Signatur des

Ähnlichkeitsmaßes festlegt, jedoch keine Aussagen ber die konkrete Abbildung trifft.

In den beiden folgenden Unterabschnitten werden wir zunächst zwei Aspekte von Ähnlichkeitsmaßen diskutieren:

- Distanz versus Ähnlichkeit und

- Grenzen von Ähnlichkeitsmaßen.

Danach gehen wir auf konkrete Ähnlichkeitsmaße ein.

6.2   Distanz versus Ähnlichkeit

Ähnlichkeit basierend auf Distanzen

Viele Ansätze im Bereich Multimedia-Ähnlichkeit verwenden eine Distanzfunktion auf Feature-Werten als Grundlage eines Ähnlichkeitsmaßes, wobei die Distanzwerte auf das Ähnlichkeitsintervall $[0, 1]$ abgebildet werden. Eine generelle Frage ist, inwieweit eine Distanzfunktion tatsächlich als Grundlage geeignet ist.

Distanzeigenschaften zu restriktiv

Basiert ein Ähnlichkeitsmaß auf einer Distanzfunktion, wird damit automatisch vorausgesetzt, dass Ähnlichkeit den Gesetzen einer Distanzfunktion folgt. Zu dieser Fragestellung wurden in der Psychologie Untersuchungen vorgenommen, die belegen, dass die Distanzeigenschaften im Allgemeinen für das menschliche Ähnlichkeitsempfinden zu restriktiv sind. Das bedeutet nicht automatisch, dass Distanzfunktionen für Ähnlichkeitsmaße generell ungeeignet sind. Statt dessen sind sie nur nicht grundsätzlich für alle Anwendungen geeignet.

Folgende Probleme können mit den einzelnen Distanzeigenschaften auftreten:

- *Selbstidentität:* Diese Eigenschaft, formuliert als $d(A, A) = 0$ für ein beliebiges Objekt A, gilt nach Untersuchungen von Krumhansl in [112] nicht grundsätzlich.

- *Positivität:* Diese Eigenschaft wird von Tversky in [208] als allgemeine Bedingung für menschliches Ähnlichkeitsempfinden widerlegt.

- *Symmetrie:* Beim Ähnlichkeitsempfinden zwischen einem Suchbild und einem Datenbankbild macht es einen Unterschied, wenn die beiden Bilder ihre Rollen tauschen.

- *Dreiecksungleichung:* Menschen neigen oft dazu, Unterschiede zwischen Vergleichsobjekten zu hoch zu bewerten, wenn kein drittes Referenzobjekt zum Vergleich erfahrbar ist.

Die Verletzung der ersten beiden Eigenschaften ist nicht intuitiv verständlich. Wir verweisen dafür auf die entsprechende Literatur. Die Erfüllung der beiden anderen Eigenschaften kann jedoch anschaulich widerlegt werden.

Beispiel 6.1   *fehlende Symmetrie*

Sucht man in einer Bilddatenbank ein Bild A mit einem Haus, dann akzeptiert man in der Regel ein Datenbankbild B, das neben dem Haus weitere Objekte zeigt. Sucht man jedoch anhand des Datenbankbildes B und erhält das ursprüngliche Suchbild A, wird der Baum vermisst. Dies resultiert in einer geringeren Ähnlichkeit und verletzt damit die Symmetrie. Dieses Szenario ist in Abbildung 6.1 dargestellt.

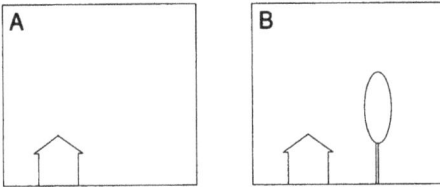

Abb. 6.1: *Symmetrieprobleme*

Der Grund für die mangelnde Symmetrie wird allgemein darin gesehen, dass sich Bilder danach unterscheiden, wie stark und wieviele ihrer Eigenschaften hervortreten (engl. salient feature). Allgemein gilt, wenn in Bild B die Eigenschaften mehr als in Bild A hervortreten, dann ist die Ähnlichkeit zwischen beiden Bildern größer, wenn A als Suchbild benutzt wird, als umgekehrt. Genaugenommen liegen implizit zwei unterschiedliche Anfragen vor: „Finde alle Bilder, auf denen mindestens ein Haus zu sehen ist" versus „Finde alle Bilder, auf denen mindestens ein Haus und ein Baum abgebildet ist". *hervortretende Eigenschaften*

Die Erfüllung der Eigenschaft der Dreiecksungleichung kann ebenfalls relativ anschaulich widerlegt werden. Am besten kann dieses Phänomen an einem Beispiel demonstriert werden.

Beispiel 6.2   *verletzte Dreiecksungleichung*

Vergleicht man in der Abbildung 6.2 die Grafiken A und B, stellt man kaum Gemeinsamkeiten fest. Jedoch sind Gemeinsamkeiten jeweils zum Objekt C vorhanden. Der Mensch neigt oft dazu, im Einzelvergleich die Unähnlichkeit zwischen A und B stärker als die Summe der jeweiligen Unähnlichkeiten zu Objekt C einzuschätzen ($d(A, B) > d(A, C) + d(B, C)$).

Die geschilderten Probleme zeigen, dass Distanzeigenschaften nicht generell auf Ähnlichkeitsmaße übertragen werden können. In vielen Anwendungen wurden trotzdem gute Erfahrungen mit Ähnlichkeitsberechnungen auf der Grundlage von Distanzfunktionen gemacht.

Da die Distanzeigenschaften im Allgemeinen als zu restriktiv erachtet werden, wird im Folgenden statt einer Distanz der Begriff des Ähnlichkeitsabstandes verwendet. Wir unterscheiden diesen Begriff vom Ähnlichkeitsmaß, da *Ähnlichkeitsabstand*

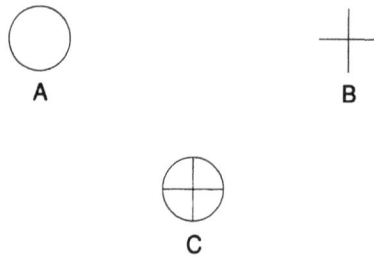

Abb. 6.2: Probleme mit der Dreiecksungleichung

der Ähnlichkeitsabstand ein Unähnlichkeitsmaß ist und erst durch Anwendung einer speziellen Umkehrfunktion auf ein Ähnlichkeitsmaß abgebildet werden kann.

Eigenschaften eines Ähnlichkeitsabstandes
Ein wichtiger Beitrag über die Eigenschaften eines Ähnlichkeitsmaßes auf der Grundlage eines Ähnlichkeitsabstands wurde durch die Arbeiten von Tversky und Gati [207] geleistet. Sie fordern die folgenden drei Eigenschaften, die ein Ähnlichkeitsabstand d mindestens erfüllen muss. Dabei werden als Grundlage Feature-Werte als Elemente eines endlichen Vektorraums vorausgesetzt. Ohne Einschränkung der Allgemeinheit wird hier von einem zweidimensionalen Vektorraum ausgegangen:

1. *Dominanz:* Der Ähnlichkeitsabstand, der mehrere Dimensionen berücksichtigt, kann nicht kleiner als der maximale Ähnlichkeitsabstand aller einzelnen Dimensionen sein:

$$d\left(\begin{pmatrix} x_1 \\ y_1 \end{pmatrix}, \begin{pmatrix} x_2 \\ y_2 \end{pmatrix}\right) \geq \max\left\{ d\left(\begin{pmatrix} x_1 \\ y_1 \end{pmatrix}, \begin{pmatrix} x_1 \\ y_2 \end{pmatrix}\right), d\left(\begin{pmatrix} x_1 \\ y_1 \end{pmatrix}, \begin{pmatrix} x_2 \\ y_1 \end{pmatrix}\right)\right\}$$

2. *Konsistenz:* Die einzelnen Dimensionswerte wirken unabhängig voneinander:

$$d\left(\begin{pmatrix} x_1 \\ y_1 \end{pmatrix}, \begin{pmatrix} x_2 \\ y_1 \end{pmatrix}\right) > d\left(\begin{pmatrix} x_3 \\ y_1 \end{pmatrix}, \begin{pmatrix} x_4 \\ y_1 \end{pmatrix}\right)$$
$$\Longleftrightarrow$$
$$d\left(\begin{pmatrix} x_1 \\ y_2 \end{pmatrix}, \begin{pmatrix} x_2 \\ y_2 \end{pmatrix}\right) > d\left(\begin{pmatrix} x_3 \\ y_2 \end{pmatrix}, \begin{pmatrix} x_4 \\ y_2 \end{pmatrix}\right)$$

3. *Transitivität:* Mögliche Reihenfolgen von Objekten müssen pro Dimension transitiv wirken. Eine Reihenfolge von drei Objekten $x_1|x_2|x_3$ gilt, wenn x_2 zwischen x_1 und x_3 liegt:

$$d\left(\begin{pmatrix} x_1 \\ y \end{pmatrix}, \begin{pmatrix} x_3 \\ y \end{pmatrix}\right) > \max\left\{ d\left(\begin{pmatrix} x_1 \\ y \end{pmatrix}, \begin{pmatrix} x_2 \\ y \end{pmatrix}\right), d\left(\begin{pmatrix} x_2 \\ y \end{pmatrix}, \begin{pmatrix} x_3 \\ y \end{pmatrix}\right)\right\}$$

Die Tansitivität fordert, dass wenn $x_1|x_2|x_3$ und $x_2|x_3|x_4$ gelten, dass dann auch $x_1|x_2|x_4$ und $x_1|x_3|x_4$ erfüllt sein müssen.

Man kann nachweisen, dass diese Eigenschaften allgemeiner als die Distanzeigenschaften sind. Jede Distanzfunktion erfüllt also diese Eigenschaften, aber nicht umgekehrt. Die Symmetrieeigenschaft etwa wird nicht für einen Ähnlichkeitsabstand gefordert.

Die drei Eigenschaften besitzen eine wichtige Eigenart: Wendet man auf den Werten eines Abstandsmaßes, welches die drei geforderten Eigenschaften erfüllt, eine monoton steigende Funktion an, bleiben dadurch die Eigenschaften erhalten. Dies ist wichtig, da in vielen Ähnlichkeitsmodellen Funktionsanwendungen auf Ähnlichkeitswerten, etwa zur Skalierung, notwendig sind.

Erhaltung der Eigenschaften

6.3 Grenzen von Ähnlichkeitsmaßen

Maschinell berechenbaren Ähnlichkeitswerten sind im Vergleich zum menschlichen Ähnlichkeitsempfinden enge Grenzen gesetzt. Diese Grenzen sollen hier diskutiert werden.

Ähnlichkeitswerte in Multimedia-Systemen werden aus Feature-Werten berechnet. Im Gegensatz zu den Daten in einem klassischen Datenbanksystem werden Feature-Werte in der Regel automatisch aus Multimedia-Rohdaten extrahiert, also weder vom Menschen interpretiert noch entsprechend kodiert. Ein exaktes „Matching" in Form von SQL-Bedingungen ist daher nicht möglich.

automatisch extrahierte Feature-Werte

kein exaktes „Matching"

Weiterhin sind semantische Eigenschaften in Feature-Daten in der Regel holistischer Natur. Dies bedeutet, dass die interessierenden Eigenschaften nicht exakt bestimmten Feature-Werten zugeordnet werden können, sondern durch die Gesamtheit der Daten ausgedrückt werden. Dies ist auch ein wichtiger Grund, warum eine Objekterkennung im allgemeinen Fall nicht funktioniert.

holistische Natur

Beispiel 6.3

Ein Multimedia-System soll auf beliebigen Rasterbildern Hunde erkennen. Dies ist jedoch nicht zuverlässig möglich, da die Eigenschaft „Hund" weder an einzelne Pixel noch an bestimmte Feature-Werte exakt gebunden werden kann, sondern durch die Gesamtheit der Daten ausgedrückt wird.

Bei der menschlichen Ähnlichkeitsempfindung spielt bewusst oder unbewusst immer ein bestimmtes Weltwissen eine Rolle.

Weltwissen

Beispiel 6.4

Wird einem geschichteinteressierten Deutschen ein Photo von Erich Honecker und eine Abbildung von einem Trabi präsentiert, ergibt sich für ihn eine gewisse Ähnlichkeit aufgrund der DDR-Zugehörigkeit.

Weltwissen beim Ähnlichkeitsempfinden

Ohne Weltwissen ist ein solcher Zusammenhang nicht erkennbar. In Abhän-

Subjektivität

gigkeit vom Weltwissen entstehen unterschiedlich wahrgenommene Ähnlichkeiten. Ein großes Problem ist daher die Subjektivität menschlich wahrgenom-
mener Ähnlichkeit, also die Abhängigkeit von Personen und deren Vorwissen,
Interessen und Absichten.

Subjektivität von
Ähnlichkeit

Beispiel 6.5

Ein weit verbreiteter „Volkssport" ist das Vergleichen von Gesichtszügen
eines Kindes mit denen der Eltern. Kommt das Kind mehr nach dem Vater
oder nach der Mutter? Dabei stellt sich meistens heraus, dass die Meinun-
gen weit auseinanderliegen. Oft ist das Ergebnis solcher Ähnlichkeitstests
abhängig davon, wie gut derjenige die Elternteile kennt. Weiterhin werden
oft unterschiedliche Merkmale für den Vergleich herangezogen und unterschiedlich gewichtet.

nicht modellierbares
Weltwissen

Das von Menschen beim Ähnlichkeitsvergleich verwendete Weltwissen kann
im Allgemeinen (noch) nicht im Computer abgelegt, geschweige denn geeignet
verarbeitet werden.

drei Ebenen der
Inhaltsverarbeitung

Bezüglich der Verwendung von Weltwissen unterscheidet man drei Ebenen,
wie der Inhalt von Medienobjekten verwaltet und eine Ähnlichkeit berechnet
werden könnte:

1. *syntaktische Ebene:* Hier erfolgt die Verarbeitung rein syntaktisch, ohne
   dass die Bedeutung der Medienobjekte berücksichtigt wird. Zum Beispiel können von Rasterbildern Farbverteilungen berechnet werden.

2. *semantische Ebene:* Auf dieser Ebene wird die Bedeutung von Medienobjekten verwaltet und für den Ähnlichkeitsvergleich verwendet. Zum
   Beispiel wird erkannt, dass auf einem Bild ein Baum abgebildet ist.

3. *pragmatische Ebene:* Auf der pragmatischen Ebene werden Medienobjekte interpretiert und thematischen Kategorien zugeordnet. Zum Beispiel kann ein Bild mit Bäumen zu einem Waldschadensbericht gehören.

Extraktion von
Featuren der
syntaktischen Ebene

Die meisten derzeit existierenden Feature-Extraktionsverfahren bewegen sich
auf der syntaktischen Ebene. Ein hehres Ziel für die Zukunft ist die Realisierung des Übergangs von der syntaktischen zur semantischen Ebene. Für den
allgemeinen Fall ist dies resultierend aus den eingangs erwähnten Problemen
(noch) nicht erreichbar.

Da man in der Regel nicht in der Lage ist, Weltwissen geeignet im Computer
abzubilden, stellt sich die Frage, welche Arten von Ähnlichkeit sich überhaupt
berechnen lassen.

Um eine dem Menschen angepasste Ähnlichkeit nachzubilden, wurde von Psy-
chologen untersucht, wie Menschen Reize wahrnehmen, bevor sie in der Lage sind, ihr Weltwissen zur Interpretation zu nutzen. Bei der menschlichen

Wahrnehmung von Reizen wird die so genannte pre-attentive von der attentiven Wahrnehmung unterschieden, wobei wir uns hier auf visuelle Reize beschränken. Die beiden Formen der Wahrnehmung unterscheiden sich in ihrer zeitlichen Dimension. Die pre-attentive Wahrnehmung erfolgt in den ersten 250 Millisekunden, in denen ein visueller Reiz auf das Auge einwirkt. Innerhalb dieser Zeitspanne ist der Mensch noch nicht in der Lage, sein Weltwissen zur Interpretation zu nutzen. Dies erfolgt in der darauf folgenden Phase, der attentiven Phase. Aufgrund des fehlenden Weltwissens ist für uns nur die pre-attentive Phase von Interesse.

pre-attentive versus attentive

Ein Ziel bei der Feature-Extraktion und beim Ähnlichkeitsvergleich ist es, die pre-attentive Ähnlichkeitswahrnehmung nachzubilden. Dazu wurden psychologische Experimente vorgenommen, die untersuchen, welche Feature in der pre-attentive-Phase wahrnehm- und unterscheidbar sind. Dies sind unter anderem Feature wie:

Nachbildung der pre-attentiven Wahrnehmung

- Linienorientierung,

- Länge, Breite, Größe von Objekten,

- Krümmung,

- Anzahl von Objekten und

- Farbe und Intensität von Objekten.

Leider sind Feature, die vom Menschen in der pre-attentiven Phase leicht wahrgenommen werden können, nicht immer leicht algorithmisch berechenbar. Diese Problematik ist aktueller Forschungsgegenstand der Bildverarbeitung und der Psychologie.

schwierige Berechnung pre-attentiver Feature-Were

Die erwähnten Probleme beziehen sich auf den *allgemeinen* Fall. Wenn statt dessen von einer stark reglementierten Datenbasis ausgegangen wird, dann gibt es durchaus gute Lösungen, die dem menschlichen Ähnlichkeitsempfinden nahekommen. Das zur Interpretation notwendige Weltwissen ist stark eingeschränkt und kann daher durch Algorithmen nutzbar gemacht werden.

allgemeiner versus spezieller Fall

Beispiel 6.6

spezielle Ähnlichkeit

Ein Multimedia-System beinhaltet Passphotos. Ziel ist die Berechnung der Ähnlichkeit zwischen abgebildeten Personen. Für diesen speziellen Fall existieren relativ zuverlässige Verfahren der Ähnlichkeitsberechnung, die erfolgreich in der Kriminalistik eingesetzt werden.

Als Fazit gilt, je weniger die Medienobjekte reglementiert sind, und je ungenauer Ähnlichkeit festgelegt werden kann, desto schwieriger lässt sich eine computerberechnete Ähnlichkeit mittels eines Ähnlichkeitsmaßes auf der semantischen Ebene durchführen.

6.4   Konkrete Ähnlichkeitsmaße

In diesem Abschnitt werden konkrete Ähnlichkeitsmaße diskutiert. In der Wissenschaft werden viele verschiedene Funktionen und Maße vorgeschlagen, die durch ihre Kombination eine Vielfalt von Ähnlichkeitswertberechnungen erzeugen. Leider gibt es keine allgemein anerkannte Kombination von Funktionen und Maßen zur Berechnung von Ähnlichkeitswerten. Statt dessen stehen viele Alternativen zur Auswahl. Idealerweise sollten Funktionen und Maße gewählt werden, die möglichst gut dem subjektiven Ähnlichkeitsempfinden der potentiellen Anwender entsprechen, also im gemeinsamen Zusammenspiel gute Precision- und Recall-Werte erzielen.

Vielfalt von Funktionen und Maßen

Häufig können aus Kostengründen nicht alle möglichen Kombinationen durchgetestet und die beste Kombination ermittelt werden. Aus diesem Grund liegt der Schwerpunkt dieses Abschnittes nicht nur in der reinen Auflistung entsprechender Funktionen und Maße, sondern auch in der Beschreibung ihrer Eigenschaften. Diese sollen helfen, den Bezug zum beabsichtigten Ähnlichkeitsempfinden herzustellen.

Beschreibung der Eigenschaften

In diesem Abschnitt werden folgende, konkrete Ähnlichkeitsmaße vorgestellt:

1. Feature-Kontrast-Modell nach Tversky,

2. Fuzzy-Feature-Kontrast-Modell von Santini und Jain,

3. Histogrammschnitt,

4. Kosinusmaß und

5. Ähnlichkeitsmaße aus der Taxonomie.

6.4.1   Feature-Kontrast-Modell nach Tversky

Tversky stellt in [208] ein spezielles Ähnlichkeitsmodell vor. Es geht von binären Eigenschaften aus. Jedem Medienobjekt kann, etwa im Kontext der Feature-Extraktion, eine Menge von Eigenschaften zugeordnet werden, welche das Objekt charakterisieren.

binäre Objekteigenschaften

binäre Eigenschaften   **Beispiel 6.7**

Ein Bild b, auf dem ein roter Kreis und ein blaues Rechteck mittels einer Feature-Extraktion erkannt wurde, wird durch diese binären Eigenschaften $B = \{\text{roter-Kreis, blaues-Rechteck}\}$ charakterisiert.

Für ein Ähnlichkeitsmaß $s(a, b)$ zwischen zwei Objekten a und b auf der Grundlage der korrespondierenden Eigenschaftsmengen A und B stellt Tversky eine Reihe zu erfüllender Eigenschaften auf:

1. *Matching:* Das Ähnlichkeitsmaß ist eine Funktion über drei verschiedene, mengenwertige Komponenten:

$$s(o_1, o_2) = f(A \cap B, A \setminus B, B \setminus A)$$

2. *Monotonie:* Die Ähnlichkeit kann nur steigen, wenn die Schnittmenge nicht kleiner wird und die beiden Differenzen nicht größer werden:

$$s(a, b) \geq s(a, c) \text{ gdw.}$$
$$A \cap C \subseteq A \cap B, \quad A \setminus B \subseteq A \setminus C, \quad B \setminus A \subseteq C \setminus A$$

3. *Unabhängigkeit:* Bevor Unabhängigkeit gefordert wird, muss der Begriff der Übereinstimmung zweier Objektpaare definiert werden. $f(X, Y, Z)$ sei die Funktion für ein Ähnlichkeitsmaß mit $X = A \cap B, Y = A \setminus B$ und $Z = B \setminus A$. Wir schreiben weiterhin $V \approx W$, wenn X, Y und Z existieren, für die eine oder mehrere der folgenden Bedingungen gelten:

$$f(V, Y, Z) = f(W, Y, Z)$$
$$f(X, V, Z) = f(X, W, Z)$$
$$f(X, Y, V) = f(X, Y, W)$$

V und W sind dann sozusagen äquivalent. Zwei Objektpaare (a, b) und (c, d) stimmen in einer (zwei oder drei) Komponente(n) überein, wenn die entsprechenden Eigenschaften gelten:

$$(A \cap B) \approx (C \cap D)$$
$$(A \setminus B) \approx (C \setminus D)$$
$$(B \setminus A) \approx (D \setminus C)$$

Angenommen, die Paare (a, b) und (c, d) sowie die Paare (a', b') und (c', d') stimmen in denselben zwei Komponenten überein, während die Paare (a, b) und (a', b') sowie die Paare (c, d) und (c', d') in der übrigbleibenden Komponente übereinstimmen. Dann muss für die Eigenschaft der Unabhängigkeit folgende Bedingung gelten:

$$s(a, b) \geq s(a', b') \iff s(c, d) \geq s(c', d')$$

Abbildung 6.3 zeigt die Forderung nach Unabhängigkeit grafisch.

Auf der Grundlage dieser Eigenschaften formuliert Tversky den Repräsentationssatz des Feature-Kontrast-Modells.

$$s(a,b) \overset{\underset{2,3}{\approx}}{\rule{3cm}{0.4pt}} s(c,d)$$

$$\geq \Big|\underset{\approx}{1} \qquad\qquad \geq \Big|\underset{\approx}{1}$$

$$s(a',b') \overset{\underset{2,3}{\approx}}{\rule{3cm}{0.4pt}} s(c',d')$$

Abb. 6.3: *Unabhängigkeit*

Repräsentationssatz des Feature-Kontrast-Modells

Lemma 6.1

Angenommen, s sei ein Ähnlichkeitsmaß, für welches Matching, Monotonie und Unabhängigkeit erfüllt sind. Dann existiert eine Ähnlichkeitsfunktion S, eine nichtnegative Funktion f sowie zwei Konstanten $\alpha, \beta \geq 0$, so dass für alle Objekte a, b, c, d

$$S(a,b) \geq S(c,d) \iff s(a,b) \geq s(c,d)$$

und

$$S(a,b) = f(A \cap B) - \alpha f(A \setminus B) - \beta f(B \setminus A).$$

gelten. Dieser Satz besagt, dass jede Ähnlichkeitsordnung, welche Matching, Monotonie und Unabhängigkeit erfüllt, durch eine Linearkombination der Funktionswerte über der Menge der Gemeinsamkeiten ($A \cap B$) und den beiden Mengen der Unterschiede ($A \setminus B, B \setminus A$) nachgebildet werden kann.

Feature-Kontrast-Modell und Asymmetrie

Insbesondere lässt sich das Feature-Kontrast-Modell gut verwenden, um eine gewünschte Asymmetrie nachzubilden. Im vorigen Abschnitt wurde diskutiert, dass die Ähnlichkeit eines Objektes a mit relativ gering hervorstehenden Eigenschaften zu einem Objekt b mit relativ stark hervorstehenden Eigenschaften größer ist als umgekehrt. Im Feature-Konstrast-Modell geht man davon aus, dass die Stärke der Eigenschaften durch die Funktion f ausgedrückt werden kann[1]:

$$f(B) > f(A)$$

Durch die Wahl der Konstanten $\alpha > \beta$ wird dann, wie gewünscht, eine Asymmetrie

$$S(a,b) > S(b,a)$$

erreicht.

Asymmetrie

Beispiel 6.8

In Abbildung 6.1 auf Seite 217 wurden zwei Bilder mit unterschiedlich hervorstehenden Eigenschaften vorgestellt. Die Bilder a, b können in diesem Beispiel folgendermaßen durch binäre Eigenschaften charakterisiert werden:

$$A = \{Haus\} \qquad B = \{Haus, Baum\}.$$

[1]Die Funktion f wird daher auch als Salient-Funktion bezeichnet.

Wenn die Funktion f die Kardinalität einer Menge berechnet und $\alpha = 2$ sowie $\beta = 1$ gilt, dann erhält man folgenden Ähnlichkeitswert für $S(a, b)$:

$$S(a,b) = f(\{Haus\}) - 2f(\emptyset) - f(\{Baum\})$$
$$= 1 - 0 - 1 = 0$$

Dieser Wert unterscheidet sich vom Wert für $S(b, a)$:

$$S(b,a) = f(\{Haus\}) - 2f(\{Baum\}) - f(\emptyset)$$
$$= 1 - 2 - 0 = -1$$

Es gilt also:

$$S(a,b) \geq S(b,a)$$

Eine bis jetzt offen gelassene Frage betrifft die Eigenschaften des Feature-Kontrast-Modells: Erfüllt dieses Modell alle Eigenschaften eines Abstandsmaßes? Bei der Überprüfung der Eigenschaften Dominanz, Konsistenz und Transitivität müssen zwei Aspekte beachtet werden:

Eigenschaften des Feature-Kontrast-Modells

1. Das Feature-Kontrast-Modell liefert ein Ähnlichkeitsmaß, wohingegen die Eigenschaften Dominanz, Konsistenz und Transitivität einen Ähnlichkeitsabstand (also ein Unähnlichkeitsmaß) charakterisieren. Wir berücksichtigen dies durch eine entsprechende Umkehrung von Ungleichheitsbeziehungen.

Ähnlichkeitsmaß versus Ähnlichkeitsabstand

2. Das Feature-Kontrast-Modell basiert auf binären Eigenschaften. Jede Dimension wird daher als eine binäre Eigenschaft aufgefasst.

binäre Eigenschaften

Nachweis Dominanz: Die folgende Bedingung ist zu überprüfen:

$$d\left(\begin{pmatrix} x_1 \\ y_1 \end{pmatrix}, \begin{pmatrix} x_2 \\ y_2 \end{pmatrix}\right) \geq \max\left\{d\left(\begin{pmatrix} x_1 \\ y_1 \end{pmatrix}, \begin{pmatrix} x_1 \\ y_2 \end{pmatrix}\right), d\left(\begin{pmatrix} x_1 \\ y_1 \end{pmatrix}, \begin{pmatrix} x_2 \\ y_1 \end{pmatrix}\right)\right\}$$

Gegeben seien die 4 Objekte a_1, b_1, b_2, b_3 mit den Eigenschaftsmengen

$$A_1 = \{x_1, y_1\} \quad B_1 = \{x_2, y_2\} \quad B_2 = \{x_1, y_2\} \quad B_3 = \{x_2, y_1\}.$$

Setzt man diese Mengen in die Bedingung

$$d(a_1, b_1) \geq \max\{d(a_1, b_2), d(a_1, b_3)\}$$

ein und kehrt das Ungleichheitszeichen um, dann erhält man:

$$\begin{aligned} f(\emptyset) \quad &- \quad \alpha f(\{x_1, y_1\}) \quad - \quad \beta f(\{x_2, y_2\}) \quad \leq \\ \min\{ \quad f(\{x_1\}) \quad &- \quad \alpha f(\{y_1\}) \quad - \quad \beta f(\{y_2\}), \\ f(\{y_1\}) \quad &- \quad \alpha f(\{x_1\}) \quad - \quad \beta f(\{x_2\}) \} \end{aligned}$$

Aufgrund der Monotonieeigenschaft und den Untermengenbeziehungen zwischen den korrespondierenden Eigenschaftsmengen ist diese Ungleichung stets erfüllt.

Nachweis Konsistenz: Die folgende Konsistenzeigenschaft ist zu überprüfen:

$$d\left(\begin{pmatrix}x_1\\y_1\end{pmatrix},\begin{pmatrix}x_2\\y_1\end{pmatrix}\right) \; > \; d\left(\begin{pmatrix}x_3\\y_1\end{pmatrix},\begin{pmatrix}x_4\\y_1\end{pmatrix}\right)$$
$$\Longleftrightarrow$$
$$d\left(\begin{pmatrix}x_1\\y_2\end{pmatrix},\begin{pmatrix}x_2\\y_2\end{pmatrix}\right) \; > \; d\left(\begin{pmatrix}x_3\\y_2\end{pmatrix},\begin{pmatrix}x_4\\y_2\end{pmatrix}\right)$$

Gegeben seien die 8 Objekte $a_1, a_2, a_3, a_4, b_1, b_2, b_3, b_4$ mit den Eigenschaftsmengen

$$A_1 = \{x_1, y_1\} \quad A_2 = \{x_3, y_1\} \quad A_3 = \{x_1, y_2\} \quad A_4 = \{x_3, y_2\}$$
$$B_1 = \{x_2, y_1\} \quad B_2 = \{x_4, y_1\} \quad B_3 = \{x_2, y_2\} \quad B_4 = \{x_4, y_2\}$$

Setzt man diese Mengen in die Bedingung

$$d(a_1, b_1) \; > \; d(a_2, b_2)$$
$$\Longleftrightarrow$$
$$d(a_3, b_3) \; > \; d(a_4, b_4)$$

ein und kehrt das Ungleichheitszeichen um, dann erhält man:

$$f(\{y_1\}) - \alpha f(\{x_1\}) - \beta f(\{x_2\}) <$$
$$f(\{y_1\}) - \alpha f(\{x_3\}) - \beta f(\{x_4\})$$
$$\Longleftrightarrow$$
$$f(\{y_2\}) - \alpha f(\{x_1\}) - \beta f(\{x_2\}) <$$
$$f(\{y_2\}) - \alpha f(\{x_3\}) - \beta f(\{x_4\})$$

Wie man leicht überprüfen kann, entspricht diese Bedingung der Unabhängigkeit und ist damit immer erfüllt.

Nachweis Transitivität: Die Erfüllung der Transitivität

$$x_1|x_2|x_3 \text{ und } x_2|x_3|x_4 \Longrightarrow x_1|x_2|x_4 \text{ und } x_1|x_3|x_4$$

Restriktion auf eine Dimension

ist etwas schwieriger nachzuweisen. Der entscheidende Punkt dieser Implikation liegt darin, dass sie sich nur auf eine Dimension bezieht und dass durch die Konsistenz die Dimensionen unabhängig voneinander wirken. Würde sich die Transitivität auf mehrere Dimensionen beziehen, könnte trotz Konsistenz leicht ein Gegenbeispiel gefunden werden.

Beispiel 6.9 *Transitivität*

Abbildung 6.4 zeigt ein positives und ein negatives Beispiel im zweidimensionalen Raum. In beiden Beispielen liegt der Punkt p_2 zwischen den Punkten p_1 und p_3 und der Punkt p_3 zwischen den Punkten p_2 und p_4. Im linken Bild führt dies zu einem Abstand zwischen p_1 und p_4, der bezüglich der anderen Abstände maximal ist. Damit wird die Transitivität im linken Bild erfüllt. Im rechten Bild wird sie jedoch verletzt, da der Abstand zwischen p_1 und p_4 zu klein ist.

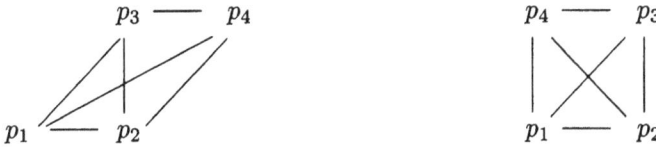

Abb. 6.4: *positives und negatives Beispiel der Transitivität*

Da die Transitivität auf einer Dimension definiert ist, kann eine derartige Verletzung der Transitivität nicht auftreten. Es ist nicht möglich, eine Verletzung der Transitivität für Punkte auf einer Geraden zu konstruieren.

Damit erfüllt das Feature-Kontrast-Modell die Eigenschaften eines Ähnlichkeitsabstandes. Von den Eigenschaften einer Distanzfunktion wird die Symmetrie und die Dreiecksungleichung nicht erfüllt.

Leider weist das Feature-Kontrast-Modell einige Defizite auf, welche dessen Einsatz behindern: *Defizite des Feature-Kontrast-Modells*

- *Abhängigkeit von Eigenschaftsanzahl:* Die Werte der Formel können abhängig von der Anzahl der beteiligten Eigenschaften sein. Dies demonstriert das folgende Beispiel.

Beispiel 6.10 *Eigenschaftsanzahl*

Angenommen, als Salient-Funktion f wird die Kardinalität der Eigenschaftsmenge verwendet. Seien weiterhin vier Objekte a, b, c, d mit ihren Eigenschaftsmengen $A = \{e_1, e_2\}$, $B = \{e_2, e_3\}$, $C = \{e_1, e_2, e_3, e_4\}$, $D = \{e_3, e_4, e_5, e_6\}$ gegeben. Sowohl das Paar (a, b) als auch das Paar (c, d) stimmen mit jeweils der Hälfte der Eigenschaften überein, während die andere Hälfte im jeweils anderen Objekt fehlt. Aus diesem Grund sollte man keinen großen Unterschied in den Ähnlichkeitswerten erwarten. Wenn $\alpha = \beta = 1$ gilt, dann beträgt jedoch der Ähnlichkeitswert des ersten Paars -1 und der des zweiten Paars -2.

Beheben lässt sich dieses Problem bei der Verwendung der Kardinalität durch eine Normierung. Damit ergibt sich zur Berechnung der Ähnlichkeit zwischen zwei Objekten a und b folgende Formel:

$$S^{Norm}(a, b) = \frac{|A \cap B| - \alpha|A \setminus B| - \beta|B \setminus A|}{|A \cup B|}$$

- *Skalierung:* Ein Ähnlichkeitsmaß fordert eine Abbildung auf das Intervall $[0, 1]$. Der Maximalwert nach der normierten Formel beträgt 1 und der Minimalwert beträgt $-\max(\alpha, \beta)$. Eine Skalierung auf das gewünschte Intervall wird erreicht, wenn jeder Ähnlichkeitswert S^{Norm} zwischen zwei Objekten nach der normierten Formel folgendermaßen skaliert wird:

$$S^{[0,1]}(a, b) = \frac{S^{Norm}(a, b) + \max(\alpha, \beta)}{1 + \max(\alpha, \beta)}$$

- Das Feature-Kontrast-Modell basiert auf binären Eigenschaftswerten. In vielen Anwendungen liegen Eigenschaftswerte jedoch als reelle Werte vor. Diese können prinzipiell durch Festlegung bestimmter Intervallgrenzen in eine binäre Form überführt werden. Allerdings ist dies mit einem hohen Aufwand, willkürlichen Intervallgrenzen und einem Informationsverlust verbunden.

Ein Ansatz zur Behebung der Restriktion auf binäre Eigenschaftswerte wird von Santini und Jain vorgestellt.

6.4.2   Fuzzy-Feature-Kontrast-Modell von Santini und Jain

Fuzzy-Prädikat

In der Arbeit [170] von Santini und Jain wird mit Hilfe der Fuzzy-Logik die Einschränkung des Feature-Kontrast-Modells auf binäre Eigenschaften überwunden. Dabei wird jede der n Dimensionen als ein Fuzzy-Prädikat μ_i über den Objekten aufgefasst. Die Feature-Werte müssen Werte aus dem Intervall $[0, 1]$ sein.

Für die Berechnung des Ähnlichkeitsmaßes sind Mengenoperationen notwendig, die folgendermaßen realisiert werden:

- *Mengendurchschnitt:*

$$\mu_\cap(a, b) = \{\min(\mu_1(a), \mu_1(b)), \dots, \min(\mu_n(a), \mu_n(b))\}$$

- *Mengendifferenz:*

$$\mu_\setminus(a, b) = \{\max(\mu_1(a) - \mu_1(b), 0), \dots, \max(\mu_n(a) - \mu_n(b), 0)\}$$

- *Salient-Funktion:* Hier wird die Fuzzy-Kardinalität verwendet:

$$f(\{\mu_1, \ldots, \mu_n\}) = \sum_{i=1}^{n} \mu_i.$$

Die Ähnlichkeit nach diesem Modell berechnet sich damit nach folgender Formel:

$$S(a, b) = \sum_{i=1}^{n} \min(\mu_i(a), \mu_i(b))$$

$$-\alpha \sum_{i=1}^{n} \max(\mu_i(a) - \mu_i(b), 0)$$

$$-\beta \sum_{i=1}^{n} \max(\mu_i(b) - \mu_i(a), 0).$$

Die Berechnungen von

$$S^{Norm}(a, b) = \frac{S(a, b)}{\sum_{i=1}^{n} \max(\mu_i(a), \mu_i(b))}$$

und

$$S^{[0,1]}(a, b) = \frac{S^{Norm}(a, b) + \max(\alpha, \beta)}{1 + \max(\alpha, \beta)}$$

führen, analog zum ursprünglichen Feature-Kontrast-Modell, eine Normierung und Abbildung auf das Intervall $[0, 1]$ durch.

Normierung und Skalierung

6.4.3 Histogrammschnitt

Der Histogrammschnitt berechnet einen Ähnlichkeitswert zwischen zwei Histogrammen. Wir gehen zunächst von einem normalisierten Histogramm h_a mit jeweils n Werten aus, die relative Häufigkeiten ausdrücken:

Histogramm mit relativen Häufigkeiten

$$\sum_{i=1}^{n} h_a[i] = 1$$

Der Histogrammschnitt zwischen zwei Histogrammen h_a und h_b berechnet sich nach folgender Formel:

$$S_{nH}(h_a, h_b) = \sum_{i=1}^{n} \min(h_a[i], h_b[i]).$$

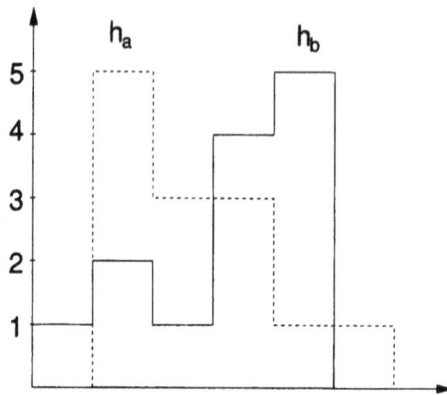

Abb. 6.5: *Histogrammschnitt*

Histogrammschnitt **Beispiel 6.11**

In Abbildung 6.5 sind zwei Histogramme durch zwei Linien unterschiedlicher Linienarten dargestellt. Der Histogrammschnitt entspricht der markierten Fläche, welche den Flächenschnitt beider Histogramme beschreibt.

Aufgrund der Normierung der Histogramme ist garantiert, dass die Ähnlichkeitswerte auf das Intervall $[0, 1]$ abgebildet werden. Eine Umwandlung zu ei-
Ähnlichkeitsabstand nem Ähnlichkeitsabstand kann mittels der Formel

$$d_{S_{nH}}(h_a, h_b) = 1 - S_{nH}(h_a, h_b)$$

erfolgen. Der Histogrammschnitt als Ähnlichkeitsabstand ist eine
Ähnlichkeitsabstand Distanzfunktion, da alle Distanzeigenschaften erfüllt sind. Auf einen
ist Distanzfunktion Nachweis wird hier verzichtet.

Von den von Tversky geforderten Eigenschaften kann keine Eigenschaft überprüft werden. Dies ergibt sich aus der Forderung nach Normierung der Werte, die bewirkt, dass die Häufigkeiten nicht frei manipuliert werden können. Die Summe der Werte muss immer 1 betragen.

Verzichtet man bei den Histogrammen auf die Normierung, beschreiben Histo-
Histogramm mit gramme also absolute Häufigkeiten, erhält man ein Ähnlichkeitsmaß für belie-
absoluten bige Histogramme. Damit die Ähnlichkeitswerte im Intervall $[0, 1]$ liegen, ist
Häufigkeiten eine Skalierung erforderlich:

$$S_H(h_a, h_b) = \frac{\sum_{i=1}^{n} \min(h_a[i], h_b[i])}{\sum_{i=1}^{n} h_a[i]}$$

Die Umwandlung zu einem Ähnlichkeitsabstand erfolgt analog zum normierten Fall. Von den Distanzeigenschaften ist nur die Selbstidentität erfüllt. Die

Positivität kann leicht verletzt werden, da das Minimum nur einen der zu vergleichenden Werte liefert.

keine Distanzfunktion

Aus der Formel ist ersichtlich, dass die Symmetrie nicht erfüllt werden kann. Hier ergibt sich jedoch die Frage, wann $S(h_a, h_b) < S(h_b, h_a)$ gilt? Offensichtlich ist dies genau dann erfüllt, wenn $\sum_{i=1}^{n} h_a[i] > \sum_{i=1}^{n} h_b[i]$ gilt. Diese Summenberechnung kann also als eine Salient-Funktion[2] angesehen werden.

fehlende Symmetrie

Der nicht normierte Histogrammschnitt als Ähnlichkeitsabstand erfüllt die Eigenschaften Dominanz und Konsistenz. Die Transitivität ist nicht überprüfbar, da keine Histogramme h_1, h_2, h_3 in die Reihenfolge $h_1|h_2|h_3$ gebracht werden können.

Dominanz und Konsistenz

Zwischen dem Histogrammschnitt und der L_1-Distanzfunktion gibt es einen Zusammenhang. Dieser wird in Abbildung 6.5 ersichtlich. Der markierte Bereich entspricht dem Histogrammschnitt. Die L_1-Distanzfunktion berechnet die Fläche zwischen den Histogrammkurven und der Schnittfläche. Da die Schnittfläche zu beiden Histogrammen gehört, ergibt die Summe aus dem doppelten Histogrammschnitt und der L_1-Distanz die Gesamtsumme beider Histogramme:

Histogrammschnitt versus L_1-Distanzfunktion

$$d_{L_1}(h_a, h_b) + 2S_{nH}(h_a, h_b) = \sum_{i=1}^{n} h_a[i] + \sum_{i=1}^{n} h_b[i].$$

Falls die Histogramme normiert sind, kann der Histogrammschnitt direkt aus der L_1-Distanzfunktion berechnet werden:

$$S_{nH}(h_a, h_b) = 1 - \frac{d_{L_1}(h_a, h_b)}{2}.$$

Der Ähnlichkeitsabstand bezüglich des Histogrammschnitts auf normierten Histogrammen ergibt dann:

$$d_{S_{nH}}(h_a, h_b) = 1 - S_{nH}(h_a, h_b) = \frac{d_{L_1}(h_a, h_b)}{2}.$$

Aus diesem Zusammenhang wird ersichtlich, dass dieser Ähnlichkeitsabstand alle Distanzeigenschaften erfüllt.

6.4.4 Kosinusmaß

Ein sehr weit verbreitetes Ähnlichkeitsmaß ist das Kosinusmaß. Dieses Maß ist auf Vektoren eines Vektorraums definiert und beschreibt den Kosinus des eingeschlossenen Winkels zwischen zwei Vektoren bezüglich des Nullvektors. Der Name dieses Ähnlichkeitsmaßes ergibt sich aus der Tatsache, dass über das Skalarprodukt der Kosinus des Winkels berechnet wird.

eingeschlossener Winkel

---

[2]Zur Erläuterung einer Salient-Funktion siehe Seite 224.

Wenn a und b zwei Vektoren darstellen, dann berechnet sich das Kosinusmaß folgendermaßen:

$$S_{cos}(a, b) = \frac{\langle a, b \rangle}{||a|| * ||b||}$$

$\langle a, b \rangle = a^T * b$ bezeichnet dabei das Skalarprodukt und $||a|| = \sqrt{a^T * a}$ den Betrag. Das Kosinusmaß ermittelt zwischen zwei beliebigen Vektoren einen Wert aus dem Intervall $[-1, 1]$. Eine Abbildung auf das Ähnlichkeitsintervall $[0, 1]$ erhält man durch eine Halbierung gefolgt von der Addition mit 1/2.

Skalierung

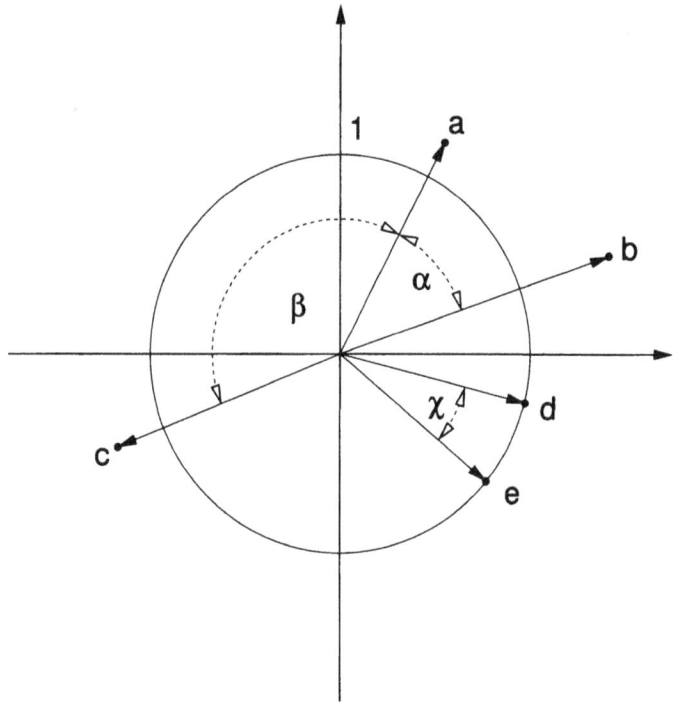

Abb. 6.6: *Kosinusmaß*

Kosinusmaß   **Beispiel 6.12**

In Abbildung 6.6 sind fünf Vektoren im zweidimensionalen Raum abgebildet. β beispielsweise bezeichnet den eingeschlossenen Winkel zwischen den Vektoren a und c. Die Kosinusfunktion berechnet dafür einen negativen Wert.

Bei der Berechnung des Kosinusmaßes können verschiedene Sonderfälle beachtet werden:

- *nichtnegative Werte*: Sind für alle Dimensionen der Vektoren die Werte nichtnegativ, kann der maximale Winkel nicht größer als 90 Grad sein. Damit erzeugt das Ähnlichkeitsmaß Werte aus dem Intervall $[0, 1]$, so dass eine anschließende Intervallanpassung nicht nötig ist.

  In Abbildung 6.6 haben die Vektoren a und b nichtnegative Werte, liegen also im ersten Quadranten. Der Winkel ist kleiner als 90 Grad und ergibt damit einen positiven Wert aus dem Intervall $[0, 1]$.

- *längennormierte Vektoren*: Unter längennormierten Vektoren werden hier Vektoren der Länge 1 verstanden. Wie man sich leicht klar machen kann, ist der eingeschlossene Winkel unabhängig von einer Änderung der Länge eines Vektors. *Längeninvarianz*

  In Abbildung 6.6 sind die Vektoren d und e normiert, liegen also auf dem abgebildeten Einheitskreis. Damit können sich normierte Vektoren nur in ihrer Richtung ändern, aber nicht mehr in ihrer Länge. Diese Invarianz geht also verloren.

Um aus einem Ähnlichkeitswert aus dem Intervall $[0, 1]$ einen Ähnlichkeitsabstand zu erzeugen, wird dieser Wert von 1 abgezogen.

$$d_{cos}(a, b) = 1 - S_{cos}(a, b) = 1 - \frac{\langle a, b \rangle}{||a|| * ||b||}$$

Diese Abstandsfunktion ist ein Semi-Pseudo-Distanzfunktion beziehungsweise eine Semi-Distanzfunktion, wenn von längennormierten Vektoren ausgegangen wird: *Ähnlichkeitsabstand ist Semi-Pseudo-Distanzfunktion*

- *Selbstidentität und Symmetrie:* Die Selbstidentität und Symmetrie kann direkt aus der Formel abgelesen werden.

- *Positivität:* Aufgrund der Längeninvarianz können unterschiedliche Vektoren einen Abstand von 0 ergeben, wenn sie sich nur in ihrer Länge unterscheiden. Dies ist nicht der Fall, wenn man von längennormierten Vektoren ausgeht. Damit ist die Erfüllung der Positivität abhängig von der Längennormierung.

- *Dreiecksungleichung:* Die Dreiecksungleichung kann nicht erfüllt werden. Beispiele, die dies demonstrieren, können leicht gefunden werden, werden hier aber nicht angegeben.

Als nächstes sollen die von Tversky geforderten Eigenschaften des Ähnlichkeitsabstandes überprüft werden: *Tversky-Eigenschaften*

- *Dominanz:* Die Dominanz fordert, dass der Abstand zwischen zwei Punkten P_1 und P_2 kleiner wird, wenn für den Punkt P_2 der Wert für die Dimension x von dem Punkt P_1 übernommen wird. Für die Verletzung kann ein Gegenbeispiel angegeben werden. Die Dominanz gilt also nicht.

Beispiel 6.13

In Abbildung 6.7 werden zwei Punkte P_1 und P_2 im zweidimensionalen Fall angezeigt. Wird der Punkt P_2 so modifiziert, das er den x-Wert von Punkt P_1 übernimmt, wächst der Winkel anstatt, wie durch die Dominanz gefordert, zu schrumpfen. Der modifizierte Punkt ist der Punkt P_2'.

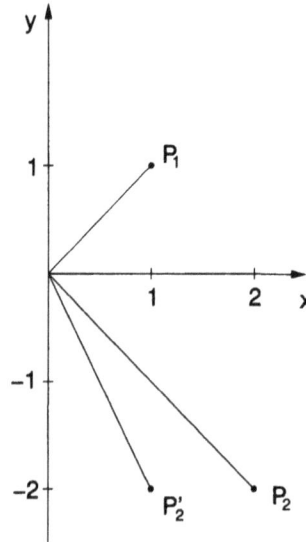

Abb. 6.7: *keine Dominanz*

- *Konsistenz:* Die Eigenschaft Konsistenz ist für den Ähnlichkeitsabstand des Kosinusmaß ebenfalls nicht erfüllt. Dies demonstriert die Abbildung 6.8. Während $\alpha < \beta$ für einen y-Wert gilt, kann ein anderer y-Wert, aber mit denselben x-Werten $\alpha' > \beta'$ erzeugen.

- *Transitivität:* Die Transitivität wird erfüllt. Die Reihenfolgen $x_1|x_2|x_3$ und $x_2|x_3|x_4$ können im zweidimensionalen Fall nur erfüllt werden, wenn die Vektoren, wie in Abbildung 6.8 dargestellt, auf einer Linie angeordnet liegen. Dann sind immer auch die Reihenfolgen $x_1|x_2|x_4$ und $x_1|x_3|x_4$ erfüllt.

An dieser Stelle sei eine Variante des Kosinusmaßes aus der Psychologie, vorgeschlagen von Ekman in [52], erwähnt, ohne jedoch genauer auf deren Eigen-

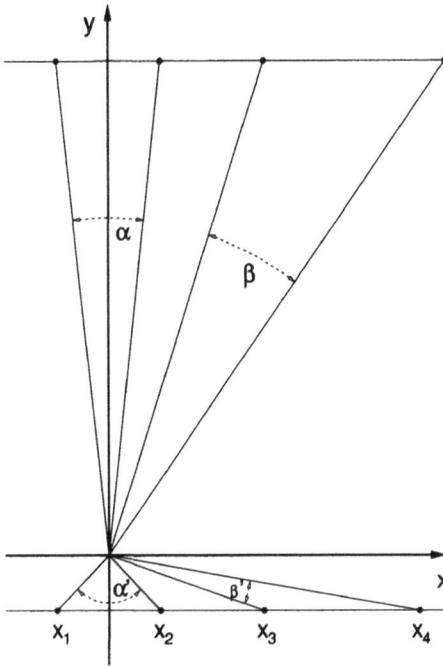

Abb. 6.8: *keine Konsistenz*

schaften einzugehen:

$$S_{Ekman}(x,y) = \frac{mx * \cos\theta + my * \cos\theta}{mx + my} \text{ mit}$$

$$mx = \begin{cases} ||x|| & \text{wenn } ||y||\cos\theta \leq ||x|| \\ ||y|| * \cos\theta \ \textit{sonst} \end{cases}$$

$$my = \begin{cases} ||y|| & \text{wenn } ||x||\cos\theta \leq ||y|| \\ ||x|| * \cos\theta \ \textit{sonst} \end{cases}$$

Dieses Maß berücksichtigt neben dem Kosinus des eingeschlossenen Winkels θ auch die Vektorlängen $||x||$ und $||y||$.

Zum Schluss soll gezeigt werden, dass es noch eine zweite Möglichkeit gibt, einen Ähnlichkeitsabstand auf der Grundlage des Kosinusmaß abzuleiten.

In Abbildung 6.9 entspricht der Punkt A dem längennormierten Vektor a und der Punkt B dem längennormierten Vektor b. Als Abstandswert zwischen a

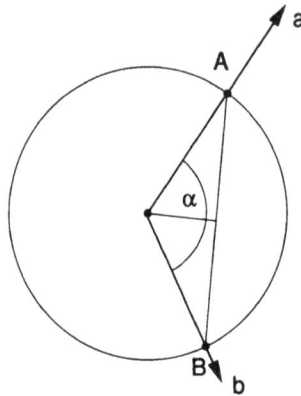

Abb. 6.9: *Abstandsberechnung aus Kosinusmaß*

und b kann die euklidsche Distanz zwischen A und B verwendet werden:

$$\begin{aligned}
d_{cos2}(a,b) &= ||A - B|| \\
&= 2 * \sin \alpha/2 \\
&= \sqrt{2 * (1 - \cos \alpha)} \\
&= \sqrt{2 * (1 - S_{cos}(a,b)} \\
&= \sqrt{2 * \left(1 - \frac{\langle a, b \rangle}{||a|| * ||b||}\right)}
\end{aligned}$$

Aufgrund der Verwendung der euklidschen Gesetze erfüllt die Abstandsfunktion alle Eigenschaften einer Distanzfunktion und damit auch alle Eigenschaften eines Ähnlichkeitsabstandes, wenn von längennormierten Vektoren ausgegangen wird. Ansonsten kann die Positivität nicht garantiert werden.

6.4.5 Ähnlichkeitsmaße aus der Taxonomie

binäre Eigenschaften Dieses Ähnlichkeitsmaß basiert auf verschiedenen Mengen von binären Eigenschaften. Ein Objekt x kann also durch eine Menge X erfüllter Eigenschaften aus der Gesamtmenge von Eigenschaften U charakterisiert werden. Die Ähnlichkeit berechnet sich nach folgender Formel:

$$S_{tax_1}(x,y) = \frac{|X \cap Y| + |(U \setminus X) \cap (U \setminus Y)|}{|U|}$$

Der Wert ergibt sich aus dem Verhältnis aus gemeinsam erfüllten und gemeinsam nicht erfüllten Eigenschaften zur Gesamtanzahl von Eigenschaften. Der korrespondierende Ähnlichkeitsabstand ergibt sich durch die Subtraktion von

1:

$$d_{tax_1}(x,y) = 1 - \frac{|X \cap Y| + |(U \setminus X) \cap (U \setminus Y)|}{|U|}$$

Der Ähnlichkeitsabstand erfüllt alle Eigenschaften einer Distanzfunktion. Die Selbstidentität, Positivität und Symmetrie kann direkt aus der Formel abgelesen werden. Für den Nachweis der Dreiecksungleichung geben wir nur die Idee an: Wie in Abbildung 6.10 angedeutet, kann die Dreiecksungleichung durch Vereinigungen der disjunkten Mengen 1, . . . , 8 dargestellt werden. Aus dieser Darstellung kann leicht die Erfüllung dieser Ungleichung nachgewiesen werden.

Ähnlichkeitsabstand ist Distanzfunktion

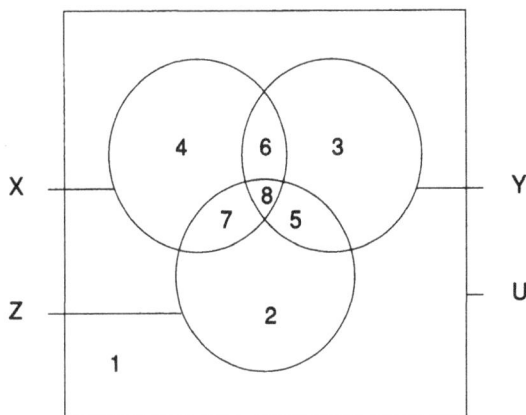

Abb. 6.10: *Nachweis der Dreiecksungleichung*

Ein anderes Ähnlichkeitsmaß aus der Taxonomie vernachlässigt die unerfüllten binären Eigenschaften:

Berücksichtigung nur erfüllter binärer Eigenschaften

$$S_{tax_2}(x,y) = \frac{|X \cap Y|}{|X \cup Y|}$$

Auch dieses Änlichkeitsmaß kann durch Subtraktion von 1 in eine Distanzfunktion umgewandelt werden. Diese Funktion erfüllt alle Eigenschaften einer Distanzfunktion und ist daher auch ein Ähnlichkeitsabstand. Die Eigenschaften der Selbstidentität, Positivität und Symmetrie können aus der Formel abgelesen werden. Für den Nachweis der Dreiecksungleichung eignet sich wieder die Mengenrepräsentation aus Abbildung 6.10.

Distanzfunktion

Eine weitere Variante eines Ähnlichkeitsmaßes, welche die Symmetrie aufgrund einer Gewichtung verletzt, sei hier erwähnt, ohne dass wir auf deren Eigenschaften genauer eingehen:

gewichtetes Ähnlichkeitsmaß

$$S_{tax_3}(x,y) = \frac{|X \cap Y|}{|X \cap Y| + \alpha * |X \setminus Y| + \beta * |Y \setminus X|}$$

Wenn $\alpha = \beta = 1$ gilt, dann entspricht dieses Maß dem Ähnlichkeitsmaß S_{tax_2}.

Neben diesen aufgeführten Ähnlichkeitsmaßen aus der Taxonomie gibt es eine große Vielzahl weiterer Ähnlichkeitsmaße, die etwa von Felix Brosius in [27] aufgelistet werden.

Tabelle 6.1 fasst die Eigenschaften der eingeführten Ähnlichkeitsabstände zusammen. Die Angabe „k.A." steht dabei für „keine Angabe möglich".

Eigenschaft	$d_{S_{nH}}$	d_{S_H}	d_{cos}	d_{cos2}	d_{tax_1}	d_{tax_2}
Selbstidentität	✓	✓	✓	✓	✓	✓
Positivität	✓	–	–	✓	✓	✓
Symmetrie	✓	–	✓	✓	✓	✓
Dreiecksungleichung	✓	–	–	✓	✓	✓
Dominanz	k.A.	✓	–	✓	✓	✓
Konsistenz	k.A.	✓	–	✓	✓	✓
Transitivität	k.A.	k.A.	✓	✓	✓	✓

Tabelle 6.1: Eigenschaften der Ähnlichkeitsabstände

6.5 Aggregation von Ähnlichkeitswerten

In Abildung 3.5 auf Seite 108 wurde die Konstruktion eines RSV-Wertes bezüglich einer komplexen Anfrage skizziert. Bei der Berechnung des Anfrageergebnisses mussten verschiedene Ähnlichkeitswerte zu einem endgültigen Ähnlichkeitswert aggregiert werden. In diesem Abschnitt sollen für die Aggregation von Ähnlichkeitswerten Verfahren vorgestellt werden. Das folgende Beispiel demonstriert die Notwendigkeit von Aggregationen in einem realen Szenario.

Suche nach Stoffen

Beispiel 6.14

In einer Bilddatenbank, die Abbildungen von Stoffen für die Produktion von Kleidungsstücken enthält, soll nach einem bestimmten Stoff gesucht werden. Vorgabe für die Suche sind dabei ein bestimmtes Muster und eine bestimmte Farbe. Diese beiden Eigenschaften führen pro Stoffabbildung der Datenbank zu zwei Ähnlichkeitswerten, die zu einem endgültigen Ähnlichkeitswert kombiniert werden müssen.

Anforderungen

An eine Aggregatfunktion agg, die Ähnlichkeitswerte für ein Objekt aggregiert, werden bestimmte Forderungen gestellt:

1. *Ähnlichkeitswerte*: Die Funktion muss mehrere Ähnlichkeitswerte aus dem Intervall $[0,1]$ auf einen Wert aus dem Intervall $[0,1]$ abbilden: $agg : [0,1]^n \longrightarrow [0,1]$.

2. *Monotonie*: Wenn die Eingangswerte nicht sinken, dann darf der entsprechende, aggregierte Ähnlichkeitswert nur größer werden:

$$x_1 \leq y_1 \wedge \ldots \wedge x_n \leq y_n \implies agg(x_1,\ldots,x_n) \leq agg(y_1,\ldots,y_n).$$

3. *strikte Monotonie*: Neben der Monotonie, wird auch die strikte Monotonie gefordert. Wenn alle Eingangswerte wachsen, dann muss auch der entsprechende, aggregierte Ähnlichkeitswert wachsen:

$$x_1 < y_1 \wedge \ldots \wedge x_n < y_n \implies agg(x_1,\ldots,x_n) < agg(y_1,\ldots,y_n).$$

4. *Stetigkeit*: Die Aggregatfunktion soll bezüglich der Eingangswerte stetig sein, also keine abrupten Sprünge aufweisen.

5. *Idempotenz:* Eine Aggregation derselben Werte muss diesen Wert selbst ergeben:

$$agg(a,\ldots,a) = a.$$

6. *Unabhängigkeit von der Reihenfolge:* Das Resultat einer Aggregation ist unabhängig von der Reihenfolge der zu aggregierenden Ähnlichkeitswerte:

$$agg(x_1, x_2, \ldots, x_n) = agg(x_{p_1}, x_{p_2}, \ldots, x_{p_n}),$$

wobei $[p_i]$ eine beliebige Permutation der Werte $[i]$ darstellt.

In der obigen Definition sind wir davon ausgegangen, dass die Anzahl der zu aggregierenden Ähnlichkeitswerte fest ist. Dies ist jedoch nicht immer der Fall, wie das folgende Beispiel demonstriert.

variable Anzahl zu aggregierender Werte

Beispiel 6.15

Pro Kleidungstoff können mehrere Abbildungen existieren. Für die Ähnlichkeitssuche soll ein Ähnlichkeitsvergleich mit allen Abbildungen pro Stoff vorgenommen werden. Dies resultiert in der Aggregation von unterschiedlich vielen Ähnlichkeitswerten für die jeweiligen Stoffe.

verschieden viele Abbildungen pro Stoff

Eine häufige Anforderung an Aggregatfunktionen mit variablen Anzahlen von Eingangswerten ist die Forderung nach einer Invarianz von der Anzahl der Eingangswerte.

Invarianz bzgl. Anzahl der Eingangswerte

Ein weiterer Aspekt bei der Aggregation von Ähnlichkeitswerten ist die Gewichtung von Werten. In vielen Anwendungen sollen die zu aggregierenden Ähnlichkeitswerte nicht gleichgewichtet wirken. Statt dessen wird durch

Gewichtung von Werten

eine Gewichtung der Eingangswerte oft eine Priorisierung der Werte herbeigeführt. Eine gewichtete Aggregatfunktion agg^Θ hat die Signatur: agg^Θ : $[0,1]^n \times [0,1]^n \longrightarrow [0,1]$. Die Gewichte θ_i stammen also aus dem Intervall $[0,1]$. Weiterhin wird gefordert, dass die Summe der Gewichte den Wert 1 ergeben ($\sum_{i=1}^n \theta_i = 1$).

Eine gewichtete Aggregatfunktion muss auch die Forderungen an eine Aggregatfunktion erfüllen. Allerdings müssen die Anforderungen entsprechend angepasst werden:

1. *Monotonie:* Beide Arten der Monotonie müssen bei gleichbleibenden Gewichten erfüllt sein.

2. *Stetigkeit:* Stetigkeit wird bezüglich der Ähnlichkeitswerte und der Gewichte gefordert.

3. *Idempotenz:* Diese Eigenschaft wird unabhängig von Gewichten gefordert.

4. *Unabhängigkeit von der Reihenfolge:* Diese Forderung fordert eine Unabhängigkeit des Aggregatwertes, wenn Ähnlichkeitswerte und dazugehörige Gewichte *parallel* permutiert werden.

Neben diesen Anpassungen werden zusätzliche Anforderungen gestellt:

1. *gleiche Gewichte:* Sind die Gewichte gleich, dann ergibt die gewichtete Aggregation denselben Wert wie die Anwendung der ungewichteten Aggregation:

$$\theta_1 = \ldots = \theta_n \implies agg^\Theta(x_1, \ldots, x_n, \theta_1, \ldots, \theta_n) = agg(x_1, \ldots, x_n).$$

2. *nullwertige Gewichte:* Hat ein Gewicht den Wert 0, so darf der dazugehörige Ähnlichkeitswert nicht berücksichtigt werden:

$$agg^\Theta(x_1, \ldots, x_n, \theta_1, \ldots, \theta_{n-1}, 0) = agg^\Theta(x_1, \ldots, x_{n-1}, \theta_1, \ldots, \theta_{n-1}).$$

In den folgenden Abschnitten werden wir verschiedene Varianten der Aggregation vorstellen:

1. generalisiertes Mittel,

2. logische Kombination,

3. kompensatorische Operatoren.

6.5.1   Generalisiertes Mittel

Die Berechnung des arithmetischen Mittelwertes von Eingangswerten ist eine naheliegende Variante zur Aggregation von Ähnlichkeitswerten. Die Verallgemeinerung dieses Verfahrens führt zu folgender parametrisierten Formel, welche das generalisierte Mittel definiert:

$$agg_{gm}^{\alpha}(x_1, \ldots, x_n) = \left(\frac{x_1^{\alpha} + \ldots + x_n^{\alpha}}{n} \right)^{1/\alpha}.$$

Der Parameterwert α muss einen Wert ungleich 0 aufweisen. Folgende Spezialfälle ergeben sich:

1. $\alpha = 1$: Das generalisierte Mittel ergibt das arithmetische Mittel.   *arithmetische Mittel*

2. $\alpha = \infty$: Das Ergebnis entspricht dem maximalen Ähnlichkeitswert.   *Maximum*

3. $\alpha = -\infty$: Das Ergebnis entspricht dem minimalen Ähnlichkeitswert.   *Minimum*

Die geforderten Eigenschaften einer Aggregation werden erfüllt.

Eine Variation der Formel berücksichtigt Gewichte: *Gewichte*

$$agg_{gm}^{\alpha,\Theta}(x_1, \ldots, x_n, \theta_1, \ldots, \theta_n) = \left(\sum_{i=1}^{n} \theta_i * x_i^{\alpha} \right)^{1/\alpha}.$$

Auch diese Variante erfüllt alle geforderten Eigenschaften einer gewichteten Aggregation.

Eine andere Variante der Gewichtung nach Yager [220, 221] ergibt sich durch das OWA-Verfahren (OWA steht für *ordered weighting averaging*):   *OWA-Verfahren*

$$agg_{gm}^{\Theta'}(x_1, \ldots, x_n, \theta_1, \ldots, \theta_n) = \sum_{i=1}^{n} \theta_i * y_i.$$

Vereinfachend wird hier von $\alpha = 1$ ausgegangen. Die Werte y_i berechnen sich aus der Permutation der x-Werte, die zu einer absteigenden Sortierung führt *Sortierung* $(y_1 \geq \ldots \geq y_n)$. Bei diesem Gewichtungsansatz korrespondiert das Gewicht θ_i somit nicht zum i-ten Eingangswert, sondern zu dem Ähnlichkeitswert, der nach der Sortierung an Position i liegt. Damit ergeben sich in Abhängigkeit von den Gewichten folgende drei Extremsituationen: *Extremsituationen*

- $\Theta = (1, 0, \ldots, 0)$: Durch diese Gewichtung wird der y_1-Wert zurückge-   *Maximum* liefert, der durch die Sortierung dem Maximalwert entspricht.

- $\Theta = (0, \ldots, 0, 1)$: Durch diese Gewichtung wird der y_n-Wert zurückge-   *Minimum* liefert, der durch die Sortierung dem Minimalwert entspricht.

arithmetisches Mittel

- $\Theta = (1/n, \ldots, 1/n)$: Die Gleichgewichtung berechnet den arithmetischen Mittelwert.

Aufgrund der fehlenden Zuordnung zwischen den Positionen der Gewichte zu den Positionen der Ähnlichkeitswerte sind nicht mehr alle geforderten Eigenschaften einer Aggregatfunktion relevant. Irrelevante Anforderungen sind die Unabhängigkeit von der Reihenfolge und die Behandlung nullwertiger Gewichte. Die restlichen Forderungen werden eingehalten.

Die OWA-Gewichte legen letztendlich fest, inwieweit der Maximumwert (Disjunktion) oder der Minimumwert (Konjunktion) überwiegen. Damit ähnelt dieses Gewichtungsverfahren in seiner Auswirkung einem kompensatorischen Operator, wie er auf Seite 246 beschrieben wird.

6.5.2   Logische Kombination

Konjunktion und Disjunktion

Fuzzy-Junktoren

Unter einer logischen Kombination als Aggregation verstehen wir das konjunktive beziehungsweise disjunktive Verknüpfen von Ähnlichkeitswerten. Da die Ähnlichkeitswerte aus dem Intervall $[0, 1]$ stammen, werden zur Verknüpfung anstatt der booleschen Junktoren Fuzzy-Junktoren, in unserem Fall eine T-Norm und eine T-Konorm, verwendet.

Bedingungen für eine T-Norm

Eine T-Norm (für die Konjunktion) verlangt die Erfüllung der folgenden Bedingungen für alle Werte aus dem Intervall $[0, 1]$:

1. *Grenzbedingung:* $T(0, 0) = T(0, 1) = T(1, 0) = 0$

2. *Kommutativität:* $T(a, b) = T(b, a)$

3. *Assoziativität:* $T(a, T(b, c)) = T(T(a, b), c)$

4. *Monotonie:* $a \geq c \wedge b \geq d \implies T(a, b) \geq T(c, d)$

5. *neutrales Element:* $T(a, 1) = T(1, a) = a$

Bedingungen für eine T-Konorm

Die Anforderungen an eine T-Konorm (für die Disjunktion) sind analog. Das neutrale Element ist hier jedoch der Wert 0 und die Grenzbedingung gilt für den Wert 1.

duale Junktoren

Ein Paar einer T-Norm und einer T-Konorm, die mit der Negation das de-Morgansche Gesetz erfüllen, heißen zueinander dual.

Idempotenz

Duale Junktoren können anhand der Erfüllung der Itempotenz-Eigenschaft $T(a, a) = a$ in zwei Klassen zerlegt werden. Je ein Vertreter der beiden Klassen, Min/Max und das algebraische Produkt beziehungsweise die algebraische Summe, werden in Tabelle 6.2 vorgestellt. Min/Max ist die einzige T-Norm beziehungsweise T-Konorm, die zusätzlich Idempotenz und somit auch Distributivität erfüllt.

Name	T-Norm	T-Konorm	Idempotenz
Min/Max	$\min(a,b)$	$\max(a,b)$	ja
algebr. Produkt/Summe	$a * b$	$a + b - a * b$	nein

Tabelle 6.2: *T-Normen und T-Konormen*

In Abbildung 6.11 werden die Graphen der Min/Max-Junktoren und in Abbildung 6.12 die der algebraischen Produkt/Summe-Junktoren illustriert. In beiden Fällen wird von einem konstanten Wert für den Operand a ausgegangen und in Abhängigkeit vom variablen Wert b das Ergebnis abgebildet. Die mit 1 gekennzeichneten Punkte repräsentieren die Grenzbedingung, die mit 2 markierten Punkte die Forderung nach dem neutralen Element und der mit 3 markierte Punkt die Idempotenz. Wie man sich leicht klar machen kann, kann es nur ein duales Funktionspaar geben, das monoton und stetig durch die drei markanten Punkte verläuft: die Min/Max-Junktoren. Besteht man jedoch nicht auf der Idempotenz, sind viele Varianten möglich. Die einfachste Variante entspricht den algebraischen Produkt/Summe-Junktoren.

Diskussion der Min/Max- und der algebr. Produkt/Summe-Junktoren

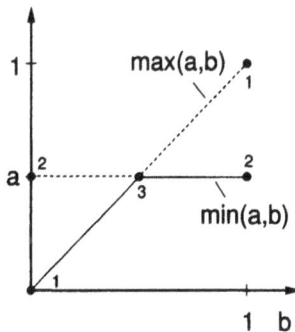

Abb. 6.11: *Min/Max*

Beide Junktoren-Paare erfüllen die Kommutativität und die Assoziativität. Daher können sie für die Aggregation beliebig vieler Ähnlichkeitswerte genutzt werden, ohne dass die Reihenfolge der Eingangswerte eine Rolle spielt. Damit erhalten wir vier verschiedene Aggregatfunktionen:

Junktoren als Aggregatfunktionen

$$agg^{\wedge}_{Min/Max}(x_1, \ldots, x_n) = \min(x_1, \ldots, x_n)$$
$$agg^{\vee}_{Min/Max}(x_1, \ldots, x_n) = \max(x_1, \ldots, x_n)$$
$$agg^{\wedge}_{alg.Produkt/Summe}(x_1, \ldots, x_n) = x_1 * \ldots * x_n$$
$$agg^{\vee}_{alg.Produkt/Summe}(x_1, \ldots, x_n) = 1 - ((1 - x_1) * \ldots * (1 - x_n))$$

In der letzten Formel haben wir das de morgansche Gesetz verwendet, wobei die Negation durch die Subtraktion vom Wert 1 ausgedrückt wurde.

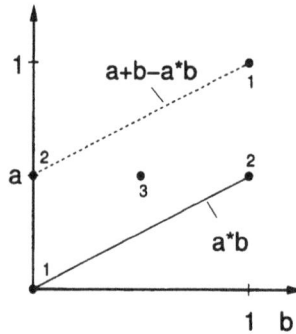

Abb. 6.12: *algebr. Produkt/Summe*

<table>
<tr><td>*Eigenschaften der Aggregatfunktion*</td><td>Untersucht man für beide dualen Funktionspaare die geforderten Eigenschaften einer Aggregatfunktion, dann werden, bis auf die bereits erwähnte fehlende Idempotenz bei den algebr. Produkt/Summe-Junktoren, alle Eigenschaften erfüllt. Obwohl das Min/Max-Junktor-Paar alle Eigenschaften erfüllt, hat dieses Paar im Gegensatz zu den algebr. Produkt/Summe-Junktoren zwei Nachteile:</td></tr>
</table>

- *Knick am Idempotenz-Punkt (siehe Abbildung 6.11):* Dieser Knick führt beim stetigen Wachsen eines Ähnlichkeitswertes zu einem oft unerwünschten, abrupten Wechsel des Funktionsverhaltens.

- *Abhängigkeit von einem Wert:* Der Minimalwert beziehungsweise der Maximalwert ergibt sich, sofern beide Eingangswerte verschieden sind, immer nur aus einem Wert. Der andere Wert wird komplett vernachlässigt.

Diskussion der Nachteile

Diese Nachteile ergeben sich aus der allgemeinen Forderung, dass die Fuzzy-Junktoren echte Erweiterungen der booleschen Logik sind. Auch dort ist etwa das Ergebnis einer binären Konjunktion, wenn ein Term falsch ist, unabhängig von dem anderen Wert. Jedoch bekommen diese Besonderheiten durch die Generalisierung auf das Intervall $[0, 1]$ eine andere Wichtigkeit. Die Beseitigung dieser beiden Nachteile geht mit dem Verlust der Idempotenz einher. Daher muss bei der Auswahl des Junktor-Paars genau abgewägt werden, ob auf Idempotenz bestanden werden soll oder nicht.

Gewichtung

Eine Gewichtung lässt sich durch Anwendung des faginschen Gewichtungsschemas [58] auf einer T-Norm oder T-Konorm erreichen: Seien f eine ungewichtete T-Norm oder T-Konorm und seien θ_i Gewichte für die Ähnlichkeitswerte x_i, parallel sortiert nach den Gewichten ($\theta_1 \geq \theta_2 \geq \ldots \geq \theta_n$). Eine Norm f kann nach Fagin durch das folgende Gewichtungsschema in eine gewichtete Form gebracht werden:

$$
\begin{aligned}
f^{\Theta}(x_1, \ldots, x_n, \theta_1, \ldots, \theta_n) = {}& (\theta_1 - \theta_2) * f(x_1) + \\
& 2 * (\theta_2 - \theta_3) * f(x_1, x_2) + \\
& \ldots + \\
& n * \theta_n * f(x_1, \ldots, x_n).
\end{aligned}
$$

Um die Wirkungsweise dieser Gewichtungsformel zu demonstrieren, ist in Abbildung 6.13 deren Anwendung auf die binären Min- und Max-Junktoren dargestellt. Ausgangspunkt sind zwei verschiedene Ähnlichkeitswerte $x_1 < x_2$. Aufgrund der Forderungen bezüglich nullwertiger und gleicher Gewichte sind die drei Ergebnisse bei den Gewichten $\theta_1 = 1, \theta_1 = \theta_2$ und $\theta_2 = 1$ vorgegeben. Wie man sieht, verläuft die entsprechende Funktion durch die vorgegebenen Werte $x_1, x_1/x_2$ und x_2. Für alle Gewichtungen zwischen diesen Punkten berechnet das faginsche Berechnungsschema eine Linearkombination.

Wirkungsweise des faginschen Schemas

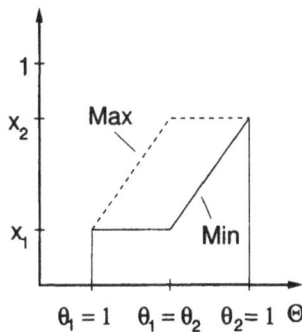

Abb. 6.13: *faginsches Gewichtungsschema*

Die Anwendung des faginschen Gewichtungsschemas auf Fuzzy-Junktoren erfüllt alle geforderten Eigenschaften, bis auf die Idempotenz, die im Folgenden diskutiert werden soll.

Erfüllung der geforderten Eigenschaften

In dem Beispiel wurde die faginsche Gewichtungsformel auf den Min/Max-Junktoren angewandt. Ein Problem mit der Idempotenz ergibt sich jedoch, wenn die Gewichtungsformel auf einer Norm basiert, welche die Idempotenz nicht erfüllt. Dieses Problem kann an einem kleinen Beispiel demonstriert werden

Problem Idempotenz

Beispiel 6.16

Die Anwendung der faginschen Formel auf dem konjunktiven, algebraischen Produkt-Junktor ergibt für zwei Ähnlichkeitswerte und Gewichte folgende Formel:

faginsche Formel und Idempotenz

$$
agg_{alg.Produkt}^{\Theta, \wedge} = (\theta_1 - \theta_2) * x1 + 2 * \theta_2 * x_1 * x_2.
$$

Wenn beide Ähnlichkeitswerte gleich sind, erhält man

$$agg_{alg.Produkt}^{\Theta,\wedge} = (\theta_1 - \theta_2) * x1 + 2 * \theta_2 * x_1^2.$$

Die Verletzung der Idempotenz durch die algebraischen Produkt/Summe-Junktoren hat sich also auf die gewichtete Aggregatfunktion übertragen. Die Aggregation gleichwertiger Ähnlichkeitswerte ist demnach abhängig von den Gewichten.

Das Problem ergibt sich aus der Tatsache, dass im faginschen Gewichtungsschema aufgrund fehlender Idempotenz der Wert von f von der Anzahl der gleichwertigen Eingangswerte abhängig sein kann.

Modifikation der faginschen Formel

Ein Weg, um dieses Problem zu umgehen, besteht in einer Modifikation der faginschen Formel:

$$\begin{aligned}
f'^{\Theta}(x_1, \ldots, x_n, \theta_1, \ldots, \theta_n) = {} & (\theta_1 - \theta_2) * f(x_1)^{n/1} + \\
& 2 * (\theta_2 - \theta_3) * f(x_1, x_2)^{n/2} + \\
& \ldots + \\
& n * \theta_n * f(x_1, \ldots, x_n)^{n/n}
\end{aligned}$$

wobei die Potenzierung eine geeignete Funktion sei, die

$$f(x)^{n/1} = f(x, x)^{n/2} = f(x, x, x)^{n/3} = \ldots$$

erfüllt.

Wendet man diese Modifikation auf das Beispiel 6.16 an, so erhält man eine Unabhängigkeit von den Gewichten:

$$\begin{aligned}
agg'^{\Theta,\wedge}_{alg.Produkt} &= (\theta_1 - \theta_2) * x1^2 + 2 * \theta_2 * x_1 * x_1 \\
&= (\theta_1 + \theta_2) * x_1^2 = x_1^2
\end{aligned}$$

6.5.3 Kompensatorische Operatoren

Bei der logischen Kombination werden Fuzzy-Junktoren eingesetzt, um Ähnlichkeitswerte zu aggregieren. Dabei muss entschieden werden, ob eine Konjunktion T-Norm (Konjunktion) oder eine T-Konorm (Disjunktion) verwendet werden soll. Eine bezüglich Konjunktion und Disjunktion neutrale Aggregation ist das generalisierte Mittel.

Parameter

Eine Aggregatfunktion, die sich weder wie die beiden Extrema Konjunktion und Disjunktion verhält, aber auch nicht neutral ist, kann mittels einer kompensatorischen Operation gefunden werden. Eine kompensatorische Operation kann man als eine Generalisierung der drei genannten Spezialfälle auffassen. Über einen Parameter kann eingestellt werden, inwieweit sich die Aggregatfunktion wie eine Konjunktion oder eine Disjunktion verhalten soll.

Im Folgenden sollen zwei Ansätze vorgestellt werden. Diese Ansätze basieren auf jeweils einem dualen Junktorenpaar, wobei zwischen beiden Junktoren in Abhängigkeit eines Parameters gewichtet wird. Sei dabei T eine T-Norm und S eine dazu duale T-Konorm. Die Formel nach Waller und Kraft [212] berechnet das Ergebnis durch eine gewichtete Summe der beiden Junktoren:

duales Junktorenpaar

gewichtete Summe

$$agg^\gamma_{komp+}(a,b) = \gamma * T(a,b) + (1-\gamma) * S(a,b).$$

Ersetzt man die Summe durch ein Produkt und das Produkt durch eine Potenzierung, erhält man die Formel von Zimmermann und Zysno [226]:

Produkt

$$agg^\gamma_{komp*}(a,b) = T(a,b)^\gamma * S(a,b)^{1-\gamma}.$$

Die drei Spezialfälle lassen sich durch den Parameter γ erzeugen:

- $\gamma = 0$: Die kompensatorische Operation verhält sich wie die T-Norm.

  T-Norm

- $\gamma = 1$: Die kompensatorische Operation verhält sich wie die T-Konorm.

  T-Konorm

- $\gamma = 0{,}5$: Die kompensatorische Operation verhält sich wie das arithmetische beziehungsweise geometrische Mittel.

  arithmetisches beziehungsweise geometrisches Mittel

In der Literatur werden die beiden kompensatorischen Operatoren auch als γ-Operatoren bezeichnet.

Die kompensatorischen Operatoren erfüllen bis auf die Idempotenz alle an eine Aggregatfunktion gestellten Forderungen. Die Erfüllung der Idempotenz ist abhängig von der Erfüllung der Idempotenz der zugrunde liegenden T-Norm und T-Konorm.

Erfüllung der Anforderungen

Die beiden vorgestellten Verfahren können auch auf der Grundlage gewichteter Fuzzy-Junktoren angewendet werden. Damit ergeben sich gewichtete, kompensatorische Operatoren.

gewichtete, kompensatorische Operatoren

6.6 Umwandlung von Distanzen in Ähnlichkeitswerte und Normierung

In Abildung 3.5 auf Seite 108 wurde grafisch gezeigt, wie aus Feature-Werten bezüglich einer Ähnlichkeitsanfrage RSV-Werte für Datenbankobjekte berechnet werden. Wird beim Vergleich eines Anfrageobjektes mit einem Datenbankobjekt eine Distanzfunktion (siehe Abschnitt 5 beginnend auf Seite 165) eingesetzt, dann müssen die berechneten Distanzen in Ähnlichkeitswerte aus dem Intervall $[0,1]$ umgewandelt werden. Eine Umwandlungsfunktion ist eine Funktion f, die nichtnegative, reelle Werte auf das Intervall $[0,1]$ abbildet. Folgende Eigenschaften sind dabei zu erfüllen:

Umwandlungsfunktion

geforderte Eigenschaften

- *Grenzbedingung maximale Ähnlichkeit:* Eine maximale Ähnlichkeit entspricht dem Ähnlichkeitswert 1 und einem Distanzwert 0:

$$f(0) = 1.$$

- *Grenzbedingung minimale Ähnlichkeit:* Eine minimale Ähnlichkeit entspricht dem Ähnlichkeitswert 0 und einem maximalen Distanzwert. Häufig existiert zu einer Distanzfunktion ein maximaler Distanzwert d_{max}:

$$f(d_{max}) = 0.$$

Ansonsten fordern wir:

$$\lim_{d \to \infty} f(d) = 0.$$

- *streng monoton fallend:* Eine korrekte Abbildung erfordert eine streng monoton fallende Umwandlungsfunktion:

$$x_1 > x_2 \implies f(x_1) < f(x_2).$$

- *Stetigkeit:* Stetigkeit der Funktion f ist gefordert, um unerwünschte Sprünge zu vermeiden.

Wir stellen im Folgenden vier Umwandlungsfunktionen vor und diskutieren sie.

Linearkombination　　Die einfachste Variante ergibt sich aus der linearen Kombination beider Grenzbedingungen:

$$f(x) = 1 - \frac{x}{d_{max}}$$

Der Graph dieser Funktion ist in Abbildung 6.14 dargestellt. Der berechnete Ähnlichkeitswert ist bei jedem Distanzwert gleich sensibel[3].

Häufig ist man beim Multimedia-Retrieval nur an den ähnlichsten Medienobjekten interessiert, die man möglichst gut von unähnlichen Medienobjekten aufgrund eines Schwellenwertes für den Ähnlichkeitswert unterscheiden möchte. Dafür ist eine Umwandlungsfunktion, die sensibler bei geringeren Distanzen als bei hohen Distanzen reagiert, gut geeignet. Diese Eigenschaft weist

dynamische
Sensibilität　　die folgende Funktion auf:

$$f(x) = e^{-x}$$

Abbildung 6.15 zeigt den dazugehörigen Graph. Man kann leicht feststellen, dass bei dieser Funktion beim Distanzwert 0 die Sensibilität am größten ist.

asymptotisches
Verhalten　　Weiterhin ist diese Funktion nicht an einen maximalen Distanzwert gebunden, da sie sich asymptotisch dem Ähnlichkeitswert 0 nähert.

geringe Sensibilität
bei geringer Distanz　　Falls jedoch zusätzlich die Sensibilität in der Nähe der Distanz 0 gering sein soll, kann dieser Effekt durch eine Potenzierung erreicht werden, wie dies in

---

[3]Sensibilität entspricht hier dem absoluten Betrag des Anstiegs.

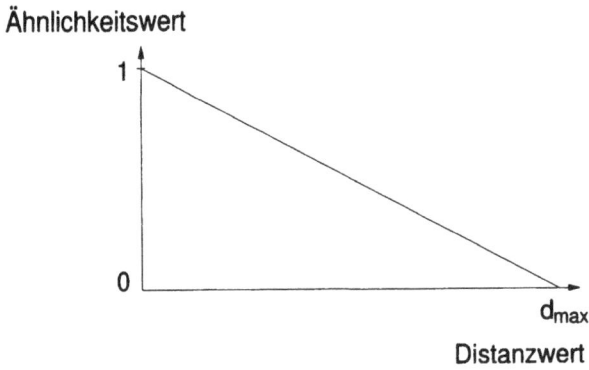

Abb. 6.14: *Funktion* $f(x) = 1 - \frac{x}{d_{max}}$

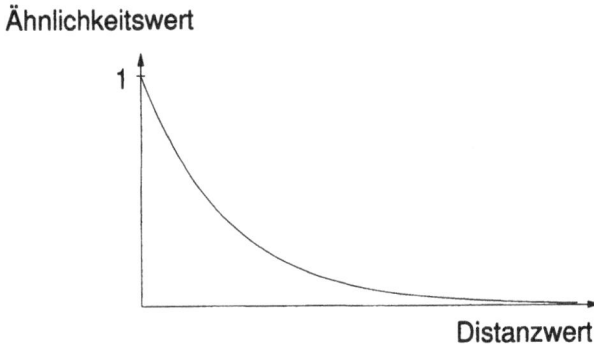

Abb. 6.15: *Funktion* $f(x) = e^{-x}$

Abbildung 6.16 gezeigt wird. Dieser Graph wird durch die folgende Funktion erzeugt:

$$f(x) = e^{-x^2}$$

Eine parametrisierbare Umwandlungsfunktion, bei der die Änderung der Sensibilität durch zwei unabhängige Parameter manipuliert werden kann, ist durch die folgende Formel gegeben:

parametrisierbare Umwandlungs- funktion

$$f(x) = \frac{1}{1 + \left(\frac{x}{s}\right)^t}$$

In den Abbildungen 6.17, 6.18 und 6.19 sind verschiedene Graphen in Abhängigkeit von unterschiedlichen Parameterwerten für s und t angegeben. Der Parameterwert t beeinflusst dabei die Sensibilität in der Nähe des Distanzwertes 0, während der Parameter s eher eine Auswirkung auf die globale Entwicklung der Sensibilität in Abhängigkeit vom Distanzwert hat.

Einfluss der Parameter

Ähnlichkeitswert

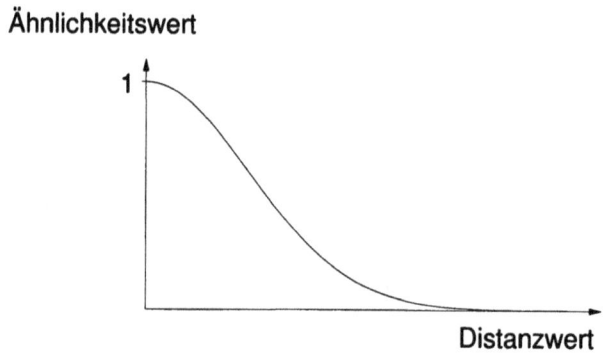

Distanzwert

Abb. 6.16: *Funktion* $f(x) = e^{-x^2}$

Ähnlichkeitswert

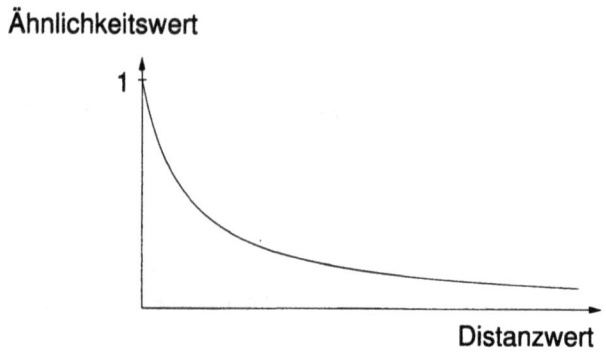

Distanzwert

Abb. 6.17: *Funktion* $f(x) = \frac{1}{1+\left(\frac{x}{1}\right)^1}$

Ähnlichkeitswert

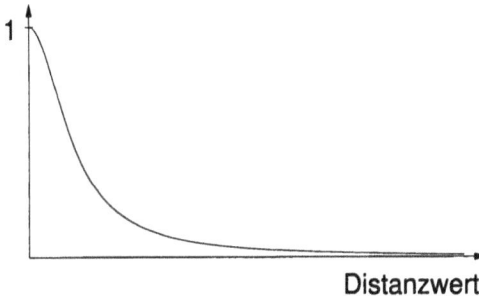

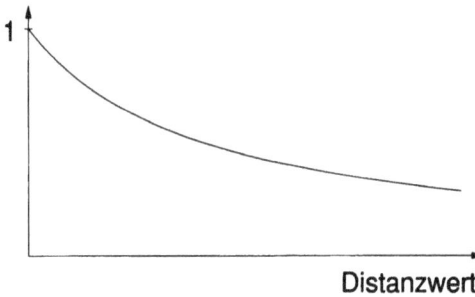

1

Distanzwert

Abb. 6.18: *Funktion* $f(x) = \frac{1}{1+(\frac{x}{1})^2}$

Ähnlichkeitswert

1

Distanzwert

Abb. 6.19: *Funktion* $f(x) = \frac{1}{1+(\frac{x}{5})^1}$

Normierung bei der Umwandlung. Häufig müssen verschiedene Ähnlichkeitswerte durch Aggregatfunktionen zu einem Ähnlichkeitswert zusammengefasst werden. Da den Ähnlichkeitswerten oft unterschiedliche Berechnungen
zugrunde liegen, unterliegen die Werte verschiedenen Verteilungen. Um Ähnlichkeitswerte verschiedener Verteilungen vergleichbar machen zu können, ist *Vergleichbarkeit*
eine Normierung erforderlich.

Wenn die Ähnlichkeitswerte aus Distanzwerten berechnet werden, kann eine *Normierung*
Normierung bei der Umwandlung erfolgen. Wir fordern daher für die Um- *während der*
wandlungsfunktion f, wenn μ dem Erwartungswert und σ der Standardabwei- *Umwandlung*
chung der Verteilung der zu normierenden Distanzwerte entspricht, die Einhal- *Normierungs-*
tung folgender Bedingungen: *bedingungen*

1. $f(\mu) = m$: Der Wert $m \in (0, 1)$ kann dabei frei vorgegeben werden und
    entspricht dem geforderten Wert der Abbildung des Erwartungswertes.

2. $f(\mu - \sigma) = m + d$: Der Wert $m + d \in (0, 1)$ entspricht dem gewünschten

Wert für die Abbildung von $\mu - \sigma$.

Man beachte, dass m nicht unbedingt dem Erwartungswert der Ähnlichkeitswerte nach der Umwandlung entspricht. Selbiges gilt analog für den Wert
$m + d$.

Von den eingeführten Umwandlungsfunktionen ist nur die parametrisierba-
re Umwandlungsfunktion geeignet, die Normierungsbedingungen zu erfüllen.
Die Werte für die Parameter s und t ergeben sich dabei aus den folgenden
Formeln:

$$t = \frac{\log \frac{(m+d)^{-1}-1}{m^{-1}-1}}{\log \frac{\mu-\sigma}{\mu}} \qquad s = \frac{\mu}{(m^{-1}-1)^{1/t}}.$$

Normierung von
Ähnlichkeitswerten

Auch die durch Ähnlichkeitsmaße generierten Werte müssen entsprechend ihren Verteilungen normiert werden. Wir gehen davon aus, dass der Erwartungswert μ und die Standardabweichung σ der Ähnlichkeitswerte ermittelt werden
können. Gesucht ist eine Normierungsfunktion f, die analog zu den beiden
Normierungsbedingungen folgende Forderungen erfüllt:

- *Grenzbedingungen*:

$$f(0) = 0 \qquad f(1) = 1$$

- *streng monoton steigend*:

$$x_1 > x_2 \rightarrow f(x_1) > f(x_2)$$

- *Stetigkeit*

- *Abbildung Erwartungswert*:

$$f(\mu) = m \quad \text{mit} \quad m \in (0,1)$$

- *Abbildung Standardabweichung*:

$$f(\mu + \sigma) = m + d \quad \text{mit} \quad m + d \in (0,1)$$

Polynomfunktion

Offensichtlich erfüllen sehr viele Funktionen diese Anforderungen. Beispielhaft wollen wir nur eine Lösung demonstrieren. Dabei verwenden wir eine
einfache Polynomfunktion als Grundlage:

$$f(x) = \frac{x^a}{b}$$

Die erste Grenzbedingung, Stetigkeit und Monotonie sind offensichtlich erfüllt. Leider können die drei restlichen Bedingungen nicht durch eine Polynomfunktion mit zwei Freiheitsgraden erfüllt werden. Daher nutzen wir eine

zweite Polynomfunktion, die im Gegensatz zur Ersten an der X-Achse und an der Y-Achse gespiegelt wird: *Kombination aus Polynomfunktionen*

$$f_1(x_1) = \frac{x_1^a}{b} \qquad f_2(x_2) = 1 - \frac{(1-x_2)^e}{f}$$

mit $x_1 \in [0, \mu]$ und $x_2 \in [\mu, 1]$. Beide Formeln werden also am Punkt (μ, m) miteinander verbunden. Damit wir an der Fügestelle keinen „Knick" erhalten, fordern wir an dieser Stelle den gleichen Anstieg. Werden beide Polynomformeln durch folgende Formeln parametrisiert, lassen sich alle ge- *Parametrisierung* stellten Forderungen erfüllen:

$$e = \frac{\log\left(\frac{1-m}{1-m-d}\right)}{\log\left(\frac{1-\mu}{1-\mu-\sigma}\right)}$$

$$f = \frac{(1-\mu)^e}{1-m}$$

$$a = \frac{(1-\mu)^{e-1} * \mu * e}{m * f}$$

$$b = \frac{\mu^a}{m}$$

Beispiel 6.17 *Normierung durch zwei Polynome*

In diesem Beispiel demonstrieren wir die Anwendung der beiden Polynomformeln in zwei Szenarien. Die Eingangsdaten der beiden Szenarien sind in Tabelle 6.3 angegeben.

Die Parameter werden anhand der obigen Formeln berechnet und ergeben die in den Abbildungen 6.20 und 6.21 dargestellten Graphen.

Szenario	μ	σ	m	d
1	0,4	0,2	0,5	0,3
2	0,8	0,1	0,5	0,3

Tabelle 6.3: Werte für die Szenarien

Inwieweit die beschriebenen Normierungen tatsächlich auf das menschliche Ähnlichkeitsempfinden abgestimmt sind, muss im jeweiligen Anwendungsszenario experimentell überprüft werden.

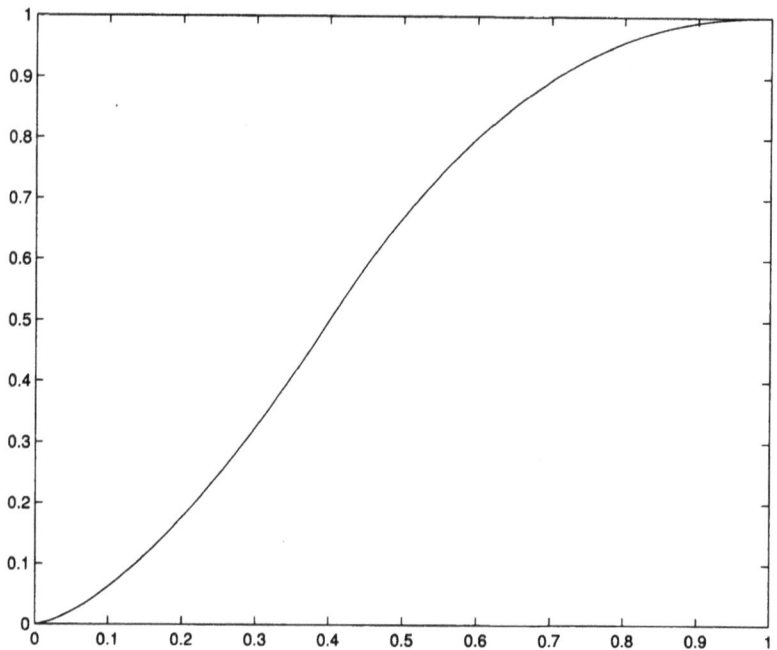

Abb. 6.20: *Graph für Szenario 1*

6.7   Partielle Ähnlichkeit

Bis jetzt sind wir davon ausgegangen, dass zwei Medienobjekte als jeweils zwei ganze Einheiten miteinander verglichen werden sollen. Es gibt jedoch Anwendungen, bei denen diese Grundannahme nicht mehr zutrifft, da dort nach *Ähnlichkeit zwischen* der Ähnlichkeit zwischen einem Teil eines Medienobjekts und einem ande-*Objekten und* ren Objekt gesucht werden soll. Genauer formuliert bedeutet dies, dass einige *Objektkomponente* Feature-Werte des „größeren" Medienobjektes nicht in die Berechnung der Ähnlichkeit eingehen sollen.

Vergleich mit Dieses Problem weist Parallelen zur Segmentierung von Medienobjekten auf. Durch die Segmentierung werden Medienobjekte in Segmente zerlegt. Ähn-*Segmentierung* lichkeitsvergleiche werden auf Segmenten ausgeführt, die damit nur einem Teil der ursprünglichen Medienobjekte entsprechen. Im Unterschied zur Segmentierung ist bei der partiellen Ähnlichkeit nicht von vornherein bekannt, welche Teile eines Medienobjektes für den Ähnlichkeitsvergleich relevant sind.

Im Folgenden geben wir drei Beispiele an, welche die Suche nach partiell ähnlichen Medienobjekten demonstrieren.

rote Rasterbilder **Beispiel 6.18**

In einer Anwendung verwaltet ein Bilddatenbanksystem Rasterbilder von

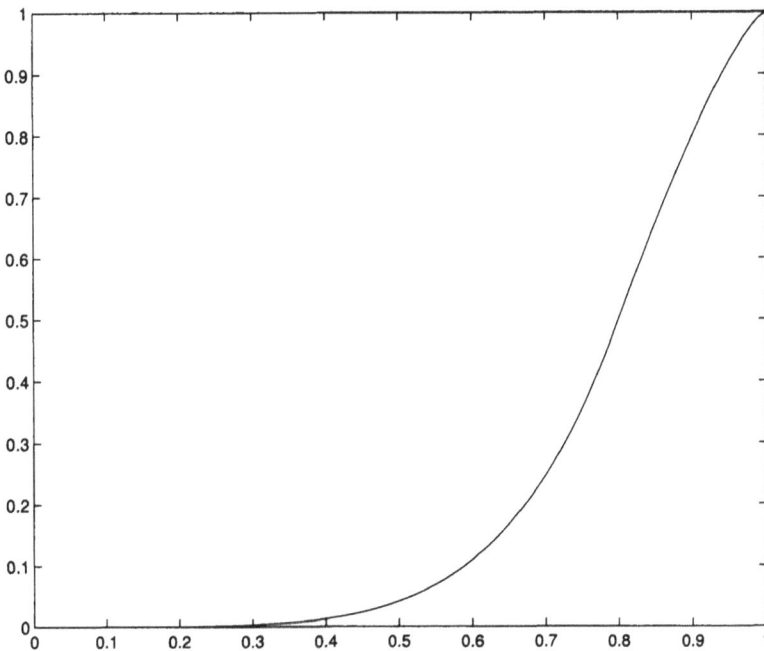

Abb. 6.21: *Graph für Szenario 2*

Landschaftsaufnahmen. Eine partielle Ähnlichkeitsanfrage liegt hier vor, wenn nach Bildern gesucht wird, bei denen die Farbe rot möglichst stark vertreten ist. Die Häufigkeiten anderer Farben sollen also ignoriert werden. In Abbildung 6.22 ist das Histogramm eines Rasterbilds der Datenbank und darunter das der Anfrage dargestellt. Da wir nur an der Farbe rot interessiert sind, weisen die anderen Farben keinen Anteil im Histogramm auf.

Dieses Beispiel demonstriert eine besondere Problematik beim Umgang mit partieller Ähnlichkeit. Man könnte vermuten, dass die zu ignorierenden Werte der Anfrage einfach auf einen festen Nullwert gesetzt werden müssen, um eine partielle Ähnlichkeit zu realisieren. Leider führt dieser Ansatz nicht zum Erfolg. Wenn etwa in Beispiel 6.18 die L_2-Distanzfunktion zur Unähnlichkeitsmessung verwendet wird, können zwei Rasterbilder der Datenbank mit unterschiedlichen Farbhistogrammen, obwohl sie denselben Rotanteil aufweisen, zu unterschiedlichen Distanzwerten führen. Dies liegt daran, dass die zu ignorierenden Dimensionen in die Berechnung eingehen, da dort die quadrierten Differenzen zu Nullwerten des Anfragehistogramms ermittelt werden. Statt dessen sollten die quadrierten Differenzen an diesen Stellen immer Null ergeben.

fester Nullwert

Ein anderes Beispiel für eine partielle Ähnlichkeit ergibt sich beim Vergleich von Zeitreihen.

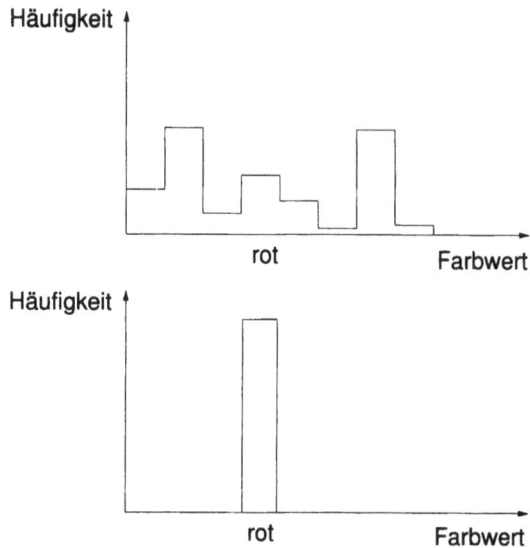

Abb. 6.22: *Farbhistogramm*

Zeitreihen

Beispiel 6.19

Zeitreihen, zum Beispiel Kurswerte, drücken eine Sequenz von Werten aus, bei der jeder Wert zu einem bestimmten Zeitpunkt korreliert. Die Zeitreihen können unterschiedliche Längen aufweisen. Eine typische Anfrage besteht darin, alle Zeitreihen zu suchen, die einen bestimmten Zeitverlauf als Unterzeitreihe enthalten. Dieser Sachverhalt ist in Abbildung 6.23 abgebildet. Von jeder Zeitreihe, zum Beispiel von der oben dargestellten, ist der Ausschnitt gesucht, der einer kleinen Zeitreihe der Anfrage, siehe untere Zeitreihe, möglichst gut entspricht. Als Freiheitsgrad für die Suche ergibt sich demnach eine horizontale Verschiebung der Zeitreihe der Anfrage.

Im letzten der drei Beispiele werden Polylinien miteinander verglichen.

Polylinien

Beispiel 6.20

Eine Polylinie besteht aus einer Sequenz von geometrischen Punkten, die zum Beispiel die Kontur von Gegenständen beschreibt. Ein partieller Ähnlichkeitsvergleich wird vorgenommen, wenn nach Konturen gesucht wird, die eine andere Kontur enthalten. In Abbildung 6.24 sind zwei Polylinien dargestellt, bei der die linke Linie die rechte Linie enthält.

Für partielle Ähnlichkeitsprobleme kann unterschieden werden, ob zum Zeitpunkt des Ähnlichkeitsvergleichs die zu ignorierenden Feature-Werte bereits bekannt sind oder nicht. Im ersten Beispiel war bekannt, dass alle Farben au-

zu ignorierende Werte

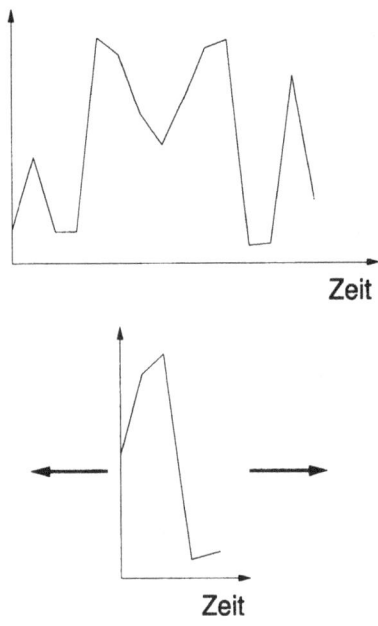

Abb. 6.23: *Zeitreihen*

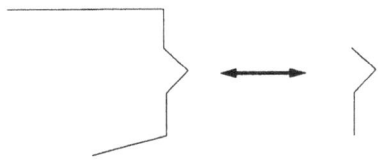

Abb. 6.24: *Polygonzug*

ßer rot ignoriert werden sollen. Solche zu ignorierenden Feature-Werte werden oft auch *no-care-Feature-Werte* genannt. Bei den anderen Beispielen jedoch sind die zu ignorierenden Feature-Werte unbekannt, müssen also erst während der Ähnlichkeitsberechnung ermittelt werden. *no-care-Feature-Werte*

No-care-Feature-Werte müssen bei der Ähnlichkeitsberechnung besonders berücksichtigt werden. Wie die Diskussion nach dem ersten Beispiel zeigte, reicht ein Nullsetzen der betreffenden Feature nicht aus. Stattdessen ist bei der Distanzfunktion beziehungsweise beim Ähnlichkeitsmaß Sorge zu tragen, dass diese Werte überhaupt nicht zur Berechnung herangezogen werden. Dabei ist eine Normierung erforderlich, die eine Invarianz bezüglich der Anzahl der zu ignorierenden Feature-Werte realisiert. *Berücksichtigung von no-care-Feature-Werten*

Invarianz von Anzahl von Feature-Werten

Sind zu ignorierende Feature-Werte vor der konkreten Ähnlichkeitsberechnung unbekannt, müssen sie ad hoc ermittelt werden. In den meisten Fällen entspricht dies einem Verschieben des kleineren Teils bezüglich des gesamten *Ermittlung zu ignorierender Feature-Werte Verschiebeoperation*

Medienobjekts, um das Teilstück mit der größten Ähnlichkeit zu finden. Dies ist sowohl ein- als auch mehrdimensional möglich. Im Beispiel der Zeitreihen ist eine eindimensionale Verschiebung erforderlich.

Für die Realisierung der Ähnlichkeitssuche gibt es zwei prinzipielle Herangehensweisen. Entweder man führt die Verschiebung zum Zeitpunkt der Ähnlichkeitsberechnung aus, oder man führt eine Berechnung durch, bevor eine Ähnlichkeitsanfrage gestartet wird.

Vorausberechnung

Fenster

m-dimensionale Punkte

Bei der Vorausberechnung muss mit dem Problem umgegangen werden, dass die Größe des Anfrageteils nicht bekannt ist. Wenn man jedoch weiß, dass ein Anfragestück aus nicht weniger als m Werten besteht, kann ein Fenster der Länge m genutzt werden, um die Feature-Werte eines Medienobjektes in mehrere m-dimensionale Punkte umzuwandeln. Das Fenster wird also schrittweise[4] verschoben und repräsentiert pro Schritt einem Punkt im m-dimensionalen Raum. Da sich die so generierten, m-dimensionalen Punkte in der Verschiebereihenfolge relativ gering unterscheiden, ergeben sie bei einer eindimensionalen Verschiebung eine Polylinie im hochdimensionalen Raum. Dies wird in Abbildung 6.25 illustriert. Dort werden vier Intervalle der Länge m gezeigt, die nacheinander durch Verschiebung entstehen. Jedes Intervall korrespondiert zu einem Punkt im m-dimensionalen Raum. Diese vier Punkte werden dort entsprechend ihrer Reihenfolge miteinander verbunden.

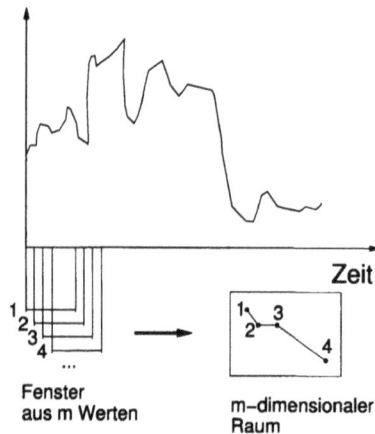

Abb. 6.25: *Verschiebung eines Fensters*

Wenn nun ein Anfrageobjekt mit m Feature-Werten vorliegt, kann der nächste Punkt zwischen der Polylinie und dem Anfragepunkt gesucht werden. Für dieses Problem stehen spezielle Indexstrukturen zu Verfügung. Wird ein Anfrageobjekt mit mehr als m Feature-Werten verwendet, lässt es sich in mehrere m-wertige Teilstücke mit minimaler Überlappung zerlegen, die dann zum Vergleich mit der Polylinie verwendet werden.

---

[4]Ein Schritt bedeutet hier ein Wert und nicht eine Fensterbreite.

Eine Modifikation einer Distanzfunktion, die eine partielle (Un)Ähnlichkeit
unterstützt, kann nicht mehr alle Distanzeigenschaften erfüllen:

Eigenschaften

- *Verletzung der Symmetrie:* Die Berechnung einer partiellen Ähnlichkeit
  erzwingt das Festlegen eines Parameters als Teilausprägung und des anderen Parameters als Gesamtausprägung. Damit wird eine Asymmetrie
  verursacht.

- *Verletzung der Positivität:* Wenn ein Medienobjekt zu einem Teil eines
  anderen Medienobjekts gleich ist, dann wird maximale Ähnlichkeit trotz
  unterschiedlicher Medienobjekte erkannt.

In den bisher verwendeten Beispielen sind wir davon ausgegangen, dass das
Anfrageobjekt mit einem Teil eines Medienobjektes der Datenbank verglichen
werden soll. Obwohl dies der häufige Fall sein dürfte, ist natürlich auch der
umgekehrte Fall denkbar. Eine Vorausberechnung der Datenbankobjekte entfällt logischerweise für diesen Fall.

*Teilobjekt als
Anfrage versus als
Datenbankobjekt*

6.8   Literaturempfehlungen

Prinzipielle Grenzen von Distanzfunktionen und Ähnlichkeitsmaßen für ein
ähnlichkeitsbasiertes Retrieval werden in [169, 62] diskutiert. Die Äquivalenz des Ähnlichkeitsmaßes Histogrammschnitt gegenüber der normalisierten
L_1-Distanzfunktion wird in [203] gezeigt. Die Taxonomie–Ähnlichkeitsmaße
stammen aus den Arbeiten [97, 190]. Einen guten Überblick über Ähnlichkeitsmaße gibt Felix Brosius in [27]. Ein Kapitel über Feature-Ähnlichkeit ist
in [116] enthalten.

Zur Aggregation von Ähnlichkeitswerten wurde das Gewichtungsverfahren
von Fagin [58] verwendet. Ein Vergleich verschiedener Gewichtungsverfahren
erfolgt in [181]. Das OWA-Gewichtungsverfahren wird in [220, 221] vorgestellt. Die Arbeiten [212, 226, 114] diskutieren die vorgestellten kompensatorischen Operatoren. Eine allgemeine Diskussion der Aggregation von Ähnlichkeitswerten kann in [47] und [114] gefunden werden.

Verfahren zur Umwandlung von Distanzwerten zu Ähnlichkeitswerten stammen aus [47, 109]. Die Problematik der partiellen Ähnlichkeit diskutieren
[60, 116].

7 Effiziente Algorithmen und Datenstrukturen

In diesem Kapitel werden Algorithmen und Datenstrukturen vorgestellt, die für eine effiziente Ergebnisberechnung einer Ähnlichkeitsanfrage wichtig sind. Diese Verfahren sind Erweiterungen von Verfahren klassischer Datenbanksysteme zur Anfragebearbeitung. Die bestehenden Verfahren reichen nicht aus, da für die Ergebnisse einer Ähnlichkeitsanfrage berechnet wird, *inwieweit* und nicht nur *ob* sie eine Anfrage erfüllen. Der Grad der Erfüllung (ausgedrückt durch RSV-Werte) gehört zum Ergebnis und stellt somit eine Erweiterung der relationalen Semantik dar. Üblicherweise sollen die Ergebnisobjekte anhand dieser Werte absteigend sortiert ausgegeben werden. Dies entspricht einem Übergang von der Mengensemantik zur Listensemantik.

Ähnlichkeitsanfrage

Sortierung nach RSV-Werten

Aus dieser Besonderheit ergibt sich der Bedarf an speziellen Algorithmen und Datenstrukturen, die im Folgenden vorgestellt werden.

In Abschnitt 7.1 werden Indexstrukturen vorgestellt, die eine Suche im hochdimensionalen Indexraum effizient realisieren sollen.

Bei vielen Anfragen müssen Ergebnisobjekte mehrere Kriterien erfüllen. Dies verlangt eine effiziente Aggregation von Ähnlichkeitswerten. In Abschnitt 7.2 werden entsprechende Verfahren vorgestellt.

7.1 Hochdimensionale Indexstrukturen

Bei der Behandlung von Indexstrukturen geht es grob um die Strukturierung von Daten in einer Form, die eine spätere Suche optimal unterstützt. In Datenbanksystemen werden häufig der B-Baum und dessen Varianten als Indexstrukturen eingesetzt. Dies ermöglicht eine exakte Suche mit logarithmischem Aufwand. Leider unterstützt der B-Baum nur eine eindimensionale Suche und ist daher im Kontext von Ähnlichkeitsanfragen im hochdimensionalen Raum nicht geeignet.

eindimensionale Indexe nicht ausreichend

Eine Ähnlichkeitssuche basiert in der Regel auf einer Vielzahl von Feature-Werten, die einem Medienobjekt zugeordnet sind. Die Unähnlichkeit beziehungsweise Ähnlichkeit wird anhand von Distanzfunktionen oder Ähnlichkeitsmaßen aus Feature-Werten berechnet. Jeder einzelne Feature-Wert eines Medienobjektes kann als Wert einer Dimension aufgefasst werden. Damit ergibt sich der Bedarf nach einer Indexstruktur, welche Suchoperationen auf Objekten im hochdimensionalen Raum unterstützt. Diese werden demnach auch

Objekte im hochdimensionalen Raum

hochdimensionale
Indexstrukturen

als hochdimensionale Indexstrukturen bezeichnet.

An eine hochdimensionale Indexstruktur mit den dazugehörigen Algorithmen werden verschiedene Anforderungen gestellt:

- *Korrektheit und Vollständigkeit:* Die Suchalgorithmen müssen die Such-ergebnisse korrekt und vollständig anhand der Suchbedingung ermitteln.

- *hochdimensionaler Suchraum:* Der zu unterstützende Suchraum ist hochdimensional. Die Indexstruktur soll ohne Effizienzeinbußen skalier-bar bezüglich der Anzahl der Dimensionen sein. Typischerweise bewegt sich die Anzahl der Dimensionen im zwei- bis dreistelligen Bereich.

- *räumliche Ausdehnung der Objekte:* Medienobjekte können verschie-dendimensionale Ausdehungen im hochdimensionalen Raum besitzen. Im einfachsten Fall werden sie durch 0-dimensionale Objekte, also durch Punkte, repräsentiert. In manchen Fällen sind mehrdimensionale Objek-te, etwa Hyperquader, geeignete Repräsentationen von Medienobjekten. Die Indexstruktur soll die Suche nach verschiedendimensionalen Objek-ten im hochdimensionalen Raum unterstützen.

- *Sucheffizienz:* Als Effizienzmaß in Datenbanksystemen wird in der Regel die Anzahl der für eine Suche erforderlichen Seitenzugriffe auf den Hin-tergrundspeicher ermittelt. Ohne Indexstruktur sind die meisten Such-operationen durch einen sequentiellen Durchlauf mit linearem Aufwand bezüglich der Anzahl der Medienobjekte realisierbar. Daher muss eine Indexstruktur solche Suchoperationen mit höchstens linearem Aufwand ermöglichen.

- *viele Anfragearten:* Die Indexstruktur soll viele Anfragearten unterstüt-zen. Die häufigsten Anfragearten werden im nächsten Unterabschnitt vorgestellt.

- *Update-Operationen:* Wenn der Datenbankinhalt sich ändert, müssen vorhandene Indexe entsprechend angepasst werden. Operationen wie `insert`, `delete` und `update` müssen daher effizient auf einer In-dexstruktur durchgeführt werden können.

- *verschiedene Distanzfunktionen:* Unterschiedliche Anfragen können den Einsatz verschiedener Distanzfunktionen erfordern. Daher soll die In-dexstruktur flexibel bezüglich der Wahl der Distanzfunktion sein.

- *speicherplatzsparend:* Es existieren Verfahren, die alle anderen Forde-rungen auf Kosten eines nicht realisierbar hohen Speicherverbrauchs gut erfüllen. Da jedoch von einem begrenzt zur Verfügung stehenden Spei-cherplatz ausgegangen werden muss, fordern wir einen möglichst gerin-gen Speicherplatzbedarf.

Die oben genannten Anforderungen können von keiner Indexstruktur optimal erfüllt werden. Statt dessen sind bei der Auswahl einer einzusetzenden Indexstruktur Kompromisse hinsichtlich der Erfüllung der Forderungen zu schließen. *Kompromisse*

Im nächsten Unterabschnitt werden verschiedene, in Multimedia-Datenbanksystemen auftretende Anfragearten vorgestellt.

7.1.1 Anfragearten

In diesem Unterabschnitt werden die wichtigsten Anfragearten für die Suche im hochdimensionalen Raum vorgestellt:

- Nächste-Nachbarsuche,

- Approximative Nächste-Nachbarsuche,

- Reverse-Nächste-Nachbarsuche,

- Bereichssuche,

- Punktsuche,

- Partial-Match-Suche und

- Ähnlichkeitsverbund.

Wir gehen im Folgenden von einer Menge von Medienobjekten aus. Jedes Medienobjekt wird durch ein Feature-Objekt o aus der Menge FO repräsentiert. *Feature-Objekt* Die Unähnlichkeit zwischen zwei Objekten wird anhand einer Distanzfunktion $d(o_1, o_2)$ und der entsprechenden Feature-Objekte aus FO berechnet.

Nächste-Nachbarsuche. Eine Nächste-Nachbarsuche wird verwendet, wenn zu einem vorgegebenen Medienobjekt das ähnlichste Medienobjekt der Datenbank gesucht werden soll. Anhand eines Feature-Objekts o_q als Anfrage wird ein Feature-Objekte gesucht, dessen Distanz zum Anfrageobjekt im Vergleich zu den Feature-Objekten der Menge FO minimal ist. Mehrere nächste Nachbarn werden dann gefunden, wenn mehrere Feature-Objekte die gleiche minimale Distanz zum Objekt o_q aufweisen: *minimale Distanz*

$$nn(o_q) \subseteq FO \text{ mit } \forall o_i \in FO : \forall o \in nn(o_q) : d(o_q, o) \leq d(o_q, o_i).$$

Die Feature-Objekte müssen dabei nicht unbedingt Punkten im hochdimensionalen Raum entsprechen, sondern können auch höherdimensionale Objekte darstellen, solange eine Distanzfunktion eindeutige Distanzwerte ermittelt.

*grafische
Darstellung einer
Nächsten-
Nachbarsuche*

Beispiel 7.1

Grafisch wird eine Nächste-Nachbarsuche in Abbildung 7.1 dargestellt. Die Distanzen zwischen dem Anfrageobjekt o_q und den Objekten der Menge $FO = \{o_1, o_2, o_3, o_4, o_5, o_6\}$ werden durch Linien mit Längenangaben, hier die euklidsche Distanz, angezeigt. Der Punkt o_1 hat die geringste Distanz zum Punkt o_q und ist damit sein nächster Nachbar.

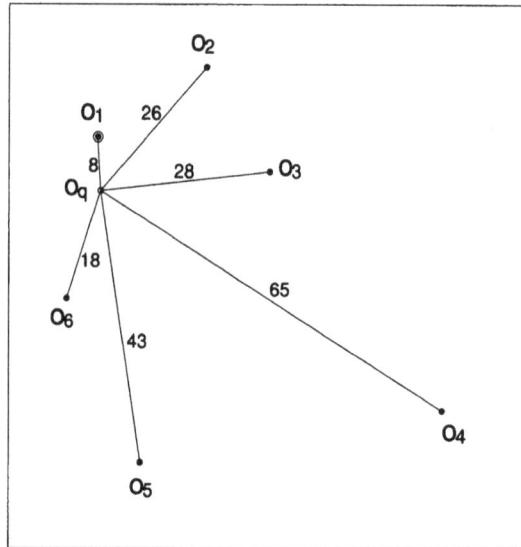

Abb. 7.1: *Nächste-Nachbarsuche*

Voronoi-Zellen

Bei punktförmigen Feature-Objekten ist eine Nächste-Nachbarsuche äquivalent zum Test, in welche Voronoi-Zelle das Anfrageobjekt fällt. Jedem Datenbankobjekt ist genau eine Voronoi-Zelle zugewiesen. Eine Voronoi-Zelle für ein bestimmtes Datenbankobjekt enthält alle Raumpunkte, deren Distanz zum Datenbankobjekt im Vergleich zu den anderen Datenbankobjekten aus FO minimal ist. In einer Vorverarbeitung können daher prinzipiell alle Voronoi-Zellen berechnet werden, so dass anschließend für die Nächste-Nachbarsuche nur noch der Test auf Enthaltensein des Anfrageobjekts in einer Voronoi-Zelle durchgeführt werden muss. Problematisch ist jedoch die hohe Berechnungskomplexität für den Enthaltenseinstest in einer Voronoi-Zelle im hochdimensionalen Raum. Die Berechnung von Voronoi-Zellen ist ein Forschungsgebiet der algorithmischen Geometrie. Viele theoretische Ergebnisse liegen auf diesem Gebiet vor, die sich auf Probleme der Nächsten-Nachbarsuche übertragen lassen.

hohe Berechnungskomplexität für Enthaltenseinstest

Beispiel 7.2   *Voronoi-Zellen*

Zweidimensionale Voronoi-Zellen lassen sich grafisch gut darstellen. Angenommen, es existieren, wie in Abbildung 7.2 dargestellt, vier punktförmige Feature-Objekte im zweidimensionalen Raum. Für jedes Feature-Objekt existiert eine durch Linien konstruierte Voronoi-Zelle. Die Voronoi-Zelle eines Feature-Objekts o_i umfasst alle Raumpunkte, deren nächster Nachbar o_i ist.

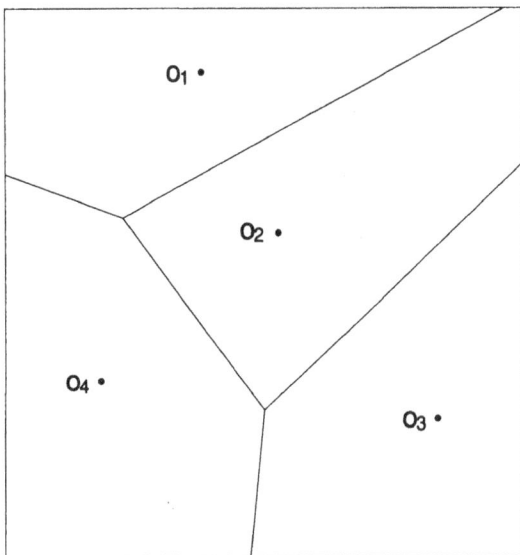

Abb. 7.2: *Voronoi-Zellen*

Eine Verallgemeinerung der nn-Suche[1] ermittelt die k nächsten Nachbarn   *k nächste Nachbarn*
$knn(o_q)$ zu einem Anfrage-Feature-Objekt o_q:

$$knn(o_q) \subseteq FO \text{ mit } |knn(o_q)| = k \text{ und } \forall o \in FO \setminus knn(o_q) :$$
$$\forall o_{knn} \in knn(o_q) : d(o_q, o) \geq d(o_q, o_{knn}).$$

Wenn mehrere Feature-Objekte dieselbe Distanz aufweisen und dabei die Anzahl k überschreiten, werden von diesen Objekten nur so viele Feature-Objekte *nichtdeterministisch* ausgewählt, dass die Ergebnismenge genau k Objekte enthält.   *nichtdeterministische Auswahl*

Üblicherweise ist der Wert für k relativ klein, so dass alle k Medienobjekte in den Hauptspeicher passen. Da bei einer Ähnlichkeitsanfrage die Ergebnisse in der Regel nach der Ähnlichkeit absteigend sortiert angezeigt werden sollen, ergibt sich der Bedarf einer nach der Distanz aufsteigenden Sortierung der   *Sortierung*

---

[1] Nächste-Nachbar-Suche

knn-Feature-Objekte. Solange der Wert für k klein ist, kann eine Hauptspeichersortierung ohne großen Aufwand durchgeführt werden.

*getNext: sortiert
und einzeln*

ranking query

Ist allerdings der Wert für k sehr hoch oder lässt sich der Wert für k nicht von vornherein abschätzen, dann ist eine Hauptspeichersortierung nicht mehr realisierbar. Für diese Fälle besteht die Forderung an eine Indexstruktur, die Ergebnisse *einzeln* auf Wunsch und *sortiert* zurückzuliefern. Wir werden im Folgenden diese Anfrageart mit getNext bezeichnen, da mit dieser Funktion das jeweils nächste Feature-Objekt angefordert wird. In manchen Publikationen wird diese Anfrage auch als „ranking query" bezeichnet.

Approximative Nächste-Nachbarsuche. Aufgrund des hohen Aufwands zur Berechnung von Nächste-Nachbar-Anfragen wurde nach Möglichkeiten einer deutlichen Verringerung des Suchaufwands unter Inkaufnahme kleiner, quantifizierbarer Ergebnisungenauigkeiten gesucht. In approximativen Nächste-Nachbar-Anfragen (ANN-Anfragen) spezifiziert eine Zahl ϵ das Maß für diese Ungenauigkeit.

Ergebnisungenauigkeiten

ANN-Anfragen

$$ann(o_q) = o \in FO \text{ wenn } d(o_q, o) \leq (1 + \epsilon) \cdot d(o_q, nn(o_q))$$

Das heißt, der Term $(1 + \epsilon) \cdot d(o_q, nn(o_q))$ spezifiziert das Vielfache der exakten Nächste-Nachbar-Distanz, die der Abstand des approximativen nächsten Nachbar vom Anfragepunkt höchstens annehmen darf. Offenbar können mehrere Feature-Objekte diese Bedingung erfüllen. Für die Erfüllung der Anfrage reicht jedoch ein beliebiger, approximativer nächster Nachbar aus.

Die Bedingung erreicht eine Beschränkung der Anfragepunkt-Ergebnispunkt-Distanz, wohingegen die räumliche Nähe zwischen exaktem und approximativem nächsten Nachbar nicht gewährleistet werden kann.

*PAC-Nearest-
Neighbor-Anfragen*

Eine Abschwächung der Semantik von ANN-Anfragen ist mit den so genannten *PAC-Nearest-Neighbor-Anfragen* gegeben. Das Akronym PAC steht dabei für '*probably approximate correct*'. Bei dieser Anfrageart wird zusätzlich eine Aussage bezüglich der Mindestwahrscheinlichkeit δ getroffen, wonach die Abweichung ϵ vom Anfrageergebnis nicht überschritten werden darf. Diese Wahrscheinlichkeit ist für ANN-Anfragen mit 100% gegeben und kann nun reduziert werden, wodurch eine nochmals effizientere Anfragebearbeitung möglich wird.

Reverse-Nächste-Nachbarsuche. Eine Variante einer Nächsten-Nachbarsuche ist die Suche nach den Feature-Objekten, deren nächster Nachbar der vorgegebene Anfragepunkt ist:

$$rnn(o_q) = \{o \in FO | o_q \in nn(o)\}.$$

fehlende Symmetrie

Das Ergebnis ist in der Regel unterschiedlich zur direkten Nächsten-Nachbarsuche, da die Nächste-Nachbarrelation *nicht* symmetrisch ist.

Beispiel 7.3

In Abbildung 7.3 sind drei punktförmige Feature-Objekte o_1, o_2 und o_3 abgebildet. Ein Pfeil ausgehend von einem Objekt zeigt zu seinem nächsten Nachbar. Wie man sieht, ist o_2 der nächste Nachbar von o_1, aber nicht umgekehrt. Somit liefert $rnn(o_1)$ die leere Menge und $rnn(o_2)$ die Menge $\{o_1, o_3\}$.

Abb. 7.3: *Nächste-Nachbarrelation*

Beispiel 7.4

Angenommen, es soll ein neuer Einkaufsmarkt in einer ländlichen Gegend gebaut werden. Bei der Standortwahl besteht das Ziel, möglichst gut von verschiedenen Orten aus erreichbar zu sein. Dies ist offensichtlich dann erfüllt, wenn der geplante Standort der nächste Einkaufsmarkt für möglichst viele Orte ist. Um einen geplanten Standort dementsprechend einschätzen zu können, werden also alle Orte gesucht, für die der geplante Standort der nächste Nachbar ist. Dies entspricht einer rnn-Anfrage.

Bereichssuche. Bei der Bereichssuche definiert die Anfrage einen Bereich im hochdimensionalen Raum. Wir werden hier sowohl den Anfragebereich als auch die Feature-Objekte jeweils als eine Menge von Raumpunkten auffassen. Als Anfrageergebnis zu einem Anfragebereich werden alle Feature-Objekte ermittelt, deren Mengenschnitte mit dem Anfragebereich nicht leer sind:

$$range(o_q) = \{o \in FO | o \cap o_q \neq \emptyset\}.$$

Beispiel 7.5

In einem Katasteramt werden Flurstücke als zweidimensionale Regionen verwaltet. Für die Planung einer neuen Straße sollen alle Flurstücke ermittelt werden, die vom Straßenbau direkt betroffen sind, also den Anfragebereich der Straße schneiden. Abbildung 7.4 illustriert dieses Szenario.

Viele Varianten von Anfragebereichen sind denkbar. So können begrenzte von unbegrenzten Anfragebereichen unterschieden werden. Eine häufig auftretende Variante eines Anfragebereichs sind alle Raumpunkte, deren Distanz von einem vorgegebenen Punkt einen bestimmten Wert nicht überschreiten. Bei Verwendung der euklidschen Distanz entspricht der Bereich damit einer Hy-

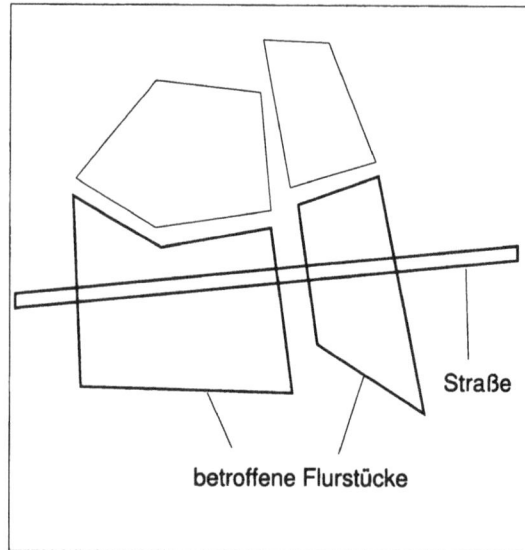

Abb. 7.4: *Vom Straßenbau betroffene Flurstücke*

perkugel.

Eine Verfeinerung der Bereichsanfrage kann vorgenommen werden, wenn nicht nur auf Mengenüberlappung, sondern auf Inklusion getestet wird. Diese Suche kann unter Berechnung von Mengenkomplementen auf den Test von Mengenschnitten zurückgeführt werden. Wenn etwa das Feature-Objekt o_1 das Feature-Objekt o_2 einschließt, dann ist der Schnitt von o_2 und o_1 im Gegensatz zum Schnitt von o_2 mit dem Komplement von o_1 nicht leer.

Punktsuche. Bei einer Punktsuche wird ein Feature-Objekt angegeben. Dieses Feature-Objekt wird auf Enthaltensein in einer Menge FO von Feature-Objekten getestet. Dies entspricht der Suche nach einer exakten Überdeckung der Feature-Objekte:

Test auf Enthaltensein

$$punkt(o_q) = \begin{cases} \texttt{wahr} & : \exists o \in FO : o_q = o \\ \texttt{falsch} & : \text{sonst} \end{cases}$$

Diese Anfrageart tritt bei der Suche nach Multimedia-Objekten relativ selten auf, da die Wahrscheinlichkeit der Überdeckung im hochdimensionalen Raum sehr gering ist.

Partial-Match-Suche. Eine Punktsuche kann als Complete-Match-Anfrage bezeichnet werden, da nach einer Übereinstimmung aller Feature-Werte pro Feature-Objekt gesucht wird. In diesem Zusammenhang wird die Semantik einer Partial-Match-Anfrage klar: es wird die Übereinstimmung in nur einigen Dimensionen gesucht.

Übereinstimmung in nur einigen Dimensionen

Diese Anfrageart kann als ein Spezialfall einer Bereichsanfrage mit teilweise unbegrenztem Bereich aufgefasst werden, da die Werte der nicht geforderten Dimensionen beliebig sein dürfen. Gesucht werden also die Feature-Objekte, deren Schnitt mit dem Suchbereich nicht leer ist. *Spezialfall einer Bereichsanfrage*

Beispiel 7.6 *Partial-Match-Anfrage*

In einer Menge von zweidimensionalen Feature-Objekten werden diejenigen gesucht, deren erster Wert identisch mit der Konstanten c ist. Da der zweite Wert nicht angegeben wurde, ist dieser für die Suche belanglos. Der dazugehörige Suchbereich entspricht, wie in Abbildung 7.5 gezeigt, einer senkrechten Linie an der Position c. Das Feature-Objekt o_3 wird von dieser Linie geschnitten und ist damit das einzige Anfrageergebnis.

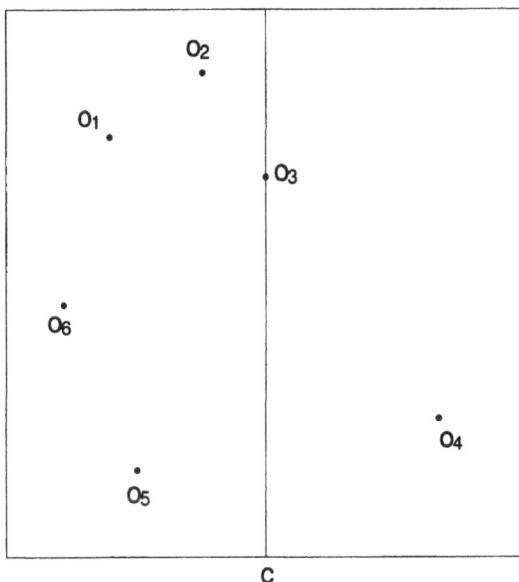

Abb. 7.5: Partial-Match-Anfrage im zweidimensionalen Raum

Ähnlichkeitsverbund. Während bei den bisherigen Anfragearten von einer Anfrage gegenüber *einer* Menge von Feature-Objekten ausgegangen wurde, verwendet der Ähnlichkeitsverbund *zwei* Mengen FO_1 und FO_2 von Feature-Objekten. Wie beim relationalen Verbund wird jedes Feature-Objekt von FO_1 mit jedem Feature-Objekt von FO_2 verglichen. Der Vergleich erfolgt jedoch anhand einer Distanzfunktion. Ein Paar erscheint im Ergebnis, wenn die berechnete Distanz unterhalb eines vorgegebenen Schwellenwerts ϵ liegt: *zwei Eingabemengen*

Schwellenwert

$$simjoin(FO_1, FO_2, \epsilon) = \{(o_1, o_2) | o_1 \in FO_1 \wedge o_2 \in FO_2 \wedge d(o_1, o_2) \leq \epsilon\}$$

Ähnlichkeitsverbund   **Beispiel 7.7**

Abbildung 7.6 zeigt die Feature-Objekte der Mengen $FO_1 = \{o_1, o_2, o_3\}$ und $FO_2 = \{o_a, o_b, o_c\}$. Die gepunkteten Kreise um die Feature-Objekte aus FO_1 zeigen die durch Distanzfunktion und Schwellenwert festgelegten Bereiche an. Eine Linie verbindet die Objektpaare, deren Distanz kleiner als der vorgegebene Schwellenwert ist.

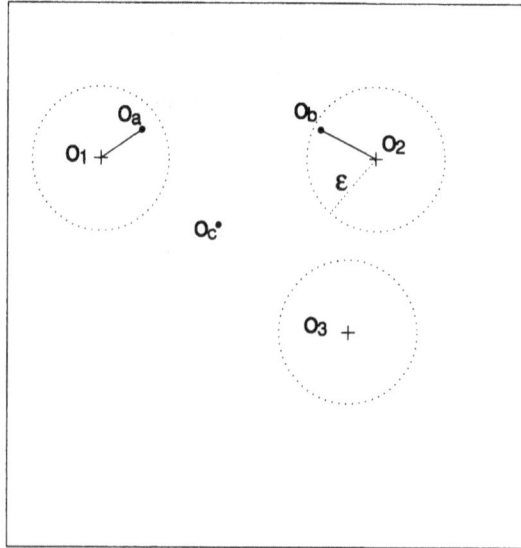

Abb. 7.6: *Ähnlichkeitsverbund*

Selbstverbund   Ein Ähnlichkeitsverbund kann auch über derselben Menge von Feature-Objekten erfolgen. Bei einem solchen *Selbstverbund* werden alle Objektpaare gesucht, deren Distanzen kleiner als der Schwellenwert sind.

Sortierung nach   In einer Verfeinerung des Ähnlichkeitsverbundes können die Objektpaare nach
Distanzwert   ihren Distanzwerten aufsteigend sortiert ausgegeben werden.

7.1.2   Baumverfahren

In diesem Abschnitt sollen hierarchische Indexierungsverfahren, speziell Baumverfahren, diskutiert werden. Vereinfachend gehen wir von punktförmigen, hochdimensionalen Feature-Objekten aus.

Abbildung   Aufgrund der guten Sucheigenschaften des eindimensionalen B-Baums und
mehrdimensional auf   seiner Varianten ist man versucht, mehrdimensionale Feature-Objekte jeweils
eindimensional   zu einem Wert zusammenzufassen und von einem eindimensionalen B-Baum verwalten zu lassen. Leider funktioniert dieser Ansatz nicht, da es im Allgemeinen keine distanzerhaltenden Verfahren zur Dimensionsreduzierung gibt

und geben kann, die Punkte auf eine Dimension abbilden. Um sich das klarzu-
machen, soll folgendes Beispiel betrachtet werden.

Beispiel 7.8   *Simplexe*

Ein Simplex ist eine einfache, geometrische Figur, bei der alle Punkte denselben Abstand voneinander aufweisen. Interessanterweise kann es im n-
dimensionalen Raum nur Simplexe mit maximal n+1 unterschiedlichen
Punkten geben. Im eindimensionalen Fall erhalten wir ein Intervall, im
zweidimensionalen Fall ein gleichseitiges Dreieck und im dreidimensionalen Fall einen Tetraeder. Wenn also im n-dimensionalen Fall ein Simplex
mit n+1 Punkten existiert, kann er nicht in den eindimensionalen Raum
überführt werden, da dort nur maximal 2 unterschiedliche Punkte den gleichen Abstand voneinander haben können.

Ist man jedoch bereit, die Forderung nach Erhaltung der Distanzen abzuschwä-
chen, existieren viele Varianten der Dimensionsreduzierung, etwa die KLT-
Methode (siehe Abschnitt 4.3) oder die FastMap-Methode (siehe Unterabschnitt 7.1.3).

Die Grundidee bei hierarchischen Indexierungsverfahren ist das Beschreiben
von Punktmengen durch geometrische, umschreibende Regionen, die wir hier
Cluster nennen wollen. Für die konkrete Suche wird nicht mehr jeder einzelne   *Cluster*
Punkt getestet. Statt dessen erfolgen Tests gegenüber den Clustern. Für eine   *Cluster-Test*
konkrete Anfrage kann dann häufig mit einem einzigen Cluster-Test eine große
Menge von Punkten in einem Schritt vom Ergebnis ausgeschlossen werden.

Cluster können sich gegenseitig enthalten. Dies führt zu einer Halbordnung
und damit zu einer Hierarchie. Üblicherweise werden Cluster so angeordnet,   *Hierarchie*
dass jeder Cluster nur in maximal einem größeren Cluster enthalten sein kann.
Wir erhalten damit einen Baum.   *Baum*

Baumverfahren können entsprechend der in Tabelle 7.1 aufgeführten Kriterien
unterschieden werden.

Bei der Cluster-Bildung geht es darum, wie Cluster gebildet werden. Beim   *Cluster-Bildung*
global zerlegenden Verfahren wird vom hochdimensionalen Datenraum ausge-
gangen, der durch bestimmte Merkmale nach und nach in Partitionen zerlegt
wird. Jede Partition kann mehrere Punkte enthalten. Typisch für dieses Verfah-
ren ist die Zerlegung des kompletten Datenraums in überlappungsfreie Parti-   *überlappungsfreie*
tionen. Im Gegensatz dazu werden bei lokal gruppierenden Verfahren Cluster   *Partitionen*
aus Punktmengen erzeugt, wobei die Punkte möglichst räumlich gruppiert auftreten sollen.

Lokal gruppierende Baumverfahren können weiterhin unterteilt werden, ob
Geschwister-Cluster sich räumlich überlappen dürfen oder nicht.   *Überlappung*

Ein weiteres Merkmal ist die Balance eines Baumes. Eine vorhandene Balance,   *Balance*
also eine gemeinsame Distanz aller Blätter zur Wurzel, ist vorteilhaft für eine
ausgeglichene und vorhersagbare Suche.

Merkmal	Unterscheidung
Cluster-Bildung	global zerlegend (space partioning)
	lokal gruppierend (data partitioning)
Cluster-Überlappung	überlappend
	disjunkt
Balance	balanciert
	unbalanciert
Objektspeicherung	Blätter und Knoten
	Blätter
Geometrie	Hyperkugel
	Hyperquader
	Hyperellipsoid
	...

Tabelle 7.1: Klassifikationsmerkmale von Baumverfahren

Objektspeicherung

Die konkreten Feature-Objekte können in den Knoten und den Blättern abgespeichert sein. Die meisten Verfahren verwalten die Feature-Objekt allerdings ausschließlich in den Blättern des Baumes.

Geometrie

Die Baumverfahren können sich letztendlich durch unterschiedliche Geometrien ihrer Cluster unterscheiden.

Suchalgorithmen in Bäumen. Im Folgenden werden prinzipielle Suchalgorithmen in Bäumen vorgestellt. Wir konzentrieren uns hier auf Algorithmen zur Berechnung des nächsten Nachbars und gehen von einem Anfragepunkt q und der Existenz zweier Distanzfunktionen aus. Die erste Distanzfunktion d ermittelt die Distanz zwischen zwei Punkten, während die zweite Distanzfunktion lb[2] den kleinstmöglichen Abstand zwischen dem Anfragepunkt q und einem potenziellen Punkt eines Cluster ermittelt.

nächste-
Nachbarsuche

Branch-und-Bound-Algorithmus: Dieser Algorithmus wurde in [140] vorgestellt und entspricht im Wesentlichen dem Algorithmus 7.1. Wir gehen vereinfachend von einer Objektspeicherung in den Blättern aus. Eine Objektspeicherung in den inneren Knoten kann durch eine kleine Anpassung des Algorithmus unterstützt werden.

Der Algorithmus realisiert eine rekursive Tiefensuche. Eine dynamisch angepasste Distanz zu einem gefundenen NN-Kandidat wird als Wert der globalen Variable `obereGrenze` genutzt, um solche Cluster von der Suche auszuschließen, welche den nächsten Nachbarn nicht enthalten können. Der Test und

---

[2] `lb` steht für lower bound.

der Ausschluss erfolgt in den Zeilen 18 und 19. Diese Situation wird in der Abbildung 7.7 demonstriert. Durch den Ausschluss werden also nur aussichtsreiche Zweige des Baums durchlaufen. Das Ergebnis befindet sich am Ende des Laufs in der globalen Variable `naechsterNachbar`.

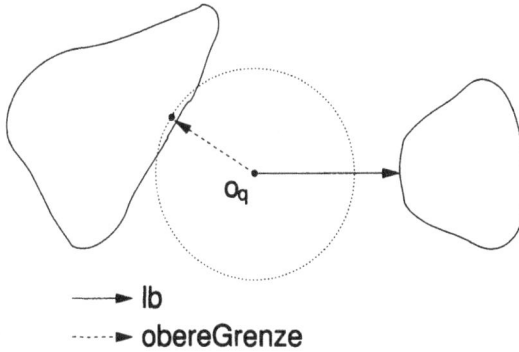

Abb. 7.7: Ausschluss von Clustern

Algorithmus 7.1

Branch-and-Bound-Algorithmus

```
[1]   real obereGrenze = ∞
[2]   punkt naechsterNachbar = nil
[3]
[4]   procedure BranchAndBound(punkt q,knoten T)
[5]
[6]     sortiere Subknoten von T aufsteigend nach lb-Distanz zu q
[7]     for each Subknoten k von T do
[8]       if k ist Blatt then
[9]         for each Punkt p in k do
[10]          distanz = d(p,q) //Distanz zwischen p und q
[11]          if distanz < obereGrenze then do
[12]            obereGrenze = distanz
[13]            naechsterNachbar = p // NN-Kandidat
[14]          end if
[15]        end for
[16]      else do
[17]        lb=lb(q,k) //kleinstmögliche Distanz von q zu k
[18]        if lb > obereGrenze then
[19]          schließe k von allen weiteren Betrachtungen aus
[20]        else BranchAndBound(q,k)
[21]      end else
[22]    end for
[23] end procedure
```

Der RKV-Algorithmus: Der RKV-Algorithmus ist ein von N. Roussopoulos, S. Kelley und F. Vincent [156] vorgeschlagener Branch-und-Bound-Algorithmus, der für einen Baum mit lokaler Gruppierung, mit Hyperquadern als Cluster-Geometrie und mit Feature-Objekten in den Blättern entwickelt wurde. Der Algorithmus dient in erster Linie zur Unterstützung einer nn-Suche.

MBR

Ein Hyperquader stellt hier ein MBR (Minimum Bounding Rectangle) dar. Die Minimalität bezieht sich auf die Forderung, dass alle (n-1)-dimensionalen Hyperflächen mindestens ein Feature-Objekt innerhalb des MBR berühren. Jeder MBR wird durch ein Punktpaar (s, t) im hochdimensionalen Raum identifiziert. Der Punkt s entspricht dabei der zum Koordinatenursprung weisenden Ecke des Hyperquaders und der Punkt t der gegenüberliegenden Ecke. Siehe zum Beispiel Abbildung 7.9 auf Seite 276.

Im Algorithmus werden für den n-dimensionalen Raum zwei spezielle, quadrierte euklidsche Distanzen definiert, die MIN-Distanz[3] und die MINMAX-Distanz.

MIN-Distanz

Die MIN-Distanz drückt die minimale Distanz zwischen einem Anfragepunkt q und einem möglichen Punkt aus einem MBR aus und ist wie folgt definiert:

$$MINDIST(q, (s, t)) = \sum_{i=1}^{n} |q[i] - r[i]|^2$$

mit

$$r[i] = \begin{cases} s[i] & \text{wenn } q[i] < s[i] \\ t[i] & \text{wenn } q[i] > t[i] \\ q[i] & \text{sonst.} \end{cases}$$

Faktisch wird durch die Formel für jede Dimension i der nächste Punkt aus dem Intervall $(s[i], t[i])$ durch eine Fallunterscheidung ermittelt.

MINMAX-Distanz

Die MINMAX-Distanz gibt an, welchen maximalen Abstand vom Anfragepunkt q der nächste Nachbar aus dem MBR haben kann. Bei der Berechnung dieser Distanz wird das Wissen ausgenutzt, dass der MBR minimal ist, also jede $(n-1)$-dimensionale Hyperfläche an mindestens einen Punkt stößt, der als nächster Nachbar innerhalb des MBR in Frage kommt. Daher wird für jede

(n − 1)-dimensionale Hyperfläche

dem Anfragepunkt zugewandte, $(n-1)$-dimensionale Hyperfläche die maximale Distanz eines Punktes auf dieser Fläche berechnet. Von diesen maximalen Distanzen wird sodann die minimale Distanz ermittelt. Formal wird die MINMAX-Distanz wie folgt berechnet:

$$MINMAXDIST(q, (s, t)) =$$

$$\min_{1 \leq k \leq n} \left(|q[k] - rm[k]|^2 + \sum_{\substack{i \neq k \\ 1 \leq i \leq n}} |q[i] - rM[i]|^2 \right)$$

---

[3]Diese Distanz entspricht der 1b im Branch-und Bound-Algorithmus.

mit

$$rm[k] = \begin{cases} s[k] & \text{wenn } q[k] \leq \frac{(s[k]+t[k])}{2} \\ t[k] & \text{sonst} \end{cases} \quad \text{und}$$

$$rM[i] = \begin{cases} s[i] & \text{wenn } q[i] \geq \frac{(s[i]+t[i])}{2} \\ t[i] & \text{sonst} \end{cases}$$

In der Formel werden einzeln für alle Dimensionen mittels der Variable k die zugewandten Hyperflächen angesprochen. Der Term $rm[k]$ ermittelt den jeweils festen Koordinatenwert für die dem Anfragepunkt zugewandte Hyperfläche. Für jede Hyperfläche wird die entfernteste Ecke bezüglich der jeweils freien Dimensionen mittels des Terms $rM[i]$ ermittelt. In Abbildung 7.8 wird die MIN- und die MINMAX-Distanz grafisch dargestellt. Die Abbildung zeigt die Werte für die Distanzberechnung aus Gründen der Übersichtlichkeit nur für den rechten MBR.

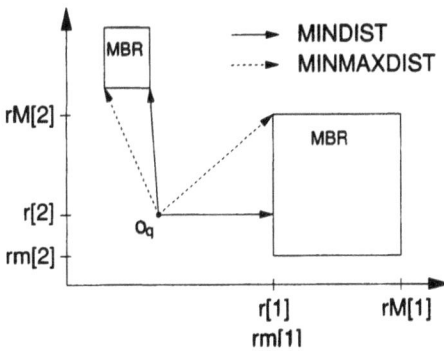

Abb. 7.8: *MIN- und MINMAX-Distanz*

Anhand einer dieser beiden vorgestellten Distanzen werden die Kindknoten eines aktuellen Knotens für die Abarbeitung aufsteigend sortiert. Die Verwendung der MIN-Distanz entspricht dabei einer optimistischen und die Verwendung der MINMAX-Distanz als Ordnungskriterium einer pessimistischen Strategie. Mit der Sortierung will man erreichen, das zuerst die Kindknoten aufgesucht werden, von denen ausgegangen wird, dass sie den nächsten Nachbar am ehesten enthalten. Die sortierten Kindknoten werden in einer so genannten ABL-Struktur (ABL steht für Active Branch List) verwaltet.

aufsteigende Sortierung

Da bei der Suche nicht der ganze Baum durchsucht werden soll, finden drei Strategien zur Suchaufwandreduzierung Verwendung:

Reduzierung des Suchaufwands

1. $MINDIST(q, (s,t)) > MINMAXDIST(q, (s',t'))$: In diesem Fall kann der MBR (s,t) keinen näheren Punkt als der MBR (s',t') liefern. Somit braucht der MBR (s,t) nicht untersucht zu werden.

2. $obereGrenze > MINMAXDIST(q,(s,t))$: $obereGrenze$ steht hier für die Distanz zu einem bis jetzt ermittelten Nächste-Nachbar-Kandidat. Da wir wissen, dass der MBR (s,t) einen Punkt enthält, der näher zum Anfragepunkt als der bis jetzt gefundene Kandidat liegt, kann die Distanz $obereGrenze$ auf den Wert $MINMAXDIST(q,(s,t))$ herabgesetzt werden. Dies bewirkt eine Reduzierung des $obereGrenze$-Wertes und damit ein implizites Ausschließen von MBR nach der dritten Strategie.

3. $obereGrenze < MINDIST(q,(s,t))$: Da der MBR (s,t) keinen besseren Kandidaten als den aktuellen Nächste-Nachbar-Kandidat liefern kann, braucht dieser MBR nicht aufgesucht werden.

Die Szenarien zu den drei Strategien sind in der Abbildung 7.9 grafisch abgebildet.

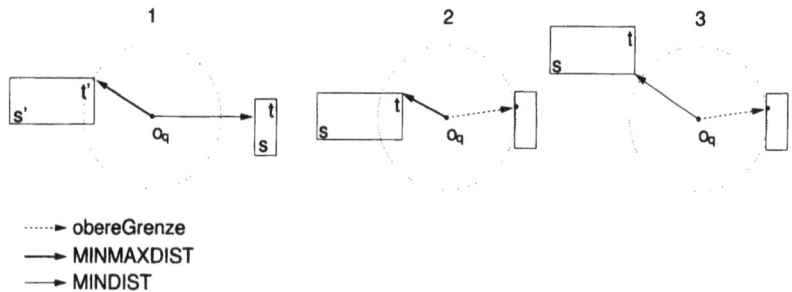

Abb. 7.9: *Strategien des RKV-Algorithmus*

Algorithmus 7.2 zeigt den konkreten Algorithmus als eine Variante des Branch-und-Bound-Algorithmus. Initiiert wird er mit einem maximalen Wert für den Parameter `obereGrenze`. Der Parameter `naechsterNachbar` ist ein Ausgabeparameter. Er enthält also als Ergebnis des Aufrufs den gefundenen nächsten Nachbarn.

Algorithmus 7.2   *RKV-Algorithmus*

```
[1]   procedure RKV(punkt q,knoten T,real obereGrenze,
[2]              objekt naechsterNachbar)
[3]     knoten neuerKnoten
[4]     brancharray branchList
[5]     real distanz
[6]     objekt o
[7]     if T ist Blattknoten then
[8]       for each o in T do
[9]         distanz ist Distanz zwischen q und o
[10]        if distanz < obereGrenze then do
[11]          obereGrenze = distanz
[12]          naechsterNachbar = o
[13]        end if
[14]      end for
[15]    else do
[16]      branchList sei Liste von Kindknoten aus T
[17]      branchList nach MINDIST oder MINMAXDIST sortieren
[18]      branchList nach Strategie 1 kürzen
[19]      obereGrenze nach Strategie 2 reduzieren
[20]      branchList nach Strategie 3 kürzen
[21]      for each neuerKnoten in branchList do
[22]        RKV(q,neuerKnoten,obereGrenze,naechsterNachbar)
[23]        branchList nach Strategie 3 kürzen
[24]      end for
[25]    end do
[26]  end procedure
```

Eine Modifikation des RKV-Algorithmus zur Unterstützung von knn-Anfragen ist mit einem gewissen Aufwand möglich. Zur Verwaltung der k Nächste-Nachbarkandidaten wird eine sortierte Warteschlange (priority queue) der Größe k verwendet, welche die Kandidaten nach ihrer Distanz sortiert verwaltet. Die Variable obereGrenze bezieht sich dann auf die Distanz zum letzten in der Warteschlange verwalteten Kandidaten. Eine genauere Diskussion der Probleme und Lösungsansätze kann in [21] gefunden werden.

knn-Anfrage

Für eine getNext-Anfrage ist der RKV-Algorithmus aufgrund des festen Traversierungsschemas, die Tiefensuche, schlecht geeignet. Nach einer getNext-Aufforderung kann es notwendig sein, schon besuchte Knoten erneut aufzusuchen und bereits ausgeschlossene Knoten erneut zu testen. Insgesamt ist die Suche nach dem jeweils nächsten Nachbarn realisierbar, aber nicht sehr effizient.

getNext-Anfrage

Der RKV-Algorithmus wurde für die euklidsche Distanz entwickelt. Jedoch lässt er sich auf andere Distanzfunktionen übertragen, solange die MIN-Distanz und die MINMAX-Distanz korrekt berechnet werden können.

Anpassung an andere Distanzfunktionen

Die Berechnung der MINMAX-Distanz ist an die lokale Gruppierung durch MBR's gebunden. Für andere Geometrien gibt es häufig keine solche Distanz. In diesen Fällen kann jedoch die MINMAX-Distanz durch die MAX-Distanz ersetzt werden, die den Abstand zu dem entferntest liegenden, möglichen Punktes eines Clusters ermittelt.

Anpassung an andere Geometrien

Problem Tiefensuche
für
`getNext`-*Anfragen*

Der HS-Algorithmus: Wie bereits erwähnt, ist der RKV-Algorithmus für `getNext`-Anfragen schlecht geeignet. Dies liegt primär daran, dass die Reihenfolge des Baumdurchlaufs, abgesehen von der Sortierung der Kindknoten, durch die Tiefensuche festgelegt ist. Dies bedeutet ein Abarbeiten eines Teilbaums, bevor der nächste Teilbaum überprüft werden kann.

sortierte
Warteschlange statt
Stack

Eine wichtige Verbesserung zur Überwindung dieses starren Schemas ist die Aufgabe der durch den Rekursions-Stack vorgegebenen Reihenfolge. Die Grundidee des HS-Algorithmus von Hjaltason und Samet ist die Verwendung einer global sortierten Warteschlange (priority queue), welche die Reihenfolge der Untersuchung von Knoten, Blättern sowie Feature-Objekten in alleiniger Abhängigkeit von der Distanz zum Anfragepunkt regelt. Dies führt zu Sprüngen im Suchbaum.

1 Warteschlange

Henrich schlägt in [81] die Verwendung einer Warteschlange für die Baumknoten und einer Warteschlange für die Feature-Objekte vor. In [91] wird ein eleganter Algorithmus vorgestellt, der sowohl die Knoten als auch die Feature-Objekte in *einer* Warteschlange sortiert ablegt. Wir diskutieren hier den letzteren Algorithmus.

Sortierung anhand
minimaler Distanz

Die Sortierung der Elemente der Warteschlange wird anhand der minimalen Distanzen zum Anfragepunkt vorgenommen. Elemente werden aus der Warteschlange grundsätzlich von vorne entnommen: das sind also die Warteschlangenelemente mit der geringsten Distanz zum Anfragepunkt.

Elemente der
Warteschlange

Eingefügt in die Warteschlange nach der Initialisierung werden Knoten, deren Vater im Gegensatz zu deren Kindern bereits aufgesucht wurde. Weiterhin werden bereits untersuchte Feature-Objekte eingefügt. Insgesamt gewährleistet der Algorithmus, dass jeder Baumknoten und jedes Feature-Objekt höchstens einmal in die Warteschlange eingetragen werden.

Algorithmus

Der Algorithmus beginnt mit der Wurzel, die das erste Element einer sortierten Warteschlange bildet. Ab jetzt werden Elemente von vorne aus der Warteschlange entnommen, bis sie leer ist. Knoten und Blätter werden entnommen und deren Kindknoten beziehungsweise Feature-Objekte in die Warteschlange eingefügt. Erscheint ein Feature-Objekt am Anfang der Warteschlange, so garantiert der Algorithmus, dass dieses Objekt der jeweils nächste Nachbar ist. Der Algorithmus ist in Algorithmus 7.3 abgebildet.

Algorithmus 7.3   *HS-Algorithmus*

```
[1]   procedure HS(punkt q,knoten T)
[2]       pqueue queue // Priority Queue
[3]       queueEintrag element // Priority-Queue-Eintrag
[4]       objekt fo // Feature-Objekt
[5]       knoten k
[6]       enqueue(queue, T, lb(q,T))
[7]       while not isEmpty(queue) do
[8]           element = dequeue(queue)
[9]           if element ist Feature-Objekt then do
[10]              while element = first(queue) do
[11]                  deleteFirst(queue) // Duplikate entfernen
[12]              end do
[13]              ausgabe(element) // getNext-Resultat ausgeben
[14]          end do
[15]          else if element ist Blattknoten then
[16]              for each fo in element do
[17]                  enqueue(queue, fo, lb(q,fo))
[18]              end do
[19]          else // innerer Knoten
[20]              for each Kind k in element do
[21]                  enqueue(queue, k, lb(q,k))
[222]             end do
[23]          end if
[24]      end do
[25]  end procedure
```

Im Algorithmus wurden einige Funktionen auf der Warteschlange aufgerufen. Dabei fügt der Aufruf enqueue ein neues Element mit der entsprechenden Distanz in die Warteschlange ein, dequeue entfernt ein Element vom Kopf der sortierten Schlange, isEmpty testet, ob die Warteschlange noch Elemente enthält, first liefert das erste Element zurück, ohne dass es von der Warteschlange entfernt wird und deleteFirst entfernt das erste Element.

Die Funktion lb berechnet die minimale Distanz zwischen einem Anfragepunkt und einem Feature-Objekt beziehungsweise einer durch einen Baumknoten implizierten Region. Im Fall eines MBR entspricht lb der MIN-Distanz. Der Aufruf ausgabe in Zeile 11 liefert ein Feature-Objekt als nächstes getNext-Ergebnis zurück. An dieser Stelle kann der Algorithmus unterbrochen werden, bis die Aufforderung für ein nächstes getNext-Ergebnis eintrifft. In diesem Fall wird der Algorithmus an derselben Stelle fortgesetzt, an der er unterbrochen wurde. Im folgenden Beispiel soll der Algorithmus grafisch veranschaulicht werden.

Beispiel 7.9   *HS-Algorithmus*
                                                                     grafisch

Abbildung 7.10 zeigt die zweidimensionalen Punkte p1 bis p9, die in einem Baum verwaltet werden. Als Cluster-Geometrie werden MBR verwendet. Der zugeordnete Baum ist unter der Darstellung des zweidimensionalen Datenraums angegeben. Weiterhin werden die verschiedenen Zustände

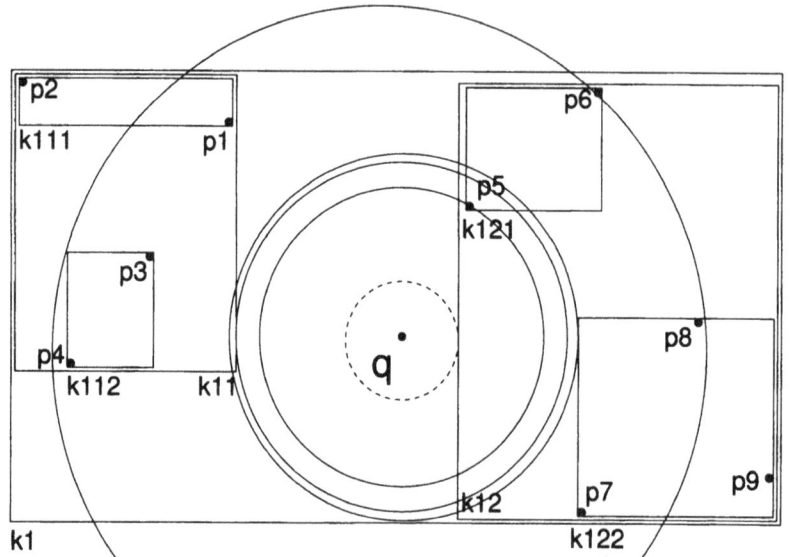

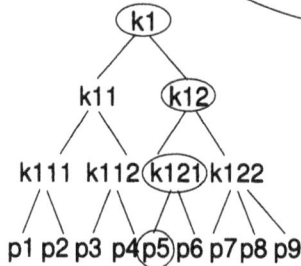

Abb. 7.10: *HS-Algorithmus*

der Warteschlange angegeben. Wir beginnen mit der Wurzel, also dem Knoten k1. Dieser wird sodann ersetzt durch dessen Kinder k11 und k12, wobei die minimale Distanz zu k12 kleiner ist als zu k11. Das erste Element, der Knoten k12, wird entnommen und durch dessen Kinder ersetzt, die wiederum entsprechend ihrer Distanz einsortiert werden. Im letzten Schritt entnehmen wir den Blattknoten k121 und ersetzen ihn durch die Punkte p5 und p6. Da der Punkt p5 nun näher als alle anderen Elemente der

Warteschlange zum Anfragepunkt liegt, stellt er den nächsten Nachbar dar
und wird ausgegeben. In der Datenraumdarstellung sind die berechneten
Distanzen durch Kreise dargestellt. Der gestrichelte Kreis deutet an, dass
dessen Distanzberechnung nicht mehr wichtig ist, da der zugehörige Knoten nicht mehr in der Warteschlange verwaltet wird. Würde der Algorithmus nun durch einen erneuten `getNext`-Aufruf fortgesetzt, dann müsste
im nächsten Schritt der Knoten `k11` durch die Knoten `k111` und `k112`
ersetzt werden.

Aufgrund der durch die sortierte Warteschlange determinierten Reihenfolge
wird gewährleistet, dass nur die Knotenregionen aufgesucht werden, die einen
potenziell besseren Kandidaten als den tatsächlich später gefundenen, nächsten
Nachbar enthalten können.

Weiterhin ist dieses Verfahren sehr gut für `getNext`-Anfragen geeignet. Sollen alle Objekte sortiert ausgegeben werden, dann müssen alle n Feature-
Objekte mit einem Aufwand von $O(log(n))^4$ in die Warteschlange einge-   *Aufwand*
fügt werden. Dies ergibt damit den bekannten Sortierungsaufwand von $O(n *
log(n))$.

Ein Problem besteht allerdings in der Verwaltung der Warteschlange im Haupt-   *Verwaltung der*
speicher. Sie kann so lang werden, dass sie nicht mehr in den Hauptspeicher   *Warteschlange*
passt und deswegen, zumindestens teilweise, in den Hintergrundspeicher aus-
gelagert werden muss. Dies ist natürlich ineffizient. Wir werden später zeigen,
dass die Wahrscheinlichkeit für eine bestimmte maximale Länge der Warteschlange abhängig von der Anzahl der zugrunde liegenden Dimensionen ist.

Ein weiterer Nachteil gegenüber dem RKV-Algorithmus ergibt sich durch die
Sprünge im Baum, welche sich durch die Warteschlange ergeben. Diese Sprün-   *randomisierte*
ge erfordern Zugriffe auf sprunghaft ändernde Positionen des Hintergrundspei-   *Speicherzugriffe*
chers. Im RKV-Algorithmus hingegen kann durch die Tiefensuche teilweise
sequentiell der Hintergrundspeicher eingelesen werden.

Aufgrund der gut unterstützten `getNext`-Anfrage werden automatisch auch
die nn-Anfrage und die `knn`-Anfrage vom Algorithmus abgedeckt.

Der R-Baum und Varianten. Der R-Baum wurde 1984 von A. Guttman [76]
vorgeschlagen und gilt als der Prototyp nachbarschaftserhaltender, geometri-
scher Suchbäume. Diesen Baum kann man als eine Erweiterung des B-Baums   *Erweiterung des*
um die Berücksichtigung mehrerer Dimensionen auffassen. Er gilt als ein Stan-   *B-Baums*
dardbaum zur Indexierung im niedrigdimensionalen Raum und wird zum Beispiel häufig in geographischen Informationssystemen eingesetzt.

In einen R-Baum können Geometrien mit einer beliebigen, räumlichen Ausdehnung als zu indexierende Feature-Objekte eingefügt werden. Dies können   *Objekte mit*
etwa Punkte, aber auch beliebige Regionen sein.   *beliebiger*
   Ausdehnung

---

[4]Einsortieren in eine sortierte Warteschlange verlangt logarithmischen Aufwand.

In Tabelle 7.1 auf Seite 272 wurden verschiedene Kriterien zur Charakterisierung von Suchbäumen eingeführt. Der R-Baum ordnet sich folgendermaßen in diese Kriterien ein:

- *Cluster-Bildung:* Die Cluster dieses Baums entstehen durch lokale Gruppierung. Der R-Baum definiert Algorithmen, welche Feature-Objekte zu verschiedenen Clustern zusammenfassen.

- *Cluster-Überlappung:* Die Cluster können sich überlappen. Dies kann bei der Suche im R-Baum dazu führen, dass mehrere Teilbäume des Baums parallel durchlaufen werden müssen. Je höher der Grad der Überlappung ist, desto weniger Teilbäume können von der Suche ausgeschlossen werden.

- *Balance:* Der R-Baum ist balanciert. Dies wird durch spezielle Split-Algorithmen beim Seitenüberlauf und durch Zusammenfassen von Seiten beim Seitenunterlauf erreicht.

- *Objektspeicherung:* Die Verweise auf die indizierten Objekte sind in den Blättern des R-Baums untergebracht. Die inneren Knoten dienen ausschließlich zur Navigation.

- *Geometrie:* Als Cluster-Geometrie wird der MBR verwendet. Für ein MBR sind die MIN- und die MINMAX-Distanz (siehe Seite 274) definiert.

Bei der folgenden kurzen Beschreibung des Baums gehen wir von der Kenntnis des B-Baums und seiner Varianten aus, wie sie zum Beispiel in [160] beschrieben werden.

Mehrwegbaum

Da der R-Baum ein Mehrwegbaum ist, kann ein innerer Knoten mehrere Kinder besitzen. Die Anzahl der Einträge wird durch einen vordefinierten Minimal- und einen Maximalwert eingeschränkt. Der Maximalwert wird dabei so gewählt, dass eine Seite des Hintergrundspeichers im Maximalfall durch einen Knoten voll ausgelastet wird. Jeder Zugriff auf einen Knoten führt somit, wenn der Knoten sich nicht bereits im Hauptspeicher befindet, zu einem Zugriff auf genau eine Seite des Hintergrundspeichers. Jeder Eintrag in einem inneren Knoten enthält einen MBR und einen Verweis auf einen Knoten. In den Blättern beinhaltet jeder Eintrag neben einem MBR einen Verweis auf ein Feature-Objekt. Abbildung 7.11 zeigt ein Beispiel für einen R-Baum. Da der R-Baum dort Punkte in den Blättern speichert, werden Punkte anstatt MBR zusammen mit den Verweisen abgelegt.

Eintrag

Minimierung an Überlappung

Wie bereits erwähnt, wird der Suchaufwand in einem R-Baum höher, je mehr Überlappungen der MBR auf derselben Ebene auftreten. Aus diesem Grund versuchen die Baumalgorithmen, den Grad an Überlappung zu minimieren.

Einfügeoperation

Soll ein neues Objekt in einen R-Baum eingefügt werden, muss in einem ersten Schritt der geeignete MBR auf der Blattebene gesucht werden. Die Suche beginnt bei der Wurzel. Bei der Navigation von einem Knoten zu einem

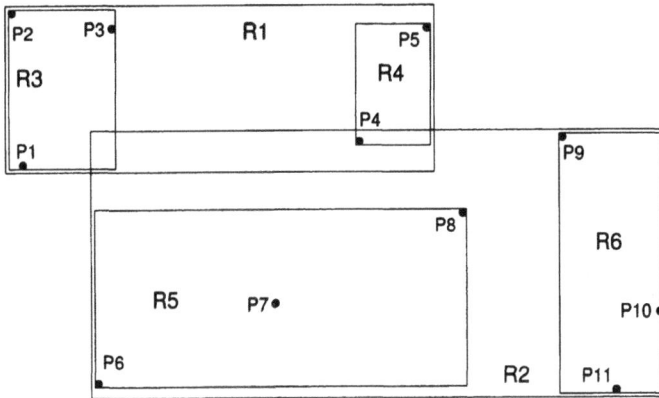

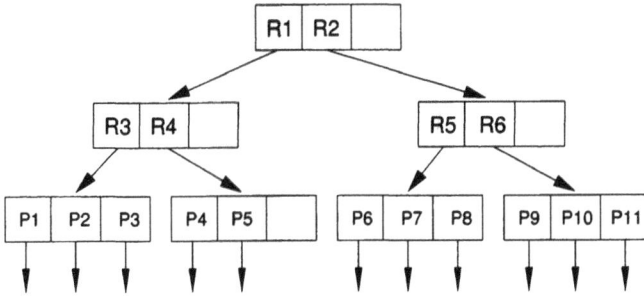

Abb. 7.11: *R-Baum*

Kindknoten, wird immer genau der Kindknoten ausgewählt, dessen Erweiterungsvolumen für eine eventuelle Vergrößerung des MBR minimal ist. Eine Vergrößerung ist immer dann notwendig, wenn das einzufügende Objekt nicht komplett in den MBR passt. Sollten mehrere MBR dasselbe Differenzvolumen benötigen, wird als zweites Kriterium der MBR mit dem kleinsten Volumen verwendet.

minimale Vergrößerung

Nachdem ein Feature-Objekt auf Blattebene eingefügt wurde, müssen auf dem Rückweg zur Wurzel die Vater-MBR entsprechend vergrößert werden.

Ein Überlaufproblem tritt beim Einfügen dann auf, wenn durch die Einfügung in einen MBR die Maximalanzahl erlaubter Einträge überschritten wird. In diesem Fall muss der Knoten-MBR in zwei kleinere MBR zerlegt werden. Die Entscheidung, welche Feature-Objekte welchem der beiden neuen MBR zugeordnet werden sollen, ist nicht trivial. Ziel ist die Minimierung der Volumensumme der beiden neuen MBR. Für den R-Baum sind für dieses Problem drei Algorithmen angegeben, die sich im Berechnungsaufwand bezogen auf Anzahl der Feature-Objekte unterscheiden und hier kurz skizziert werden sollen:

Überlauf

Zerlegung

Zerlegungs-algorithmus

- *exponentieller Aufwand:* Alle möglichen Zerlegungen in zwei Mengen werden getestet. Da dies dem Durchlauf über alle Untermengen einer Menge entspricht, ergibt sich ein exponentieller Aufwand. Dieser Algorithmus ist daher nicht anwendbar.

- *quadratischer Aufwand:* In einem ersten Schritt wird für jedes mögliche Feature-Objektpaar das Volumen des umfassenden MBR berechnet. Das Paar, welches das größte MBR-Volumen benötigt, wird ermittelt. Da diese beiden Feature-Objekte nicht einem gemeinsamen MBR zugewiesen werden sollten, gelten diese Feature-Objekte als getrennte Startobjekte für die beiden neuen MBR.

  Nun müssen einzeln alle noch nicht zugeordneten Feature-Objekte den MBR zugewiesen werden. Dazu wird pro Feature-Objekt getestet, wie groß das notwendige Erweiterungsvolumen für das erste und das zweite MBR ist. Zwischen den beiden Erweiterungsvolumina wird die Differenz berechnet. Von allen Feature-Objekten wird das Feature-Objekt mit der größten Differenz dem entsprechenden MBR zugewiesen. Dieses Verfahren wird so lange wiederholt, bis alle Feature-Objekte zugewiesen sind.

  Bei diesem Verfahren muss zusätzlich sicher gestellt werden, dass die Mindestanzahl von Feature-Objekten in einem MBR erreicht wird.

- *linearer Aufwand:* Dieser Algorithmus ist eine Modifikation des Algorithmus mit quadratischem Aufwand. Die beiden Startobjekte werden mittels eines linearen Algorithmus gesucht. Dieser findet zwei extrem außen liegende Feature-Objekte als geeignete Startobjekte.

  Danach werden die restlichen Feature-Objekte in beliebiger Reihenfolge dem MBR zugewiesen, welcher das jeweils geringere Erweiterungsvolumen benötigt.

Praktisch realisierbar sind nur der quadratische und der lineare Algorithmus. Beide unterscheiden sich bezüglich der Qualität der Zerlegung (Minimierung von Überlappungen) nur geringfügig. Daher bietet sich der Einsatz des linearen Verfahrens an.

Entfernen eines Feature-Objekts

Beim Entfernen von Feature-Objekten muss invers vorgegangen werden. Ein Unterlauf wird durch ein Zusammenfassen von zwei MBR überwunden.

Als Suchalgorithmen im R-Baum können die in den vorangegangenen Abschnitten vorgestellten Algorithmen eingesetzt werden. Für eine Bereichsanfrage muss prinzipiell jeder Zweig besucht werden, dessen MBR den Suchbereich schneidet.

Der R-Baum ist eine effiziente Indexstruktur, so lange die Anzahl der Dimensionen nicht zu hoch wird. Ab etwa 10 Dimensionen wird die Suche, besonders die Nächste-Nachbar-Suche, im R-Baum ineffizient. Leider lässt sich das

Problem der Ineffizienz im hochdimensionalen Raum nicht generell beheben[5]. Statt dessen wurde eine Vielzahl von Varianten des R-Baums vorgeschlagen, die jeweils versuchen, die Anzahl der Dimensionen, für die der R-Baum nicht mehr einsetzbar ist, nach oben zu verschieben. Beispielhaft für viele Varianten werden im Folgenden der R^+- und der X-Baum kurz beschrieben.

Der R^+-Baum: Grundlage für die Entwicklung des R^+-Baums [197, 186] ist die Beobachtung, dass der R-Baum wegen der starken Überlappung benachbarter MBR im hochdimensionalen Raum ineffizient wird. Die Grundidee des R^+-Baums liegt in der Forderung, eine Überlappung im Baum benachbarter MBR generell zu verbieten. Allerdings ist diese Forderung nur schwer erfüllbar. Insbesondere muss der Einfügealgorithmus an diese Forderung angepasst werden. Leider führt die Einfügung eines neuen Objekts nicht immer zur Anpassung nur eines Blattes. Da der Erweiterung des MBR eines Blattes durch die Forderung nach Disjunktheit Grenzen gesetzt sind, müssen häufig mehrere benachbarte MBR angepasst werden. Dabei werden benachbarte MBR häufig zerlegt, obwohl kein Überlauf besteht. Dies führt zu gering ausgelasteten MBR und damit zu einer Entartung des Baums, die besonders im hochdimensionalen Raum auftritt.

disjunkte MBR

Zerlegung von MBR

Ein weiteres Problem bereitet die Verwaltung von Feature-Objekten mit einer räumlichen Ausdehnung. Dort kann der Fall eintreten, dass überhaupt kein überlappungsfreier MBR gefunden werden kann, der das Feature-Objekt komplett umfasst. In diesem Fall erstreckt sich ein Feature-Objekt über mehrere MRBs. Dies führt zu Mehrfacheinträgen im R^+-Baum.

Mehrfacheinträge

Die Raumaufteilung der MBR in einem R^+-Baum ist in Abbildung 7.12 dargestellt. Die MBR werden durch gestrichelte Rechtecke und die Feature-Objekte mittels durchgezogener Rechtecke dargestellt. Das Feature-Objekt FO1 demonstriert einen Fall, bei dem ein Feature-Objekt nicht komplett von einem MBR umfasst werden kann, sondern zwei MBR schneidet. Dieses Objekt wird daher auch durch zwei Blätter referenziert. Das einzufügende Feature-Objekt FO2 demonstriert ein weiteres Problem. Aufgrund der räumlichen Blockierung der bestehenden MBR kann kein MBR ohne Überlappung erweitert werden, um das Feature-Objekt FO2 einzuschließen. Diese Blockierung kann jedoch durch Zerlegung eines MBR aufgebrochen werden. Die Abbildung zeigt beispielsweise, dass der linke MBR an der gepunkteten Linie gesplittet werden kann.

Doppelreferenzierung

Blockierung

Insgesamt kann häufig eine Verbesserung der Sucheffizienz trotz der genannten Probleme gegenüber dem R-Baum festgestellt werden. Jedoch versagt auch dieser Baum im hochdimensionalen Raum.

Der X-Baum: Der X-Baum wurde von Berchtold, Keim und Kriegel in [16] vorgeschlagen und erlaubt im Gegensatz zum R^+-Baum überlappende MBR. Den Algorithmen des X-Baums liegen zwei Beobachtungen zu Grunde:

---

[5]Dieses Problem wird oft als 'Fluch der hohen Dimensionen' bezeichnet und auf Seite 302 diskutiert.

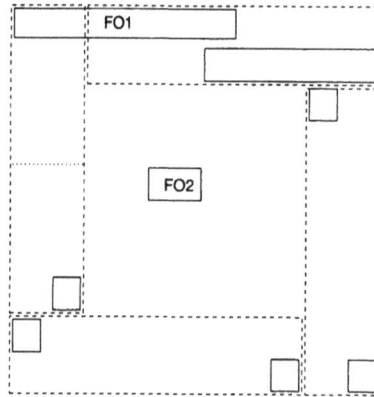

Abb. 7.12: R^+-*Baum*

1. Im hochdimensionalen Raum wird die Suche im R-Baum durch stark ansteigende Überlappungen ineffizient, da fast der gesamte Baum durchsucht werden muss. In diesem Fall ist der Aufwand höher als beim *sequentieller* sequentiellen Durchlauf aller Feature-Objekte, da im R-Baum zusätzlich *Durchlauf* die inneren Knoten durchlaufen werden müssen.

2. Ein überlappungsminimierendes Zerlegen von MBR sollte immer anhand exakt einer bestimmten Dimension erfolgen. Durch Wahl der *beste Dimension* besten Dimension kann die Wahrscheinlichkeit für Überlappungen besser als durch die ursprünglichen R-Baumzerlegungsalgorithmen reduziert werden.

Die aus der ersten Beobachtung resultierende Grundidee besteht in der Einführung von Superknoten. Ein Superknoten ist ein Baumknoten, der mehrere *Superknoten* Datenbankseiten belegt und damit eine sehr große Anzahl von Einträgen aufnehmen kann. Die Suche innerhalb eines Superknotens erfolgt sequentiell.

Ein X-Baum besteht aus drei verschiedenen Knotentypen: den inneren Knoten, den Blattknoten, die wie im R-Baum definiert sind, und den Superknoten. Letztere werden dynamisch angelegt, wenn der Grad der Überlappung zu hoch *dynamische* wird. Damit kann der X-Baum als eine dynamische Hybridstruktur zwischen *Hybridstruktur* einem eindimensionalen Array und einem R-Baum angesehen werden. Dynamisch deshalb, da die reale Datenverteilung bestimmt, inwieweit der X-Baum einem eindimensionalen Array oder einem R-Baum ähnelt. In Abbildung 7.13 ist ein X-Baum mit zwei Superknoten abgebildet.

Auf der Grundlage der zweiten Beobachtung kann bewiesen werden, dass Punktdaten durch geschickte Auswahl der Zerlegungsdimension überlappungsfrei indiziert werden können. Allerdings ist dies nur auf Kosten der Balance möglich. Da die Balance des X-Baums beibehalten werden soll und nicht *balanciert versus* nur Punktdaten indiziert werden sollen, kann eine Überlappung nicht vermie-*überlappungsfrei* den werden. Für die Auswahl einer guten Zerlegungsdimension macht es Sinn,

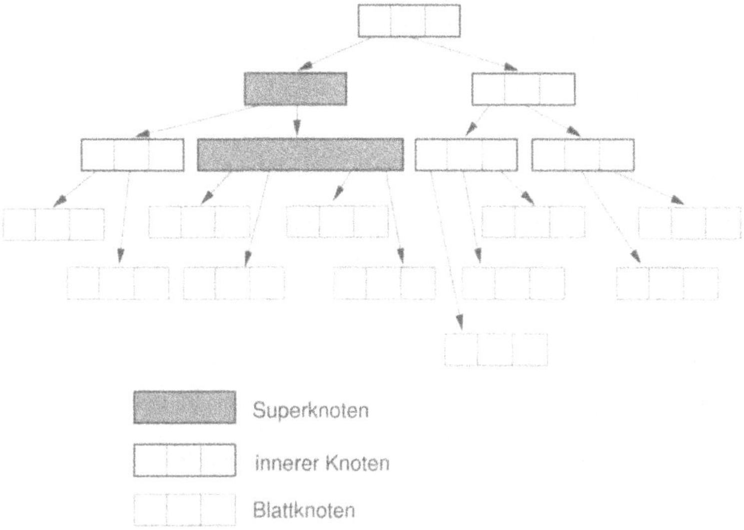

Abb. 7.13: *X-Baum*

für jeden MBR zu speichern, anhand welcher Zerlegungsdimensionen er aus dem ursprünglichen Wurzel-MBR entstanden ist. Diese Information wird als Split-Historie bezeichnet und im X-Baum pro Knoten verwaltet.   *Split-Historie*

Der X-Baum legt eine bestimmte Vorgehensweise beim Auftreten eines Über-laufs eines MBR fest. Zuerst wird ein herkömmliches, topologisches Zerle-   *Überlauf* gen angewendet. Übersteigt jedoch der daraus entstehende Überlappungsgrad einen bestimmten Schwellenwert, wird unter Ausnutzung der Split-Historie die   *Schwellenwert* beste Zerlegungsdimension gesucht. Verletzt diese Zerlegungsentscheidung die erlaubte Balance, der Mindestfüllgrad eines Knotens wird also unterschrit-ten, dann wird ein Superknoten erzeugt.

Durch diese Maßnahmen kann die Effizienz des R-Baums im hochdimensio-nalen Raum weiter gesteigert werden. Jedoch entartet schon ab einer relativ   *Entartung* kleinen Anzahl von Dimensionen, etwa 15, der X-Baum zu einem einzigen Superknoten, der sequentiell durchsucht werden muss.

Der M-Baum. Eine Grundannahme beim R-Baum und seinen Varianten be-stand darin, dass die Feature-Objekte sich in einem Vektorraum darstellen lassen, und die Distanzfunktion der euklidschen Distanzfunktion entspricht. Ist jedoch mindestens eine der beiden Annahmen verletzt, kann der R-Baum häufig nur schwer an die neue Gegebenheit angepasst werden. In diesem Fall sind Baumverfahren sinnvoll, die für einen beliebigen Metrikraum, al-   *Metrikraum* so die Kombination einer beliebigen Feature-Objektmenge mit einer belie-bigen Distanzfunktion, entwickelt wurden. Diese Baumverfahren nutzen die Dreiecksungleichung einer Distanzfunktion aus, um von einer Suche bestimm-   *Dreiecksungleichung* te Teilbäume des Baums auszuschließen. Für die Funktionsweise ist die genaue

Kenntnis der Feature-Objekte und der Distanzfunktion nicht notwendig. Ausgangspunkt ist lediglich eine vorgegebene Metrik.

Editierdistanz als
Metrik

Beispiel 7.10

Die Unähnlichkeit zwischen Wörtern kann anhand einer Editierdistanz berechnet werden. Jedoch lassen sich in einem Vektorraum Wörter nur schwer als geometrische Objekte darstellen, deren gegenseitigen Abstände der Editierdistanz entsprechen. Daher ist der R-Baum zur direkten Verwaltung von Wörtern nicht geeignet.

Ein typischer Vertreter eines Baumverfahrens, das auf dem Metrikraum basiert, ist der M-Baum von Ciaccia, Patella und Zezula [41]. In Tabelle 7.1 auf Seite 272 wurden verschiedene Kriterien zur Charakterisierung von Suchbäumen eingeführt. Der M-Baum ordnet sich folgendermaßen ein:

- *Cluster-Bildung:* Die Cluster dieses Baums entstehen durch lokale Gruppierung. Der M-Baum definiert Algorithmen, welche Feature-Objekte zu verschiedenen Clustern zusammenfassen.

- *Cluster-Überlappung:* Die Cluster können sich überlappen. Dies kann bei der Suche im M-Baum dazu führen, dass mehrere Zweige des Baums parallel durchlaufen werden müssen. Je höher der Grad der Überlappung ist, desto weniger Teilbäume können von der Suche ausgeschlossen werden.

- *Balance:* Der M-Baum ist balanciert. Dies wird durch spezielle Split-Algorithmen beim Seitenüberlauf und durch Zusammenfassen von Seiten beim Seitenunterlauf erreicht.

- *Objektspeicherung:* Die Verweise auf die indexierten Objekte sind in den Blättern des M-Baums untergebracht. Die inneren Knoten dienen ausschließlich zur Navigation.

- *Geometrie:* Die Geometrie eines Clusters wird durch die Distanzfunktion und einen Radius bestimmt. Wir erhalten damit Geometrien, die durch die Punkte definiert sind, welche näher zu einem vorgegebenen Feature-Objekt liegen, als der Radius vorgibt. Wir werden diese Cluster im Folgenden als Kugeln bezeichnen, obwohl sie nur im euklidschen Raum und bei punktförmigen Feature-Objekten tatsächlich Kugeln beziehungsweise Hyperkugeln darstellen.

Kugel

Einbettung

Die Baumhierarchie ergibt sich durch die Einbettung der Kugeln. Die Kugel jedes Knotens, außer der Wurzel, ist komplett in der Kugel des Vaterknotens eingebettet.

Die Knotengröße eines M-Baums ist durch Festlegung einer Maximalzahl an Einträgen an die Seitengröße des Hintergrundspeichers angepasst.

innerer Knoten

Jeder Eintrag eines inneren Knoten hat folgende Bestandteile:

1. *Zeiger zum Kindknoten:* Die Variable `ptr` verweist auf einen Kindknoten.

2. *Routing object:* Das so genannte *routing object* O stellt das Kugelzentrum des Kind-Clusters dar und ist selbst ein Feature-Objekt der Datenbank.

3. *Radius:* Der Radius r definiert die maximal erlaubte Distanz vom *routing object* aller im Teilbaum des Kindes enthaltenen Feature-Objekte.

4. *Distanz zum Vaterknoten:* Dieser Wert entspricht der Distanz des *routing objects* zum *routing object* des Vaterknotens.

Ein Blattknoten weist folgende Bestandteile auf:

Blattknoten

1. *Feature-Objekt:* Das bei der Distanzberechnung verwendete Feature-Objekt eines Medienobjekts wird hier abgelegt.

2. *Zeiger zum Medienobjekt:* Dieser Zeiger verweist auf das entsprechende Medienobjekt.

3. *Distanz zum Vaterknoten:* Dieser Wert entspricht der Distanz des Feature-Objekts zum *routing object* des Vaterknotens.

Der M-Baum unterstützt verschiedene Anfragearten, insbesondere die beiden wichtigsten: die Bereichssuche und die knn-Suche. Dabei können die ab Seite 272 vorgestellten Suchalgorithmen mit kleinen Modifikationen genutzt werden. Diese betreffen die Distanzberechnungen und die Ausschlussbedingungen. Zwei verschiedene Distanzen werden verwendet, um die minimale Distanz eines Clusters C mit dem *routing object* O und dem Radius r zu einem vorgegebenen Feature-Objekt Q zu berechnen:

Bereichssuche und knn-Suche

zwei minimale Distanzen

1. *angenäherte minimale Distanz:* Hier wird die Distanz des Feature-Objekts Q zum *routing object* des Vaterknotens O_p verwendet. Da diese Distanz aufgrund der vorangegangenen Navigation bereits berechnet ist und auch die Distanz zwischen dem *routing object* des zu testenden Clusters und dessen Vaters bekannt ist, kann dieser Wert sehr schnell berechnet werden:

$$d_{min-approx}(Q, C) = \max(d(Q, O_p) - d(O_p, O) - r, 0).$$

2. *minimale Distanz:* Diese Distanz berechnet die exakte minimale Distanz zum Cluster C:

$$d_{min}(Q, C) = \max(d(Q, O) - r, 0).$$

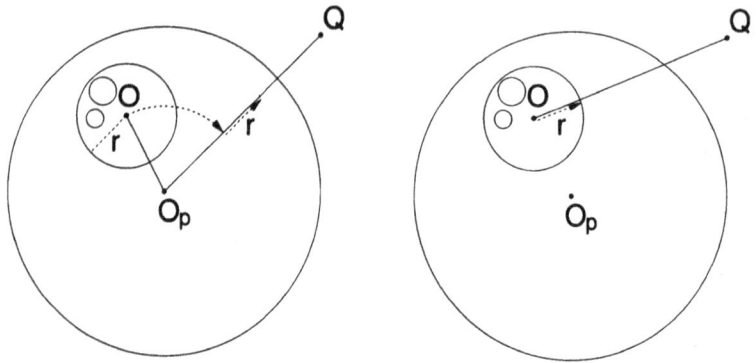

Abb. 7.14: *Distanzen im M-Baum*

Dreiecksungleichung

In Abbildung 7.14 sind die Distanzberechnungen grafisch dargestellt. Die angenäherte minimale Distanz (links) kann aufgrund der Dreiecksungleichung niemals größer als die exakte minimale Distanz (rechts) sein:

$$d(Q, O_p) - d(O_p, O) - r \leq d(Q, O) - r$$
$$d(Q, O_p) \leq d(Q, O) + d(O_p, O)$$

Filter

Da die angenäherte minimale Distanz schnell berechnet werden kann, dient sie als ein Filter. Wir brauchen also nur die exakte Distanz für diejenigen Cluster zu berechnen, die nicht schon anhand der angenäherten minimalen Distanz ausgeschlossen werden können.

Ausschlussbedingung

Als Ausschlussbedingung gilt, dass Cluster von der Suche ausgeschlossen werden, bei denen anhand der minimalen Distanz und der Dreiecksungleichung erkennbar ist, dass kein Ergebnis gefunden werden kann[6].

maximale Distanz

Die folgende Formel berechnet die maximale Distanz eines Anfrageobjektes Q zu einem Objekt im Cluster C mit dem *routing object* O und dem Radius r:

$$d_{max}(Q, C) = d(Q, O) + r.$$

Einfügeoperation

Navigation

Im Folgenden soll kurz skizziert werden, wie neue Objekte in einen M-Baum eingefügt werden. Dabei wird ausgehend von der Wurzel zuerst zum geeigneten Blattknoten navigiert. Die Navigation von einem inneren Knoten zum nächsten Kindknoten erfolgt anhand folgender Regeln:

- *Vergrößerung vermeiden:* Es wird der Kindknoten gewählt, der keine Vergrößerung des Radius benötigt.

---

[6]Für eine genauere Erklärung der Ausschlussbedingung siehe die Zeilen 18 und 19 im Algorithmus 7.1 auf Seite 273.

- *nächstes routing object:* Wenn mehrere Kindknoten keine Vergrößerung ihrer Radien benötigen, wird der Kindknoten gewählt, dessen *routing object* dem einzufügenden Objekt am nächsten liegt.

- *minimale Vergrößerung:* Erfordert jeder Kindknoten eine Vergrößerung, dann wird der Kindknoten mit der kleinsten Vergrößerung gewählt.

Nachdem das Objekt in den geeigneten Blattknoten eingefügt wurde, müssen die Radien auf dem Weg zur Wurzel, wenn nötig, erweitert werden.

Ein Problem beim Einfügen ergibt der Überlauf eines Knotens. In diesem Fall wird der entsprechende Cluster in zwei neue Cluster zerlegt. Zuerst müssen zwei neue *routing objects* gefunden werden. Dabei kann man entscheiden, ob das alte *routing object* als ein neues *routing object* beibehalten werden kann oder nicht. Prinzipiell werden als *routing objects* immer eingefügte Feature-Objekte verwendet.   *Überlauf*

Bei der Suche nach den geeigneten *routing objects* können verschiedene Strategien verwendet werden. Das Ziel dabei ist, die Volumen der Cluster und das Überlappungsvolumen zu minimieren. Folgende fünf Strategien werden vorgeschlagen: *Suche der* routing objects

- *erschöpfende Suche und Radiensumme:* Für jedes Objektpaar wird die Summe der Radien der jeweils zugeordneten Objekte ermittelt. Das Objektpaar mit der minimalen Summe bildet die neuen *routing objects*.

- *erschöpfende Suche und Radienmaxima:* Dieses Verfahren ist analog zum Vorherigen, nur werden für jedes Objektpaar die jeweils maximal erforderlichen Radien ermittelt. Das Objektpaar mit den minimalen Maximalradien enthält die *routing objects*.

- *am weitesten entfernte Objekte:* Die zwei am weitesten auseinander liegenden Objekte werden als *routing objects* verwendet.

- *Zufall:* Beide *routing objects* werden zufällig ausgewählt.

- *sampling:* Aus einer Stichprobe der Objekte werden die beiden Objekte ausgewählt, deren maximale Radien minimal sind.

Nachdem die *routing objects* gefunden sind, müssen ihnen die Objekte zugeordnet werden. Wenn jedes Objekt genau dem nächstliegenden *routing object* zugeordnet wird, kann die Balance verletzt werden. Um gleich große Cluster zu erhalten, wird daher abwechselnd für die beiden *routing objects* dessen jeweils nächster Nachbar gesucht und entsprechend zugewiesen.   *Zuordnung der Objekte*

7.1.3 Komplexe Distanzfunktionen

Die vorgestellten Algorithmen und Indexstrukturen wurden primär für die Verwendung der euklidschen Distanzfunktion entwickelt. Wie jedoch in den Kapiteln 5 und 6 beschrieben, werden bei der Berechnung von Unähnlichkeit beziehungsweise Ähnlichkeit häufig komplexe Distanzfunktionen oder Ähnlichkeitsmaße eingesetzt. Daraus ergibt sich das Problem, wie in diesen Fällen Anfrageergebnisse effizient berechnet werden können.

komplexe
Distanzfunktionen

Im Folgenden konzentrieren wir uns auf die Behandlung komplexer Distanzfunktionen. Komplexe Ähnlichkeitsmaße können analog behandelt werden, wobei jedoch dem inversen Charakter zwischen einer Distanzfunktion und einem Ähnlichkeitsmaß Rechnung getragen werden muss.

Substitution

Der grundsätzliche Lösungsansatz besteht in der Substitution der originalen, komplexen Distanzfunktion durch eine Distanzfunktion mit effizienten Suchalgorithmen. Dies ist in der Regel die euklidsche Distanzfunktion. Natürlich erzeugt diese andere Distanzwerte als die ursprüngliche Distanzfunktion. Dies

Verfälschungen

führt zu Verfälschungen der Ergebnisse. Ziel ist daher eine Minimierung der Verfälschung. Jedoch kann sie im Allgemeinen nicht völlig ausgeschlossen werden.

Filterverfahren

Die euklidsche Distanzfunktion wird als Filter verwendet, um Ergebniskandidaten effizient zu ermitteln. Diese müssen nachträglich mit der korrekten Distanzfunktion überprüft werden.

Im nächsten Unterabschnitt wird ein Verfahren beschrieben, das mittels einer einfachen Distanzfunktion die Ergebnisse einer Suche anhand einer komplexen Distanzfunktion effizient berechnet. Danach werden wir einen Algorithmus vorstellen, der zeigt, wie aus einer beliebigen Distanzfunktion eine Abbildung auf eine euklidsche Distanzfunktion konstruiert werden kann.

Der Algorithmus nach Korn u.a. In [110] wurde von Korn, Faloutsos u.a. ein Verfahren entwickelt, das eine effiziente Suche anhand einer komplexen Distanzfunktion durch Einsatz einer einfach zu berechnenden Distanzfunktion ermöglicht. Faloutsos bezeichnet in seinen Publikationen, etwa [60], dieses Ver-

GEMINI-Verfahren
Probleme

fahren als GEMINI-Verfahren. Das Akronym „GEMINI" steht für GEneric Multimedia object INdexIng. Dieses Verfahren löst folgende Probleme, die bei einer direkten Suche anhand einer komplexen Distanzfunktion bestehen:

- *aufwändige Berechnung:* Die Berechnung der Distanz zwischen zwei Objekten kann sehr aufwändig sein.

- *keine effizienten Suchalgorithmen:* Für die Suche anhand komplexer Distanzfunktionen existieren häufig keine *direkt* einsetzbaren, effizienten Algorithmen.

- *keine Punktobjekte:* Die Objekte, zwischen denen eine komplexe Distanzfunktion definiert ist, können komplexer Natur sein. Sie entsprechen also keinen Punkten im mehrdimensionsionalen Raum. Daher sind die vorgestellten Suchverfahren nur eingeschränkt einsetzbar.

Um trotzdem die Ergebnisse einer Anfrage effizient berechnen zu können, wird ein Umweg durch Einsatz einer einfachen Distanzfunktion vorgeschlagen.

Angenommen, eine komplexe Distanzfunktion $d(o_1, o_2)$ sei für eine beliebige Objektmenge O gegeben. Für eine effiziente Suche muss zum einen eine Funktion $F(o)$ auf den Objekten aus O und zum anderen eine einfache Distanzfunktion $\delta(F(o_1), F(o_2))$ entworfen werden, die folgende Bedingung erfüllen:

komplexe Distanzfunktion d, Funktion F(o) und einfache Distanzfunktion δ

$$\forall o_1, o_2 \in O : \delta(F(o_1), F(o_2)) \leq d(o_1, o_2)$$

Diese Bedingung wird als *lower-bounding-Bedingung* bezeichnet. Sie garantiert ein korrektes Ausschließen von Objekten aus O anhand der einfachen Distanzfunktion, die als Ergebniskandidaten für eine Suche nicht in Frage kommen können. Die Funktion $F(o)$ vereinfacht häufig die Objekte, so dass eine schnell zu berechnende Distanzfunktion $\delta(F(o_1), F(o_2))$ eingesetzt werden kann. Typisches Beispiel einer Vereinfachung ist die Anwendung einer Dimensionsreduzierung.

lower-bounding-Bedingung

Die Distanzfunktion δ und die Funktion F müssen sorgfältig entworfen werden, damit sowohl die lower-bounding-Bedingung garantiert wird, aber auch die Suche anhand der neuen Distanzfunktion effizient erfolgen kann. Wir gehen davon aus, dass die Objekte $F(o)$ mit $o \in O$ in einer Baumstruktur indexiert werden können und effiziente Algorithmen zur Berechnung einer knn-Anfrage und einer Bereichsanfrage anhand der Distanzfunktion δ existieren.

Beispiel 7.11

Substitution einer komplexen Distanzfunktion durch DFT

In Abschnitt 5.4.2 auf Seite 198 wurde die Unähnlichkeit von Zeitreihen anhand der euklidschen Distanzfunktion ermittelt. Das Problem besteht darin, dass die Anzahl der Messungen pro Zeitreihe sehr groß und damit die Berechnung sehr aufwändig sein kann.

Als Ausweg wurde die Anwendung der diskreten Fourier-Transformation (DFT) vorgeschlagen. Aufgrund des Parseval-Theorems können dieselben L_2-Distanzen anstatt auf den originalen Werten nun auf den Fourier-Koeffizienten berechnet werden. Der Vorteil der Anwendung der DFT liegt darin, dass Zeitreihen mit relativ wenigen der ersten Fourier-Koeffizienten recht gut beschrieben werden können. Daher braucht die euklidsche Distanzfunktion nur die ersten Fourier-Koeffizienten zu berücksichtigen.

Da bei der euklidschen Distanzfunktion eine Summe über quadrierten, also nichtnegativen, Differenzen berechnet wird, bewirkt eine Reduzierung der Anzahl der Summanden automatisch die Erfüllung der lower-bounding-Bedingung. Durch dieses Verfahren wird also die euklidsche Distanzfunktion auf sehr vielen Werten durch eine euklidsche Distanzfunktion auf relativ wenigen Werten ersetzt. Die Funktion F entspricht in diesem Beispiel der Anwendung der diskreten Fourier-Transformation und den Selektieren der ersten Fourier-Koeffizienten.

In den folgenden Algorithmen wird die einfache Distanzfunktion genutzt, um eine Ergebniskandidatenmenge für eine Anfrage zu ermitteln. Damit werden also nicht in Frage kommende Objekte relativ schnell ausgeschlossen. Da die einfache Distanzfunktion die exakten Distanzen nur annähert, können falsche Ergebnisse in der Kandidatenmenge enthalten sein. Diese werden daher im *gute Annäherung der* nachfolgenden Schritt anhand der exakten Distanzfunktion entfernt. Um die *exakten Distanzen* Menge der falschen Kandidaten klein zu halten, sollte daher die einfache Distanzfunktion die exakten Distanzen möglichst gut annähern, aber trotzdem effizient berechenbar sein.

Bereichsanfrage   Der Algorithmus 7.4 nach Korn u.a. berechnet eine Bereichsanfrage unter Ausnutzung einer einfachen Distanzfunktion δ. Als Eingabe wird der Anfragepunkt q, der Radius radius, die komplexe Distanzfunktion d, die Funktion F und der Wurzelknoten T übergeben. Für die Ausgabe wird der Ausgabeparameter resultat verwendet. In Zeile 3 wird nun eine Bereichsanfrage anhand des transformierten Anfragepunktes, des Radius und der einfachen Distanzfunktion ausgeführt. Die Ergebnisobjekte werden in der Variablen res abgelegt. Es kann leicht gezeigt werden, dass diese Variable aufgrund der lowerbound-Bedingung immer alle korrekten Ergebnisobjekte enthält. Jedoch können zusätzlich Kandidaten erscheinen, die nicht zum Ergebnis gehören. Aus diesem Grund wird in Zeile 5 anhand der komplexen Distanzfunktion das Endergebnis aus der Kandidatenmenge ermittelt.

Korn-Algorithmus   **Algorithmus 7.4**
für Bereichssuche

```
[1]   procedure Korn-range(punkt q,real radius,funktion d,
[2]        funktion F,knoten T,objektmenge resultat)
[3]        range(F(q),radius,T,res) // etwa HS-Algorithmus
[4]        berechne d(q,r) für alle r aus res
[5]        resultat enthalte alle r mit d(q,r)≤radius
[6] end procedure
```

Bereichsanfrage   **Beispiel 7.12**

In Abbildung 7.15 wird die Bereichssuche grafisch dargestellt. Die Funktion F wird durch Pfeile angedeutet. Sie bildet Objekte in einen Datenraum ab, wobei die jeweiligen Distanzwerte kleiner werden. Wie man am Beispiel erkennt, ändert sich häufig auch deren räumliche Anordnung. So liegt im Gegensatz zum Bildraum (rechts) das Objekt o_2 im Urbildraum (links) näher zum Anfragepunkt q als Objekt o_1.

Die Bereichssuche wird statt im Urbildraum, siehe gestrichelter Kreis, im Bildraum ausgeführt. Wie man sehen kann, sind die Objekte o_3 und o_5 die Ergebnisobjekte der durch den durchgezogenen Kreis dargestellten Bereichsanfrage. Diese Objekte werden im Bildraum gefunden. Allerdings erscheint auch das Bild des Objekts o_1 im Ergebnis. Dies wird im nachfolgenden Bereinigungsschritt, siehe Zeilen 4 und 5, vom Ergebnis entfernt.

knn-Anfrage   Das Verfahren kann durch eine Erweiterung auch zur Berechnung einer knn-Anfrage verwendet werden, wo also die k nächsten Nachbarn gesucht sind.

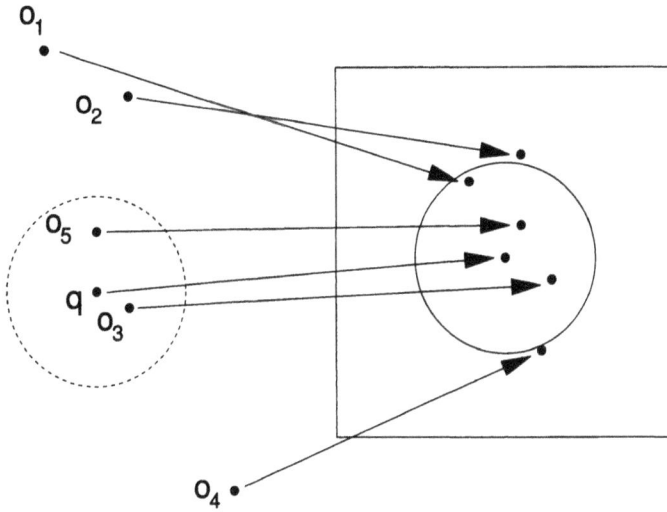

Abb. 7.15: *Korn-Algorithmus: Bereichsanfrage*

Der Algorithmus 7.5 zeigt dies. Im Gegensatz zur Bereichssuche wird dort beim Aufruf kein Radius, sondern der Wert k angegeben. Weiterhin wird in Zeile 3 statt einer Bereichsanfrage eine knn-Anfrage initiiert. Aufgrund der lower-bound-Bedingung können die tatsächlichen Ergebnisobjekte jedoch weiter entfernt vom Anfragepunkt liegen. Daher werden in den Zeilen 4 und 5 die Distanzen zu den Ergebnisobjekten anhand der komplexen Distanzfunktion berechnet und die maximale Distanz in der Variable max abgelegt. Dieser Wert dient nun als Radiuswert, um alle Ergebniskandidaten in einer zweiten Bereichsanfrage zu ermitteln. Nach dieser Bereichsanfrage enthält die Variable neu-resultat alle Ergebniskandidaten. Beim Test der Kandidaten in Zeile 8 müssen nun die k nächsten Nachbarn anhand der komplexen Distanzfunktion ermittelt werden.

Algorithmus 7.5   *Korn-Algorithmus*
                                                                             für knn-Anfrage

```
[1]   procedure Korn-knn(punkt q,int k,funktion d,
[2]         funktion F,knoten T,objektmenge resultat)
[3]      knn(F(q),k,T,resultat) // etwa HS-Algorithmus
[4]      berechne d(q,r) für alle r aus resultat
[5]      max sei größter d(q,r)-Wert
[6]      range(F(q),max,T,neu-resultat) // Bereichssuche
[7]      berechne d(q,nr) für alle nr aus neu-resultat
[8]      resultat enthalte k nächste Nachbarn von neu-resultat
[9] end procedure
```

nn-Anfrage

Beispiel 7.13

In Abbildung 7.16 wird eine Nächste-Nachbar-Anfrage grafisch dargestellt. Der nächste Nachbar im Bildraum ist das Objekt o_5. Wie man sich vergewissern kann, ist dieses Objekt nicht der nächste Nachbar im Urbildraum. Jedoch kann man die Distanz von o_5 zum Anfragepunkt im Urbildraum ermitteln. Verwendet man nun diese Distanz als Radius r im Bildraum, ist in diesem Bereich mindestens ein Objekt und damit immer der nächste Nachbar des Urbildraums enthalten. Auf diese Weise wird durch die anschließende Bereichssuche der richtige nächste Nachbar, das Objekt o_3, gefunden.

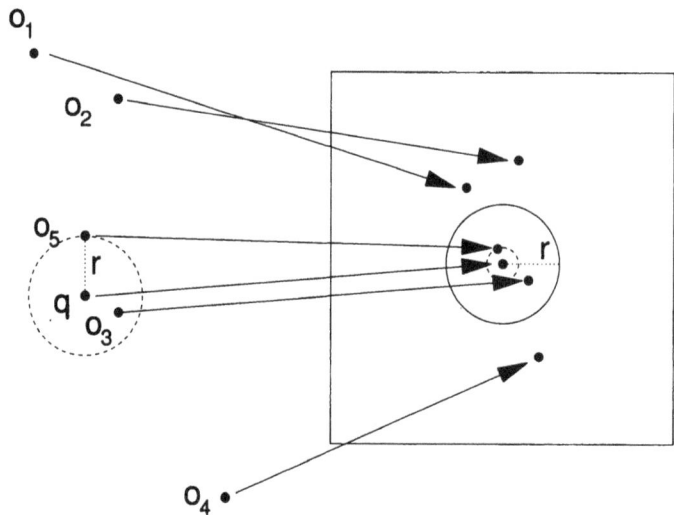

Abb. 7.16: *Korn-Algorithmus: nn-Anfrage*

Verbesserung des Korn-Algorithmus

Problem mit max-Wert

Der Algorithmus 7.5 kann noch verbessert werden, wenn Ideen des HS-Algorithmus angewendet werden. Der kritische Parameter im Algorithmus 7.5 ist der max-Wert. Er führt unter Umständen zu einer zu hohen Anzahl von Kandidaten, für die relativ aufwändig die korrekten Distanzen ermittelt werden müssen.

dynamischer max-Wert

Nach einer Idee von Seidl und Kriegel in [185] kann dieser Aufwand reduziert werden, wenn die Variable max dynamisch angepasst wird. Dieser Wert muss immer so groß sein, dass in Zeile 8 mindestens k nächste Nachbarn des Urbildraums enthalten sind. Da in der Regel mehr als k Kandidaten vorliegen, entspricht die korrekte Distanz zum gefundenen k-ten nächsten Nachbar genau dem gewünschten Wert max. Im Algorithmus 7.5 wird jedoch in Zeile 5 in der Regel ein zu großer max-Wert statisch bestimmt.

Verschränkung der Schritte

Um dieses Problem zu beheben, werden die Zeilen 3 bis 8 verschränkt ausgeführt und die Suche in den Zeilen 3 und 6 durch eine `getNext`-Suche ersetzt. Die Verschränkung bedeutet, dass nicht ein einzelner Schritt für alle Objekte abgearbeitet werden muss, bevor der nächste Schritt ausgeführt werden darf. Das resultierende Verfahren wird in Algorithmus 7.6 aufgezeigt. Die dort verwendete Warteschlange enthält immer so viele Elemente, wie tatsächlich gerade benötigt werden, da der `max`-Wert sich dynamisch an die gefundenen Kandidaten anpasst.

Algorithmus 7.6

Seidl-Algorithmus für knn-Suche

```
[1]   procedure Seidl-knn(punkt q,int k,funktion d,
[2]          funktion F,knoten T,objektmenge resultat)
[3]      initialisiere getNext(F(q),T) // HS-Algorithmus
[4]      pqueue queue // sortierte Warteschlange
[5]      real max=∞
[6]      while o=getNext(F(q),T) and δ(o,q)≤ max do
[7]          if d(o,q)≤max then enqueue(queue,o,d(o,q))
[8]          if queue.length≥k then max=queue[k].distanz
[9]          entferne alle queue-Elemente mit distanz > max
[10]     end do
[11]     resultat enthalte alle queue-Elemente
[12] end procedure
```

Im nächsten Abschnitt werden wir beschreiben, wie die euklidsche Distanzfunktion für beliebige, komplexe Distanzfunktionen verwendet und die Funktion F generisch erzeugt werden können.

FastMap. Beim FastMap-Verfahren [59] werden auf der Grundlage einer beliebigen Distanzfunktion d beliebige Medienobjekte auf k-dimensionale Punkte abgebildet. Im k-dimensionalen Raum erlaubt somit die euklidsche Distanzfunktion eine Approximation der ursprünglichen Distanzwerte.

Approximation der ursprünglichen Distanzwerte

Beispiel 7.14

Editierdistanz

Angenommen, die Unähnlichkeit einer Menge von Wörtern soll über die Editierdistanz ermittelt werden. Um eine Suche nach ähnlichen Wörtern durch Einsatz einer Indexstruktur effizient zu unterstützen, wäre es sehr hilfreich, wenn alle Wörter auf mehrdimensionale Punkte abgebildet und die euklidsche Distanzfunktion statt der Editierdistanz verwendet werden könnten. Eine solche Abbildung realisiert das FastMap-Verfahren.

Beim FastMap-Verfahren kann man von Vornherein angeben, wie hoch die Dimensionsanzahl k sein soll. Je höher dieser Wert ist, desto besser wird die ursprüngliche Distanzfunktion approximiert. Gleichzeitig verringert sich aber die Effizienz der Suchalgorithmen. Es gilt daher, einen geeigneten Kompromiss zu finden.

Dimensionszahl k

Visualisierung

Dieses Verfahren kann auch dazu verwendet werden, beliebige Objektmengen mit paarweisen Distanzwerten zu visualisieren. Für eine 2-D-Visualisierung wird einfach der k-Wert auf 2 gesetzt.

Dimensions-
reduzierung

Weiterhin kann durch die Wahl des k-Wertes auch eine allgemeine Dimensionsreduzierung auf Kosten der Abbildungsgenauigkeit realisiert werden.

Generelle Anforderungen an dieses Verfahren sind:

1. *effiziente Abbildung:* Die Objektmenge muss möglichst mit linearem Aufwand in Abhängigkeit zur Anzahl der Objekte abbildbar sein.

2. *distanzapproximierend:* Die euklidsche Distanzfunktion auf den abgebildeten Punkten soll möglichst gut die ursprüngliche Distanzfunktion approximieren.

3. *effiziente Abbildung neuer Objekte:* Da wir von einer dynamischen Objektmenge ausgehen, muss das nachträgliche Abbilden neuer Objekte effizient möglich sein. Der Aufwand sollte unabhängig von der Gesamtanzahl der Objekte sein.

Projektion auf
Koordinatenachsen

Als zugrunde liegende Idee wird davon ausgegangen, dass die Objekte bereits als Punkte im euklidschen Raum mit der Dimension k vorliegen, wir aber deren Koordinaten nicht kennen. Es müssen also orthogonale Koordinatenachsen ausschließlich auf der Basis von Distanzwerten gefunden werden. Die Punkte werden auf diese Achsen projiziert.

erste
Koordinatenachse
Pivot-Punkte

Zuerst wollen wir die Abbildung der Punkte auf die erste Koordinatenachse demonstrieren. Dabei gehen wir davon aus, dass diese durch zwei Objektpunkte o_a und o_b, so genannte Pivot-Punkte, festgelegt ist. Wir werden später zeigen, wie diese beiden Objekte ermittelt werden.

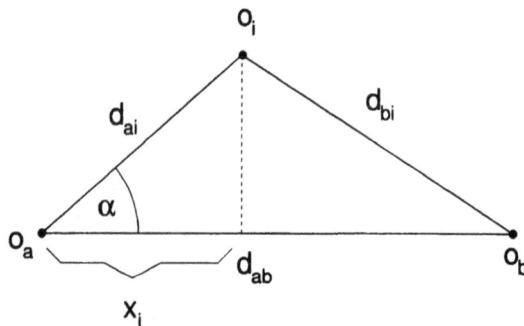

Abb. 7.17: *Abbildung auf erste Achse*

In Abbildung 7.17 sind die drei Objekte o_a, o_b und o_i als Punkte mit ihren Distanzen d_{ai}, d_{bi} und d_{ab} abgebildet. Dabei gelte die Linie $\overline{o_a o_b}$ als Koordinatenachse. Das Objekt o_i ist das Objekt, dessen Koordinatenwert x_i bezüglich der Achse $\overline{o_a o_b}$ ermittelt werden soll. Dieser Wert gibt an, wie weit das Lot des Objekts o_i auf der Linie $\overline{o_a o_b}$ vom Objekt o_a entfernt ist. Dabei hilft uns der aus der Geometrie bekannte Kosinussatz:

Kosinussatz

$$d_{bi}^2 = d_{ai}^2 + d_{ab}^2 - 2d_{ai}d_{ab}\cos\alpha.$$

Der Ausdruck $\cos\alpha$ lässt sich durch den Ausdruck

$$\cos\alpha = \frac{x_i}{d_{ai}}$$

ersetzen. Die anschließende Umstellung nach x_i ergibt folgende Formel:

$$x_i = \frac{d_{ai}^2 + d_{ab}^2 - d_{bi}^2}{2d_{ab}}. \tag{7.1}$$

Man beachte, dass sich der Wert x_i ausschließlich aus Distanzwerten berechnet. Analog zum Objekt o_i lassen sich für alle Objekte die entsprechenden x-Werte berechnen. So liefert etwa das Objekt o_a den Wert 0 und das Objekt o_b den Wert 1.

Zur Ermittlung der Koordinatenwerte für die nächste Koordinatenachse, die orthogonal zu den bisherigen sein soll, müssen die Distanzwerte angepasst werden. Da durch die x_i-Werte die Differenzen für jeweils zwei Objekte anhand der abgearbeiteten Koordinatenachse bereits bekannt sind, braucht dieser Anteil nur aus der euklidschen Distanz herausgerechnet zu werden. Damit ergibt sich eine modifizierte Distanzfunktion d' auf der Grundlage der alten Distanzfunktion d und den berechneten x_i-Werten:

Anpassung der Distanzwerte

$$d'(o_i, o_j)^2 = d(o_i, o_j)^2 - (x_i - x_j)^2. \tag{7.2}$$

Durch diese Berechnung können die Distanzen nur kleiner werden.

Um nun die Koordinatenwerte für die nächste Koordinatenachse zu ermitteln, wiederholen wir das Verfahren, bis k Dimensionen durchlaufen sind. Zuerst werden aus den Distanzen und den Pivot-Punkten die Koordinatenwerte für eine Dimension bestimmt. Anschließend werden die Distanzwerte entsprechend reduziert.

Offen ist bis jetzt die Frage, wie die Pivot-Objekte für jede Dimension gefunden werden können. Dabei soll gewährleistet werden, dass der Einfluss jeder Dimension innerhalb der Distanzen mit wachsendem Wert k abnimmt. Dies ermöglicht das Begrenzen auf wenige erste Dimensionen bei gleichzeitigem, relativ geringem Genauigkeitsverlust. Als Pivot-Objekte werden daher die Objekte deklariert, die am weitesten auseinanderliegen. Um diese Objekte exakt zu finden, ist ein quadratischer Aufwand notwendig. Um den Aufwand jedoch zu reduzieren, wird ein heuristischer Algorithmus angewandt, der für unsere Zwecke genügt. Er ist in Algorithmus 7.7 dargestellt. Die Objektparameter oa und ob sind Ausgabeparameter.

Pivot-Objekte

Finden der   **Algorithmus 7.7**
Pivot-Objekte

[1]   **procedure** pivot(**objektmenge** O,**funktion** d,
[2]   **objekt** oa,**objekt** ob)
[3]   *wähle beliebiges Objekt aus O als ob*
[4]   *ermittle oa als das von ob entfernteste Objekt anhand d*
[5]   *ermittle ob als das von oa entfernteste Objekt anhand d*
[6]   **end procedure**

Dieser Algorithmus weist einen linearen Aufwand auf. Üblicherweise werden die Schritte 4 und 5 mehrfach durchlaufen, um gute Pivot-Objekte zu erhalten. Diese Funktion muss für jede der k Dimensionen für die dort benötigte Koordinatenachse aufgerufen werden.

Der gesamte FastMap-Algorithmus ist in Algorithmus 7.8 zu finden. Die abgebildeten Objekte liegen nach Aufruf des Algorithmus im Array X und die Pivot-Objekte im Array `pivot` vor.

FastMap   **Algorithmus 7.8**

[1]   **real array** [N,k] X *//N k-dimensionale Punkte*
[2]   **objekt array** [2,k] pivot-objects *//k Pivot-Objektpaare*
[3]   **int** col=0 *//Array-Index*
[4]
[5]   **procedure** FastMap(**int** k,**objektmenge** O,**funktion** d)
[6]   *if* $k \leq 0$ **then return else** *col++*
[7]   *pivot(O,d,oa,ob) //Pivot-Objekte ermitteln*
[8]   *pivot-objects[1,col]=oa*
[9]   *pivot-objects[2,col]=ob*
[10]   *if* d(oa,ob)=0 **then do**
[11]   *X[i,col]=0 für alle i=1..N*
[12]   **return**
[13]   **end do**
[14]   **for each objekt** oi in O **do**
[15]   *xi ist berechneter Koordinatenwert (siehe Formel 7.1)*
[16]   *X[i,col]=xi*
[17]   **end do**
[18]   *d' sei modifizierte Distanzfunktion (siehe Formel 7.2)*
[19]   *FastMap(k-1,O,d')*
[20]   **end procedure**

dynamische   Man kann leicht nachprüfen, dass der Aufwand des FastMap-Algorithmus li-
Objektabbildung   near bezüglich der Anzahl der Objekte ist. Die Speicherung der Pivot-Objekte ist notwendig, damit neue Objekte dynamisch abgebildet werden können. Eine leichte Modifikation des vorgestellten Algorithmus kann dafür verwendet werden. Die Pivot-Objekte werden dann nicht neu ermittelt, sondern aus dem Array `pivot` entnommen.

Beispiel 7.15

Für die Wörter `Medium`, `Datenbank`, `Multimedia`, `System` und `Objekt` sollen jeweils vierdimensionale Punkte gefunden werden, so dass deren euklidsche Distanzen exakt den Editierdistanzen entsprechen. Zur Vereinfachung nummerieren wir im Folgenden die Wörter mit `W1` bis `W5` durch. Die Editierdistanzen sind in der Tabelle 7.2 angegeben.

Wendet man auf diesen Distanzen den FastMap-Algorithmus an, erhält man für die vier Dimensionen die in Tabelle 7.3 dargestellten Werte. Diese beziehen sich auf die Koordinatenachsen, die aus den in der letzten Spalte aufgeführten Pivot-Elementen konstruiert wurden. Wie leicht nachgeprüft werden kann, stimmt die euklidsche Distanz zwischen zwei beliebigen Punkten mit der korrespondierenden Editierdistanz überein.

	W1	W2	W3	W4	W5
W1	0	8	8	5	6
W2	8	0	10	8	8
W3	8	10	0	8	9
W4	5	8	8	0	6
W5	6	8	9	6	0

Tabelle 7.2: Werte der Editierdistanz

	W1	W2	W3	W4	W5	Pivot-Punkte
d1	5	10	0	5	5,85	3-2
d2	3,7	0	0	3,7	6,84	3-5
d3	5,04	0	0	2,55	0	3-1
d4	4,34	4,34	4,34	0	4,34	4-1

Tabelle 7.3: Wörter als Punkte

Bei einem kleinen Anzahl von generierten Dimensionen entsteht häufig nur eine Annäherung der ursprünglichen Distanzen.

Zum Schluss soll noch auf ein Problem des FastMap-Verfahrens hingewiesen werden. Dieses Verfahren geht davon aus, dass die Objekte bereits im Vektorraum liegen, deren Koordinaten aber unbekannt sind. Ein Problem entsteht dann, wenn Objekte mit ihren gegenseitigen Distanzen nicht in einem Vektorraum distanzerhaltend eingebettet werden können. Dann kann es passieren, dass nach der Einbettung Distanzen größer werden. Dies verletzt zum Einen die lower-bounding-Bedingung und führt zum Anderen zur Wurzelberechnung aus einer negativen Zahl bei der Anpassung der Distanzen innerhalb des Algorithmus. Diese Probleme werden genauer in [92] beschrieben.

7.1.4 Fluch der hohen Dimensionen

Experimente zur Nächsten-Nachbarsuche haben gezeigt, dass alle bekannten Indexbäume ab einer bestimmten Anzahl von etwa 20 Dimensionen versagen. Dies bedeutet hier, dass zur Ermittlung der nächsten Nachbarn kaum noch Teilbäume von der Suche ausgeschlossen werden können. Damit muss der gesamte Baum durchlaufen werden. Dies ist in der Regel ineffizienter als der Verzicht auf die Indexstruktur und die Durchführung eines sequentiellen Durchlaufs. Dieses Phänomen wird häufig als „Fluch der hohen Dimensionen" bezeichnet. Er wirkt im Wesentlichen bei der Verwendung der euklidschen Distanzfunktion, kann aber auch bei anderen Distanzfunktionen auftreten.

sequentieller Durchlauf

Eine interessante Frage betrifft die Systematik des Fluchs: Ist der Fluch systembedingt für alle Baumverfahren gültig, oder wurde nur bis jetzt nicht der richtige Indexbaum gefunden?

Systematik des Fluchs

In diesem Abschnitt wollen wir die prinzipiellen Grenzen von Indexbäumen bei der Unterstützung der Nächsten-Nachbarsuche im hochdimensionalen Raum diskutieren. Wir werden zeigen, dass die Ursache für den Fluch in der Häufigkeitsverteilung von Distanzen liegt. Diese führt im hochdimensionalen Raum zu hohen Approximationsfehlern bei der Cluster-Bildung und verhindert den Ausschluss von Teilbäumen bei der Suche.

Häufigkeitsverteilung von Distanzen

Wir konzentrieren uns im Folgenden auf die euklidsche Distanzfunktion. Für die Herleitung der folgenden Formeln und Werte verweisen wir auf [173] und [10].

Distanzverteilungen. Die Ursache des Fluchs der hohen Dimensionen liegt in den Besonderheiten der Distanzverteilungen im hochdimensionalen Raum begründet. Unter einer Distanzverteilung verstehen wir die Wahrscheinlichkeitsverteilung für Distanzen zwischen Feature-Objekten. Idealisiert gehen wir von gleichverteilten, punktförmigen Feature-Objekten im d-dimensionalen Vektorraum $[0, 1]^d$ aus. Für jede der d Dimensionen sind die Koordinatenwerte gleichverteilt. Es liegen keine Korrelationen zwischen verschiedenen Dimensionen vor.

gleichverteilte, punktförmige Feature-Objekte

Für die Berechnung der euklidschen Distanz wird pro Dimension die Differenz zweier gleichverteilter Werte quadriert. Die quadrierten Abstände können als Zufallsvariable mit der Dichtefunktion

Zufallsvariable

$$f_{|v-v|^2}(x) = \begin{cases} \frac{1}{\sqrt{x}} - 1 & \text{für } 0 \leq x \leq 1 \\ 0 & \text{sonst} \end{cases}$$

und der Wahrscheinlichkeitsverteilung

$$F_{|v-v|^2}(x) = \begin{cases} 0 & \text{für } x < 0 \\ 1 & \text{für } x > 1 \\ 2\sqrt{x} - x & \text{sonst} \end{cases}$$

aufgefasst werden. Der Erwartungswert $\mu_{|v-v|^2}$ beträgt 1/6 und die Varianz $\sigma^2_{|v-v|^2}$ beträgt 7/180.

Durch die Summenbildung bei der Distanzberechnung werden die Zufallsvariablen addiert. Der zentrale Grenzwertsatz der Statistik sagt aus, dass die Summe identisch verteilter und unabhängiger Zufallsverteilungen mit steigender Summandenanzahl[7] gegen die Normalverteilung $\Phi(x)$ strebt:

Summenbildung *zentraler* *Grenzwertsatz*

$$\lim_{d \to \infty} F_{||v-v||_2^2}(x) = \lim_{d \to \infty} F_{\underbrace{|v-v|^2 + \ldots + |v-v|^2}_{d}}(x)$$

$$= \Phi\left(\frac{x - d\mu_{|v-v|^2}}{\sqrt{d}\sigma_{|v-v|^2}}\right)$$

Die Verteilung ist bereits schon bei einer Dimensionszahl $d = 30$ sehr stark an die Normalverteilung angenähert.

Normalverteilung

Interessant ist die Entwicklung des Erwartungswertes und der Varianz in Abhängigkeit von der Dimensionsanzahl. Aus der Formel ist erkennbar, dass der ursprüngliche Erwartungswert mit der Anzahl der Dimensionen d und die Standardabweichung mit dem Faktor $\sqrt{d}$ multipliziert wird. Wir erhalten also $\mu_{||v-v||_2^2} = d/6$ und $\sigma_{||v-v||_2^2} = \sqrt{7d/180}$.

Die anschließende Berechnung der Quadratwurzel für die euklidische Distanz führt zu der Verteilung

$$\lim_{d \to \infty} F_{||v-v||_2}(x) = \Phi\left(\frac{x^2 - d\mu_{|v-v|^2}}{\sqrt{d}\sigma_{|v-v|^2}}\right).$$

Weiterhin kann gezeigt werden, dass für die Distanzverteilung der euklischen Distanzfunktion der Erwartungswert $\mu_{||v-v||_2}$ den Wert $\sqrt{d/6}$ mit steigender Dimension anstrebt und die Standardabweichung konstant ($\approx 0{,}24$) ist.

Als wichtiges Fazit dieser Betrachtungen kann festgestellt werden, dass der Erwartungswert der Distanzen mit der Anzahl der Dimensionen steigt, wohingegen die Standardabweichung sich nicht ändert. Dieser Effekt ist in den Abbildungen 7.18 und 7.19 anhand der Dichtefunktionen für 10 beziehungsweise für 100 Dimensionen dargestellt.

steigender *Erwartungswert und* *konstante* *Standardabweichung*

Erfahrungsgemäß gilt dieses Phänomen nicht nur für gleichverteilte Punkte aus $[0,1]^d$, sondern auch tendenziell für die meisten Realdatenverteilungen.

Realdatenverteilung

---

[7]Die Summandenanzahl entspricht hier der Anzahl der Dimensionen

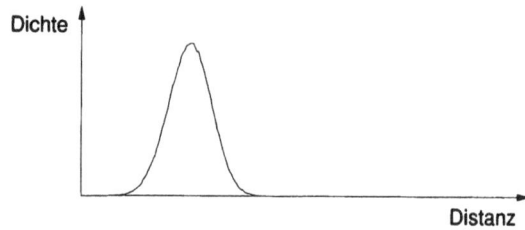

Abb. 7.18: *Distanzverteilung bei 10 Dimensionen*

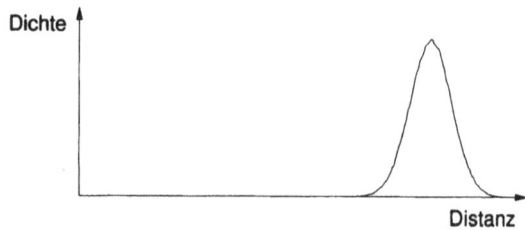

Abb. 7.19: *Distanzverteilung bei 100 Dimensionen*

Dies kann man sich anschaulich klarmachen, da die Summenbildung bei der euklidschen Distanzfunktion die Einzelabstände, und damit auch die Erwartungswerte, aufsummiert. Hingegen steigt die Streuung (Standardabweichung) durch die Summenbildung nicht an, da sie sich teilweise gegenseitig verstärkt beziehungsweise teilweise gegenseitig aufhebt.

einander annähernde Distanzen

Die Entwicklung des Erwartungswerts und der Standardabweichung bewirkt, dass mit wachsender Dimensionsanzahl die Distanzen größer werden und sich, relativ zu den absoluten Distanzwerten gesehen, immer mehr einander annähern. Die von einem Ausgangspunkt größte Distanz d_{max} und die kleinste Distanz d_{min} zu jeweils einem Punkt unterscheiden sich relativ zum Erwartungswert immer weniger:

$$\lim_{d \to \infty} \frac{d_{max}}{\mu} \to 1 \text{ und } \lim_{d \to \infty} \frac{d_{min}}{\mu} \to 1.$$

keine Cluster

Dieser Effekt bewirkt, dass sich im hochdimensionalen Raum die Punkte immer weniger zu Clustern ballen können. Die Wahrscheinlichkeit, dass ein Punkt zwischen zwei Punkten liegt, ist im hochdimensionalen Raum verschwindend gering. Dieser Effekt ist in Abbildung 7.20 dargestellt. Während im niedrigdimensionalen Raum Punkte zwischen anderen Punkten liegen können, etwa der Punkt P2 zwischen den Punkten P1 und P3, tendieren die Punkte im hochdimensionalen Raum zu gleichen Abständen.

Die obigen Aussagen gelten natürlich nicht für alle Realdatenverteilungen. Wenn zum Beispiel bei einer Realdatenverteilung mit 50 Dimensionen die Di-

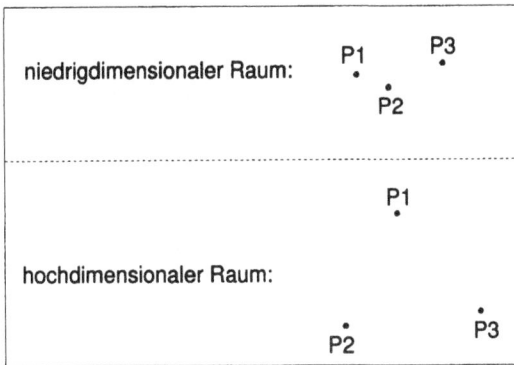

Abb. 7.20: *Punktverteilungen*

mensionswerte stark korrelieren, so dass effektiv nur zwei Dimensionen tatsächlich voneinander unabhängig und damit aktiv sind, ist dieses Phänomen nicht beobachtbar.

Approximationsfehler bei der Cluster-Bildung. Die vorgestellten Suchbäume funktionieren alle nach dem Prinzip, dass mehrere Feature-Objekte durch eine geometrische Figur (Cluster) zusammengefasst werden. Anhand einer minimalen Distanz eines Anfrageobjekts zum Cluster kann, wenn die Ausschlussbedingung erfüllt ist, der Cluster mit all seinen Unter-Clustern und Feature-Objekten von der weiteren Suche ausgeschlossen werden. Die minimale Distanz zu einem Cluster darf dabei nie größer als die Distanz zu einem im Cluster befindlichen Feature-Objekt sein.

Suchprinzip

In diesem Zusammenhang ist der Begriff des Approximationsfehlers essenziell. Er beschreibt die durchschnittliche Differenz zwischen der Distanz eines Anfragepunkts zum nächsten Feature-Objekt eines Clusters und zum Cluster selbst. Dieser Fehler ist in der Regel sowohl abhängig von der Anzahl der im Cluster enthaltenen Feature-Objekte als auch von der verwendeten Cluster-Geometrie. Um den Approximationsfehler zu minimieren, wird daher versucht, die Cluster-Geometrie so zu gestalten, dass möglichst wenig unbenutzter Raum eingeschlossen wird.

Approximationsfehler

Man kann nun nachweisen, dass der Approximationsfehler mit dem Erwartungswert der Distanzverteilung bei steigender Dimensionsanzahl linear wächst. Wir zeigen, dass dies sogar beim bestmöglichen, konvexen Cluster auftritt und daher für alle konvexen Cluster gilt. Wir gehen von einem Cluster aus, der nur zwei Feature-Objekte, hier Punkte, enthält. Der kleinstmögliche konvexe Cluster im euklidschen Raum ist die Linie, die beide Punkte miteinander verbindet.

bestmöglicher, konvexer Cluster

Nun ist es einleuchtend, dass je weiter die Punkte auseinanderliegen, der Approximationsfehler tendenziell steigt. Das kann an zwei Extremsituationen gezeigt werden.

tendenziell steigender Approximationsfehler

Anfragepunkt in der
Mitte

In der ersten Extremsituation liegt der Anfragepunkt genau zwischen den beiden Cluster-Punkten, die mit einer Distanz von μ auseinanderliegen. In diesem Fall beträgt der Approximationsfehler genau $\mu/2$. Steigt der Wert μ, dann steigt auch der Approximationsfehler. Abbildung 7.21 demonstriert diese Situation.

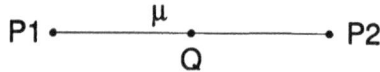

Abb. 7.21: *Anfragepunkt in der Mitte*

gleiche Abstände

Eine andere Extremsituation liegt vor, wenn alle drei Punkte denselben Abstand μ voneinander aufweisen. In diesem Fall berechnet sich der Fehler durch die Formel $\mu(1 - \sqrt{3}/2)$. Auch hier wächst der Approximationsfehler mit dem Abstand μ. Abbildung 7.22 demonstriert diese Situation.

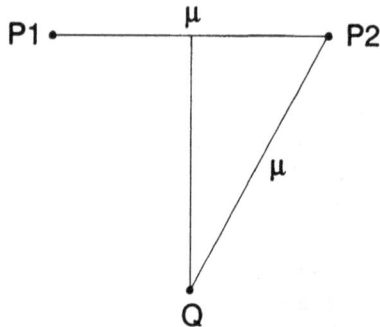

Abb. 7.22: *gleiche Abstände*

Da wir hier von einem minimalen Cluster ausgegangen sind, lässt sich dieser Effekt auf alle Cluster-Geometrien übertragen, die diesen minimalen Cluster beinhalten.

Ziel dieser kurzen Diskussion war es zu zeigen, dass mit wachsender Dimensionalität der Approximationsfehler linear zum Erwartungswert der Distanzen wächst.

Ineffiziente Suche. Indexbäume können immer dann effektiv eingesetzt werden, wenn Teilbäume aufgrund eines Ausschlusskriteriums von der Suche komplett ausgelassen werden können. Das entscheidende Ausschlusskriterium bei der Nächste-Nachbarsuche anhand eines Anfrage-Feature-Objekts basiert auf einem Vergleich zwischen der minimalen Distanz zu einem Cluster und der Distanz zu einem schon aufgesuchten Feature-Objekt, das als Kandidat für den nächsten Nachbar fungiert. Ist der minimale Abstand zu einem Cluster größer als der Abstand zum Kandidaten, kann geschlussfolgert werden, dass kein

Ausschlusskriterium

Feature-Objekt des Clusters näher zum Anfrage-Feature-Objekt liegen kann als der bereits gefundene Kandidat. Daher kann in diesem Fall der gesamte Cluster von der Suche ausgeschlossen werden.

Ein optimaler, aber nicht realisierbarer Suchalgorithmus geht davon aus, dass vor der Suche die Distanz zum nächsten Nachbar bereits bekannt ist. Dann müssen alle Cluster aufgesucht werden, deren minimale Distanz kleiner als die Nächste-Nachbardistanz ist. Dies ist notwendig, da jeder dieser Cluster den gesuchten Punkt enthalten kann. Diese Situation ist in Abbildung 7.23 dargestellt. Die schattierten Cluster müssen vom optimalen Algorithmus aufgesucht werden.

optimaler Suchalgorithmus

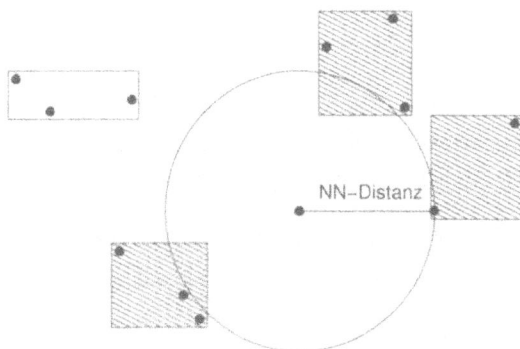

Abb. 7.23: *Optimaler Suchalgorithmus*

Obwohl dieser optimale Algorithmus von unrealistischen Annahmen ausgeht, dient er uns zum Abschätzen der unteren Aufwandsgrenze für realisierbare Suchalgorithmen. Kein Suchalgorithmus kann effizienter als der optimale Suchalgorithmus sein.

untere Aufwandsgrenze

Wir werden nun zeigen, dass ein steigender Approximationsfehler bei konstantem Abstand zwischem der größten und der kleinsten Punktdistanz dazu führt, dass sogar beim optimalen Suchalgorithmus kein Cluster von der Suche ausgeschlossen werden kann. Dies gilt dann um so mehr bei jedem realisierbaren Suchalgorithmus.

Um dies zu verdeutlichen, sind in Abbildung 7.24 verschiedene Distanzen zu einem Anfrage-Feature-Objekt Q eindimensional abgetragen. Die Distanzen $dp1$ bis dpn bezeichnen die Distanzen zu den n Feature-Objekten. Die größte Distanz ist $dmax$ und die kleinste Distanz ist $dmin$.

Die Feature-Objekte sind in Clustern abgelegt. Die minimalen Distanzen zu den Clustern sind mit $dc1$ bis dcm mit $m < n$ abgetragen. Der Approximationsfehler besteht in der Differenz zwischen der Distanz zu einem Feature-Objekt und der minimalen Distanz zu dem zugeordneten Cluster. In der Abbildung wird nun deutlich, dass, wenn der Approximationsfehler hinreichend groß ist, sich die minimalen Distanzen zu allen Clustern vor $dmin$ befinden. In diesem

Approximationsfehler

Fall kann der optimale Algorithmus keinen Cluster von der Suche ausschließen. Das Problem liegt also darin begründet, dass im hochdimensionalen Raum
der Approximationsfehler größer als dmax-dmin wird.

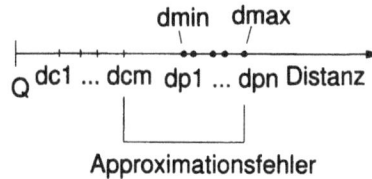

Abb. 7.24: *Distanzen vom Anfrage-Feature-Objekt*

Als Fazit gilt, dass bei der Nächste-Nachbarsuche im euklidschen Raum ein
Ausschlussverfahren auf der Grundlage von Clustern, die mehr als ein Feature-
Objekt enthalten, im hochdimensionalen Raum nicht funktionieren kann. Dies
trifft, wie man sich leicht klar machen kann, auch auf Metrikbäume zu, wenn
der Approximationsfehler sich im Verhältnis zur Distanzstreuung ungünstig
entwickelt.

7.1.5   Signaturverfahren

Der Fluch der hohen Dimensionen hat uns gelehrt, dass bei der Nächste-
Nachbarsuche im hochdimensionalen Raum eine Ausschlussbedingung auf der
Grundlage von Clustern, welche mehrere Feature-Objekte enthalten, im Allgemeinen nicht funktioniert. Damit bleibt zur Suche nur ein sequentieller Durch-
schneller,   lauf realisierbar. Man kann jedoch versuchen, diesen so schnell wie möglich
sequentieller   durchzuführen. Dies wird erreicht, indem anstatt der Feature-Objekte deren
Durchlauf   Signaturen sequentiell durchlaufen werden.

Bei den Signaturverfahren wird jedes einzelne Feature-Objekt durch eine Sig-
Signatur   natur repräsentiert. Bei einer Suche werden zuerst die Signaturen sequentiell durchsucht. Da die Signaturen in der Regel erheblich weniger Speicher
als die ursprünglichen Feature-Objekte benötigen, ist der sequentielle Durch-
Ausschlussbedingung lauf der Signaturen relativ effizient. Eine Ausschlussbedingung auf den Signaturen reduziert die Menge der Signaturen auf eine weiter zu untersuchende
Kandidatenmenge   Kandidatenmenge.

Aufgrund der Ungenauigkeit der Signaturen der Kandidatenmenge müssen im
nächsten Schritt die korrespondierenden Feature-Objekte in einem direkten Zu-
direkter Zugriff   griff gelesen werden. Dann erst können Kandidaten, welche die Suchbedingung nicht erfüllen, entfernt werden. In diesem Sinn wirkt der erste Schritt,
Filter   der Durchlauf der Signaturen, wie ein Filter. Nur die herausgefilterten Feature-
Objekte, also die Kandidaten, müssen anschließend überprüft werden.

Nächste-   Ein Signaturverfahren für die Nächste-Nachbarsuche approximiert jedes
Nachbarsuche   Feature-Objekt, hier als Punkte im hochdimensionalen Raum angenommen,

durch eine umschließende Approximationsregion. Jede Region kann durch *Approximationsregion*
einen Code b exakt identifiziert werden. Dieser Code entspricht der Signatur.
Für die Ausschlußbedingung werden zwei Distanzfunktionen benötigt, welche *Ausschlussbedingung*
ausgehend von einem Anfrageobjekt q die minimale Distanz lb(q,b) beziehungsweise die maximale Distanz ub(q,b) zu einer Approximationsregion
b berechnen. Dabei muss für jeden durch b approximierten Punkt p gelten:

$$lb(q, b) \leq d(q, p) \leq ub(q, b).$$

Für die Ausschlussbedingung einer Nächste-Nachbarsuche wird die minimale ub-Distanz aller Signaturen ermittelt. Alle Signaturen, deren lb-Distanz *minimale*
größer als die minimale ub-Distanz sind, können von der weiteren Suche *ub-Distanz*
ausgeschlossen werden. Der allgemeine Signaturalgorithmus für die Nächste-
Nachbarsuche ist in Algorithmus 7.9 dargestellt.

Algorithmus 7.9 *Signaturalgorithmus*
für eine Nächste-
Nachbaranfrage

```
[1]   procedure Signatur-nn(punkt q,signaturliste B,
[2]         punkte P,punkt naechsterNachbar)
[3]     punktliste kandidaten = nil
[4]     real distanz = maxreal
[5]     for each b in B do // in Listenreihenfolge
[6]       if lb(q,b) ≤ distanz then do
[7]         if ub(q,b) ≤ distanz then do
[8]           distanz = ub(q,b)
[9]           entferne bi's aus kandidaten mit lb(q,bi)>distanz
[10]        end if
[11]        kandidaten = append(kandidaten,b)
[12]      end if
[13]    end for
[14]    sortiere b in kandidaten nach lb(q,b) aufsteigend
[15]    for each b in kandidaten do // sortierter Zugriff
[16]      if lb(q,b) ≤ distanz then do
[17]        p sei zu b korrespondierender Punkt aus P
[18]        if d(q,p) ≤ distanz then do
[19]          naechsterNachbar = p
[20]          distanz = d(q,p)
[21]        end if
[22]      end if
[23]      else break // da kein Kandidat näher sein kann
[24]    end for
[25] end procedure
```

Als Übergabeparameter werden neben dem Anfrageobjekt q, eine Liste B mit
den Signaturen und ein Verweis P auf die Feature-Objekte übergeben. Der Parameter naechsterNachbar ist ein Ausgabeparameter, der das Ergebnis
zurückliefert. In der ersten Phase werden nur die Signaturen in der Listenreihenfolge durchlaufen, während in der zweiten Phase auf die Feature-Objekte
der Kandidaten zugegriffen wird. Damit in der zweiten Phase die Suche nach
den korrespondierenden Feature-Objekten effizient erfolgen kann, sind die Signaturen und die Feature-Objekte in derselben Reihenfolge auf dem Hinter- *gleiche Reihenfolge*

Position

grundspeicher abgelegt. Daher kann die Position zum eindeutigen Zugriff verwendet werden.

Suchkosten

Die wesentlichen Suchkosten entstehen durch die Zugriffe auf den Hintergrundspeicher. In der ersten Phase müssen alle Signaturen gelesen werden, während in der zweiten Phase nur die Feature-Objekte der Kandidaten gelesen werden müssen. Ist die Approximation hinreichend exakt und erfordert gleichzeitig nur wenig Speicher, dann garantiert der obige Algorithmus einen erheblichen Effizienzgewinn gegenüber dem sequentiellen Durchlauf der Feature-Objekte.

Effizienzgewinn

Eine Voraussetzung für das Funktionieren des Algorithmus besteht in der Forderung, dass der Hauptspeicher immer ausreichend Platz zur Aufnahme der anfallenden Kandidaten zur Verfügung stellt.

ausreichend
Hauptspeicher

Der Algorithmus 7.9 kann leicht zur Unterstützung einer knn-Suche angepasst werden.

komplexe
Distanzfunktionen

Das Signaturverfahren ähnelt den in Unterabschnitt 7.1.3 auf Seite 291 vorgestellten Verfahren zur Behandlung komplexer Distanzfunktionen. Auch dort werden die ursprünglichen Feature-Objekte durch einfachere Datenobjekte ersetzt und dementsprechend eine neue Distanzfunktion definiert. Die dort eingeführte lower-bounding-Bedingung wird bei den Signaturverfahren ebenso gefordert. Der Korn-Algorithmus führt eine Nächste-Nachbarsuche durch. Im Unterschied zum Signaturalgorithmus wird jedoch dort von einem existierenden Indexbaum über den Signaturen ausgegangen, der eine effiziente Nächste-Nachbarsuche sowie eine Bereichsuche ermöglicht. Hingegen wird beim Signaturverfahren ein sequentieller Durchlauf über die Signaturen vorgenommen.

Indexbaum

sequentieller
Durchlauf

Der hier präsentierte Signaturalgorithmus kann keine getNext-Anfragen unterstützen, da im Vornherein die Anzahl der zu suchenden Feature-Objekte nicht bekannt ist. In dem von Schmitt und Balko beschriebenen Filter-Ranking-Algorithmus, siehe [175], wird der HS-Algorithmus so modifiziert, dass er auf einem Signaturindex getNext-Anfragen unterstützt. Dieser Algorithmus soll hier jedoch nicht weiter diskutiert werden.

Filter-Ranking-
Algorithmus

Als konkrete Signaturverfahren zur Nächsten-Nachbarsuche wurden einige Verfahren entwickelt, welche die Approximationsregion und die entsprechenden Distanzen definieren. Der prominenteste Vertreter stellt die VA-Datei dar. Auf der Grundlage der VA-Datei wurden viele weitere Varianten vorgeschlagen, von den hier nur die AV-Methode, ein hierarchisch kodierendes Signaturverfahren, skizziert werden soll.

VA-Datei. Die VA-Datei wurde 1998 von Weber, Schek und Blott in [217] vorgeschlagen. Das Akronym VA steht dabei für Vektorapproximation. Die Grundidee ist die Gitterzerlegung des Datenraums in Zellen. Pro Dimension i wird der Datenraum in eine Anzahl von Intervallen unterteilt, wobei die Anzahl einer Zweierpotenz 2^{b_i} entspricht. Die einzelnen Intervalle werden binär durchnummeriert, so dass zur Identifikation eines Intervalls genau b_i Bits benötigt werden. Die Konkatenation der Bitcodes der einzelnen Dimensionen führt

Gitterzerlegung

binäre
Durchnummerierung

zum Gesamtcode. Jeder Punkt im hochdimensionalen Raum wird also durch seine umschließende Zelle approximiert, welche durch einen Bitcode eindeutig identifiziert wird.

umschließende Zelle

Um aus dem Bitcode die genauen Koordinaten der Zelle ermitteln zu können, müssen pro Dimension die Intervallgrenzen im Hauptspeicher gehalten werden. Die Intervallgrenzen werden dabei in Abhängigkeit von den zu indexierenden Punkten so gewählt, dass pro Dimension in jedes Intervall nach Möglichkeit dieselbe Anzahl von Punkten fallen.

Intervallgrenzen

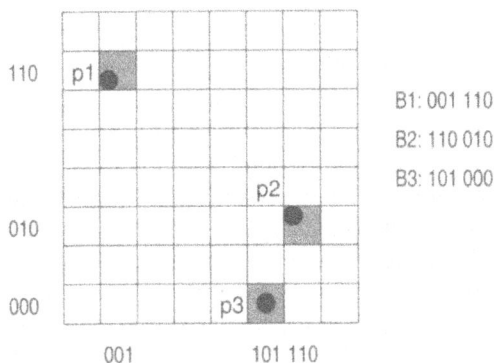

Abb. 7.25: *Approximation der VA-Datei*

Das Approximationsprinzip ist in Abbildung 7.25 illustriert. Die zweidimensionalen Punkte P1, P2 und P3 werden durch drei verschiedene Zellen approximiert. Jede Dimension besitzt acht Intervalle. Daher sind pro Dimension genau drei Bits zur Lokalisierung nötig. Da wir hier nur zwei Dimensionen betrachten, wird damit jeder Punkt durch jeweils 6 Bits beschrieben. Dieser Code stellt die Signatur b dar.

Die Anzahl von Bits pro Dimension bewegt sich üblicherweise zwischen vier und sechs. Theoretisch könnte es vorkommen, dass mehrere Punkte in dieselbe Zelle fallen. Allerdings kann für den hochdimensionalen Fall leicht gezeigt werden, dass die Wahrscheinlichkeit dafür extrem gering ist, dies also praktisch nicht auftritt.

mehrere Punkte in einer Zelle

Durch die Signatur wird jeder Punkt durch einen Hyperquader beschrieben. Für den Signaturalgorithmus müssen die zwei Distanzfunktionen lb(q,b) und ub(q,b) definiert sein, welche die minimale und die maximale Distanz eines Anfragepunkts q zu einem Hyperquader berechnen. Wir gehen hier davon aus, dass die dem Koordinatenursprung entfernteste Ecke einer Zelle dem Punkt t und die gegenüberliegende Ecke dem Punkt s entspricht und diese Punkte aus der Signatur b ermittelt werden können:

Hyperquader

minimale und maximale Distanz

$$lb(q, b) = lb(q, (s, t)) = \sum_{i=1}^{n} |q[i] - l[i]|^2$$

mit

$$
l[i] = \begin{cases} s[i] & \text{wenn } q[i] < s[i] \\ t[i] & \text{wenn } q[i] > t[i] \\ q[i] & \text{sonst} \end{cases}
$$

und

$$
ub(q,b) = ub(q,(s,t)) = \sum_{i=1}^{n} |q[i] - u[i]|^2
$$

mit

$$
u[i] = \begin{cases} t[i] & \text{wenn } q[i] < \frac{s[i]+t[i]}{2} \\ s[i] & \text{sonst.} \end{cases}
$$

feste Anzahl von Bits

maximaler Approximationsfehler

AV-Methode. Als ein Kritikpunkt der VA-Datei kann gesehen werden, dass jeder Punkt durch dieselbe feste Anzahl von Bits beschrieben wird. Dabei wird also nicht unterschieden, wie weit die Punkte gegenüber einem Referenzpunkt der Approximationsregion, etwa dem Zentrum des Hyperquaders, entfernt sind. Daher ist immer der maximale Approximationsfehler über alle möglichen Punkte hinweg aufgrund eines festen Gitters wirksam. Diese Kritik ist gleichzeitig die Grundidee für ein weiteres Signaturverfahren, die AV-Methode. Die AV-Methode verbessert die Suchkosten gegenüber der VA-Datei.

Active Vertice
Referenzpunkt
Signatur

Die AV-Methode wurde von Balko in [11, 10] vorgeschlagen. Das Akronym steht dabei für Active Vertice. Jeder Punkt wird durch einen Referenzpunkt beschrieben. Die Bitkodierung eines Referenzpunktes stellt dabei die Signatur dar.

hierarchische Anordnung

Bitcode als Weg im Referenzknotenbaum

Die Referenzpunkte können als Zentren von Hyperwürfeln aufgefasst werden, die durch eine Gitterzerlegung des Raums entstehen. Im Unterschied zur VA-Datei sind die Referenzpunkte jedoch hierarchisch angeordnet, so dass sich eine dem Quadtree ähnliche Baumstruktur bildet. Der Bitcode entspricht dabei dem Weg ausgehend von der Wurzel bis zum entsprechenden Referenzpunkt. Ein Punkt kann etwa durch einen Referenzpunkt einer oberen Ebene in der Hierarchie beschrieben werden, was zu einem kurzen Bitcode, aber einem hohen Approximationsfehler führt. Je tiefer die Ebene bei der Auswahl des Referenzpunkts, desto länger wird der Bitcode, gleichzeitig wird aber auch der Approximationsfehler kleiner. Es gilt also, den richtigen Kompromiss zu finden.

Schwellenwert

Bei der AV-Methode wird die verwendete Ebene eines Referenzpunkts dynamisch in Abhängigkeit vom Abstand des zur approximierenden Punkts zum jeweilig nächsten Referenzpunkt einer Ebene ermittelt. Ein einmalig und für alle Punkte festgelegter Schwellenwert r gibt eine obere Grenze für diesen Abstand an. Bei der Signaturberechnung wird daher die oberste Ebene gesucht, bei welcher der Abstand des Punkts zum nächsten Referenzpunkt den Schwellenwert nicht übersteigt.

Die hierarchische Anordnung der Referenzpunkte wird in Abbildung 7.26 zweidimensional verdeutlicht. Links ist der Datenraum und rechts der korre-

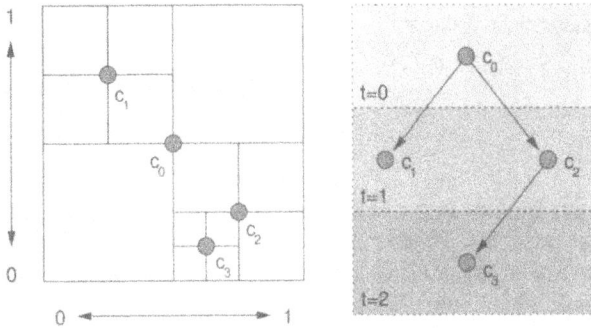

Abb. 7.26: *Approximation der AV-Methode*

spondierende Baum[8] dargestellt. Der Referenzpunkt der Wurzel, also auf der Ebene $t=0$, ist c_0. Dieser Referenzpunkt befindet sich genau in der Mitte des Datenraums. Die Referenzpunkte der nächsten Ebene ergeben sich durch die Halbierung der Intervalle pro Dimension. Im zweidimensionalen Raum sind jedem Referenzpunkt vier Referenzpunkte der darunter liegenden Ebene zugeordnet. In der Abbildung werden zur höheren Übersichtlichkeit nur zwei Referenzpunkte, die Referenzpunkte c_1 und c_2, dargestellt. Auf der dritten Ebene, also auf der Ebene $t=2$, wird nur der Referenzpunkt c_3 als einer von 16 Referenzpunkten gezeigt.

Zur Identifikation eines Referenzpunkts wird der Pfad ausgehend von der Wurzel bitweise kodiert. Um von einem Referenzpunkt zum Referenzpunkt der nächsten Ebene zu kommen, muss für jede Dimension eine Entscheidung für links oder rechts gefällt werden. Damit sind pro Ebene d Bits nötig, wenn d die Anzahl der Dimensionen beschreibt. Der Referenzpunkt c_3 etwa wird durch den Bitcode 1000, welcher den Pfad durch zwei Ebenen beschreibt, exakt identifiziert. *Kodierung*

Jeder Referenzpunkt c legt implizit einen Hyperwürfel fest, wobei der Referenzpunkt das Zentrum bezeichnet. Die Raumpunkte p des Hyperwürfels sind folgendermaßen definiert: *Hyperwürfel*

$$p[k] \in \left[c[k] - \frac{w}{2}, c[k] + \frac{w}{2} \right] \quad (\text{für } 1 \leq k \leq d).$$

Die Kantenlänge w des Würfels ergibt sich durch $w = 2^{-t}$, wobei t die verwendete Baumtiefe angibt. Ein Referenzpunkt c kann durch die folgende Formel aus einem Bitkode b ermittelt werden, wobei $b_j[k]$ das Bit der Ebene j *Kantenlänge*

---

[8]Obwohl hier von einem Baum von Referenzpunkten die Rede ist, liegen die Signaturen selbst sequentiell vor, ohne dass eine Baumordnung berücksichtigt wird. Der Baum dient nur als Gedankenmodell zur Berechnung der Signaturen.

und der Dimension k festlegt:

$$c[k] = \frac{1}{2^{t+1}} + \sum_{j=1}^{t} \frac{b_j[k]}{2^j}.$$

Hyperkugel

Bei der Signaturberechnung wird der Referenzpunkt mit der geringsten Baumtiefe t verwendet, bei welcher der Abstand den Schwellenwert nicht überschreitet. Daraus ergibt sich eine Hyperkugel mit dem Radius r und dem Zentrum c. Jeder Punkt befindet sich also gleichzeitig in einem Hyperwürfel und in einer Hyperkugel. Diese Besonderheit wird bei der Berechnung der minimalen und der maximalen Distanz ausgenutzt.

Abbildung 7.27 illustriert diesen Sachverhalt. Für den Punkt p soll die Signatur ermittelt werden. Als erstes wird der Referenzpunkt der Wurzel c_0 überprüft. Da jedoch der Punkt p außerhalb des Kreises liegt, wird der Referenzpunkt c_1 auf der nächsten Ebene getestet. Da hier der Punkt den Schwellenwert unterschreitet, also sich innerhalb des Kreisen befindet, wird der Referenzpunkt c_1 für die Berechnung der Signatur verwendet. Auf dem Weg von der Wurzel c_0 nach c_1 wurde bezüglich der ersten Dimension nach links und bezüglich der zweiten Dimension nach oben navigiert. Dies entspricht dem Bitcode 01 und einer Baumtiefe von $t = 1$.

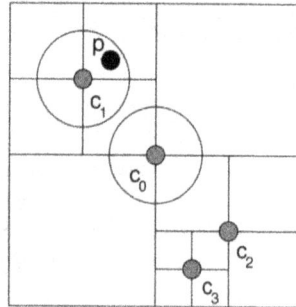

Abb. 7.27: *Hyperkugel und Hyperwürfel eines Punktes p*

Distanzen

Die Berechnung der minimalen und maximalen Distanzen zum Hyperwürfel erfolgt analog zur VA-Datei, während die Distanzen bezüglich der Hyperkugel durch die Distanz zum Referenzpunkt plus beziehungsweise minus dem Radius r entspricht. Als minimale Distanz lb ergibt sich das Maximum der minimalen Distanzen zum Hyperwürfel und zur Hyperkugel. Analog wird für die maximale Distanz ub das Minimum der entsprechenden maximalen Distanzen ermittelt:

$$lb(q, b) = \max\{lb_K(q, b), lb_W(q, b)\}$$
$$ub(q, b) = \min\{ub_K(q, b), ub_W(q, b)\}$$

mit

$$lb_K(q,b) = \begin{cases} \|q - c\|_2 - r & \text{wenn } \|q - c\|_2 > r \\ 0 & \text{sonst} \end{cases}$$

$$ub_K(q,b) = \|q - c\|_2 + r$$

und

$$lb_W(q,b) = \sqrt{\sum_{k=1}^{d} \begin{cases} (c[k] - \frac{w}{2} - q[k])^2 & \text{wenn } q[k] < c[k] - \frac{w}{2} \\ (q[k] - c[k] - \frac{w}{2})^2 & \text{wenn } q[k] > c[k] + \frac{w}{2} \\ 0 & \text{sonst} \end{cases}}$$

$$ub_W(q,b) = \sqrt{\sum_{k=1}^{d} \begin{cases} (c[k] + \frac{w}{2} - q[k])^2 & \text{wenn } q[k] < c[k] \\ (q[k] - c[k] + \frac{w}{2})^2 & \text{sonst.} \end{cases}}$$

Bis jetzt sind wir davon ausgegangen, dass die Referenzpunkte immer mittig im Datenraum angeordnet sind. Dies ist günstig für gleichverteilte Punkte. Für realverteilte Punkte muss jedoch die Anordnung der Referenzpunkte der Verteilung der Punkte, ähnlich wie bei der VA-Datei, folgen. Dabei werden aus den Hyperwürfeln Hyperquader und aus den Hyperkugeln Hyperellipsoide. Diese Veränderung muss auch bei der Distanzberechnung berücksichtigt werden. Dies ist vor allem für die Berechnung der minimalen und der maximalen Distanz zu einem Hyperellipsoid problematisch. Die analytische Berechnung gestaltet sich im hochdimensionalen Raum als nicht handhabbar. Statt dessen können jedoch effiziente Approximationstechniken eingesetzt werden, die hinreichend genau die erforderlichen Distanzen ermitteln. Auf eine detaillierte Beschreibung dieser Techniken wird hier verzichtet.

realverteilte Punkte

Hyperquader und Hyperellipsoide

Approximations-techniken

Die Berechnung der Signaturen ist in einem hohen Maße abhängig von der Wahl des Schwellenwerts r. Nur ein bestimmter Wert garantiert minimale Suchkosten. In [10] werden daher Verfahren vorgestellt, mit denen dieser Wert effizient ermittelt werden kann.

Schwellenwert r

7.1.6 Weitere Indexverfahren

In diesem Abschnitt sollen noch einige „exotische" Indexstrukturen skizziert werden, die weder direkt den Baumverfahren noch den Signaturenverfahren zugeordnet werden können. Statt dessen verwenden diese Verfahren Konzepte beider Klassen.

Im Folgenden werden wir

- raumfüllende Kurven und
- den Pyramid-Baum

vorstellen. Beiden ist gemeinsam, dass hochdimensionale Punkte auf einen Wert zu einem gewissen Grad topologieerhaltend abgebildet werden, und dann von einer eindimensionalen Indexstruktur verwaltet werden.

Raumfüllende Kurven. In der Mathematik sind Kurven, also Funktionen mit einer abhängigen Variablen bekannt, die durch ihren besonderen Verlauf einen mehrdimensionalen Raum ausfüllen. Diese Kurven sind häufig rekursiv definiert und füllen den Raum bei einer unendlichen Rekursionstiefe vollständig aus.

Rekursionstiefe

Bei den auf raumfüllenden Kurven basierenden Indexstrukturen reicht jedoch eine bestimmte Rekursionstiefe, um mehrdimensionale Punkte auf einen Wert der unabhängigen Variable abzubilden. Die Werte werden dabei bitweise kodiert.

bitweise Darstellung

Auf Grund der im Vornherein festgelegten Rekursionstiefe und der bitweisen Darstellung ergibt sich eine überlappungsfreie und vollständige Zerlegung des mehrdimensionalen Datenraums. Beispielhaft soll hier als raumfüllende Kurve die Z-Kurve verwendet werden.

Z-Kurve

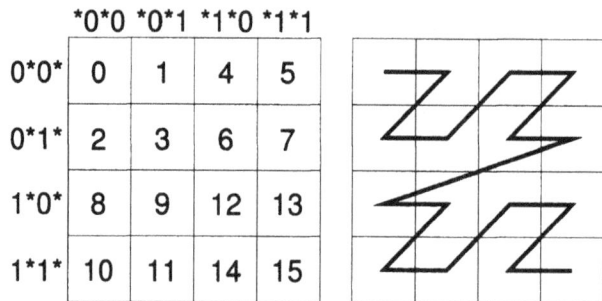

	*0*0	*0*1	*1*0	*1*1
0*0*	0	1	4	5
0*1*	2	3	6	7
1*0*	8	9	12	13
1*1*	10	11	14	15

Abb. 7.28: *zweidimensionaler Verlauf der Z-Kurve*

Bit-Interleaving

Der Verlauf der Z-Kurve im zweidimensionalen Raum ist in Abbildung 7.28 dargestellt. Diese Kurve entsteht durch ein so genanntes Bit-Interleaving. Pro Dimension wird durch eine rekursive Halbierung der Datenraum in gleichgroße Intervalle zerlegt, die bitweise durchnummeriert werden. In der Abbildung wurde eine Rekursionstiefe von zwei gewählt, so dass vier Intervalle pro Dimension resultieren. Im zweidimensionalen Fall entstehen dadurch Quadrate. Jedes Quadrat wird durch einen eindeutigen Wert identifiziert. Dieser Wert wird aus den Intervallnummern der einzelnen Dimensionen zusammengestellt. Dabei wird das Bit-Interleaving-Verfahren eingesetzt. Der binäre Indexwert entsteht dabei durch Aneinanderreihung der Bits der Intervalle, wobei nach jedem Bit die Dimension gewechselt wird. Wenn zum Beispiel ein Quadrat durch die X-Position 01 und durch die Y-Position 01 definiert ist, ergibt sich der binäre Z-Wert 0011 (1. X-Bitwert, 1. Y-Bitwert, 2. X-Bitwert, 2. Y-Bitwert).

*Aneinanderreihung
von Bits*

In Abbildung 7.28 sind die Bitwerte der Intervalle mit ihren Positionen innerhalb des konstruierten Z-Wertes angegeben. Die Sterne werden durch Bitwerte der jeweils anderen Dimension ersetzt. Die durch das Bit-Interleaving gebildeten Z-Werte wurden als Dezimalzahlen in die entsprechenden Quadrate eingetragen. Verfolgt man nun, wie im rechten Bild gezeigt, die Reihenfolge dieser Z-Werte, dann ergibt sich die Z-Kurve, deren rekursive Grundform ein Z darstellt. *Z-Kurve*

Eine Z-Funktion bildet einen beliebigen, mehrdimensionalen Punkt auf der Grundlage einer vorgegeben Rekursionstiefe auf einen eindimensionalen Z-Wert ab. Jeder Z-Wert repräsentiert einen Bucket. Interessant bei dieser Abbildung ist die teilweise Erhaltung topologischer Beziehungen. Benachbarte Punkte ergeben durch die Abbildung häufig benachbarte Z-Werte und umgekehrt. Jedoch gilt dies nicht immer, da die Z-Funktion Sprünge aufweist. Zum Beispiel führt in Abbildung 7.28 der Sprung vom Quadrat 7 zum Quadrat 8 zu weit entfernten Punkten, obwohl sich die Z-Werte nur um eins unterscheiden. Umgekehrt können naheliegende Punkte, etwa in den Quadraten 2 und 8, weit entfernte Z-Werte aufweisen. *Z-Funktion*

teilweise Topologieerhaltung

Sprünge

Ein Indexverfahren, dass auf dem Prinzip der Z-Kurve aufbaut, ist der UB-Baum von Bayer [13]. Das Akronym UB-Baum ist von dem Begriff *universeller B-Baum* abgeleitet. Mehrdimensionale Punkte werden durch ihre Z-Werte indiziert. Da diese Werte eindimensional sind, können sie von einem B*-Baum verwaltet werden. Ein B*-Baum verwaltet die Werte in den Knoten mittels festgelegten Intervallen. Bezogen auf die Z-Kurve im mehrdimensionalen Raum ergeben sich damit Z-Regionen. Abbildung 7.29 zeigt drei, verschieden grau hinterlegte Z-Regionen für die Intervalle (0-5), (6-10) und (11-15). *UB-Baum*

Z-Region

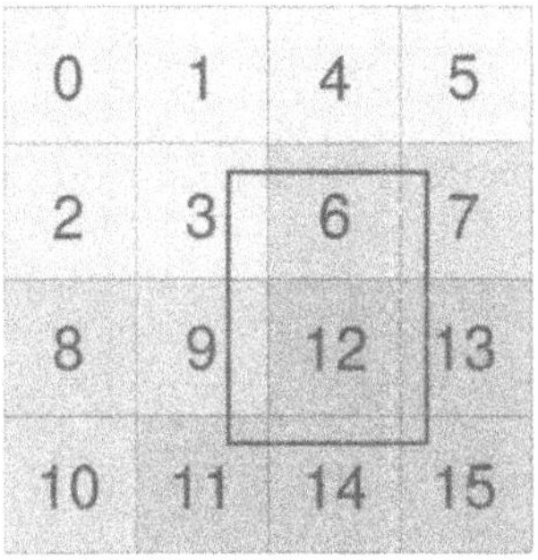

Abb. 7.29: *Z-Regionen und Bereichsanfrage*

Für den UB-Baum wurden spezielle Suchalgorithmen entwickelt. Hervorzuheben ist dabei die Bereichssuche. Ausgehend von einem achsenparallelen Hyperrechteck werden alle darin enthaltenen Punkte gesucht. Abbildung 7.29 zeigt ein Beispielanfragerechteck. Wie man dort sieht, sind mehrere Z-Regionen betroffen, die überprüft werden müssen. *Bereichssuche*

Der Bereichsuchalgorithmus startet mit der geschnittenen Z-Region, welche die kleinsten Z-Werte aufweist. Nachdem diese Z-Region abgelaufen ist, findet ein spezieller Algorithmus die nächste, geschnittene Z-Region. Dies wiederholt *Skizze des Bereichsuchalgorithmus* sich so lange, bis alle schneidenden Z-Regionen aufgesucht wurden.

Zusammenfassend stellt dieses Verfahren einen Ansatz zur Verwaltung mehrdimensionaler Punkte dar. Ein grundsätzliches Problem ist die Sonderbehandlung der erwähnten Sprünge der raumfüllenden Kurve. Der UB-Baum wird im niedrigdimensionalen Raum erfolgreich eingesetzt. Jedoch sind effiziente Algorithmen zur Nächste-Nachbarsuche im hochdimensionalen Raum nicht bekannt.

Der Pyramid-Baum. Der Pyramid-Baum wurde in [15] von Berchtold, Böhm und Kriegel vorgeschlagen und soll hier skizziert werden. Bei dieser Indexstruktur werden mehrdimensionale Punkte auf einen Wert abgebildet, der von einem B^+-Baum verwaltet werden kann. Dieser Baum unterstützt neben Punktanfragen Bereichsanfragen, wobei als Suchbereich achsenparallele Hyperrechtecke verwendet werden.

Bereichsanfrage

Die Abbildung hochdimensionaler Punkte ist mit einer disjunkten und vollständigen Zerlegung des Datenraums in Pyramiden verbunden. Vereinfachend gehen wir von dem Datenraum $[0, 1]^d$ aus. Die Pyramiden ergeben sich aus folgender Konstruktion: Der d-dimensionale Datenraum $[0, 1]^d$ besitzt den Mittelpunkt $0{,}5^d$. Ausgehend von einer Randfläche des d-dimensionalen Hyperwürfel werden dessen Ecken mit dem Mittelpunkt mit Linien verbunden. Im zweidimensionalen Raum resultieren daraus gleichschenklige Dreiecke und im dreidimensionalen Raum entstehen Pyramiden, die diesem Verfahren den Namen geben. Abbildung 7.30 zeigt diese Zerlegung.

Zerlegung in Pyramiden

Pyramiden

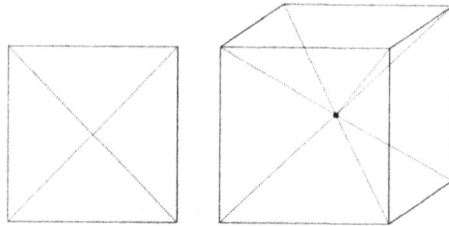

Abb. 7.30: *Zerlegung in Dreiecke und Pyramiden*

Ein d-dimensionaler Hyperwürfel besitzt genau 2*d Randflächen und damit 2*d Pyramiden. Die Pyramiden sind von 0 bis $2d - 1$ durchnummeriert, wobei das Nummernpaar $(i, i + d)$ die beiden Pyramiden bezeichnen, bei denen der Grundflächenkoordinatenwert der i-ten Dimension 0 beziehungsweise 1 beträgt.

*2*d Pyramiden*

Im ersten Schritt wird für jeden Punkt p die Pyramide i ermittelt, in welcher der Punkt liegt. Dies geschieht anhand der folgenden Formel:

$$i = \begin{cases} j_{max} & \text{wenn } p[j_{max}] < 0{,}5 \\ j_{max} + d & \text{wenn } p[j_{max}] \geq 0{,}5 \end{cases}$$

$$j_{max} = j \text{ mit } \forall k : 0 \le j, k < d : |0,5 - p[j]| \ge |0,5 - p[k]|$$

Für die Berechnung der Pyramidennummer für einen mehrdimensionalen Punkt wird also die Dimension ermittelt, bei welcher der Abstand von 0,5 maximal ist. In Abhängigkeit davon, ob dieser Wert kleiner oder größer 0,5 ist, wird die entsprechende Pyramide ausgewählt.   *maximaler Abstand*

Zusätzlich zur Pyramidennummer fließt der maximale Abstand vom Mittelpunkt, die so genannte Höhe, in den Pyramidenwert additiv ein. Die Höhe bewegt sich im Intervall zwischen 0 und 0,5 und wird zur ganzzahligen Pyramidennummer addiert.   *Höhe*

Im zweidimensionalen Raum entspricht der Pyramidenwert damit einer Zerlegung des Datenraums in einzelnen Linien. Dies illustriert die Abbildung 7.31. Sieben zweidimensionale Punkte werden durch 7 Pyramidenwerte beschrieben, die im Datenraum die abgebildeten Linien ausdrücken. Der Punkt p ist der Pyramide 1 zugewiesen und besitzt eine Höhe von 0,3. Daraus ergibt sich der Pyramidenwert 1,3.

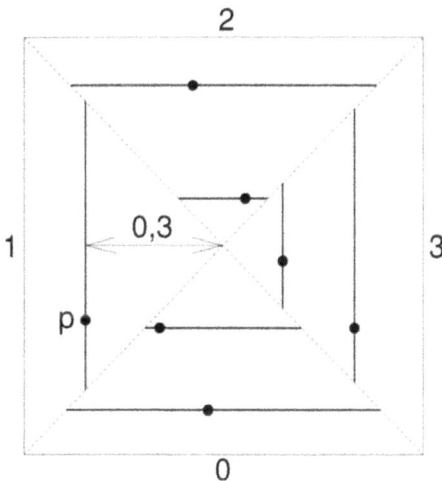

Abb. 7.31: *Zerlegung in Linien*

Die Pyramidenwerte aller Punkte werden in einem B$^+$-Baum verwaltet. Dort wird auch die Suche realisiert.

Die durch die Berechnung des Pyramidenwertes generierte Zerlegung des Datenraums in Gebiete hat den Vorteil, dass deren Anzahl linear mit der Anzahl der Dimensionen wächst. Dies ist beispielsweise nicht der Fall, wenn der Datenraum pro Dimension halbiert wird, so dass Hyperwürfel mit halber Kantenlänge entstehen. In diesem Fall wächst deren Anzahl exponentiell zur Anzahl der Dimensionen.   *lineares Wachstum*

Dieser Vorteil wirkt sich bei der Bereichssuche aus, die hier kurz skizziert   *Bereichssuche*

werden soll. Alle Punkte sollen gefunden werden, die innerhalb eines achsenparallelen Hyperrechtecks der Anfrage liegen. Aus den Koordinaten des
Hyperrechtecks lassen sich pro Pyramide die minimale und die maximale Höhe berechnen, in der Punktkandidaten liegen. Diese Informationen ergeben pro
Pyramide zwei Pyramidenwerte und können im B^+-Baum durch eine eindi-

eindimensionale
Bereichsanfrage

mensionale Bereichsanfrage relativ effizient gefunden werden. Da die Anzahl
der Pyramiden weiterhin nur linear mit der Anzahl der Dimensionen wächst,
ist der Effizienzverlust durch das Ausführen von $2*d$ Bereichsanfragen relativ
gering.

Abbildung 7.32 illustriert eine Bereichsanfrage. Der Anfragebereich entspricht
dort einem Rechteck. Pro Pyramide, in diesem Fall Dreieck, werden die Pyramidenwerte für die Bereichssuche auf dem B^+-Baum ermittelt. Da das Rechteck den Mittelpunkt enthält, ist die minimale Höhe jeweils 0. Die vier Bereichsanfragen im B^+-Baum decken dabei das grau unterlegte Gebiet ab. Wie
man daraus leicht sehen kann, ist der Suchbereich größer als gefordert. Daher
müssen alle gefundenen Punkte im Anschluss gegenüber dem Anfragebereich
getestet werden. Im hochdimensionalen Raum nimmt die Volumendifferenz
zwischen dem zu durchsuchenden Bereich und dem Anfragebereich zu. Allerdings geschieht dies nicht in einem Maße, dass der gesamte Baum durchlaufen
und damit alle Punkte einzeln überprüft werden müssen. In diesem Sinn wirkt
der Fluch der hohen Dimensionen in diesem Verfahren nicht. Ein effizienter
Nächste-Nachbarsuchalgorithmus ist nicht bekannt.

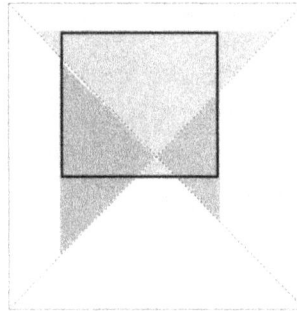

Abb. 7.32: *Bereichsanfrage*

Ungleichverteilung
der Punkte

In der Beschreibung des Pyramid-Baums wurde bis jetzt von einer Gleichverteilung der Punkte ausgegangen, so dass als gemeinsame Spitze aller Pyramiden der Mittelpunkt gewählt wurde. In praktischen Anwendungen macht es
jedoch häufig Sinn, die gemeinsame Pyramidenspitze auf einen anderen Punkt
zu verlegen, der aus den Punkten zu ermitteln ist. Das genaue Verfahren dafür
soll hier nicht vorgestellt werden, statt dessen verweisen wir auf [15].

7.1.7 Zusammenfassung

In diesem Abschnitt sollen die vorgestellten Indexstrukturen und Algorithmen zusammengefasst werden. Tabelle 7.4 zeigt die vorgestellten Suchalgorithmen. Es werden unterschiedliche Anfragearten unterstützt. Einige Algorithmen sind unabhängig von einer bestimmten Cluster-Geometrie, während andere MBR voraussetzen. Die Suchalgorithmen können weiterhin in zwei Klassen unterteilt werden. Diese werden durch eine horizontale Linie voneinander getrennt. In der einen Klasse führen die Suchalgorithmen die Suche direkt auf speziellen Datenstrukturen aus. Zur anderen Klasse gehören die Algorithmen, die auf substituierten Distanzen und auf vorhandenen Suchalgorithmen aufbauen.

Algorithmus	**Anfrageart**	**Geometrie**	**Grundlage**
Signatur (S. 309)	NN	allgemein	flache Datei
B&B (S. 273)	NN	allgemein	Baum
RKV (S. 277)	NN	MBR	Baum
HS (S. 279)	getNext	allgemein	Baum, Warteschlange
Korn (S. 294)	Bereichsanfr.	allgemein	Bereichsanfrage
Korn (S. 295)	KNN	allgemein	KNN, Bereichsanfr.
Seidl (S. 297)	KNN	allgemein	Warteschl., getNext

Tabelle 7.4: Suchalgorithmen

Tabelle 7.5 listet alle vorgestellten Transformationsverfahren auf. Diese zeichnen sich dadurch aus, dass sie Feature-Objekte in einen anderen Darstellungsraum überführen. Dies ermöglicht eine Dimensionsreduzierung. Zusätzlich zu den in diesem Kapitel vorgestellten Verfahren werden die Transformationsverfahren aus Kapitel 4 berücksichtigt. Die Verfahren werden in der Tabelle anhand der Anzahl der generierten Dimensionen und der Bedeutung der Dimensionen unterschieden.

Die Tabellen 7.6 und 7.7 fassen die vorgestellten Indexstrukturen zusammen. Dabei wird das Klassifikationsschema der Tabelle 7.1 von Seite 272 verwendet. Anhand dieses Schemas werden auch die Signaturverfahren eingeordnet. Diese Verfahren sind zwar nicht baumartig organisiert, jedoch tauchen Bäume bei der Generierung der Signaturen auf. Bei der VA-Datei entsteht durch die rekursive Halbierung des Datenraums ein Binärbaum, dessen Blätter nummeriert werden und den Signaturwerten entsprechen. Analog dazu können bei der AV-Methode die Signaturwerte in einem Quadtree-ähnlichen Baum angeordnet werden.

Verfahren	Dimensionsanz.	Semantik der Dimensionen
DFT (S. 111)	rel. wenige	Frequenzen
DWT (S. 132)	rel. wenige	Frequenzen, Ortsangaben
KLT (S. 146)	rel. wenige	Eigenvektoren
LSI (S. 155)	rel. wenige	Eigenvektoren
FastMap (S. 297)	rel. wenige	Pivot-Objekte
Z-Kurve (S. 316)	1	Z-Wert
Pyramid-Baum (S. 318)	1	Pyramide, Höhe

Tabelle 7.5: *Transformationsverfahren*

Indexstruktur	Cluster-Bildung	Cluster-Überlappung
R-Baum (S. 281)	lokal gruppierend	überlappend
R^+-Baum (S. 285)	lokal gruppierend	disjunkt
X-Baum (S. 285)	lokal gruppierend	überlappend
M-Baum (S. 287)	lokal gruppierend	überlappend
VA-Datei (S. 310)	global zerlegend	disjunkt
AV-Methode (S. 312)	global zerlegend	disjunkt

Tabelle 7.6: *Indexstrukturen*

Indexstruktur	Balance	Objektsp.	Geometrie
R-Baum (S. 281)	balanciert	Blätter	MBR
B^+-Baum (S. 285)	balanciert	Blätter	MBR
X-Baum (S. 285)	balanciert	Blätter	MBR, Superknoten
M-Baum (S. 287)	balanciert	Blätter	Hyperkugeln
VA-Datei (S. 310)	balanciert	extra	Hyperrechtecke
AV-Methode (S. 312)	unbalanciert	extra	Hyperrechtecke, Hyperkugeln

Tabelle 7.7: *Indexstrukturen (Fortsetzung)*

7.2   Algorithmen zur Aggregation von Ähnlichkeitswerten

In diesem Abschnitt sollen Algorithmen zur effizienten Aggregation von Ähnlichkeitswerten in komplexen Ähnlichkeitsanfragen diskutiert werden. Abbildung 3.5 auf Seite 108 illustriert die Rolle der Aggregation im verallgemeinerten Multimedia-Ähnlichkeitsmodell.

Zwei kleine Beispiele sollen die Notwendigkeit einer Aggregation von Ähnlichkeitswerten verdeutlichen. Das erste korrespondiert zum Schritt ④ und das zweite zum Schritt ⑤ der Abbildung 3.5.

Beispiel 7.16

Gesucht sind alle Bilder, die zu einem vorgegebenen Photo bezüglich Farbverteilung und Textur ähnlich sind. Für jedes Ergebnisbild müssen also zwei Ähnlichkeitswerte anhand einer geeigneten Aggregatfunktion kombiniert werden.

komplexe
Anfragebedingung

Beispiel 7.17

Gesucht sind alle Bilder, die zu mehreren Anfragebildern ähnlich sind. In diesem Fall müssen pro Ergebnisbild mehrere Ähnlichkeitswerte aggregiert werden.

mehrere
Anfragebilder

Aggregatfunktionen wurden in Abschnitt 6.5 auf Seite 238 vorgestellt. Eine besondere Eigenschaft für die hier diskutierten Algorithmen ist die Monotonieeigenschaft, die eine Aggregatfunktion mindestens erfüllen muss:

Monotonie

$$x_1 \leq y_1 \wedge \ldots \wedge x_n \leq y_n \implies agg(x_1, \ldots, x_n) \leq agg(y_1, \ldots, y_n).$$

In diesem Abschnitt gehen wir von der Aggregation von Ähnlichkeitswerten aus. Analog dazu können mit den hier vorgestellten Algorithmen auch Distanzwerte aggregiert werden, ohne dass dies große Modifikationen der Algorithmen erfordern würde.

Bei komplexen Ähnlichkeitsanfragen ist man primär an den Ergebnisobjekten interessiert, welche einen maximalen aggregierten Ähnlichkeitswert aufweisen. Daher sind Aggregationsalgorithmen von Interesse, welche einen `getNext`-Zugriff oder einen Zugriff auf k Objekte mit den größten Ähnlichkeitswerten ermöglichen.

Zugriff auf Aggregationsergebnis

Algorithmen zur Aggregation können in drei Gruppen unterteilt werden:

1. *Combiner-Algorithmen:* Ausgangspunkt dieser Algorithmen sind mehrere, nach Ähnlichkeitswerten absteigend sortierte Objektlisten, die anhand einer Aggregatfunktion zu einer sortierten Liste vereinigt werden sollen.

2. *Kondensator-Algorithmen:* Ausgangspunkt für diese Algorithmen ist genau eine Liste von Objekten, bei der mehrere Listenobjekte zu jeweils einem neuen Listenobjekt aggregiert werden.

3. *Indexaggregation:* Bei diesen Algorithmen existieren keine Eingangslisten. Statt dessen wird innerhalb einer Indexstruktur die Aggregation ausgeführt, bevor eine sortierte Liste erstellt wird.

Die Unterscheidung der Algorithmen wird in Abbildung 7.33 graphisch verdeutlicht.

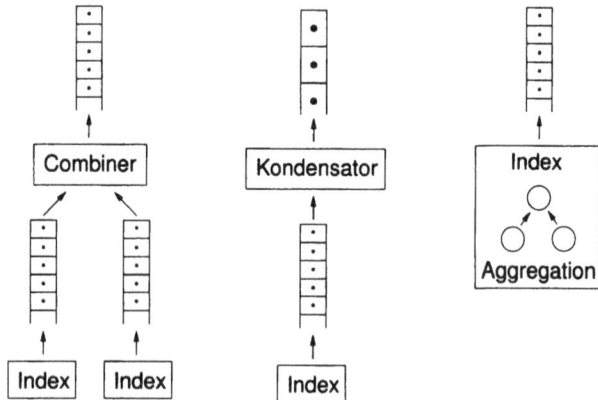

Abb. 7.33: *Klassifikation von Aggregationsalgorithmen*

7.2.1 Combiner-Algorithmen

In diesem Unterabschnitt werden Combiner-Algorithmen vorgestellt. Als Ausgangsbasis liegen mehrere Listen von Objekten vor. Jeder Listeneintrag e enthält einen eindeutigen Identifikator e.id eines Medienobjektes zusammen mit einem Ähnlichkeitswert e.grade. Die Listen sind absteigend sortiert nach den Ähnlichkeitswerten der Medienobjekte. Wir gehen hier weiterhin davon aus, dass die Menge der Medienobjekte in jeder Liste dieselbe ist. Üblicherweise sind jedoch deren Ähnlichkeitswerte in den verschiedenen Listen unterschiedlich. Dies bewirkt unterschiedliche Reihenfolgen. Hinter jeder Liste steht implizit ein autonomes System, welches Feature-Objekte anhand einer Ähnlichkeitsanfrage in eine Relevanzreihenfolge bringt.

mehrere, sortierte Listen

Im Folgenden beschränken wir uns der Einfachheit halber auf zwei Eingangslisten, die wir mit links und rechts bezeichnen werden. Ein Objekt o der Ergebnisliste hat einen Eintrag o.lgrade für den Ähnlichkeitswert, der aus der linken Liste stammt. Analog ist der Eintrag o.rgrade festgelegt. Der aggregierte Ähnlichkeitswert wird mit o.grade und der Identifikator mit o.id notiert. Einträge, denen noch kein Wert zugewiesen wurde, besitzen den Default-Wert NULL.

Notation

Auf die Listenelemente kann in zwei verschiedenen Modi zugegriffen werden. Zum einen ist ein sequentieller Zugriff, also jeweils ein Zugriff auf den Beginn der Liste, möglich. Zusätzlich kann auf ein Medienobjekt über den dazugehörigen Identifikator direkt, also unabhängig von der Listenreihenfolge, zugegriffen werden. Im Folgenden werden wir die beiden Zugriffsmodi mit *sequentiellem Zugriff* und mit *randomisiertem Zugriff* bezeichnen. Für die Zugriffe werden wir die Funktion `getNext()` beziehungsweise `random()` verwenden. Von den darunterliegenden Algorithmen und Indexstrukturen hängt ab, wie sich die Zugriffskosten des sequentiellen und des randomisierten Zugriffs unterscheiden.

sequentieller Zugriff

randomisierter Zugriff

Die Ähnlichkeitswerte eines Medienobjekts aus den verschiedenen Listen sollen anhand einer monotonen Aggregatfunktion `agg` zu einem neuen Ähnlichkeitswert zusammengefasst werden. Von allen Ergebnisobjekten soll auf k Objekte mit den größten, aggregierten Ähnlichkeitswerten effizient zugegriffen werden können. Alternativ wird oft auch ein sequentieller Zugriff auf die Objekte in der absteigenden Reihenfolge der aggregierten Ähnlichkeitswerte verlangt. Wir werden die beiden Arten der Ergebniszugriffe mit `top-k`- und mit `ranking`-Zugriff bezeichnen. Wir gehen davon aus, dass für einen `top-k`-Zugriff mindestens k Objekte in den Eingangslisten enthalten sind.

Ergebniszugriff

top-k-Zugriff

ranking-Zugriff

In den folgenden Unterabschnitten werden die Algorithmen

- TA,

- NRA und

- Stream-Combine

vorgestellt. Diese Algorithmen unterscheiden sich in der Art des Zugriffs auf die Eingangslisten und inwieweit sie einen `top-k`- oder einen `ranking`-Zugriff auf die Objekte mit den aggregierten Ähnlichkeitswerten bereitstellen.

Der TA-Algorithmus. Der Algorithmus TA[9] wird in [57] von Fagin, Lotem und Naor vorgestellt. Alternativ wurden parallel unter dem Namen *Quick-Combine* in [73] und unter dem Namen *Multi-Step* in [138] ähnliche Algorithmen publiziert. In allen drei Algorithmen ist der Grundalgorithmus derselbe. In diesem Unterabschnitt werden wir primär den Algorithmus TA behandeln.

Der TA-Algorithmus verlangt sowohl sequentielle als auch randomisierte Zugriffe auf die Listenobjekte. Er ermöglicht einen `top-k`-Zugriff auf k Objekte mit den höchsten, aggregierten Ähnlichkeitswerten.

Algorithmus 7.10 zeigt den TA-Algorithmus. Aufrufparameter sind die beiden sortierten Listen `links` und `rechts`, die Aggregatfunktion `agg` und eine Liste `top-k`, welche als Ausgabeparameter das sortierte Ergebnis zurückliefert. Zuerst wird auf die beiden Listen sequentiell zugegriffen, siehe Zeile 6 und 7. Die jeweils fehlenden Ähnlichkeitswerte werden in Zeile 8 und 9 durch randomisierte Zugriffe ergänzt. Danach schließt sich in Zeile 10 und 11 die

sequentieller Zugriff

randomisierte Zugriffe

---

[9]TA steht für 'threshold algorithm'.

Schwellenwert

Abbruchkriterium

Berechnung der aggregierten Ähnlichkeitswerte an. In der Liste `top-k` werden die k Objekte mit den jeweils höchsten aggregierten Ähnlichkeitswerten gespeichert und entsprechend aktualisiert. Von besonderem Interesse ist die Zeile 13. Dort wird der Schwellenwert `tau` aus den beiden zuletzt, sequentiell gelesenen Werten berechnet. Man beachte, dass der Schwellenwert `tau` nicht aus den Ähnlichkeitswerten desselben Objekts stammen muss. Die Suche endet, wenn alle `top-k`-Objekte einen aggregierten Ähnlichkeitswert aufweisen, der nicht kleiner als der Schwellenwert `tau` ist. Dieses Abbruchkriterium ergibt sich aus der Überlegung, dass nachfolgende Ähnlichkeitswerte aus den Listen aufgrund der Sortierung nicht größer werden können und aufgrund der Monotonie der Aggregatfunktion die aggregierten Werte ebenfalls nicht größer als die der bereits gefundenen Objekte werden können.

TA-Algorithmus

Algorithmus 7.10

```
[1]   procedure TA(liste links,liste rechts,funktion agg,
[2]        liste top-k)
[3]      eintrag ol,or
[4]      real tau
[5]      repeat
[6]         ol=getNext(links)
[7]         or=getNext(rechts)
[8]         ol.rgrade=random(rechts,ol.id)
[9]         or.lgrade=random(links,or.id)
[10]        ol.grade=agg(ol.lgrade,ol.rgrade)
[11]        or.grade=agg(or.lgrade,or.rgrade)
[12]        aktualisiere top-k bzgl. ol und or
[13]        tau=agg(ol.lgrade,or.rgrade)
[14]     until |top-k|=k and ∀o∈top-k: o.grade≥tau
[15]        sortiere top-k-Elemente nach o.grade
[16]  end procedure
```

begrenzter Speicheraufwand

Ein Vorteil dieses Algorithmus liegt darin, dass nur maximal k Objekte zwischengepuffert werden müssen. Die Puffergröße ist also unabhängig von der Datenbankgröße. Allerdings wird dieser Vorteil mit mehreren randomisierten Zugriffen erkauft, da nicht berücksichtigt wird, wenn Objekte bereits gelesen wurden. Maximal wird jedes Objekt so oft gelesen, wie Eingangslisten vorliegen.

ungleichmäßiger Durchlauf bei Quick-Combine

Der Algorithmus TA läuft parallel durch die beiden Listen. An dieser Stelle setzt die Modifikation an, die in [73] im Zusammenhang mit dem Algorithmus Quick-Combine vorgeschlagen wurde. Ziel ist die möglichst schnelle Erfüllung der Abbruchbedingung, die durch ein ungleichmäßiges Lesen der beiden Listen erreicht werden soll. In jedem Durchlauf wird nur von der Liste sequentiell gelesen, welche voraussichtlich schneller zur Erfüllung der Abbruchbedingung führt. Für diese Prognose wird pro Liste untersucht, wie rasch die Ähnlichkeitswerte abnehmen und weiterhin wie stark sich diese Abnahme durch die Aggregatfunktion auf den Gesamtähnlichkeitswert auswirkt. Diese Heuristik führt in vielen Fällen zu einer Verringerung der Zugriffskosten. Jedoch kann man leicht einen Fall konstruieren, bei dem die Prognose fehlschlägt und die Performanz schlechter als beim TA-Algorithmus wird.

Fagin bezeichnet den TA-Algorithmus im Gegensatz zum Quick-Combine-Algorithmus als 'instance-optimal'. Darunter versteht er, dass der TA-Algorithmus im Gegensatz zum Quick-Combine-Algorithmus nicht abhängig von einer prognostizierbaren Datenverteilung ist. Er zeigt, dass der Algorithmus TA, wenn man alle möglichen Listenpaare betrachtet, sich in keiner schlechteren Aufwandsklasse als alle anderen Combiner-Algorithmen befindet. Dies ist beim Quick-Combine-Algorithmus nicht erfüllt. Salopp gesprochen, ist der TA-Algorithmus in seiner Allgemeinheit besser als der Quick-Combine-Algorithmus.

'instance-optimal'

Der Algorithmus Multi-Step aus [138] entspricht dem TA-Algorithmus, ist allerdings dort auf die Aggregatfunktionen `min` und `max` beschränkt.

Multi-Step

Das folgende Beispiel demonstriert den TA-Algorithmus.

Beispiel 7.18

TA-Algorithmus

Aus zwei Listen mit jeweils fünf Objekten sollen die zwei Objekte mit den höchsten Aggregationswerten gefunden werden. Die Ausgangssituation und das Ergebnis werden in Tabelle 7.8 gezeigt. Die Aggregation berechnet sich über die Summe. Der TA-Algorithmus kann nach dem Lesen der dritten Zeile aufhören, da die Ähnlichkeitswerte der bis dahin gefundenen `top-k`-Objekte o4 und o1 größer als der entsprechende `tau`-Wert 1,2 sind. Das Objekt o5 etwa braucht daher nicht gelesen werden.

links		rechts		tau	top-k	
id	**lgrade**	**id**	**rgrade**	**tau**	**id**	**lgrade+rgrade**
o3	0,9	o4	0,8	1,7	o4	1,4
o1	0,7	o2	0,7	1,4	o1	1,3
o4	0,6	o1	0,6	**1,2**	–	–
o2	0,2	o5	0,4	0,6	–	–
o5	0,1	o3	0,1	0,2	–	–

Tabelle 7.8: TA-Algorithmus

Der NRA-Algorithmus. Der TA-Algorithmus benötigt sowohl sequentielle als auch randomisierte Zugriffe auf die Objekte der Eingangslisten. Randomisierte Zugriffe sind jedoch in der Regel aufwändiger als sequentielle und in manchen Fällen sogar unmöglich. Ein randomisierter Zugriff kann zum Beispiel verwehrt sein, wenn auf ein Fremdsystem, etwa auf eine Internet-Suchmaschine, zugegriffen werden soll. In solchen Fällen wird ein Algorithmus benötigt, der zwei Objektlisten anhand einer Aggregatfunktion zu einer

keine randomisierten Zugriffe

Liste ohne randomisierte Zugriffe vereinigt. Ein solcher Algorithmus ist der NRA-Algorithmus, der von Fagin, Lotem und Naor in [57] vorgestellt wurde. Das Akronym NRA steht dabei für *'no random access'*. Dieser Algorithmus ermöglicht `top-k`-Anfragen.

top-k-Anfragen

keine Aggregatwerte der Ergebnisobjekte

Beim NRA-Algorithmus wird davon ausgegangen, dass die konkreten Aggregatwerte in der Ergebnisliste nicht benötigt werden und statt dessen eine Abschätzung ausreicht. Das bedeutet, dass ein Ergebnisobjekt nicht in beiden Listen gelesen werden muss, bevor es als Ergebnis ausgegeben werden kann. Als untere Abschätzung für einen noch nicht gelesenen Ähnlichkeitswert wird der kleinstmögliche Ähnlichkeitswert, also der Wert 0, angenommen. Die untere Abschätzung wird in der `lb-agg` Aggregatfunktion realisiert:

$$\texttt{lb-agg}(l,r) = \begin{cases} agg(0,0) & \text{wenn } l = NULL \text{ und } r = NULL \\ agg(l,0) & \text{wenn } l \neq NULL \text{ und } r = NULL \\ agg(0,r) & \text{wenn } l = NULL \text{ und } r \neq NULL \\ agg(l,r) & \text{wenn } l \neq NULL \text{ und } r \neq NULL \end{cases}$$

obere Abschätzung

Für eine obere Abschätzung wird in der Aggregatfunktion `agg` für nicht definierte Operanden der entsprechende, jeweils in den beiden Eingangslisten zuletzt gelesene Ähnlichkeitswert eingesetzt. Wenn $\underline{l}$ und $\underline{r}$ die jeweils zuletzt gelesenen Ähnlichkeitswerte bezeichnen, dann ist die Funktion `ub-agg` folgendermaßen definiert:

$$\texttt{ub-agg}(l,r) = \begin{cases} agg(\underline{l},\underline{r}) & \text{wenn } l = NULL \text{ und } r = NULL \\ agg(l,\underline{r}) & \text{wenn } l \neq NULL \text{ und } r = NULL \\ agg(\underline{l},r) & \text{wenn } l = NULL \text{ und } r \neq NULL \\ agg(l,r) & \text{wenn } l \neq NULL \text{ und } r \neq NULL \end{cases}$$

Listeneintrag

Jeder Listeneintrag `o` enthält neben dem Identifikator `o.id` die Werte `o.lgrade` und `o.rgrade`. Die Abschätzungen `lb-agg` and `ub-agg` hingegen werden dynamisch ermittelt.

Algorithmus 7.11 zeigt den NRA-Algorithmus. Im Unterschied zum TA-Algorithmus werden in der Liste `gelesen` bereits gelesene Objekte gespeichert. Nach jedem sequentiellen Zugriff auf die Eingangslisten in den Zeilen 7 und 8 wird in den Zeilen 9 und 10 überprüft, ob die Objekte schon einmal gelesen wurden. Dies erfolgt durch Aufruf der Funktion `search`. Falls dies zutrifft, wird in den Zeilen 12 und 14 der fehlende Wert ergänzt. Ansonsten wird das gelesene Objekt in den Zeilen 11 und 13 in die Liste als neuer Eintrag eingefügt. Anschließend wird in Zeile 15 die Liste `top-k` angepasst, so dass sie die k `gelesen`-Objekte mit den größten, dynamisch ermittelten `lb-agg`-Werten enthält. Das Abbruchkriterium in den Zeilen 17 bis 20 ist analog zum TA-Algorithmus. Der Algorithmus terminiert, wenn garantiert werden kann, dass kein neues `top-k`-Objekt mehr gefunden werden kann. Dies erfolgt durch einen Vergleich der `lb-agg`-Werte der bis jetzt gefundenen `top-k` Objekte mit den `ub-agg`-Werten der restlichen, also der restlichen gelesenen und ungelesenen Objekte. Die Entscheidung bezüglich der ungelesenen Objekten erfolgt mittels des `tau`-Wertes.

Algorithmus 7.11　　　　　　　　　　　　　　　　　　　　　　　　*NRA-Algorithmus*

```
[1]  procedure NRA(liste links,liste rechts,funktion agg,
[2]        liste top-k)
[3]     liste gelesen
[4]     eintrag ol,or,olinks,orechts
[5]     real tau
[6]     repeat
[7]       ol=getNext(links)
[8]       or=getNext(rechts)
[9]       olinks=search(gelesen,ol.id)
[10]      orechts=search(gelesen,or.id)
[11]      if olinks=NULL then insert(gelesen,ol)
[12]         else olinks.lgrade=ol.lgrade
[13]      if orechts=NULL then insert(gelesen,or)
[14]         else orechts.rgrade=or.rgrade
[15]      aktualisiere top-k bzgl. gelesen und lb-agg
[16]      tau=agg(ol.lgrade,or.rgrade)
[17]    until |top-k|=k and
[18]         ∀o∈top-k: (lb-agg(o.lgrade,o.rgrade)≥tau and
[19]         ∀g∈gelesen\top-k: lb-agg(o.lgrade,o.rgrade)≥
[20]         ub-agg(g.lgrade,g.rgrade))
[21] end procedure
```

Dieser Algorithmus weist verschiedene Einschränkungen auf:

1. *großer Puffer:* Da die Liste `gelesen` alle bereits gelesenen Objekte enthalten muss, kann sie sehr groß werden.

2. *keine exakten Aggregatwerte:* Für die Ergebnisobjekte kann die Angabe eines exakten Aggregatwerts nicht garantiert werden. Daher können diese auch nicht entsprechend sortiert zurückgegeben werden. Jedoch wird garantiert, dass die zurückgelieferten Objekte tatsächlich dem korrekten `top-k`-Ergebnis entsprechen.

Diese Besonderheiten wurden durch den Vorteil erkauft, dass der Algorithmus terminieren kann, bevor jedes Ergebnisobjekt in beiden Eingangslisten gelesen wurde.

Analog zum TA-Algorithmus wird in [57] gezeigt, dass der NRA-Algorithmus instance-optimal ist, also in keine schlechtere Komplexitätsklasse als vergleichbare[10], deterministische Algorithmen für alle möglichen Eingangslisten fällt.　　　　　　　　　　　　　　　　　　　　　　　　*instance-optimal*

Das folgende Beispiel demonstriert den NRA-Algorithmus.

NRA-Algorithmus   **Beispiel 7.19**

Aus zwei Listen mit jeweils fünf Objekten sollen die zwei Objekte mit den höchsten Aggregationswerten gefunden werden. Die Ausgangssituation und das Ergebnis nach dem Lesen der vierten Zeile werden in Tabelle 7.9 gezeigt. Die Aggregation berechnet sich über die Summe. Der NRA-Algorithmus kann nach dem Lesen der vierten Zeile aufhören, da die nach unten abgeschätzten Ähnlichkeitswerte der bis dahin gefundenen `top-k`-Objekte `o4` und `o1` nicht kleiner als der entsprechende `tau`-Wert 0,6 sind. Zusätzlich sind die nach oben abgeschätzten Ähnlichkeitswerte der gelesenen, aber nicht zu `top-k` gehörigen Objekte nicht größer als die nach unten abgeschätzten Werte der `top-k`-Objekte. Im Vergleich zum Beispiel 7.18, wo dieselben Ausgangsdaten vorliegen, muss also eine Zeile mehr zum Erreichen der Abbruchbedingung gelesen werden. Man beachte weiterhin, dass bei den gelesenen Objekten die unteren und die oberen Abschätzungen sich nur in den Objekten `o3` und `o5` unterscheiden, da nur bei ihnen jeweils nur ein Wert gelesen wurde.

links		rechts		tau	gelesen			top-k	
id	lgrade	id	rgrade	tau	id	lb	ub	id	lb
o3	0,9	o4	0,8	1,7	o3	0,9	1,3	o4	1,4
o1	0,7	o2	0,7	1,4	o4	1,4	1,4	o1	1,3
o4	0,6	o1	0,6	1,2	o1	1,3	1,3	–	–
o2	0,2	o5	0,4	0,6	o2	0,9	0,9	–	–
o5	0,1	o3	0,1	–	o5	0,4	0,6	–	–

Tabelle 7.9: NRA-Algorithmus

teurer,
randomisierter
Zugriff

CA-Algorithmus

Während der NRA-Algorithmus den Fall abdeckt, dass kein randomisierter Zugriff erlaubt ist, ist der Fall eines erlaubten, randomisierten, aber teuren Zugriffs noch nicht berücksichtigt. Gewünscht ist also ein Algorithmus, der in Abhängigkeit vom Kostenverhältnis zwischen einem sequentiellen und einem randomisierten Zugriff entsprechende randomisierte Zugriffe zur Minimierung der Gesamtkosten realisiert. Für dieses Szenario beschreibt [57] den CA-Algorithmus, dessen Idee hier nur kurz skizziert werden soll. Dieser Algorithmus ist ein modifizierter NRA-Algorithmus, bei dem nach einer bestimmten Anzahl von Zyklen ein randomisierter Zugriff durchgeführt wird. Diese Anzahl ist abhängig vom oben erwähnten Kostenverhältnis. Diese randomisierten Zugriffe haben das Ziel, das Abbruchkriterium schnell zu erreichen.

Der Stream-Combine-Algorithmus. Der Stream-Combine Algorithmus wurde von Güntzer, Balke und Kießling in [74] vorgeschlagen. Er ist dem

---

[10]Ein vergleichbarer Combiner-Algorithmus ist einer, der dasselbe Ergebnis ohne randomisierte Zugriffe liefert.

NRA-Algorithmus ähnlich, da auch dieser Algorithmus keine randomisierten Zugriffe benötigt. Weiterhin ermöglicht er eine `ranking`-Anfrage. Ein wesentlicher Unterschied besteht darin, dass die aggregierten Ähnlichkeitswerte der zu berechnenden Ergebnisobjekte bekannt sein sollen. Daher muss der Algorithmus jedes Ausgabeobjekt in jeder Eingangsliste gesehen haben. Aufgrund der damit bekannten Aggregatwerte lassen sich die `top-k`-Objekte in der Ranking-Reihenfolge zurückliefern.

keine randomisierten Zugriffe

Für die Berechnung des Abbruchskriteriums beim Durchlauf der Eingabelisten wird, wie beim NRA-Algorithmus, eine Funktion `ub-agg` benötigt. Diese ermittelt eine obere Abschätzung, falls nicht beide Einzelähnlichkeitswerte bekannt sind. Wenn $\underline{l}$ und $\underline{r}$ die jeweils in den Eingabelisten zuletzt gelesenen Ähnlichkeitswerte bezeichnen, dann ist die Funktion `ub-agg` wie auf der Seite 328 definiert.

obere Abschätzung

Im Algorithmus müssen bereits gelesene Objekte in einer Liste `gelesen` gespeichert werden. Diese Liste sortiert absteigend deren Einträge nach ihren `ub-agg`-Werten. Die Funktion `top` liefert das erste, also das Objekt mit dem größten `ub-agg`-Wert zurück. Die Funktion `insert` fügt einen neuen Eintrag in die Liste ein, während die Funktion `remove` einen bestehenden Eintrag entfernt.

Liste `gelesen`

Jeder Listeneintrag o enthält neben dem Identifikator `o.id` die Werte `o.lgrade` und `o.rgrade`. Die Abschätzung `ub-agg` wird nicht gespeichert, sondern durch Aufruf der entsprechenden Funktion dynamisch ermittelt.

Listeneintrag

Die Liste `gelesen`, aber auch die Zeiger auf die aktuellen Lesepositionen der Eingangslisten, werden als globale Variablen verwaltet.

Der Basisalgorithmus des Stream-Combine-Algorithmus ist in Algorithmus 7.12 aufgelistet. In den Zeilen 5 und 6 werden die nächsten Objekte von den Eingangslisten gelesen. Befinden sich diese Objekte bereits in der Liste `gelesen`, dann werden die neuen Ähnlichkeitswerte dort entsprechend ergänzt, siehe Zeile 10 und 12. Ansonsten werden in den Zeilen 9 und 11 neue Einträge in die Liste `gelesen` eingefügt. Die Suchschleife endet, wenn die Abbruchbedingung erfüllt ist. Diese Bedingung in den Zeilen 13 und 14 verlangt, dass das Objekt mit dem größten bis jetzt gelesenen `ub-agg`-Wert in beiden Eingangslisten bereits aufgetreten ist. Erst dann ist dessen Aggregatwert exakt bekannt.

Abbruchbedingung

Stream-Combine- **Algorithmus 7.12**
Algorithmus

```
[1]    procedure Stream-Combine(liste links,liste rechts,
[2]                      funktion agg,liste gelesen,objekt t)
[3]      eintrag ol,or,olinks,orechts
[4]      repeat
[5]        ol=getNext(links)
[6]        or=getNext(rechts)
[7]        olinks=search(gelesen,ol.id)
[8]        orechts=search(gelesen,or.id)
[9]        if olinks=NULL then insert(gelesen,ol)
[10]         else olinks.lgrade=ol.lgrade
[11]       if orechts=NULL then insert(gelesen,or)
[12]         else orechts.rgrade=or.rgrade
[13]      until t=top(gelesen) and
[14]             t.lgrade≠NULL and t.rgrade≠NULL
[15]      remove(gelesen,t)
[16]  end procedure
```

Im Vergleich zum NRA-Algorithmus wird klar, dass die geforderten Aggregatwerte für die Ergebnisobjekte durch einen höheren Suchaufwand erkauft wurden. Jedes Ergebnisobjekt muss in jedem Eingabestrom gelesen worden sein.

In [74] wird noch eine Verbesserung des Algorithmus vorgeschlagen, die hier kurz diskutiert werden soll. Im Algorithmus 7.12 wird in jedem Schleifendurchlauf je ein Objekt pro Eingabeliste gelesen. Ein Optimierungspotential ist *ungleichmäßiger* vorhanden, wenn durch einen ungleichmäßigen Durchlauf versucht wird, das *Durchlauf* Abbruchkriterium schneller zu erreichen. Daher wird eine Indikator-Funktion vorgeschlagen, welche bestimmt, von welcher Eingabeliste in einem Schleifendurchlauf gelesen wird. Die Indikator-Funktion bestimmt dies durch die Kom- *drei Heuristiken* bination der drei folgenden Heuristiken:

1. *stärkster Abstieg:* Die Ähnlichkeitswerte jeder Eingangsliste sind absteigend sortiert. Bei der Abschätzung der Aggregatwerte werden die zuletzt gelesenen Ähnlichkeitswerte verwendet. Ein schnelles Sinken dieser Werte führt zu einem schnellen Erreichen des Abbruchkriteriums. Daher wird die Liste ausgewählt, bei der das schnellste Absinken der Ähnlichkeitswerte durch Analyse der bereits gelesenen Objekte prognostiziert werden kann.

2. *Anteil an Aggregatfunktion:* Die Ähnlichkeitswerte der Eingangslisten können unterschiedlich gewichtet in die Aggregatberechnung einfließen. Bevorzugt werden hier Eingabelisten mit einem starken Einfluss auf die Aggregatwerte.

3. *Komplettierung der Werte:* Der Algorithmus läuft offensichtlich dann am besten, wenn von möglichst vielen gelesenen Objekten alle Ähnlichkeitswerte bekannt sind. Um dieses Ziel zu verfolgen, werden pro Eingangsliste die fehlenden Ähnlichkeitswerte für die top-k-Objekte der

Liste gelesen gezählt. Die Eingangsliste mit den am meisten fehlenden Ähnlichkeitswerten wird bevorzugt.

Beispiel 7.20

Stream-Combine-Algorithmus

Aus zwei Listen mit jeweils fünf Objekten soll das Objekt mit dem höchsten Aggregationswert gefunden werden. Die Ausgangssituation und das Ergebnis wird in Tabelle 7.10 gezeigt. Die Aggregation berechnet sich über die Summe. Der Stream-Combine-Algorithmus kann nach dem Lesen der vierten Zeile aufhören, da der exakte Aggregatwert des größten gelesen-Objektes o4 von keiner nachfolgenden, oberen Abschätzung übertroffen wird.

links		rechts		gelesen		
id	lgrade	id	rgrade	id	ub-agg	komplett
o3	0,9	o4	0,8	o4	1,4	✓
o1	0,7	o2	0,7	o1	1,3	✓
o4	0,6	o1	0,6	o3	1,3	–
o2	0,2	o5	0,4	o2	0,9	✓
o5	0,1	o3	0,1	o5	0,6	–

Tabelle 7.10: Stream-Combine-Algorithmus

Zum Abschluss sollen die drei vorgestellten Combiner-Algorithmen verglichen werden. Wie in Tabelle 7.11 dargestellt, unterscheiden sich die Algorithmen in den Zugriffen auf die Eingangslisten, welchen Zugriff sie auf ihre Ergebnisse ermöglichen und ob sie für die Ergebnisobjekte immer einen exakten Aggregatwert zurückliefern oder nicht.

Combiner-	Zugriff auf		Aggregatwert
Algorithmus	**Eingabeliste**	**Ergebnis**	
TA	sequentiell/randomisiert	top-k	✓
NRA	sequentiell	top-k	–
Stream-Combine	sequentiell	ranking	✓

Tabelle 7.11: Vergleich Combiner-Algorithmen

7.2.2   Kondensator-Algorithmus

Aggregation von Objekten

Bei einem Kondensator-Algorithmus werden einzelne Objekte einer Eingabeliste anhand einer Aggregatfunktion zusammengefasst und in einer Ausgabeliste sortiert ausgegeben. Voraussetzung für die Aggregation ist die Information, welche Objekte zusammengefasst werden sollen. Üblicherweise liegen diese Objekte in der Eingabeliste gestreut vor. Weiterhin ist die Anzahl der zu aggregierenden Objekte variabel. Die verwendete Aggregatfunktion muss daher

variable Anzahl von Werten

eine variable Anzahl von Werten, siehe Seite 239, aggregieren können.

Ein Kondensator-Algorithmus wird in Szenarien benötigt, wo die geforderten Ergebnisobjekte einer Anfrage nicht den Objekten entsprechen, auf denen Ähnlichkeitswerte berechnet wurden. Ein solches Szenario ergibt sich oft im Kontext komplexer Objekte. Die folgenden zwei Beispiele sollen dies verdeutlichen.

Webseiten mit Luftaufnahmen

Beispiel 7.21

In einer Anfrage werden alle Webseiten gesucht, die Luftaufnahmen enthalten. Eine Webseite kann mehrere Bilder enthalten, auf denen jeweils der entsprechende Ähnlichkeitsvergleich erfolgt. Gesucht sind jedoch die zugeordneten Webseiten. Daher müssen die Ähnlichkeitswerte der Bilder zu einem Ähnlichkeitswert pro zugeordneter Webseite zusammengefasst werden.

Landschaftsmaler

Beispiel 7.22

In einer Anfrage werden alle Landschaftsmaler gesucht. Diese Bedingung bezieht sich auf die Gemälde der einzelnen Maler. Deren Ähnlichkeitswerte müssen zu einem Ähnlichkeitswert pro Maler aggregiert werden.

Projektion

Eine Kondensator-Operation ist verwandt zu einer Projektion in der relationalen Algebra, bei der Schlüsselattribute ausgeblendet werden. Die dabei entstehenden Duplikate müssen zusammengefasst werden. Da die Tupel in der klassischen relationalen Algebra implizit den Ähnlichkeitswert 1 aufweisen, ergibt die Aggregation dort trivialerweise immer einen Ähnlichkeitswert 1.

Quantor

Weiterhin ist eine Kondensator-Operation verwandt mit dem Quantor $\exists$ beziehungsweise $\forall$ einer kalkülbasierten Anfragesprache. So kann etwa die Anfrage aus dem Beispiel 7.21 so formuliert werden, dass alle Webseiten gesucht sind, auf denen ein Bild mit einer Luftaufnahme *existiert*. Bei der Auswertung einer kalkülbasierten Anfrage müssen für jedes Auftreten eines Quantors Werte zusammengefasst werden. Beim Existenzquantor reicht das Auftreten einer Erfüllung der entsprechenden Teilformel aus, damit das Ergebnis wahr wird.

Transferer

Leider sind konkrete Kondensator-Algorithmen in der Datenbankliteratur kaum bekannt. Eine Ausnahme ist der Kondensator-Algorithmus von Henrich und Robbert in [83], der dort als *Transferer* bezeichnet wird. Ausgangspunkt für diesen Algorithmus sind die zwei vorgegebenen Objektmengen OD und OR, wobei die Menge OD die geforderten Ergebnisobjekte enthält und die Menge OR die Eingangsobjekte bezeichnet, für welche Ähnlichkeitswerte bereits bekannt sind. Für die OD-Objekte sind die Ähnlichkeitswerte zu ermitteln. Die Beziehung zwischen beiden Mengen stellt die binäre Relation rel $\subseteq$ OD $\times$ OR   *Relation* rel her. Weiterhin gehen wir davon aus, dass die Eingangsliste die Objekte or aus der Menge OR absteigend nach deren Ähnlichkeitswert or.grade sortiert enthält. Die im Algorithmus verwendete Aggregatfunktion agg muss darüber   *Aggregatfunktion* hinaus die Bedingung

$$agg(x_1, \ldots, x_n) \leq \max_{i=1,\ldots,n} (x_i)$$

erfüllen.

Gesucht sind alle Objekte od $\in$ OD für die mindestens ein or mit rel(od, or) existiert. Der aggregierte Ähnlichkeitswert eines Ergebnisobjekts od berechnet sich aus der Funktion aggregate(od, rel), die folgendermaßen definiert ist:

$$aggregate(od, rel) = agg(or_1.grade, \ldots)$$
$$\text{mit } \{or_1, \ldots\} = \{or | rel(od, or)\}.$$

Die Ergebnisobjekte sollen nach ihren aggregierten Ähnlichkeitswerten absteigend sortiert für einen ranking-Zugriff ausgegeben werden.

Der Kondensator-Algorithmus ist in Algorithmus 7.13 aufgelistet. Er realisiert einen ranking-Zugriff über den Ausgabeparameter t. Als Hilfsdatenstruktur wird die Liste gelesen benötigt. Deren Einträge sind absteigend nach den Aggregatwerten sortiert. Die Liste dient zur Zwischenspeicherung von Ergebnisobjekten. In der while-Schleife werden so lange Objekte der Eingangsliste gelesen und die Liste gelesen entsprechend aktualisiert, bis der Aggregatwert des größten gelesen-Eintrags größer als der Ähnlichkeitswert des zuletzt gelesenen Objekts ist. Das top-Element der Liste gelesen kann dann als Ergebnis zurückgeliefert werden. Die Korrektheit kann durch die eingangs   *Korrektheit* beschriebene Eigenschaft der Aggregatfunktion nachgewiesen werden, da alle noch nicht in die Liste gelesen eingefügten Objekte keinen größeren Aggregatwert als der Ähnlichkeitswert des aktuellen or-Objekts erzielen können.

Innerhalb der Schleife werden alle Objekte aus OD bestimmt, die dem aktuellen Objekt or zugeordnet sind. Falls diese Objekte für die Liste gelesen neu sind, werden sie zusammen mit ihren Aggregatwerten in die Liste eingefügt. Die Funktion neu entscheidet, ob ein Objekt bereits in die Liste gelesen   *Funktion* neu eingefügt wurde oder nicht.

Kondensator-
Algorithmus

Algorithmus 7.13

```
[1]   procedure Kondensator(liste eingabe, funktion agg,
[2]                         relation rel, liste gelesen, objekt t)
[3]        eintrag or,od
[4]        set of eintrag SDO
[5]        or=getNext(eingabe)
[6]        while (or≠NULL) and (top(gelesen)=NULL or
[7]               or.grade≥top(gelesen).grade))
[8]          SDO={od|rel(od,or)}
[9]          for each od∈SDO
[10]            if neu(od) then
[11]               insert(gelesen,aggregate(od,rel))
[12]          or=getNext(eingabe)
[13]        end while
[14]        t=top(gelesen)
[15]        remove(gelesen,t)
[16]  end procedure
```

Eine Vereinfachung des Algorithmus ergibt sich in zwei Fällen:

1. *Aggregatfunktion* `max`*:* Wird die Maximumfunktion als Aggregatfunktion verwendet, erübrigt sich die aufwändige Berechnung des aggregierten Wertes. Aufgrund der Sortierung der Eingabeliste reicht es, vom jeweils ersten Auftreten des `or`-Objekts dessen Ähnlichkeitswert `or.grade` für das zugeordnete `od`-Objekt zu übernehmen.

2. *injektive Relation* `rel`*:* Ist jedem `or`-Objekt höchstens ein `od`-Objekt zugewiesen, braucht in den Zeilen 7 bis 9 nur ein Objekt berücksichtigt zu werden.

Der oben vorgestellte Algorithmus weist einige Probleme auf:

- *Funktion* `neu`*:* Die Funktion `neu` soll verhindern, dass bereits ausgegebene Objekte erneut in die Liste `gelesen` eingefügt werden. Um diese Funktion zu realisieren, kann man sich alle eingefügten Objekte merken. Dies kann jedoch einen zu hohen Hauptspeicherbedarf bewirken. Alternativ kann anhand des berechneten Aggregatwertes und dem zuletzt ausgegebenen Aggregatwert ermittelt werden, ob das Objekt bereits ausgegeben wurde. Jedoch kann es in der Liste `gelesen` noch verweilen. Dies führt zu Duplikateinträgen in der Liste, die erkannt und entfernt werden müssen.

- *Funktion* `aggregate`*:* Diese Funktion traversiert über die Relation `rel`, um die zu aggregierenden Ähnlichkeitswerte zu finden. Dabei muss auf die entsprechenden OR-Objekte zugegriffen werden. Dies erfordert einen aufwändigen randomisierten Zugriff.

- *Relation* `rel`*:* Für den effizienten Zugriff auf diese Relation wird eine geeignete Datenstruktur benötigt. Es bieten sich dabei Baumverfahren und Hash-Strukturen an.

Beispiel 7.23

Tabelle 7.12 zeigt den Zustand des Kondensator-Algorithmus nach dem Lesen des dritten or-Objekts, wenn als Aggregatfunktion der arithmetische Durchschnitt verwendet wird. Die entsprechenden od-Objekte sind in der Liste gelesen eingefügt. Wie man leicht überprüfen kann, ist der größte gelesen-Aggregatwert größer als der Ähnlichkeitswert des zuletzt gelesenen or-Objekts. Das oberste gelesen-Objekt kann zurückgeliefert werden, da kein weiteres od-Objekt dieses von der obersten Position verdrängen kann.

eingabe			gelesen	
id	**grade**	$\xrightarrow{rel}$ **od**	**id**	**grade**
or1	0,9	od1	od1	0,75
or5	0,8	od2	od2	0,6
or2	0,6	od1	–	–
or6	0,5	od3	–	–
or4	0,4	od2	–	–

Tabelle 7.12: Kondensator-Algorithmus

7.2.3 Indexaggregation

Die Verfahren zur Indexaggregation verstehen sich als eine Alternative zu den Combiner-Algorithmen. Die Combiner-Algorithmen gehen bei komplexen Anfragen von der Existenz von mehreren sortierten Eingangslisten aus und wenden auf deren Grundlage eine Aggregatfunktion an. Entsprechend der Anfrage werden die Objekte als top-k- oder als ranking-Ergebnis zurückgeliefert. Jedoch weisen die Combiner-Algorithmen drei prinzipielle Probleme auf:

Alternative zu Combiner-Algorithmen

Probleme

1. *hoher Aufwand:* Die Combiner-Algorithmen sind relativ aufwändig, wenn neben dem Mischen der Eingangslisten auch die Erstellung dieser Listen berücksichtigt wird. Ein geringerer Aufwand ist zu erwarten, wenn statt dessen die Aggregatwerte auf den Feature-Objekten berechnet werden, bevor zur Suche eine Indexstruktur angewendet wird.

2. *Monotonie:* Eine wichtige Voraussetzung für die Combiner-Algorithmen ist die Monotonie-Eigenschaft der Aggregatfunktion. Wenn jedoch die Ähnlichkeitswerte einer Teilanfrage negiert in die Aggregatfunktion eingehen sollen, wird die Monotonie verletzt und die Combiner-Algorithmen sind nicht mehr anwendbar. Folgendes Beispiel demonstriert eine Anfrage mit einer negierten Teilanfrage.

Ähnlichkeitsanfrage
mit negierter
Teilanfrage

Beispiel 7.24

Suche nach allen Gemälden, die ähnlich einem Vorgabebild sind, jedoch keine *Landschaften darstellen.*

3. *Bereichsanfrage:* Eine Bereichsanfrage fragt nach allen Feature-Objekten, die in einem vorgegebenen Suchbereich liegen. Da eine Bereichsanfrage auf den Aggregatwerten definiert ist, ergibt sich das Problem, die Suchbereiche für eine lokale Bereichssuche zu finden. Dies führt in vielen Fällen, etwa wenn eine Summenbildung bei der Aggregatberechnung beteiligt ist, zu sehr groben, lokalen Bereichsabschätzungen. Die Anzahl der Objekte kann also vor der Aggregation lokal nicht ausreichend reduziert werden.

frühe Berechnung
der Aggregatwerte
Indexaggregation

Eine naheliegende Alternative zu den Combiner-Algorithmen ist die frühe Berechnung der Aggregatwerte. Dies setzt jedoch voraus, dass die für die Aggregation benötigten Feature-Werte einer komplexen Anfrage in einem System komplett vorliegen. Der Ansatz der Indexaggregation wird in Abbildung 7.33 auf Seite 324 illustriert.

drei Fälle komplexer
Ähnlichkeitsanfragen

Bezüglich der Aggregation können drei Fälle von komplexen Ähnlichkeitsanfragen unterschieden werden:

1. *Multiobjektanfrage:* Bei diesen Anfragen werden mehrere Anfrageobjekte vorgegeben, die alle auf denselben Feature-Daten basieren. Eine solche Anfrage tritt etwa dann auf, wenn ein gesuchtes Objekt gleichzeitig ähnlich zu mehreren Anfrageobjekten sein soll. Dies ist zum Beispiel im Kontext von Relevance-Feedback-Zyklen erforderlich.

2. *Multi-Feature-Anfrage:* In diesem Fall basieren die Teilanfragen auf unterschiedlichen Feature-Daten, aber nur gegenüber einem Anfrageobjekt. Zum Beispiel werden alle Bilder gesucht, die ähnlich in Form und Farbverteilung zu einem Vorgabebild sind.

3. *Mischformen:* Zu diesen Anfragen werden Anfragen gezählt, die sowohl Multiobjekt- als auch Multi-Feature-Anfragen sind.

Im Folgenden präsentieren wir zwei Arbeiten, die den Ansatz der Indexaggregation verfolgen. Dabei basiert die erste Arbeit auf einer Erweiterung des M-Baums und die zweite Arbeit auf der Weiterentwicklung der VA-Datei. Im ersten Fall gehen wir von Ähnlichkeitswerten aus, die aus Feature-Distanzen berechnet werden und durch eine Umwandlungsfunktion f in Ähnlichkeitswerte transformiert werden, bevor sie aggregiert werden. Im zweiten Fall wird die Aggregatfunktion direkt auf den Distanzwerten angewendet.

Indexaggregation mit dem M-Baum. Ciaccia, Patella und Zezula schlagen in [148, 147] die Erweiterung des M-Baums, siehe Seite 287, zur Indexaggregation vor. Unterstützt wird eine Bereichsanfrage anhand eines Ähnlichkeitsschwellwertes α sowie eine knn-Anfrage, die als eine Bereichsanfrage mit einem dynamischen Schwellwert aufgefasst werden kann. Um auch negativ wirksame Teilanfragen berücksichtigen zu können, siehe Beispiel 7.24, wird auf die Einhaltung der Monotonieeigenschaft der Aggregateigenschaft, siehe Seite 238, verzichtet. Statt dessen wird die Monotonie bezüglich aller *einzelnen* Parameter gefordert. Die Aggregatfunktion muss gegenüber jedem einzelnen Parameter x_i entweder monoton steigend:

Erweiterung des M-Baums

Bereichs- und knn-Anfrage

Verzicht auf globale Monotonie lokale Monotonie

$$x_i \leq x_i' \implies agg(x_1, \ldots, x_i, \ldots, x_n) \leq agg(x_1, \ldots, x_i', \ldots, x_n)$$

oder monoton fallend:

$$x_i \leq x_i' \implies agg(x_1, \ldots, x_i, \ldots, x_n) \geq agg(x_1, \ldots, x_i', \ldots, x_n)$$

sein. Damit kann eine Aggregatfunktion in einem Parameter monoton steigend und in einem anderen Parameter monton fallend sein.

Bei einer Multi-Feature-Anfrage muss der M-Baum erweitert werden. Im M^2-Baum sind pro Feature-Objekt und pro 'routing object' die Werte aller benötigten Features abgespeichert. Pro Feature ist weiterhin je eine Distanzfunktion definiert. Ein Knoten des M^2-Baums korrespondiert zu einer Region von Multi-Feature-Objekten, bei denen für jedes Feature die entsprechende Distanz bezüglich des 'routing objects' einen speziell gespeicherten Radiuswert nicht übersteigt. Den M^2-Baum kann man sich als eine Erweiterung des sozusagen eindimensionalen M-Baums um weitere Dimensionen vorstellen, wenn jede Dimension einem Feature entspricht.

Multi-Feature-Anfrage

Im Fall von Multiobjektanfragen braucht der M-Baum selbst nicht erweitert zu werden, da die enthaltenen Feature-Daten zur Anfrageberechnung ausreichen.

Multiobjektanfragen

Die Berechnung einer komplexen Bereichs- oder knn-Anfrage erfordert die Anpassung des Suchalgorithmus. Kernpunkt des Suchalgorithmus ist das Ausschließen von Baumknoten von der weiteren Suche. Alle Knoten, deren Obergrenze für einen Ähnlichkeitswert kleiner als der vorgegebene Schwellenwert α sind, können von der weiteren Suche ausgeschlossen werden. Die entscheidende Frage ist die nach der Berechnung der Obergrenze für aggregierte Ähnlichkeitswerte eines Knotens. Die Berechnung dieser Obergrenze erfolgt in folgenden Schritten:

1. *Distanzgrenzen:* Für einen M-Baum-Knoten wird pro Teilanfrage[11] q_i eine Distanzuntergrenze $\min_{p \in Region} d(q_i, p))$ durch Ausnutzung der Dreiecksungleichung berechnet, wenn die korrespondierende Teilanfrage positiv in der Aggregatfunktion wirkt. Ansonsten wird die Distanzobergrenze $\max_{p \in Region} d(q_i, p)$ berechnet.

---

[11]*Pro Teilanfrage* bedeutet hier für eine Multiobjektanfrage *pro Anfrageobjekt* und für eine Multi-Feature-Anfrage *pro Feature*.

2. *Umwandlung:* Die Distanzgrenzwerte werden durch die Umwandlungs-funktion f in Ähnlichkeitswerte umgewandelt.

3. *Aggregation:* Die Ähnlichkeitswerte werden durch Anwendung der Aggregatfunktion *agg* zu einem Aggregatwert zusammengefasst.

4. *Ausschluss:* Ist der Aggregatwert kleiner als der Schwellenwert α, braucht dieser M-Baum-Knoten samt seinen Unterknoten bei der Suche nicht weiter berücksichtigt zu werden.

Wenn alle Teilanfragen positiv wirken, entspricht das Vorgehen dem folgenden Test:

$$agg\left(f\left(\min_{p \in Region} d(q_1, p)\right), \ldots, f\left(\min_{p \in Region} d(q_n, p)\right)\right) \quad (7.3)$$

kleinste Obergrenze   Die kleinste Obergrenze würde jedoch die Formel

$$\max_{p \in Region}\left(agg\left(f\left(d(q_1, p)\right), \ldots, f\left(d(q_n, p)\right)\right)\right) \quad (7.4)$$

liefern. Diese Formel liefert also den maximalen Aggregatwert *eines* potentiellen Objektes aus der Region des Baumknotens zurück. Leider erfordert die Berechnung dieser kleinsten Obergrenze oft die Lösung eines nur ineffizient *Optimierungs-* berechenbaren Optimierungsproblems. Daher wird dieser Wert durch die vor-*probleme* herige Formel abgeschätzt, wobei folgende Ungleichung gilt:

$$\max_{p \in Region}\left(agg\left(f\left(d(q_1, p)\right), \ldots, f\left(d(q_n, p)\right)\right)\right)$$
$$\leq$$
$$agg\left(f\left(\min_{p \in Region} d(q_1, p)\right), \ldots, f\left(\min_{p \in Region} d(q_n, p)\right)\right)$$

Ist also die Formel 7.3 erfüllt, dann gilt offensichtlich auch die Formel 7.4. Der Unterschied zwischen den beiden Funktionen ergibt sich dadurch, dass bei der Formel 7.4 die Obergrenze gegenüber *einem* potentiellen Feature-Objekt berechnet wird, während bei der Formel 7.3 die Berechnung des Grenzwertes pro Einzeldistanz ein jeweils anderes Feature-Objekt zu Grunde liegen kann.

Diese Situation ist in Abbildung 7.34 illustriert. In einer Multiobjektanfrage sind dort die zwei Anfrageobjekte q1 und q2 sowie eine kreisförmige Region abgebildet. Als Aggregationfunktion kann der Durchschnitt angenommen werden. Die kleinste Obergrenze des Ähnlichkeitswerts zu *einem* potentiellen Punkt der Region nach der Formel 7.4 ergibt sich aus den gestrichelten Linien zum potentiellen Punkt p1. Die angenäherte Obergrenze eines Ähnlichkeitswerts nach der Formel 7.3 ergibt sich jedoch aus den minimalen Distanzen zu den einzelnen Anfrageobjekten, welches durch die durchgezogenen Linien zu den potentiellen Punkten p2 und p3 ausgedrückt wird.

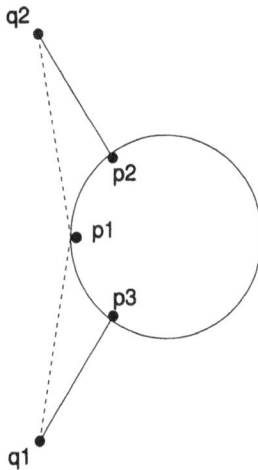

Abb. 7.34: *Distanzgrenze*

Wie bereits in Abschnitt 7.1.4 ausgeführt, erreicht der Suchalgorithmus eines M-Baums seine Grenzen bezüglich der Effizienz, wenn die durch die Metrik inhärente Dimensionalität hinreichend groß wird. Durch die beschriebene Annäherung der kleinsten Ähnlichkeitsobergrenze wird die Effizienz bei der Behandlung komplexer Anfragen weiter beeinträchtigt.

Effizienzprobleme

Der GeVAS-Ansatz. In der Publikation [22] wird der GeVAS[12]-Ansatz vorgeschlagen. Dieser besteht in der Anpassung der M-Baum-Indexaggregation an das Verfahren der VA-Datei, das in Abschnitt 7.1.5 auf Seite 310 vorgestellt wurde. Durch die Verwendung der VA-Datei sollen folgende Probleme bezüglich des Indexaggregation mit dem M-Baum überwunden werden:

Probleme der M-Baum-Indexaggregation

- *fest kodierte Distanzen:* Ein M-Baum ist ein Metrikbaum, der auf eine vorgegebene Metrik festgelegt ist. Daher kann bei einer komplexen Anfrage dieser Index nur eingesetzt werden, wenn die Distanzfunktion mit der geforderten Distanzfunktion der Anfrage übereinstimmt. Hingegen erfolgt bei der VA-Datei eine Approximation der Feature-Objekte durch Hyperrechtecke, die unabhängig von einer Distanzfunktion sind.

- *viele Dimensionen:* Der M-Baum weist Effizienzprobleme aufgrund des

---

[12]Das Akronym GeVAS steht für 'Generalized VA-File based Search'.

Fluchs der hohen Dimensionen auf, wenn die Anzahl der metrikinhä-
renten Dimensionen hoch ist. Diese Einschränkung besteht bei der VA-
Datei nicht, da dort von vornherein von einer linearen Suche ausgegangen wird.

Beim GeVAS-Ansatz werden zwei grundsätzliche Varianten diskutiert, wie eine VA-Datei-Indexaggregation für eine Multi-Feature-Anfrage realisiert werden kann:

- *Statische Feature-Integration:* Bei dieser Feature-Integration werden pro
  Feature-Objekt die Werte aller möglichen Features integriert durch *eine*
  VA-Datei indexiert. Ein Nachteil ergibt sich dadurch, dass für eine Anfrage nur selten die Daten aller Feature benötigt werden. Statt dessen
  wird häufig nur ein kleiner Teil der Daten benötigt, während jedoch aufgrund der Indexierung alle Feature-Werte gelesen werden müssen.

- *Dynamische Feature-Integration:* Bei der dynamischen Feature-
  Integration werden die Werte der benötigten Feature erst zum Zeitpunkt
  der Anfrageauswertung integriert. Dies lässt sich leicht bewerkstelligen,
  wenn die Werte pro Feature in jeweils einer eigenen VA-Datei indexiert

gleiche Reihenfolgen   werden. Für ein paralleles Durchsuchen wird die gleiche Reihenfolge
der Feature-Objekte   der abgelegten Feature-Objekte in allen VA-Dateien gefordert. Damit
                            brauchen nur die tatsächlich benötigten Feature-Daten gelesen zu wer-
                            den. Liegen die verschiedenen VA-Dateien allerdings auf demselben Da-
Effizienzprobleme   tenträger, üblicherweise eine Festplatte, gibt es Effizienzprobleme beim
beim sequentiellen   sequentiellen Zugriff, da der Lesekopf ständig neu positioniert werden
Zugriff   muss.

Multiobjektanfrage   Da bei einer Multiobjektanfrage auf dieselben Feature für mehrere Anfrageob-
                        jekte zugegriffen wird, braucht die VA-Datei nicht modifiziert werden.

Signaturalgorithmus   Im GeVAS-Ansatz wird der Signaturalgorithmus zur Suche, siehe Algorith-
                        mus 7.9 auf Seite 309, modifiziert. Voraussetzung ist die Monotonieeigenschaft
                        der Aggregatfunktion. Im Folgenden skizzieren wir die Ideen der Modifikation:

- *Berechnung der Distanzuntergrenze:* Analog zum Verfahren der Indexaggregation mit dem M-Baum wird in der ersten Phase des Signaturalgorithmus für jede Signatur die Distanzuntergrenze anhand einer Aggregatfunktion berechnet. Pro Teilanfrage[13] wird dazu die lokale Distanzuntergrenze $\min\limits_{p \in Region} d(q_i, p))$ ermittelt und danach werden alle diese Un-
Aggregation der   tergrenzen mittels der Aggregatfunktion zu einer globalen Untergrenze
lokalen   kombiniert:
Untergrenzen

$$agg \left(\min_{p \in Region} d(q_1, p), \dots, \min_{p \in Region} d(q_n, p) \right)$$

---

[13] *Pro Teilanfrage* bedeutet hier für eine Multiobjektanfrage *pro Anfrageobjekt* und für eine
Multi-Feature-Anfrage *pro Feature*.

Wie bei der M-Baum-Indexaggregation ist die so berechnete Untergrenze nur eine Annäherung an die größte Untergrenze. Die Berechnung der größten Untergrenze, also

Annäherung

$$\min_{p \in Region} \left(agg\left(d(q_1, p), \ldots, d(q_n, p) \right) \right)$$

wobei $d(q_i, p)$ die Distanz pro Teilanfrage zu einem potenziellen Punkt des Hyperrechtecks ist, hingegen würde zu ineffizienten Berechnungen aufgrund komplexer Optimierungsprobleme führen.

- *Heuristiken zur schnelleren Distanzberechnung:* Eine Idee basiert auf der Überlegung, dass Distanzen von einem Anfragepunkt zu den Intervallgrenzen der Signaturzellen bei der Berechnung der Gesamtdistanzuntergrenze wiederholt berechnet werden müssen. Daher macht es Sinn, diese Distanzen pro Anfrage nur einmal zu berechnen, im Hauptspeicher zu speichern und bei Bedarf wieder abzurufen.

Vorausberechnung von Einzeldistanzen

Des Weiteren kann in einer Multiobjektanfrage die Aggregatfunktion zusammen mit der Distanzfunktion so umgestellt werden, dass die Gesamtdistanzuntergrenze effektiver berechnet werden kann. Das setzt jedoch voraus, dass die Aggregatfunktion und die Distanzfunktion für die Umstellung einander kompatibel sind.

Umstellung der Aggregatfunktion

Eine weitere Idee ist das frühe Abbrechen der Berechnung der Gesamtdistanzuntergrenze, wenn die Ausschlussbedingung im Algorithmus 7.9 schon während der Berechnung verletzt wird.

frühes Abbrechen

- *Vereinfachung bei gemischten Anfragen:* Diese Anfragen sind sowohl Multiobjekt- als auch Multi-Feature-Anfragen. Sollen in einer solchen Anfrage für die verschiedenen Anfrageobjekten gleiche Features verwendet werden, dann sollte die entsprechende VA-Datei nur einmal durchsucht werden. Notfalls muss dafür diese Anfrage umgestellt werden.

gemeinsamer Durchlauf

Eine wichtiger Aspekt dieses Ansatzes ist die Frage, inwieweit die Annäherung der Gesamtdistanzuntergrenze und die Aggregation zu einer Beeinträchtigung der Effizienz des Suchalgorithmus führen. Die Gefahr liegt darin, dass aufgrund eines daraus resultierenden höheren Approximationsfehlers in der ersten Phase des Suchalgorithmus nur noch wenige Feature-Objekte von der Suche in der zweiten Suchphase ausgeschlossen werden können. Ein solches Problem wird behoben, indem mehr Bits pro Dimension zur Signaturberechnung verwendet werden. Allerdings verlangsamt natürlich eine Erhöhung der Bitanzahl für die Signaturen den Aufwand für ein sequentielles Lesen in der ersten Suchphase.

erhöhter Approximationsfehler

höherer Aufwand bei sequentieller Suche

In [22] wird argumentiert, dass sich bei einer Multiobjektanfrage der Aproximationsfehler im schlimmsten Fall verdoppelt. Dieser Effekt kann durch das Erhöhen der Bitanzahl pro Signatur um ein Bit pro Dimension ausreichend kompensiert werden.

Verdopplung des Approximationsfehlers

Bei einer Multi-Feature-Anfrage steigt die Anzahl der Dimensionen und damit entsprechend auch der Approximationsfehler. Da jedoch zur Kompensation nur logarithmisch viele zusätzliche Bits pro Dimension nötig sind, erhöht sich der Suchaufwand nicht im gleichen Maße wie die Anzahl der Dimensionen.

7.3   Literaturempfehlungen

Bei den in diesem Kapitel vorgestellten Algorithmen wurden die entsprechenden Literaturreferenzen bereits angegeben. Zusätzlich werden jedoch folgende Publikationen zur Vertiefung oder für alternative Algorithmen empfohlen.

In Unterabschnitt 7.1.1 wurden verschiedene Anfragearten diskutiert. Eine interessante, weitere Anfrageart ist die PAC Nächste-Nachbar-Anfrage, wie sie in [38] eingeführt wird. Diese Anfrage ist eine um eine Wahrscheinlichkeitsangabe erweiterte approximierte Nächste-Nachbar-Anfrage.

Die Darstellung des Nächste-Nachbar-Problems mit Hilfe von Voronoi-Zellen ist in vielen Lehrbüchern zur „Computational Geometry" zu finden.

Einen allgemeinen Überblick über hochdimensionale Indexstrukturen und deren Vergleich geben die Arbeiten [21, 30, 31, 61]. Ein Spezialfall stellen die Verfahren zur Suche im Metrikraum dar, da dort keine konkreten Feature-Werte indexiert werden. Die verschiedenen Verfahren werden in [51, 39] vorgestellt. [93] gibt einen Überblick über Indexverfahren im Metrikraum. Neben dem vorgestellten FastMap-Verfahren existieren mit [94, 117, 213] weitere Verfahren zur Einbettung von Objekten mit Distanzen in einen Vektorraum.

Bei einer hohen Anzahl von Dimensionen versagen üblicherweise Baumverfahren für die Nächste-Nachbar-Suche. Dieser Fluch der hohen Dimensionen wurde in vielen Arbeiten, etwa in [14, 217, 18, 173, 10], untersucht.

Eines der ersten Signaturverfahren zur Suche im hochdimensionalen Raum ist die VA-Datei. Eine Kostenabschätzung und eine approximative Nächste-Nachbarsuche für diesen Ansatz wird in [216] beschrieben. Einen guten Überblick über alternative Signaturverfahren gibt die Dissertation von Sören Balko [10]. Die Verwendung von Signaturverfahren bei Nutzung verschiedener Distanzfunktionen beschreibt [54]. Mit der effizienten Berechnung der quadratischen Distanzfunktion beschäftigt sich [184].

Ein früher Vorläufer der Combiner-Algorithmen ist in [28] auf invertierten Listen beschrieben. Eine Übersicht über die Combiner-Algorithmen geben die Arbeiten [83, 95]. Ein in diesem Kapitel nicht beschriebener Combiner-Algorithmus wird in [95] vorgestellt. Dort wird ein NRA-Algorithmus als Pipeline-Operator entwickelt.

Der ursprüngliche Combiner-Algorithmus A0 von Fagin, siehe [55], wurde hier nicht vorgestellt, da der hier beschriebene Algorithmus TA diesen hinsichtlich der Effizienz übertrifft. Eine umfangreiche Übersicht über die faginschen Algorithmen FA (A0), TA, CA ist in [56, 57] zu finden.

Eine Generalisierung eines Combiner-Algorithmus als Verbundalgorithmus mit einer spezifizierbaren Verbundbedingung ist der J*-Algorithmus. Dieser Algorithmus kommt ohne randomisierte Zugriffe aus und wird in [136] beschrieben. Anstatt Ähnlichkeitswerte verschiedener Eingangslisten zu aggregieren, werden in [82] Rangpositionen innerhalb der Sortierung miteinander kombiniert.

8 Anfragebehandlung

In diesem Kapitel werden Konzepte der Anfragebehandlung in Multimedia-Datenbanksystemen diskutiert. Ein Anfragesystem eines Multimedia-Datenbanksystems soll eine zielgerichtete Suche in einer Multimedia-Datenbank ermöglichen. Wir gehen in diesem Kapitel davon aus, dass der Leser mit der relationalen Anfragesprache SQL vertraut ist.

Abschnitt 8.1 enthält eine grobe Klassifikation verschiedener Suchverfahren sowie eine Auflistung von Kriterien zur Beurteilung von Anfragesystemen. Daran schließt sich in Abschnitt 8.2 eine Diskussion wichtiger Konzepte eines Anfragesystems an. Abschnitt 8.3 diskutiert kurz die Wahl eines geeigneten Datenbankmodells. In Abschnitt 8.4 wird sodann die Anfragesprache WS-QBE kurz vorgestellt und die Möglichkeiten zur Ähnlichkeitssuche in objektrelationalen Systemen skizziert. Für eine Vertiefung in dieses Gebiet geben wir im letzten Abschnitt weitere Literatur an.

Kapitelgliederung

8.1 Einführung

Zunächst werden wir in Unterabschnitt 8.1.1 die Suche anhand verschiedener Kriterien klassifizieren. Daran schließt sich in Unterabschnitt 8.1.2 eine Aufstellung und kurze Diskussion von Kriterien zur Anfragebehandlung an, die zur Beurteilung eines konkreten Anfragesystems eingesetzt werden können.

8.1.1 Klassifikationen

Die Suche nach Multimedia-Objekten in einer Multimedia-Datenbank kann nach verschiedenen Kriterien klassifiziert werden. Als erstes unterscheiden wir Suchaktivitäten nach der Zeitspanne zwischen der Suchspezifikation und der Suchausführung. Als Suchspezifikation bezeichnen wir alle Nutzerinformationen, die in irgendeiner Weise eine konkrete Suche festlegen, während die Suchausführung deren tatsächliche Ausführung, also die Ergebnisberechnung, bedeutet:

Zeitspanne zwischen Suchspezifikation und Suchausführung

- *sofortige Suchausführung:* Die sofortige Suchausführung erfolgt unmittelbar nach der Suchspezifikation. Da eine Suchspezifikation in der Regel von einem Nutzer formuliert wird, startet und überwacht derselbe Nutzer üblicherweise auch deren Ausführung und inspiziert die Suchergebnisse. Für diese Art der Suche ist eine geeignete Interaktionsschnittstelle zwischen Nutzer und Anfragesystem wichtig.

- *verzögerte Suchausführung:* Bei der verzögerten Suchausführung muss die Suchspezifikation geeignet abgelegt werden können, damit diese für eine spätere Suchausführung zur Verfügung steht. Ein typisches Beispiel ist die Suchspezifikation als Einbettung in eine Programmiersprache. Dabei wird die Suchspezifikation üblicherweise in einer Anfragesprache textuell[1] formuliert. Weiterhin ist bei der Suchausführung ein anderer Nutzer als bei der Suchspezifikation zu erwarten. Zudem muss die Präsentation der Suchergebnisse an das entsprechende Anwendungsprogramm angepasst werden.

Ad-Hoc-Suche   Als Fazit dieser Klassifikation lässt sich sagen, dass bei der sofortigen Suchausführung, auch Ad-Hoc-Suche genannt, im Gegensatz zur verzögerten Suchausführung eine nutzerfreundliche Nutzerinteraktion wichtiger als das Vorhandensein einer Anfragesprache zur textuellen Suchspezifikation ist. Eine textuell formulierbare Suchspezifikation ist also besonders für die verzögerte Suchausführung wichtig.

Erzeugung einer textuellen Suchspezifikation   Nützlich scheint eine Kombination beider Arten der Suchspezifikation in dem Sinne zu sein, dass aus einer interaktiv formulierten Suchspezifikation eine textuelle Suchspezifikation automatisch erzeugt werden kann. Damit werden die Vorteile beider Arten der Suchspezifikation miteinander verbunden.

Suchart   Eine weitere Klassifikation von Suchverfahren kann anhand der Art der Suchaktivitäten erfolgen:

- *Browsing und Navigation:* Beim Browsen und Navigieren bewegt sich der Nutzer direkt in der Datenbank, um die Suchergebnisse interaktiv zu finden. Unter Browsen versteht man das lineare Durchlaufen durch eine Datenbank, während eine Navigation eher das nichtlineare Verfolgen von Referenzen bezeichnet. Die Unterstützung von einem Anfragesystem ist gering. Die Suche durch Browsen und Navigieren erfolgt überwiegend manuell.

  Diese Art der Suche wird häufig dann verwendet, wenn der Nutzer keine komplexe Anfrage formulieren möchte oder kann, die Datenbank relativ klein ist oder der Nutzer davon ausgeht, das Ergebnis schnell zu finden. In der Regel kann der Suchaufwand im Vornherein kaum abgeschätzt werden. Im Vergleich zu der Bearbeitung einer Anfrage kann der tatsächliche Suchaufwand schnell den Aufwand zur Anfrageformulierung und einer Anfragebearbeitung überschreiten.

- *anfragebasierte Suche:* Bei einer Anfrageformulierung wird eine Suchspezifikation erstellt. Diese Spezifikation teilt dem Anfragesystem mit, wonach gesucht werden soll. Im Unterschied zum Browsen und Navigieren erfolgt die Suchausführung durch das Anfragesystem. In der Regel kann der erforderliche Suchaufwand vorher abgeschätzt werden. Für

---

[1] Eine textuell formulierte Suchspezifikation bedeutet hier nicht eine Formulierung als Freitext, sondern eine Formulierung wie etwa in der Sprache SQL.

eine anfragebasierte Suche ist der Suchende gezwungen, seine Suche zu spezifizieren, was Kenntnisse der Anfragesprache voraussetzt. Eine anfragebasierte Suche auf einer Multimedia-Datenbank kann dabei eine klassische, relationale Anfrage, eine semi-strukturelle Anfrage, etwa auf Strukturdaten, oder eine Ähnlichkeitsanfrage sein.

Häufig lassen sich diese beiden Arten der Suche kombiniert einsetzen. Zum einen müssen bei der Suchspezifikation häufig Suchobjekte angegeben werden, die anhand von Browsing- und Navigationsmechanismen ermittelt werden können. Zudem kann das Ergebnis einer Anfrage so umfangreich und komplex sein, dass ein Browsing und eine Navigation darauf sinnvoll erscheint.

Kombination von Anfrage, Browsing und Navigation

Browsen und Navigieren selbst kann wieder in drei Suchvarianten mit steigender Komplexität unterteilt werden:

Varianten von Browsing und Navigation

- *flache Suche:* Die flache Suche erfolgt sequentiell auf atomaren Datenbankobjekten. Suchaktionen beschränken sich auf vorwärts und rückwärts Blättern.

- *strukturierte Suche:* Die Datenbank kann strukturiert[2] sein und die Datenbankobjekte selbst können auch strukturiert, also Multimedia-Objekte sein. Die Suche involviert ein Verfolgen von Strukturbeziehungen. Man kann etwa in einer Aggregationshierarchie sowohl vertikal als auch horizontal navigieren. Üblicherweise wird zusätzlich eine History-Liste verwaltet, die ein Zurückgehen zu bereits aufgesuchten Objekten ermöglicht.

- *Hypermediasuche:* Während bei der strukturierten Suche direkt auf den vorgegebenen Strukturen einer Datenbank oder der Multimedia-Objekte gesucht wird, sind bei der Hypermediasuche Struktur und Inhalt voneinander entkoppelt. Auf den Datenbankobjekten können also unterschiedliche Referenzstrukturen erzeugt werden, welche diese für einen bestimmten Zweck vernetzen. Der Vorteil liegt darin, dass unabhängig vom Dateninhalt zusätzlich eine Struktur angelegt werden kann, die für eine bestimmte Zielrichtung optimiert ist.

Fr jede der drei Suchvarianten soll je ein Beispiel angegeben werden.

Beispiel 8.1

Das Seitenblättern in einem Buch entspricht einer flachen Suche.

Seitenblättern und einfache Suche

Beispiel 8.2

In einem Buch kann im Inhaltsverzeichnis anhand der Kapitelstruktur sowie der Seitenreferenzen gesucht werden.

Inhaltsverzeichnis und strukturierte Suche

---

[2]Unter strukturiert verstehen wir hier eine komplexere Struktur als die einer Sequenz von Objekten.

Vortrag und
Hypermediasuche

Beispiel 8.3

Als Beispiel zur Erzeugung einer neuen, nutzerabhängigen Struktur kann das Erstellen eines Vortrags aus einer Menge isolierter Folien gesehen werden. Die Struktur definiert die Gliederung des Vortrags und legt damit eine Reihenfolge der Folien fest. Anhand dieser Struktur kann in einem bestimmten Kontext zielgerichtet gesucht werden.

Suchbedingungen

Im Folgenden werden wir uns primär mit der anfragebasierten Suche beschäftigen. Eine Anfrage involviert die Angabe verschiedener Suchbedingungen. Diese Bedingungen können folgendermaßen unterschieden werden:

- *Attributbedingungen:* Als Attribute werden klassische Datenbankattribute verstanden. Innerhalb einer Attributbedingung erfolgt ein Vergleich zwischen den Werten zweier Attribute oder zwischen einem Attributwert und einer Konstante. Für jedes Datenbankobjekt lässt sich exakt und relativ einfach bestimmen, ob eine Attributbedingung erfüllt ist oder nicht.

- *Strukturbedingungen:* Strukturbedingungen sind Bedingungen, die auf Strukturdaten definiert sind. Sie erlauben das Verfolgen von Referenzen innerhalb einer komplexen Struktur. Diese Bedingungen können ebenfalls exakt überprüft werden.

- *räumliche und zeitliche Bedingungen:* Viele Medienobjekte, etwa Rasterbilder, involvieren räumliche Dimensionen. Analog dazu besitzen einige Medientypen, etwa Audio- und Videoobjekte, eine zeitliche Ausdehnung. Für eine Suche werden häufig Bedingungen auf räumliche und zeitliche Beziehungen benötigt.

- *Ähnlichkeitsbedingungen:* Während die Erfüllung der vorangegangenen Bedingungen exakt überprüft werden kann, ist dies bei Ähnlichkeitsbedingungen nicht mehr der Fall. Bei einer Ähnlichkeitsbedingung werden Medienobjekte miteinander auf Ähnlichkeit verglichen. Die Überprüfung der Ähnlichkeit anhand der Rohdaten kann in der Regel nicht empfohlen werden. Statt dessen ist eine eher inhaltliche Übereinstimmung anhand inhaltsbezogener Feature-Daten erwünscht. Als Ergebnis wird pro Objektpaar ein Ähnlichkeitswert zurückgeliefert, der den Grad der Ähnlichkeit angibt.

  Wird innerhalb einer Anfrage ein Medienobjekt vorgegeben, zu dem die Ergebnisobjekte ähnlich sein sollen, spricht man häufig von einer QBE-Anfrage[3]. Dieses Vorgabeobjekt kann dabei vom Nutzer „hochgeladen" werden, ein Vergleichs-Medienobjekt aus der Datenbank sein oder sogar speziell für die Anfrage interaktiv erstellt werden.

Retrieval

Die inhaltsbasierte Suche anhand von Ähnlichkeitsbedingungen korrespondiert zum Begriff „Retrieval", der in Kapitel 2 eingeführt wurde.

---

[3]QBE steht für *query by example.*

Für jede der vier Arten von Suchbedingungen soll je ein Beispiel angegeben werden.

Beispiel 8.4

In einer Gemäldesammlung werden alle Gemälde von Rubens gesucht. Der Name des Malers liegt dabei als Attributwert für jedes Gemälde vor.

Gemälde und Attributbedingungen

Beispiel 8.5

Die Webseiten der Informatikinstitute aller deutschen Universitäten sollen gesucht werden. Die Strukturdaten sind hier die Links von den Webseiten einer Universität auf die der Institute.

Pfadangabe als Strukturbedingung

Beispiel 8.6

Gesucht werden alle Bilder, auf denen das Parkverbotszeichen links neben einem Fahrzeug abgebildet ist.

räumliche Bedingung

Beispiel 8.7

In einer Bilddatenbank werden alle Bilder gesucht, die ähnlich zu einem Vorgabebild sind. Das Vorgabebild kann dabei schon existieren. Alternativ kann es auch während der Anfragespezifikation mittels eines speziellen Grafikprogramms interaktiv skizziert werden.

Bildsuche und Ähnlichkeitsbedingung

Diese Arten von Bedingungen decken einen Großteil möglicher Bedingungen ab, können jedoch nicht vollständig und exakt disjunkt sein. So lässt sich etwa der SQL-Operator „like" auf Zeichenketten nicht sauber in diese Klassifikation einordnen.

Tabelle 8.1 fasst die in diesem Unterabschnitt vorgestellten Klassifikationen zusammen. Ihre hierarchische Anordnung zeigt Abbildung 8.1

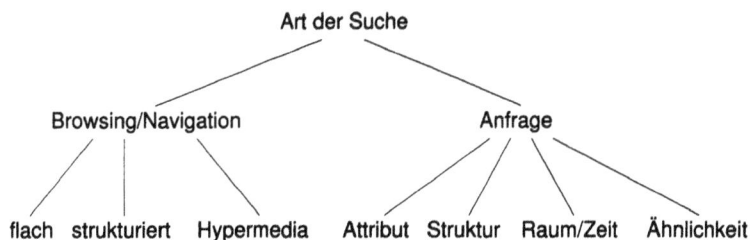

Abb. 8.1: hierarchische Klassifikation

Merkmal	Unterscheidung
Zeitspanne	sofortige Suchausführung
	verzögerte Suchausführung
Art der Suche	Browsing & Navigation
	anfragebasierte Suche
Browsing & Navigation	flache Suche
	strukturierte Suche
	Hypermediasuche
Suchbedingungen	Attributbedingungen
	Strukturbedingungen
	räuml./zeitl. Bedingungen
	Ähnlichkeitsbedingungen

Tabelle 8.1: *Klassifikationsmerkmale von Suchverfahren und -bedingungen*

8.1.2   Kriterien der Anfragebehandlung

In diesem Unterabschnitt werden wir Kriterien für die Anfragebehandlung in Multimediadatenbanken aufstellen. Dazu werden kurz die Hintergründe erläutert. Diese Kriterien sind nicht dogmatisch als Anforderungen aufzufassen. Für unterschiedliche Suchszenarien ist die Erfüllung verschiedener Kriterien notwendig. Es kann sogar vorkommen, dass die Erfüllung eines Kriteriums die Verschlechterung bezüglich eines anderen Kriteriums bewirkt. Einige Kriterien sind erfüllt/nicht-erfüllt-Kriterien, während die Erfüllung anderer Kriterien nur tendenziell oder relativ angegeben werden kann.

Im Folgenden werden wir zunächst allgemeine Kriterien und danach multimediaspezifische Kriterien behandeln.

allgemeine Kriterien   Die allgemeinen Kriterien wurden von Heuer und Scholl in [88] vorgestellt, in [87] verfeinert und hier größtenteils übernommen. Wir unterteilen diese allgemeinen Kritierien in vier Kategorien:

1. *Anfrageformulierung:* Hier kommt es auf die Art und Weise der Anfrageformulierung an, welche durch eine Anfragesprache unterstützt wird.

2. *Sprachumfang:* Um die Mächtigkeit einer Anfragsprache beurteilen zu können, muss der Umfang der unterstützten Sprachkonstrukte und -konzepte untersucht werden.

3. *formale Kriterien:* Für die Festlegung der Bedeutung einer Anfrage müssen formale Kriterien berücksichtigt werden.

4. *Anfrageausführung:* Hier werden Kriterien für die Ausführung einer Anfrage untersucht.

In den folgenden Unterabschnitten gehen wir auf die einzelnen Kriterien gruppiert nach den Kategorien ein.

Anfrageformulierung. Folgende drei Kriterien sind bei der Formulierung einer Anfrage essenziell:

- *sofortige und verzögerte Anfrageausführung:* Beide Formen der Suchaktivitäten müssen unterstützt werden. Für die sofortige Ausführung wird eine geeignete, interaktive Nutzerschnittstelle und für die verzögerte Ausführung die Möglichkeit für eine textuell formulierbare Anfrage benötigt.

- *generische Operationen und Orthogonalität:* Die bei einer Anfragespezifikation verwendbaren Operationen sollen nach Möglichkeit generisch und orthogonal kombinierbar sein. Das Ziel ist eine möglichst einfache Anfrageformulierung mit möglichst wenigen Operatoren. Generische Operatoren sind Operatoren, die für Operanden unterschiedlicher Typen gleichermaßen eingesetzt werden können. Die Orthogonalität hingegen erlaubt ein uneingeschränktes Kombinieren der Operatoren. Es sind also keine einschränkende Regeln vorhanden, die festlegen, ob eine Operation mit einer anderen Operation kombiniert werden darf oder nicht.

- *Deskriptivität:* Die Anfragesprache sollte eine deskriptive Anfrageformulierung erlauben. Die Anfrage beschreibt also das gewünschte Anfrageergebnis und nicht, *wie* das Ergebnis gefunden wird. Deskriptivität garantiert Datenunabhängigkeit und lässt Freiraum für eine Anfrageoptimierung.

Sprachumfang. Folgende vier Kriterien beziehen sich auf den Umfang einer Anfragesprache und damit auf seine Mächtigkeit:

- *Adäquatheit und Erweiterbarkeit:* Alle Konzepte des zugrunde liegenden Datenbankmodells sollen geeignet unterstützt werden. Dazu gehört die Unterstützung verschiedener Medientypen und Speicherformate. Bei einer Erweiterung des Datenbankmodells soll eine entsprechende Erweiterung der Anfragesprache leicht möglich sein.

- *Vollständigkeit:* Die Anfragesprache soll mindestens so ausdrucksmächtig wie eine relationale Standardanfragesprache, etwa die relationale Algebra, sein.

- *Anwendungsunabhängigkeit:* Die Anfragesprache soll universell einsetzbar sein, also nicht für nur eine bestimmte Anwendung entworfen sein.

- *Abgeschlossenheit:* Das Ergebnis einer Anfrage muss im Datenmodell darstellbar sein. Damit wird eine Schachtelung von Anfragen ermöglicht.

Formale Kriterien. Folgende zwei Kriterien beziehen sich auf formale Eigenschaften einer Anfragesprache:

- *Eingeschränktheit:* Eine Anfragesprache sollte nicht berechnungsvollständig sein. Dieses Kriterium ist wesentlich um Sicherheit, Effizienz und Optimierbarkeit zu garantieren.

- *formale Semantik:* Die Semantik jeder möglichen Anfrage muss formal festgelegt werden. Damit werden störende Spielräume bei der Interpretation einer Anfrage vermieden.

Anfrageausführung. Bezüglich der Ausführung einer Anfrage, also der Berechnung des Anfrageergebnisses, sind folgende Kriterien zu berücksichtigen:

- *Sicherheit:* Für die Sicherheit muss die Ausführung jeder syntaktisch korrekten Anfrage terminieren und ein endliches Ergebnis zurückliefern. Terminierung kann garantiert werden, wenn die Anfragesprache nicht berechnungsvollständig ist.

- *Optimierbarkeit:* Optimierbarkeit setzt voraus, dass ein Ergebnis zu einer deskriptiv formulierten Anfrage auf unterschiedliche Weise ermittelt werden kann. Dabei ist eine bezüglich der benötigten Ressourcen akzeptable Ausführung zu finden. Häufig bezieht sich die Ressource auf die für die Ausführung der Anfrage benötigte Zeit.

- *Effizienz:* Das Anfrageergebnis soll effizient gefunden werden. Die einzelnen Operationen sollen also eine geringe Berechnungskomplexität, üblicherweise nicht schlechter als quadratischer Aufwand bezüglich der Anzahl der involvierten Datenbankobjekte, aufweisen.

multimediaspezifische Kriterien

Nachdem die allgemeinen Kriterien vorgestellt wurden, sollen nun die multimediaspezifischen Kriterien aufgelistet werden. Diese basieren auf den Arbeiten [149, 180] von Paskamp beziehungsweise Schulz. Wir unterscheiden drei verschiedene Kategorien von Kriterien:

- *Sprachumfang:* In dieser Kategorie geht es um die Mächtigkeit einer Anfragesprache.

- *Retrieval-Funktionalität:* Das Kriterium Retrieval-Funktionalität gehört eigentlich zur vorherigen Kategorie, wird hier jedoch aufgrund seiner vielen Unterkriterien als eigenständige Kategorie aufgeführt.

- *Nutzerschnittstelle:* Aufgrund der verschiedenen Medientypen und der geforderten Unterstützung von Ad-Hoc-Anfragen spielen Kriterien für die Nutzerschnittstelle eine wichtige Rolle.

In den folgenden Unterabschnitten gehen wir auf die einzelnen Kriterien gruppiert nach den Kategorien ein.

Sprachumfang. Zum Sprachumfang werden vier Kriterien aufgestellt. Bis auf das letzte wurden alle Kriterien bereits in der Einführung in Abschnitt 8.1 vorgestellt und werden daher hier nicht weiter vertieft:

- *Strukturbedingungen:* Die Formulierung von Strukturbedingungen soll unterstützt werden.

- *räumliche und zeitliche Bedingungen:* Die Formulierung von räumlichen und zeitlichen Bedingungen soll unterstützt werden.

- *Integration von Ähnlichkeitsbedingungen:* Die Anfragesprache muss die Formulierung von Ähnlichkeitsbedingungen unterstützen.

- *Medienabstraktion:* Medienabstraktion ist eine spezielle Form der Datenunabhängigkeit. Wir verstehen darunter die Abstraktion von speicherungsbezogenen (etwa Medientyp, Speicherformat, Speicherort) und von präsentationsbezogenen (etwa QoS, Auflösung, Layout) Metadaten[4]. Es muss also möglich sein, alle Informationen zu einem bestimmten Thema zu suchen, egal in welchem Medientyp und Speicherungsformat die Medienobjekte abgelegt sind. Weiterhin muss die Anfragesprache es dem Nutzer weitestgehend ermöglichen, beliebige Formate und Medientypen für die Präsentation von Suchergebnissen zu fordern.

Retrieval-Funktionalität. Weitere Kriterien sind bezüglich der Retrieval-Funktionalität relevant:

- *Unschärfe:* Ähnlichkeitsbedingungen erfordern bei der Anfragebearbeitung den Umgang mit Unschärfe. Da aufgrund der Unschärfe ein Objekt nicht mehr exakt einer Menge zugeordnet werden kann, erfordert dies eine Abkehr von der zugrunde liegenden Mengensemantik vieler Anfragesprachen. Statt dessen können etwa Fuzzy-Mengen als Grundlage verwendet werden. Eine oft geforderte Sortierung der Objekte nach deren Zugehörigkeitswerten, bzw. Ähnlichkeitswerten, erzeugt eine Listensemantik.

- *inhaltsbasierte Suche:* Eine inhaltsbasierte Suche beschreibt die Suche nach Medienobjekten über deren Inhalt, also deren menschliche Interpretation. Da dieser Inhalt in der Regel nicht als explizite Beschreibung vorliegt, lässt sich eine Unschärfe bei der Überprüfung kaum vermeiden. Ein typisches Beispiel ist eine Ähnlichkeitsbedingung, welche eine inhaltliche Ähnlichkeit zwischen zwei Medienobjekten fordert.

- *Nutzerpräferenzen:* Mit Präferenzen sind hier Nutzerentscheidungen gemeint, die zum einen Suchbedingungen einer Anfrage unterschiedlich gewichten, und zum anderen aber auch bestimmte Anfrageergebnisse favorisiert behandelt sehen wollen.

---

[4]Siehe Tabelle 3.3 auf Seite 87.

- *iterative Anfrageverfeinerung:* Häufig liefert bei einer Suche die Initialanfrage nicht das gewünschte Ergebnis. Da dies an einer schlecht formulierten Anfrage liegen kann, wird in einer zusätzlichen Iteration versucht, eine bessere Anfrage zu finden. Häufig wird dazu die Initialanfrage verfeinert.

Nutzerschnittstelle. Prinzipiell kann man bei den Kriterien für eine Nutzerschnittstelle diskutieren, ob die entsprechende Funktionalität vom Datenbanksystem oder von einem darauf aufbauenden Anwendungssystem bereit zu stellen ist. Wir gehen hier davon aus, dass zumindestens eine Ad-Hoc-Anfrage von einem Multimedia-Datenbanksystem zu unterstützen ist und ordnen daher die folgenden Kriterien dem Multimedia-Datenbanksystem zu.

Neben den üblichen Kriterien für Nutzerschnittstellen wie einfache Bedienbarkeit, Übersichtlichkeit, Adäquatheit und Effizienz sollen hier einige, für die Suche in Multimedia-Datenbanken spezifische Kriterien aufgelistet werden:

- *Nutzer- und Geräteprofile:* Eine Nutzerschnittstelle muss anpassbar an die Vorstellungen der Nutzer, aber auch an die verfügbaren Ein- und Ausgabegeräte sein. Voraussetzung dafür sind Nutzer- und Geräteprofile, welche die Vorlieben von Nutzern sowie die verfügbare Interaktions-Hardware beschreiben. Zum Beispiel ist es für die Aufbereitung eines Anfrageergebnisses wichtig zu wissen, ob ein Lautsprecher existiert. Wenn nicht, dann kann etwa im Nutzerprofil festgelegt werden, dass Audio-Objekte als Anfrageergebnis grundsätzlich im Dateisystem unter einem bestimmten Verzeichnis abzulegen sind.

- *Anfrageformulierung:* Die Nutzerschnittstelle muss eine effiziente Unterstützung bei der Anfrageformulierung leisten. Die komplexen Möglichkeiten einer Anfrageformulierung müssen dabei geeignet unterstützt werden. So sind etwa geeignete Mechanismen zur Angabe von Anfrageobjekten verschiedener Medientypen bereit zu stellen. Wenn zum Beispiel eine Ähnlichkeitsanfrage an eine Bilddatenbank gestellt werden soll, würde sich das Bereitstellen eines Malprogramms zum Skizzieren eines Anfragebilds anbieten.

- *Ergebnisdarstellung:* Das Anfrageergebnis muss entsprechend den oben erwähnten Nutzer- und Geräteprofilen präsentiert werden. Darüber hinaus sind folgende Unterkriterien häufig wesentlich:

  - *Browsing und Navigation:* Browsing und Navigation muss auf einem Ergebnis möglich sein.

  - *iterative Anfrageverfeinerung:* Für eine iterative Anfrageverfeinerung sind spezielle Mechanismen erforderlich, die etwa das Bewerten von einzelnen Ergebnisobjekten ermöglichen.

  - *kompakte Ergebnisdarstellung:* Bei umfangreichen Ergebnisobjekten ist oft eine kompakte Darstellung der Ergebnisobjekte, zum

Beispiel durch so genannte „thumbnails" für Bildobjekte, wichtig, die bei Aufforderung wieder in ihren Originalgrößen dargestellt werden können.

- *räumliche und zeitliche Anordnung:* Die Ergebnisobjekte müssen räumlich und zeitlich entsprechend eines Nutzerprofils oder der Ausgabespezifikation einer Anfrage angeordnet werden können. Damit kann etwa festgelegt werden, dass Ergebnisbilder an der linken oberen Ecke des Bildschirms positioniert werden und die Untertitel darunter mit einer zeitlichen Verzögerung von 5 Sekunden erscheinen.

Die Tabellen 8.2 und 8.3 fassen die aufgeführten Kriterien einer Anfragebehandlung durch Multmedia-Datenbanksysteme zusammen. Sie stellen die wichtigsten Kriterien dar. Einige ausgewählte Konzepte der Anfragebehandlung werden in den folgenden Abschnitten diskutiert.

Kategorie	Kriterium
Anfrageformulierung	sofortige & verzögerte Suchausführung
	generische Operationen & Orthogonalität
	Deskriptivität
Sprachumfang	Adäquatheit & Erweiterbarkeit
	Vollständigkeit
	Anwendungsunabhängigkeit
	Abgeschlossenheit
formale Kriterien	Eingeschränktheit
	formale Semantik
Anfrageausführung	Sicherheit
	Optimierbarkeit
	Effizienz

Tabelle 8.2: *allgemeine Kriterien*

8.2 Konzepte der Anfragebehandlung

In den folgenden Unterabschnitten werden einige ausgewählte Konzepte eines Anfragesystems diskutiert. Diese lassen sich nach der Art der unterstützten Suchbedingungen unterscheiden, wie sie bereits auf Seite 350 vorgestellt wurden. Im Einzelnen sind dies

- Attributbedingungen,

Kategorie	Kriterium
Sprachumfang	Strukturbedingungen
	räumliche & zeitliche Bedingungen
	Integration von Ähnlichkeitsbedingungen
	Medienabstraktion
Retrieval-Funktionalität	Unschärfe
	inhaltsbasierte Suche
	Nutzerpräferenzen
	iterative Anfrageverfeinerung
Nutzerschnittstelle	Nutzer- und Geräteprofile
	Anfrageformulierung
	Ergebnisdarstellung

Tabelle 8.3: spezifische Kriterien

- Strukturbedingungen,

- räumliche und zeitliche Bedingungen sowie

- Ähnlichkeitsbedingungen.

Anschließend gehen wir auf Aspekte des Datenbankmodells, der Nutzerschnittstelle und der Medienabstraktion näher ein.

8.2.1   Attributbedingungen

Attributbedingungen werden an die Attribute von Datenbankrelationen gestellt. Sie entsprechen den üblichen Attributbedingungen relationaler Anfragesprachen. Die Notwendigkeit der Unterstützung solcher Attributbedingungen ergibt sich aus der Tatsache, dass viele alphanumerischen Daten einer Multimedia-Datenbank, jedoch nicht unbedingt die Rohdaten der Medienobjekte, mit herkömmlichen Datenbankmethoden verwaltet werden können. Das Anfragesystem eines Multimedia-Datenbanksystems sollte daher eine Erweiterung relationaler Anfragesysteme sein. Die Auswertung von Attributbedingungen basiert in der Regel auf einfachen Vergleichsbedingungen, die entweder erfüllt oder nicht erfüllt sind[5]. Für eine tiefere Diskussion von Attributbedingungen relationaler Anfragesprachen verweisen wir auf die entsprechende Datenbankliteratur, etwa auf das Lehrbuch [87] von Heuer und Saake.

Erweiterung relationaler Anfragesysteme

Im Folgenden werden Beispiele für Attributbedingungen angegeben.

---

[5]Nullwerte werden hier nicht betrachtet.

Beispiel 8.8

Attributbedingungen

Angenommen, das Zeichenkettenattribut `Maler` und das numerische Attribut `Erscheinungsjahr` existieren, dann sind die folgenden Bedingungen

   `Maler = „Rubens"`

und

   `Erscheinungsjahr > 2000`

zwei Beispiele für Attributbedingungen.

8.2.2   Strukturbedingungen

Strukturbedingungen sind auf Strukturdaten definiert. Unter Strukturdaten verstehen wir Aggregations- und Assoziationsbeziehungen. Ein Multimedia-Objekt kann man sich als eine hierarchische Aggregation einzelner Komponenten, typischerweise Medienobjekte, vorstellen. Weiterhin können Multimedia-Objekte gegenseitig auf einander verweisen. Selbst die Segmente von Medienobjekten können als Komponenten einer Segmentierungsaggregation aufgefasst werden. Zu ihrer Unterscheidung sind häufig Aggregations- und Assoziationsbeziehungen benannt.

Strukturdaten

Das folgende Beispiel demonstriert einige informal formulierte Strukturbedingungen.

Beispiel 8.9

Strukturbedingungen

Angenommen, ein Textdokument und eine Webseite werden als Multimedia-Objekte aufgefasst, dann zählen wir die folgenden Bedingungen

  Taucht das vorgegebene Bild im dritten Abschnitt eines Textdokuments als Abbildung auf?

und

  Enthält eine vorgegebene Webseite in einem Frame einen Link auf eine Suchmaschine?

zu den Strukturbedingungen.

Aggregations- und Assoziationsbeziehungen können prinzipiell auf zwei unterschiedlichen Arten realisiert werden:

Arten der Realisierung

- *Einbettung:* Unter Einbettung verstehen wir die Einbettung von Komponenten in ein Aggregat. Eine eingebettete Komponente gehört damit unmittelbar zum Gültigkeitsbereich des Aggregats. Dies führt dazu, dass eingebettete Komponenten außerhalb des Aggregats nicht sichtbar und daher auch nicht referenzierbar sind. Eine eingebettete Komponente ist damit exklusiv an ein Aggregat gebunden.

Einbettung in PDF-Dokumenten

Beispiel 8.10

In einem PDF-Dokument liegen Abbildung in der Regel eingebettet vor, sind also nicht als eigenständige Medienobjekte verfügbar.

- *Referenzierung:* Im Gegensatz zur Einbettung sind die Komponenten eigenständige Objekte, die einen eindeutigen Identifikator aufweisen. Aggregations- und Assoziationsbeziehungen werden mittels Referenzen, also durch Angabe der Identifikatoren der Komponenten, ausgedrückt. Je nachdem, ob die Verfolgung nur in eine Richtung oder in beide Richtungen unterstützt wird, unterscheiden wir uni- von bidirektionalen Referenzen.

Referenzen im WWW

Beispiel 8.11

Ein Link im World-Wide-Web stellt eine Referenz zwischen zwei HTML-Seiten her. Ausgenutzt wird dabei die eindeutige URL zur Identifikation von HTML-Seiten.

Zerlegung

Identifikator

Wie bereits in Abschnitt 3.2 auf der Seite 74 beschrieben, ist es für die Anfragebehandlung oft sinnvoll, wenn Multimedia-Objekte beim Einfügen in die Datenbank in ihre Komponenten, also in Medienobjekte, zerlegt und die entsprechenden Strukturdaten getrennt verwaltet werden. Insbesondere benötigen die Medienobjekte nach der Zerlegung Identifikatoren. Die Identifikatoren müssen innerhalb der Datenbank eindeutig sein, dürfen sich nicht ändern und müssen das schnelle Auffinden der Objekte ermöglichen.

Prinzipiell gibt es viele Möglichkeiten, wie Strukturdaten abgelegt und angefragt werden können. Im Folgenden soll die Verwaltung von Strukturdaten

- in einem relationalen Datenbanksystem,

- in einem objektorientierten Datenbanksystem,

- in einem objektrelationalen Datenbanksystem,

- in XML und

- in einem Hypermedia-System

mit den entsprechenden Möglichkeiten, Strukturbedingungen zu formulieren, kurz diskutiert werden.

Zur Demonstration und zum Vergleich der Möglichkeiten verwenden wir ein durchgängiges Beispiel.

Beispiel 8.12

Strukturdaten eines komplexen Multimedia-Objekts

In Abbildung 8.2 sind die Strukturdaten eines Werbevideos abgebildet. Die Aggregationsbeziehungen tragen hier den Namen Komponente. Man beachte, dass die Referenzen ausgehend von einem Objekt von links nach rechts sortiert sind. Die erste Szene wird also vor der zweiten Szene abgespielt. Als Identifkatoren verwenden wir die Kürzel W, S1, S2, V, U, S und A. Auf diesen Strukturdaten können informal folgende Bedingungen formuliert werden:

S ist ein Standbild in der zweiten Szene des Werbevideos W.

und

Die Anzahl der Szenen im Werbevideo W ist kleiner als drei.

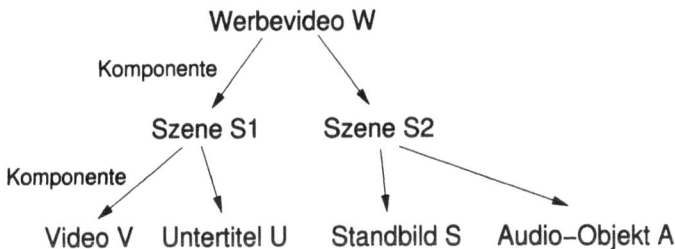

Abb. 8.2: *Strukturdaten eines Werbevideos*

Verwaltung durch ein RDBS. Die Identifikation von Datensätzen in einem RDBS erfolgt über Primärschlüsselwerte. Unidirektionale Referenzen werden durch Fremdschlüsselbeziehungen ausgedrückt. Jede Fremdschlüsselbeziehung kann aufgrund der Forderung nach der ersten Normalform auf maximal einen Datensatz verweisen.

Fremdschlüsselbeziehung

Bei der Formulierung von Strukturbedingungen können die Anfragemöglichkeiten von SQL eingesetzt werden. Das Verfolgen einer Referenz entspricht innerhalb einer SQL-92-Anfrage der Berechnung eines Verbundes. Verbünde gelten bei der Anfrageausführung als relativ teure Operationen. Daher sind spezielle Indexstrukturen einzusetzen. Weiterhin ist die Spezifikation komplexer Strukturbedingungen mittels Verbünden nicht sehr intuitiv.

SQL
Verbund

Beispiel 8.13

Die Strukturdaten des Werbevideos aus Beispiel 8.12 können in einem RDBS in zwei Relationen folgendermaßen abgelegt werden:

Aggregation		
Aggregat	**Komponente**	**Nummer**
W	S1	1
W	S2	2
S1	V	1
S1	U	2
S2	S	1
S2	A	2

Typinfo	
Typ	**Objekt**
Video	W
Szene	S1
Szene	S2
Video	V
Text	U
Bild	S
Audio-Objekt	A

Die Strukturbedingungen aus Beispiel 8.12 können in SQL wie folgt formuliert werden:

> **select** ...
> **from** Aggregation A1, Aggregation A2,
> Typinfo T1, Typinfo T2, Typinfo T3
> **where** A1.Aggregat=W **and** A1.Komponente=A2.Aggregat
> **and** A1.Nummer=2 **and** A2.Komponente=S
> **and** T1.Objekt=W **and** T1.Typ=Video
> **and** T2.Objekt=A2.Aggregat **and** T2.Typ=Szene
> **and** T3.Objekt=S **and** T3.Typ=Bild

und

> **select** ...
> **from** Aggregation, Typinfo
> **where** Komponente=Objekt **and** Typ=Szene **and** Aggregat=W
> **group by** Aggregat
> **having** count(*) < 3

Als Fazit kann festgehalten werden, dass in relationalen Datenbanksystemen Mechanismen zur Verwaltung von Strukturdaten zwar zur Verfügung stehen, *nicht intuitiv* die allerdings nicht intuitiv und oft auch nur ineffizient einsetzbar sind.

Verwaltung durch ein OODBS. In objektorientierten Datenbanksystemen werden Daten in Objekten angeordnet. Objekte werden durch eindeutige Ob- *Referenzen* jektidentifikatoren identifiziert. Referenzen sind Attribute, welche den Objektidentifkator eines referenzierten Objektes enthalten. Im ODMG-Quasistandard [32] wird die Anfragesprache OQL definiert. Diese Sprache erlaubt die Angabe von Pfadausdrücken. Durch einen Pfadausdruck kann wie in einer Programmiersprache eine Navigation entlang von Referenzen ausgedrückt werden. Eine Formulierung von Verbunden kann damit vermieden werden.

OQL

Pfadausdruck

Beispiel 8.14

Werbevideo

Die Strukturdaten des Werbevideos aus Beispiel 8.12 können in einem ODBS als Objekte, wie in Abbildung 8.3 in einer UML-nahen Darstellung abgebildet, abgelegt werden. Die Bedingungen lassen sich in OQL unter Ausnutzung von Pfadangaben folgendermaßen formulieren:

select ...

from W.Szene Sz, Sz.Komponente K

where K=S **and** S **in** Bild

und

count(W.Szene) < 3

Man beachte, dass in der ersten OQL-Anfrage der Test auf die *zweite* Szene nicht durchgeführt werden konnte, da OQL Mehrfachreferenzen nicht indizieren kann. Statt dessen müsste die Information über die Szenenreihenfolge extra modelliert werden, damit sie entsprechend angefragt werden kann.

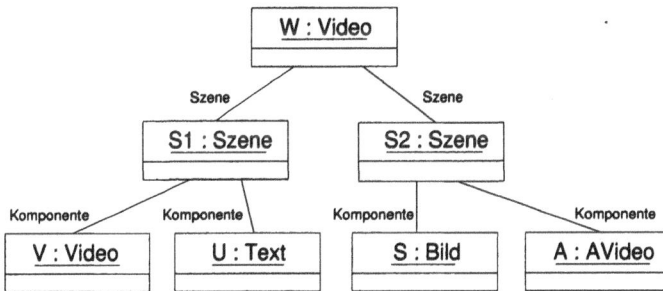

Abb. 8.3: *Strukturdaten eines Werbevideos*

Pfadausdrücke in OQL ermöglichen im Vergleich zu Verbundausdrücken eine intuitivere Formulierung von Strukturbedingungen. Ein Nachteil für den Einsatz objektorientierter Datenbanksysteme ist jedoch in der fehlenden Stabilität und der nicht ausreichenden Marktpräsenz kommerzieller Produkte zu sehen.

fehlende Stabilität

Verwaltung durch ein ORDBS. Ein objektrelationales Datenbanksystem erweitert die Funktionalität relationaler Datenbanksysteme um objektorientierte Konzepte. Entsprechend dem SQL:1999-Standard, siehe etwa [206] von

SQL:1999

Pfadausdrücke

Türker, stehen ähnlich zu objektorientierten Datenbanksystemen der Referenzdatentyp und die Möglichkeit der Formulierung von Pfadausdrücken zur Verfügung. Mehrfachreferenzen können durch die Kombination des **array**-Typkonstruktors und des **ref**-Datentyps simuliert werden. Konzeptionell ergeben sich für die Verwaltung von Strukturdaten im Vergleich zu einem RDBS und einem OODBS keine Erweiterungen.

Verwaltung als XML-Dokument. Strukturdaten können durch XML-Dokumente ausgedrückt werden. Der Vorteil liegt darin begründet, dass hierarchische Aggregationsbeziehungen gut durch die Schachtelung von XML-Elementen nachgebildet werden können. XML unterstützt weiterhin XML-Attribute. Diese können genutzt werden, um Referenzen auf Medienobjekte auszudrücken. Solche Referenzen werden für die Realisierung von Assoziationsbeziehungen benötigt.

Schachtelung von
XML-Elementen
XML-Attribute

XPath

Zur Suche in XML-Dokumenten wurde u.a. die Sprache XPath entwickelt, mit der Strukturbedingungen leicht formuliert werden können. Wie der Name der Sprache schon andeutet, können Pfadbedingungen formuliert werden. Zusätzlich sind auch Attributbedingungen möglich. Selbst die Reihenfolge von Kindelementen kann in XPath ermittelt werden. Im Folgenden wird die XML-Unterstützung an unserem Beispiel kurz demonstriert.

Werbevideo

Beispiel 8.15

Die Strukturdaten des Werbevideos aus Beispiel 8.12 können als XML-Fragment formuliert werden, wie mittels XML-Code 8.1 skizziert wird. Die Umsetzung der Anfragen in XPath auf der Grundlage des XML-Codes ergeben:

/Video[@name=„W"]/Szene[2]/Bild[@name=„S"]

und

/video[@name=„W"]/Szene[last()<3].

XML-Code 8.1

```
⟨Video name= „W"⟩
  ⟨Szene name= „S1"⟩
    ⟨Video name= „V"⟩
    ⟨/Video⟩
    ⟨Text name= „U"⟩
    ⟨/Text⟩
  ⟨/Szene⟩
  ⟨Szene name= „S2"⟩
    ⟨Bild name= „S"⟩
    ⟨/Bild⟩
    ⟨AVideo name= „A"⟩
    ⟨/AVideo⟩
  ⟨/Szene⟩
⟨/Video⟩
```

Prinzipiell ist XML relativ gut geeignet, hierarchische Aggregationshierarchien abzubilden und mittels XPath anzufragen. Allerdings gibt es Schwächen, wenn nicht-hierarchische Assoziationsbeziehungen abgebildet werden sollen. Für diesen Fall stehen Referenzattribute zur Verfügung. Die Verfolgung solcher Referenzen erfordert eine verbundartige Anfrageformulierung, die durch die XML-Anfragesprache XQuery ermöglicht wird.

In den letzten Jahren haben sich XML-Datenbanksysteme, etwa Tamino, auf dem Markt etabliert. Weiterhin haben Hersteller objektrelationaler Datenbanksysteme XML-Funktionalität in ihre Datenbanksysteme aufgenommen, so dass hinreichend Werkzeugunterstützung für die Verwaltung von XML-Dokumenten vorhanden ist.

Verwaltung in Hypermedia-Systemen. Die Vernetzung von Medienobjekten wird oft mit den Begriffen „Hypertext" und „Hypermedia" in Verbindung gebracht, wobei sich Hypertext mehr auf Textdokumente und Hypermedia zusätzlich auf Medienobjekte bezieht. In einem Hypermedia-System existiert eine Trennung zwischen Strukturdaten und den eigentlichen Medienobjekten. Dies ermöglicht das Festlegen mehrerer, unterschiedlicher Vernetzungen auf demselben Datenbestand. Hypermedia-Systeme verwalten die Vernetzung von Medienobjekten und erlauben dem Nutzer das Verfolgen von Links. Eine wichtige Rolle spielt in diesen Systemen das Link-Konzept, mit dem Beziehungen vielfältiger Art zwischen Medienobjekten formuliert werden können.

Viele Hypertext- und Hypermediasysteme beziehen sich auf das Dexter-Hypertext-Referenzmodell, kurz Dexter-Modell[6]. Die Zielstellung dieses Modells liegt in der Vereinheitlichung von Hypertext-Konzepten. Das Modell zeichnet sich weiterhin durch ein mächtiges Link-Konzept aus, das weit über die heutige WWW-Technologie hinausgeht. In der Habilitationsschrift von Specht [191] wird die Umsetzung dieses Modells in ein Datenbankschema beschrieben. Dort wird auch diskutiert, welchen Aufwand die Linkverfolgung in

---

[6]Der Name bezieht sich auf das Hotel Dexter Inn in Sunapee, New Hampshire, USA, in dem 1988 der erste Workshop zu diesem Thema stattfand.

einem Datenbanksystem erfordert.

Amsterdam-Modell

Das Amsterdam-Hypermedia-Modell ist eine Erweiterung des Dexter-Modells um kontinuierliche Medienobjekte, also Medienobjekte mit Zeitbezug, wie etwa Audio- und Video-Objekte. Dies erfordert zusätzliche Konzepte für Zeitangaben und Synchronisationsbeziehungen.

Beiden Modellen ist gemeinsam, dass eher die Beschreibung der Vernetzung und der interaktiven Navigation als die Möglichkeit der Formulierung von Strukturbedingungen im Vordergrund steht. Daher gehen wir an dieser Stelle nicht weiter auf diese Modelle ein, sondern verweisen auf die Publikationen [78, 79].

*keine
Strukturbedingungen*

8.2.3   Räumliche und zeitliche Bedingungen

Bei einer Suche in einem Multimedia-Datenbanksystem spielen neben den Strukturbedingungen häufig räumliche und zeitliche Bedingungen eine wichtige Rolle. So weisen etwa Rasterbilder, 3-D-Objekte, Grafiken und Videos räumliche Dimensionen und Video- und Audio-Objekte zusätzlich eine zeitliche Dimension auf. Verallgemeinernd gehen wir hier von n-dimensionalen[7], begrenzten und kompakten Objekten im m-dimensionalen Raum ($n \leq m$) aus.

Objekte im Raum

Beispiel 8.16

Die folgende Liste enthält beispielhaft einige n-dimensionale Objekte beziehungsweise Geometrien im m-dimensionalen Raum:

- $n = 0, m = 2$: etwa Punkt im Rasterbild

- $n = 1, m = 2$: etwa Strecke in zweidimensionaler Grafik

- $n = 2, m = 2$: etwa geschlossener Polygonzug im Rasterbild

- $n = 1, m = 1$: etwa Zeitintervall im Audio-Objekt

- $n = 2, m = 3$: etwa Rechteck in dreidimensionaler Grafik

Lagebeziehungen

Typische Anfragen betreffen die räumlichen Lagebeziehungen zwischen Objekten in Raum und Zeit. Diese müssen anhand geeigneter Prädikate überprüfbar sein. Tabelle 8.4 führt verschiedene Prädikate auf, welche zur Bestimmung der Lage zweier Intervalle genutzt werden können. Dabei ist es gleichgültig, ob es sich um Raum- oder Zeitintervalle handelt. In der Tabelle steht der Index „s" für den Start und „e" für das Ende eines Intervalls. Wir gehen davon aus, dass der Startwert eines Intervalls kleiner als dessen Endwert ist. Die Prädikate werden in der Infix-Notation formuliert.

Die aufgeführten Prädikate sind auf eindimensionalen Intervallen definiert. Allerdings stellt dies keine Beschränkung auf den eindimensionalen Fall dar. Gehen wir von mehrdimensionalen „Intervallen" aus, also etwa von Intervallen,

*mehrdimensionale
„Intervalle"*

[7]Hier sind Geometrien mit einer n-dimensionalen Ausdehung gemeint.

Prädikat	Definition	Graphik
A before B	$A_e < B_s$	
A meets B	$A_e = B_s$	
A overlaps B	$A_s < B_s$ $B_s < A_e$ $A_e < B_e$	
A during B	$B_s < A_s$ $A_e < B_e$	
A starts B	$A_s = B_s$ $A_e < B_e$	
A finishes B	$A_s < B_s$ $A_e = B_e$	
A equal B	$A_s = B_s$ $A_e = B_e$	

Tabelle 8.4: *Lageprädikate von Intervallen*

Rechtecken und Quadern, können mehrdimensionale Lagebeziehungen auf jeweils eindimensionale Beziehungen heruntergebrochen werden.

Beispiel 8.17

In Abbildung 8.4 sind zwei Rechtecke abgebildet. Die gegenseitige Lage lässt sich durch die Angabe des Lageprädikates für beide Dimensionen exakt beschreiben. Wir gehen vom Koordinatenursprung in der linken oberen Ecke aus:

Lagebeziehung zwischen zwei Rechtecken

- horizontal: A overlaps B
- vertikal: A before B

Etwas schwieriger gestaltet sich die Angabe von Lagebeziehungen, wenn keine mehrdimensionalen Intervalle, sondern allgemeine Regionen vorliegen. In

Regionen

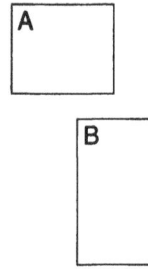

Abb. 8.4: *Lagebeziehung zwischen zwei Rechtecken*

diesem Fall sind die aufgeführten Beziehungen zur Charakterisierung wenig geeignet. Einen Ausweg erhält man, wenn man jede mehrdimensionale Region durch ein minimal umfassendes, mehrdimensionales Intervall, also ein Hyperrechteck, beschreibt und zwischen den so entstandenen Intervallen die Lagebeziehungen angibt. Allerdings können dabei Ungenauigkeiten auftreten.

Ungenauigkeiten   **Beispiel 8.18**

In Abbildung 8.5 sind zwei Regionen dargestellt, die durch zwei minimal umfassende Rechtecke beschrieben werden. Aufgrund der ungenauen Beschreibung erhalten wir eine Rechtecküberlappung, obwohl sich die Regionen selbst nicht berühren.

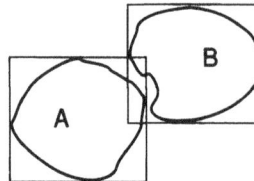

Abb. 8.5: *Ungenauigkeiten*

topologische   Neben Lagebeziehungen können mehrdimensionale Regionen bezüglich ihrer
Beziehungen   topologischen Beziehungen charakterisiert werden. Bei den topologischen Beziehungen werden für kompakte, begrenzte Regionen innere Punkte von Randpunkten unterschieden. Die entsprechenden Punktmengen zweier Regionen können dabei disjunkt, überlappend oder einander einschließend sein, einander aber auch umschließen. Wir unterscheiden sechs Varianten, die in Abbildung 8.6 dargestellt sind.

Weitere Bedingungen können auf der Grundlage verschiedener Funktionen auf Regionen definiert werden. Dazu gehören die Funktionen:

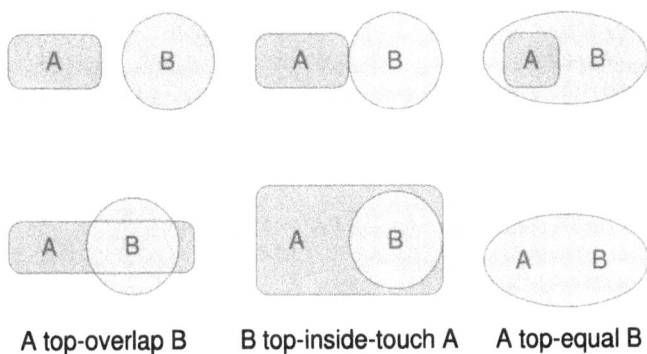

A top-overlap B   B top-inside-touch A   A top-equal B

Abb. 8.6: *Topologische Beziehungen*

- *Distanzberechnung zwischen zwei Regionen*[8]

- *Durchmesserberechnung einer Region*

- *Volumenberechnung einer Region*

- *Umfangsberechnung einer Region*

- *Schwerpunktberechnung einer Region*

- *Mengenoperationen auf Regionen*

Ein Spezialfall einer zeitlichen Bedingung betrifft eine Bedingung auf eine Synchronisationsbeziehung. Eine Synchronisationsbeziehung legt zum Beispiel fest, dass ein Video zusamen mit Untertiteltexten zeitlich konsistent präsentiert wird. Da jedoch in dieser Arbeit der Aspekt der Synchronisationsbeziehungen nicht diskutiert wird, sollen die entsprechenden Bedingungen hier auch nur erwähnt werden.

Synchronisations-
bedingungen

8.2.4 Ähnlichkeitsbedingungen

Ähnlichkeitsbedingungen vergleichen Medienobjekte mit anderen Medienobjekten auf Ähnlichkeit. In Kapitel 6 wurde bereits diskutiert, welche Ähnlichkeitsmaße einsetzbar sind. Diese werden in der Regel auf den Feature-Daten der zu vergleichenden Medienobjekte angewendet.

Zusätzlich zu den bereits diskutierten Themen sollen zwei weitere Aspekte behandelt werden, die in diesem Kontext wichtig sind:

---

[8]Distanzen zwischen zwei Regionen wurden in Abschnitt 5.5 auf der Seite 205 beschrieben.

- *Präferenzen:* Nutzerdefinierte Präferenzen erlauben das Favorisieren von Ergebnisobjekten einer Anfrage ohne Mitwirkung eines Ähnlichkeitsmaßes oder einer Distanzfunktion. Damit gibt es Parallelen zu Ähnlichkeitsbedingungen, da sowohl Präferenzen als auch Ähnlichkeitsbedingungen Objekte in eine bestimmte Reihenfolge bringen.

- *Relevance Feedback:* Das Prinzip des Relevance Feedbacks erlaubt eine automatische Modifikation von Ähnlichkeitsbedingungen anhand von Nutzerbewertungen.

Zunächst soll die Idee von Präferenzen kurz erläutert werden.

Präferenzen. Präferenzen können an einem Beispiel motiviert werden.

motivierendes Beispiel

Beispiel 8.19

Folgende SQL-Anfrage sei gegeben:

Bestimme den Typ aller Flugzeuge, die eine bestimmte Eigenschaft Q erfüllen.

In Abhängigkeit vom Datenbestand kann die Ergebnismenge sehr groß sein.

Mächtigkeit der Ergebnismenge

Das generelle Problem, welches durch Präferenzen gelöst werden soll, ist die Steuerung der Mächtigkeit der Ergebnismenge. Diese ist neben der Anfrage selbst in starkem Maße abhängig vom Datenbestand.

Anfrageverschärfung

Präferenzen

Priorität

Angenommen, ein Anwender rechnet bezüglich einer Anfrage mit ca. fünf Ergebnisobjekten, die Anfrage liefert jedoch 1000 Ergebnisobjekte zurück. Dann versucht er häufig, durch eine Verschärfung der Anfragebedingungen die fünf besten Ergebnisobjekte entsprechend seinen Vorstellungen zu finden. Genau an diesem Problem setzen Präferenzen an. Ein Anwender spezifiziert mittels Präferenzbedingungen vor oder während der Anfrageformulierung, welche Objekte der Datenbank als Ergebnisobjekt eine höhere Priorität und welche eine niedrigere Priorität aufweisen sollen. Eine Präferenzanfrage kann nun so formuliert werden, dass Objekte mit einer hohen Priorität favorisiert zurückgegeben werden.

harte versus weiche Bedingungen

In diesem Zusammenhang unterscheidet man harte Bedingungen von weichen Bedingungen. Als weiche Bedingungen gelten die Präferenzbedingungen. Objekte, welche die harten Bedingungen nicht erfüllen, dürfen niemals im Ergebnis erscheinen. Hingegen sind Objekte, die weiche Bedingungen verletzen, durchaus im Ergebnis erlaubt.

Beispiel 8.20 *Präferenzanfrage*

Folgende Präferenzanfrage sei gegeben:

> *Ermittle den Typ aller Flugzeuge, die eine bestimmte Ei-*
> *genschaft Q erfüllen. Dabei sollen solche Typen bevorzugt*
> *werden, die auch die Eigenschaft P1 erfüllen, wobei hier*
> *wiederum solche bevorzugt werden, die auch P2 erfüllen.*

Die entsprechende Präferenzanfrage nach einer in [113] von Lacroix und Lavrency angegebenen Syntax lautet:

select Typ **of** Flugzeug **having** Q

from which prefer those having P1

from which prefer those having P2

Als Ergebnis werden zunächst die Flugzeugtypen ermittelt, die $Q \land P1 \land P2$ erfüllen. Ist diese Ergebnismenge leer, dann werden die Typen ermittelt, die $Q \land P1$ erfüllen. Ist auch diese Ergebnismenge leer, so werden letztlich nur diejenigen Typen bestimmt, die Q erfüllen.

Allgemein kann man die Angabe von Präferenzbedingungen als eine Spezifika- *irreflexible* tion einer irreflexiblen Halbordnung auf Datenbankobjekten auffassen. Dabei *Halbordnung* stehen viele Möglichkeiten zur Verfügung, wie auf Objekten eine Halbordnung nutzerfreundlich festgelegt werden kann. Verschiedene Halbordnungen lassen sich weiterhin zu einer neuen Halbordnung kombinieren, wie dies etwa in [105] von Kießling vorgeschlagen wird.

Bei der Ergebnisberechnung einer Datenbankanfrage werden die Werte entsprechend der spezifizierten Halbordnung ausgewertet, wobei Objekte mit einer hohen Priorität generell eher als Objekte mit einer niedrigeren Priorität zurückgeliefert werden.

Das folgende Beispiel aus [106] von Kießling und Köstler demonstriert anschaulich die Spezifikation komplexer Präferenzen anhand der Sprache Preference SQL.

Beispiel 8.21 *Autoanfrage*

Folgende informal formulierte Anfrage an einen Gebrauchtwagenhändler sei gegeben:

> *Meine Lieblingsmarke ist Opel. Das Auto sollte ein Road-*
> *ster sein, wenn nicht, dann bitte kein PKW. Genauso wich-*
> *tig ist meine Preisvorstellung von ca. 20000 Euro. Der Mo-*
> *tor sollte so kräftig wie möglich sein. Weniger wichtig ist*
> *die Farbe, die rot sein sollte. Wenn es noch eine Auswahl*
> *gibt, dann soll ein Auto mit möglichst niedrigem Kilome-*
> *terstand bevorzugt werden.*

Die Formulierung in Preference SQL ergibt:

select   *

from   car

where   Marke = 'Opel'

preferring   (Kategorie = 'Roadster' **else** Kategorie <> 'PKW'

                       and price **around** 20000 **and highest**(Leistung))

                       cascade Farbe = 'rot' **cascade lowest**(Kilometerstand);

In der so formulierten Anfrage wird eine Halbordnung auf Fahrzeugen nach den aufgeführten Bedingungen konstruiert. Das Schlüsselwort „**and**" kombiniert zwei Präferenzbedingung gleichwertig, während die Präferenzbedingung nach dem Schlüsselwort „**cascade**" der vorderen Bedingung an Wichtigkeit untergeordnet ist.

Zusätzlich kann der Anwender angeben[9], wie die Präferenzbedingungen sich auf das Ergebnis auswirken sollen. Zum Beispiel, dass nur die besten Ergebnisse ausgegeben werden sollen.

Halbordnung versus Ordnung

Im Zusammenhang mit Multimedia-Anfragen ist der Präferenzansatz interessant, da bestimmte Ergebnisobjekte unabhängig von einem Ähnlichkeitswert in eine Reihenfolge gebracht werden können. Die zugrunde liegende Halbordnung unterscheidet sich von der vollständigen Ordnung von Medienobjekten, die sich aufgrund der Sortierung nach Ähnlichkeitswerten ergibt.

Relevance Feedback. Das Prinzip des Relevance Feedback wurde bereits in Abschnitt 2.3 auf Seite 38 eingeführt. Angenommen, ein Anwender ist mit dem Suchergebnis als Resultat einer Anfrage nicht zufrieden. In diesem Fall kann er seine Anfrage per Hand modifizieren, um daraufhin ein besseres Ergebnis zu erhalten. Alternativ kann er aber Mechanismen des Relevance Feedback nutzen. Dazu bewertet der Anwender die Ergebnisobjekte dahingehend, inwieweit sie seinem Suchbedarf entsprechen und gibt diese Bewertung an das Retrieval-System zurück. Dieses ist nun in der Lage, die Anfrage ohne weitere Interaktion mit dem Anwender so zu modifizieren, dass ein besseres Ergebnis geliefert wird. Der Anwender wird also von der Mühe der manuellen Anfragemodifikation befreit.

manuelle Anfragemodifikation Nutzerbewertung

Rocchio-Verfahren

In Abschnitt 2.3 wurde das Rocchio-Verfahren vorgestellt. Die Grundannahme bestand darin, dass sowohl die Anfrage als auch die Objekte als Vektoren im hochdimensionalen Raum darstellbar sind. Das Rocchio-Verfahren führt eine Verschiebung des Anfragepunkts in Richtung der als relevant markierten Objektvektoren und weg von den als irrelevant markierten Objektvektoren durch.

Verschiebung des Anfragepunkts

Neben diesem Verfahren existieren viele weitere Verfahren. Diese unterscheiden sich in den zugrunde liegenden Berechnungsmodellen und den durch das

---

[9]Dies wird hier nicht demonstriert.

Verfahren modifizierten Parametern. Im Folgenden wollen wir kurz die Grundideen einiger weiterer Relevance-Feedback-Verfahren skizzieren:

- Modifikation von Gewichten

- Modifikation einer Multiobjektanfrage

- Mahalanobis-Distanz

Modifikation von Gewichten: Dieser Ansatz wird von Rui u.a. in [159] vorgeschlagen. Hier wird von einer gewichteten Multi-Feature-Anfrage ausgegangen. Die Ähnlichkeitswerte werden durch das gewichtete, generalisierte Mittel, siehe Unterabschnitt 6.5.1 auf Seite 241, zusammengefasst. Weiterhin wird für eine Anfrage angenommen, dass neben dem initialen Anfrageergebnis pro Feature eine sortierte Ergebnisliste mit den jeweiligen Ähnlichkeitswerten bekannt ist. Das Problem besteht nun darin, die Gewichte der einzelnen Feature anhand von Nutzerbewertungen geeignet zu modifizieren. *gewichtete Multi-Feature-Anfrage*

Zur Bestimmung des neuen Gewichts eines Features werden die Anwenderbewertungen mit der entsprechenden Feature-Ergebnisliste verglichen. Ein Zähler inkrementiert bei positiven Treffern und dekrementiert bei negativen Treffern. Ein positiver Treffer liegt vor, wenn ein vom Anwender als relevant markiertes Objekt in der Feature-Ergebnisliste unter den k ersten Objekten auftaucht. Ein negativer Treffer bedeutet das Auftreten eines vom Anwender als irrelevant markiertes Objekt unter den k ersten Objekten. Der Wert für k muss natürlich vorher festgelegt werden. Anschließend müssen die durch die Zähler ausgedrückten, neuen Gewichte normiert werden. *Zähler* *Normierung der Gewichte*

Die Grundidee liegt also darin, die Feature besonders stark zu gewichten, die einen hohen Beitrag zum Finden relevanter Objekte aufweisen.

Modifikation einer Multiobjektanfrage: In einer Multiobjektanfrage können mehrere Anfrageobjekte involviert sein. Es werden also Medienobjekte gesucht, die ähnlich zu einer Menge von vorgegebenen Anfrageobjekten sind. Die einzelnen Ähnlichkeitswerte werden anhand einer Aggregationsfunktion kombiniert. Bewertet ein Anwender ein Ergebnisobjekt als relevant, wird es in die Multiobjektanfrage mit aufgenommen. *mehrere Anfrageobjekte* *Aufnahme in Multiobjektanfrage*

Mahalanobis-Distanz: Bei diesem Ansatz wird davon ausgegangen, dass die Ähnlichkeitswerte aus der Anwendung einer quadratischen Distanzfunktion stammen. Diese Distanzfunktion ist anhand einer quadratischen Matrix A parametrisiert, die eine achsenparallele Skalierung eines Suchkreises mit einer anschließenden Rotation ausdrückt. Diese Distanzfunktion wurde in Abschnitt 5.2.3 auf Seite 175 eingeführt. *quadratische Distanzfunktion*

Eine Grundannahme dieses Ansatzes sei eine multivariate Normalverteilung der relevanten Objekte. Eine solche Normalverteilung kann anhand der gaußschen Formel mittels einer Kovarianzmatrix parametrisiert werden. Die Grun- *multivariate Normalverteilung* *Kovarianzmatrix*

*Generierung der
Matrix* A

didee liegt nun darin, diese Kovarianzmatrix durch die vom Anwender als relevant markierten Ergebnisobjekte abzuschätzen, und die Matrix A dementsprechend zu generieren. Wenn also etwa die relevanten Ergebnisobjekte bezüglich einer Dimenion eine starke Streuung aufweisen, dann sollte der durch die quadratische Matrix erzeugte Einheitskreis in dieser Dimension besonders breit sein.

Die Berechnung der Matrix A aus einer Kovarianzmatrix wurde unter dem Begriff „Mahalanobis-Distanzfunktion" auf Seite 179 beschrieben.

8.3   Datenbankmodell

Datenbankmodell

Eine wichtige Frage im Zusammenhang mit der Verwaltung von Multimedia-Daten und ganz besonders mit der Anfragebehandlung betrifft das zugrunde liegende Datenbankmodell. Ein Multimedia-Datenbankmodell sollte Modellierungskonzepte anbieten, welche alle Aspekte der Verwaltung von Multimediadaten abdeckt. Aus praktischen Gründen ist es sinnvoll, zu untersuchen, welche der vorhandenen Datenbankmodelle am besten geeignet ist. Wir konzentrieren uns hier auf Datenbankmodelle, die sich auf dem Markt fest etabliert haben. Damit ergibt sich die Frage, ob ein Multimedia-Datenbanksystem auf dem relationalen oder auf dem objektrelationalen[10] Datenbankmodell aufbauen sollte.

Diese Frage wird in der Regel zugunsten des objektrelationalen Datenbankmodells entschieden. Folgende Gründe können für diese Entscheidung genannt werden:

- *Datentypen:* Objektrelationale Datenbanksysteme erlauben die Definition neuer Datentypen. Für die Konstruktion komplexer Datentypen stehen Typkonstruktoren zur Verfügung. Eine solche Kontruktion erlaubt die Berücksichtigung der in einem Multimedia-Szenario anfallenden Medientypen. Aufgrund sich dynamisch entwickelnder Medientypen und Dateiformate, siehe etwa die Dynamik von Bildformaten, ist eine Konstruktion von neuen Datenbankdatentypen wichtig.

- *Methoden und Kapselung:* Objektrelationale Datenbanksysteme ermöglichen die freie Definition von Methoden für neue Datentypen. Mittels dieser Methoden lassen sich innerhalb eines objektrelationalen Datenbanksystems spezielle für die Verwaltung von Medienobjekten erforderliche Funktionen umsetzen. Zum Beispiel können Feature-Extraktionsverfahren als Methoden realisiert werden. Durch den Einsatz von Methoden lässt sich Kapselung als ein Verfahren zur Erhöhung der Datenunabhängigkeit einsetzen.

- *Spezialisierung:* Das Konzept der Spezialisierung erlaubt eine Strukturierung von Datentypen, mit denen eine Vielzahl verschiedener für die Medientypen erforderlichen Datentypen strukturiert werden können.

---

[10]Objektorientierte Datenbanksysteme werden aufgrund zu geringer Marktpräsenz in der Diskussion nicht berücksichtigt.

- *SQL:1999:* Der ISO-Datenbankstandard für objektrelationale Datenbanksysteme legt Basisfunktionalität zur Verwaltung von Multimedia-
  Objekten fest.

Trotz der genannten Vorteile des objektrelationalen Datenbankmodells gibt es
Defizite. Dies betrifft beispielsweise die nicht ausreichende Behandlung von
Ähnlichkeitswerten und die fehlenden Möglichkeiten zur Behandlung zeitbe-
hafteter Medientypen.

8.4 Sprachen

Für Multimedia-Datenbanksysteme existiert eine Vielzahl von Sprachvorschlä-
ge. Dazu zählen sowohl textbasierte Multimedia-Anfragesprachen, wie beispielsweise SMDS [123] und MMQSL [90] als auch visuelle Sprachen, wie
etwa PICQUERY+ [100], TVSQL [89], SCORE [8], VisualMOQL [144] und
MQuery [48]. Ferner gibt es vielfältige multimediaspezifische Erweiterungen
der Sprachen OQl und SQL, wie zum Beispiel POQL^{MM} [82], FQOL [137]
und MMSQL [6]. Einen Überblick geben die Arbeiten [180, 149]. Nachteilig
wirkt sich bei vielen bestehenden Multimedia-Anfragesprachen aus, dass es
dort nicht möglich ist, Nutzerpräferenzen beispielsweise durch eine Gewichtung von Anfragetermen auszudrücken. Weitere Nachteile entstehen durch eine
fehlende formale Semantik oder eine mangelnde deklarative Form der Anfrageformulierung.

Im Folgenden soll beispielhaft die Anfragesprache WS-QBE vorgestellt werden. Diese Sprache ermöglicht eine deklarative Formulierung, unterstützt Gewichte und ist formal definiert. Im Anschluss werden die Möglichkeiten
der Multimedia-Anfragebehandlung in objektrelationalen Datenbanksystemen
skizziert.

8.4.1 WS-QBE

In diesem Abschnitt werden die Anfragesprachen WS-QBE und *SDC* entsprechend der Publikation [177] vorgestellt. Die Grundidee dieser Sprachen liegen
in der Erweiterung der klassischen Datenbankanfragesprachen QBE und re-   *Erweiterung um*
lationaler Bereichskalkül um die Behandlung von Ähnlichkeitsbedingungen.   *Ähnlichkeitsbedin-*
Für eine vollständige Beschreibung der Sprache WS-QBE verweisen wir auf   *gungen*
die Dissertation [180] von Nadine Schulz.

Das Ziel visueller Anfragesprachen wie QBE ist es, den interaktiven Umgang
mit Datenbankanfragen zu vereinfachen. Die Anfragesprache QBE[11] ist eine   *QBE*
visuelle, formularbasierte Anfragesprache für relationale Datenbanken, welche auf dem relationalen Bereichskalkül basiert. Sie unterstützt auf Grund der
natürlichen Tendenz der Menschen, Daten in Tabellen, also in festen Strukturen, zu organisieren, insbesondere unversierte Nutzer bei der Formulierung

---

[11]QBE steht für „query by example".

von Datenbank-Anfragen. Ähnlichkeitsanfragen, wie sie in Multimedia-Datenbankanwendungen benötigt werden, können jedoch in QBE nicht formuliert werden.

Im Folgenden werden wir die Datenbankanfragesprache QBE um die Berücksichtigung von Ähnlichkeitsprädikaten zu der Sprache WS-QBE erweitern. Dabei setzen wir zur Kombination von atomaren Suchbedingungen Konzepte der *Fuzzy-Logik* ein. Weiterhin integrieren wir Mechanismen zur Gewichtung einzelner Anfrageterme. Die hier vorgestellte Anfragesprache für komplexe Ähnlichkeitsbedingungen soll als Kernsprache einer Multimedia-Anfragesprache verstanden werden, die zu einer kompletten Sprache ausgebaut werden kann. Da die Semantik von WS-QBE auf dem Ähnlichkeitskalkül $\mathcal{SDC}$ basiert, wird nach der Diskussion spezieller Konzepte für komplexe Ähnlichkeitsanfragen die Sprache $\mathcal{SDC}$ kurz skizziert[12]. Anschließend wird die Sprache WS-QBE informal eingeführt und auf die Sprache $\mathcal{SDC}$ abgebildet.

Fuzzy-Logik
Gewichtung
Kernsprache

Semantik von
WS-QBE

Spezielle Sprachkonstrukte. Wir wollen zunächst informal einige spezielle Sprachkonstrukte vorstellen, die sich aus den speziellen Anforderungen an Multimedia-Anfragesprachen ergeben. Eine formale Beschreibung der vorgestellten Konzepte erfolgt anschließend.

Nutzerpräferenzen: Eine häufig geforderte Beeinflussung der Anfragesemantik ist die Relevanzgewichtung von Teilanfragen. Die Gewichte sollen die Semantik von Junktoren verändern. Die Zugehörigkeitswerte der einzelnen Teilanfragen sind nicht mehr gleichberechtigt, sondern werden entsprechend ihrer Gewichtung zu einem Gesamtzugehörigkeitswert kombiniert. Gewichtung bei logikbasierter Aggregation von Ähnlichkeitswerten wurde in Abschnitt 6.5.2 auf der Seite 242 diskutiert.

Relevanzgewichtung

Die fuzzy-basierte Auswertung von Ähnlichkeitsbedingungen kann dazu führen, dass *alle* Datenbankobjekte Teil der Ergebnismenge sind. Die Relevanz bezüglich einer Anfrage wird allein durch den Zugehörigkeitswert ausgedrückt. Um in der Ergebnismenge oder auch in denen der Teilanfragen nur Objekte bestimmter Relevanz zuzulassen, wird ein Schwellenwertoperator verwendet. Objekten mit einem kleineren Zugehörigkeitswert als dem Schwellenwert θ wird der Wert 0 und ansonsten der Wert 1 zugeordnet.

Schwellenwert-
operator

Universaljunktor: Eine Anfrage wie die Folgende kann mehrere Interpretationen besitzen.

Beispiel 8.22

Ölgemälde

> *Gesucht sind Ölgemälde, die einem Vorgabebild ähnlich sind, in der Zeit vor 1890 entstanden und von einem niederländischen Malern stammen.*

---

[12]Die formale Syntax und Semantik ist in [176, 180] definiert.

Möglicherweise werden mit der Anfrage Bilder gesucht, die tatsächlich allen Anforderungen genügen. Die adäquate Umsetzung in einem Kalkülausdruck ist dann eine Konjunktion der einzelnen Bedingungen. Eventuell gibt es jedoch kein Objekt in der Datenbank, für das alle Bedingungen zutreffen[13]. Die Verwendung von Disjunktionen liefert dahingegen alle Objekte, die irgendeine der Bedingungen erfüllen. Interessant wäre es, die Objekte zu finden, die *möglichst viele* der geforderten Eigenschaften auf sich vereinen. Diese Semantik lässt sich mittels eines Universaljunktors erreichen, bei dem die Wirkung jeweils zwischen Disjunktion und Konjunktion parametrisiert werden kann. Der Universaljunktor realisiert einen kompensatorischen, logischen Junktor, wie er in Unterabschnitt 6.5.3 auf der Seite 246 vorgestellt wurde.

Konjunktion

Disjunktion

Universaljunktor

Fuzzifizierte Quantoren: Ein weiteres Problem verdeutlicht die Anfrage:

> *Suche jene Maler, deren Bilder dem Vorgabebild ähnlich sind.*

Das Ergebnis dieser Anfrage sind alle Maler, die *irgendein* Bild gemalt haben, das der Vorgabe ähnelt. Der Zugehörigkeitswert für jeden Maler wird dabei direkt vom Ähnlichkeitswert seines ähnlichsten Bildes bestimmt. Je nach Nutzer und Situation könnte die Anfrage aber auch bedeuten:

ähnlichste Bild

> *Suche jene Maler, die* typischerweise *Bilder gemalt haben, die dem Vorgabebild ähnlich sind.*

In die Berechnung des Zugehörigkeitswertes müssten dann die Ähnlichkeitswerte mehrerer bzw. aller seiner Bilder einfließen.

Die erste Anfrage entspricht in einem Kalkülausdruck der Verwendung eines Existenzquantors. Die möglicherweise gemeinte Anfrage nach typischen Bildern lässt sich hingegen weder mit einem Existenz- noch mit einem Allquantor ausdrücken. Während der Existenzquantor unter allen den besten Ähnlichkeitswert favorisiert, fasst der Allquantor alle Werte zu einem (schlechtesten) zusammen. Wir schlagen daher vor, auch Quantoren „fuzzifizieren" zu können. Dabei gibt ein ganzzahliger Parameter k an, dass im Vergleich zu einem unparametrisierten Quantor mindestens k Werte benötigt werden, um den selben Gesamtähnlichkeitswert zu erhalten. Bei weniger als k Werten wird der Gesamtähnlichkeitswert anteilig berechnet.

Existenzquantor

fuzzifizierte Quantoren

Die Ähnlichkeitskalkülsprache $\mathcal{SDC}$. Der relationale Bereichskalkül stellt eine deklarative Anfragesprache auf der Grundlage der Prädikatenlogik erster Stufe ohne Berücksichtigung von Funktionen dar. Grundelemente sind Relationen- und Vergleichsprädikate, die mit den üblichen Junktoren wie Konjunktion und Disjunktion, der Negation, sowie Quantoren in der bekannten Form verknüpft werden können. Eine Anfrage weist folgende Struktur auf:

relationaler Bereichskalkül

$$\{X_1, \ldots, X_n | F(X_1, \ldots, X_n)\}.$$

---

[13]Der Gesamtausdruck kann nicht erfüllt werden, wenn jeweils eines der Prädikate den Ähnlichkeitswert 0 liefert.

Dabei ist die Formel $F(X_1, \ldots, X_n)$ eine prädikatenlogische Formel auf der Grundlage von Relationsprädikaten, die jeweils eine Verbindung zu einer Datenbankrelation herstellen. Die Variablen $X_1, \ldots, X_n$ entsprechen den freien Variablen der Formel F. Das Ergebnis ergibt sich aus den Variablenbelegungen der Variablen $X_1, \ldots, X_n$ bezüglich der vorgegebenen Domänen, für welche die Formel F wahr werden. Aus Gründen der Endlichkeit des Ergebnisse wird eine Domänenunabhängigkeit der Anfrage gefordert, siehe etwa [67], die hier jedoch nicht weiter diskutiert wird.

Domänenunab-
hängigkeit

Ähnlichkeitsanfragen

Im Zusammenhang mit Ähnlichkeitsanfragen werden Ähnlichkeitsbedingungen eingesetzt, welche Werte aus dem Intervall $[0, 1]$ zurückliefern. Damit erhalten wir einen Übergang von der Mengensemantik zur Semantik von Fuzzy-Mengen. Zum Anfrageergebnis gehören die aus den Variablenbelegungen hervorgehenden Werte, bei denen die Formel F einen Wahrheitswert größer als Null liefert.

Fuzzy-Mengen

Eine Formel des Ähnlichkeitskalküls $\mathcal{SDC}$ als Erweiterung des relationalen Bereichskalküls wird aus folgenden Atomen konstruiert:

- *Relation:* $R(Y_1, \ldots, Y_m)$ sowie $R^+(Y_1, \ldots, Y_m)$ sind Atome, wobei R eine klassische und R^+ eine Fuzzy-Datenbankrelation[14] mit den Attributen $A_1, \ldots, A_m$ bezeichnet. Als Parameter Y_i werden Variablen oder Konstanten der entsprechenden Domänen verwendet.

- *Bedingung:* $Y_1 \delta Y_2$ ist ein Atom, wobei δ eine Bedingung ist. Die Bedingung kann eine Attribut-, Struktur-, räumliche, zeitliche sowie eine Ähnlichkeitsbedingung sein.

Die Interpretation dieser Atome anhand einer Variablenbelegung ergibt einen Wahrheitswert aus dem Intervall $[0, 1]$. Eine $\mathcal{SDC}$-Formel wird aus Atomen konstruiert. Wir führen im Folgenden nur die neuen Konzepte auf, da die restlichen Konzepte wie Junktoren, Quantoren und Negation mit der üblichen Notation und Semantik, allerdings übertragen auf die Fuzzy-Logik, hinreichend bekannt sind.

neue Konzepte

- *Atom:* Jedes Atom ist eine Formel $F(X_1, \ldots, X_n)$ mit den freien Variablen $X_1, \ldots, X_n$.

- *Junktoren, Negation und Quantoren:* Für die Konjunktion and Disjunktion werden T-Normen und T-Konormen eingesetzt. Die Negation entspricht der Fuzzy-Negation. Beim Existenzquantor werden die einzelnen Zugehörigkeitswerte disjunktiv und beim Allquantor konjunktiv zusammengefasst.

- *Universaljunktor:* $(F_1(X_1, \ldots, X_m) \oplus^z F_2(X_1, \ldots, X_n))$ ist eine Formel, wenn F_1 und F_2 Formeln sind. $\oplus^z$ bezeichnet dabei den Universaljunktor:

$$\mu_1 \oplus^z \mu_2 = z * (\mu_1 \wedge \mu_2) + (1 - z) * (\mu_1 \vee \mu_2).$$

---

[14]Diese Relation ordnet jedem Tupel einen Zugehörigkeitswert aus dem Intervall $[0, 1]$ zu.

- *Gewichtung:* $(F_1(X_1, \ldots, X_m)\phi^\Theta F_2(X_1, \ldots, X_n))$ ist eine Formel, wenn $F_1(X_1, \ldots, X_m)$ und $F_2(X_1, \ldots, X_n)$ Formeln sind. $\phi^\Theta \in \{\wedge_{\theta_1,\theta_2}, \vee_{\theta_1,\theta_2}, \oplus^z_{\theta_1,\theta_2}\}$ steht für die gewichteten Junktoren. Die Semantik der Gewichtung ergibt sich aus der Anwendung der faginschen Gewichtungsformel [58].

- *Schwellenwertoperatoren:* $(\succ_\theta F(X_1, \ldots, X_n))$ ist eine Formel. Bei der Auswertung wird die Schwellenwertsemantik eingesetzt, die über den Parameter θ einstellbar ist:

$$\succ_\theta(\mu) = \begin{cases} 1 & \text{wenn } \mu \geq \theta \\ 0 & \text{sonst.} \end{cases}$$

Zusätzlich zu dem harten Schwellenwertoperator definieren wir eine weichere Variante $\succ_\theta$ deren Semantik durch

$$(\succ_\theta F(X_1, \ldots, X_n)) = ((\succ_\theta F(X_1, \ldots, X_n)) \wedge F(X_1, \ldots, X_n))$$

gegeben ist.

- *fuzzifizierte Quantoren:* $(\exists_k X F(X_1, \ldots, X_n))$ ist eine Formel, wenn $F(X_1, \ldots, X_n)$ eine Formel ist und X eine freie Variable aus F darstellt. Die Semantik dieses fuzziyfizierten Existenzquantors berechnet sich nach folgender Formel, wobei $\mu_1, \ldots, \mu_m$ die durch die verschiedenen Variablenbesetzungen der Variable X berechneten Ähnlichkeitswerte sind:

$$\exists_k(\mu_1, \ldots, \mu_m) = \vee(\mu_1, \ldots, \mu_m) * \\ \min\left(\frac{\sum_{i=1}^{m} \mu_i}{k * \vee(\mu_1, \ldots, \mu_m)}, 1 \right).$$

Der fuzzifizierte Allquantor ergibt sich durch Anwendung des Gesetzes

$$(\forall_k X F(X_1, \ldots, X_n)) = (\neg \exists_k X(\neg F(X_1, \ldots, X_n))).$$

Werden Fuzzy-Junktoren eingesetzt, die kommutativ und assoziativ sind, dann können sie auf mehr als zwei Operanden angewendet werden. Dies gilt natürlich auch für die gewichteten Junktoren. Zur effizienten Berechnung des Anfrageergebnisses wird eine $\mathcal{SDC}$-Anfrage in einen Ausdruck der Ähnlichkeitsalgebra $\mathcal{SA}$ transformiert. Dieser Aspekt wird hier nicht diskutiert.

Die Anfragesprache WS-QBE. Die Anfragesprache WS-QBE greift die Idee von QBE auf. Zu den wesentlichen Sprachkonstrukten in WS-QBE zählen die aus QBE bekannten Tabellengerüste für Relationen. Zusätzlich wird durch die

Gewichtungstabelle — Gewichtungstabelle eine Relevanzgewichtung unterstützt. Die Formulierung *Bedingungsbaum* — komplexer Anfragebedingungen erfolgt in einem Bedingungsbaum. Ausgabe-*Raum-Zeit-* — bedingungen können in einer Raum-Zeit-Bedingungstabelle spezifiziert wer-*Bedingungstabelle* — den. Bei Anfragen, die Ausgaben mehrerer Tabellen umfassen, ist der Einsatz *temporäre* — einer temporären Ausgabetabelle notwendig. Eine solche Tabelle entspricht ei-*Ausgabetabelle* — ner Relation, wobei der Relationenname sowie die Spaltennamen beliebig benannt werden können. Insgesamt zeichnet sich die Anfragesprache WS-QBE durch die Möglichkeiten (1) zur deklarativen Formulierung komplexer Ähnlichkeitsanfragen, (2) zur Gewichtung von Anfragetermen und (3) zur Parametrisierung der Ausgabe aus.

grundlegende — Im Folgenden werden kurz die grundlegenden Prinzipien von WS-QBE dar-*Prinzipien* — gelegt. Die Formulierung von Anfragen wird anhand von Beispielen skizziert. Die Spezifikation von Nutzerpräferenzen bildet dabei den Schwerpunkt. Auf eine detaillierte Beschreibung der Formulierung von Ausgabebedingungen verzichten wir an dieser Stelle und verweisen auf [180].

Ausfüllen von — Die Anfragen in WS-QBE werden, ähnlich wie in QBE, durch Ausfüllen von *Tabellengerüsten* — Tabellengerüsten formuliert. Die Anfrage aus Beispiel 8.22 kann in WS-QBE wie in Abbildung 8.7 dargestellt formuliert werden.

Gemälde	Id	Abbildung	Künstler	Titel	Technik	Jahr
P.		 ~	_kid		Öl	< 1890

Künstler	KId	Name	Herkunft
_kid			Niederlande

Abb. 8.7: Tabellengerüst

Beispielelemente — Wie diese Anfrage zeigt, werden Beispielelemente, die als Platzhalter für Datenbankwerte dienen, in die Tabellengerüste eingetragen. Beispielelemente entsprechen Variablen. Analog zu QBE beginnen Variablen mit dem Zeichen '_'. Hier werden mittels der Variablen _kid die Relationen GEMÄLDE und KÜNSTLER miteinander verknüpft. Ferner gibt es in unserer Beispielanfrage die Konstanten *Öl, Niederlande, 1890* sowie . Als Prädikate werden ~ und < verwendet. Im Unterschied zu QBE sind nicht nur numerische und alphanumerische Daten, sondern auch Multimedia-Daten als Konstanten zulässig. *Prädikate* — Analog dazu stehen als Prädikate nicht mehr nur die klassischen binären Vergleichsprädikate auf numerischen und alphanumerischen Daten zur Verfügung, sondern zusätzlich ähnlichkeitsbasierte, zeitliche und räumliche Prädikate. Je nach Anwendungsgebiet und zur Verfügung stehender Features können weitere Prädikate beliebig in die Sprache integriert werden.

In unserer Beispielanfrage werden die Konstanten *Öl, Niederlande, 1890* sowie die Multimedia-Konstante ▓ angegeben. Um die Künstler zu selektieren, die vor 1890 geboren wurden, wird das Prädikat $<$ genutzt. Analog dazu wird das Ähnlichkeitsprädikat $\sim$ verwendet, um zu einem vorgegebenen Bild ähnliche Abbildungen zu suchen. Für die Bedingung „$=$ *Niederlande*" beziehungsweise „$=$ *Öl*" wird vereinfachend nur *Niederlande* beziehungsweise *Öl* geschrieben.

Des Weiteren sind für die Anfrageformulierung der Kontrolleintrag **P.** sowie der Negationsoperator $\neg$ zulässig. Wie in QBE kennzeichnet der Kontrolleintrag die Ergebnisvariablen. Der Kontrolleintrag **P.** sowie der Operator $\neg$ können analog zu QBE als Tupelbefehl verwendet werden. Dies ist in unserem Beispiel bezüglich **P.** der Fall. Demnach werden alle Werte der Attribute ID, ABBILDUNG, KÜNSTLER, TITEL, TECHNIK und JAHR aus der Relation GE-MÄLDE zurückgegeben.

Kontrolleintrag

Einfache Anfragen: Für einfache Anfragen, also Anfragen, die ohne Bedingungsbaum formuliert werden können, wird eine Relevanzgewichtung der einzelnen Selektionsbedingungen mittels Relevanzvariablen angeboten. Eine Relevanzvariable beginnt mit dem Zeichen '$'. In der Gewichtungstabelle wird den einzelnen Relevanzvariablen ein entsprechender Wert zugeordnet. Dies kann direkt durch Angabe eines numerischen Wertes aus dem Intervall [0,1] erfolgen. Eine visuelle Unterstützung der Gewichtung durch Verwendung von Schiebereglern [55] sowie der Einsatz von fuzzy-linguistischen Variablen ist ebenso denkbar.

Relevanzvariablen

Neben der Relevanzgewichtung von Anfragetermen wird eine Schwellenwertgewichtung unterstützt. Die Schwellenwertgewichte werden direkt einzelnen Selektionsprädikaten beziehungsweise einer ganzen Anfrage zugeordnet. Eine Schwellenwertbedingung beginnt mit dem Zeichen '$>$' und wird nach einem Selektionsprädikat spezifiziert. Ist ein Schwellenwertgewicht für eine Gesamtanfrage gültig, dann wird dies in der ersten Spalte der entsprechenden Ausgabetabelle notiert. Die Formulierung einer einfachen Anfrage unter Angabe eines Schwellenwertgewichtes sowie einer Relevanzgewichtung wird im Folgenden anhand eines Beispiels demonstriert.

Schwellenwertgewichtung

Beispiel 8.23

Gewichtung und Schwellenwert

> *Finde alle zum Vorgabebild ähnlichen Ölgemälde von niederländischen Malern. Dabei soll die Ähnlichkeit mit 0,6 gewichtet werden und mindestens einen Ähnlichkeitsgrad größer als 0,7 aufweisen. Die Maltechnik ist weniger relevant und wird daher nur mit 0,4 gewichtet.*

Siehe dazu Abbildung 8.8.

Des Weiteren ist es möglich anzugeben, wieviel Werte für die Berechnung eines Gesamtähnlichkeitswertes verwendet werden sollen. Diese Bedingung

Gemälde	Id	Abbildung	Künstler	Titel	Technik	Jahr
P.		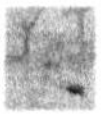 ~ >0,7 $Bild	_kid		Öl $Tech	

Künstler	KId	Name	Herkunft		Weighting	$Bild	$Tech
_kid			Niederlande			0,6	0,4

Abb. 8.8: *einfache, gewichtete Anfrage*

fuzzifizierte
Quantoren

wird als ganze Zahl nach dem Zeichen '|' spezifiziert. Natürlich darf das entsprechende Attribut nicht zu den Ausgabeattributen gehören. Mit diesem Sprachkonstrukt werden die fuzzifizierten Quantoren in WS-QBE umgesetzt. Im folgenden Beispiel wird dies verdeutlicht.

fuzzifizierter
Existenzquantor

Beispiel 8.24

> *Suche jene Maler, die 10 Bilder gemalt haben, die dem Vorgabebild ähnlich sind.*

Siehe dazu Abbildung 8.9.

Gemälde	Id	Abbildung	Künstler	Titel	Technik	Jahr
		~	10	_kid			

Künstler	KId	Name	Herkunft
P.	_kid		

Abb. 8.9: *Existenz-Anfrage*

Bedingungsbaum

Komplexe Anfragebedingungen: Komplexe Anfragebedingungen werden in WS-QBE in einem Bedingungsbaum notiert. Für Bildanfragen hat sich bereits gezeigt, dass komplexe Suchkriterien gut in Form einer solchen Baumstruktur spezifiziert werden können [189].

Universaljunktor

Das folgende Beispiel demonstriert die Formulierung einer komplexen Anfragebedingung. Neben einer Relevanzgewichtung der einzelnen Anfragebedingungen wird der Universaljunktor eingesetzt, um die Bedingungen unscharf zu verknüpfen. Ferner wird in diesem Beispiel ein Schwellenwertgewicht für eine Teilanfrage spezifiziert.

Beispiel 8.25 *komplexe Anfrage*

> *Finde alle Gemälde von Vincent van Gogh, die ähnlich*
> *zu der vorgegebenen Aufnahme aus meiner Digitalkame-*
> *ra sind. Das Werk ist unter zwei unterschiedlichen Titeln*
> *bekannt. Die Ähnlichkeit bezüglich der Formen im Bild ist*
> *wichtiger als bezüglich der Farbverteilung. Ferner ist die*
> *Bildähnlichkeit wichtiger, als eine Übereinstimmung mit*
> *den textuellen Suchkriterien. Darüberhinaus muss die Bild-*
> *ähnlichkeit einen Wert größer 0,7 aufweisen.*

Für die Aggregation der Suchkriterien bezüglich Text und Bild wird der Universaljunktor eingesetzt und mit $z = 0,8$ parametrisiert. Dies entspricht einer unscharfen UND-Verknüpfung. Siehe dazu Abbildung 8.9.

Gemälde	Id	Abbildung	Künstler	Titel	Technik	Jahr
P.		_Bild	_kid	_Titel		

Künstler	KId	Name	Herkunft
	_kid	Gogh	

Condition-Tree

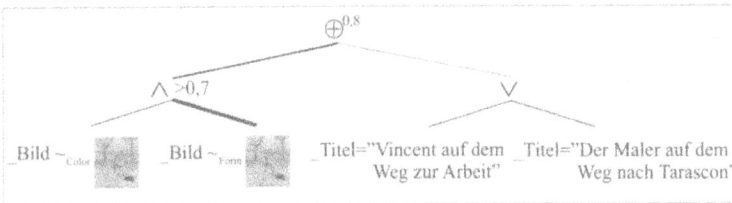

Abb. 8.10: *komplexe WS-QBE-Anfrage*

Dieses Beispiel zeigt, dass die Bedingungen bezüglich der Variablen und Konstanten im Bedingungsbaum beliebig hierarchisch kombiniert werden können. Dafür werden die einzelnen Prädikate mittels der Junktoren $\wedge$ und $\vee$ sowie $\oplus^z$ verknüpft. Der Universaljunktor $\oplus^z$ wird zunächst als ODER initialisiert. Das Verhalten dieses Junktors kann dann durch den Nutzer parametrisiert werden. *hierarchische Kombination*

Die einzelnen Operanden, also die atomaren Selektionsbedingungen beziehungsweise die Teilanfragen, werden mittels gewichtbarer Linien verbunden. Die Stärke der Linien visualisiert dabei die Relevanz des jeweiligen Operanden. Je dicker eine Linie dargestellt ist, desto wichtiger ist der entsprechende Operand. Die Linienstärke wird auf entsprechende diskrete Werte aus dem Intervall $[0, 1]$ abgebildet, die für die Berechnung als Relevanzgewichte herangezogen werden. Die Relevanzgewichtung der Operanden ist optional. Des Weiteren wird auch im Bedingungsbaum eine Schwellenwertgewichtung unterstützt. *Gewichtungslinien*

Abbildung von WS-QBE-Anfragen auf $\mathcal{SDC}$. Die Semantik der Anfragesprache WS-QBE wird durch die Abbildung der Anfragen auf $\mathcal{SDC}$ beschrieben. Die Überführung einer WS-QBE-Anfrage in eine entsprechende $\mathcal{SDC}$-Anfrage erfolgt in Analogie zur Abbildung von QBE-Anfragen auf einen Ausdruck des Bereichskalküls. Auf Grund der erweiterten Funktionalität von WS-QBE sind jedoch Modifizierungen notwendig. So müssen beispielsweise die *Relevanzgewichte* sowie die Schwellenwerte bei der Überführung berücksichtigt werden.

Relevanzgewichte und Schwellenwerte

Universaljunktor

Eine weitere Besonderheit tritt bei der Abbildung des Universaljunktors auf: Der Universaljunktor $\oplus^z$ wird bei einem z-Wert von 1 im $\mathcal{SDC}$ auf den Junktor $\wedge$ beziehungsweise bei Verwendung von Relevanzgewichten auf den Junktor $\wedge_{\theta_1,\theta_2}$ abgebildet. Dieses wird notwendig, da im $\mathcal{SDC}$ der Universaljunktor als Verallgemeinerung der Disjunktion definiert ist und daher nur Gewichte aus dem Interval $[0,1)$ unterstützt.

Interpretationsfunktion

Unter Berücksichtigung dieser Besonderheiten kann die Umsetzung einer WS-QBE Anfrage in einen Ausdruck des Ähnlichkeitskalküls $\{X_1,\ldots,X_n|F(X_1,\ldots,X_n)\}$ erfolgen. Durch eine Interpretationsfunktion I werden für die Gewichtsvariablen θ und die Operatorgewichtsvariablen z die konkreten numerischen Werte bestimmt. Es gilt $I(\theta) \in [0,1]$ und $I(z) \in [0,1)$. Ferner ordnet diese Funktion auch den Konstanten C die entsprechenden Werte zu.

Der Überführungsalgorithmus wird ausführlicher in [180] beschrieben. Anhand der WS-QBE-Anfrage aus Beispiel 8.25 wollen wir die Überführung in einen $\mathcal{SDC}$-Ausdruck demonstrieren.

1. Auf Grund des Tupelbefehls **P.** werden die Variablen der Relation GEMÄLDE zu den freien Variablen geschrieben:

$$\{X_1, X_{\text{Bild}}, X_{\text{kid}}, X_{\text{Titel}}, X_5, X_6| \ldots\}.$$

2. Für jede Relation wird sodann ein Atom erzeugt, welche miteinander konjunktiv verknüpft die Formel F bilden. Damit ergibt sich:

$$\{X_1, X_{\text{Bild}}, X_{\text{kid}}, X_{\text{Titel}}, X_5, X_6|$$
$$(\text{Gemälde}(X_1, X_{\text{Bild}}, X_{\text{kid}}, X_{\text{Titel}}, X_5, X_6) \wedge$$
$$\text{Künstler}(X_{\text{kid}}, X_8, X_9))\}.$$

3. Anschließend werden die Selektionsbedingungen in den Tabellengerüsten ausgewertet und gegebenenfalls unter Berücksichtigung von Schwellenwerten und Relevanzgewichten konjunktiv mit F verknüpft. Für unser Beispiel ergibt sich damit:

$$\{X_1, X_{\text{Bild}}, X_{\text{kid}}, X_{\text{Titel}}, X_5, X_6|$$
$$((\text{Gemälde}(X_1, X_{\text{Bild}}, X_{\text{kid}}, X_{\text{Titel}}, X_5, X_6) \wedge$$
$$\text{Künstler}(X_{\text{kid}}, X_8, X_9)) \wedge (X_8 = C_{\text{Gogh}}))\}.$$

4. Letztlich wird der Bedingungsbaum ausgewertet. Die komplexe Anfragebedingung wird konjunktiv mit F verknüpft und die übrigen, nicht freien Variablen werden quantifiziert. Damit ergibt sich für unsere WS-QBE-Anfrage aus Beispiel 8.25 der folgende $\mathcal{SDC}$-Anfrageausdruck:

$$\{X_1, X_{\text{Bild}}, X_{\text{kid}}, X_{\text{Titel}}, X_5, X_6|(\exists X_8(\exists X_9$$
$$(((\text{Gemälde}(X_1, X_{\text{Bild}}, X_{\text{kid}}, X_{\text{Titel}}, X_5, X_6) \wedge$$
$$\text{Künstler}(X_{\text{kid}}, X_8, X_9)) \wedge (X_8 = C_{\text{Gogh}})) \wedge$$
$$((\looparrowright_{\theta_B}((X_{\text{Bild}} \sim_{Form} C_{\text{Bild}}) \wedge_{\theta_{Form}, \theta_{Color}}$$
$$(X_{\text{Bild}} \sim_{Color} C_{\text{Bild}}))) \oplus_{\theta_{\text{Sim}}, \theta_{Text}}^{z_1}$$
$$((X_{\text{Titel}} = C_{\text{Vincent}}) \vee (X_{\text{Titel}} = C_{\text{Maler}}))))))\}.$$

5. Die Relevanzgewichte für diese Anfrage werden aus der Stärke der jeweiligen Linien im Bedingungsbaum abgeleitet. Damit ergeben sich $I(\theta_{Form}) = 0,8$, $I(\theta_{Color}) = 0,2$ sowie $I(\theta_{Sim}) = 0,6$, $I(\theta_{Text}) = 0,4$. Ferner gilt $I(z_1) = 0,8$ und $I(\theta_B) = 0,7$.

Obwohl die Formulierung der Anfragen in WS-QBE dem Nutzer im Vergleich zu Kalkülausdrücken allgemein wesentlich leichter fällt, sind weitere Erleichterungen denkbar. Beispielsweise ist es für den Anwender oft nicht unmittelbar möglich, Gewichte oder Schwellenwerte explizit zu quantifizieren. Der Einsatz fuzzy-linguistischer Verfahren, wie zum Beispiel in [85] beschrieben, erscheint daher vielversprechend.

fuzzy-linguistische Verfahren

WS-QBE wurde prototypisch in einem Anfragesystem implementiert. Auf Grundlage einer Weiterentwicklung dieses Systems wird eine umfangreiche Evaluierung des Sprachvorschlags angestrebt. In Nutzerstudien soll unter anderem untersucht werden, inwiefern die vorgeschlagenen Konzepte gezielt eingesetzt werden, um einen bestimmten Informationsbedarf zu decken.

Evaluierung

Der deklarative Charakter von WS-QBE und Kalkülausdrücken kommt dem Nutzer bei der Formulierung einer Anfrage entgegen. Für die Ergebnisberechnung hingegen sind aufgrund des prozeduralen Charakters Ausdrücke einer Algebra geeigneter. In [176] wurde die Abbildung von $\mathcal{SDC}$-Ausdrücken auf Ausdrücke der Ähnlichkeitsalgebra $\mathcal{SA}$ beschrieben. Bei dieser Abbildung können Algebraausdrücke entstehen, deren Auswertung ineffizient sind. Ziel

Ergebnisberechnung

Optimierung   einer Optimierung muss daher sein, algebraische Ausdrücke in äquivalente Ausdrücke umzuformen, deren Auswertung effizient erfolgen kann. Da die auf dem Gebiet der relationalen Algebra bekannten Optimierungsregeln aufgrund der besonderen Eigenschaften der $\mathcal{SA}$ auf diese nicht uneingeschränkt übertragen werden können, bedarf es hier weiterer intensiver Forschung.

8.4.2   Objektrelationale Datenbanksysteme

SQL:1999   SQL:1999 ist der ISO-Standard für objektrelationale Datenbanksysteme. Die-
SQL/MM   ser enthält das Multimedia-Erweiterungspaket SQL/MM. In diesem Erweiterungspaket werden verschiedene Datentypen zur Verwaltung von Medienobjekten bereitgestellt:

- *FullText:* Dieser Datentyp dient zur Verwaltung von Volltext.

- *StillImage:* Unter diesem Datentyp werden Rasterbilder verwaltet.

- *Spatial:* Dieser Datentyp fasst mehrere Datentypen zusammen, die zweidimensionale geometrische Objekte verwalten. Dies sind etwa Punkte, Kurven, Flächen sowie Kollektionen von geometrischen Objekten.

Die Datentypen stellen nicht nur Behälter für die entsprechenden Medienobjekte zur Verfügung, sondern bieten auch Funktionen zum Zugriff und zur Suche an. Im Folgenden sollen diese für die einzelnen Datentypen kurz beschrieben werden.

FullText: Dieser Datentyp unterstützt die Verwaltung von Volltext-Objekten
sprachspezifische   zusammen mit sprachspezifischen Informationen. So kann zum Beispiel für ei-
Informationen   ne Sprache ein Thesaurus angegeben werden, welcher zu einem Begriff einen allgemeineren Begriff findet. Weiterhin legen die sprachspezifischen Informationen fest, wie Wörter und Sätze erkannt werden können. Zur Suche werden die zwei Methoden „contains" und „rank" angeboten, die anhand eines Suchmusters Volltext-Objekte suchen. Im Suchmuster kann

- das Auftreten eines Wortes gefordert werden,

- die Stammform eines Wortes gebildet werden,

- die Nähe[15] zwischen dem Auftreten zweier Wörter getestet werden,

- ein Thesaurus genutzt werden und

- Wörter verglichen werden, inwieweit sie akustisch gleich klingen.

Während die Methode „contains" einen booleschen Wert zurück liefert, gibt die Methode „rank" als Suchergebnis pro Volltext-Objekt einen Ähnlichkeitswert zurück.

---

[15]Hier ist die Anzahl der dazwischen liegenden Wörter gemeint.

StillImage: Mittels dieses Datentyps werden Rasterbilder verwaltet. Zusätzlich zu den Rohdaten werden Daten über die Auflösung, das Speicherformat und das zugrunde liegende Farbmodell abgelegt. Anhand spezieller Methoden lassen sich die Rasterbilder

Rasterbilder

- skalieren,

- stutzen und

- drehen.

Zusätzlich stehen Methoden zur Änderung des Speicherformats und zur Erzeugung von Thumbnails zur Verfügung. Zur Suche in Rasterbildern lassen sich die Werte zu den Feature

Feature-Extraktion

- Durchschnittsfarbe,

- globales Farbhistogramm,

- lokales Farbhistogramm und

- Textur

extrahieren. Anhand dieser Feature-Werte können Rasterbilder miteinander verglichen werden. Als Ergebnis des Vergleichs zweier Rasterbilder wird ein Ähnlichkeitswert berechnet.

Vergleich

Spatial: Dieser Datentyp verwaltet zweidimensionale geometrische Objekte. Für diese Objekte werden Mengenoperationen, topologische Beziehungsbedingungen sowie geometrische Funktionen wie etwa das Berechnen des Flächeninhalts angeboten. Diese Methoden ermöglichen u.a. den Test von räumlichen und zeitlichen Bedingungen, wie sie in Abschnitt 8.2.3 beschrieben wurden.

räumliche und zeitliche Bedingungen

Die Suchmethoden lassen sich in der `where`-Klausel eines `SFW`-Blocks aufrufen. Einige Suchmethoden liefern Ähnlichkeitswerte zurück. Diese Werte werden in SQL:1999 im Gegensatz zu WS-QBE nicht als logische Werte verstanden, sondern als Zahlen behandelt. Erst im Zusammenhang mit einem Vergleichsprädikat ($<, \leq, =, \geq, >$) lassen sich diese Zahlen auf die drei SQL-Wahrheitswerte „`true`", „`false`" und „`unknown`" abbilden.

Ähnlichkeitswerte

Einzelne kommerzielle Datenbanksysteme wie ORACLE und IBM DB2 unterstützen Teile des SQL:1999-Standards. Zusätzlich bieten diese Systeme spezielle Datenbankerweiterungen an, mit denen Medienobjekte verwaltet werden können. In diesen Erweiterungen steht häufig mehr Funktionalität zur Verwaltung von Medienobjekten zur Verfügung, als in dem Paket SQL/MM gefordert wird.

Datenbankerweiterungen

8.5   Literaturempfehlungen

Bei der Beschreibung der Verwaltung von Strukturbedingungen wurde XML
diskutiert. Zu diesem Thema existieren viele Bücher. Beispielhaft sei hier
das Buch [108] genannt. Neben XML wurde Hypermedia-Techniken vorgestellt. Eine tiefere Diskussion dieser Techniken im Kontext von Multimedia
erfolgt in der Habilitationsschrift von Specht [191] und im Buch von Meyer-
Wegener [130]. Bezüglich räumlicher und zeitlicher Beziehungen wurden Prädikate zwischen Intervallen vorgestellt. Diese Prädikate wurden von Allen in
[3] entwickelt.

Ein gutes Buch, in dem viele Aspekte der Behandlung von Retrieval-Anfragen
behandelt werden, ist das Buch von Baeza-Yates und Ribeiro-Neto [9]. Insbesondere wird dort, aber etwa auch in dem Buch von Korfhage [109], die
Nutzerinteraktion bei einer Suche mittels spezieller Schnittstellen, behandelt.
Das Browsen in einer MMDB ist besonderes Thema des Buchs [35].

Ein Verfahren zur Behandlung von speziellen Präferenzen stellt der so genannte Skyline-Operator dar. Dieser wird u.a. in [111] beschrieben.

Im Abschnitt über Relevance Feedback wurde das Rocchio-Verfahren erwähnt.
Das Buch [9] stellt verschiedene Varianten dieses Verfahrens vor. Weitere
Relevance-Feedback-Verfahren wurden etwa in [12], aber auch im Kontext mit
dem MARS-System [158] entwickelt. Einen guten Überblick gibt das Buch
[61].

Die Datenbankmodelle objektorientierter, relationaler und objektrelationaler
Datenbanksysteme werden in vielen Lehrbüchern, etwa in [161, 86, 87, 68],
vorgestellt. Der aktuelle SQL-Standard SQL:1999 wird von Türker in [206]
beschrieben. Dieser ist daher interessant, da dieser Standard unter dem Begriff SQL:MM einige Basisdatentypen für Medientypen festlegt. Genauer wird
SQL:MM in [195, 127, 196, 130] erläutert.

Die Bücher [130, 50] sind zwei Multimedia-Datenbank-Bücher, welche konkret auf die Datentypmodellierung von Medientypen eingehen.

Als konkrete Anfragesprache wurde in diesem Kapitel WS-QBE vorgestellt.
QBE selbst wird in [227] entwickelt. Die Anfragesprache SubQuery-By-
Example (SQBE) erweitert QBE um parametrisierbare Unteranfragen sowie
um Mengen und Aggregationsoperationen [171]. Dadurch ist SQBE streng relational vollständig. Ein wesentlicher Nachteil von QBE – die eingeschränkte
Ausdrucksfähigkeit – wird damit ausgeräumt. Ein ähnlicher Ansatz wurde bereits im Kontext statistischer Datenbanken vorgeschlagen [146, 145].

Bereits in den Arbeiten [23, 66, 26] wurden Fuzzy-Techniken in Anfragesprachen integriert. Jedoch wurde dabei eine Gewichtung nicht berücksichtigt. In den beiden Ansätzen [23, 66] werden die vagen Werte `necessity`
und `possibility` eingesetzt, die jedoch nicht unserem Szenario von
Multimedia-Ähnlichkeitsanfragen entsprechen. In [26, 25] wird die Anfragesprache SQLf vorgeschlagen, in der die Anfragesprache SQL um einen
Sprachanteil für Fuzzy-Logik erweitert wurde.

Viele Erweiterungen relationaler Anfragesprachen erfolgen auf der relationalen Algebra, wie dies etwa in [2, 40] vorgeschlagen wird. Einen interessanten Ansatz stellt die Arbeit [63] dar, welche Konzepte der Stochastik in die relationale Algebra integriert. In dieser Arbeit wird von stochastisch unabhängigen Ereignissen ausgegangen. Eine solche Unabhängigkeit kann jedoch im Umfeld von Multimedia-Datenbankanfragen nicht gewährleistet werden.

Die Sprache $\mathcal{SDC}$ erweitert den relationalen Bereichskalkül, der in [43, 44, 45] eingeführt wurde. In $\mathcal{SDC}$ wird der relationale Bereichskalkül um die Behandlung von Ähnlichkeitsprädikaten und eine Gewichtung auf der Grundlage der Fuzzy-Logik [222] ergänzt. Bei der Gewichtung von Anfragetermen wird der Ansatz aus [58] umgesetzt. Dessen Einbindung wird in [182] diskutiert.

9   Zusammenfassung

In dieser Arbeit wurden Themen aus dem Gebiet Multimedia-Datenbanken diskutiert. Ein besonderer Schwerpunkt lag bei der Behandlung von Multimedia-Retrieval und dessen Einbindung in ein Datenbankanfragesystem. Bei der Diskussion des Multimedia-Retrievals wurde der allgemeine Ablauf einer Anfragebehandlung sowie ein Ähnlichkeitsmodell vorgestellt. Daran schloss sich die Beschreibung von Transformationsverfahren zur Aufbereitung von Feature-Werten an. Zur Berechnung von Ähnlichkeitswerten wurden sodann Distanzfunktionen und Ähnlichkeitsmaße diskutiert. Zusammen mit der Extraktion und der Aufbereitung von Feature-Daten legen sie die grundlegende Semantik von inhaltsbasierten Anfragen fest und wurden daher ausführlich behandelt.

Multimedia-Retrieval

inhaltsbasierte Anfragen

Neben der Semantikfestlegung einer Retrieval-Anfrage stehen für Datenbanksysteme Effizienzprobleme im Vordergrund. Daher wurden verschiedene Indexierungsverfahren und Algorithmen vorgestellt, welche zur schnellen Berechnung des Ergebnisses einer Retrieval-Anfrage entwickelt wurden. Ein Hauptproblem dabei ist die Behandlung des Fluchs der hohen Dimensionen.

Effizienzprobleme

Das letzte Kapitel vor der Zusammenfassung diskutiert die Probleme und grundlegende Konzepte der Multimedia-Anfragebehandlung. Auf diesem Gebiet besteht noch erheblicher Forschungsbedarf. Ein generelles Problem ist die Integration von Retrieval-Anfragen und herkömmlichen Datenbankanfragen auf der Grundlage eines geeigneten Datenbankmodells. Zu dieser Problematik wurden generelle Konzepte und im Anschluss beispielhafte Lösungsansätze vorgestellt.

Multimedia-Anfragebehandlung

In der vorliegenden Arbeit wurden in erster Linie publizierte Forschungsergebnisse verschiedener Forscher zusammengetragen und in einen gemeinsamen Kontext gestellt. An einigen Stellen wurden jedoch auch Forschungsergebnisse, an denen der Autor oder Mitglieder der Multimedia-Datenbankgruppe unter der Leitung von Herrn Saake, beteiligt waren, aufgenommen:

eigene Forschungs-ergebnisse

- *Vergleich der Distanzfunktionen und Ähnlichkeitsmaße:* Zum Vergleich wurden wünschenswerte Eigenschaften aufgestellt und die einzelnen Funktionen entsprechend bewertet. Eine vergleichbare Analyse aus der Literatur ist dem Autor nicht bekannt.

- *Normierung von Ähnlichkeitswerten:* Die dort entwickelten Formeln sowohl für die Normierung von Ähnlichkeitsmaßen als auch für die Umwandlung von Distanzen in Ähnlichkeitswerte wurden vom Autor der Arbeit entwickelt.

- *Fluch der hohen Dimensionen:* Die Erklärung des Fluchs basierend auf linear steigendem Approximationsfehler und konstanter Streuung von Distanzwerten im hochdimensionalen Raum wurde aus den Arbeiten [173, 11] übernommen.

- *AV-Methode:* Dieses Indexierungsverfahren wurde im Zusammenhang mit der Promotion von Sören Balko entwickelt und in den Publikationen [11, 10] ausführlich beschrieben.

- *WS-QBE:* Die Behandlung von Ähnlichkeitsanfragen im Zusammenhang mit nutzerdefinierten Gewichten ist ein Forschungsschwerpunkt der Multimedia-Datenbankgruppe. Zu dieser Thematik promovierte Frau Nadine Schulz. An vielen weiteren offenen Fragen, zum Beispiel an Fragen der Optimierung wird zu Zeit noch geforscht. Bisherige Ergebnis wurden in [180, 176, 177] publiziert.

kein Entwurf und keine Entwurfsmethode

Insgesamt wird in dieser Arbeit weder ein einheitlicher Entwurf eines MMDBMS noch eine Methode zum Entwurf eines MMDBS vorgestellt. Statt dessen wurden viele Teillösungen zusammengetragen, präsentiert, verglichen und bewertet. Für den konkreten Entwurf eines MMDBS müssen in Abhängigkeit von den vorgegebenen Rahmenbedingungen eines Anwendungsszenarios die geeigneten Teillösungen selbst ausgewählt und kombiniert werden. Um diesen Prozess zu unterstützen, wurde bei der Vorstellung der Teillösungen (also der Distanzfunktionen, Ähnlichkeitsmaße, Suchalgorithmen) viel Wert auf den Vergleich anhand ausgewählter Eigenschaften gelegt. Trotzdem besteht diesbezüglich noch erheblicher Forschungsbedarf.

semantische Lücke

Ein generelles Problem beim Multimedia-Retrieval bleibt die Behandlung der semantischen Lücke zwischen dem menschlichen Ähnlichkeitsempfinden und den automatisch berechenbaren Ähnlichkeitswerten. Zur Milderung dieses Problems besteht ein besonderer Bedarf an der Entwicklung von Nutzerschnittstellen und Mechanismen, die ein interaktives Lernen von nutzer- und anwendungsabhängigem Wissen ermöglichen.

interaktives Lernen

nicht berücksichtigte Themen

In der vorliegenden Arbeit wurden bestimmte Themen, die im Kontext von MMDBMS wichtig sind, nicht behandelt. Dazu gehören besonders die folgenden Themen:

- konkrete Medientypen mit speziellen Datenformaten, Kompressionsalgorithmen und Feature-Extraktionsverfahren

- Architekturaspekte eines MMDBMS

- konkrete Prototypen oder kommerzielle Systeme

- Mehrbenutzerbetrieb

- Anfrageoptimierung

- Behandlung von Integritätsbedingungen

- Nutzerschnittstellen bei der Anfragebehandlung

- Realisierung von Datenunabhängigkeit, also Medienabstraktion und -umsetzung, Präsentations-, Geräte- und Formatunabhängigkeit

- Zeitaspekte, etwa Behandlung von Synchronisation

- Speicher- und Netzwerktechnologie

Weitere Forschungsaktivitäten der Multimedia-Datenbankgruppe Magdeburg sind geplant. Dies betrifft besonders die Anfragesprache WS-QBE und die Ähnlichkeitsalgebra $\mathcal{SA}$. Ein Ziel ist die Optimierung von Algebraausdrücken und die Generierung effizienter Ausführungspläne. Des Weiteren soll in einer Studie die Eignung der Sprache WS-QBE zur Formulierung von Ähnlichkeitsanfragen anhand eines konkreten Anwendungsszenarios untersucht werden. Zusätzlich ist geplant, an Möglichkeiten zur Anfrageiteration zu forschen. Dazu ist die Entwicklung einer Erklärungskomponente wichtig, welches einen für den Nutzer nachvollziehbaren Zusammenhang zwischen einer Anfrage und dem Ergebnis präsentiert.

geplante Forschungsaktivitäten

Optimierung

Studie

Anfrageiteration

Insgesamt gibt es zum Thema Multimedia-Datenbanken noch erheblichen Forschungsbedarf. Zu erwarten sind daher weitere Bücher sowie kommerzielle Systeme, die sich immer mehr weg von Spezialsystemen für bestimmte Anwendungen und Medientypen zu immer universelleren Verwaltungssystemen entwickeln. Eines scheint gesichert zu sein: die Verwaltung und Suche von Multimedia-Daten wird weiter an Bedeutung gewinnen.

Fazit

A   Mathematische Grundlagen: lineare Algebra

Dieses Kapitel dient zur kurzen Auffrischung der linearen Algebra. Sie ist Grundlage für das Verständnis einiger mathematischer Verfahren, wie Fourier-Transformation, Wavelet-Transformation, Karhunen-Loève-Transformation und Singulärwertzerlegung, die in diesem Buch erläutert werden. Für eine tiefergehende Diskussion empfehlen wir gängige Lehrbücher, zum Beispiel [99], von dem Definitionen teilweise übernommen wurden.

A.1   Infimum, Supremum und kompakte Menge

Der Ausgangspunkt der beiden folgenden Begriffe ist das Konzept der Menge der reellen Zahlen, die wir mit $\mathbb{R}$ bezeichnen, das Konzept einer Untermenge $M \subset \mathbb{R}$.

Definition A.1

Es sei $M \subset \mathbb{R}$ eine nichtleere Teilmenge. Dann heißt ein Element $a \in \mathbb{R}$ eine *obere* (*untere*) *Schranke* von M, wenn für alle $x \in M$ gilt: $x \le a (x \ge a)$.

Obere und untere Schranke einer Untermenge $M \subset \mathbb{R}$

Definition A.2

Ein Element $s \in \mathbb{R}$ heißt *Supremum* (*Infimum*) von M (in Zeichen: $s = \sup M$ ($s = \inf M$)), wenn es kleinste obere (größte untere) Schranke ist. Das heißt, das Element s ist genau dann das Supremum (Infimum) von M, wenn kein Element von M größer (kleiner) als s ist und wenn gleichzeitig zu jedem $x < s$ ($x > s$) ein $a \in M$ existiert mit $x < a$ ($x > a$).

Supremum und Infimum einer Untermenge $M \subset \mathbb{R}$

Die Kompaktheit einer Menge basiert auf dem Konzept der konvergenten Folge und ist folgendermaßen definiert:

Kompaktheit einer
Menge

Definition A.3

Eine Teilmenge M eines normierten Raumes $\mathbb{X}$ heißt kompakt, wenn jede Folge von Elementen aus A eine konvergente Teilfolge enthält, deren Grenzwert in A liegt.

A.2   Vektorraum und komplexe Zahlen

Der Ausgangspunkt der linearen Algebra ist die Idee des reellen Vektorraums.

reeller Vektorraum

Definition A.4

Ein Tripel $(V, +, \cdot)$, bestehend aus einer Menge V, einer Abbildung „+"
(genannt Addition), mit

$$+ : V \times V \longrightarrow V, (x, y) \mapsto x + y,$$

und einer Abbildung „·" (genannt skalare Multiplikation), mit

$$\cdot : \mathbb{R} \times V \longrightarrow V, (\lambda, x) \mapsto \lambda x$$

heißt ein *reeller Vektorraum*, wenn für die Abbildungen + und · die folgenden acht Axiome gelten:

1. $(x + y) + z = x + (y + z)$ für alle $x, y, z \in V$.

2. $x + y = y + x$ für alle $x, y \in V$.

3. Es gibt ein Element $0 \in V$ (genannt „Null" oder „Nullvektor") mit $x + 0 = x$ für alle $x \in V$.

4. Zu jedem $x \in V$ gibt es ein Element $-x \in V$ mit $x + (-x) = 0$.

5. $\lambda(\mu x) = (\lambda\mu)x^1$ für alle $\lambda, \mu \in \mathbb{R}, x \in V$.

6. Es gibt ein Einselement $1 \in \mathbb{R}$ mit $1x = x$ für alle $x \in V$

7. $\lambda(x + y) = \lambda x + \lambda y$ für alle $\lambda \in \mathbb{R}, x, y \in V$.

8. $(\lambda + \mu)x = \lambda x + \mu x$ für alle $\lambda, \mu \in \mathbb{R}, x \in V$.

Für die Erklärung der Fourier-Transformation benötigen wir den Körper der komplexen Zahlen. Eine komplexe Zahl besteht aus zwei Komponenten, einem Realteil und einem Imaginärteil. Der Realteil ist eine reelle Zahl und der Imaginärteil eine reelle Zahl multipliziert mit i, wobei $i := \sqrt{-1}$ gilt. Das „i" wird bei der Angabe einer komplexen Zahl meist weggelassen, also statt (a, bi) schreiben wir (a, b). Üblich ist auch die Schreibweise $a + bi$, bei der das „i" nicht weggelassen werden kann.

---

[1]Wird kein Operator angegeben, wird die Multiplikation angenommen.

Definition A.5

Unter dem so genannten „*Körper der komplexen Zahlen*" versteht man die Menge $\mathbb{C} := \mathbb{R}^2$ zusammen mit den beiden Verknüpfungen

$$+ : \mathbb{C} \times \mathbb{C} \longrightarrow \mathbb{C} \qquad \text{(„Addition") und}$$
$$\cdot : \mathbb{C} \times \mathbb{C} \longrightarrow \mathbb{C} \qquad \text{(„Multiplikation"),}$$

die durch

$$(x, y) + (a, b) := (x + a, y + b) \qquad \text{und}$$
$$(x, y) \cdot (a, b) := (xa - yb, xb + ya)$$

erklärt sind.

Die spezielle Form der Multiplikation ergibt sich aus der Definition von $i := \sqrt{-1}$.

Neben der Angabe des Real- und Imaginärteils können komplexe Zahlen auch in Polarkoordinaten beschrieben werden. Grundlage dafür ist die Betrachtung einer komplexen Zahl als einen Punkt in der so genannten „gaußschen Ebene", in der die x-Achse dem Realteil und die y-Achse dem Imaginärteil entspricht.

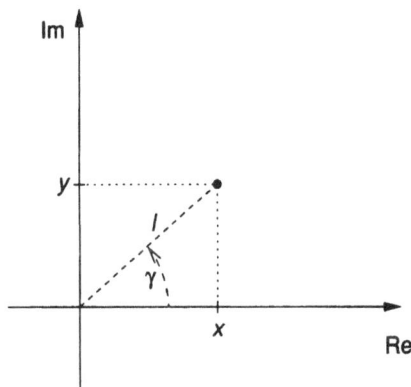

Abb. A.1: *komplexe Zahl in der gaußschen Ebene*

In Abbildung A.1 ist die komplexe Zahl (x, y) in der gaußschen Ebene abgebildet. Sie kann alternativ genauso mittels des Winkels γ und des Abstands l ausgedrückt werden. Dabei gelten die folgenden Zusammenhänge:

$$\tan \gamma = \frac{y}{x} \qquad l = \sqrt{x^2 + y^2} \qquad y = l \sin \gamma \qquad x = l \cos \gamma$$

Eine komplexe Zahl kann mittels des Winkels und der Länge in der folgenden Form beschrieben werden:

$$(l\cos\gamma, l\sin\gamma) \quad \text{oder} \quad l\cos\gamma + li\sin\gamma$$

Eine erheblich elegantere Schreibweise liefert uns die Eulersche Formel

$$le^{i\gamma} = l\cos\gamma + li\sin\gamma.$$

Diese Schreibweise erleichtert das Verständnis der Multiplikation von komplexen Zahlen

$$l_1 e^{i\gamma_1} \cdot l_2 e^{i\gamma_2} = l_1 l_2 e^{i(\gamma_1+\gamma_2)}.$$

Bei der späteren Definition des inneren Produktes benötigen wir die Konjugation einer komplexen Zahl.

Konjugation einer komplexen Zahl

Definition A.6

Unter einer *Konjugation* einer komplexen Zahl versteht man die Abbildung

$$\mathbb{C} \longrightarrow \mathbb{C}, \qquad (x,y) \mapsto \overline{(x,y)} = (x,-y).$$

Unter der Konjugation in der Eulerschen Schreibweise versteht man die Abbildung

$$\mathbb{C} \longrightarrow \mathbb{C}, \qquad le^{i\gamma} \mapsto \overline{le^{i\gamma}} = le^{-i\gamma}$$

Nun kann der komplexe Vektorraum definiert werden, der sich von dem reellen Vektorraum nur in der Verwendung der komplexen Zahlen anstatt der reellen Zahlen unterscheidet.

komplexer Vektorraum

Definition A.7

Ein Tripel $(V, +, \cdot)$, bestehend aus einer Menge V, einer Abbildung + (genannt Addition), mit

$$+ : V \times V \longrightarrow V, (x,y) \mapsto x+y$$

und einer Abbildung (genannt Multiplikation)

$$\cdot : \mathbb{C} \times V \longrightarrow V, (\lambda, x) \mapsto \lambda x$$

heißt ein *komplexer Vektorraum*, wenn für die Abbildungen + und · die folgenden acht Axiome gelten:

1. $(x+y)+z = x+(y+z)$ für alle $x, y, z \in V$.

2. $x+y = y+x$ für alle $x, y \in V$.

3. Es gibt ein Element $0 \in V$ (genannt „Null" oder „Nullvektor") mit $x+0 = x$ für alle $x \in V$.

4. Zu jedem $x \in V$ gibt es ein Element $-x \in V$ mit $x + (-x) = 0$.

5. $\lambda(\mu x) = (\lambda \mu)x$ für alle $\lambda, \mu \in \mathbb{C}, x \in V$.

6. $1x = x$ für alle $x \in V$

7. $\lambda(x + y) = \lambda x + \lambda y$ für alle $\lambda \in \mathbb{C}, x, y \in V$.

8. $(\lambda + \mu)x = \lambda x + \mu x$ für alle $\lambda, \mu \in \mathbb{C}, x \in V$.

Ein reeller Vektorraum kann auch als „Vektorraum über $\mathbb{K}$" mit $\mathbb{K} = \mathbb{R}$ bezeichnet werden. Analog dazu ist ein komplexer Vektorraum ein Vektorraum über $\mathbb{K}$ mit $\mathbb{K} = \mathbb{C}$.

Die Elemente der Menge V eines Vektorraums $(V, +, \cdot)$ heißen *Vektoren*. Wir weisen an dieser Stelle darauf hin, dass nicht festgelegt wurde, wie Vektoren genau aufgebaut sind. Vektoren können zum Beispiel geometrische Vektoren, aber auch Funktionen sein. Die Interpretation einer Funktion als Vektor ist sehr hilfreich bei der Diskussion der Fourier- und Wavelet-Transformation.

Vektor

A.3   Basis und Dimension

Für die Definition einer Basis eines Vektorraums benötigen wir den Begriff der linearen Unabhängigkeit.

Definition A.8

linear unabhängig

Sei V ein Vektorraum über $\mathbb{K}$. Ein n-tupel $(v_1, \ldots, v_n)$ von Vektoren in V heißt *linear unabhängig*, wenn aus der Linearkombination $\lambda_1 v_1 + \cdots + \lambda_n v_n = 0$ mit $\lambda_j \in \mathbb{K}$ stets folgt, dass $\lambda_1 = \cdots = \lambda_n = 0$ ist.

Lineare Unabhängigkeit bedeutet, dass kein Vektor aus $(v_1, \ldots, v_n)$ durch eine Linearkombination der restlichen Vektoren dargestellt werden kann.

Definition A.9

Basis

Sei V ein Vektorraum über $\mathbb{K}$. Ein n-tupel $(v_1, \ldots, v_n)$ von Vektoren heißt *Basis* von V, wenn es linear unabhängig ist und jeder Vektor $v \in V$ als Linearkombination von $(v_1, \ldots, v_n)$

$$v = \sum_{j=1}^{n} \lambda_j v_j \qquad \text{mit } \lambda_j \in \mathbb{K}$$

eindeutig dargestellt werden kann.

Ein konkretes und zugleich einfachstes Beispiel für eine Basis eines reellen Vektorraums ist die so genannte *kanonische Basis* $(e_1, \ldots, e_n)$ des $\mathbb{R}^n$:

kanonische Basis

$$e_1 := (1, 0, \ldots, 0)$$
$$e_2 := (0, 1, \ldots, 0)$$
$$\vdots$$
$$e_n := (0, 0, \ldots, 1)$$

Einheitsvektor

Die Vektoren der kanonischen Basis werden *Einheitsvektoren* genannt.

Definition A.10

Dimension

Besitzt der Vektorraum V über $\mathbb{K}$ eine Basis $(v_1, \ldots, v_n)$, so heißt n die *Dimension* von V, abgekürzt $\dim V$.

Es gilt $\dim \mathbb{R}^n = n$, da die kanonische Basis n Einheitsvektoren besitzt.

endlich- und unend-lichdimensionaler Vektorraum

Wenn eine Basis eines Vektorraums V eine endliche Anzahl von Vektoren besitzt, dann heißt V *endlichdimensionaler Vektorraum*, ansonsten *unendlichdimensionaler Vektorraum*.

$\mathbb{R}^2$

Beispiel A.1

$\mathbb{R}^2$ ist ein zweidimensionaler Vektorraum. Da $\dim \mathbb{R}^2 = 2$ gilt, ist dieser Vektorraum endlichdimensional.

Vektorraum über Funktionen

Definition A.11

Die Menge aller stetigen Funktionen über $[0, 1]$ ist ein unendlichdimensionaler Vektorraum, wie man sich anhand der Definition eines Vektorraums und der linearen Unabhängigkeit klarmachen kann. Sind die Funktionen reellwertig, nennen wir diesen Vektorraum $C^{\mathbb{R}}[0, 1]$. Für den Vektorraum der komplexwertigen Funktionen nutzen wir die Bezeichnung $C^{\mathbb{C}}[0, 1]$.

Ein Vektorraum über Funktionen muss nicht unbedingt immer unendlichdimensional sein. Ein Vektorraum über Funktionen, die auf einer endlichen Folge natürlicher Zahlen definiert und damit diskret sind, besitzt eine endliche Dimension.

Vektorraum über diskrete Funktionen

Definition A.12

Die Menge aller diskreten Funktionen über $\{0, 1, \ldots, n - 1\}$ mit $n \in \mathbb{N}$ besitzt genau n Basisvektoren. Wir nennen diesen Vektorraum im reellen Fall $D_n^{\mathbb{R}}$ und im komplexen Fall $D_n^{\mathbb{C}}$.

Dieser Spezialfall eines Vektorraums ist besonders interessant, da Medienobjekte durch solche diskreten Funktionen beschrieben werden können. In Definition A.12 ist der Definitionsbereich der Funktionen eindimensional und kann daher gut zur Beschreibung von Audiodaten verwendet werden, da diese den Signalverlauf anhand der Zeitdimension beschreiben. Bild-Objekte können hingegen durch diskrete Funktionen auf einem zweidimensionalen Definitionsbereich beschrieben werden, wobei die beiden Dimensionen den beiden kanonischen Raumachsen einer Ebene entsprechen.

Definition A.13

Vektorraum über diskrete Funktionen

Die Menge aller diskreten Funktionen über $\{0, 1, \ldots, m - 1\} \times \{0, 1, \ldots, n - 1\}$ mit $m, n \in \mathbb{N}$ besitzt genau mn Basisvektoren. Wir nennen diesen Vektorraum im reellen Fall $D_{m,n}^{\mathbb{R}}$ und im komplexen Fall $D_{m,n}^{\mathbb{C}}$.

A.4 Inneres Produkt und Orthogonalität

Ein sehr wichtiges Konzept für das Verständnis der Fourier- und Wavelet-Transformation ist das innere Produkt.

Definition A.14

inneres Produkt

Sei V ein Vektorraum über $\mathbb{K}$. Unter einem *inneren Produkt* $\langle x, y \rangle^2$ *auf* V versteht man die Abbildung

$$V \times V \longrightarrow \mathbb{K}, (x, y) \mapsto \langle x, y \rangle,$$

welche bilinear, symmetrisch und positiv definit ist, d.h.

1. Für jedes $w \in V$ ist $\langle \cdot, w \rangle : V \to \mathbb{K}$ linear, das heißt es ist stets $\langle v_1 + v_2, w \rangle = \langle v_1, w \rangle + \langle v_2, w \rangle$ und $\langle \lambda v, w \rangle = \lambda \langle v, w \rangle$, analog für festes v und $\langle v, \cdot \rangle : V \to \mathbb{K}$ („Bilinearität").

2. $\langle v, w \rangle = \langle w, v \rangle$ gilt für alle v, w („Symmetrie").

3. $\langle v, v \rangle \geq 0$ gilt für alle v, und $\langle v, v \rangle = 0$ nur für $v = 0$ („Positive Definitheit").

In Tabelle A.1 geben wir für verschiedene Vektorräume Beispiele für das innere Produkt an.

---

[2]Wenn aus den Operanden x und y ersichtlich ist, dass es sich um Vektoren handelt, verwenden wir alternativ auch die Notation $x * y$ statt $\langle x, y \rangle$ für das Skalarprodukt.

Vektorraum	inneres Produkt
$\mathbb{R}^n$	$\langle x, y \rangle = \sum\limits_{j=1}^{n} x[j] \cdot y[j]$
$\mathbb{C}^n$	$\langle x, y \rangle = \sum\limits_{j=1}^{n} x[j] \cdot \overline{y[j]}$
$C^{\mathbb{R}}[0,1]$	$\langle f, g \rangle = \int\limits_{0}^{1} f(x) \cdot g(x) dx$
$C^{\mathbb{C}}[0,1]$	$\langle f, g \rangle = \int\limits_{0}^{1} f(x) \cdot \overline{g(x)} dx$
$D_n^{\mathbb{R}}$	$\langle f, g \rangle = \sum\limits_{x=0}^{n-1} f(x) \cdot g(x)$
$D_n^{\mathbb{C}}$	$\langle f, g \rangle = \sum\limits_{x=0}^{n-1} f(x) \cdot \overline{g(x)}$
$D_{m,n}^{\mathbb{R}}$	$\langle f, g \rangle = \sum\limits_{x=0}^{m-1} \sum\limits_{y=0}^{n-1} f(x,y) \cdot g(x,y)$
$D_{m,n}^{\mathbb{C}}$	$\langle f, g \rangle = \sum\limits_{x=0}^{m-1} \sum\limits_{y=0}^{n-1} f(x,y) \cdot \overline{g(x,y)}$

Tabelle A.1: *innere Produkte verschiedener Vektorräume*

euklidscher Vektorraum

Definition A.15

Unter einem *euklidschen Vektorraum* versteht man ein Paar $(V, \langle \rangle)$, bestehend aus einem Vektorraum V und einem Skalarprodukt $\langle \rangle$ auf V.

Orthogonalität

Definition A.16

Zwei Elemente v, w eines euklidschen Vektorraums heißen *orthogonal* oder *senkrecht zueinander*, wenn $\langle v, w \rangle = 0$ gilt.

Paarweise Orthogonalität zwischen bestimmten Vektoren eines Vektorraums ist eine stärkere Form der linearen Unabhängigkeit, d.h. eine Menge paarweise orthogonaler Vektoren ist immer linear unabhängig.

orthogonale Basis

Definition A.17

Sei ein n-tupel $(v_1, \ldots, v_n)$ von Vektoren eine *Basis* eines Vektorraums V. Diese Basis heißt *orthogonale Basis*, wenn

$$\forall j, k \in \{1, \ldots, n\}, j \neq k : \langle v_j, v_k \rangle = 0$$

gilt.

A.5   Norm und Normalisierung

Unter Ausnutzung der Definition des inneren Produkts können wir weiterhin die Norm eines Vektors und den Öffnungswinkel zwischen zwei Vektoren definieren.

Definition A.18

Norm eines Vektors

Ist $(V, \langle ., . \rangle)$ ein euklidscher Vektorraum und $x \in V$, so versteht man unter der *Norm* von x die reelle Zahl

$$||x|| := \sqrt{\langle x, x \rangle} \geq 0.$$

Die Norm misst sozusagen die Länge eines Vektors. Wir nennen einen Vektor x mit $||x|| = 1$ *normalisiert*.

normalisierter Vektor

Definition A.19

orthonormale Basis

Sei ein n-tupel $(v_1, \ldots, v_n)$ von Vektoren eine *Basis* eines Vektorraums V. Diese Basis heißt *orthonormale Basis*, wenn

$$\forall j, k \in \{1, \ldots, n\} : \langle v_j, v_k \rangle = \delta_{j,k}$$

gilt. $\delta_{j,k}$ ist das Kroneckerdelta

$$\delta_{j,k} = \begin{cases} 1 & : & j = k \\ 0 & : & j \neq k \end{cases}$$

A.6   Entwicklungsformel und Öffnungswinkel zwischen zwei Vektoren

Die folgende Entwicklungsformel ist die grundlegende Formel für viele Transformationen.

Lemma A.1

Entwicklungsformel

Ist $(v_1, \ldots, v_n)$ eine orthonormale Basis eines Vektorraums V, so gilt für jedes $v \in V$ die „*Entwicklungsformel*"

$$v = \sum_{i=1}^{n} \langle v, v_i \rangle v_i.$$

Die Entwicklungsformel zeigt uns, wie eine Hin- und eine Rücktransformation von Vektoren realisiert werden kann. Grundlage ist die Eigenschaft der Orthonormalität. Durch die Berechnung des inneren Produkts mit den Vektoren einer orthonormalen Basis erhält man einen Vektor, der durch eine entsprechende Linearkombination wieder auf den Originalvektor abgebildet werden kann.

Entwicklungsformel   **Beispiel A.2**

Für den Vektorraum $\mathbb{R}^2$ sei die orthonormale Basis

$$\left(\begin{pmatrix} 2^{-\frac{1}{2}} \\ 2^{-\frac{1}{2}} \end{pmatrix}, \begin{pmatrix} -2^{-\frac{1}{2}} \\ 2^{-\frac{1}{2}} \end{pmatrix} \right)$$

gegeben. Den Vektor

$$\begin{pmatrix} 3 \\ 4 \end{pmatrix}$$

kann man aufgrund der Entwicklungsformel wie folgt in den Vektor

$$\begin{pmatrix} k_1 \\ k_2 \end{pmatrix} = \begin{pmatrix} 7 * 2^{-\frac{1}{2}} \\ 2^{-\frac{1}{2}} \end{pmatrix}$$

transformieren:

$$k_1 = \left\langle \begin{pmatrix} 3 \\ 4 \end{pmatrix}, \begin{pmatrix} 2^{-\frac{1}{2}} \\ 2^{-\frac{1}{2}} \end{pmatrix} \right\rangle = 7 * 2^{-\frac{1}{2}}$$

$$k_2 = \left\langle \begin{pmatrix} 3 \\ 4 \end{pmatrix}, \begin{pmatrix} -2^{-\frac{1}{2}} \\ 2^{-\frac{1}{2}} \end{pmatrix} \right\rangle = 2^{-\frac{1}{2}}$$

Die Rücktransformation ergibt wieder den ursprünglichen Vektor:

$$k_1 \begin{pmatrix} 2^{-\frac{1}{2}} \\ 2^{-\frac{1}{2}} \end{pmatrix} + k_2 \begin{pmatrix} -2^{-\frac{1}{2}} \\ 2^{-\frac{1}{2}} \end{pmatrix} =$$

$$7 * 2^{-\frac{1}{2}} \begin{pmatrix} 2^{-\frac{1}{2}} \\ 2^{-\frac{1}{2}} \end{pmatrix} + 2^{-\frac{1}{2}} \begin{pmatrix} -2^{-\frac{1}{2}} \\ 2^{-\frac{1}{2}} \end{pmatrix} = \begin{pmatrix} 3 \\ 4 \end{pmatrix}$$

Öffnungswinkel   **Definition A.20**
zwischen Vektoren

Für von Null verschiedene Elemente x, y eines reellen Vektorraums definiert man den Kosinus des *Öffnungswinkels* $\alpha(x, y)$ zwischen x und y durch

$$\cos \alpha(x, y) = \frac{\langle x, y \rangle}{||x|| \, ||y||}, \qquad 0 \le \alpha(x, y) \le \pi.$$

A.7 Matrizenrechnung

Definition A.21

Eine $m \times n-$*Matrix über* $\mathbb{K}$ ist eine Anordnung von mn Elementen von $\mathbb{K}$ nach folgendem Schema

$$\begin{pmatrix} a_{11} & \cdots & a_{1n} \\ \vdots & & \vdots \\ a_{m1} & \cdots & a_{mn} \end{pmatrix}.$$

Die Werte $a_{ij} \in \mathbb{K}$ nennt man auch die *Koeffizienten* der Matrix. Die waagerecht geschriebenen n-Tupel

$$(a_{i1} \cdots a_{in})$$

heißen *Zeilen* und die senkrecht geschriebenen m-Tupel

$$\begin{pmatrix} a_{1j} \\ \vdots \\ a_{mj} \end{pmatrix}$$

Spalten der Matrix.

Einzelne Zeilen- und Spaltenvektoren können als Spezialfälle von $m \times n-$Matrizen angesehen werden, bei denen $m = 1$ beziehungsweise $n = 1$ gilt.

Definition A.22

Ist A eine $m \times n-$Matrix und B eine $n \times p-$Matrix, so wird das Matrizenprodukt AB der Matrizen A und B definiert durch die Matrix C, deren Koeffizienten gegeben sind durch

$$c_{ij} := \sum_{k=1}^{n} a_{ik}b_{kj}.$$

Man beachte, dass AB nur definiert ist, wenn die Spaltenzahl von A gleich der Zeilenzahl von B ist.

*Transponierte und
Adjungierte einer
Matrix*

Definition A.23

Die $m \times n$–Matrix A^T bezeichnet die Transponierte der $n \times m$–Matrix A, wobei

$$a_{ij}^T = a_{ji}$$

gilt. Ist die Matrix A über die komplexen Zahlen $\mathbb{C}$ definiert, bezeichnet die $m \times n$–Matrix A^* die Adjungierte der $n \times m$–Matrix A, wobei

$$a_{ij}^* = \overline{a_{ji}}$$

gilt.

orthonormale Matrix

Definition A.24

Eine $n \times n$–Matrix A heißt genau dann *orthonormal*, wenn ihre Zeilen und ihre Spalten jeweils ein orthonormales System bezüglich des inneren Produktes bilden, also die Produkte $A^T A$ und $A A^T$ der Einheitsmatrix I entsprechen (quadratische Matrix, bei der alle Koeffizienten außerhalb der Diagonalen Null, die Diagonalkoeffizienten jedoch Eins betragen). Ist die Matrix über die komplexen Zahlen definiert, dann müssen für die Orthonormalität die Produkte $A^* A$ und $A A^*$ die komplexe Einheitsmatrix I ergeben.

*Erhaltung des
inneren Produktes
bei Multiplikation
mit einer
orthonormalen
Matrix*

Lemma A.2

Seien x und y je ein Vektor aus $\mathbb{C}^n$, A eine othonormale $n \times n$–Matrix über $\mathbb{C}$ und $\langle x, y \rangle$ das innere Produkt, wie es in Tabelle A.1 definiert wurde. Dann gilt

$$\langle x, y \rangle = \langle Ax, Ay \rangle.$$

Die Korrektheit des Satzes kann unter Ausnutzung elementarer Rechenregeln für komplexe Matrizen gezeigt werden. Dabei wird das innere Produkt in der Matrizenschreibweise notiert:

$$\begin{aligned}
\langle Ax, Ay \rangle &= (Ax)^* Ay \\
&= x^* A^* Ay \\
&= x^* I y \\
&= x^* y \\
&= \langle x, y \rangle.
\end{aligned}$$

Hier wurde die Regel $(AB)^* = B^* A^*$ und $AI = A$ ausgenutzt.

Ein wichtiger Begriff einer quadratischen $n \times n$-Matrix ist der des Eigenvektors und der des Eigenwertes.

Definition A.25

Ist A eine quadratische Matrix $A \in \mathbb{R}^{n \times n}$, so nennt man ein $\lambda \in \mathbb{R}$ einen *Eigenwert* von A, wenn es ein $u \in \mathbb{R}^n$ gibt mit

$$Au = \lambda u, \qquad u \neq 0.$$

Jedes solche u nennt man dann *Eigenvektor* zum Eigenwert λ.

Existieren zu einer quadratischen, reellen Matrix $A \in \mathbb{R}^{n \times n}$ n verschiedene Eigenvektoren $u_1, \ldots, u_n$, so lassen sich diese als Spaltenvektoren einer quadratischen, reellen Matrix $U \in \mathbb{R}^{n \times n}$ schreiben. Ordnet man zusätzlich die korrespondierenden Eigenwerte in derselben Reihenfolge auf der Diagonalen einer Diagonalmatrix L an, dann erhält man:

$$A * U = U * L.$$

Es kann gezeigt werden, dass die Eigenvektoren gegenseitig orthogonal sind. Weiterhin kann durch Skalierung der Eigenvektoren und der Eigenwerte erreicht werden, dass die Eigenvektoren normiert sind. Damit ist die Matrix U orthonormal, die inverse Matrix entspricht also der transponierten Matrix. Multipliziert man daher zu dem obigen Ausdruck auf der rechten Seite die Matrix U^T, dann erhält man:

$$A = U * L * U^T.$$

Diese Überlegungen führen zu dem Satz über die Hauptachsentransformation.

Lemma A.3

Zu jeder symmetrischen, reellen Matrix $S \in \mathbb{R}^{n \times n}$ gibt es eine orthonormale Matrix $U \in \mathbb{R}^{n \times n}$ und eine Diagonalmatrix $L \in \mathbb{R}^{n \times n}$, so dass

$$S = U * L * U^T, \qquad L = \begin{pmatrix} \lambda_1 & 0 & \cdots & 0 \\ 0 & \lambda_2 & \ddots & \vdots \\ \vdots & \ddots & \ddots & 0 \\ 0 & \cdots & 0 & \lambda_n \end{pmatrix}$$

gilt. Die Werte $\lambda_1, \ldots, \lambda_n$ sind genau die Eigenwerte von A, die bis auf die Reihenfolge durch S eindeutig bestimmt sind. Die Spaltenvektoren von U sind genau die zu den Eigenwerten korrespondierenden Eigenvektoren.

Eine Zerlegung einer Matrix nach dem Satz der Hauptachsentransformation kann genutzt werden, um eine Matrix auf Positiv-Definitheit zu überprüfen.

positiv definite
Matrix

Definition A.26

Eine symmetrische, quadratische Matrix $A \in \mathbb{R}^{n \times n}$ $(A = A^T)$ heißt

- *positiv definit*, wenn $\forall x \in \mathbb{R}^n : x \neq 0 \implies x^T * A * x > 0$.

- *positiv semidefinit*, wenn $\forall x \in \mathbb{R}^n : x^T * A * x \geq 0$.

- *negativ definit*, wenn $\forall x \in \mathbb{R}^n : x \neq 0 \implies x^T * A * x < 0$.

- *negativ semidefinit*, wenn $\forall x \in \mathbb{R}^n : x^T * A * x \leq 0$.

- *indefinit* in allen anderen Fällen.

Definitheit und
Eigenwerte

Lemma A.4

Seien λ_i die Eigenswerte der Matrix A. Die Matrix A ist genau dann

- *positiv definit*, wenn alle $\lambda_i > 0$ sind.

- *positiv semidefinit*, wenn alle $\lambda_i \geq 0$ sind.

- *negativ definit*, wenn alle $\lambda_i < 0$ sind.

- *negativ semidefinit*, wenn alle $\lambda_i \leq 0$ sind.

Satz über die Singu-
lärwertzerlegung

Lemma A.5

Jede reelle Matrix $S \in \mathbb{R}^{m \times n}$ kann in das Produkt

$$S = U * L * V^T$$

zerlegt werden. U ist dabei eine Matrix $U \in \mathbb{R}^{m \times r}$ mit orthonormalen Spaltenvektoren ($U^T * U = I$), V eine Matrix $V \in \mathbb{R}^{n \times r}$ mit orthonormalen Spaltenvektoren ($V^T * V = I$) und L eine nichtnegative Diagonalmatrix $L \in \mathbb{R}^{r \times r}$. r ist der Rang der Matrix S. Der Rang einer Matrix gibt die Maximalzahl linear unabhängiger Spaltenvektoren der Matrix an. Die Diagonalwerte der Matrix L sind absteigend sortiert. Sofern keine Diagonalwerte mehrfach auftreten, ist die Zerlegung in die drei Matrizen eindeutig definiert.

Die Werte der Diagonalmatrix heißen Singulärwerte, die Spaltenvektoren von U Linkssingulärvektoren und die Spaltenvektoren von V Rechtssingulärvektoren.

Lemma A.6

Gegeben sei eine Singulärwertzerlegung $S = U * L * V^T$. Die Linkssingulärvektoren entsprechen dabei den Eigenvektoren von SS^T und die Rechtsingulärvektoren den Eigenvektoren von $S^T S$. Die Eigenwerte zu den Linkssingulärvektoren sind identisch zu den Eigenwerten der Rechtsingulärvektoren und auch identisch zu den quadrierten Singulärwerten.

Dieser Zusammenhang ergibt sich aus folgender Herleitung:

$$SS^T = U * L * V^T * (U * L * V^T)^T$$
$$= U * L * V^T * V * L * U^T$$
$$= U * L^2 * U^T$$

Analog dazu ergeben sich die Rechtsingulärvektoren als Eigenvektoren aus $S^T S$:

$$S^T S = (U * L * V^T)^T * U * L * V^T$$
$$= V * L * U^T * U * L * V^T$$
$$= V * L^2 * V^T$$

B Mathematische Grundlagen: Statistik

Dieses Kapitel dient zur kurzen Auffrischung der Grundlagen der Statistik. Für eine tiefergehende Diskussion empfehlen wir gängige Lehrbücher, wie zum Beispiel [128, 131], von denen Definitionen teilweise übernommen wurden.

Ein Ausgangspunkt der Statistik ist die Definition einer Zufallsvariablen.

Definition B.1 *Zufallsvariable*

Eine Variable X ist eine *Zufallsvariable*, wenn der Wert, den sie annehmen kann, zu dem Ergebnis eines Experiments korrespondiert oder ein zufälliges Ereignis darstellt.

In Abhängigkeit von den möglichen Werten, die eine Zufallsvariable annehmen kann, spricht man von einer *stetigen Zufallsvariablen* oder von einer *diskreten Zufallsvariablen*.

Die Zuordnung der Wahrscheinlichkeit zu den Werten einer diskreten Zufallsvariablen führt zu dem Begriff der Wahrscheinlichkeitsverteilung.

Definition B.2 *Wahrscheinlichkeitsverteilung einer diskreten Zufallsvariablen*

Wenn X eine diskrete Zufallsvariable ist, dann ist die Funktion $f(x) = P(X = x)$, welche jedem Wert x aus dem Wertebereich von X eine Wahrscheinlichkeit zuordnet, eine *Wahrscheinlichkeitsverteilung* von X.

Folgende Bedingungen müssen dabei eingehalten werden:

1. $f(x) \geq 0$ für alle Werte x des Wertebereichs, und

2. $\sum_{x \in X} f(x) = 1$, bei der die Summe alle Werte des Wertebereichs umfasst.

Die Verteilung einer stetigen Zufallsvariablen ist hingegen als Dichte wie folgt definiert.

Dichtefunktion einer
stetigen
Zufallsvariablen

Definition B.3

Eine Funktion mit den Werten $f(x)$ definiert über die Menge aller reeller Zahlen heißt genau dann *Dichtefunktion* einer stetigen Zufallsvariable X, wenn

$$P(a \leq X \leq b) = \int_a^b f(x)\, dx$$

die Wahrscheinlichkeit ausdrückt, dass die Zufallsvariable X einen Wert aus dem Intervall $[a, b]$ annimmt.

Folgende Bedingungen müssen dabei eingehalten werden:

1. $f(x) \geq 0$ für alle Werte $-\infty < x < \infty$ und

2. $\int_{-\infty}^{\infty} f(x)\, dx = 1$.

Häufig müssen mehrere Werte von Zufallsvariablen mit derselben Verteilung analysiert werden. Dies führt zu dem Begriff der Stichprobe.

Stichprobe

Definition B.4

Wenn $x_1, x_2, \ldots, x_n$ Werte von n unabhängigen und identisch verteilten Zufallsvariablen sind, dann bilden sie zusammen eine *Stichprobe* x aus dem Wertebereich, der durch die gemeinsame Verteilung gegeben ist.

Auf der Grundlage einer Stichprobe lassen sich der Mittelwert, die Varianz und die Standardabweichung berechnen.

Mittelwert, Varianz
und
Standardabweichung
einer Stichprobe

Definition B.5

Wenn $\mathbf{x} = x_1, x_2, \ldots, x_n$ eine Stichprobe ist, dann wird

$$\overline{\mathbf{x}} = \frac{1}{n} \sum_{i=1}^{n} x_i$$

Mittelwert der Stichprobe und

$$S_{\mathbf{x}}^2 = \frac{1}{n-1} \sum_{i=1}^{n} (x_i - \overline{\mathbf{x}})^2$$

Varianz der Stichprobe genannt. Die Wurzel aus der Varianz

$$S_{\mathbf{x}} = \sqrt{S_{\mathbf{x}}^2}$$

heißt *Standardabweichung der Stichprobe*.

Betrachtet man zwei Stichproben der gleichen Mächtigkeit n, dann können diese mittels der so genannten Kovarianz verglichen werden.

Definition B.6

Wenn $\mathbf{x} = x_1, x_2, \ldots, x_n$ und $\mathbf{y} = y_1, y_2, \ldots, y_n$ zwei Stichproben derselben Mächtigkeit n sind, dann wird

$$S^2_{\mathbf{xy}} = \frac{1}{n-1} \sum_{i=1}^{n} (x_i - \overline{\mathbf{x}})(y_i - \overline{\mathbf{y}})$$

Kovarianz über den Stichproben $\mathbf{x}$ *und* $\mathbf{y}$ genannt.

Wie man sich anhand der Definitionen leicht klarmachen kann, ist die Kovarianz über derselben Stichprobe identisch mit der Varianz dieser Stichprobe.

Liegen unterschiedliche Stichproben vor, so drückt die Kovarianz aus, inwieweit die Werte der beiden Stichproben in Verbindung stehen. Wenn zum Beispiel immer ein hoher (niedriger) Wert mit einem hohen (niedrigen) Wert der anderen Stichprobe zusammentrifft, erhält man einen positiven Kovarianzwert. Ein Zusammentreffen von hohen (niedrigen) mit niedrigen (hohen) Werten bewirkt einen negativen Kovarianzwert. Eine Null hingegen zeigt keinen Zusammenhang an.

Will man alle möglichen Kovarianzwerte einer Anzahl von m Stichproben $\mathbf{x}_1, \mathbf{x}_2, \ldots, \mathbf{x}_m$ berechnen, bietet sich die Darstellung in Form einer Kovarianzmatrix an.

Definition B.7

Wenn $\mathbf{x}_1, \mathbf{x}_2, \ldots, \mathbf{x}_m$ eine Anzahl von m Stichproben der Mächtigkeit n ist, dann wird die $m \times m$-Matrix $S^2 = \{S^2_{ij}\}$ mit

$$S^2_{ij} = S^2_{\mathbf{x}_i \mathbf{x}_j}$$

Kovarianzmatrix genannt.

Aufgrund der Kommutativität der Multiplikation ist eine Kovarianzmatrix immer eine symmetrische Matrix $\left(S^2 = \left(S^2 \right)^T \right)$.

Literaturverzeichnis

[1] K. Aberer, H. Thimm, and E.J. Neuhold. Multimedia Database Management Systems. In Borko Furht, editor, *Handbook of Multimedia Computing*, chapter 13, pages 285–308. CRC Press LLC, Boca Raton, 1999.

[2] S. Adali, B. Bonatti, M. L. Sapino, and V. S. Subrahmanian. A Multi-Similarity Algebra. In *ACM SIGMOD Int. Conf. on Management of Data*, pages 402–413, Seattle, Washington, USA, 1998.

[3] J. F. Allen. Maintaining knowledge about temporal intervals. *Communications of ACM*, 26(11):832–843, 1983.

[4] H. Alt, C. Knauer, and C. Wenk. Bounding the Fréchet distance by the Hausdorff distance. In *In Proceedings of the Seventeenth European Workshop on Computational Geometry, Berlin, Germany*, pages 166–169, 2001.

[5] H. Alt, C. Knauer, and C. Wenk. Matching polygonal curves with respect to the Fréchet distance. In *In Proceedings 18th International Symposium on Theoretical Aspects of Computer Science*, pages 63–74, 2001.

[6] G. Amato, G. Mainetto, and P. Savino. An approach to a content-based retrieval of multimedia data. *Multimedia Tools and Applications*, 7(1-2):9–36, 1998.

[7] H. Arisawa and T. Catarci, editors. *Advances in Visual Information Management: Visual Database Systems*. Kluwer Academic Publishers, Boston/Dordrecht/London, 2000.

[8] Y. A. Aslandogen, C. Thier, C. T. Yu, C. Lin, and K. R. Nair. Design, Implementation and Evaluation of SCORE (a System for COntent based REtrival of Pictures). In *Proceedings of the 11th International Conference on Data Engineering*, IEEE ICDE, pages 280–287, Taipei, Taiwan, March 1995. IEEE Computer Society.

[9] R. Baeza-Yates and B. Ribeiro-Neto. *Modern Information Retrieval*. ACM Press, Essex, England, 1999.

[10] S. Balko. *Grundlagen, Entwicklung und Evaluierung einer effizienten Approximationstechnik für Nearest-Neighbor-Anfragen im hochdimensionalen Vektorraum*. PhD thesis, Fakultät für Informatik, Otto-von-Guericke-Universität Magdeburg, 2004.

[11] S. Balko, I. Schmitt, and G. Saake. The Active Vertice Method: A Performant Filtering Approach to High-Dimensional Indexing. *Data and Knowledge Engineering*, 51(3):369–397, 2004.

[12] I. Bartolini, P. Ciaccia, and F. Waas. FeedbackBypass: A New Approach to Interactive Similarity Query Processing. In Peter M. G. Apers, Paolo Atzeni, Stefano Ceri, Stefano Paraboschi, Kotagiri Ramamohanarao, and Richard T. Snodgrass, editors, *Proc. of the 27th Int. Conf. on Very Large Data Bases, VLDB'01, Roma, Italy, September 11–14, 2001*, pages 201–210. Morgan Kaufmann Publishers, 2001.

[13] R. Bayer. The universal B-Tree for multidimensional Indexing: General Concepts. In *World-Wide Computing and Its Applications'97 (WWCA'97), Tsukuba, Japan*, Lecture Notes in Computer Science. Springer, 1997.

[14] S. Berchtold, C. Böhm, D. A. Keim, and H.-P. Kriegel. A Cost Model For Nearest Neighbor Search in High-Dimensional Data Space. In *Proc. of the 16th ACM SIGACT-SIGMOD-SIGART Symposium on Principles of Database Systems (PODS), Tuscon, Arizona, USA*, pages 78–86. ACM Press, May 1997.

[15] S. Berchtold, C. Böhm, and H.-P. Kriegel. The Pyramid-Technique: Towards indexing beyond the Curse of Dimensionality. In L. Haas and A. Tiwary, editors, *SIGMOD'98, Proc. of the 1998 ACM SIGMOD Int. Conf. on Management of Data, June 1–4, 1998, Seattle, Washington, USA*, volume 25 of *ACM SIGMOD Record*, pages 142–153. ACM Press, June 1998.

[16] S. Berchtold, D. Keim, and H.-P. Kriegel. The X-Tree: An Index Structure for High-dimensional Data. In T. M. Vijayaraman, A. P. Buchmann, C. Mohan, and N. L. Sarda, editors, *Proc. of the 22nd Int. Conf. on Very Large Data Bases, VLDB'96, Bombay, India, September 3–6, 1996*, pages 28–39, San Francisco, CA, 1996. Morgan Kaufmann Publishers.

[17] M. W. Berry and M. Browne, editors. *Understanding Search Engines: Mathematical Modeling and Text Retrieval*. SIAM, Philadelphia, 1999.

[18] K. Beyer, J. Goldstein, R. Ramakrishnan, and U. Shaft. When Is Nearest Neighbor Meaningful. In C. Beeri and P. Buneman, editors, *Database Theory — ICDT'99, Proc. of the 7th Int. Conf., Jerusalem, Israel, January 1999*, volume 1540 of *lncs*, pages 217–235, Berlin, 1999. Springer-Verlag.

[19] A. D. Bimbo. *Visual Information Retrieval*. Morgan Kaufmann, 1999.

[20] Christian Blatter. *Wavelets - Eine Einführung*. Vieweg (Advanced Lectures in Mathematics), Braunschweig/Wiesbaden, Germany, 1998.

[21] C. Böhm, S. Berchtold, and D. Keim. Searching in high-dimensional spaces: Index structures for improving the performance of multimedia databases. *ACM Computing Surveys*, 33(3):322–373, 2001.

[22] K. Böhm, M. Mlivoncic, H.-J. Schek, and R. Weber. Fast Evaluation Techniques for Complex Similarity Queries. In Peter M. G. Apers, Paolo Atzeni, Stefano Ceri, Stefano Paraboschi, Kotagiri Ramamohanarao, and Richard T. Snodgrass, editors, *Proc. of the 27th Int. Conf. on Very Large Data Bases, VLDB'01, Roma, Italy, September 11–14, 2001*, pages 211–220. Morgan Kaufmann Publishers, 2001.

[23] N. Bolloju. A Calculus for Fuzzy Queries on Fuzzy Entity-Relationship Model. Technical Report 94/26, Department of Information Systems at the City Polytechnic of Hong Kong, 1994.

[24] A. Bookstein. Fuzzy requests: An approach to weighted Boolean searches. *Journal of the American Society for Information Science (JASIS)*, 31(4):240–247, 1980.

[25] P. Bosc, L. Duval, and O. Pivert. An initial approach to the evaluation of possibilistic queries addressed to possibilistic databases. *Fuzzy Sets and Systems*, 140(1):151–166, November 2003.

[26] P. Bosc and O. Pivert. SQLf: A Relational Database Language for Fuzzy Querying. *IEEE Transactions on Fuzzy Systems*, 3(1):1–17, February 1995.

[27] Felix Brosius. *SPSS 8 Professionelle Statistik unter Windows*. MITP, 1998.

[28] C. Buckley and A. F. Lewit. Optimization of Inverted Vector Searches. In *Proc. of the 8th International Conference on Research and Development in Information Retrieval (SIGIR), Monreal, Canada*, pages 97–110. ACM Press, 1985.

[29] H. Burkhard and S. Siggelkow. *Nonlinear Model-Based Image/Video Processing and Analysis*, chapter Invariant features in Pattern Recognition - Fundamentals and Applications, pages 269–307. John Wiley & Sons, 2001.

[30] V. Castelli. *Image Databases - Search and Retrieval of Digital Imagery*, chapter Multidimensional Indexing Structures for Content-Based Retrieval, pages 373–433. John Wiley & Sons, New York, USA, 2002.

[31] V. Castelli and L. D. Bergman, editors. *Image Databases - Search and Retrieval of Digital Imagery*. John Wiley & Sons, Inc., New York, USA, 2002.

[32] R. G. G. Cattell, D. K. Barry, M. Berler, J. Eastman, D. Jordan, C. Russell, O. Schadow, T. Stanienda, and F. Velez. *The Object Database Standard: ODMG-93, Release 3.0*. Morgan Kaufmann Publishers, San Francisco, CA, 2000.

[33] B. L. E. Chang and Y. Wu. Discovery of a perceptual distance function for measuring image similarity. *Multimedia Systems*, 8(6):512–522, 2003.

[34] G. H. Chavarria and R. R. Korfhage. Retrieval Improvement by Interaction of Queries and User Profiles. In *Proceedings of COMPSAC 82, Sixth International Conference on Computer Software and Applications, Chicago*, pages 470–475, 1982.

[35] S.-C. Chen, R. L. Kashyap, and A. Ghafoor. *Semantic Models for Multimeida Database Searching and Browsing*. Kluwer Academic Publishers, Norwell, Massachusetts, 2000.

[36] Stavros Christodoulakis. Multimedia database management systems (panel). In Shamkant B. Navathe, editor, *Proceedings of the 1985 ACM SIGMOD International Conference on Management of Data, Austin, Texas, May 28-31, 1985*, pages 304–305. ACM Press, 1985.

[37] S. M. Chung, editor. *Multimedia Information Storage and Management*. Kluwer Academic Publishers, Norwell, Massachusetts, 1996.

[38] P. Ciaccia and M. Patella. PAC Nearest Neighbor Queries: Approximate and Controlled Search in High-Dimensional and Metric Spaces. In *Proc. of the 16th IEEE Int. Conf. on Data Engineering, ICDE'00, February 28– March 3, 2000, San Diegeo CA*, pages 244–255. IEEE Computer Society Press, 2000.

[39] P. Ciaccia and M. Patella. Searching in Metric Spaces with User-Defined and Approximate Distances. *ACM Transactions on Database Systems*, 27(4):398–437, dec 2002.

[40] Paolo Ciaccia, Danilo Montesi, Wilma Penzo, and Alberto Trombetta. Imprecision and user preferences in multimedia queries: A generic algebraic approach. In K.-D. Schewe and B. Thalheim, editors, *FoIKS: Foundations of Information and Knowledge Systems, First International Symposium, FoIKS 2000, Burg, Germany, February 14-17, 2000*, volume 1762 of *Lecture Notes in Computer Science*, pages 50–71. Springer, 2000.

[41] Paolo Ciaccia, Marco Patella, and Pavel Zezula. M-tree: An Efficient Access Method for Similarity Search in Metric Spaces. In Matthias Jarke, Michael J. Carey, Klaus R. Dittrich, Frederick H. Lochovsky, Pericles Loucopoulos, and Manfred A. Jeusfeld, editors, *VLDB 1997, Proceedings of 23th International Conference on Very Large Data Bases, August 25-29, 2000, Athens, Greece*, pages 426–435. Morgan Kaufmann, 1997.

[42] C. W. Cleverdon. The Significance of the Cranfield Tests on Index Languages. In A. Bookstein and Y. Chiaramella and G. Salton and V. V.

Raghavan, editor, *ACM/SIGIR 1991, Proceedings of 14th Annual International Conference on Research and Development in Information Retrieval, Chicago, USA*, pages 3–12, 1991.

[43] E. F. Codd. A Database Sublanguage Founded on the Relational Calculus. In *ACM SIGFIDET Workshop on Data Description, Access and Control*, pages 35–61, nov 1971.

[44] E. F. Codd. Relational Completeness of Data Base Sublanguages. In R. Rustin, editor, *Data Base Systems*, volume 6, pages 65–98. Prentice Hall, Englewood Cliffs, NJ, 1972.

[45] E. F. Codd. Relational Database: A Practical Foundation for Productivity. *Communications of the ACM*, 25(2):109–117, February 1982.

[46] Thomas M. Cover and Joy A. Thomas. *Elements of Information Theory*. Wiley Series in Telecommunications. John Wiley & Sons, New York, NY, USA, 1991.

[47] V. V. Cross and T. A. Sudkamp. *Similarity and Compability in Fuzzy Set Theory*. Studies in Fuzziness and Soft Computing. Physica-Verlag, Heidelberg, Germany, 2002.

[48] J. D. N. Dionisio and A. F. Cárdenas. MQuery: A Visual Query Language for Multimedia, Timeline, and Simulation Data. *Journal of Visual Languages and Computing*, 7(4):377–401, December 1996.

[49] Susan T. Dumais. Latent semantic indexing (lsi) and trec-2. In *TREC*, pages 105–116, 1993.

[50] L. Dunckley. *Multimeida Databases: An Object-Relational Approach*. Addison Wesley, 2003.

[51] e. Chavez, G. Navarro, R. A. Baeza-Yates, and J. L. Marroquin. Searching in metric spaces. *ACM Computing Surveys*, 33(3):273–321, 2001.

[52] G. Ekman and R. Lindman. Multidimensional Ratio Scaling and Multidimensional Similarity. Technical Report 103, Reports from the Psychological Laboratories: The university of Stockholm, 1961.

[53] A.K. Elmagarmid, A.A. Helal, A. Joshi, and M. Ahmed. *Video Database Systems – Issues, Products and Applications*. Kluwer Academic Publishers, Boston/Dordrecht/London, 1997.

[54] M. Erxleben. Hochdimensionale Approximationsverfahren für variable Distanzfunktionen und Anfragetypen. Diplomarbeit, Otto-von-Guericke-Universität Magdeburg, Fakultät für Informatik, 2004.

[55] R. Fagin. Fuzzy Queries in Multimedia Database Systems. In *Proceedings of the Seventeenth ACM SIGACT-SIGMOD-SIGART Symposium on Principles of Database Systems, June 1-3, 1998, Seattle, Washington*, pages 1–10. ACM Press, 1998.

[56] R. Fagin. Combining Fuzzy Information: an Overview. In *SIGMOD'02, Proc. of the 2002 ACM SIGMOD Int. Conf. on Management of Data, Madison, Wisconsin, June 3-6, 2002*, volume 31 of *ACM SIGMOD Record*, pages 109–118. ACM Press, June 2002.

[57] R. Fagin, A. Lotem, and M. Naor. Optimal aggregation algorithms for middleware. *Journal of Computer and System Sciences*, 66(4):614–656, 2003.

[58] R. Fagin and E. L. Wimmers. A Formula for Incorporating Weights into Scoring Rules. *Special Issue of Theoretical Computer Science*, 2000.

[59] C. Faloutsos and K.-I. Lin. FastMap: A Fast Algorithm for Indexing, Data-Mining and Visualization of Traditional and Multimedia Datasets. In M. J. Carey and D. A. Schneider, editors, *Proc. of the 1995 ACM SIGMOD Int. Conf. on Management of Data, San Jose, CA*, volume 24 of *ACM SIGMOD Record*, pages 163–174. ACM Press, June 1995.

[60] Christos Faloutsos. *Searching Multimedia Databases by Content*. Kluwer Academic Publishers, Boston/Dordrecht/London, 1996.

[61] D. Feng, W. C. Siu, and H. J. Zhang, editors. *Multimedia Information Retrieval and Management: Technological Fundamentals and Applications*. Springer-Verlag, Berlin, Heidelberg, 2003.

[62] N. Fuhr. *State-of-the-Art in Content-Based Image and Video Retrieval*, chapter 9 (Information Retrieval Methods for Multimedia Objects), pages 191–212. Kluwer Academic Publishers, Netherlands, 2001.

[63] N. Fuhr and T. Rölleke. A Probabilistic Relational Algebra for the Integration of Information Retrieval and Databases Systems. *ACM Transactions on Information Systems (TOIS)*, 15(1):32–66, January 1997.

[64] K. Fukunaga. *Introduction to Statistical Pattern Recognition*. Academic Press, 1990.

[65] B. Furht, S. W. Smoliar, and H. Zhang. *Video and Image Processing in Multimedia Systems*. Kluwer Academic Publishers, Boston/Dordrecht/London, 1995.

[66] J. Galindo, J. M. Medina, O. Pons, and J. C. Cubero. A Server for Fuzzy SQL Queries. In T. Andreasen, H. Christiansen, and H. L. Larsen, editors, *Flexible Query Answering Systems, Third International Conference, FQAS'98, Roskilde, Denmark, May 13-15, 1998*, volume 1495 of *Lecture Notes in Computer Science*, pages 164–174. Springer, 1998.

[67] A. V. Gelder and R. W. Topor. Safety and Translation of Relational Calculus Queries. *ACM Transactions on Database Systems*, 16(2):235–278, 1991.

[68] A. Geppert. *Objektrelationale und objektorientierte Datenbankkonzepte und -systeme.* dpunkt.verlag GmbH, Heidelberg, Germany, 2002.

[69] Michael Godau. *On the complexity of measuring the similarity between geometric objects in higher dimensions.* PhD thesis, Freie Universität Berlin, Germany, 1998.

[70] Y. Gong. *Intelligent Image Databases: Towards Advanced Image Retrieval.* Kluwer Academic Publishers, Boston/Dordrecht/London, 1998.

[71] W. I. Grosky, R. Jain, and R. Mehrotra, editors. *Handbook of Multimedia Information Management.* Prentice Hall, 1997.

[72] L. Guan, S.-Y. Kung, and J. Larsen, editors. *Multimedia Image and Video Processing.* CRC Press, Boca Raton London New York Washington, D.C., 2001.

[73] Ulrich Güntzer, Wolf-Tilo Balke, and Werner Kießling. Optimizing Multi-Feature Queries for Image Databases. In Amr El Abbadi, Michael L. Brodie, Sharma Chakravarthy, Umeshwar Dayal, Nabil Kamel, Gunter Schlageter, and Kyu-Young Whang, editors, *VLDB 2000, Proceedings of 26th International Conference on Very Large Data Bases, September 10-14, 2000, Cairo, Egypt,* pages 419–428. Morgan Kaufmann, 2000.

[74] Ulrich Güntzer, Wolf-Tilo Balke, and Werner Kießling. Towards Efficient Multi-Feature Queries in Heterogeneous Environments. In *International Symposium on Information Technology (ITCC 2001), 2-4 April 2001, Las Vegas, NV, USA,* pages 622–628. IEEE Computer Society, 2001.

[75] J. Guo and C.-C. J. Kuo. *Semantic Video Object Segmentation for Content-Based Multimedia Applications.* Kluwer Academic Publishers, Boston/Dordrecht/London, 2001.

[76] A. Guttman. R-Trees: A Dynamic Index Structure for Spatial Searching. In B. Yormark, editor, *Proc. of the 1984 ACM SIGMOD Int. Conf. on Management of Data, Boston, NJ,* volume 14 of *ACM SIGMOD Record,* pages 47–57. ACM Press, June 1984.

[77] Michiel Hagedoorn. *Pattern matching using similarity measures.* PhD thesis, University of Utrecht, Netherlands, 2000.

[78] F. Halasz and M. Schwartz. The Dexter Hypertext Reference Model. *Communications of the ACM,* 37(2):30–39, 1994.

[79] L. Hardman, D. Bulterman, and G. van Rossum. The Amsterdam Hypermedia Model: Adding Time and Context to the Dexter Model. *Communications of the ACM,* 37(2):50–62, 1994.

[80] S. P. Harter. *Online Information Retrieval.* Academic Press, 1986.

[81] A. Henrich. A distance-scan algorithm for spatial access structures. In *Proc. of the 2nd ACM Workshop on Advances in Geographic Information Systems, Gaithersburg, Maryland*, pages 136–143, dec 1994.

[82] A. Henrich and G. Robbert. POQL^{MM}: A Query Language for Structured Multimedia Documents. In M.-S. Hacid, editor, *1st Int. Workshop on Multimedia Data Document Engineering (MDDE'01), July 24, Lyon, France*, pages 17–26, 2001.

[83] A. Henrich and G. Robbert. Ein Ansatz zur Übertragung von Rangordnungen bei der Suche auf strukturierten Daten. In G. Weikum, H. Schöning, and E. Rahm, editors, *Datenbanksysteme in Business, Technologie und Web, BTW'03, 10. GI-Fachtagung, Leipzig, Februar 2003*, Lecture Notes in Informatics (LNI) Volume P-26, pages 167–186, Bonn, 2003. Gesellschaft für Informatik.

[84] C. B. Hensley, T. R. Savage, A. J. Sowarby, and A. Resnick. Selective Dissemination of Information – A new Approach to effective Communication. *IRE Transaction of the Professional Group on Engineering Management*, EM-9(2), 1962.

[85] E. Herrera-Viedma. Modeling the Retrieval Process of an Information Retrieval System Using an Ordinal Fuzzy Linguistic Approach. *Journal of the American Society of Information Science*, 52(6):460–475, 2001.

[86] A. Heuer. *Objektorientierte Datenbanken: Konzepte, Modelle, Standards und Systeme*. Addison-Wesley, Bonn, 2 edition, 1997.

[87] A. Heuer and G. Saake. *Datenbanken – Konzepte und Sprachen, 2., aktualisierte und erweiterte Auflage*. MITP-Verlag, Bonn, 2000.

[88] A. Heuer and M. H. Scholl. Principles of Object-Oriented Query Languages. In H.-J. Appelrath, editor, *Proc. GI-Fachtagung "Datenbanksysteme in Büro, Technik und Wissenschaft" (BTW'91), Kaiserslautern, März 1991*, volume 270 of *Informatik-Fachberichte*, pages 178–197, Berlin, 1991. Springer-Verlag.

[89] S. Hibino and E.A. Rundensteiner. A visual multimedia query language for temporal analysis of video data. *Multimedia Database Systems*, pages 123–159, 1996.

[90] N. Hirzalla and A. Karmouch. A multimedia query specification language. In K. C. Nwosu, B. M. Thuraisingham, and P. B. Berra, editors, *Multimedia Database Systems: Design and Implementation Strategies*, pages 160–184. Kluwer Academic Publishers, 1996.

[91] G. R. Hjaltason and H. Samet. Ranking in spatial databases. In Max J. Egenhofer and John R. Herring, editors, *Advances in Spatial Databases, 4th International Symposium, SSD'95*, volume 951 of *Lecture Notes in Computer Science*, pages 83–95, 1995.

[92] G. R. Hjaltason and H. Samet. Contractive Embedding Methods for Similarity Searching in Metric Spaces. Technical Report CS-TR-4102 IRI-97-12715, University of Maryland, 2000.

[93] G. R. Hjaltason and H. Samet. Index-Driven Similarity Search in Metric Spaces. *ACM Transactions on Database Systems (TODS)*, 28(4):517 – 580, 2003.

[94] G. Hristescu and M. Farach-Colton. Cluster-Preserving Embedding of Proteins. Technical Report, Rutgers University, Piscataway, N.J., 1999.

[95] I. F. Ilyas, W. G. Aref, and A. K. Elmagarmid. Joined Ranked Inputs in Practice. In *Proc. of the 28th Int. Conf. on Very Large Data Bases, VLDB'02, Hong Kong, China, August, 2002*, pages 950–961. Morgan Kaufmann Publishers, 2002.

[96] Y. Ioannidis. The History of histograms (abridged). In J.-C. Freytag, P. C. Lockemann, S. Abiteboul, M. Carey, P. Selinger, and A. Heuer, editors, *Proc. of the 29th Int. Conf. on Very Large Data Bases, VLDB'03, Berlin, Germany, September 9–12, 2003*, pages 19–30. Morgan Kaufmann Publishers, 2003.

[97] P. Jaccard. Nouvelles recherches sur la distribution florale. Technical Report 44:223, Bulletin de la Societe de Vaud des Sciences Naturelles, 1908.

[98] J. E. Jackson, editor. *A User's Guide to Principal Components*. Wiley Interscience, 2003.

[99] K. Jähne. *Lineare Algebra*. Springer-Verlag, Berlin, Heidelberg, New York, 8 edition, 2000.

[100] T. Joseph and A. Cardenas. PICQUERY: a High Level Query Language for Pictorial Database Management. *IEEE Transaction on Knowledge and Data Engineering*, 14(5):630–638, 1993.

[101] Gerald Kaiser. *A Friendly Guide to Wavelets*. Birkhäuser, Boston, Basel, Berlin, 1994.

[102] M. Kamel, B. Hadfield, and M. Ismail. Fuzzy Query Processing Using Clustering Techniques. *Information Processing and Management Journal*, 26(2):279–293, 1990.

[103] A. Kandel. *Fuzzy Mathematical Techniques with Applications*. Addison-Wesley, Reading, Massachusetts, 1986.

[104] E. E. Kerre, R. B. R. C. Zenner, and R. M. M. De Caluwe. The Use of Fuzzy Set Theory in Information Retrieval and Databases: A Survey. *Journal of the American Society for Information Science (JASIS)*, 37(5):341–345, 1986.

[105] W. Kießling. Foundations of Preferences in Database Systems. In *Proc. of the 28th Int. Conf. on Very Large Data Bases, VLDB'02, Hong Kong, China, August, 2002*, pages 311–322. Morgan Kaufmann Publishers, 2002.

[106] W. Kießling and G. Köstler. Preference SQL - Design, Implementation, Experiences. In *Proc. of the 28th Int. Conf. on Very Large Data Bases, VLDB'02, Hong Kong, China, August, 2002*, pages 990–1001. Morgan Kaufmann Publishers, 2002.

[107] D. H. Kil and F. B. Shin. *Pattern Recognition and Prediction with Applications to Signal Characterization*. Modern Acustics and Signal Processing. AIP Press, American Institute of Physics, Woodbury, NY, USA, 1996.

[108] M. Klettke and H. Meyer. *XML & Datenbanken: Konzepte, Sprachen und Systeme*. dpunkt.verlag, 2003.

[109] Robert R. Korfhage. *Information Storage and Retrieval*. Wiley Computer Publishing, 1997.

[110] F. Korn, N. Sidiropoulos, C. Faloutsos, E. Siegel, and Z. Protopapas. Fast Nearest Neighbor Search in Medical Image Databases. In T. M. Vijayaraman, A. P. Buchmann, C. Mohan, and N. L. Sarda, editors, *Proc. of the 22nd Int. Conf. on Very Large Data Bases, VLDB'96, Bombay, India, September 3–6, 1996*, pages 215–225, San Francisco, CA, 1996. Morgan Kaufmann Publishers.

[111] D. Kossmann, F. Ramsak, and S. Rost. Shooting Stars in the Sky: An Online Algorithm for Skyline Queries. In *Proc. of the 28th Int. Conf. on Very Large Data Bases, VLDB'02, Hong Kong, China, August, 2002*, pages 275–286. Morgan Kaufmann Publishers, 2002.

[112] Carol L. Krumhansl. Concerning the Applicability of Geometric Models to Similarity Data. *Psychological Reviews*, 85:445–463, 1978.

[113] M. Lacroix and P. Lavency. Preferences: Putting More Knowledge into Queries. In P. M. Stocker, W. Kent, and P. Hammerley, editors, *Proc. of the 13th Int. Conf. on Very Large Data Bases, VLDB'87*, pages 217–225. Morgan Kaufmann Publishers, 1987.

[114] J. H. Lee, W. Y. Kim, M. H. Kim, and Y. J. Lee. On the Evaluation of Boolean Operators in the Extended Boolean Retrieval Framework. In Robert Korfhage and Edie M. Rasmussen and Peter Willett, editor, *ACM/SIGIR 1993, Proceedings of 16th Annual International Conference on Research and Development in Information Retrieval, Pittsburgh, USA*, pages 291–297, 1993.

[115] M. E. Lesk. The SMART Automatic Text Processing and Document Retrieval System. Technical Report Report Information and Storage

Retrieval ISR-9, sec. II. Harvard Computation Laboratory, Cambridge, Massachusetts, 1965.

[116] M. S. Lew, editor. *Principles of Visual Information Retrieval*. Springer-Verlag, London, 2001.

[117] N. Linial, E. London, and Y. Rabinovich. The geometry of graphs and some of its algorithmic applications. *Combinatorica*, 5:215–245, 1995.

[118] J. Liu. A Distance Approach toward an ideal Information Retrieval System. M.s. thesis, Souther Methodist University, Dallas, Texas, 1982.

[119] Guojun Lu. *Multimedia Database Management Systems*. Artech House, Boston/London, 1999.

[120] D. Lucarella. Uncertainty in Information Retrieval: An Approach based on Fuzzy Sets. In *Proceedings of the Ninth Annual IEEE Conference on Computers and Communications, Scottsdale, Arizona, USA*, pages 809–814, 1990.

[121] D. Lucarella and R. Morara. FIRST: Fuzzy Information Retrieval System. *Journal of Information Systems*, 17:81–91, 1991.

[122] B. Mandelbrot. *Fractal Geometry of Nature*. W. H. Freeman, New York, USA, 1977.

[123] S. Marcus and V. S. Subrahmanian. Foundations of multimedia database systems. *Journal of the ACM*, 43(3):474–523, 1996.

[124] O. Marques and B. Furht. *Distributed Multimedia Databases: Techniques and Applications*, chapter 3 (Content-Based Visual Information Retrieval). Idea Group Publishing, 2002.

[125] M. T. Maybury. *Intelligent Multimedia Information Retrieval*. AAAI Press / The MIT Press, Menlo Park, CA, 1997.

[126] C. T. Meadow, B. A. Cerny, C. L. Borgmann, and D. O. Case. Online access to knowledge: System design. *Journal of the American Society for Information Science (JASIS)*, 40(2):86–98, 1989.

[127] J. Melton and A. Eisenberg. SQL Multimedia and Application Packages (SQL/MM). *ACM SIGMOD Record*, 30(4):97–102, December 2001.

[128] W. Mendenhall, R. J. Beaver, and B. M. Beaver. *Introduction to Probability and Statistics*. ITP Duxbury Press, 1999.

[129] J.-J. Ch. Meyer. Modal Logics for Knowledge Representation. Technical Report IR-243, Vrije Universiteit Amsterdam, Faculteit der Wiskunde en Information, 1991.

[130] K. Meyer-Wegener. *Multimediale Datenbanken: Einsatz von Datenbanktechnik in Multimedia-Systemen, 2., überarbeitete und erweiterte Auflage.* Leitfäden der Informatik. B. G. Teubner Verlag, Wiesbaden, Germany, 2003.

[131] I. Miller and M. Miller. *John E. Freund's Mathematical Statistics.* Prentice Hall, Upper Saddle River, New Jersey 07458, 1999.

[132] S. Mizzaro. Relevance: The whole history. *Journal of the American Society for Information Science (JASIS)*, 48(9):810–832, 1997.

[133] S. H. Myaeg and R. R. Korfhage. Dynamic User Profiles in Information Retrieval. Technical Report 85-CSE-4, Department of Computer Science and Engineering, Southern Methodist University, 1985. Presented at ACM Computer Science Conference, New Orleans, March 1985.

[134] S. H. Myaeng. *The Role of User Profiles in Information Retrieval.* PhD thesis, Department of Computer Science and Engineering, Southern Methodist University, Dallas, Texas, 1987.

[135] S. H. Myaeng and R. R. Korfhage. Integration of User Profiles: Models and Experiments in Information Retrieval. *Information Processing and Management*, 26(6):719–738, 1990.

[136] A. Natsev, Y.-C. Chang, J. R. Smith, C.-S. Li, and J. S. Vitter. Supporting Incremental Join Queries on Ranked Inputs. In Peter M. G. Apers, Paolo Atzeni, Stefano Ceri, Stefano Paraboschi, Kotagiri Ramamohanarao, and Richard T. Snodgrass, editors, *Proc. of the 27th Int. Conf. on Very Large Data Bases, VLDB'01, Roma, Italy, September 11–14, 2001*, pages 281–290. Morgan Kaufmann Publishers, 2001.

[137] S. Nepal, M. Ramakrishna, and J. Thom. A fuzzy object language (foql) for image databases. In A. L. P. Chen and F. H. Lochovsky, editors, *In Procceedings of the 6th International Conference on Database Systems for Advanced Applications (DASFAA'99)*, pages 117–124. IEEE Computer Society, 1999.

[138] S. Nepal and M. V. Ramakrishna. Query Processing Issues in Image(multimedia) Databases. In M. Kitsuregawa, editor, *Proc. of the 15th IEEE Int. Conf. on Data Engineering, ICDE'99, Sydney, Australia, March 1999*, pages 22–29, Los Alamitos, CA, 1999. IEEE Computer Society Press.

[139] A. H. H. Ngu, Q. Z. Sheng, D. Q. Huynh, and R. Lei. Combining multivisual features for efficient indexing in a large image database. *The VLDB Journal*, 9(4):279–293, 2001.

[140] H. Niemann and R. Goppert. An efficient Branch-and-Bound Nearest Neighbour Classifier. *Pattern Recognition Letters*, 7:67–72, 1988.

[141] K. C. Nwosu, B. M. Thuraisingham, and P. B. Berra, editors. *Multimedia Database Systems: Design and Implementation Strategies.* Kluwer Academic Publishers, 1996.

[142] Y. Ogawa, T. Morita, and K. Kobayashi. A fuzzy document retrieval system using the keyword connection matrix and a learning method. *Fuzzy Sets and Systems*, 39:163–179, 1991.

[143] A. V. Oppenheim and R. W. Schafer. *Digital Signal Processing.* Prentice Hall, Englewood Cliffs, New Jersey, USA, 1975.

[144] V. Oria, M. T. Özsu, B. Xu, L. I. Cheng, and P. J. Iglinski. VisualMOQL: The DISIMA Visual Query Language. In *Proceedings of the 6th IEEE International Conference on Multimedia Computing and Systems*, volume 1, pages 536–542, Forence, Italy, June 1999. IEEE Computer Society.

[145] G. Özsoyoglu, V. Matos, and M. Özsoyoglu. Query processing techniques in the summary-table-by-example database query language. *ACM Transactions on Database Systems (TODS)*, 14(4):526 – 573, 1989.

[146] G. Özsoyoglu and H. Wang. A Relational Calculus with Set Operators, Its Safety and Equivalent Graphical Languages. *IEEE Transactions on Software Engineering (TSE)*, 15(9):1038–1052, 1989.

[147] P. Ciaccia and M. Patella. The M2-tree: Processing Complex Multi-Feature Queries with Just One Index. In *Proceedings of the First DELOS Network of Excellence Workshop on Information Seeking, Searching and Querying in Digital Libraries*, Zurich, Switzerland, December, 2000. http://www.ercim.org/publication/ws-proceedings/DelNoe01, 2000.

[148] P. Ciaccia and M. Patella and P. Zezula. Processing Complex Similarity Queries with Distance-based Access Methods. In H.-J. Schek, F. Saltor, I. Ramos, and G. Alonso, editors, *Advances in Database Technology — EDBT'98, Proc. of the 6th Int. Conf. on Extending Database Technology, Valencia, Spain, March 1998*, volume 1377 of *Lecture Notes in Computer Science*, pages 9–23, Berlin, 1998. Springer-Verlag.

[149] M. Paskamp. Vergleichende Analyse von Anfragesprachen in Multimedia-Datenbanken. Master's thesis, Otto-von-Guericke-Universität Magdeburg, Fakultät für Informatik, 1999. (supervised by Ingo Schmitt).

[150] B. Perry, S.-K. Chang, J. Dinsmore, D. Doermann, A. Rosenfeld, and S. Stevens. *Content-Based Access to Multimedia Information: From Technology Trends to State of the Art.* Kluwer Academic Publishers, Norwell, Massachusetts, 1999.

[151] V. V. Raghavan, G. S. Jung, and P. Bollmann. A critical investigation of recall and precision as measures of retrieval system performance. *ACM Transactions on Office and Information Systems*, 7(3):205–229, 1989.

[152] V. V. Raghavan and S. K. M. Wong. A critical analysis of vector space model for information retrieval. *Journal of the American Society for Information Science (JASIS)*, 37(5):279–287, 1986.

[153] Eric Sven Ristad and Peter N. Yianilos. Learning string-edit distance. *IEEE Transactions on Pattern Analysis and Machine Intelligence*, 20(5):522–532, 1998.

[154] J. J. Jr. Rocchio. Relevance Feedback in Information Retrieval. Technical Report Scientific Report Information and Storage Retrieval ISR-9, sec. 23. Harvard Computation Laboratory, Cambridge, Massachusetts, 1965.

[155] J. J. Jr. Rocchio. Relevance Feedback in Information Retrieval. In G. Salton, editor, *The SMART Retrieval System - Experiments in automatic Document Processing*, chapter 14, pages 313–323. Prentice Hall, Englewood Cliffs, New Jersey, USA, 1971.

[156] N. Roussopoulos, S. Kellex, and F. Vincent. Nearest Neighbor Queries. In M. J. Carey and D. A. Schneider, editors, *Proc. of the 1995 ACM SIGMOD Int. Conf. on Management of Data, San Jose, CA*, volume 24 of *ACM SIGMOD Record*, pages 71–79. ACM Press, June 1995.

[157] Yossi Rubner and Carlo Tomasi. *Perceptual Metrics for Image Database Navigation*. Kluwer Academic Publishers, Boston/Dordrecht/London, 2001.

[158] Y. Rui and T. S. Huang. Optimizing Learning in Image Retrieval. In *Proceedings of the IEEE Conference on Computer Vision and Pattern Recognition*, pages 236–245, 2000.

[159] Yong Rui, Thomas S. Huang, Michael Ortega, and Sharad Mehrotra. Relevance Feedback: A Power Tool in Interactive Content-Based Image Retrieval. *IEEE Tran on Circuits and Systems for Video Technology, Special Issue on Segmentation, Description, and Retrieval of Video Content*, 8(5):644–655, 1998.

[160] G. Saake and A. Heuer. *Datenbanken — Implementierungstechniken*. MITP-Verlag, Bonn, 1999.

[161] G. Saake, I. Schmitt, and C. Türker. *Objektdatenbanken — Konzepte, Sprachen, Architekturen*. International Thomson Publishing, Bonn, 1997.

[162] M. H. Safar and C. Shahabi. *Shape Analysis and Retrieval of Multimedia Objects*. Kluwer Academic Publishers, Boston/Dordrecht/London, 2003.

[163] G. Salton. Relevance Feedback and the Optimization of Retrieval Effectiveness. In G. Salton, editor, *The SMART Retrieval System - Experiments in automatic Document Processing*, chapter 15, pages 324–336. Prentice Hall, Englewood Cliffs, New Jersey, USA, 1971.

[164] G. Salton, editor. *The SMART Retrieval System - Experiments in automatic Document Processing*. Prentice Hall, Englewood Cliffs, New Jersey, USA, 1971.

[165] G. Salton. A flexible System for the Organization, Storage, and Retrieval of Language Data (SMART). Technical Report Report Information and Storage Retrieval ISR-5, sec. II. Harvard Computation Laboratory, Cambridge, Massachusetts, 1994.

[166] G. Salton and M. E. Lesk. Computer evaluation of indexing and text processing. *Journal of the ACM*, 15(1):8—36, jan 1968.

[167] G. Salton and M. J. McGill. *Introduction to Modern Information Retrieval*. McGraw-Hill Book Co., New York, USA, 1983.

[168] G. Salton and C. S. Yang. On the specification of term values in automatic indexing. *Journal of Documentation*, 29:351—372, 1973.

[169] S. Santini and R. Jain. Similarity is a geometer. *Multimedia Tools and Applications*, 5(3):277–306, 1997.

[170] S. Santini and R. Jain. Similarity Measures. *IEEE Transactions on Pattern Analysis and Machine Intelligence*, 21(9):871–883, 1999.

[171] A. Scharnofske, U. W. Lipeck, and M. Gertz. SubQuery-By-Example: Eine orthogonale Erweiterung von QBE. In *Datenbanksysteme in Büro, Technik und Wissenschaft (BTW'97)*, Informatik Aktuell, pages 132–152. Springer Verlag, 1997.

[172] Peter Schäuble. *Multimedia Information Retrieval: Content-Based Information Retrieval from Large Text and Audio Databases*. Kluwer Academic Publishers, Boston/Dordrecht/London, 1997.

[173] I. Schmitt. Nearest Neighbor Search in High Dimensional Space by Using Convex Hulls. Preprint 6, Fakultät für Informatik, Universität Magdeburg, 2001.

[174] I. Schmitt. Einführung in Multimedia Datenbanken: Tutorial. *Datenbank-Spektrum*, 1(4), 2002. 28–35.

[175] I. Schmitt and S. Balko. Filter Ranking in High-Dimensional Space. *Data and Knowledge Engineering*, 2005. to appear.

[176] I. Schmitt and N. Schulz. Similarity Relational Calculus and its Reduction to a Similarity Algebra. In Dietmar Seipel and J. M. Turull-Torres, editors, *Third Intern. Symposium on Foundations of Information and Knowledge Systems (FoIKS'04), Austria, February 17-20*, volume 2942 of *lncs*, pages 252–272. Springer-Verlag Berlin Heidelberg, 2004.

[177] Ingo Schmitt, Nadine Schulz, and Thomas Herstel. WS-QBE: A QBE-like Query Language for Complex Multimedia Queries. In Yi-Ping Phoebe Chen, editor, *Proceedings of the 11th International Multimedia Modelling Conference (MMM'05), Melbourne, Australia, January 12-14, 2005*, pages 222–229, Los Alamitos, CA, jan 2005. IEEE Computer Society Press.

[178] A. Schneidewind. Iterative Anfrageformulierung in graphischen Anfragesprachen für Multimedia-Datenbanken. Diplomarbeit, Otto-von-Guericke-Universität Magdeburg, Fakultät für Informatik, 2002.

[179] B. Schölkopf and A. J. Smola. *Learning with Kernels: Support Vector Machines, Regularization, Optimization, and Beyond.* Adaptive Computation and Machine Learning. The MIT Press, Cambridge, Massachusetts, London, England, 2002.

[180] N. Schulz. *Formulierung von Nutzerpräferenzen in Multimedia-Retrieval-Systemen.* Dissertation, Otto-von-Guericke-Universität Magdeburg, Fakultät für Informatik, 2004.

[181] N. Schulz and I. Schmitt. A Survey of Weighted Scoring Rules in Multimedia Database Systems. Preprint 7, Fakultät für Informatik, Universität Magdeburg, 2002.

[182] N. Schulz and I. Schmitt. Relevanzwichtung in komplexen Ähnlichkeitsanfragen. In G. Weikum, H. Schöning, and E. Rahm, editors, *Datenbanksysteme in Business, Technologie und Web, BTW'03, 10. GI-Fachtagung, Leipzig, Februar 2003*, Lecture Notes in Informatics (LNI) Volume P-26, pages 187–196, Bonn, 2003. Gesellschaft für Informatik.

[183] H. Schulz-Mirbach. Invariant Features for Gray Scale Images. In G. Sagerer, S. Posch, and F. Kummert, editors, *DAGM'95, 17. Symposium „Mustererkennung", Bielefeld*, Reihe Informatik aktuell, pages 1–14. Springer, 1995.

[184] T. Seidl. *Content-Based Retrieval in Multimedia Databases.* Habilitationsschrift, Universität München, Fakultät für Mathematik und Informatik, 2001.

[185] T. Seidl and H.-P. Kriegel. Optimal multi-step k-nearest neighbor search. In L. M. Haas and A. Tiwary, editors, *Proc. of the ACM SIGMOD International Conference on Management of Data, 2.-4. 6. 1998, Seattle, Washington, USA*, pages 154–165. ACM Press, jun 1998.

[186] T. K. Sellis, N. Roussopoulos, and C. Faloutsos. The R+–Tree: A Dynamic Index for Multi-Dimensional Objects. In P. M. Stocker and W. Kent, editors, *Proc. of the 13th Int. Conf. on Very Large Data Bases (VLDB'87), Brighton, England*, pages 507–518, Los Altos, CA, September 1987. Morgan Kaufmann Publishers.

[187] A. Sheth and W. Klas, editors. *Multimedia Data Management Using Metadata to Integrate and Apply Digital Media*. McGraw-Hill, New York, 1998.

[188] S. Siggelkow and H. Burkhard. *State-of-the-Art in Content-Based Image and Video Retrieval*, chapter 3 (Fast Invariant Feature Extraction for Image Retrieval), pages 43–68. Kluwer Academic Publishers, Netherlands, 2001.

[189] A. Soffer, H. Samet, and D. Zotkin. Pictorial query trees for query specification in image databases. In *Proceedings of the 14th International Conference on Pattern Recognition*, pages 919–921, 1998.

[190] R. R. Sokal and P. H. Sneath. *Principles of Numerical Taxonomie*. Freeman, San Francisco, CA, USA, 1963.

[191] G. Specht. *Multimedia-Datenbanksysteme: Modelle - Architekturen - Retrieval*. Habilitationsschrift, Technische Universität München, Fakultät für Informatik, 1998.

[192] R. Steinmetz. *Multimedia Technologie: Grundlagen, Komponenten und Systeme*. Springer-Verlag Berlin Heidelberg, 1999.

[193] E. J. Stollnitz, T. D. DeRose, and D. H. Salesin. Wavelets for Computer Graphics: A Primer, Part 1. *IEEE Computer Graphics and Applications*, May 1995.

[194] E. J. Stollnitz, T. D. DeRose, and D. H. Salesin. Wavelets for Computer Graphics: A Primer, Part 2. *IEEE Computer Graphics and Applications*, July 1995.

[195] K. Stolze. SQL/MM Part 5: Still Image – The Standard and Implementation Aspects –. In A. Heuer, F. Leymann, and D. Priebe, editors, *Proc. GI-Fachtagung "Datenbanksysteme in Büro, Technik und Wissenschaft" (BTW'01), Oldenburg, März 2001*, Informatik aktuell, pages 345–363, Berlin, 2001. Springer-Verlag.

[196] K. Stolze. Still Image Extensions in Database Systems - A Product Overview. *Datenbank-Spektrum*, 40–47(2), 2002. 40–47.

[197] M. Stonebreaker, T. Sellis, and E. Hansson. An Analysis of Rule Implementations in Data Base Systems. In *Proceedings of International Conference on Expert Database Systems*, 1986.

[198] L. T. Su. The Relevance of Recall and Precision in User Evaluation. *Journal of the American Society for Information Science (JASIS)*, 45(3):207–217, 1994.

[199] V. S. Subrahmanian. *Principles of Multimedia Database Systems*. Morgan Kaufmann Publishers, San Francisco, CA, 1998.

[200] V. S. Subrahmanian and S. Jajodia, editors. *Multimedia Database System: Issues and Research Direction*. Springer-Verlag, Berlin, 1996.

[201] V. S. Subrahmanian and S. K. Tripathi, editors. *Image Databases and Multi-Media Search*. Series on Software Engineering and Knowledge Engineering. World Scientific, Singapore, New Jersey, London, Hong Kong, 1997.

[202] V. S. Subrahmanian and S. K. Tripathi, editors. *Multimedia Information Systems*. Kluwer Academic Publishers, Boston, USA, 1998.

[203] M. J. Swain and D. H. Ballard. Color indexing. *International Journal of Computer Vision*, 7(1):11–32, 1991.

[204] J. Tague-Sutcliffe. Measuring the informativeness of a retrieval process. In *ACM/SIGIR 1992, Proceedings of 15th Annual International Conference on Research and Development in Information Retrieval, Copenhagen, Denmark*, pages 23–36, 1992.

[205] B. Thuraisingham, K. C. Nwosu, and P. B. Berra, editors. *Multimedia Database Management Systems: Research Issues and Future Directions*. Kluwer Academic Publishers, Boston, USA, 1997.

[206] C. Türker. *SQL:1999 & SQL:2003*. dpunkt.verlag GmbH, Heidelberg, Germany, 2003.

[207] A. Tversky and I. Gati. Similarity, Separability, and the Triangle Inequality. *Psychological Reviews*, 89:123–154, 1982.

[208] Amos Tversky. Features of Similarity. *Psychological Reviews*, 84(4):327–352, 1977.

[209] C. J. van Rijsbergen. *Information Retrieval*. Butterworths, London, 1979.

[210] R. C. Veltkamp, H. Burkhardt, and H.-P. Kriegel, editors. *State-of-the-Art in Content-Based Image and Video Retrieval*. Kluwer Academic Publishers, Boston/Dordrecht/London, 2001.

[211] J. Verhoeff, W. Goffman, and J. Belzer. Inefficiency of the Use of Boolean Functions for Information Retrieval Systems. *Communications of the ACM*, 4:557–558, 594, 1961.

[212] W. G. Waller and D. H. Kraft. A mathematical model for a weighted boolean retrieval system. *Information Processing and Management*, 15(5):235–245, 1979.

[213] J. T.-L. Wang, X. Wang, K.-I. Lin, D. Shasha, B. A. Shapiro, and K. Zhang. Evaluating a class of distance-mapping algorithms for data mining and clustering. In *Proc. of the Int. Conf. on Knowledge Discovery and Data Mining (SIGKDD), New York City*, pages 307–311, 1999.

[214] J. Z. Wang. *Integrated Region-Based Image Retrieval.* Kluwer Academic Publishers, Boston/Dordrecht/London, 2001.

[215] S. Wartick. Boolean operations. In W. B. Frakes and R. Baeza-Yates, editors, *Information Retrieval: Data Structures and Algorithms*, pages 264–292. Prentice Hall, Englewood Cliffs, New Jersey, USA, 1992.

[216] R. Weber and K. Böhm. Trading Quality for Time with Nearest-Neighbor Search. In Carlo Zaniolo, Peter C. Lockemann, Marc H. Scholl, and Torsten Grust, editors, *Advances in Database Technology - EDBT 2000, 7th International Conference on Extending Database Technology, Konstanz, Germany, March 27-31, 2000, Proceedings*, volume 1777 of *Lecture Notes in Computer Science*, pages 21–35. Springer, 2000.

[217] R. Weber, H.-J. Schek, and S. Blott. A Quantitative Analysis and Performance Study for Similarity-Search Methods in High-Dimensional Spaces. In A. Gupta, O. Shmueli, and J. Widom, editors, *Proc. of the 24st Int. Conf. on Very Large Data Bases (VLDB'98), New York City, August 24–27, 1998*, pages 194–205, San Francisco, CA, August 1998. Morgan Kaufmann Publishers.

[218] R. Wilkinson and P. Hingston. Using the Cosine Measure in a Neural Network for Document Retrieval. In A. Bookstein and Y. Chiaramella and G. Salton and V. V. Raghavan, editor, *ACM/SIGIR 1991, Proceedings of 14th Annual International Conference on Research and Development in Information Retrieval, Chicago, USA*, pages 202–210, 1991.

[219] J. K. Wu, M. S. Kankanhalli, J.-H. Lim, and D. Hong. *Perspectives on Content-Based Multimedia Systems.* Kluwer Academic Publishers, Norwell/Massachusetts/USA, 2000.

[220] R. R. Yager. On ordered weighted averaging aggregation operators in multicriteria decision making. *IEEE Trans. on Systems, Man, and Cybernetics*, 18(1):183–190, 1988.

[221] R. R. Yager. Families of owa operators. *Fuzzy Sets and Systems*, 59:125–148, 1993.

[222] Lofti A. Zadeh. Fuzzy Logic. *IEEE Computer*, 21(4):83–93, April 1988.

[223] A. Zhang, A. Silberschatz, and S. Mehrotra, editors. *Continuous Media Databases.* Kluwer Academic Publishers, Boston/Dordrecht/London, 2000.

[224] H.J. Zhang, P. Aigrain, and D. Petkovic, editors. *Representation and Retrieval of Visual Media in Multimedia Systems.* Kluwer Academic Publishers, Boston/Dordrecht/London, 1996.

[225] H.J. Zhang, P. Aigrain, and D. Petkovic, editors. *Representation and Retrieval of Video Data in Multimedia Systems.* A Special Issue of Multimedia Tools and Applications An International Journal Volume 4, No. 1 (1997). Kluwer Academic Publishers, Boston/Dordrecht/London, 1997.

[226] H. J. Zimmermann and P. Zysno. Latent connectives in human decision making. *Fuzzy Sets and Systems*, 4:37–51, 1980.

[227] M. M. Zloof. Query By Example. In *Proc. of AFIPS National Computer Conference*, volume 44, pages 431–438. AFIPS Press, 1975.

Index

www.ingramcontent.com/pod-product-compliance
Lightning Source LLC
Chambersburg PA
CBHW081523190326
41458CB00015B/5445